Geschichte Namibias

Marion Wallace

Geschichte Namibias

Von den Anfängen bis 1990

Mit einem Beitrag von John Kinahan

Basler Afrika Bibliographien 2015

Die englische Originalausgabe erschien 2011 unter dem Titel *A History of Namibia. From the Beginning to 1990* bei C. Hurst & Co. (Publishers) Ltd., London.
Übersetzung: Sabine Lang
Fachlektorat: Dag Henrichsen
Sprachliche Überarbeitung: Sarah Schwarz
Im Zuge des Lektorats der deutschen Ausgabe wurden kleinere Korrekturen und Anpassungen des Originaltextes vorgenommen. Der Verlag dankt besonders Werner Hillebrecht für seinen Rat bezüglich komplexer Übersetzungsdetails.

Eine Co-Publikation von:

Basler Afrika Bibliographien
Namibia Resource Centre & Southern Africa Library
Klosterberg 23
PO Box 2037
CH-4001 Basel
www.baslerafrika.ch

Brandes & Apsel
Schweidswaldstr. 22
D-60385 Frankfurt a.M.
www.brandes-apsel-verlag.de

Umschlaggestaltung: Hauser, Schwarz, Basel.

Umschlagillustration: Vordere Umschlagseite: Skeleton Coast Park, Oktober 2003.
Fotograf: Branko de Lang.
Hintere Umschlagseite: Unabhängigkeitsbilder 1990.
Fotograf: Christian Scholz.

Druck: Stega Tisak D.O.O., Kroatien

ISBN Deutschland und Österreich: 978-3-95558-063-6
ISBN Schweiz: 978-3-905758-41-2

Inhaltsverzeichnis

Vorwort vi

Karten ix

Einleitung 1

1 Von Anfang an: Die archäologischen Zeugnisse
John Kinahan 24

2 Politik, Handel und Wandel. Süd- und Zentralnamibia von 1730–1870 72

3 Monarchie, Macht und Veränderungen. Der Norden, 1750–1907 117

4 Der Schatten des Schutzes, 1870–93 165

5 Unter deutscher Herrschaft, 1894–1903 208

6 Der Deutsch-Namibische Krieg, 1904–08 245

7 Die Errichtung einer deutschen Kolonie, 1908–15 293

8 Südafrikanische Herrschaft, 1915–46 326

9 Nationalismus und Apartheid, 1946–70 386

10 Freiheitskämpfe und die Abkehr von der Apartheid, 1971–90 434

Schlussfolgerungen 492

Appendix 505

Abbildungsverzeichnis *506*

Kartenverzeichnis *508*

Glossar *509*

Abkürzungen *511*

Bibliografie *513*

Index *549*

Vorwort

Diesem Buch liegt die englische Originalausgabe *A History of Namibia. From the Beginning to 1990*, erschienen 2011 in London und Kapstadt, zugrunde. Die Fertigstellung des Buches hat sich über Jahre hingezogen: der Versuch, die vielen verschiedenartigen Stränge der namibischen Geschichte zusammenzuführen, stellte ein komplexes Unterfangen dar. Wie ich bereits in der ‚Danksagung' der Originalausgabe schrieb, war der letztendliche Abschluss des Buchmanuskriptes für mich wie wahrscheinlich auch für meinen leidgeprüften Verleger, den Hurst Verlag, eine Überraschung. Auch an dieser Stelle möchte ich dem Hurst Verlag erneut danken.

Das Erscheinen der deutschsprachigen *Geschichte Namibias* ist den Anstrengungen der Mitarbeiter der Basler Afrika Bibliographien (BAB) zu verdanken, die die Vision und die Beharrlichkeit aufwiesen, das Projekt anzustoßen und zu einem Abschluss zu bringen. Die Übersetzung macht das Buch einer breiten Leserschaft zugänglich, in Deutschland, Namibia und andernorts. Ich bin dem BAB-Team zutiefst dankbar wie auch der Übersetzerin Sabine Lang sowie Werner Hillebrecht für seinen Rat hinsichtlich der Übersetzung von Konzepten und Begrifflichkeiten.

Der Originaltext wurde durch die Übersetzung nicht verändert, ebensowenig die Auswahl der Abbildungen und Karten. Forschungsliteratur, die nach 2010 veröffentlicht wurde, fand dementsprechend keine Berücksichtigung, noch wurden aktuelle Entwicklungen Namibias in die „Schlussfolgerungen" aufgenommen. Kleinere sachliche Fehler in der Originalversion wurden jedoch korrigiert, genauso wie die bibliografischen Angaben einiger Titel, wie z.B. von Dissertationen, aktualisiert wurden.

Ich kann mich glücklich schätzen, dass die Entstehung dieses Buches durch die Hilfe, die Ratschläge, den Zuspruch und das Engagement vieler Freunde und Kollegen unterstützt wurde. Mein ganz besonderer Dank gebührt Dag Henrichsen, der buchstäblich jede einzelne Seite des Manuskripts gelesen und kommentiert, mich mit Büchern und Artikeln, Literaturtipps, Quellenmaterial und Schokolade versorgt und vor allem auch während des gesamten Vorhabens zum Weitermachen ermuntert hat. Außerdem danke ich Patricia Hayes für ihre scharfsinnigen Kommentare zu meinem Text und ihre langjährige Unterstützung und Freundschaft, sowie Tilman Dedering, John Kinahan, Henning Melber, Giorgio Miescher und Jeremy Silvester, die ebenfalls Entwürfe einzelner Kapitel gelesen und kommentiert haben. John Kinahan danke ich darüber hinaus für seine Bereitschaft, sein archäologisches Expertenwissen beizusteuern, was die Behandlung von Namibias vorkolonialer Vergangenheit in diesem Buch sehr bereichert hat.

Auch von anderen ist dem Buchprojekt großzügige Hilfe und Unterstützung zuteil geworden. Helle Hansen hat mir Bücher und Artikel aus Namibia geschickt. Martha Akawa, Lawrence Flint, Werner Hillebrecht, Anette Hoffman, Justine Hunter, Jill Kinahan, Premesh Lalu, Karl-Johann Lindholm, Ellen Namhila, Ciraj Rassool, Lorena Rizzo, Felix Schürmann, Vilho Shigwedha, Napandulwe Shiweda, Piers Vigne und Günther Volker haben mich immer wieder mit Literaturhinweisen, Quellenmaterial, Expertenwissen, unveröffentlichten Abschlussarbeiten und Vortragsmanuskripten versorgt; außerdem verdanke ich ihnen anregende Gespräche und allgemeine Unterstützung. Ich möchte auch meinem Arbeitgeber danken, der British Library (und insbesondere Stephen Bury), die mir 2008 zur Arbeit an diesem Buch einen kurzen Forschungsurlaub gewährt hat.

Hinsichtlich der im Buch enthaltenen Abbildungen gebührt mein ganz besonderer Dank den Mitarbeitern der National Archives of Namibia, vor allem Werner Hillebrecht. Auch viele andere Personen haben bei den Abbildungen mitgeholfen: Martha Akawa; Dag Henrichsen, Regula Iselin und Giorgio Miescher von den Basler Afrika Bibliographien; Malcolm Harman vom Powell-Cotton Museum, Kent; Rainer-Maria Kiel von der Universitätsbibliothek Bayreuth; Conny Berry von der Sam Cohen Library, Swakopmund; Boris Löffler vom Staatsarchiv Bremen;

Susannah Rayner von der School of Oriental and African Studies Library, London; Silke Seybold vom Überseemuseum, Bremen; Martha Smiley von der Yale University Library; John Liebenberg; Patricia Hayes; Mrs Jess Hahn and Martha Akawa. Außerdem bin ich Sebastian Ballard zu großem Dank verpflichtet, der die Karten auf den folgenden Seiten angefertigt hat.

Zu guter Letzt kann ich Andrew Pearson gar nicht genug für die fabelhafte praktische und moralische Unterstützung danken, die ich während meiner Arbeit an diesem Buchprojekt von ihm bekommen habe; das Gleiche gilt für unsere Töchter Ruth und Bea, die immer für mich da waren.

Karten

Anmerkung: Mit Ausnahme von Karte 5 beziehen sich die Karten nicht auf eine bestimmte Periode in der Geschichte Namibias.

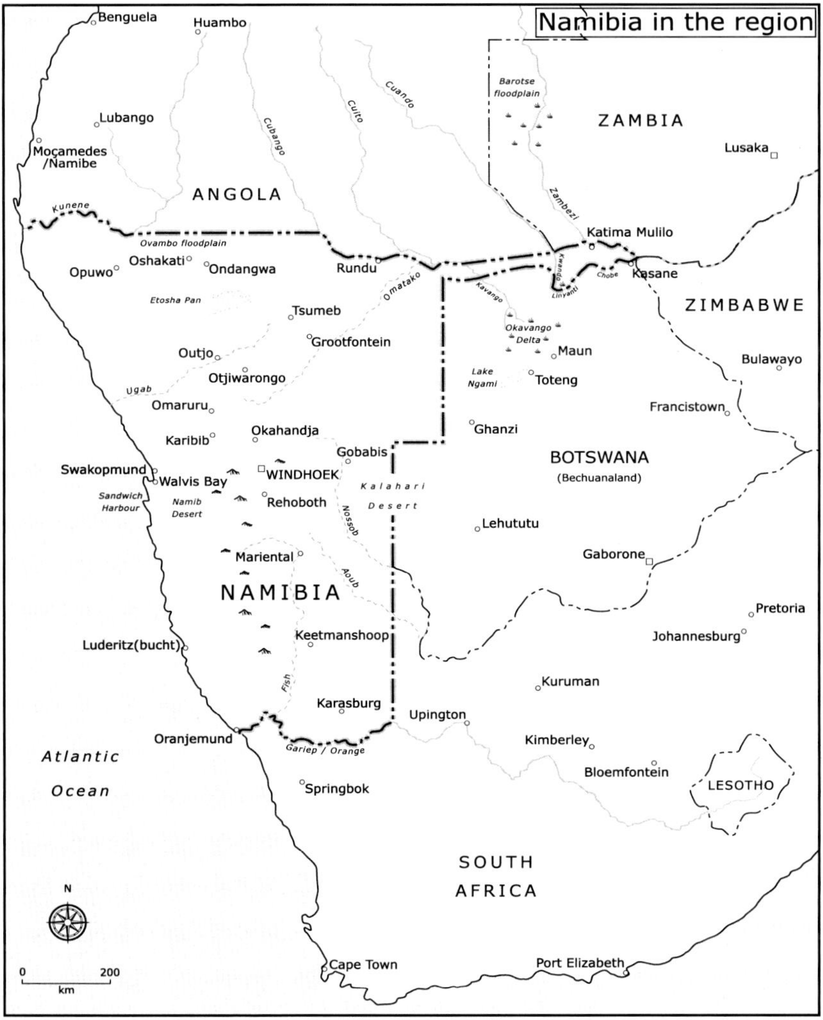

Karte 1: Namibia und umliegende Staaten.

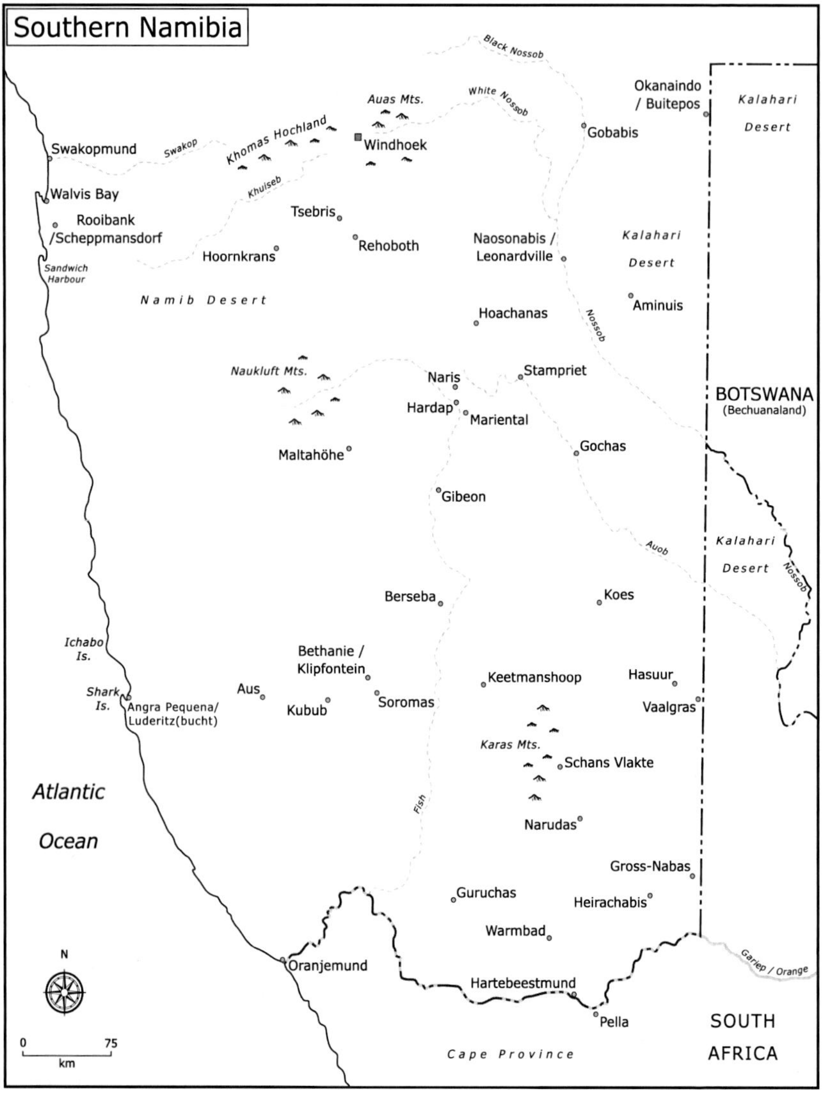

Karte 2: Südnamibia.

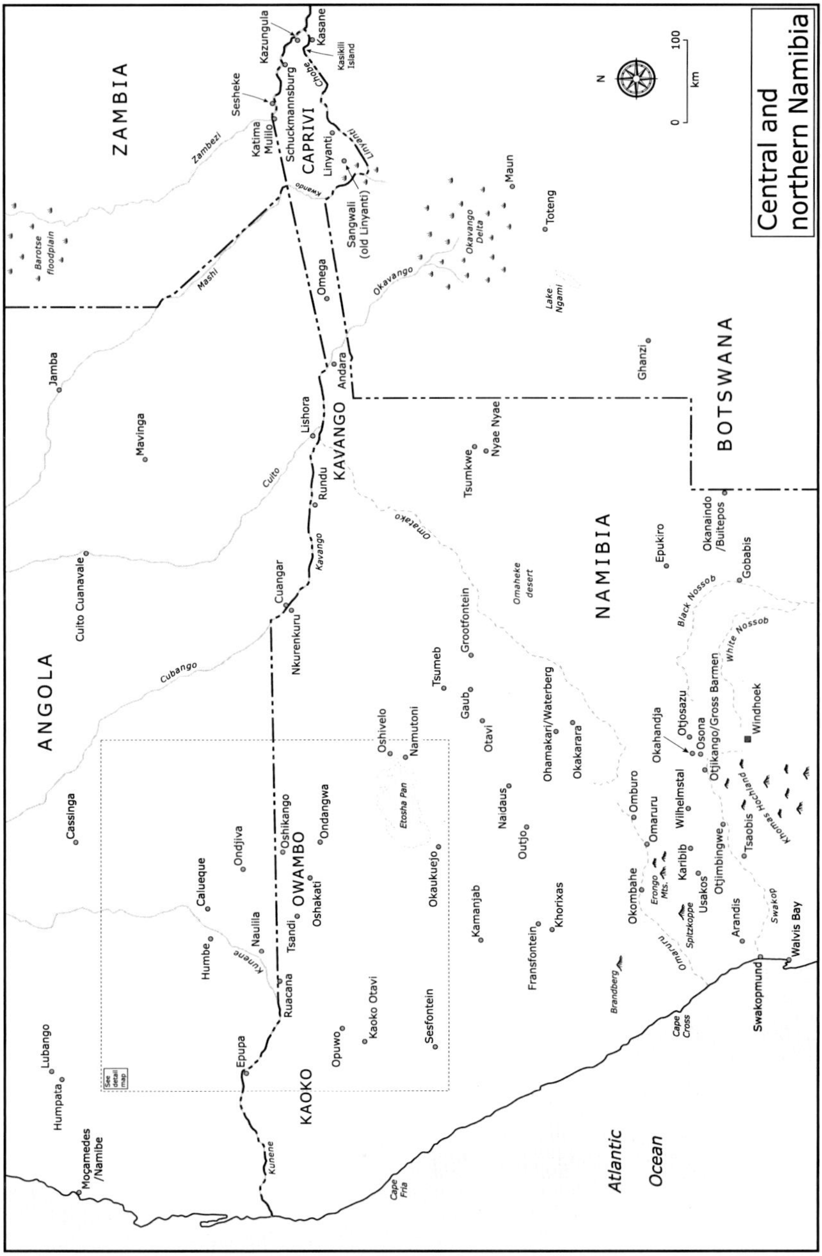

Karte 3: Zentral- und Nordnamibia.

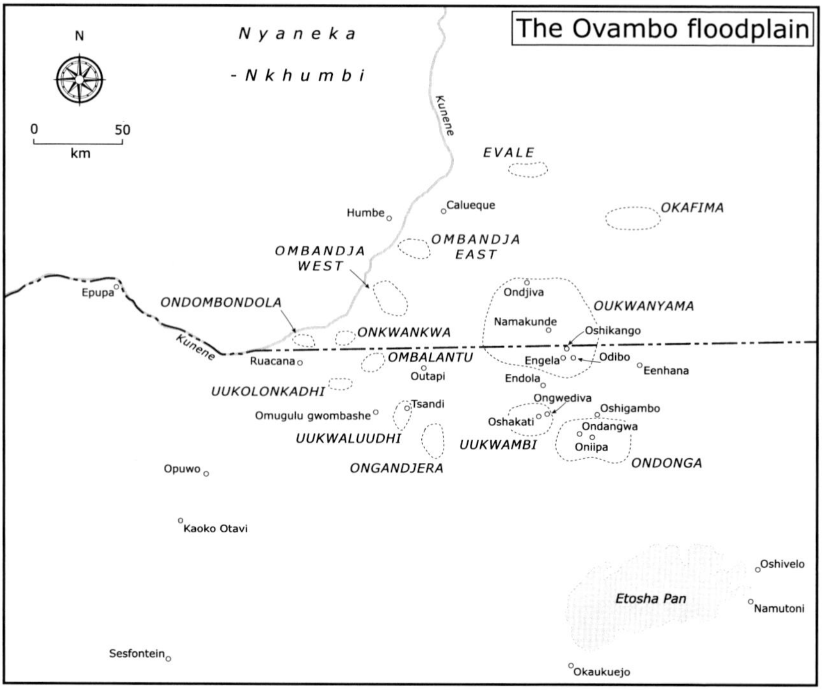

Karte 4: Ausschnitt von Karte 3 (Seite xi), Owambo-Überschwemmungsebene. Die Karte zeigt die im Text erwähnten Orte in der Überschwemmungsebene, unabhängig von einer Zeitepoche. Die abgebildete internationale Grenze entspricht der heutigen; vor 1928 lag die Neutrale Zone südlich davon. Die Karte zeigt *annähernd* die Lage der Ovambo-Staaten im neunzehnten Jahrhundert; auch Oukwanyama erstreckt sich auf der Karte ein Stück weit nach Namibia hinein, was mit Sicherheit im frühen zwanzigsten Jahrhundert der Fall war. Es sei allerdings angemerkt, dass sich die Grenzen der Staaten im Laufe der Zeit verändert haben, und zwar in einigen Fällen beträchtlich, und dass im zwanzigsten Jahrhundert die zwischen ihnen liegenden Waldflächen zur Besiedlung benötigt wurden. Einige Orte, die heute in diesen Staaten liegen, können daher auf dieser Karte außerhalb liegen. Außerdem sind einige moderne Ortsgründungen eingezeichnet, beispielsweise Oshakati.

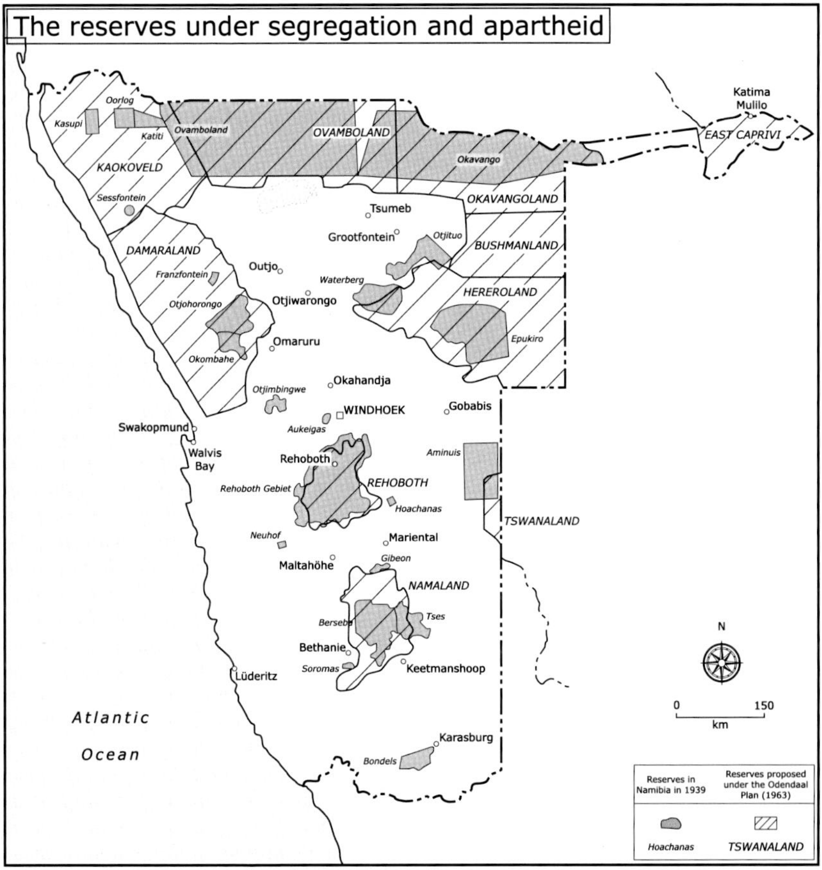

Karte 5: Die Reservate in der Zeit von Rassentrennung und Apartheid. Die Karte zeigt die Reservate zum einen 1939 vor Einführung der Apartheid, zum anderen den Stand von 1963, als der Odendaal-Report neue Reservatsgrenzen festlegte (die jedoch nicht alle umgesetzt wurden).

Einleitung

Am 21. März 1990 erlangte Namibia nach einem erbitterten, jahrzehntelangen Kampf gegen die südafrikanische Herrschaft seine Unabhängigkeit. Bereits ein Vierteljahrhundert vor diesem Wandel hatte die Dekolonisation den größten Teil des Kontinents ergriffen; in Südafrika selbst sollte erst vier Jahre später eine Mehrheitsregierung gebildet werden. Namibia blickt also auf eine lange Kolonialgeschichte zurück: 1884 vom Deutschen Reich besetzt, von Südafrika 1915 erobert und ab 1921 als Mandatsgebiet des Völkerbundes regiert, war das Land nach dem Zweiten Weltkrieg faktisch ein Teil Südafrikas.

Obwohl diese koloniale Vergangenheit nicht lange zurückliegt und die Erinnerung daran lebhaft ist, war sie doch nur ein relativ kurzes Intermezzo in der langen Zeit menschlichen Wirkens in Namibia. Über Jahrtausende wanderten Menschen in die Region ein und zogen durch sie hindurch, etablierten Macht, schufen Kunst, Musik und Literatur, übten ihren religiösen Glauben aus, produzierten Nahrung und Güter, betrieben Handel über große Entfernungen hinweg und fanden neue Lösungen für alte Probleme. Während der letzten Jahrhunderte hielten halbnomadische Gesellschaften überall in den äußerst trockenen und unwirtlichen zentralen und südlichen Teilen Namibias Rinder, Schafe und Ziegen oder lebten vom Jagen und Sammeln; manche kombinierten beide Wirtschaftsweisen. In großen Teilen des fruchtbareren Nordens bildeten sich auf der Grundlage von Ackerbau, Viehzucht, Fischfang, Sammeln und Jagd kleine Staatswesen heraus, die für gewöhnlich von Königen oder Königinnen regiert wurden. Ab dem späten achtzehnten Jahrhundert und vor allem seit Mitte des neunzehnten Jahrhunderts erlebten sämtliche Gebiete Namibias einen tiefgreifenden politischen, wirtschaftlichen und kulturellen Wandel, da ihre Bewohner von den neuen Kräften des Handelskapitalismus und des Christentums nicht nur beeinflusst, sondern förmlich erfasst und geprägt wurden. Als Namibia 1884 offiziell Kolonie wurde, hatte es sich schon erheblich verändert.

Heute, über zwanzig Jahre nach der Unabhängigkeit, hat Namibia mehr als zwei Millionen Einwohner. Seine Bodenfläche beträgt 832 690 Quadratkilometer – das entspricht mehr als der doppelten Größe Deutschlands bzw. 70 Prozent der Fläche Südafrikas.[1] Es grenzt an Südafrika, Botswana und Angola sowie im Nordosten (wo dem Gebiet 1890 ein schmaler Landstreifen, der so genannte Caprivi-Zipfel, hinzugefügt wurde) an Sambia.[2] Im Westen liegt Namibia am Atlantik; ein Großteil des Schiffsverkehrs wird über Walvis Bay abgewickelt, den einzigen Tiefwasserhafen des Landes, der 1878 von Großbritannien annektiert und erst 1994 aus südafrikanischem Besitz an Namibia zurückgegeben wurde.

Im Westen und Süden Namibias steigt das Land von der Küstenebene an und bildet einen steilen Gebirgszug, die Große Randstufe; dahinter besteht der größte Teil der Landmasse aus einer überwiegend flachen Hochebene, die zwischen 900 und 1000 Meter über dem Meeresspiegel liegt. Die geringe Bevölkerungsdichte Namibias erklärt sich aus dem rauen Klima, vor allem der extremen Trockenheit. Es gibt im Land zwei Wüsten: die Namib im Westen und die Kalahari im Osten, und der Niederschlag im äußersten Süden und Westen beträgt im Jahresmittel weniger als 55 Millimeter. Nach Norden und Osten nimmt die Niederschlagsmenge zu und erreicht in den feuchtesten Regionen einen Höchstwert von 550 bis 600 Millimetern, wobei aber über dem größten Teil des Landes deutlich weniger Regen niedergeht. Außerdem fällt der wenig verlässliche Regen nur zwischen Oktober und März. Die Geschichte Namibias ist aus diesem Grund von Dürrezyklen geprägt, und der Anbau von Feldfrüchten war nur in den fruchtbareren nördlichen Regionen möglich. Diese Klimabedingungen hatten auch entscheidenden Einfluss auf die heutigen Siedlungsmuster: Die am dichtesten besiedelten Gegenden liegen im Norden, wo seit langem relativ große Gemeinschaften leben, und in den Städten, in die die Menschen während der Kolonialzeit und nach der Unabhängigkeit als abwanderten.[3]

Dieses Buch stellt den Versuch dar, die Literatur zur Geschichte Namibias bis zur Unabhängigkeit im Jahr 1990 zusammenzufassen. Es beginnt mit einem Kapitel von John Kinahan, das sich vorwiegend auf archäologische Forschungen stützt und den Zeitraum von den ersten archäologischen Nachweisen menschlicher Aktivität bis zur Mitte des neunzehnten Jahrhunderts behandelt. In den darauffolgenden Kapiteln habe ich versucht, die vorhandene veröffentlichte Forschungsliteratur zu Namibias Geschichte ab (ungefähr) der Mitte des achtzehnten Jahrhunderts zusammenzutragen und sie zu einem möglichst schlüssigen Gesamtbild zu verknüpfen. Solch ein Versuch, aus komplexen und vielschichtigen ‚Geschichten' eine einheitliche Beschreibung zu konstruieren, ist natürlich zwangsläufig problematisch. Er birgt nicht nur die Gefahr, dass man komplexe Ereignisse in einer oder zwei Zeilen zusammenfasst und dabei die Geschichte verzerrt darstellt, sondern auch – wenigstens bis zu einem gewissen Grad – die Grenzen und Schwerpunkte der vorhandenen Literatur reflektiert und dadurch alternative Geschichtsnarrative ausgeblendet werden.

Es hat allerdings auch enorme Vorteile, ein allgemeines Geschichtsbuch zu schreiben. Einer davon ist, dass die Lücken in der bereits vorhandenen Literatur besonders scharf hervortreten. Von einem unvoreingenommenen Prozess, um diese Lücken zu schließen, kann natürlich keine Rede sein: Worin diese Lücken bestehen, wird von Historikern immer wieder neu diskutiert. Dennoch gibt es einige Auffälligkeiten. Umgekehrt fallen die beliebtesten Forschungsfelder von Historikern und Ethnologen auf, was bisweilen dazu führt, dass andere Themen vernachlässigt werden. Weiter unten gehe ich näher auf Beispiele ein.

Ein Blick auf die *longue durée* der namibischen Geschichte macht auch deutlich, dass der Zeitraum, für den es schriftliche Quellen gibt, nur einen Bruchteil der Dauer menschlicher Besiedlung in Namibia ausmacht. John Kinahans Kapitel ist daher für das vorliegende Buch von zentraler Bedeutung, denn es deckt die Zeit vor der Mitte des achtzehnten Jahrhunderts ab und macht die Ergebnisse neuester archäologischer Forschung einem breiten Publikum zugänglich. Er zeigt auch, wie sich für den Zeitabschnitt, der mit den Methoden der historischen Archäologie erforscht werden kann, materielle Dokumentationen und Archivquellen kritisch gegenüberstellen lassen.

Ein separater Abschnitt in Kinahans Kapitel befasst sich mit Geschichte und gegenwärtigem Stand der archäologischen Forschung und Literatur. An dieser Stelle muss kurz auf die Geschichtsschreibung über Namibia eingegangen werden, bevor einige der allgemeinen Themen zur Sprache kommen, die für das vorliegende Buch von Belang sind. Dass es einer neuen historischen Synthese bedarf, ist offensichtlich: Das letzte auf wissenschaftlicher Forschung basierende allgemeine Geschichtswerk, *A History of Resistance in Namibia* von Peter Katjavivi, erschien 1988; Klaus Dierks' *Chronology of Namibian History* wiederum ist zwar umfangreich und eignet sich gut als Referenzwerk, doch wie der Titel bereits vermuten lässt, handelt es sich eher um eine Auflistung von Daten und Ereignissen als um ein erzählendes Geschichtswerk.[4]

Die meisten Gesellschaften im vorkolonialen Namibia entwickelten eigene Methoden der Geschichtsschreibung; sie schufen kohärente (allerdings häufig parteiische) Geschichtsüberlieferungen, die sie ständig ergänzten. Indigene Historiker gaben solches Fachwissen mündlich von einer Generation zur nächsten weiter. Auch andere Gepflogenheiten und Literaturformen, zum Beispiel das Genre des Lobliedes, ermöglichten es Afrikanern – häufig Frauen –, historisches Wissen und historisch begründete Ansprüche auf Ressourcen performativ auszudrücken und im Gedächtnis zu bewahren. Was allerdings die Geschichtsschreibung über Namibia angeht, so ist *Das alte Südwestafrika* von Heinrich Vedder (1934)[5] das wohl erste größere Werk. Das Buch hat gravierende Schwächen: Es stellt das vorkoloniale Namibia nicht nur so dar, als sei es unablässig von Kriegen zwischen Wilden zerrissen gewesen, für die die Ankunft der deutschen Kolonialherren eine wahre Erlösung darstellte; der Text ist auch sehr mangelhaft belegt und voller Fehler, wie sich bei einer eingehenden Analyse von Vedders Ausführungen über die Erforschung der namibischen Küste gezeigt hat.[6] Aus diesen Gründen habe ich *Das alte Südwestafrika* nicht als Quelle für das vorliegende Buch verwendet.[7]

Nach dem Zweiten Weltkrieg nahm die Geschichtsschreibung über Namibia deutlich zu. 1961 besuchte die couragierte südafrikanische Journalistin Ruth First Namibia, wo sie Interviews durchführte und

Archivforschung betrieb. Das Ergebnis war ein radikal neuer Blick auf die Geschichte der Region. Firsts Buch war zu seiner Zeit bahnbrechend und ist aufgrund der Einblicke, die es gewährt, und seiner lebhaften Schilderungen immer noch lesenswert.[8] Auf Firsts Arbeit folgte 1971 ein weiteres allgemeines Geschichtsbuch von Israel Goldblatt; es ist zwar weniger analytisch angelegt, aber dennoch interessant, weil es vorkolonialen Quellen besondere Aufmerksamkeit schenkt.[9]

Dass es in jener Zeit erstaunlich viele Diskussionen und Forschungen gab, ist vor allem auf das langwierige Ringen um das Schicksal Namibias zurückzuführen. Ganze Bände wurden mit Argumenten für und gegen die Herrschaft Südafrikas über Namibia gefüllt. Aus diesen Debatten ging unter anderem John Wellingtons *South West Africa and its Human Issues* hervor. Für dieses Buch analysierte Wellington den Odendaal-Plan (mit dem in Namibia die Apartheid eingeführt wurde)[10]. Helmut Bley und Horst Drechsler untersuchten Regierungsdokumente in Archiven in der DDR aus und verfassten eine eine jeweils radikal neue Geschichte der deutschen Herrschaft in Namibia, einschließlich des von der deutschen Kolonialregierung zwischen 1904 und 1908 an den Menschen in Zentral- und Nordnamibia verübten Völkermordes.[11] Etwas später erschienen Arbeiten aus dem Umfeld der South West African People's Organization (SWAPO), der wichtigsten nationalen Befreiungsbewegung, darunter die ‚offizielle Geschichte' mit dem Titel *Entstehung einer Nation*[12] und Katjavivis *History of Resistance*; zu den wissenschaftlichen Veröffentlichungen von Mitgliedern der South West Africa National Union (SWANU) zählt beispielsweise Zedekia Ngavirues Untersuchung über die Zwischenkriegsjahre.[13] Die kapitalistische Ausbeutung Namibias durch das Wanderarbeitssystem wurde insbesondere von Richard Moorsom analysiert,[14] und die Erforschung der Sozialgeschichte setzte mit den Arbeiten von Brigitte Lau und anderen ein.[15] In den 1970er- und 1980er-Jahren erlebten außerdem kleinere Publikationen eine Blütezeit, die der Unterstützung des Befreiungskampfes gewidmet waren und sich auf Untersuchungen über die Verhältnisse in Namibia stützten. Darüber hinaus wurden Vorträge, die auf wichtigen

Konferenzen zur Geschichte Namibias gehalten worden waren, in maßgeblichen Sammelbänden herausgegeben.[16]

Der weitere Kontext dieser Veröffentlichungen war zum einen die Herausbildung einer nationalistischen Geschichtsschreibung in Afrika während der Periode der Dekolonisation, vor allem aber das Aufkommen des Widerstands-Paradigmas in den Afrikastudien in den 1950er- und 1960er-Jahren.[17] Wie es die SWAPO in *Entstehung einer Nation* formulierte, hatte ‚der Widerstand des namibischen Volkes gegen fremde Invasoren … eine lange Geschichte',[18] die bereits vor der offiziellen Kolonialisierung Namibias begonnen hatte und im Kampf um nationale Unabhängigkeit gipfelte. Solche Untersuchungen waren enorm wichtig, weil sie aufzeigten, in welchem Maße Afrikaner Widerstand gegen Kolonialisierung und Unterdrückung geleistet hatten. Nichtsdestoweniger werden die Annahmen hinter diesen Darstellungen – dass es im Wesentlichen um einen bipolaren Konflikt zwischen Kolonisatoren und Kolonisierten und um ununterbrochenen Widerstand gegen die Kolonialherrschaft gegangen sei – zunehmend angezweifelt. James Scott hat eingewandt, dass Afrikaner viel häufiger die ‚Waffen der Schwachen'[19] – Umgehung und Untergrabung kolonialer Kontrolle – als offenen Widerstand eingesetzt hätten. Vor allem aber haben Historiker inzwischen eine bessere Kenntnis von Konflikten, die sich aus den sozialen Schichtungen innerhalb afrikanischer Gesellschaften ergaben. Es ist auch mehr über die Schnittstellen von Macht, Geschlecht und Generationszugehörigkeit bekannt sowie über Kontinuitäten in der Zeit vor, während und nach der Kolonialisierung. Van Wanraven und Abbink weisen beispielsweise mit Bezug auf Befreiungskriege darauf hin, dass ‚neuere Studien eine stärkere ethnologische Ausrichtung haben; sie betrachten Kriege eher als sehr komplexe gesellschaftliche Phänomene und nicht so sehr als Auseinandersetzungen, die lediglich um die Unterstützung moderner politischer Identität kreisen'.[20]

Solche Überlegungen müssen auch für den Kontext Namibias angestellt werden. Es gibt beispielsweise nur sehr wenige Arbeiten zur Sozial- und Wirtschaftsgeschichte nach dem Zweiten Weltkrieg, insbesondere für die 1960er-Jahre:[21] So fehlt etwa eine umfassende Untersuchung darüber, wie und wann die Apartheids-Gesetzgebung auf Namibia ausgeweitet wurde. Es wird noch viel Forschung nötig sein, um die Auseinandersetzungen dieser Zeit – einschließlich des Unabhängigkeitskrieges – in der damaligen gesellschaftlichen, wirtschaftlichen und politischen Landschaft besser zu verorten und über die begrenzte politische Perspektive, die in der zahlreichen Literatur vorherrscht, hinauszugehen. Andererseits haben sich Historiker bereits von der Dichotomie zwischen Widerstand und Kollaboration verabschiedet und differenziertere Untersuchungen zu Themen wie den Schutzverträgen mit Großbritannien und Deutschland im neunzehnten Jahrhundert und der Rolle von Persönlichkeiten wie Samuel Maharero vorgelegt.[22]

Es hat sich inzwischen auch die Ansicht durchgesetzt, dass die Macht des Staates und der Siedler oft brüchig und keineswegs umfassend gewesen ist und ihr durch äußere Umstände und die vorhandenen Ressourcen Grenzen gesetzt waren; es handelte sich nicht um eine allmächtige Maschinerie, die nach dem Völkermord eine ‚Ruhe des Friedhofs'[23] – wie es Drechsler ausdrückt – zu erzwingen vermochte. Damit soll keineswegs geleugnet werden, dass es Momente gab, in denen europäische Mächte gewaltige Mittel aufboten, um afrikanischen Gegnern vernichtende Niederlagen beizubringen, oder dass die Militärtechnologie eine entscheidende Rolle bei der Etablierung und Aufrechterhaltung der Kolonialherrschaft gespielt hat. Man muss dabei aber die Konflikte und Widerstände innerhalb politischer Formationen im Deutschen Reich und in Südafrika, das Auseinanderklaffen der Interessen von Siedlern und Staat, die gewaltigen Probleme bei der Verwaltung eines so großen Gebietes wie Namibia und die Bedeutung der Kooperation afrikanischer Eliten für die Aufrechterhaltung kolonialer Macht berücksichtigen.

Mit der Unabhängigkeit blühte die Geschichtsschreibung in und über Namibia förmlich auf. Das Nationalarchiv stand nun all denen offen, die es zuvor nicht benutzen konnten, und auch umfangreiche Forschungen zu mündlichen Überlieferungen wurden möglich. In Namibia selbst erstarkte die Geschichtswissenschaft. Zu bestimmten Zeiten war das Historische Seminar an der Universität von Namibia eine Keimzelle des Wandels; sie veranstaltete drei große internationale Geschichtskonferenzen,[24] veröffentlichte Arbeitspapiere und ermunterte die Studierenden dazu, originäre Forschung zu betreiben und die Ergebnisse zu veröffentlichen. Daher sind gegenwärtig einige Namibier (mit Unterstützung einer Handvoll internationaler Schlüsselinstitutionen) entweder dabei oder kurz davor, Dissertationen im Fach Geschichte abzuschließen.[25] Geschichtsforschung innerhalb eines mehr oder weniger nationalistischen Paradigmas sowie der Erwerb relevanter Archive wurde auch von den Archives of Anti-Colonial Resistance and the Liberation Struggle (AACRLS, ‚Archiv des antikolonialen Widerstands und des Befreiungskampfes') aktiv gefördert, einem 2001 innerhalb des Nationalarchivs ins Leben gerufenen Projekt, das von der Regierung der Bundesrepublik Deutschland finanziert wurde.[26] Geschichte ist oft in der Öffentlichkeit präsent: durch das Gedenken an Stätten, Ereignisse und Menschen; dadurch, dass geschichtliches Wissen weiterhin mündlich tradiert wird; und durch die Diskussionen und Kontroversen, die vor allem um die nationale Versöhnung nach der Unabhängigkeit, den Völkermord von 1904–08 und die Rolle des Kampfes um die Unabhängigkeit im symbolischen Leben des jungen Staates entbrannt sind.

Im vorliegenden Buch wird ausführlich auf Literatur Bezug genommen, die in der Zeit nach der Unabhängigkeit erschienen ist. Zu den Stärken dieser wissenschaftlichen Arbeiten gehören ihr Augenmerk auf soziale, wirtschaftliche, kulturelle und politische Geschichte; detaillierte Forschung zu früher unberücksichtigten oder nur wenig untersuchten Themen, so etwa zum Norden Namibias; und der Nachdruck, mit dem die meisten – wenngleich nicht alle[27] – Autoren auf afrikanischen Perspektiven bestehen und versuchen, historische Prozesse als dynamisch und komplex zu begreifen. Wie auch ihre Vorgänger beziehen sich diese Arbeiten auf ein beachtliches Spektrum an Quellen. Schriftliche Dokumente über Namibia setzten ein, als in der zweiten Hälfte des achtzehnten Jahrhunderts das Interesse der Europäer an der Region erwachte; zu ihnen zählen nicht nur die Archive europäischer Reisender und anderer Einzelpersonen, christlicher Missionen und Kolonialregierungen, sondern auch diejenigen einer Reihe afrikanischer Führungspersönlichkeiten, für die Korrespondenz schon lange vor Ende des neunzehnten Jahrhunderts ein unerlässliches Machtwerkzeug geworden war. Anfang des zwanzigsten Jahrhunderts hatte auch die Alphabetisierung erhebliche Fortschritte gemacht, und das Briefeschreiben war bei der afrikanischen Bevölkerung zu einem Kommunikationsmittel geworden.[28] Außerdem hat sich die neue Forschung schnell der Untersuchung und Auswertung anderer Quellengruppen zugewandt, insbesondere der mündlichen Überlieferung von Geschichte und traditionellem Wissen sowie den unterschiedlichsten Text- und Bilddokumenten.[29]

Ungeachtet aller Stärken dieser Arbeiten bleibt die wissenschaftliche Geschichtsforschung zu Namibia begrenzt – woraus sich zum Teil (aber nicht gänzlich) erklärt, warum in der Geschichtsschreibung so viele Lücken klaffen. International gibt es vergleichsweise wenig Namibia-Spezialisten; entsprechende Forschung hat sich vor allem in solchen Ländern herausgebildet, die durch Kolonialismus und/oder Unabhängigkeitskampf einen historischen Bezug zu Namibia haben. Im Land selbst ist die wissenschaftliche Geschichtsforschung seit der Unabhängigkeit generell eher schleppend vorangekommen, die entsprechenden Archiv- und Hochschulbereiche sind klein, und es ist nach wie vor schwierig, seinen Lebensunterhalt als Historiker zu verdienen. Die meisten Arbeiten über die Geschichte Namibias stammen daher von Wissenschaftlern, die in Europa oder den USA ansässig sind (dies gilt auch für die Autorin des vorliegenden Buchs). Natürlich trifft diese Situation nicht auf Namibia zu und spiegelt in gewisser Hinsicht bestehende Machtverhältnisse wider;[30] andererseits ist die Forschung aber deshalb so weit verstreut, weil die Arbeit der SWAPO vor der Unabhängigkeit international ausgerichtet war und weil Geschichte generell eine internationale Disziplin ist. Dies wiederum regt solide wissenschaftliche Arbeit, kritisches Hinterfragen und fruchtbaren Gedankenaustausch an.

Dennoch bleibt das Ungleichgewicht ein Problem. Jeremy Silvester schreibt, dass die Arbeiten von Lovisa Nampala und Vilho Shigwedha

‚wichtige Einblicke in die „kollektive Erinnerung" an die Bedeutung von Tradition in Nordnamibia eröffnen'.[31] Namibische Historiker verfügen über die Fähigkeit, die sprachlichen und kulturellen Schätze und die Komplexitäten namibischer Gemeinschaften subtiler zu erschließen als ihre westlichen Kolleginnen und Kollegen und Einblicke, die sie dabei gewonnen haben, auf neue und fruchtbare Weise mit Erkenntnissen aus ihrer Archivarbeit zu verknüpfen. Zwar birgt eine enge Verbindung zu den erforschten Gemeinschaften auch Risiken, da sie zu ethnisch exklusiver Geschichtsschreibung führen kann; man darf aber nicht vergessen, dass sich auch westliche Historiker dazu haben verleiten lassen. Die Arbeiten afrikanischer Nachwuchswissenschaftler gemahnen uns auch eindringlich daran, wie tief die Vergangenheit – und der damit verbundene Schmerz – weiterhin die Gegenwart prägt. In den Arbeiten von Nampala und Shigwedha sind Diskussionen und Auseinandersetzungen über Themen wie Polygynie und den von den Missionaren ausgeübten Zwang allgegenwärtig; im Kontext von Gesellschaften, deren kulturelle Welten sich durch koloniale und christliche Einmischung unwiederbringlich verändert haben, sind diese Themen auch heute noch aktuell.[32] Geschichte muss ein öffentliches Gut sein, und besonders die Arbeit namibischer Historiker birgt das Potenzial, die öffentliche und die wissenschaftliche Seite der Debatte in einer Atmosphäre kritischen Hinterfragens zusammenzuführen.

Im vorliegenden Buch versuche ich, die Geschichte Namibias aus einer afrikabezogenen Perspektive zu erzählen und Nancy Rose Hunts Forderung zu beherzigen, dass ‚die Politik der Darstellung sich nicht auf europäische Geografien und Vorstellungen beschränken darf, sondern auch berücksichtigen muss, wie in Afrika Zeit, Raum und soziale Beziehungen gedacht werden'.[33] Dies hat Auswirkungen darauf, wie sowohl Raum als auch Zeiträume strukturiert werden. Norman Etherington schreibt, dass Historiker ‚in der Lage sein müssen, sich imaginär in einer Landschaft zu positionieren, in der die Vertreter des Kolonialismus zunächst als kleine Flecken fern am Horizont erscheinen'.[34] Wenn wir die Geschichte Südafrikas räumlich aus dem Blickwinkel der Kapkolonie betrachten – führt er aus –, dann versetzen wir uns, vielleicht unbewusst, in die Lage der Kolonisatoren. Das gilt ebenso für Namibia, und vor diesem Hintergrund leitet John Kinahans Kapitel das vorliegende Buch ein. Ein afrikabezogener Ansatz stellt außerdem die Vorstellung in Frage, es gäbe einen begrenzten Raum namens ‚Namibia' oder ‚Südwestafrika', denn viele früher existierende politische Einheiten erstreckten sich weit über die Grenzen hinaus, die während der Kolonialzeit gezogen wurden. Obwohl das vorliegende Buch die Geschichte sehr unterschiedlicher Regionen und Gesellschaften zusammenfasst, deren einzige Gemeinsamkeit darin besteht, dass sie heute zum Nationalstaat Namibia gehören, habe ich mich doch bemüht, so weit wie möglich den weiteren Kontext zu berücksichtigen und Staatsgrenzen als das zu sehen, was sie sind: manchmal fiktiv, fast immer durchlässig und von wechselnder Bedeutung im Lauf der Zeit. Unter diesen Vorbehalten verwende ich ‚Namibia' als Bezeichnung für das Gebiet des heutigen Nationalstaats, und zwar auch schon für die Zeit, als das Wort noch nicht allgemein gebräuchlich war. Darin folge ich der unter Historikern gebräuchlichen Praxis, ehemalige Kolonien bei ihrem heutigen Namen zu nennen. (Außerdem verwende ich die Abkürzung DSWA für die Kolonie Deutsch-Südwestafrika und SWA für das Land während der südafrikanischen Kolonialzeit.)

Auch internationale Grenzen sind wesentlich weniger starr und viel komplexer, als in einem Großteil der Literatur angenommen wird. Besonders die Aufteilung Namibias in die nördlichen Gebiete und die ‚Polizeizone' (die von Siedlern besetzten Gebiete im Süden und im Zentrum) war zur Zeit der Apartheid (nach dem Zweiten Weltkrieg) zur gängigen räumlichen Vorstellung geworden. Weil diese Aufteilung auch Auswirkungen auf die Geschichtsschreibung hatte, ist der Aufbau des vorliegenden Buches ebenfalls von ihr beeinflusst: In den Kapiteln 2 bis 6 wird der Norden getrennt vom Süden und vom Zentrum behandelt. Dennoch sei betont, dass diese Aufteilung unvollständig und (vor allem in der Anfangsphase) durchlässig war und schrittweise erfolgte.

Zuerst richtete die deutsche Verwaltung 1896–97 die nördliche Grenze ein, die von Osten nach Westen verlief (etwa zwischen Grootfontein und Fransfontein); sie markierte die Grenze der faktischen deutschen Herrschaft und stellte den Versuch dar, Siedler, die im Süden lebten, vor einer Rinderseuche zu schützen. Die Polizeizone wurde erstmals 1907 von der Regierung in Berlin definiert; diese Maßnahme sollte die Verantwortung der Deutschen für den Schutz der Siedler auf ein Gebiet beschränken, das den Norden und einige der westlichen und südlichen Teile Namibias ausschloss. 1925 erschien erstmals eine Landkarte, auf der eine rote Linie (die Bezeichnung „Rote Linie" wurde später zum Synonym für die Grenze) eingezeichnet war. Die Linie folgte ungefähr dem Verlauf der ursprünglichen deutschen Grenze, reichte nunmehr aber bis zu den östlichen und westlichen Grenzen des Gebiets und wurde gezogen, um den Export von Rindern aus den nördlichen Gegenden nach Südafrika zu verhindern. Die Polizeizone und die Rote Linie wurden durch die Sperrgebietserklärung von 1928 gesetzlich festgelegt. Doch selbst danach wurde die Grenze weiterhin verschoben.[35]

Wie geografische Verortungen, können auch Zeitspannen nicht absolut umrissen werden: Viele der Daten, die für gewöhnlich als Wendepunkte in Namibia gelten, wurden inzwischen in Frage gestellt; sie sind allenfalls Indikatoren für ungeordneten, schrittweisen Wandel und markieren keine klaren Einschnitte zu einem bestimmten historischen Zeitpunkt. Auch in diesem Fall kann ein afrikabezogener – und übrigens auch namibiabezogener – Blickwinkel bestehende chronologische Einteilungen ins Wanken bringen. Einige Forscher vertreten mittlerweile die Ansicht, dass die Auswirkungen des Kolonialismus – über ein Vierteljahrhundert nach der Dekolonisation betrachtet – weitaus weniger tiefgreifend waren, als früher angenommen.[36] In Namibia hatten Kolonialismus und Apartheid unzweifelhaft schwerwiegende Folgen, nicht zuletzt wegen des Völkermordes von 1904–08, aber auch aufgrund der allgemein recht hartnäckigen und großenteils erfolgreichen Bestrebungen des Staates und der Siedler, die schwarze Bevölkerung der Kolonie innerhalb kapitalistischer Strukturen auszubeuten. Dennoch ist es wichtig, die Kolonialzeit differenzierter zu betrachten: Namibia befand sich, wie bereits erwähnt, nur für eine vergleichsweise kurze Spanne seiner Geschichte unter europäischer Herrschaft, und die Macht des Deutschen Reichs und Südafrikas war deutlich begrenzt. Wenn außerdem die Zeitpunkte, zu denen sich die offizielle Kolonialherrschaft etablierte (und änderte), nicht immer die wichtigsten Daten in der Geschichte Namibias sind, so kann nicht automatisch angenommen werden, dass für diese Region die gleiche chronologische Abfolge gilt, wie für Südafrika. Zwar wurde die südafrikanische ‚Eingeborenenpolitik' für gewöhnlich (aber nicht immer) auch in SWA angewendet; jedoch gab es hier eigene einschneidende Momente des Wandels – so etwa das ‚Referendum' von 1946, das die Bewusstseinsbildung und den Widerstand gegen die südafrikanische Verwaltung entscheidend beeinflusst hat.

Wenn ein Buch wie dieses also die Probleme von Zeit und Raum ansprechen muss, dann muss es auch darum bemüht sein, vernachlässigte Geschichte aufzuarbeiten – Versionen der Geschichte, die vom dominanten, vorwiegend politischen Narrativ abweichen. Es ist natürlich nicht möglich, dies vollständig zu leisten. Verne Harris hat festgestellt: ‚Die Marginalisierten sind (...) ohne Zahl. Sie alle beim Namen zu nennen, ist ein unmögliches Unterfangen'.[37] Außerdem ist die Aussagekraft von Quellen und Geschichtsschreibung begrenzt, wenn es zum Beispiel um das Herauslösen und konzeptuelle Erfassen beispielsweise der Geschichte von Frauen, armen Bevölkerungsschichten oder jungen Menschen geht. Dennoch versuche ich im gesamten Buch, Gedanken über Geschlecht und Macht einfließen zu lassen, die Auswirkungen historischen Wandels auf Frauen und Männer zu berücksichtigen, die Handlungsfähigkeit von Frauen aufzuzeigen und im Blick zu behalten, inwieweit politische Macht aktiv durch den Einsatz von Männlichkeitskonstruktionen geschaffen wurde.[38] Wenn mir dies gelingt, so verdanke ich das denjenigen Historikerinnen und Historikern, die über Frauen und Geschlecht geschrieben haben; allerdings werden Geschlechterfragen leider nach wie vor in vielen neueren Veröffentlichungen ausgeklammert. Zum Beispiel wurden die sogenannten Eingeborenenverordnungen von 1907 über alle Afrikaner verhängt, die älter als sieben Jahre waren;[39] die Autoren, die diese extrem einschneidenden Vorschriften untersuchen, gehen jedoch in keiner Weise auf die gesellschaftlichen, kulturellen und wirtschaftlichen Auswirkungen auch auf Frauen galten. Auf diesen und viele andere Bereiche trifft Lita Webleys Feststellung zu, dass ‚ein feministischer Ansatz nicht unbedingt für einen anderen oder gar subjektiveren Blick auf die Vergangenheit plädiert, sondern vielmehr für ein *besseres* Verständnis vergangener Gesellschaften und Ereignisse'.[40] Auch der Beitrag von Frauen zum Unabhängigkeitskampf wird zwar in der Literatur häufig und etwas phrasenhaft gelobt, ist aber bislang kaum Gegenstand differenzierter und analytischer Forschung gewesen.[41]

Ein weiterer Aspekt namibischer Geschichtsschreibung, der dringend und gründlich untersucht werden muss, ist die Art und Weise, in der Ethnizität und ethnische Gruppen für gewöhnlich begrifflich erfasst werden. Die afrikanische Geschichtsschreibung geht mittlerweile davon aus, dass ethnische Gruppierungen und Zugehörigkeiten oft keine weit zurückreichende Geschichte haben, sondern vielmehr relativ neue Konstrukte darstellen. So schreibt Etherington über Südafrika: ‚Im Jahr 1800 gab es keine Ndebele, keine Swazi, keine „Bhaca" oder „Shangaan" (obwohl natürlich damals lebende Menschen die Vorfahren derer waren, die sich später solchen Gruppen zugehörig fühlten)'.[42]

Im vorkolonialen Namibia sprachen Menschen die Sprachen (oder Vorgängerformen oder Varianten davon), die dort heute noch gesprochen werden, etwa Otjiherero, Oshiwambo, Khoekhoegowab (Nama-Damara), Afrikaans, San-Sprachen, Rukwangali und Silozi. Darüber hinaus wiesen sie einige der kulturellen Merkmale auf, die inzwischen mit Definitionen heutiger ethnischer Gruppen verknüpft sind. Kinahan weist aber in Kapitel 1 zu Recht darauf hin, dass es gefährlich sein kann, das ‚ethnografische Präsens' in die Vergangenheit hineinzulesen – und dass archäologische Funde komplexe Zusammenhänge reflektieren können, die aus schriftlichen Quellen nicht hervorgehen. Was das neunzehnte Jahrhundert betrifft, so ist es bereits sehr irreführend, überhaupt von Gruppen wie ‚den Herero' oder ‚den Ovambo' zu sprechen. Damals umfassten die meisten Staatswesen weitaus weniger Menschen als spätere ethnische Gruppen wie etwa ‚die Ovambo', deren Vorfahren in mehreren (vorwiegend) monarchischen Staaten lebten, oder ‚die Nama', die ein Gemisch aus Bewohnern einiger südlicher Staaten waren. Letztere wiederum waren selbst durch sehr komplexe Prozesse entstanden, darunter das Verschmelzen von Zuwanderern vom Kap (‚Oorlam') mit der ursprünglichen Bevölkerung. Die Bezeichnung von Menschen gemischter europäisch-afrikanischer Herkunft als ‚Coloureds' (‚Farbige') bürgerte sich in Namibia weitgehend erst nach dem Zweiten Weltkrieg ein; vorher waren ihre Identitätsbildung und die dazugehörigen Bezeichnungen unterschiedlich und flexibel.[43] Es wird darüber gestritten, wie alt die ‚Damara'-Identität und -Identifikation sind. Die Vorfahren der heutigen ‚Damara' lebten mit Sicherheit verstreut über große Teile des Landes, bildeten aber keine politische Einheit; möglicherweise waren sie ursprünglich Bantu-Sprecher, übernahmen aber sehr früh das Khoekhoegowab.[44] Im Gegensatz dazu herrschte das Lozi-Reich, zu dessen nördlichem Gebiet Teile des Caprivi-Streifens gehörten, über Gruppen, die sprachlich sehr unterschiedlich waren.

Die jeweilige Lebensumwelt der Menschen basierte nicht in erster Linie auf Ethnizität im heutigen Sinne, sondern bestand aus ihrem unmittelbaren Verwandtschaftsnetz, das die Strukturen ihres Alltagslebens festlegte, und zugleich aus den politischen Systemen, unter und in denen sie lebten. Das Beispiel Südafrika ist auch hier aufschlussreich: Im neunzehnten Jahrhundert und davor bildeten sich afrikanische Gesellschaften hauptsächlich um mächtige Führungspersönlichkeiten heraus, die militärischen Schutz, Zugang zu Vieh, Land und Weidegründen sowie zunehmend auch die Gelegenheit, Handelsgüter zu erwerben, bieten konnten. Die stärksten dieser ‚Häuptlingsfamilien nebst Gefolgschaft' hatten eine starke Anziehungskraft auf viele Menschen von außerhalb, die sich ihnen folglich anschlossen.[45] Meiner Ansicht nach trifft diese Interpretation auch auf Namibia zu, wo Anführer wie Hendrik Witbooi zahlreiche Anhänger für sich gewinnen konnten. Im vorliegenden Buch verwende ich namibische Bezeichnungen für Anführer – *omuhona* (‚großer Mann') auf Otjiherero; auf Kapholländisch, das im neunzehnten Jahrhundert von vielen Nama-Oorlam gesprochen wurde, sagt man eher *kaptein* (‚Hauptmann') statt *chief* (Häuptling), da letzterer Begriff negativ konnotiert ist und nicht zwischen verschiedenen Arten von Führerschaft unterscheidet. Für die Herrscher und Herrscherinnen im Norden verwende ich allerdings ‚König' und ‚Königin', weil der Begriff des Königtums auf diese Region zutrifft.

Eine explizite ‚Herero'-Identität als Selbstzuschreibung existierte tatsächlich bereits *vor* der Kolonialherrschaft; die meisten anderen heutigen ethnischen Identitäten in Namibia wurden zwar nicht ausschließlich, aber doch mit einiger Hilfe von europäischen Reisenden und Kolonialregierungen geschaffen. Sie wurden während der gesamten Kolonialgeschichte des Gebietes, und auf besonders dogmatische Weise in der Zeit der Apartheid, in Namibias politische Grundstrukturen eingemeißelt. Solche Abgrenzungen waren tiefgreifend – obwohl sich die unter der Apartheid konstruierten Kategorien in manchen Fällen nicht bewährten. ‚Weiß' beispielsweise wurde nicht zum einheitsstiftenden Konstrukt, das empfundene Unterschiede zwischen Buren, Deutschen oder Briten aufhob. Auch ‚Kavango' ersetzte nicht Kwangali, Gciriku, Mbunza, Skanbyu und Mbukushu. Dennoch sind ethnische Herkunft und Zugehörigkeit eine Wirklichkeit, mit der sich heute alle Namibier auseinandersetzen müssen. Allerdings sind ethnische Identitäten Wirklichkeiten, die im Verlauf historischer Prozesse konstruiert werden, und keine unstrittigen, seit jeher bestehenden und unveränderlichen Ansammlungen kultureller und sprachlicher Eigenschaften.

Das Denken in ethnischen Kategorien ist in Namibia so ausgeprägt, dass es zwangläufig die Art und Weise der Geschichtsschreibung beeinflusst hat, und es gab eine starke Tendenz, heutige ethnische Kategorien in die Vergangenheit hineinzudeuten und auf diese Weise die Geschichte einzelner Ethnien darzustellen. Die Vorstellung, Gruppen seien mono-ethnisch, wird aber durch Siedlungen wie diejenige in Otjeru südlich der Grenze zur Polizeizone in Frage gestellt, die sich aus Einwohnern unterschiedlicher ethnischer Zugehörigkeit zusammensetzte.[46] Außerdem bleibt bei dieser Art Geschichtsschreibung häufig unklar, wie ethnische Trennungslinien gezogen und verstärkt oder aber verwischt wurden oder wie die wechselseitigen Beziehungen zwischen ‚Herero', ‚San' und ‚Damara' zu begreifen sind. Einige Forscher (darunter auch ich) haben daher an anderer Stelle die Auffassung vertreten, dass nicht ethnische Studien, sondern Regionalstudien ganz sicher der beste Weg sind, diese Unzulänglichkeiten zu überwinden. Darüber hinaus haben bestimmte Geschichtsnarrative besondere Anziehungskraft auf Historiker und Ethnologen ausgeübt. Ein Beispiel hierfür sind die Herero, die klischeehaft mal als ‚stolz', mal als ‚tragisch' dargestellt worden sind, Forscher aber auch aus anderen Gründen faszinierten, zum Beispiel wegen der ‚exotischen' ‚viktorianischen' Kleider, die von Herero-Frauen getragen werden. Obwohl das Leid von Otjiherero sprechenden Menschen während des Völkermords keinesfalls bagatellisiert werden sollte, hat eine solche Perspektive dazu geführt, dass der genozidale Krieg im Süden viel zu wenig Beachtung gefunden hat; die gesellschaftliche und politische Geschichte dieser Region, vor allem im neunzehnten und frühen zwanzigsten Jahrhundert, ist ebenfalls stark vernachlässigt worden.[47] Ein anderes beliebtes Forschungsthema waren die San-Völker (‚Buschleute') Namibias und Botswanas, über die mehr als sechshundert Bücher und Artikel erschienen sind.[48] Dieses Interesse hängt damit zusammen, dass die San als ‚ursprüngliche' und ‚primitive' Menschen gelten; ihre Geschichte als ländliches und extrem armes Proletariat hat vor der Veröffentlichung der Arbeiten Robert Gordons und James Suzmans kaum Aufmerksamkeit gefunden. Suzman reflektierte darüber, wie er ‚auf eigentümliche Weise' ‚über ein „untergegangenes" Volk' geschrieben habe, ‚das nicht aufgrund seiner geografischen Isolation von anderen ausgegrenzt ist, sondern aufgrund seiner konzeptionellen Marginalisierung durch andere'.[49]

An dieser Stelle sind auch einige Bemerkungen zur Orthografie angebracht. Ich habe versucht, die aktuellsten Schreibweisen zu verwenden, aber die Orthografie namibischer Sprachen ist nicht einheitlich, sodass mir dies nicht durchgehend geglückt ist. Außerdem habe ich mich in manchen Fällen eher an die gängige als an die logische Praxis gehalten. Zum Beispiel versehe ich die Bezeichnungen der in Namibia gesprochenen Bantu-Sprachen mit Präfixen (also ‚Otjiherero' anstatt ‚Herero'), verwende aber für Menschen dieser Gruppen die gebräuchlichere Form ‚Herero' anstatt ‚Ovaherero'. Was die ‚Ovambo' angeht, halte ich mich jedoch an die gängige Praxis und benutze das Präfix; ‚Owambo' bezeichnet das von ihnen bewohnte Gebiet. Die vier Klicklaute im Khoekhoegowab/Nama-Damara werden als ǀ ǁ ! und ǂ geschrieben (die ersten drei entsprechen den Zulu-Klicklauten c, x und q).

Das vorliegende Buch stellt den Versuch dar, auf die in dieser Einleitung erwähnten Fragen einzugehen, eine neue Synthese der Geschichte Namibias vorzulegen und neue Erkenntnisse zu vielen Aspekten dieser Geschichte vorzustellen. Wie alle geschichtlichen Abhandlungen, kann es keinen Anspruch auf Vollständigkeit erheben. Ich hoffe, dass es nicht nur als Referenzwerk dienen, sondern auch neue Diskussionen und neue Forschung über die Geschichte eines der am wenigsten bekannten und untersuchten afrikanischen Länder anregen wird.

Endnoten

1 Der Volkszählung von 2001 zufolge hatte Namibia 1,83 Millionen Einwohner; für 2008 nennt die Weltbank eine Zahl von 2,13 Millionen. John Mendelsohn, Alice Jarvis, Carole Roberts und Tony Robertson, *Atlas of Namibia: A Portrait of the Land and its People* (Kapstadt: David Philip, 2002), S. 38, 159; John Middleton und Joseph Miller (Hg.), *New Encyclopedia of Africa* (Detroit: Charles Scribner's Sons, 2008), Bd. 4, S. 489; http://databank.world.org (Zugriff am 10.5.2010).

2 Das internationale Recht erlaubt auch die Interpretation, dass die Grenze an einer Stelle auch Simbabwe berührt.

3 Mendelsohn *et al.*, *Atlas of Namibia*, S. 38–9, 85, 162–3.

4 Peter Katjavivi, *A History of Resistance in Namibia* (London: James Currey, 1988); Klaus Dierks, *Chronology of Namibian History: From Prehistorical Times to Independent Namibia* (Windhoek: Namibia Scientific Society, 2002).

5 Heinrich Vedder, *Das alte Südwestafrika: Südwestafrikas Geschichte bis zum Tode Mahareros, 1890* (Martin Warneck: Berlin, 1934); eine englische Ausgabe erschien unter dem Titel *South West Africa in Early Times: Being the Story of South West Africa up to the Date of Maharero's Death in 1890*, Hg. Cyril Hall (Oxford University Press, 1938).

6 Brigitte Lau, ‚Thank God the Germans Came: Vedder and Namibian Historiography' in *dies.*, *History and Historiography: Four Essays in Reprint* (Windhoek: Discourse/Michael Scott Oral Records Project, 1995), S. 1–16; Jill Kinahan, ‚Heinrich Vedder's Sources for his Account of the Exploration of the Namib Coast', *Cimbebasia*, 11 (1989), S. 33–9.

7 Es sei aber erwähnt, dass sich das von Vedder gesammelte Material in den National Archives of Namibia befindet und für Geschichtsforscher immer noch eine durchaus brauchbare Quelle darstellt.

8 Ruth First, *South West Africa* (Harmondsworth: Penguin, 1963).

9 Israel Goldblatt, *History of South West Africa From the Beginning of the Nineteenth Century* (Cape Town: Juta, 1971).

10 John Wellington, *South West Africa and its Human Issues* (Oxford: Clarendon Press, 1967).

11 Helmut Bley, *Namibia under German Rule* (Hamburg: Lit, 1996; erstmals veröffentlicht als *Kolonialherrschaft und Sozialstruktur in Deutsch-Südwestafrika 1894–1914* (Hamburg: Leibniz, 1968)); Horst Drechsler, *‚Let Us Die Fighting': The Struggle of the Herero and Nama against German Imperialism, 1884–1915* (London: Zed, 1980; erstmals veröffentlicht als *Südwestafrika unter deutscher Kolonialherrschaft. Band 1: Der Kampf der Herero und Nama gegen den deutschen Imperialismus 1884-1915* (Berlin: Akademie, 1966)).

12 Referat für Information und Öffentlichkeitsarbeit SWAPO Namibias, *Entstehung einer Nation. Der Befreiungskampf für Namibia* (London: Zed, 1981).

13 Zedekia Ngavirue, *Political Parties and Interest Groups in South West Africa (Namibia)* (Basel: P. Schlettwein, 1997), ursprünglich 1972 als Dissertation verfasst.

14 Siehe beispielsweise Richard Moorsom, ‚Underdevelopment, Contract Labour and Worker Consciousness in Namibia, 1915–72', *JSAS*, 4 10 (1977), S. 52–87; Elia Kaakunga, *Problems of Capitalist Development in Namibia: The Dialectics of Progress and Destruction* (Turku: Abo Akademi, 1990).

15 Brigitte Lau, *Southern and Central Namibia in Jonker Afrikaner's Time* (Windhoek: Windhoek Archives, 1987). Eine hilfreiche Bibliografie ist Tore Linné Eriksen (mit Richard Moorsom), *The Political Economy of Namibia: An Annotated Critical Bibliography* (Oslo: Norwegian Institute of International Affairs, 1985).

16 Ronald Segal und Ruth First (Hg.), *South West Africa: Travesty of Trust* (London: Andre Deutsch, 1967; papers from the International Conference on South West Africa, Oxford, 1996); Brian Wood (Hg.), *Namibia 1884–1984: Readings on Namibia's History and Society* (London und Lusaka: Namibia Support Committee and United Nations Institute for Namibia, 1988; papers to International Conference on Namibia, 1884–1984, London, 1984).

17 Klaas van Walraven und Jon Abbink, ‚Rethinking Resistance in African History: An Introduction' in Jon Abbink, Mirjam de Bruijn und Klaas van Walraven (Hg.), *Rethinking Resistance: Revolt and Violence in African History* (Leiden: Brill, 2003), S. 1–40, S. 1.

18 Referat SWAPO, *Entstehung einer Nation*, S. 179.

19 James Scott, *Weapons of the Weak: Everyday Forms of Peasant Resistance* (New Haven: Yale University Press, 1985).

20 Van Walraven und Abbink ‚Rethinking Resistance', S. 15; E.S. Atieno Odhiambo, ‚The Usages of the Past: African Historiographies since Independence', *African Research and Documentation*, 96 (2004), S. 3–62.

21 Zu den Ausnahmen zählt First, *South West Africa*; es gibt aber nur sehr wenige neuere Arbeiten.

22 Dag Henrichsen, ‚Herrschaft und Identifikation im vorkolonialen Zentralnamibia: Das Herero- und Damaraland im 19 Jahrhundert' (Dissertation, Universität Hamburg, 1997, publiziert 2011); Jan-Bart Gewald, *Herero Heroes: A Socio-Political History of the Herero of Namibia, 1890–1923* (London: James Currey, 1999); Felix Schürmann, ‚Land zu Territorium? Zur Territorialisierung von Herrschaftsstrategien im südwestlichen Afrika, ca. 1790–1890' (Magisterarbeit, Universität Hannover, 2008).

23 Drechsler, *Südwestafrika*, Kap. 4.

24 ‚Trees Never Meet', 1994; ‚Public Histories, Forgotten Histories?', 2000; ‚Decontaminating Namibian History', 2004.

25 Zum Beispiel Bennett Kangumu, ‚Contestations over Caprivi Identities: From Pre-colonial Times to the Present' (Dissertation, Universität Kapstadt, 2008, publiziert 2011); Martha Akawa, ‚The Sexual Politics of the Namibian Liberation Struggle' (Dissertation, Universität Basel, 2010, publiziert 2014); Napandulwe Shiweda, ‚Omhedi: Displacement and Legitimacy in Kwanyama Politics, Namibia, 1915–2007' (Dissertation, Universität des Westkaps, 2011); Memory Biwa, ‚‚Weaving the Past with Threads of Memory.' Narratives and Commemorations of the Colonial War in Southern Namibia' (Dissertation, Universität des Westkaps, 2012); Vilho Shigwedha, ‚The Cassinga Massacre and Indescribable Memories' (Dissertation, Universität des Westkaps, 2011); siehe auch Lovisa Nampala und Vilho Shigwedha, *Aawambo Kingdoms, History and Cultural Change: Perspectives from Northern Namibia* (Basel: P. Schlettwein, 2006).

26 Ellen Ndeshi Namhila ‚Filling the Gaps in the Archival Record of the Namibian Struggle for Independence', *IFLA Journal*, 30 3 (2004), S. 224–30.

27 Siehe z.B. Udo Kaulich, *Die Geschichte der ehemaligen Kolonie Deutsch-Südwestafrika (1884–1914): Eine Gesamtdarstellung* (Frankfurt: Peter Lang, 2000), Kap. 4, wo die Schutzverträge aus einer recht eurozentrischen Perspektive behandelt werden; außerdem liegt häufig ein sehr großer Schwerpunkt auf den Erfahrungen von Siedlern, vor allem bezüglich der Zeit, als Namibia deutsche Kolonie war.

28 Gesine Krüger, ‚Koloniale Gewalt, Alltagserfahrungen und Überlebensstrategien' in Larissa Förster, Dag Henrichsen und Michael Bollig (Hg.), *Namibia–Deutschland: Eine geteilte Geschichte* (Köln: Rautenstrauch-Joest Museum für Völkerkunde, 2004), S. 92–105.

29 Zum Beispiel Giorgio Miescher, Lorena Rizzo und Jeremy Silvester (Hg.), *Posters in Action: Visuality in the Making of an African Nation* (Basel: BAB, 2009); Wolfram Hartmann, Jeremy Silvester und Patricia Hayes (Hg.), *The Colonising Camera: Photographs in the Making of Namibian History* (Kapstadt: University of Cape Town Press, 1998).

30 Für eine Diskussion hierüber siehe Odhiambo, ‚Usages'.

31 Jeremy Silvester, ‚Introduction: Changing Clothes, Changing Traditions' in Nampala und Shigwedha, *Aawambo Kingdoms*, S. xi–xviii, S. xii.

32 Nampala und Shigwedha, *Aawambo Kingdoms*, *passim*.

33 Nancy Rose Hunt, ‚Introduction', in Nancy Rose Hunt, Tessie Liu und Jean Quataert (Hg.), *Gendered Colonialisms in African History* (Oxford: Blackwell, 1997), S. 8. Eine scharfsinnige Darstellung, wie *afrikanische* Politik der Darstellung funktioniert, findet sich in Patricia Hayes, ‚A

Land of Goshen: Landscape and Kingdom in Nineteenth Century Eastern Owambo (Namibia)' in M. Bollig und O. Bubenzer (Hg.), *African Landscapes* (New York: Springer, 2009).

34 Norman Etherington, *The Great Treks: The Transformation of Southern Africa, 1815–1854* (Harlow: Longman, 2001), S. xiii.

35 Giorgio Miescher, 'Die Rote Linie: Die Geschichte der Veterinär- und Siedlungsgrenze in Namibia (1890er bis 1960er Jahre)' (Dissertation, Universität Basel, 2009, publiziert 2013), S. 9, 43–9, 84–91, 139–42, 173–84 und *passim*.

36 Mamadou Diouf, *Historians and Histories, What For? African Historiography between the State and the Communities* (Amsterdam: SEPHIS-CSSSC, 2002), S. 14–15; Jean Allman, Susan Geiger und Nakanyike Musisi (Hg.), *Women in African Colonial Histories* (Bloomington: Indiana University Press, 2002), S. 5.

37 Verne Harris, *Archives and Justice: A South African Perspective* (Chicago: Society of American Archivists, 2007), S. 32.

38 Allgemein lässt sich feststellen, dass eine gründliche historische Aufarbeitung der Geschlechterverhältnisse in Afrika Möglichkeiten erschlossen hat, mehr Klarheit in geschlechtsspezifische Darstellungen der Geschichte zu bringen (und unter anderem aufgezeigt hat, wie afrikanische und koloniale männliche Eliten sich verbündet haben, um mehr Kontrolle über Frauen zu erlangen). Siehe beispielsweise Allman *et al.* (Hg.), *Women* und die Rezension von Lynn Thomas in *Journal of Colonialism and Colonial History*, 4 (2003); Wendy Woodward, Patricia Hayes und Gary Minkley (Hg.), *Deep Histories: Gender and Colonialism in South Africa* (Amsterdam: Rodopi, 2002); Iris Berger, ‚African Women's History: Themes and Perspectives', *Journal of Colonialism and Colonial History*, 4 1 (2003); Hunt *et al.*, *Gendered Colonialisms*; Marc Epprecht, *‚This Matter of the Women is Getting Very Bad': Gender, Development and Politics in Colonial Lesotho* (Pietermaritzburg: University of Natal Press, 2000); Helen Bradford, ‚Women, Gender and Colonialism: Rethinking the History of the British Cape Colony and its Frontier Zones, c. 1806–70', *JAH*, 37 (1996), S. 351–70.

39 Bley, *Namibia*, S. 173; Drechsler, *‚Let Us Die Fighting'*, S. 231; Kaulich, *Deutsch-Südwestafrika*, S. 270–1; Jürgen Zimmerer, *Deutsche Herrschaft über Afrikaner: Staatlicher Machtanspruch und Wirklichkeit im kolonialen Namibia* (Münster: Lit, 2004), S. 77.

40 Lita Webley, ‚Wives and Sisters: Changing Gender Relations among Khoe Pastoralists in Namaqualand' in Lyn Wadley (Hg.), *Our Gendered Past: Archaeological Studies of Gender in South Africa* (Johannesburg: Witwatersrand University Press, 1997), S. 167–208, S. 170.

41 Siehe allerdings Akawa, ‚Sexual Politics'.

42 Etherington, *Great Treks*, S. 6. Siehe auch (unter vielen anderen) Donald Wright, „„What Do You Mean, There Were No Tribes in Africa?" Thoughts on Boundaries – and Related Matters – in Precolonial Africa', *History in Africa*, 26 (1999), S. 409–26.

43 Coloureds aus der Kapkolonie, die vor dieser Zeit nach Namibia einwanderten, bilden eine Ausnahme. Ich verwende das Wort ‚Coloureds' , weil es Menschen gemischter europäischer und afrikanischer Herkunft zwar ursprünglich aufgezwungen wurde, heute bei ihnen aber häufig zur Selbstbezeichnung geworden ist.

44 Vansina, *How Societies are Born: Governance in West Central Africa before 1600* (Charlottesville: University of Virginia Press, 2004), S. 58; Adi Inskeep, *Heinrich Vedder's The Bergdama: An Annotated Translation of the German Original with Additional Ethnographic Material by Adi Inskeep* (Köln: Rüdiger Köppe, 2003), S. 63–7; Wilfred Haacke, Eliphas Eisebu und Levi Namaseb, ‚Internal and External Relations of Khoe-Khoe Dialects: A Preliminary Survey' in Wilfred Haacke und Edward Elderkin (Hg.), *Namibian Languages: Reports and Papers* (Köln: Rüdiger Koppe, 1997), S. 125–209. Die letztgenannte Untersuchung widerlegt Vedders Behauptung, die Damara hätten ihre Sprache in wesentlich jüngerer Zeit aufgrund Versklavung durch die Nama verloren.

45 Etherington, *Great Treks*, S. 345–6.

46 Miescher, ‚Rote Linie', S. 148.

47 Siehe hierzu beispielsweise *ebd.*, S. 15–16; Marion Wallace, „„Making Tradition": Healing, History and Ethnic Identity among Otjiherero-speakers in Namibia, c. 1850–1950', *JSAS*, 29, 2 (2003), S. 355–72; Jan-Bart Gewald, ‚Near Death in the Streets of Karibib: Famine, Migrant Labour and the Coming of Ovambo to Central Namibia', *JAH*, 44 (2003), S. 211–39, S. 213.

48 Suzman, J., ‚*Things from the Bush': A Contemporary History of the Omaheke Bushmen* (Basel: P. Schlettwein, 2000), S. 7.

49 *Ebd.*, S. 160–1; Robert Gordon und Stuart Sholto-Douglas, *The Bushman Myth: The Making of a Namibian Underclass*, 2. Auflage (Boulder: Westview, 2000).

1 Von Anfang an: Die archäologischen Zeugnisse

John Kinahan

Die Geschichte Südwestafrikas, des heutigen Namibia, reicht tief in die Vergangenheit zurück und begann lange, bevor Erinnerungen und schriftliche Aufzeichnungen einsetzen. Spuren der modernen Menschen und ihrer Vorfahren – wie etwa Gräber, Wohnstätten, Steingeräte und eine weltweit einzigartige Fülle von Felsbildern – sind die einzigen sicheren Belege für die Ereignisse der letzten Million Jahre. In jüngerer Zeit existieren diese archäologischen Zeugnisse Seite an Seite mit Schriftdokumenten und mündlichen Überlieferungen, aber dennoch werfen sie hinsichtlich der Vergangenheit Namibias ebenso viele Probleme auf, wie sie Einblicke gewähren. Die archäologischen Funde sind zwar zahlreich, aber auch lückenhaft und oft nicht eindeutig; sie sind das Resultat harter körperlicher Arbeit unter schwierigen Bedingungen, die nur langsam vorangeht, und ihre Auswertung erfordert fachlich ausgefeilte Methoden.

Diese Zusammenfassung der Archäologie Namibias soll einer breiten Leserschaft einen Überblick über die archäologischen Befunde sowie über gegenwärtige Interpretationen und mögliche Perspektiven für künftige Forschung geben. Besonders Historiker müssen sich dabei immer vergegenwärtigen, dass die archäologische Erforschung der vorkolonialen Vergangenheit Afrikas nur selten durch kalendarische Ereignisse strukturiert ist und sich so gut wie nie auf namentlich bekannte Personen bezieht. Da archäologischen Rekonstruktionen dieses Element persönlicher oder gar ethnischer Identität fehlt, wirken sie häufig zu allgemein und dadurch unbefriedigend. Aber dieser Eindruck trügt, da archäologische Ansätze heute weitaus stärker als früher kleine Details der Befunde berücksichtigen, die bisweilen menschliche Individualität erkennen lassen.[1]

Im Grunde genommen sind sämtlicher archäologischer Forschung durch die Launen natürlicher Konservierung Grenzen gesetzt. In Namibia finden sich Archäologen einer etwas paradoxen Situation gegenüber: In den trockensten Teilen des Landes, wo die Bedingungen für menschliche Besiedlung sehr ungünstig waren, ist der Erhaltungszustand von Funden für gewöhnlich gut, während in den feuchteren Teilen, die sich am besten für den Anbau von Feldfrüchten und ein sesshaftes Leben eigneten, archäologische Zeugnisse nur schlecht erhalten sind. Das bedeutet, dass über sesshafte Bauerngemeinschaften im nördlichen Namibia archäologisch wenig bekannt ist, während kleine nomadische Gruppen, die in der Namib-Wüste lebten, vergleichsweise gut erforscht sind. Künftige Forschung wird möglicherweise dazu beitragen, dieses geografische und thematische Ungleichgewicht zu verringern.

Die archäologischen Befunde geben nicht nur der Dokumentation namibischer Geschichte eine größere zeitliche Tiefe, sie ergänzen die Rekonstruktion der Geschichte auch um Fragen der Humanökologie wie etwa Jagd- und Viehzuchtmethoden und die Konservierung pflanzlicher Nahrung. Hinzu kommen Zeugnisse örtlicher Handelsnetze und Rückschlüsse auf Metallurgie, rituelle Praktiken und Bestattungsbräuche; diese wurden selbst von den aufmerksamsten Besuchern in der frühen Kolonialzeit kaum wahrgenommen, deren Berichte wiederum die Grundlage der frühen Schriftdokumente über die Geschichte Namibias bilden. Der große geschichtliche Wert der archäologischen Befunde liegt eben darin, dass sie die Dynamik und Anpassungsfähigkeit vorkolonialer Gesellschaften aufzeigen. Im Vergleich dazu sind die Berichte früher Ethnografen über indigene Gemeinschaften Namibias allenfalls Momentaufnahmen einer sich unablässig verändernden Kulturlandschaft.

Ein Überblick über die Geschichte archäologischer Forschung in Namibia macht deutlich, warum manche Gebiete und Zeitperioden gründlich erforscht wurden, andere aber offenbar vernachlässigt worden sind. Die Prioritäten archäologischer Forschung richten sich nach allgemeinen Fragen der Menschheitsentwicklung, den Arbeitsmöglichkeiten in einzelnen Regionen und den Interessen einzelner Archäologen oder Forschungsprogramme. Das Hauptaugenmerk archäologischer Forschung richtet sich daher nicht auf eine breit angelegte Untersuchung der namibischen Vergangenheit. Allerdings spiegelte sich in der Archäologie in Afrika auch immer das gesellschaftliche und politische Klima der jeweiligen Zeit wider, und im Hinblick auf Namibia sind einige Haupteinflüsse der Kolonialherrschaft auf die archäologische Praxis deutlich erkennbar.[2]

Eine kurze Geschichte archäologischer Forschung in Namibia

Reisende des späten neunzehnten Jahrhunderts, etwa W. C. Palgrave,[3] erwähnen das Vorhandensein von Felszeichnungen; andere, darunter Kolonialbeamte und Angehörige des Militärs, fanden an verschiedenen Orten Artefakte auf der Bodenoberfläche. Was die Felsbilder betrifft, so wurden nach der Wende vom 19. zum 20. Jahrhundert bedeutende Entdeckungen gemacht; die bekannteste ist die so genannte Weiße Dame vom Brandberg. Reinhard Maack, der diese Felszeichnung der Öffentlichkeit bekannt machte, war selbst ein renommierter Künstler und tief besorgt über die erbärmliche Lage, in der sich die Buschleute (San) befanden.[4] Die Siedler in Namibia wollten nicht glauben, dass diese wundervollen Kunstwerke von denselben Menschen stammten, die von der kolonialen Obrigkeit als Abschaum behandelt wurden. Ihre Vorurteile wurden – zumindest vorübergehend – durch den führenden französischen Prähistoriker Henri Breuil bekräftigt, der erklärte, die Malereien seien überhaupt nicht von Afrikanern geschaffen worden, sondern von höher entwickelten Menschen aus dem Mittelmeerraum – Vorläufern der europäischen Siedler.[5]

Archäologen taten Breuils Ansichten als Unsinn ab;[6] zugleich gab aber die Kontroverse über die Schöpfer der Felsbildkunst den Anstoß zu seriöser Forschung über dieses Thema. Es folgte eine Reihe von Geländebegehungen, Ausgrabungen und groß angelegten Projekten zur Dokumentation von Felsbildkunst, die auch heute, über ein halbes Jahrhundert später, noch andauern.[7] Eine unmittelbare Folge der Kolonialherrschaft waren jedoch tiefe Einbrüche in der Gesellschaft der San. Sie und andere Gruppen, wie beispielsweise die Damara, büßten nicht nur ihre wirtschaftliche Unabhängigkeit ein, sondern verloren auch den kulturellen

Bezug zu ihren Felskunst-Traditionen.[8] In Namibia wurde zwischen der Felskunst und ihren Schöpfern besonders scharf unterschieden, da vor allem deutsche Archäologen einer ausgeprägt empirischen Tradition verhaftet waren und die Felsbildkunst meist losgelöst von ethnografischen und geschichtlichen Zusammenhängen untersuchten.[9] Diese Herangehensweise wurde in den letzten beiden Jahrzehnten zunehmend kritisiert und durch einen Ansatz abgelöst, dessen Verständnis von Kunst und rituellen Praktiken in Jäger- und Sammlergesellschaften auf ethnologischer Forschung beruht.[10]

Solche Veränderungen bei der Erforschung der Felsbildkunst weisen auf eine allgemeine Tendenz in der Archäologie Namibias hin: Die meisten Untersuchungen werden als Reaktion auf frühere Arbeiten durchgeführt, häufig im selben Gebiet oder unter ähnlichen Umständen. Daher wurde in Namibia Forschungsaufwand vor allem in der Namib-Wüste und deren Übergangszone zum Inland betrieben.[11] Seit den 1950er-Jahren widmete sich der Großteil der Forschung den letzten 5000 Jahren und der Archäologie von Jäger- und Sammlergesellschaften, die mit der Felskunst in Verbindung gebracht werden.[12] Die Ansätze waren hierbei unterschiedlich: Es gab Versuche, die Kulturökologie der Wüste (vor allem die Rolle von Subsistenzpflanzen[13]) zu rekonstruieren.[14] Während der südafrikanischen Herrschaft orientierte sich die Herangehensweise mancher Archäologen am ethnologischen Bezugssystem der Kolonialherrschaft.[15] Diese sehr vereinfachte Sicht der namibischen Vergangenheit war auch unter Ethnologen und ansonsten kritisch eingestellten Historikern verbreitet.[16]

Archäologen, die sich vor allem mit Technologie und Wirtschaft vergangener Gesellschaften befassen, haben bei der Herausbildung einer kritischen Geschichtsschreibung in Namibia nur eine unbedeutende Rolle gespielt.[17] Dies war in gewisser Weise das unvermeidliche Ergebnis eingeschränkter Forschungsmöglichkeiten in der Zeit vor der Unabhängigkeit im Jahr 1990. So wurden etwa die mittleren Regionen Nordnamibias – wo sich die Hochburg sesshafter Ackerbauern und des modernen antikolonialen Widerstands befand – nie archäologisch erforscht. Insgesamt wurde nur sehr wenig Forschung in den nördlichen Teilen des Landes betrieben, und über das Aufkommen der ersten bäuerlichen Gesellschaften in Namibia ist nur wenig bekannt.[18] Für ein Verständnis der wichtigsten jüngeren Entwicklungen in Namibia vor der Kolonialzeit[19] – wie etwa des Aufstiegs mächtiger, zentralisierter Königreiche, die es in den trockeneren zentralen und südlichen Teilen des Landes nicht gab – musste auf detailliertere Untersuchungen aus Nachbarländern zurückgegriffen werden.[20]

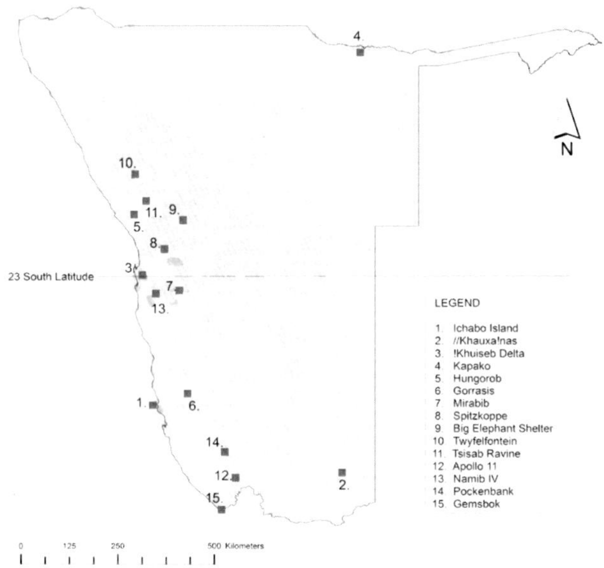

Karte 6: Die Verteilung archäologischer Fundstätten in Namibia.

In den 1980er-Jahren und danach begann eine neue Generation von Wissenschaftlerinnen und Wissenschaftlern, die Grundprämissen der bisherigen Geschichtsforschung in Frage zu stellen. Dazu zählten die historische Wirklichkeit ethnischer Identitäten,[21] die Verbindung zwischen indigenen Gesellschaftsformationen und Wirtschaft in der frühen Kolonialzeit[22] sowie der Umgang von Verfechtern des Kolonialismus mit ethnohistorischen Quellen.[23] Durch diese allgemeine Veränderung im intellektuellen Klima änderte sich auch das archäologische Denken. Zum ersten Mal wurden archäologische Belege gegen die vorherrschende Meinung ins Feld geführt, indigene Wirtschaftsformen seien statisch und nicht zu Innovationen fähig. Neue Forschungen zeigten, dass die nomadische Viehwirtschaft in Namibia eine lokale Reaktion auf die Ausbreitung des Ackerbaus war, die im ganzen südlichen Afrika stattfand.[24] Archäologische Befunde wurden im südlichen Afrika auch erstmals herangezogen, um indigene Reaktionen auf frühe Kontakte mit den Europäern zu untersuchen – eine Periode, deren Erforschung bis dahin nur auf der Grundlage schriftlicher Berichte der Kolonisten erfolgt war.[25]

Diese allgemeinen Tendenzen spiegeln vor allem Veränderungen in der theoretischen Ausrichtung wider. Auch die archäologischen Methoden und Technologien haben sich verändert, und im Lauf der vergangenen fünfzig Jahre hat sich die Qualität der Primärforschung ständig verbessert.[26] Mit Einführung der Radiokarbonmethode zur Altersbestimmung (C14-Datierung) wurde die Chronologie exakter, und damit auch die Korrelation der Stratigrafie (Aufeinanderfolge archäologischer Schichten) in Namibia und dem südlichen Afrika. Ungeachtet aller Unterschiede bei der Interpretation basiert archäologische Forschung auf allgemeingültigen Standards bezüglich Geländebegehungen, Ausgrabungen, Beschreibungen und Auswertung. Die meisten Untersuchungen, die hier als Grundlage für den heutigen archäologischen Kenntnisstand über Namibia angeführt werden, sind in Fachzeitschriften erschienen. Darüber hinaus befinden sich die archäologischen Funde, auf die in diesen Veröffentlichungen Bezug genommen wird, für gewöhnlich in Museen, wo sie weiterer Erforschung zugänglich sind. In den meisten Fällen können auch die archäologischen Fundstätten selbst besucht werden, von denen manche zu Nationaldenkmälern erklärt worden sind.

Die Ursprünge des modernen Menschen im Oberen Pleistozän

Nach gegenwärtigem Kenntnisstand beginnt die archäologische Abfolge in Namibia mit spätpleistozänen Funden aus der Alt- und Mittelsteinzeit. Funde aus der *Later Stone Age* erscheinen erstmals vor der Maximalphase der letzten Eiszeit[27] und dem Beginn des Holozäns vor etwa 10 000 Jahren, als sich die klassischen Jäger- und Sammlerkulturen der jüngeren Vorkolonialzeit herausbildeten. Möglicherweise viel älter sind grob behauene Steinwerkzeuge, die bereits aus dem Übergang vom Pliozän zum Pleistozän vor etwa zwei Millionen Jahren stammen könnten. In das Holozän, das vor allem durch Funde aus der afrikanischen Jungsteinzeit gekennzeichnet ist, fällt auch das erste Auftreten von Keramik, Metallurgie und Ackerbau innerhalb der letzten 2000 Jahre. Archäologische Forschung über den frühen Teil der stratigrafischen Abfolge bezieht sich im Allgemeinen auf Fragen der menschlichen Evolution, während der mittlere Teil Rückschlüsse auf kognitive und technologische Fortschritte und die Herausbildung regionaler Vielfalt zulässt. Aus den letzten, zeitlich jüngsten Ausgrabungsschichten stammen die reichhaltigsten Zeugnisse menschlicher Anpassung an die Umweltbedingungen Namibias und der Entwicklung hin zu komplexen Gesellschaftsformen. In Namibia finden sich besonders gut erhaltene Belege für frühe Handelskontakte mit der Außenwelt in der Zeit, aus der auch die ersten schriftlichen Geschichtsquellen stammen.

Die archäologischen Befunde hinsichtlich der evolutionären Kontinuität im südlichen Afrika sprechen gegenwärtig für die Hypothese, dass sich Vorfahren der heutigen Menschen im Pleistozän von Afrika aus über die gesamte Alte Welt verbreitet haben.[28] Es gibt allerdings allgemein nur wenige datierte Überreste von Hominiden, und in Namibia sind bislang noch gar keine gefunden worden. Dies mag teilweise damit zusammenhängen, dass große Teile des Landes archäologisch noch immer unerforscht sind. Steinwerkzeuge aus dieser Zeit sind dagegen häufig, was darauf hindeutet, dass die Bedingungen für die Erhaltung von Knochen früher Menschen ungünstig gewesen sind. Anderswo im südlichen Afrika wurden menschliche Überreste in tiefen Ablagerungen in Höhlen gefun-

Abb. 1: Typischer pleistozäner Faustkeil aus der Altsteinzeit in Namibia.

den, wo sie sich unter zahllosen Kulturschichten erhalten hatten.[29] Solche Ablagerungen sind in Namibia aber selten, und die extreme Trockenheit, die dort über lange Zeiträume der menschlichen Vorgeschichte herrschte, lud nicht dazu ein, sich hier dauerhaft niederzulassen.[30] Steingeräte aus dem Pleistozän finden sich besonders häufig unterhalb der namibischen Großen Randstufe, wo dank einer natürlichen Winderosion der Oberfläche die Steinbrüche, in denen das Rohmaterial gewonnen wurde, und die Werkstätten, in denen man Artefakte herstellte, vergleichsweise intakt erhalten sind. Die Flächenerosion im Hochland hat fast alle Spuren solcher Stätten ausgelöscht, und in großen Teilen der Namib und der Kalahari liegen archäologische Fundplätze tief unter dem Oberflächensand begraben.

Altersbestimmungen aus dem späten Pleistozän existieren für mehrere Fundstätten in der Namib. Am Fundort Namib IV unmittelbar südlich des !Khuiseb-Flusses deuten Knochen der ausgestorbenen Elefantenart *Elephas recki* auf ein Alter zwischen 400 000 und 700 000 Jahren,[31] und ein Fundort in Gemsbok unmittelbar nördlich des Oranje ist auf ein Alter von 800 000 Jahren datiert worden.[32] Fest datierte Funde nehmen in späteren Zeitabschnitten zu, da sie besser erhalten sind, und ab der Zeit vor etwa 50 000 Jahren lassen sich verlässliche Altersbestimmungen gut mit Hilfe der Radiokarbonmethode (C14-Datierung) gewinnen.[33] Seit 10 000 Jahren und bis in die jüngere Vergangenheit ist ein enormer Zuwachs bei der Zahl der datierten Fundstätten zu verzeichnen; zugleich wird in diesem Zeitabschnitt der Erhaltungszustand organischer Materialien immer besser.[34] Leider hatten die zunehmenden Kohlenmonoxid-Emissionen während der industriellen Revolution in den letzten beiden Jahrhunderten negative Auswirkungen auf die Zuverlässigkeit der C14-Datierung.[35] Daher stützt sich die archäologische Altersbestimmung von Fundstätten aus der frühen Kontaktzeit fast ausschließlich auf vergleichende Untersuchungen von Glaswaren und Keramik, die über durchreisende europäische Händler nach Namibia gelangten.[36]

Die nur unzulänglich bekannte Chronologie der Altsteinzeit im südlichen Afrika stellt für den Vergleich von Steingerätesammlungen aus verschiedenen Regionen ein erhebliches Problem dar. Im südlichen Afrika bietet die Typologie von Artefakten eine Vergleichsgrundlage bei den jüngeren Gerätegesellschaften der Mittelsteinzeit, da diese eine größere Formenvielfalt aufweisen und häufig in so großer Zahl auftreten, dass eine quantitative Beschreibung möglich ist. Daher bilden grob gefasste Entwicklungsstufen, die sich auf technologische Ähnlichkeiten stützen, eine Art provisorische Chronologie für die Gesamtregion.[37] Für die Mittelsteinzeit in Namibia gibt es nur wenige Altersbestimmungen, aber jüngste Verbesserungen der Datierungsmethoden[38] bestätigen im Wesentlichen, dass die dortigen archäologischen Befunde von diesem regionalen Grundmuster, soweit es bekannt ist, kaum abweichen. Anhand der vorliegenden archäologischen Zeugnisse lässt sich nachweisen, dass

Menschen in Namibia in der Randstufenzone, in der Nähe der wenigen vorhandenen Wasserstellen, lebten und dass sie Bergzebras und andere Tierarten jagten, die in dieser Gegend noch heute vorkommen.[39] Die Bevölkerungsdichte war offenbar sehr gering, und mittelsteinzeitliche Gruppen in Namibia stellten wahrscheinlich die extremste Form menschlicher Anpassung an Wüstenbedingungen im südlichen Afrika dar.[40]

Zu den Artefakten aus der Mittelsteinzeit in Namibia gehören zahlreiche Klingen und Spitzen. Manche davon sind beidseitig bearbeitet und zeugen von der meisterhaften Technik und dem hochwertigen Rohmaterial, die für diese Periode typisch sind. Sekundärbearbeitung, also Retusche, findet sich in den namibischen Inventaren relativ selten, und das Gleiche gilt für steinerne Komponenten, die zu mehrteiligen Werkzeugen mit Griff gehörten. Als Rohmaterial wurden bevorzugt feinkörniges Quarzit und kryptokristalline Materialien wie Silcrete und Feuerstein verwendet; einige davon transportierte man über beträchtliche Entfernungen.[41]

Es gibt nur wenige Zeugnisse für Bevölkerungsbewegungen und soziale Organisation, und es ist daher sehr aufschlussreich, dass die früheste Felsbildkunst in Namibia mit einer der Randstufen-Fundstätten (Apollo 11) aus dem oberen Pleistozän in Verbindung gebracht wird.[42] Die Felsbilder sind zwischen 19 000 und 25 000 Jahre alt. Dies deutet darauf hin, dass das kognitive System, das in weitaus jüngerer Felsbildkunst im südlichen Afrika erkennbar ist, seit erstaunlich langer Zeit kontinuierlich existiert. Noch ältere Funde aus Südafrika – geätzter roter Ocker, der etwa 70 000 Jahre alt ist – stützen außerdem die Annahme, dass sich der moderne Mensch größtenteils in Afrika entwickelt hat.[43]

Das Klima hatte immer entscheidenden Einfluss auf die menschliche Besiedlung im südlichen Afrika, und in den besonders trockenen Teilen der Region ist Niederschlag der wichtigste limitierende Umweltfaktor.[44] Frühere paläoökologische Modelle haben offenkundige Veränderungen in den archäologischen Fundschichten mit einer Reihe von Pluvialzeiten in Verbindung gebracht, also Perioden, in denen es in Afrika starke Niederschläge gab, aber die Untersuchung von Tiefsee-Bohrkernen hat ge-

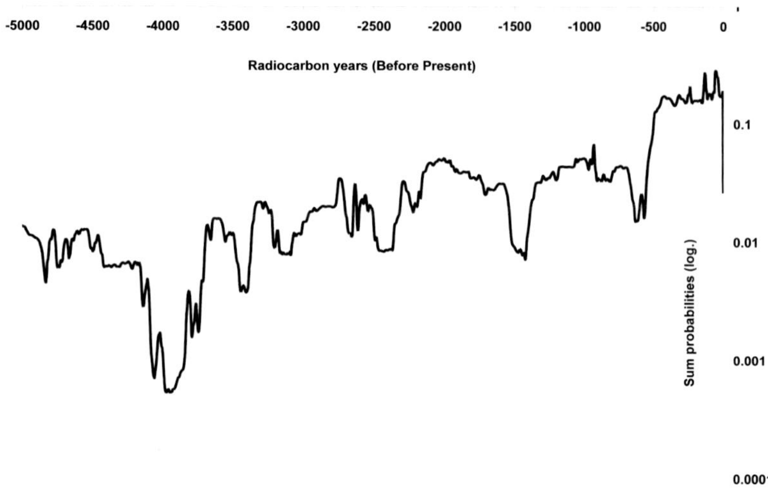

Abb. 2: Radiokarbondaten aus Namibia mit Höchstwerten menschlicher Besiedlung über die vergangenen 5.000 Jahre. Die Daten, ungefähr 400 Radiokarbon-Messungen, stammen vor allem aus den trockeneren Gebieten im Nordwesten des Landes und lassen menschliche Reaktionen auf klimatische Veränderungen erkennen.

zeigt, dass weltweite Temperaturveränderungen ein stabileres Bezugssystem sind, das auch Veränderungen in der atmosphärischen Zirkulation und im Niederschlag berücksichtigt.[45] Es ist aber nach wie vor schwierig, den Zusammenhang zwischen Wärme- und Kälteperioden und archäologischen Befunden genau zu bestimmen. Allerdings sind zur Maximalphase der letzten Eiszeit, die ihren Höhepunkt vor 18 000 Jahren erreichte, auffallende Lücken in den Fundschichten erkennbar, die auf einen örtlichen Bevölkerungsrückgang schließen lassen. Außerdem ist eine Ausdehnung menschlicher Besiedlung zu verzeichnen, die mit Veränderungen in der Niederschlagsverteilung zusammenhängt.[46] Der Meeresspiegel senkte sich um etwa hundert Meter und gab eine Uferzone frei, die möglicherweise eine Besiedlung begünstigte, denn die ressourcenreiche Küste verbreiterte sich an manchen Stellen um mehr als hundert Kilometer.[47] Als sich im Zuge der weltweiten Erwärmung vor etwa 10 000 Jahren zu

Beginn des Holozäns der Meeresspiegel wieder hob, zogen die Menschen ihre Siedlungen auf den heute noch existierenden Küstenstrich zurück, und die archäologischen Zeugnisse ihres einst größeren Siedlungsgebietes wurden überflutet.

Interessanterweise führte der Beginn des Holozäns nicht zu einer sofortigen Wiederbesiedlung Namibias westlich der Großen Randstufe. Alles deutet darauf hin, dass diese Region mehrere tausend Jahre lang verlassen blieb oder so dünn besiedelt war, dass sich kaum Spuren menschlicher Anwesenheit finden. Gründlichere Forschung vor Ort würde diese Lücke in der Siedlungsgeschichte möglicherweise schließen; es ist aber auffällig, dass sich Besiedlung im südlichen Namibia vor etwa 6500 Jahren wieder nachweisen lässt. Unmittelbar danach gab es ein weltweites Klimaereignis mit einem kurzfristigen Anstieg des Meeresspiegels und wahrscheinlich auch mit stärkeren Niederschlägen.[48] Der Einfluss klimatischer Bedingungen wird auch durch die Tatsache unterstrichen, dass die zentralen und nordwestlichen[49] Teile Namibias, die unterhalb der Randstufe liegen, nach dieser Klimaverbesserung während des späten Holozäns mehr oder weniger durchgehend bewohnt waren.[50] Im Gegensatz dazu gibt es kaum datierte archäologische Befunde aus dem südlichen Teil Namibias, und die Siedlungsgeschichte weist einige auffallende Lücken auf.[51] Dieser Unterschied zwischen Nord und Süd lässt sich wohl dadurch erklären, dass der Norden Namibias immer wieder hohen Niederschlagsmengen ausgesetzt ist, die auf jahreszeitlich bedingte Anomalien in der atmosphärischen Zirkulation zurückgehen,[52] wohingegen die Auswirkungen dieser Klimaerscheinungen im Süden des Landes geringer sind.[53] Die Dichte holozäner Fundstätten nimmt insgesamt gen Süden ab, und die Lücken in den Fundschichten vergrößern sich mit zunehmender Entfernung vom Kerngebiet der afrikanischen Jungsteinzeit in Namibia, nämlich der Wüsten- und Gebirgszone zwischen der Großen Randstufe und der Atlantikküste sowie nördlich des !Khuiseb-Flusses. Über die Reaktionen der Menschen auf Klimaveränderungen in anderen, weniger trockenen Teilen des Landes – etwa den tropischeren Gegenden im Nordosten – ist bislang wenig bekannt. Die Lebensbedingungen in der Namib sind aber zweifellos so unwirtlich, dass jeder Nachweis länger anhaltender Besiedlung im Grunde auch als Zeichen für eine Klimaverbesserung gelten kann.

Menschliche Anpassung während des Holozäns

Die sommerlichen Niederschläge in großen Teilen Namibias entstehen bei vereinzelten Wärmegewittern, die mehr oder weniger regellos über das Land ziehen.[54] Über gebirgigem Gelände in der Wüste und entlang der Großen Randstufe gehen aber immer wieder örtliche Regenfälle nieder. Aus ihnen speisen sich durch Grundwasserneubildung zuverlässig sprudelnde Quellen und Sickerwasser, da von den freiliegenden Felsen große Mengen Wasser ablaufen. Diese verstreuten Wasserstellen waren in den trockensten Teilen des Landes am wichtigsten, und archäologische Zeugnisse zeigen, dass es die Menschen in den letzten 5000 Jahren während der langen Trockenzeit unweigerlich an diese Orte zog.[55] Die Auffüllung dieser Wasserstellen zu bestimmten Zeiten des Jahres war langfristig so vorhersehbar, dass Jäger und Sammler nach einem regelmäßigen Muster in der Trockenzeit dort in größerer Zahl zusammenkommen konnten und sich während und nach den Sommerregen wieder verstreuten, bevor Tümpel in der Wüste, die nicht ganzjährig Wasser führten, wieder austrockneten. [56]

Es gibt aus dieser Zeit gut erhaltene Nahrungsüberreste, und auch Werkzeuge, die bei der Jagd und beim Sammeln benutzt wurden und in großer Zahl gefunden wurden. Daher lassen sich Einzelheiten der damaligen Subsistenzwirtschaft recht detailliert rekonstruieren.[57] Die meisten archäologischen Funde stammen von den Orten, die in der Trockenzeit bewohnt waren, da es sich dabei meist um große Felsüberhänge handelt, die immer wieder aufgesucht wurden – im Gegensatz zu vorübergehenden, auf Jagdausflügen nach den Sommerregen aufgeschlagenen Lagerplätzen. In der Trockenzeit ernährten sich die Menschen von einer Vielzahl kleinerer Tierarten, so etwa Schliefern, Schildkröten und verschiedenen Eidechsen; gelegentlich erlegten sie auch eine der seltenen Antilopen.

Die archäologischen Befunde zeigen, dass manche Tiere wahrscheinlich im Ganzen in flachen Mulden gebraten wurden, während man andere häutete und nach einem erstaunlich einheitlichen Muster zerlegte. Das Fleisch von Tieren wurde in den frühen Monaten der Trockenzeit durch wilde Melonen und diverse Knollengewächse ergänzt. Kerne, die sich erhalten haben, belegen auch den Verzehr einer Vielzahl von Früchten. Vermutlich wurden auch Wurzeln geerntet, aber von ihnen gibt es keine erkennbaren Überreste, außer vielleicht die angespitzten Stöcke, mit denen man sie aus dem Boden grub.[58]

Ansammlungen von Steingeräten an diesen Fundstätten zeichnen sich durch eine große Vielfalt aus und enthalten auch eine Reihe kleiner Bestandteile, die zu zusammengesetzten Werkzeugen gehörten. Sichelförmige Stücke und Steinsplitter, manchmal kürzer als zehn Millimeter, verarbeitete man zu Widerhaken, die mit pflanzlichen Harzen in den Spitzen von Geschossen wie Pfeilen und leichten Speeren befestigt wurden. Sämtliche Bestandteile dieser Werkzeuge finden sich in sowohl teilweise

Abb. 3: Reste einer Lagerstätte aus der Zeit der jüngsten Wiederbesiedlung der Namib vor etwa 4.000 Jahren.

als auch fertig bearbeitetem sowie in zerbrochenem Zustand, sodass sich Herstellung und Gebrauch mit einiger Sicherheit rekonstruieren lassen. Die halbmondförmigen Stücke und Splitter wurden als Abschläge von kleinen Kernen aus kristallinem Quarz oder Feuerstein gewonnen und dann weiterbearbeitet.[59] Hölzerne Bestandteile wie Pfeilschäfte stellte man mit Hilfe von Steinklingen und -schabern her, die an den Fundstätten zahlreich vertreten sind. Die Fundschichten dieser Zeit enthalten auch große Steinartefakte wie beispielsweise grob behauene Werkzeuge zum Zerlegen von Beutetieren, Steine mit Rillen, Anhänger aus Schiefer, Mahlsteine und in einem Fall sogar eine steinerne Palette für das Mischen von Farbpigmenten. Fertig bearbeitete Stücke machen nur einen sehr kleinen Teil der Steinfragmente aus, die bei Ausgrabungen zu Tage kommen – für gewöhnlich weniger als ein Prozent des Gesamtvolumens.

Die Vielfalt des für Steinwerkzeuge verwendeten Rohmaterials, das an holozänen Aufenthaltsorten von Jägern und Sammlern in Namibia gefunden wurde, ist ein interessanter Hinweis auf menschliche Mobilität und das Ausmaß regionaler Verbindungen durch Tauschnetzwerke, die möglicherweise auf Verwandtschaftsbeziehungen basierten.[60] Materialien wie kristalliner Quarz und hochwertiger Feuerstein sind selten und in ihrem Vorkommen örtlich begrenzt, aber trotzdem finden sie sich – und sei es nur in sehr kleinen Mengen – buchstäblich an jeder größeren Fundstätte, die während der Trockenzeit bewohnt war.[61] Dass diese Rohstoffe überall verbreitet waren, lag an der Art und Weise, wie die Menschen die Wüste durchstreiften. Ihre Wanderungen führten sie zu jeder erdenklichen Wasserstelle, da sie nach der Trockenzeit über große Entfernungen immer dort hinzogen, wo es gerade Regen gab.[62] Anderes Rohmaterial, das bei der Ausgrabung dieser Örtlichkeiten zu Tage kam, wirft Licht auf unterschiedliche Facetten des Lebens von Jägern und Sammlern: Sie bearbeiteten beispielsweise Holz und Leder, und beides hat sich gelegentlich erhalten. Außerdem wurden Gegenstände gefunden, bei denen es sich möglicherweise um Ritualobjekte handelt, sowie Ahlen, Geschossspitzen, Knochen, die vielleicht zur Wahrsagung benutzt wurden, und große Mengen von Perlen aus Straußeneierschale.[63]

Zu den holozänen Fundorten am Brandberg und in anderen gebirgigen Teilen Namibias westlich der Großen Randstufe gehören einige der größten Ansammlungen von Felsbildkunst in ganz Afrika.[64] Wie bereits erwähnt, ist diese Kunst seit fast einem Jahrhundert Gegenstand intensiver Forschung und kontroverser Deutungen.[65] Eingehende archäologische Untersuchungen haben gezeigt, dass die Bewohner der Felsüberhänge keine Besucher gewesen sind, sondern afrikanische Jäger und Sammler mit einer materiellen Kultur, die sich auch an anderen, vergleichbaren Fundstätten in der gesamten Region findet.[66] Nachdem der Bezug zwischen der Kunst und der indigenen Bevölkerung einmal nachgewiesen war, hatten die Archäologen der Deutung dieser Kunst über fünfzig Jahre lang nichts hinzuzufügen. Stattdessen wurde die Erforschung von Felsbildkunst größtenteils zum Revier von Amateuren, da frühe Archäologen zu dem Schluss gekommen waren, viele Darstellungen seien so unrealistisch, dass sich die Malereien und Ritzungen nicht als brauchbare Quelle für Informationen über das Leben von Jäger- und Sammlergesellschaften eigneten. Außerdem schien eine Altersbestimmung der Felskunst an den Wänden von Felsüberhängen und auf den umgebenden Felsflächen unmöglich zu sein, sodass sich das Dargestellte keiner archäologischen Periode zuordnen ließ.

Mit dem Beginn vergleichender Untersuchungen über Felsbildkunst, die historische Ethnografie der südlichen San-Völker und die Ethnologie ritueller Praktiken in Jäger- und Sammlergesellschaften veränderte sich die Erforschung der Felskunst im südlichen Afrika in den 1980er-Jahren einschneidend[67] und machte schnell Fortschritte, nachdem in der Kunst eine der wichtigsten religiösen Zeremonien der südlichen San nachgewiesen werden konnte: der Trance-Tanz. Überall in der Felsbildkunst des südlichen Afrika finden sich unzählige Belege für Trance-Erfahrungen und die Tätigkeit religiöser Spezialisten bzw. Schamanen; darin zeigt sich die Zugehörigkeit dieser Art von Kunst zu einem kognitiven System, das in der ganzen Region verbreitet ist.[68] Die Kunst bezog sich also vor allem auf den Bereich des Übernatürlichen; infolgedessen konnte man sie nicht mehr als naturgetreue Darstellung des Lebens von Jägern und Sammlern interpretieren und auch nicht davon ausgehen, dass ihre Bedeutung offenkundig ist. Die sehr konkreten Bezüge zwischen der Felskunst und ethnografischen Daten zeigten außerdem, dass Interpretationen sich künftig auf diese Grundlage stützen sollten. Dies führte zu regen Diskussionen vor allem über regionale Unterschiede bei den Themen der Kunst und Details in der Darstellung. Im Lauf der Zeit wurden allgemeine Einwände gegen diesen neuen Interpretationsansatz weitgehend entkräftet.

Es stellte sich allerdings heraus, dass diese ‚schamanistische' Herangehensweise an die Deutung von Felsbildkunst einige Unzulänglichkeiten hat, darunter eine in gewisser Weise ahistorische Auffassung von Jäger- und Sammlergesellschaften.[69] Zwar lassen die archäologischen Befunde im Lauf des Holozäns keine großen Veränderungen erkennen; dass sich aber ein Bereich wie rituelle Praxis, in dem sehr viel gesellschaftliche Auseinandersetzung stattfindet, über Jahrtausende nicht verändert haben sollte, schien unwahrscheinlich.[70] Die Felsbildkunst in Namibia gehört überwiegend zu Wohnplätzen in den ariden Teilen des Landes unterhalb der Großen Randstufe, an denen Menschen während der Trockenzeit in größerer Zahl zusammenkamen. Neuere ethnografische Untersuchungen bei San-Gruppen in der Kalahari deuten darauf hin, dass das lange Zusammenleben auf engem Raum während der Trockenzeit zu erheblichen sozialen Spannungen geführt hat, die sich durch die Nahrungsknappheit in dieser Jahreszeit zusätzlich verschärften. Dieselben Untersuchungen zeigen, dass rituelle Aktivitäten in Zeiten sozialer Spannungen deutlich zunahmen, wobei der Trance-Tanz das wirksamste Mittel zur Beilegung von Streitigkeiten war. Ein weiteres wichtiges Ritual während der Trockenzeit war zumindest früher das Regenmachen, auf das manche Schamanen in der Kalahari spezialisiert waren.[71]

Auf mehr als achtzig Prozent aller namibischen Felsmalereien werden menschliche Figuren dargestellt. Der Rest besteht aus verschiedenen Tieren, die jeweils an manchen Fundstätten eine größere Rolle spielen als an anderen. Giraffen sind überall besonders häufig dargestellt, ebenso Springböcke und größere Antilopenarten wie Elenantilope, Kudu und Oryx. Es ist auffällig, dass diese Tiere an den entsprechenden Fundorten nur selten zu den Überresten der Jagdbeute gehören, die dort gefunden wurden, und dass sie in der Felsbildkunst dieser Region wesentlich häufiger auftreten als in der Natur: Die Tiermotive stellen also eindeutig eine kulturell bedingte Auswahl dar. Bei eingehender Untersuchung der Tierbilder ergeben sich viele Hinweise auf die wichtige Rolle, die sie möglicherweise bei Ritualen gespielt haben: Manche Antilopen sind mit menschlichen Füßen abgebildet, bei anderen wurde die natürliche Fellzeichnung so verändert, dass sie die Körperteile betont, die den ethnografischen Quellen zufolge beim Menschen Sitz ritueller Kraft sind.[72]

Ethnografische Untersuchungen zeigen, dass die als religiöse Symbole gewählten Tiere über bestimmte Eigenschaften verfügten, die wiederum gesellschaftliche Werte versinnbildlichten, denen die südlichen San große Bedeutung beimaßen. Außerdem handelt es sich bei den Tierdarstellungen in der Felsbildkunst häufig eigentlich um rituelle Heiler, die vorübergehend die Gestalt eines Tieres angenommen und sich dessen übernatürlichen Kräfte angeeignet haben.[73] Die Schlussfolgerung, dass alle dargestellten Lebewesen in Wirklichkeit Menschen sind, erklärt möglicherweise, warum menschliche Figuren in den Felsgravuren dieser Gegend kaum vorkommen. In der Darstellung von Vögeln in Twyfelfontain, wo sie selten in Malereien, aber häufig in Gravuren auftreten,[74] werden die beiden Stile auf hintergründige Weise miteinander verknüpft: Sämtliche Vögel, ob gemalt oder graviert, gehören zu Arten, die sich auf dem Boden fortbewegen, wie zum Beispiel Strauße und Trappen. Oft schreiten sie wie Menschen hintereinander in einer Prozession einher und tragen mitunter den gleichen Körperschmuck wie Teilnehmer von Trance-Tänzen.[75]

Die Interpretation der Felskunst und die archäologische Erforschung holozäner Jäger- und Sammlergesellschaften im südlichen Afrika beruhen beide auf einem allgemeinen Modell, das regionale Unterschiede in ein Bezugssystem aus archäologischen, ethnohistorischen und linguistischen Anhaltspunkten sowie solchen der physischen Anthropologie einordnet. Dieser Bezugsrahmen ermöglicht vergleichende Untersuchungen über die Anpassung von Jägern und Sammlern an die sehr unterschiedlichen

Umweltbedingungen und zugleich die Kontextualisierung örtlicher Spezialisierungen; dies können Subsistenzformen sein oder rituell begründete Vorlieben für Tiermetaphern in der Felsbildkunst. Dieses Erklärungsmodell geriet jedoch in den 1980er-Jahren ins Wanken, als Edwin Wilmsen mit seiner Kritik an der positivistischen Ethnologie die berühmte ‚Kalahari-Debatte' entfachte.[76] Stärker noch als andere Wissenschaftler hatten sich Archäologen auf die Ethnografie der am eingehendsten untersuchten Gruppe in der Kalahari, der Jul|'hoansi,[77] gestützt. Sie verkörperten für die Forscher die Lebensweise im Holozän,[78] wohingegen Kontakten zwischen solchen Jäger- und Sammlergruppen und Bauernvölkern, die im Laufe der vorangegangenen 2000 Jahre in die Region eingewandert waren, weitaus weniger Aufmerksamkeit geschenkt wurde. Die Kritik an ethnologischen Fehldarstellungen ging aber noch darüber hinaus: Es wurde eingewandt, dass die Kulturlandschaft der Kalahari nicht nur wesentlich komplexer gewesen sei, als die meisten Archäologen annahmen, sondern dass Gruppen wie die Jul|'hoansi auch am ehesten eine marginalisierte Unterschicht in einer von Ackerbauern und Viehzüchtern dominierten Gesellschaft darstellten.[79]

Die Unzulänglichkeiten des gängigen Modells holozäner Jäger- und Sammlergesellschaften machen es zwar nicht unbrauchbar, aber die Kritik an seiner Anwendung in der Archäologie hat doch deutlich gezeigt, dass es als konzeptioneller Rahmen für das Verständnis geschichtlicher Prozesse wie Innovation, Kontakt und wirtschaftlicher Verfall Schwächen hat. Um Funde zu beschreiben, zu untersuchen und zu vergleichen, haben Archäologen im südlichen Afrika eine Reihe von Konstrukten verwendet, die als Kulturen, Industrien und Traditionen bezeichnet werden. Diese wurden behandelt, als seien sie gleichbedeutend mit ethnografischen Darstellungen, was mehr oder weniger unweigerlich zu einem weitgehend statischen Bild der vorkolonialen Gesellschaft geführt hat. Dieser Ansatz deutet Belege für wirtschaftlichen und kulturellen Wandel meist als Anzeichen für Einflüsse von außerhalb und geht generell davon aus, dass Innovationen auf die Ankunft eingewanderter Gruppen zurückgehen. Es ist unbestritten, dass sich manche Veränderungen in den archäologischen Fundschichten am ehesten als Folge von Einwanderung erklären lassen; das beste Beispiel dafür ist die die Ausbreitung von Gruppen, die Ackerbau und Viehzucht betrieben und Eisen verwendeten. Es gibt in den Befunden aber auch regionale Schwankungen, die Archäologen für gewöhnlich auf Unterschiede in der Stichprobenentnahme, örtliche Anpassung und andere Ursachen zurückführen, anstatt darin Anzeichen für weniger offenkundige Verläufe der kulturellen Entwicklung zu sehen. Wie auch anderswo müssen in Namibia solche Hinweise auf komplexere Veränderungen in Form von Anpassung und Reaktionen auf Neuerungen berücksichtigt werden; nur so erhalten wir differenzierte Einsichten in die Prozesse, die prägenden Einfluss auf die von den ersten europäischen Besuchern angetroffenen indigenen Gesellschaften hatten.

Abb. 4: Ein Beispiel für die elaborierte schamanistische Felsbildkunst, die sich während der vergangenen 2000 Jahre in Namibia herausgebildet hat.

Komplexe Wirtschaftsformen im vorkolonialen Namibia

Die älteste archäologische Fundstätte in Namibia, an der sich die Anwesenheit sesshafter Ackerbauern nachweisen lässt, ist Kapako in der Nähe von Rundu, wo Keramik – ein archäologisches Erkennungsmerkmal für den Anbau von Nahrungsmitteln – sowie Knochenreste und Eisenschlacke auf die Zeit um 850 n. Chr. datiert wurden.[80] Die Keramik aus Kapako gehört zur so genannten Kalundu-Tradition, beziehungsweise zur so genannten ‚westlichen Route' der Einwanderung Bantu sprechender Ackerbauern in diese Region.[81] Damals wie heute war mit Sesshaftigkeit verbundener Ackerbau nur im äußersten Norden möglich; dort fällt genügend Niederschlag, um Grundnahrungsmittel – Getreidearten wie Hirse, Sorghum und in neuerer Zeit auch Mais – gedeihen zu lassen.[82]

Das Gebiet war bereits von Jäger- und Sammlergruppen bewohnt, die zuerst Töpferwaren von Bauernsiedlungen erwarben,[83] bald aber selbst lernten, Keramik herzustellen. [84] Ab dem ersten Jahrtausend n. Chr. zirkulierte Keramik weiträumig in der Region und findet sich an archäologischen Fundstätten, die tausende Kilometer von den Siedlungen der Ackerbauern entfernt sind. Nur ein Bruchteil der Keramik lässt sich bestimmten Ackerbautraditionen zuordnen, wie sie beispielsweise vom Kavango-Fluss bekannt sind. Möglicherweise liegt dies aber lediglich daran, dass das nördliche Namibia und der angrenzende Teil Angolas archäologisch wenig erforscht sind.[85] Wichtig ist hier die Beobachtung, dass Jäger- und Sammlergruppen bereits vor der Gründung von Ackerbausiedlungen Keramik nicht nur rasch übernahmen, sondern sie (im vorliegenden Fall) auch schnell über ein sehr großes Gebiet verbreiteten. Mit Ausbreitung der Lebensmittelerzeugung durch Landwirtschaft gelangten auch weitere Neuerungen in diesen Teil des südlichen Afrika, vor allem Nutztiere wie Schafe, Ziegen, Rinder und Hunde. Ihre Verbreitung wird auf die Wanderung Khoe sprechender Gruppen – Vorfahren des Hirtenvolkes der Nama in Namibia – nach Süden zurückgeführt.

Die nomadische Viehwirtschaft im südlichen Afrika hängt geschichtlich mit den Khoikhoi-Völkern zusammen, von denen die Nama der vorkolonialen Zeit durch frühe historische Berichte über Namibia am besten bekannt sind. Linguistisch gesehen stammen die Khoikhoi eindeutig aus dem südlichen Afrika; hierüber besteht auch aufgrund genetischer Untersuchungen sowie nachweislicher Gemeinsamkeiten in den Verwandtschaftssystemen und religiösen Bräuchen Einigkeit.[86] Offenbar haben sie sich vor etwa 2000 Jahren von der Hauptgruppe der Tshu-Kwe im nördlichen Botswana abgespalten,[87] nachdem sie von den Bantu sprechenden Völkern, die sich in dieser Gegend gerade als Bauern niederließen, Vieh und Keramik übernommen hatten. Es wird angenommen, dass die Khoikhoi über eine Reihe von hypothetischen Routen, für die es historische und andere Anhaltspunkte gibt,[88] schnell in Richtung Süden vorgedrungen sind und sich im trockeneren westlichen Teilen des Subkontinents niedergelassen haben. Dieses Modell eignet sich gut als allgemeine Erklärung für die offenkundige Tatsache, dass die Khoikhoi-Hirtenvölker zur Zeit ihrer ersten Begegnung mit europäischen Siedlern zwar eindeutig mit ihren jagenden und sammelnden Nachbargruppen verwandt waren, ihr Vieh aber von anderswo gekommen sein musste. Archäologische Zeugnisse, vor allem Keramik und Knochen von Nutztieren, die auf ein Alter von etwa 2000 Jahren datiert wurden, ließen zunächst eine solche schnelle Wanderung vermuten.[89] Als sich die Befunde mehrten, stellte sich aber heraus, dass offenbar Keramik in manchen Fällen bis zu tausend Jahre früher auftrat als Vieh.[90] Dies deutete zum einen darauf hin, dass Keramik kein verlässliches Indiz für Viehwirtschaft ist, zum anderen darauf, dass die schnelle Verbreitung von Keramik möglicherweise einfach auf die ausgedehnten und ineinandergreifenden Austauschnetze der Jäger- und Sammlergesellschaften zurückgeht. Während sich also die Khoikhoi-Hirten sicherlich in der Weise ausbreiteten, die sich in manchem archäologischen Befund andeutet, taten sie dies möglicherweise langsamer als zunächst angenommen, und ihre Interaktionsprozesse mit anderen Gruppen waren komplexer.[91]

Archäologische Modelle der Interaktion zwischen Viehzüchtern und Jägern und Sammlern in der Vorkolonialzeit waren lange Zeit nicht unerheblich von der historischen Ethnografie der westlichen Kapregion – im heutigen Südafrika – geprägt. Berichte über die frühe Besiedlung des Kaps durch Europäer enthalten sehr detaillierte Beschreibungen der indigenen Völker; diese schriftlichen Quellen ergänzten die bruchstückhafte archäologische Rekonstruktion. Für gewöhnlich behandelten Archäologen die historischen Quellen, als seien sie das ‚ethnografische Präsens' der archäologischen Zeugnisse. Infolgedessen wurden die Gesellschaften der Khoikhoi und der Jäger und Sammler so dargestellt, als seien sie bis zu ihrer verhängnisvollen Begegnung mit Europa im siebzehnten Jahrhundert statisch gewesen.[92] Dieses Modell wurde von Historikern und Archäologen häufig angewandt, aber seine Gültigkeit ist fraglich, vor allem angesichts der oben kurz umrissenen Kritik an herkömmlichen ethnologischen Interpretationen. In Namibia deuten die archäologischen Befunde auf eine Reihe örtlicher Entwicklungen hin, etwa eine zunehmend komplexe Kulturlandschaft, wobei der Übergang zur Viehwirtschaft nur eine von mehreren spezialisierten Anpassungen der Wirtschaftsweise gewesen ist. Die Tatsache, dass einige dieser komplexen Lebensweisen bereits vor Beginn der ethnografischen Aufzeichnungen verschwunden waren, verdeutlicht die wichtige Rolle der archäologischen Befunde als Geschichtsquelle.

Die Wiederbesiedlung der Namib während der Klimaverbesserung im mittleren Holozän vor etwa 5000 Jahren führte bei den Jäger- und Sammlergesellschaften zur Herausbildung zunehmend spezialisierter Subsistenzmuster. Die intensive Nutzung von Meeresressourcen, vor allem Muscheln, lässt sich ab der Zeit vor 2000 Jahren nachweisen.[93] Es gibt auch deutliche Hinweise auf Vorstöße bis tief in die Namib, wo es nur wenige Spuren früherer menschlicher Anwesenheit gibt. Einige dieser Gruppen sammelten Unmengen von Schnecken und nutzten auch andere Nahrungsquellen, beispielsweise Melonen.[94] Es wurden spezielle Verfahren entwickelt, aus den unterirdischen Vorratskammern von Ernteameisen große Mengen Wildgrassamen zu nehmen und haltbar zu machen.[95] Bei der Jagd errichtete man an manchen Stellen ausgedehnte Systeme niedriger Felsbarrieren, um wandernde Antilopen in sorgfältig vorbereitete Hinterhalte zu treiben.[96] Diese Neuerungen und Anpassungen machten das Jagen und Sammeln effektiver und glichen – wenn Lebensmittel sich zur Vorratshaltung eigneten – Schwankungen im Nahrungsangebot aus. Die vorliegenden archäologischen Zeugnisse deuten daher auf einen Prozess, in dem spezialisierte Methoden entwickelt wurden und für ein gewisses Maß an Ernährungssicherung in einer unzuverlässigen Umwelt sorgten. Es ist denkbar, dass die verbesserte Ernährungssicherung zu Bevölkerungswachstum führte, wodurch sich wiederum die Jagd- und Sammeltätigkeit intensivierte. In jedem Fall lässt aber der Grad an Kontrolle über das Nahrungsangebot, der sich in Namibia herausbildete, auf eine komplexe Art des Jagens und Sammelns schließen, die bereits landwirtschaftliche Züge annahm. Der Unterschied zwischen dieser Wirtschaftsform und Viehzucht war nicht so groß, wie Archäologen zuweilen annehmen.[97]

Viehhaltung war in der Namib und im Landesinneren vor tausend Jahren weit verbreitet. Es gibt zwar Hinweise darauf, dass sie bereits vor 2000 Jahren, eingeführt wurde;[98] diese sind aber ungesichert, und sowohl in Namibia, als auch in Südafrika stammen die meisten verlässlichen Radiokarbondatierungen aus dem zweiten Jahrtausend n. Chr.[99] In Namibia gibt es schlüssige Belege dafür, dass Viehzüchter bei ihrer intensiven Nutzung wilder pflanzlicher Nahrung – zum Beispiel von Melonen und Grassamen – Keramik verwendeten, und nicht bei Tätigkeiten, die mit der Viehhaltung zusammenhingen; bei letzteren haben Töpferwaren tatsächlich keine ersichtliche Funktion.[100] Interessanterweise gibt es ähnliche Erkenntnisse aus Südafrika, wo Viehzüchter Keramikgefäße zum Auslassen von Robbenspeck benutzten.[101] Die Funde aus Namibia lassen vermuten, dass die Übernahme von Keramik und Nutztieren sich am besten als Ausdruck der Komplexität begreifen lässt, die sich in der Wirtschaft der Jäger- und Sammlergesellschaften herausbildete. Es gibt Anzeichen dafür, dass sich nicht alle Mitglieder dieser Gesellschaften gleichermaßen an der Viehzucht beteiligten; so gab es beispielsweise Spezialisten wie Regenmacher oder Schmiede, die zwar mit Vieh bezahlt wurden, sich aber nicht unmittelbar an der Weidewirtschaft beteiligten.[102]

Es gibt kaum gesicherte Erkenntnisse über gesellschaftliche Veränderungen, die mit der Viehwirtschaft einhergingen. Das ist vor allem darauf zurückzuführen, dass sich entsprechende Hinweise derzeit noch auf die Felskunst beschränken und daher undatiert sind. In der Felskunst des Brandbergs, vor allem in der Hungorob-Schlucht, zeigt sich eine deutliche Verschiebung: Monochrome Darstellungen von Männern und Frauen, die an kommunalen Trance-Ritualen teilnehmen, weichen polychromen Bildern von Männern, die als Individuen dargestellt sind und sehr elaborierte symbolische Elemente aufweisen wie etwa Körperverzierungen, Tanzrasseln und zeremonielle Fliegenwedel.[103] Ähnliche Hinweise auf eine Entwicklung hin zur Spezialisierung finden sich auch in der Felskunst der Drakensberge in Südafrika.[104] Einige Parallelen zu diesem Wandel von egalitärer, gemeinschaftlicher ritueller Aktivität hin zu sehr individuellen und offenbar mächtigen Schamanen finden sich in der neueren Ethnografie der Kalahari, wo sich erfolgreiche Heiler als wohlhabende Viehbesitzer etablieren konnten.[105] In der Namib und anderswo im südlichen Afrika war diese Entwicklung möglicherweise eine unmittelbare Reaktion auf die Interaktion mit eingewanderten Gruppen von Ackerbauen und Viehzüchtern. Es ist aber nach wie vor strittig, ob dies für die Verwandlung mancher Jäger- und Sammlergruppen in Viehzüchter mitbestimmend war.[106] Allerdings fällt auf, dass im frühen zweiten Jahrtausend n. Chr. die Felskunststätten in der Hungrob-Schlucht verlassen wurden und ihre Bewohner sich in Gehöften im freien Gelände ansiedelten, wie sie für Siedlungen von Viehzüchtern typisch sind.

Ungeachtet des geografisch bedingten Ungleichgewichts zugunsten archäologischer Forschung in den nordwestlichen Teilen Namibias gibt es in dieser Region eindeutig die dichteste Häufung von Belegen für eine frühe Einführung von Keramik; außerdem findet sich dort eine überwältigende Vielzahl von Felsbildern[107] – darunter auch Darstellungen von Nutztieren – und zahllose Fundstätten mit Zeugnissen nomadischer Viehzucht aus dem zweiten Jahrtausend n. Chr. Dem gängigen Erklärungsmodell zufolge führte eine der Wanderrouten der Viehzüchter vom Nordwesten nach Namibia; von dort sollen sie die Namib durchquert haben und südwärts nach Südafrika weitergezogen sein.[108] Die archäologischen Befunde der vergangenen zwanzig Jahre unterstützen diese Hypothese jedoch nicht. Zum einen gibt es eine starke Häufung archäologischer Fundstätten im Nordwesten; zum anderen war der südliche Teil des Landes nachweislich im ersten Jahrtausend n. Chr. eher sporadisch besiedelt. Alles in allem lässt sich für Namibia also belegen, dass es dort ein Kerngebiet der Reaktion auf die Einführung der Viehwirtschaft gab, das auf den Nordwesten begrenzt war, wo sich seit der Klimaverbesserung im mittleren Holozän hochspezialisierte Anpassungen an die Umweltbedingungen in der Wüste herausgebildet hatten. Für große zeitliche Lücken in der Besiedlung des südlichen Teiles des Landes sprechen die dort nur spärlich vertretene Felsbildkunst und das Fehlen früher Nachweise für Viehwirtschaft. Die archäologischen Zeugnisse lassen vermuten, dass mit der Ausbreitung der Viehwirtschaft Jäger- und Sammlergruppen örtlich begrenzt und unter geeigneten Umweltbedingungen ebenfalls begannen, Vieh zu halten, so beispielsweise im nordwestlichen Teil Namibias. Dieser Erklärungsansatz schließt zwar nicht aus, dass die Einführung und Verbreitung von Vieh in dieser Gegend auf die Einwanderung von Bauern zurückzuführen ist; im Gegensatz zu der von vielen Forschern vertretenen Ansicht sprechen die archäologischen Befunde in Namibia aber nicht für eine Einwanderung von Khoikhoi-Völkern als allgemeine Erklärung für die Ausbreitung der Viehwirtschaft im südlichen Afrika.[109]

Die sich in der Namib herausbildenden Siedlungs- und Wirtschaftsmuster der Hirten waren den dortigen Umweltbedingungen sehr gut angepasst.[110] Während der langen Trockenzeit wohnten sie in kleinen, abgelegenen Gehöften, die aus einigen wenigen Hütten und Viehgehegen bestanden. Diese Wohnstätten lagen jeweils wenige Kilometer von verlässlichen Wasserstellen (meist von Hand ausgehobenen Brunnen in ausgetrockneten Flussbetten) entfernt In der Trockenzeit weidete das Vieh auf Dauergrasland im Gebirge und im Gestrüpp, das entlang der Flussläufe wuchs. Die sommerlichen Regenfälle in der Wüste lassen eine üppige Grasdecke wachsen, die sehr nahrhaft, aber kurzlebig ist. Bäuerliche Gehöfte, die dicht gehäuft an großen Lagerplätzen auf den alljährlich genutzten Weidegründen liegen, und Überreste steinerner Hüttenfundamente zeigen, dass die einzelnen Haushalte voneinander getrennt waren; jeder gruppierte sich um ein komplex gebautes Gehöft mit Vorratskammern und anderen Indikatoren für die gesellschaftliche Stellung der Bewohner. Die räumliche Aufteilung der Haushalte bei den Viehzüchtern richtete sich offenbar sowohl nach der Rangordnung – die vermutlich patriarchal war –, als auch nach dem Geschlecht; in Unterständen, die zum Kochen genutzt wurden, finden sich Keramik und Steinstößel, die zum Mahlen von Wildgrassamen verwendet wurden. Neuere ethnografische Untersuchungen bestätigen, dass das Sammeln sowie die Zubereitung und Haltbarmachung von Samen in den Zuständigkeitsbereich der Frauen fielen; dies ging so weit, dass Nester von Ernteameisen als Eigentum einzelner Frauen galten.[111] Archäologische Zeugnisse deuten außerdem darauf hin, dass Frauen sich an Plätzen versammelten, an denen Samen haltbar gemacht wurden und die bisweilen mehrere Kilometer von der Hauptsiedlung entfernt lagen. An diesen Plätzen finden sich nur selten Hinweise auf Jagdaktivitäten, wie etwa die Herstellung von Steingeräten oder das Zerlegen von Beute.

Eine unmittelbare Entsprechung zu dieser Nutzung von Grassamen findet sich anderswo in der Namib, nämlich im !Khuiseb-Delta. Nomadische Hirtengruppen im !Khuiseb machten sich Keramik bei der Haltbarmachung des Fruchtfleisches von !nara-Melonen zu Nutze; es war ein Hauptbestandteil ihrer Ernährung und ließ sich auf diese Weise vor dem Verzehr mehrere Monate lang aufbewahren. Wie die Nester von Ernteameisen galten auch !nara-Büsche als Eigentum der Familien, die sie nutzten, und diese Rechte konnten sogar über die weibliche Linie vererbt werden.[112] Viehzüchtergruppen im !Khuiseb-Delta nahmen auch regelmäßige Handelskontakte mit europäischen Schiffen auf, die ab Mitte des neunzehnten Jahrhunderts in Walvis Bay vor Anker gingen. Ein einzigartiger Augenzeugenbericht über das Leben von Hirten im !Khuiseb-Delta, einschließlich der ersten Porträts von Namibiern aus der Sicht von Fremden, ist die Beschreibung Thomas Bolden Thompsons von der HMS *Nautilus* aus dem Jahre 1786.[113]

Auf den Schiffen, die in der Bucht anlegten, bestand eine große Nachfrage nach Rindfleisch. Dieses bezog man im Tausch gegen Glasperlen, Porzellan und eine Reihe anderer Güter, darunter schließlich auch Alkohol und Feuerwaffen. In den unmittelbar hinter Walvis Bay landeinwärts gelegenen Dünenfeldern unterhielten die Viehzüchter relativ permanente Lagerplätze; den Schwerpunkt ihrer Besiedlung hatten sie aber nordwärts verlagert, sodass er sich näher am Ankerplatz befand. Dadurch behielten sie die Kontrolle über die Handelskontakte. Durch diesen Umzug wurde es erforderlich, Rinder und anderes Nutzvieh weiter landeinwärts an Stellen zu halten, wo sich die nächstgelegenen Weidegründe und Wasserstellen befanden, und Händler erwähnen in ihren Berichten, dass sie mehrere Tage warten mussten, bis die Tiere zur Bucht getrieben waren. Zu den archäologischen Zeugnissen dieser Handelsbeziehungen gehört eine Fundstätte mit komplett erhaltenen Hufabdrücken der Rinder und des Kleinviehs, zusammen mit den Fußabdrücken der Menschen – Erwachsene und Kinder – und Hunde, die die Tiere bei Ebbe über das Watt in der Lagune getrieben hatten.[114]

Die archäologischen Befunde legen nahe, dass der aus den Handelsgütern erwachsende Wohlstand ungleichmäßig verteilt war und dass die Abhängigkeit von Meeresressourcen und !nara-Melonen möglicherweise auf das Anwachsen einer marginalisierten Bevölkerungsschicht hindeutet, die kein Vieh mehr besaß und nicht unmittelbar vom Handel mit den anlegenden Schiffen profitieren konnte. Später, gegen Ende des neunzehnten Jahrhunderts, war die Gegend um Walvis Bay merklich von Armut geprägt, und viele Menschen lebten von Essen, das an Bedürftige verteilt wurde, und Almosen, die sie von Missionaren erhielten.[115] Auf das Phänomen der Marginalisierung in Hirtengemeinschaften wurde man am Kap aufmerksam, wo Menschen, die ihr Vieh verloren hatten und ihr Leben als Gesetzlose und Viehdiebe fristeten, unter bestimmten ethnischen Bezeichnungen bekannt waren.[116] Ausgeprägte wirtschaftliche Unterschiede, gemeinsam mit der Praxis ethnischer Etikettierung, könnten erklären, warum historische Quellen die Existenz zweier getrennter Untergruppen der ǂAonin erwähnen: die !Khuisenin, die Vieh hielten, und die Hurínin, die sich von Fischen, Muscheln und allem, was sie sonst an der Küste finden konnten, ernährten.[117] Die Wahrscheinlichkeit wirtschaftlicher Marginalisierung wurde offenbar in dieser Zeit größer.

Abb. 5: Eine der Illustrationen aus dem Tagebuch von Captain T.B. Thompson aus dem Jahre 1786. Bei diesem Frauenbildnis handelt es sich wahrscheinlich um das erste Porträt eines Namibiers bzw. einer Namibierin aus der Sicht eines Fremden. Die Frau trägt einen Umhang aus Robbenhaut um die Schultern. An ihrem Hals hängen eine Ahle und ein knöchernes !nara-Messer mit der gleichen punktförmigen Verzierung, die sich auch auf archäologischen Beispielen findet. Bei dem Ohrring handelt es sich wohl um einen Knopf einer Marineuniform mit dem Motiv eines unklaren Ankers, das erstmals 1774 aufkam.

Die relative Datierung der Lagerstätten von Hirten auf der Grundlage von Handelsgütern, deren Alter bekannt ist, zeigt, dass der Kontakt mit den Europäern zu erhöhter wirtschaftlicher Aktivität führte, wobei Glasperlen und andere Güter im Inland weite Verbreitung fanden. Manchmal verliefen Tauschaktionen in Walvis Bay auch nicht friedlich, und den Aufzeichnungen ist zu entnehmen, dass die ǂAonin – die Vorfahren der heutigen Topnaar – Besucher von den Schiffen nicht dazu ermunterten, weiter ins Inland vorzudringen als bis zur ersten Dünenreihe; dort waren Wächter postiert, die sofort Meldung gaben, wenn sich ein Schiff näherte.[118] Die Gegenstände, die an Fundstätten in Walvis Bay ausgegraben wurden, zeigen, dass die ǂAonin bei Handelsgütern sehr wählerisch waren. Die Auswahl an Glasperlen, die sich in Walvis Bay findet, ist viel kleiner als das damals erhältliche gesamte Spektrum, und die ǂAonin waren offenbar vor allem an Perlen interessiert, die sich in den bereits vorher existierenden indigenen Austausch von Vieh sowie Kupfer- und Eisenperlen integrieren ließen. Glasperlen waren daher für die ǂAonin nicht einfach nur Naturallohn, wie die Europäer vielleicht dachten. Es war vielmehr so, dass die europäischen Besucher wohlüberlegt in die indigene Wirtschaft einbezogen wurden.[119] Im Hinblick auf europäisches Porzellan oder Steingut zeigt sich bei den ǂAonin eine ähnlich selektive Einstellung, denn sie hatten eine besondere Vorliebe für mit Bändern verzierte Keramikschalen, einen markanten und praktischen Gefäßtyp; für flache Teller und extravagante Gefäße, für die es im indigenen Keramikinventar keine Entsprechungen gab, hatten sie nichts übrig.

Die ǂAonin betrieben allerdings mit den Kapitänen der Schiffe keinen Handel unter Gleichgestellten. Gemessen am Arbeitsaufwand, den die Viehproduktion erforderte, waren die Güter, die die ǂAonin erwarben, weniger wert als ihre Rinder; und je mehr Handelsgüter verfügbar wurden, desto mehr hätte sich deren Wert verringert. Die Ursache dieser Tendenz zur Inflation lag wahrscheinlich in der Wirtschaftsform der Viehhaltung selbst. Dort konnte Vieh in Güter wie beispielsweise Kupfer umgesetzt werden, wenn die Anzahl der Tiere das Arbeitsvermögen eines Haushalts überstieg. Auch Tausch und Leihgaben in Form von Vieh dienten als Strategien der Risikovorsorge, aber solange Kupfer noch relativ selten war, eignete es sich als vorübergehendes Depot für durch Viehzucht erwirtschafteten Wohlstand. Die ǂAonin waren den üblichen mit Viehwirtschaft verbundenen Gefahren ausgesetzt, darunter Dürre, Seuchen und Raub, sodass sie sich schon vor Beginn des Handels mit den Europäern in einer prekären Lage befanden. Zufälligerweise kam der

Handel in Walvis Bay im frühen neunzehnten Jahrhundert in Schwung, zur gleichen Zeit, als die Oorlam-Nama ins südliche Namibia vordrangen und groß angelegte Raubzüge unternahmen, um den Überlandhandel mit Vieh in die Kapkolonie zu versorgen. Innerhalb weniger Jahrzehnte machten sich die Plünderungen der Oorlam sogar im nördlichen Namibia bemerkbar. Der strategisch wichtigste Ort für die Oorlam lag im Zentrum des Landes, wo sich heute die Hauptstadt Windhoek befindet. Jonker Afrikaner, der vorausblickende Anführer der Oorlam, richtete eine Handelsstraße nach Walvis Bay ein und schaltete dadurch den Einfluss aller anderen indigenen Händler aus.[120]

Herkömmliche Berichte über die Expansion der Oorlam nach Namibia stützen sich auf Schriftquellen, die generell den Eindruck vermitteln, die Oorlam – eine Bezeichnung, die auf Kapholländisch ‚jemand, der erfahren ist' bedeutet[121] – seien so akkulturiert gewesen, dass sie keine Nama-Viehzüchter im traditionellen Sinne mehr waren.[122] Sie verfügten über Gewehre und Ochsenkarren, trugen europäische Kleidung und hatten offenbar die auf Verwandtschaft basierende Sozialstruktur der Nama verloren. In dieser Hinsicht stellen die Oorlam möglicherweise die Vorhut europäischer Expansion nach Namibia dar, wobei manche Autoren allerdings die Frage aufgeworfen haben, inwieweit die Oorlam tatsächlich ‚europäisiert' gewesen sind.[123] Diese Zweifel sind unter anderem darauf zurückzuführen, dass es in den Quellen nur wenige unmittelbare Beobachtungen der Oorlam aus den 1790er-Jahren gibt,[124] als sie den Oranje überquerten, um Angriffen der Kolonisten auszuweichen. Letztere machten die Oorlam unter Klaas Afrikaner für den Mord an einem ihrer Mitbürger, Pieter Pienaar, verantwortlich.[125]

Glücklicherweise sind noch heute die Ruinen einer Siedlung erhalten, die von den Oorlam an einer entlegenen Biegung des Bak-Flusses im südöstlichen Namibia errichtet wurde. Der Ort heißt ǁKhauxa!nas und liegt auf einem niedrigen Hügel oberhalb eines Wasserlochs, das angeblich niemals versiegt. Eine fast 700 Meter lange Einfriedungsmauer schließt ein Gelände von ungefähr 35 000 Quadratmetern ein, in dem sich die Ruinen von bis zu dreißig Behausungen befinden. Die Methode der Trockenmauerkonstruktion, bei der an wichtigen Stellen zur Stabilisierung Steine als Querverstärkung verwendet wurden und das Mauerwerk mit Geröll gefüllt wurde, ist charakteristisch für kolonialzeitliche Viehgehege aus dem neunzehnten Jahrhundert. Das Gleiche gilt für Wasserablauflöcher und die rechteckige Anlage mancher Gebäude.[126] Diese Merkmale bestätigen zwar die Angaben in den schriftlichen Quellen und entsprechen dem allgemeinen Konsens unter Historikern; die Fundstätte enthält aber weitere archäologische Zeugnisse, die Aufschluss über Details der Verbindungen zwischen kolonialen und indigenen Gesellschaften geben. Dies hilft bei einer Bestimmung des Übergangsstatus der Oorlam, der ansonsten schwer zu greifen ist.

Der südliche Teil der Einfriedungsmauer in ǁKhauxa!nas weist in die Richtung, aus der Besucher aus der Kapkolonie kamen. Hier ist das Mauerwerk solide verarbeitet, und der darunterliegende Abhang bildet eine natürliche ‚Glacis', die sämtliche Angriffe zu Fuß behinderte. Ein rechteckiges Gebäude an der Außenseite der Mauer diente wahrscheinlich als Empfangsbereich, und wenn Besucher den Eingang daneben passiert hatten, fanden sie sich vor dem großen, aufwändig gestalteten Haupthaushalt, der von einer sorgfältig errichteten Mauer umgeben war. In der Einfriedungsmauer der Siedlung befinden sich insgesamt zweiundzwanzig Eingänge, von denen aber keiner breit genug ist, um einen Ochsenkarren durchzulassen. Wenn die Oorlam solche Fuhrwerke besaßen, als sie in ǁKhauxa!nas lebten, ist es unwahrscheinlich, dass sie diese außerhalb der schützenden Einfriedungsmauer abgestellt haben. Dies allein lässt vermuten, dass sich die Angaben in den Schriftquellen auf die Lebensverhältnisse der Oorlam zu einer späteren Zeit beziehen, als Ochsenkarren Teil ihrer Ausrüstung geworden waren. Auch die Feuerwaffen sind eine widersprüchliche Angelegenheit. Historiker behaupten, die Oorlam hätten Büchsen besessen, aber die Feuersteine, die in der Siedlung gefunden wurden, lassen viel eher auf Flinten mit glattem Lauf schließen, die damals weitaus gebräuchlicher waren.[127] Die südliche Verteidigungsanlage der Siedlung ist für solche ungenauen Waffen geeignet, aber unnötig für Büchsen, da diese über eine größere Schussweite verfügen.

Die Aufteilung im Inneren der Siedlung liefert entscheidende Belege dafür, dass die Oorlam nicht, wie behauptet wurde, das indigene Verwandtschaftssystem aufgegeben hatten.[128] Der archäologische Befund vor Ort liefert wertvolle Aufschlüsse, die die schriftlichen Quellen ergänzen. Beinahe sämtliche Eingänge nach ǁKhauxa!nas im nördlichen Teil der Einfriedungsmauer führen direkt zu einzelnen Gruppen von Hütten und Küchenunterständen, und einige Eingänge haben schützende Mauern, die den Privatbereich dieser Haushaltsstrukturen zusätzlich abschirmten. Die nördliche Einfriedungsmauer scheint die durchgehende Rückseite einer Reihe von Haushalten gebildet zu haben, von denen viele einen kleinen Asche-Abfallhaufen an der Außenseite der Mauer hatten. Die Anordnung der Hütten, ihre individuellen, jeweils separaten Zugänge und das Fehlen von Gemeinschaftsgebäuden bilden eine unmittelbare Parallele zu früheren Lagerplätzen in Namibia, an denen sich nomadische Viehzüchter in größerer Zahl zusammenfanden. Die Art und Weise, in der traditionelle Lagerplätze angelegt waren, drückte die relative Autonomie von Familiengruppen innerhalb des Lagers als Ganzes aus; ihre Struktur richtete sich daher nach Verwandtschaftsbeziehungen. Man weiß, dass ǁKhauxa!nas das Lager von Klaas Afrikaner und seinen beiden Söhnen Jager und Titus war. Es überrascht daher nicht, dass es am nördlichen Ende der Siedlung zwei besonders aufwändige Gruppen von Haushaltsstrukturen gibt; diese wurden wahrscheinlich von den beiden Söhnen bewohnt, während in der größten Gruppe solcher Strukturen, die sich unmittelbar innerhalb der südlichen Einfriedungsmauer befindet, wahrscheinlich Klaas selbst wohnte.

Ab der Mitte des neunzehnten Jahrhunderts gibt es relativ umfangreiche schriftliche Quellen, und die archäologischen Befunde spielen eher eine ergänzende als eine vorrangige Rolle. Dies ist insbesondere dann der Fall, wenn Historiker über alternative und vielleicht widersprüchliche schriftliche Zeugnisse verfügen und dadurch weniger auf einzelne maßgebliche Quellen angewiesen sind. Große Teile Namibias blieben allerdings für die europäischen Kolonisatoren bis ins frühe zwanzigste Jahrhundert unerreichbar und waren dadurch relativ unbekannt. Unter solchen Umständen können archäologische Zeugnisse die geschichtlichen Aufzeichnungen um viele Details bereichern. Ein Beispiel hierfür ist der Ansturm auf die Guano-Vorkommen im Jahre 1844; damals versammelten sich tausende ausländischer Schiffe bei den Inseln, die der namibischen Küste vorgelagert sind, vor allem bei Ichabo. Über die intensive Interaktion zwischen den Schiffsbesatzungen und der indigenen Bevölkerung, die an der Küste lebte, gibt es nur wenige schriftliche Aufzeichnungen, aber die neuere archäologische Forschung hat mehrere Fundorte zu Tage gebracht, an denen sich Zeugnisse dieser Interaktion erhalten haben.[129] Ein zweites erhellendes Beispiel ist die verheerende Rinderpest-Epidemie, die Namibia 1897 erreichte. Sie raffte die Rinder massenhaft dahin und führte letztlich zum Zusammenbruch der Viehwirtschaft.[130] Es gibt keine schriftlichen Aufzeichnungen über die verarmten Menschen, die in die Namib abwanderten und sich dort von Wildgrassamen ernähren mussten, aber viele archäologische Fundstätten bezeugen diese Katastrophe.[131]

Das fragile Erbe der archäologischen Funde

Unsere gegenwärtigen Erkenntnisse über die Archäologie Namibias beruhen auf einer sehr geringen Auswahl von Fundstätten, an denen systematische Untersuchungen durchgeführt wurden. Das übliche Vorgehen in der namibischen Archäologie besteht darin, die Ausgrabung auf einen repräsentativen Bruchteil der Stätte zu beschränken und den Rest für künftige Forschung unberührt zu lassen. Bei Geländebegehungen werden darüber hinaus oft Felsbildkunst und andere unbewegliche Funde dokumentiert. Der Großteil des archäologischen Materials, das Zeugnis von der langen Geschichte Namibias vor der Kolonialzeit ablegt, wird daher nicht unter kontrollierten Bedingungen in Museen oder Archiven aufbewahrt, sondern befindet sich im freien Gelände, wo es sowohl natürlichem Verfall als auch Beschädigung durch heute lebende Menschen ausgesetzt ist. Es ist völlig unmöglich, sämtliche Zeugnisse der Archäologie Namibias auszugraben, zu sammeln und aufzubewahren. Dies ist auch nicht wünschenswert, denn der Kontext – also die ursprüngliche Einbettung archäologischer Hinterlassenschaften in den Fundzusammenhang – liefert genauso viele Informationen wie das Fundstück selbst.

Wie international üblich, sieht auch in Namibia die Gesetzgebung zum Schutz archäologischer Stätten vor, dass bei Großprojekten – beispielsweise in den Bereichen Rohstoffgewinnung und Ausbau der Infrastruktur – eine archäologische Folgenabschätzung durchgeführt wird. Erschließungsprojekte können schwerwiegende Auswirkungen auf empfindliche archäologische Stätten haben; dies hat Anlass zu mehreren groß angelegten archäologischen Untersuchungen gegeben. Die Erschließung von Mineralienvorkommen liegt hauptsächlich in den Händen ausländischer Bergbauunternehmen, die oft in ihren Heimatländern vom Gesetzgeber dazu verpflichtet sind, bei Projekten in Übersee die Auswirkungen auf archäologische Stätten so gering wie möglich zu halten. Dies verleiht den in Namibia getroffenen Maßnahmen erheblichen zusätzlichen Nachdruck, und das gilt ebenso für Auflagen bezüglich internationaler Richtlinien seitens großer Kreditinstitute, die in Namibia Projekte zur Erweiterung der öffentlichen Versorgung finanzieren.[132]

Archäologische Funde werden in Namibia durch den National Heritage Act (24 aus dem Jahre 2004) geschützt,[133] der auch vorsieht, dass archäologische und andere Stätten, die zum Kulturerbe zählen, zu Nationaldenkmälern erklärt werden können. Es gibt in Namibia ungefähr neunzig Nationaldenkmäler; nur zwölf davon sind archäologische Stätten. Bei den übrigen handelt es sich um Gebäude aus der Kolonialzeit, Gedenkstätten und andere Orte von besonderem Interesse. Die begrenzte Aufmerksamkeit, die der Geschichte vor der Kolonialzeit zuteil wird, spiegelt sich also auch in der Auswahl von Stätten als Nationaldenkmäler. Dies lässt sich zum einen aus der Kluft zwischen Archäologie und Geschichtsforschung erklären, die zu Beginn dieses Kapitels angesprochen wurde, und zum anderen durch die fehlende narrative Kontinuität zwischen der archäologischen Vergangenheit und der modernen Geschichte. Der Lehrplan für Schulen in Namibia sieht vor, dass der Geschichtsunterricht sich weniger auf die schriftlichen Quellen als vielmehr auf andere

Zeugnisse der Vergangenheit stützen soll, und betont dabei den Wert und die Besonderheiten von Quellen wie mündlichen Überlieferungen und dem archäologischen Befund. Der Lehrplan verbindet die vorkoloniale Geschichte mit derjenigen der Kolonialzeit und stellt Namibia mit Hilfe der archäologischen Zeugnisse in einen größeren afrikanischen Kontext. Da der Lehrplan außerdem die Einzigartigkeit archäologischer Zeugnisse betont und darauf hinweist, dass sie durch heutige Entwicklungen Schaden nehmen können, setzt er ein klares Zeichen für den Denkmalschutz.

Nur wenige Jahre nach der Unabhängigkeit unterzeichnete Namibia die Welterbekonvention, und 2007 wurde Twyfelfontein, ein herausragendes Beispiel für die Felsbildkunst von Jäger- und Sammlergesellschaften im Spätholozän, in die Welterbeliste aufgenommen. Dort finden sich mehr als 2000 Felsgravuren, und mit 150 000 Besuchern pro Jahr ist Twyfelfonetin die meistbesuchte Felskunststätte in ganz Afrika. Aber sie wird nur von wenigen Namibiern besucht, ganz im Gegensatz zu den Nachbarländern Botswana, Simbabwe und Südafrika, wo Schulkinder einen erheblichen Teil der Besucherzahlen an solchen Fundstätten ausmachen. Vielleicht illustriert die Situation in Namibia, wie zerbrechlich traditionelle Praktiken sind und dass ihre geschichtliche Kontinuität relativ leicht gebrochen werden kann. In Simbabwe dagegen gibt es eindeutig eine gewisse Kontinuität in der rituellen Bedeutung von Felskunststätten.[134]

Bei der archäologischen Forschung in Namibia haben ausländische Einrichtungen und Forschungsprogramme immer eine wichtige – und sogar dominierende – Rolle gespielt. Die frühe Verbindung zu Frankreich brach im Anschluss an die Arbeiten Henri Breuils in den 1950er-Jahren ab, aber nach der Unabhängigkeit erwachte durch Kooperationsprogramme, an denen das Nationalmuseum beteiligt war, neues Interesse an Namibia. Sporadische Forschungsinitiativen aus Großbritannien, Nordamerika und Schweden traten an die Stelle der zuvor starken Bindung an verschiedene südafrikanische Museen und Universitäten. Der größte und beständigste Forschungsaufwand wird allerdings in Deutschland betrieben, mit fast fünfzig Jahren ununterbrochener Forschung vor Ort und

Veröffentlichung der Ergebnisse. Keine der ausländischen Forschungsinitiativen hat dazu geführt, dass in Namibia dauerhafte Einrichtungen, institutionelle Unterstützung oder nennenswerte Ausbildungsprogramme geschaffen wurden – anders als in anderen Teilen Afrikas, wo die einstigen Kolonialmächte weiterhin in der archäologischen Forschung aktiv blieben.

Zum Abschluss soll zumindest in groben Zügen skizziert werden, in welche Richtungen sich künftige Forschung bewegen könnte; außerdem werden einige wichtige Fragen aufgeworfen, denen Archäologen in Namibia nachgehen sollten. Geht man in der Zeit zurück, so besteht insbesondere hinsichtlich der Besiedlung durch Ackerbauern im nördlichen Namibia erheblicher Forschungsbedarf. Es ist zu klären, in welchem Zeitraum und unter welchen Umweltbedingungen diese Siedlungen bestanden, welche Verbindungen sie vor und während des Sklavenhandels zu den mächtigen Königreichen im südlichen Angola unterhielten[135] und welchen Einfluss sie innerhalb Namibias auf die weiter südlich lebenden kleinen Jäger- und Sammlergesellschaften ausgeübt haben. Die Entwicklung traditioneller Siedlungsanlagen im zentralen Nordnamibia könnte Gegenstand archäologischer Forschung sein, um der Herausbildung komplexer Siedlungsmuster auf den Grund zu gehen; diese sind möglicherweise eine Reaktion auf drohende Angriffe sowie ein metaphorischer Ausdruck gesellschaftlicher Hierarchien. Der Einfluss von Ackerbau und Viehzucht auf Jäger- und Sammlergesellschaften lässt sich weniger leicht ermitteln, aber Grenzverläufe oder Kontaktzonen können wichtige Aufschlüsse über die Geschichte Namibias vor der Kolonialzeit geben.[136]

Archäologische Forschung kann zu einem besseren Verständnis der Auswirkungen beitragen, die Ackerbau und Viehzucht während der vergangenen zwei Jahrtausende auf die Umwelt hatten: Mit Hilfe von Zeitreihendaten lassen sich langfristige Auswirkungen menschlicher Eingriffe in Systeme von Baumsavannen und trockenen Buschsteppen ermitteln. Hierzu bedürfte es sowohl herkömmlicher archäologischer Forschung in Form einer Kartierung und Datierung von Siedlungen, als auch der fachkundigen Rekonstruktion von Vegetationssystemen. Ebenso wichtig wie Umweltreaktionen wären die wirtschaftlichen Strategien, die in den vorkolonialen Gesellschaften zur Risikovorsorge angewandt wurden, beispielsweise der Verleih von Vieh und bestimmte Heiratsbräuche.[137] Zwar gibt archäologische Forschung nicht unbedingt umfassende Antworten auf solche Fragen, aber aufgrund ihrer besonderen zeitlichen Perspektive wird sie in der afrikanischen Geschichtsschreibung unverzichtbar bleiben.

Die materiellen Ergebnisse archäologischer Forschung sind immer eine sinnvolle Ergänzung zu schriftlichen Zeugnissen, und in der frühen Geschichte der Siedlergesellschaften in Namibia finden sich viele Beispiele dafür, wie aufschlussreich der Vergleich zwischen idealisierenden Schilderungen und archäologischen Befunden in Gehöften, Missionsstationen und an anderen Orten ist. In manchen Fällen werden Ansprüche auf angestammtes Land durch archäologische Zeugnisse gestützt, in anderen kommt der Befund politischen Zielen weniger entgegen.[138]

Endnoten

1 Peter Robertshaw (Hg.), *A History of African Archaeology* (London: James Currey, 1990).

2 *Ebd*; Martin Hall, *Archaeology Africa* (London: James Currey, 1996); Bruce Trigger, *A History of Archaeological Thought* (Cambridge University Press, 1989).

3 Eric L.P. Stals (Hg.), *The Commissions of W.C. Palgrave, Special Emissary to South West Africa 1876–1885* (Kapstadt: Van Riebeeck Society, 1990).

4 Einige Autorinnen und Autoren halten das Wort ‚Buschleute' für abwertend, aber Angehörige dieser Bevölkerungsgruppe verwenden es selbst und ziehen es manchmal sogar der offizielleren Bezeichnung ‚San' vor. Letztere wird von manchen Wissenschaftlern in ihren Veröffentlichungen verwendet, ist aber ebenfalls negativ besetzt, weil sie sich von dem Khoikhoi-Nama-Wort für ‚Vagabund' herleitet.

5 Henri Breuil, ‚The White Lady of the Brandberg, SWA, Her Companions and Her Guards', *South African Archaeological Bulletin*, 3 (1948), S. 2–11; siehe auch Reinhard Maack, ‚Erstbesteigung des Brandberges und Entdeckung der „Weissen Dame"', *JSWASS*, 14 (1960), S. 5–38.

6 John Schofield, ‚The Age of the Rock Paintings of South Africa', *South African Archaeological Bulletin*, 3 (1948), S. 79–88.

7 John Kinahan, ‚Theory, Practice and Criticism in the History of Namibian Archaeology' in Peter Ucko (Hg.), *Theory in Archaeology: A World Perspective* (London: Routledge, 1995), S. 76–92.

8 Gordon und Sholto-Douglas, *Bushman Myth*; John Molin, ‚Twyfelfontein – A Rock Art Site of Local Significance', *Studies in the African Past*, 5 (2006), S. 34–46.

9 Kinahan, ‚Theory, Practice'; *ders.*, ‚Traumland Südwest: Two Moments in the History of German Archaeological Enquiry in Namibia' in Heinrich Härke (Hg.), *Archaeology, Ideology and Society: The German Experience* (Frankfurt: Peter Lang, 2000), S. 353–74; *ders.*, ‚Weisser Riese – Schwarze Zwerge? Empirismus und ethnische Deutung in der Archäologie Namibias', *Archäologische Informationen*, 18 1 (1995), S. 7–18.

10 J. David Lewis-Williams, *Believing and Seeing: Symbolic Meanings in Southern African Rock Art* (London: Academic Press, 1981); *ders.*, ‚The Social and Economic Context of Southern San Rock Art', *Current Anthropology*, 23 (1982), S. 429–49.

11 Siehe beispielsweise John Kinahan, *Pastoral Nomads of the Namib Desert: The People History Forgot*, 2. Auflage. (Windhoek: Namibia Archaeological Trust, 2001); Myra Shackley, *Palaeolithic Archaeology of the Central Namib Desert: A Preliminary Survey of Chronology, Typology and Site Location* (Windhoek: Cimbebasia Memoir 6, National Museum of Namibia,

1985); Beatrice Sandelowsky, ‚Mirabib—An Archaeological Study in the Namib', *Madoqua*, 10 4 (1977), S. 221–83.

12 Siehe beispielsweise Revil Mason, ‚Notes on the Recent Archaeology of the Scherz Basin, Brandberg', *South African Archaeological Bulletin*, 10 (1955), S. 30–1; Harald Pager, ‚Felsbildforschungen am Brandberg in Namibia', *Beiträge zur Allgemeinen und Vergleichenden Archäologie*, 2 (1980), S. 351–7; Wolfgang Wendt, ‚Preliminary Report on an Archaeological Research Programme in South West Africa', *Cimbebasia* (B), 2 1 (1972), S. 1–61.

13 Siehe beispielsweise Lyn Wadley, ‚Big Elephant Shelter and its Role in the Holocene Prehistory of Central South West Africa', *Cimbebasia* (B), 3 1 (1979), S. 1–76; *ders.*, ‚On the Move: A Look at Prehistoric Food Scheduling in Central Namibia', *Cimbebasia* (B), 4 4 (1984), S 41–50.

14 John Kinahan und Jill Kinahan, ‚Preliminary Report on the Late Holocene Archaeology of the Awasib–Gorrasis Basin Complex in the Southern Namib Desert', *Studies in the African Past*, 5 (2006), S. 1–14.

15 Leon Jacobson, ‚On Artefact Analysis and the Reconstruction of Past Ethnic Groups', *Current Anthropology*, 21 (1980), S. 409; *ders.*, ‚The White Lady of the Brandberg, a Re-interpretation', *Namibiana*, 2 (1980), S. 21–9.

16 Katjavivi, *History of Resistance*; Johan Malan, *Peoples of Namibia* (Wingate Park: Rhino, 1995); Kaire Mbuende, *Namibia: The Broken Shield. Anatomy of Imperialism and Revolution* (Lund: Liber, 1986).

17 Kinahan, ‚Theory, Practice'.

18 Beatrice Sandelowsky, ‚Kapako and Vungu Vungu: Iron Age Sites on the Kavango River' in Nikolaas van der Merwe und Thomas Huffman (Hg.), *Iron Age Studies in Southern Africa* (Claremont: South African Archaeological Society), S. 52–61; M. Albrecht *et al.*, ‚Oruwanje 95/1: A Late Holocene Stratigraphy in Northwestern Namibia', *Cimbebasia*, 17 (2001), S. 1–22.

19 David Phillipson, *The Later Prehistory of Eastern and Southern Africa* (London: Heinemann, 1977); *ders.*, *African Archaeology* (Cambridge University Press, 2005).

20 Frieda-Nela Williams, *Pre-colonial Communities of Southwestern Africa: A History of Owambo Kingdoms 1600–1920* (Windhoek: National Archives of Namibia, 1991).

21 Bennet Fuller, ‚Institutional Appropriation and Social Change among Agropastoralists in Central Namibia, 1916–1988' (Dissertation, Boston University, 1993).

22 Lau, *Jonker Afrikaner's Time*.

23 Gewald, *Herero Heroes*.

24 John Kinahan, ‚The Rise and Fall of Nomadic Pastoralism in the Central

Namib Desert' in Thurstan Shaw, Paul Sinclair, Bassey Andah und Alex Okpoko (Hg.), *The Archaeology of Africa: Food, Metals and Towns* (London: Routledge, 1993), S. 372–85.

25 Jill Kinahan, *Cattle for Beads: the Archaeology of Historical Contact and Trade on the Namib Coast* (Uppsala und Windhoek: University of Uppsala and Namibia Archaeological Trust, 2000).

26 Siehe Peter Mitchell, *The Archaeology of Southern Africa* (Cambridge University Press, 2002).

27 Also in dem Zeitabschnitt, der oft als letzte Eiszeit bezeichnet wird – obwohl das südliche Afrika damals nicht vereist war.

28 Chris Stringer und Clive Gamble, *In Search of the Neanderthals* (London: Thames & Hudson, 1993).

29 Siehe Mitchell, *Archaeology*, S. 107–36.

30 Jeanette Deacon und Nicholas Lancaster, *Late Quaternary Palaeoenvironments of Southern Africa* (Oxford: Clarendon, 1988).

31 Shackley, *Palaeolithic Archaeology*.

32 Gudrun Corvinus, *The Raised Beaches of the West Coast of South West Africa/Namibia: An Interpretation of their Archaeological and Palaeontological Data* (München: C.H. Beck, 1983).

33 Thomas Volman, ‚Early Prehistory of Southern Africa' in R.G. Klein (Hg.), *Southern African Prehistory and Palaeoenvironments* (Rotterdam: Balkema, 1984), S. 169–220.

34 John Vogel und Ebbie Visser, ‚Pretoria Radiocarbon Dates II', *Radiocarbon*, 23 1 (1981), S. 43–80; J.C. Freundlich, H. Schwabedissen und W. Wendt, ‚Köln radiocarbon measurements II', *Radiocarbon*, 22 1 (1980), S. 68–81.

35 Sheridan Bowman, *Radiocarbon Dating* (London: British Museum, 1990).

36 Kinahan, *Cattle for Beads*.

37 Mitchell, *Archaeology*; Volman, ‚Early Prehistory'.

38 Zenobia Jacobs *et al.*, ‚Ages for the Middle Stone Age of Southern Africa: Implications for Human Behaviour and Dispersal', *Science*, 322 (2008), S. 733–5.

39 Ralf Vogelsang, *Middle Stone Age Fundstellen in Südwest-Namibia* (Köln: Heinrich-Barth-Institut, 1998); Katharine Cruz-Uribe und Richard Klein, ‚Faunal Remains from Some Middle and Late Stone Age Sites in South West Africa', *JSWASS*, 36/37 (1983), S. 91–114.

40 Deacon und Lancaster, *Palaeoenvironments*; Mitchell, *Archaeology*.

41 Ralf Vogelsang, ‚The Middle Stone Age in Southwestern Namibia' in Gilbert Pwiti und Robert Soper (Hg.), *Aspects of African Archaeology: Papers frpm the 10th Congress of the PanAfrican Association for Prehistory and Related Studies, Harare* (Harare: University of Zimbabwe Publications, 1996), S. 207–12.

42 Wolfgang Wendt, „‚Art mobilier" aus der Apollo-11 Grotte in Südwest-Afrika', *Acta Praehistorica et Archaeologica*, 5 (1974), S. 1–42; *ders.*, ‚Die ältesten datierten Kunstwerke Afrikas', *Bild der Wissenschaft*, 10 (1975), S. 44–50; Ralf Vogelsang, ‚The Rock Shelter Apollo 11– Evidence of Early Modern Humans in Southwestern Namibia' in Cornelia Limpricht und Megan Biesele (Hg.), *Heritage and Cultures in Modern Namibia—In-depth Views of the Country* (Windhoek: TUCSIN, 2008), S. 183–92.

43 Christopher Henshilwood, ‚Emergence of Modern Human Behaviour: Middle Stone Age Engravings from South Africa', *Science*, 295 (2002), S. 1278–80.

44 Ralf Vogelsang, Barbara Eichorn und Jürgen Richter, ‚Holocene Human Occupation and Vegetation History in Northern Namibia', *Die Erde*, 133 (2002), S. 113–32.

45 Siehe beispielsweise N.J. Shackleton und N.D. Opdyke, ‚Oxygen Isotope Palaeomagnetic Stratigraphy of Pacific Core V28–239 Late Pliocene to Latest Pleistocene', *Geological Society of America Memoirs*, 145 (1976), S. 449–64.

46 Deacon und Lancaster, *Palaeoenvironments*.

47 Anthony J. Tankard und J. Rogers, ‚Late Cenozoic Palaeoenvironments on the West Coast of Southern Africa', *Journal of Biogeography*, 5 (1978), S. 319–37.

48 Gavin Birch, ‚Surficial Sediments of Saldanha Bay and Langebaan Lagoon', *Transactions of the Geological Society of South Africa*, 79 (1976), S. 293–300; B.W. Flemming, ‚Distribution of Recent Sediments in Saldanha Bay and Langebaan Lagoon', *Transactions of the Royal Society of South Africa*, 42 3 & 4 (1977), S. 317–40; John Compton, ‚Holocene Evolution of the Anichab Pan on the Southwest Coast of Namibia', *Sedimentology*, 54 (2007), S. 55–70.

49 In diesem Kapitel bezieht sich die Bezeichnung ‚Nordwesten' auf den geografischen Nordwestquadranten Namibias; im restlichen Buch wird sie generell für das Gebiet der späteren Region Kaoko verwendet.

50 Ralf Vogelsang und Karl Peter Wendt, ‚Changing Patterns of Settlement in Namibia during the Holocene' in O. Bubenzer, A. Bolten und F. Darius (Hg.), *Atlas of Cultural and Environmental Change in Arid Africa* (Köln: Heinrich-Barth-Institut, 2007), S. 68–72.

51 Sandelowsky, ‚Mirabib'; Wendt, ‚Preliminary Report'; Christine Sievers, ‚Test Excavations at Rosh Pinah Shelter, Southern Namibia', *Cimbebasia* (B), 4 3 (1984), S. 29–40; John Kinahan und Jill Kinahan, ‚Excavation of a Late Holocene Cave Deposit in the Southern Namib Desert', *Cimbebasia*, 18 (2003), S. 1–10.

52 H. Walter und O.H. Volk, *Grundlagen der Weidewirtschaft in Südwestafrika*, Teil 1 (Stuttgart: Ulmer 1954); M.G. Little *et al.*, ‚Trade Wind Forcing

of Upwelling, Seasonality and Heinrich Events as a Response to Sub-Milankovitch Climate Variability', *Paleoceanography*, 12 (1997), S. 568–76.

53 Bernt Eitel, ‚Environmental History of the Namib Desert' in Mike Smith und Paul Hesse (Hg.), *23 Degrees South: Archaeology and Environmental History of the Southern Deserts* (Canberra: National Museum of Australia, 2005), S. 45–55.

54 P. Tyson, *Climatic Change and Variability in Southern Africa* (Kapstadt: Oxford University Press, 1986); Mary Seely und Gideon Louw, ‚First Approximation of the Effects of Rainfall on the Ecology and Energetics of a Namib Desert Dune Ecosystem', *Journal of Arid Environments*, 3 (1980), S. 25–54; Mendelsohn *et al.*, *Atlas of Namibia*.

55 Zum Beispiel der Fundort Bushman's Paradise, beschrieben in John Kinahan ‚Four Thousand Years at the Spitzkoppe: Changes in Settlement and Land Use on the Edge of the Namib Desert', *Cimbebasia*, 12 (1990), S. 1–14; und der Fundort Big Elephant Shelter, beschrieben in Wadley, ‚Big Elephant Shelter'; Wendt, ‚Preliminary Report'.

56 Kinahan, *Pastoral Nomads*.

57 Barbara Eichorn und Ralf Vogelsang, ‚A Pristine Landscape? Archaeological and Archaeobotanical Research in the Skeleton Coast Park, Northwestern Namibia' in Michael Bollig *et al.* (Hg.), *Aridity, Change and Conflict in Africa* (Köln: Heinrich-Barth-Institut, 2007), S. 145–65.

58 John Kinahan, ‚The Late Holocene Human Ecology of the Namib Desert' in Mike Smith und Paul Hesse (Hg.), *23 Degrees South: Archaeology and Environmental History of the Southern Deserts* (Canberra: National Museum of Australia, 2005), S. 120–31; siehe auch Wadley, ‚Big Elephant Shelter'; Sandelowsky, ‚Mirabib'.

59 Sievers, ‚Test Excavations'.

60 Jürgen Richter, ‚Messum I: A Later Stone Age Pattern of Mobility in the Namib Desert', *Cimbebasia* (B), 4 1 (1984), S. 1–12.

61 Jürgen Richter, ‚„Zu wenig Chalzedon" – kritischer Rohstoffmangel bei prähistorischen Wildbeutern in Namibia' in M. Bollig und F. Klees (Hg.), *Überlebensstrategien in Afrika* (Köln: Heinrich-Barth-Institut, 1994), S. 179–86.

62 Jürgen Richter, *Studien zur Urgeschichte Namibias–Holozäne Stratigraphien im Umkreis des Brandberges* (Köln: Heinrich-Barth-Institut, 1991).

63 Kinahan, *Pastoral Nomads*.

64 David Coulson und Alec C. Campbell, *African Rock Art: Paintings and Engravings on Stone* (New York: Abrams, 2001).

65 Kinahan, ‚Theory, Practice'.

66 Jürgen Richter und Ralf Vogelsang, ‚Rock Art in Northwestern Central Namibia – Its Age and Cultural Background' in Cornelia Limpricht und

Megan Biesele (Hg.), *Heritage and Cultures in Modern Namibia – In-depth Views of the Country* (Windhoek: TUCSIN, 2008), S. 37–46.

67 Lewis-Williams, *Believing and Seeing.*

68 J. David Lewis-Williams (Hg.), *New Approaches to Southern African Rock Art* (South African Archaeological Society, 1983); Geoffrey Blundell (Hg.), *Further Approaches to Southern African Rock Art* (Vlaeberg: South African Archaeological Society, 2005).

69 J. David Lewis-Williams, ‚Ideological Continuities in Prehistoric Southern African Rock: The Evidence of Rock Art' in Carmel Schrire (Hg.), *Past and Present in Hunter-gatherer Studies* (Orlando: Academic Press, 1984), S. 225–52.

70 Kinahan, ‚Theory, Practice'. Diese Ansicht wurde in zwei Arbeiten bekräftigt, nämlich William Challis, ‚„The Men with Rhebok's Heads: They Tame Elands and Snakes": Incorporating the Rhebok Antelope in the Understanding of Southern African Rock Art' in Blundell (Hg.), *Further Approaches*, S. 11–20, und J. Swart, ‚Rock Art Sequences in uKhahlamba-Drakensberg Park, South Africa', *Southern African Humanities*, 16 (2004), S. 13–35.

71 Alan Barnard, *Hunters and Herders of Southern Africa: A Comparative Ethnography of the Khoisan Peoples* (Cambridge University Press, 1992).

72 Siehe beispielsweise Harald Pager, *The Rock Paintings of the Upper Brandberg. Part 1: Amis Gorge* (Köln: Heinrich-Barth-Institut, 1989).

73 J. David Lewis-Williams und Thomas Dowson, *Images of Power: Understanding Bushman Rock Art* (Johannesburg: Southern, 1989).

74 Ernst-Rudolf Scherz, *Felsbilder in Südwest-Afrika. Teil 2: Die Gravierungen im Nordwest Südwest-Afrika* (Köln: Böhlau Verlag, 1975).

75 Von ähnlichen Darstellungen in Südafrika berichtet Jeremy Holleman, ‚„Big Pictures": Insights into Southern African San Rock Paintings of Ostriches', *South African Archaeological Bulletin*, 56 (2001), S. 62–75.

76 Edwin Wilmsen, *Land Filled with Flies: A Political Economy of the Kalahari* (University of Chicago Press, 1989).

77 Vor allem in den Arbeiten von Lorna Marshall, *The !Kung of Nyae Nyae* (Cambridge, Mass.: Harvard University Press 1976); Richard Lee, *The !Kung San: Men, Women and Work in a Foraging Society* (Cambridge University Press, 1979).

78 Beispielsweise Lyn Wadley, *Later Stone Age Hunters and Gatherers of the Southern Transvaal: Social Land Ecological Interpretations* (Oxford: British Archaeological Reports, 1987).

79 Für eine Zusammenfassung siehe Mitchell, *Archaeology*, S. 222–6.

80 Sandelowsky, ‚Kapako'.

81 Thomas Huffman, *Handbook to the Iron Age: The Archaeology of Pre-colo-*

nial Farming Societies in Southern Africa (Pietermaritzburg: University of KwaZulu-Natal Press, 2007); Phillipson, *African Archaeology*.

82 Mendelsohn *et al.*, *Atlas of Namibia*.

83 John Kinahan, ‚Settlement Patterns and Regional Exchange: Evidence from Recent Iron Age Sites on the Kavango River, North-eastern Namibia', *Cimbebasia* (B), 3 (1986), S. 109–16.

84 K.J. Thomsen, A. Murray, L. Bøtter-Jensen und J. Kinahan, ‚Determination of Burial Dose in Incompletely Bleached Fluvial Samples using Single Grains of Quartz', *Radiation Measurements*, 24 2 (2007), S. 270–9.

85 Frank Seidel, Eileen Kose und Wilhelm Möhlig, ‚Northern Namibia – Overview of its Historiography Based on Linguistic and Extralinguistic Evidence' in O. Bubenzer, A. Bolton und F. Darius (Hg.), *Atlas of Cultural and Environmental Change in Arid Africa* (Köln: Heinrich-Barth-Institut, 2007), S. 152–5; Eileen Kose und Jürgen Richter, ‚The Prehistory of the Kavango People', *Sprache und Geschichte in Afrika*, 18 (2007), S. 103–29.

86 Siehe Mitchell, Archaeology, S. 227–37; E. Oswin Westphal, ‚The Linguistic Prehistory of Southern Africa: Bush, Kwadi, Hottentot and Bantu Linguistic Relationships', *Africa*, 33 (1963), S. 237–65; Barnard, *Hunters and Herders*; G. Nurse, John Weiner und Trefor Jenkins, *The Peoples of Southern Africa and their Affinities* (Oxford University Press, 1985); Anne Solomon, ‚Division of the Earth: Gender, Symbolism and the Archaeology of the Southern San' (Magisterarbeit, Universität Kapstadt, 1989); Katherine Horsburgh, ‚The Origins of Southwestern African Pastoralism: Addressing Classic Debates using Ancient DNA" (Dissertation, Stanford University, 2008).

87 Christopher Ehret, ‚The First Spread of Food Production in Southern Africa' in Christopher Ehret und Merrick Posnansky (Hg.), *The Archaeological and Linguistic Reconstruction of African History* (Berkeley: University of California Press, 1982).

88 Richard Elphick, *Khoikhoi and the Founding of White South Africa* (Johannesburg: Ravan Press, 1985); Jeanette Deacon, *The Later Stone Age of Southernmost Africa* (Oxford: British Archaeological Reports, 1984).

89 Andrew Smith, *Pastoralism in Africa: Origins and Developmental Ecology* (London: Hurst, 1992).

90 Judith Sealy und Royden Yates, ‚The Chronology of the Introduction of Pastoralism to the Cape, South Africa', *Antiquity*, 68 (1994), S. 58–67.

91 Karim Sadr und Francois-Xavier Fauvelle-Aymar (Hg.), ‚Khoekhoe and the Origins of Herding in Southern Africa', special issue, *Southern African Humanities*, 20, 1 (2008), S. 1–248.

92 Deacon, *Later Stone Age*.

93 Kinahan, *Pastoral Nomads*, S. 87–122.

94 Kinahan und Kinahan, ‚Late Holocene Cave Deposit'.

95 Kinahan, *Pastoral Nomads*, S. 76; Sian Sullivan, ‚Folk and Formal, Local and National – Damara Knowledge and Community Conservation in Southern Kunene, Namibia', *Cimbebasia*, 15 (1999), S. 1–28.

96 Kinahan und Kinahan, ‚Preliminary Report'.

97 Siehe z.B. Andrew Smith, ‚On Becoming Herders: Khoikhoi and San Ethnicity in Southern Africa', *African Studies*, 49 (1990), S. 50–73.

98 Beatrice Sandelowsky, Johan van Rooyen und John Vogel, ‚Early Evidence for Herders in the Namib', *South African Archaeological Bulletin*, 34 (1979), S. 50–1; Andrew Smith und Leon Jacobson, ‚Excavations at Geduld and the Appearance of Early Domestic Stock in Namibia', *South African Archaeological Bulletin*, 50 (1995), S. 3–14.

99 Mitchell, *Archaeology*, S. 231; Larry Robbins *et al.*, ‚Excavations at the Tsodilo Hills Rhino Cave', *Botswana Notes and Records*, 28 (1996), S. 23–45.

100 Kinahan, *Pastoral Nomads.*

101 Andrew Smith, ‚Exploitation of Marine Mammals by Prehistoric Cape Herders', *South African Journal of Science*, 89 (1993), S. 162–5.

102 John Kinahan, ‚Towards an Archaeology of Mimesis and Rainmaking in Namibian Rock Art' in Peter Ucko und Robert Layton (Hg.), *The Archaeology and Anthropology of Landscape: Shaping Your Landscape* (London: Routledge, 1999), S. 336–57; John Kinahan und John Vogel, ‚Recent Copper-working Sites in the !Khuiseb Drainage, Namibia', *South African Archaeological Bulletin*, 37 (1982), S. 44–5.

103 Kinahan, *Pastoral Nomads*, S. 14–48.

104 Thomas Dowson, ‚Reading Art, Writing History: Rock Art and Social Change in Southern Africa', *World Archaeology*, 25 (1994), S. 332–44.

105 Mathias Guenther, ‚The Trance Dancer as an Agent of Social Change among the Farm Bushmen of the Ghanzi District', *Botswana Notes and Records*, 7 (1975), S. 161–6.

106 John Kinahan, ‚Alternative Views on the Acquisition of Livestock by Hunter-gatherers in Southern Africa: A Rejoinder to Smith, Yates and Jacobson', *South African Archaeological Bulletin*, 51 (1996), S. 106–8.

107 Siehe aber Tilman Lenssen-Erz und Ralf Vogelsang, ‚Populating No-man's- land – Rock Art in Northern Namibia' in Blundell (Hg.), *Further Approaches*, S. 54–62.

108 Mitchell, *Archaeology*, S. 231.

109 Siehe Francois-Xavier Fauvell-Aymar und Karim Sadr, ‚Trends and Traps in the Reconstruction of Early Herding Societies in Southern Africa', *Southern African Humanities*, 20 (2008), S. 1–6; Benjamin Smith und Sven Ouzman, ‚Taking Stock: Identifying Khoekhoen Herder Rock Art in Southern Africa', *Current Anthropology*, 45 (2004), S. 499–526.

110 John Kinahan, ‚The Archaeological Structure of Pastoral Production in

the Central Namib Desert', *South African Archaeological Society Goodwin Series*, 5 (1986), S. 69–82.

111 Sullivan, ,Folk and Formal'.

112 Kuno Budack, ,The Aonin, or Topnaar, of the Lower !Khuiseb Valley and the Sea', *Khoisan Linguistic Studies*, 3 (1977), S. 1–42.

113 Jill Kinahan, ,The Impenetrable Shield: HMS *Nautilus* and the Namib Coast in the Late Eighteenth Century', *Cimbebasia*, 12 (1990), S. 23–61.

114 John Kinahan, ,Human and Domestic Animal Tracks in an Archaeological Lagoon Deposit on the Coast of Namibia', *South African Archaeological Bulletin*, 51 (1996), S. 94–98.

115 Kinahan, *Cattle for Beads.*

116 John Parkington, ,Soaqua and Bushmen: Hunters and Robbers' in Carmel Schrire, *Past and Present in Hunter-gatherer Studies* (Orlando: Academic Press, 1984), S. 151–74.

117 Budack, ,Aonin'.

118 John Alexander, *An Expedition of Discovery into the Interior of Africa* (2 Bände) (London: Henry Colburn, 1838).

119 Kinahan, *Cattle for Beads.*

120 Goldblatt, *History.*

121 J. Du Bruyn, ,Oorlam Afrikaners: from Dependence to Domination, ca. 1760–1832' (unveröffentlichter Forschungsbericht, University of South Africa, 1981).

122 Lau, *Jonker Afrikaner's Time.*

123 Tilman Dedering, ,Review Article: Problems of Precolonial Namibian Historiography', *SAHJ*, 20 (1988), S. 95–104; *ders.*, *Hate the Old and Follow the New: Khoekhoe and Missionaries in Early Nineteenth Century Namibia* (Stuttgart: Franz Steiner, 1997).

124 Siehe aber Nigel Penn, *Forgotten Frontier: Colonist and Khoisan on the Cape's Northern Frontier in the Eighteenth Century* (Athens: Ohio University Press, 2005).

125 Benjamin Ridsdale, *Scenes and Adventures in Great Namaqualand* (London: Woolmer, 1883).

126 Eine eingehende Beschreibung dieser Fundstätte findet sich in John Kinahan, ,The Archaeology of Social Rank Among Eighteenth Century Nomadic Pastoralists in Southern Namibia', *African Archaeological Review*, 13, 4 (1996), S. 225–45.

127 B. Berkovitch, *The Cape Gunsmith* (Stellenbosch: Museum Stellenbosch, 1976); Barbara Bradlow, ,The Significance of Arms and Ammunition on the Cape's Northern Frontier at the Turn of the Eighteenth Century', *Historia*, 1 (1981), S. 59–68; G. Swenson, *Pictorial History of the Rifle* (New York: Bonanza Books, 1972); Brigitte Lau, ,Conflict and Power in Nineteenth Century Namibia', *JAH*, 27 (1986), S. 29–39.

128 Lau, *Jonker Afrikaner's Time*.

129 Jill Kinahan und John Kinahan, „‚A Thousand Fine Vessels are Ploughing the Main": Archaeological Traces of the Nineteenth Century „Guano Rage" on the Southwestern Coast of Africa', *Australasian Historical Archaeology*, 27 (2009), S. 43–54.

130 Herbert Schneider, *Animal Health and Veterinary Medicine in Namibia* (Windhoek: Agrivet, 1994).

131 John Kinahan, ‚The Archaeological and Social Dimension of Wild Grass Seed Exploitation in the Namib Desert' (Vortrag an der Third Southern Deserts Conference, Molopo, Südafrika, 2008).

132 Beispielsweise World Bank, ‚Cultural Heritage in Environmental Assessment', *Environmental Assessment Sourcebook Update*, 8 (1994), S. 1–8; siehe auch Pwiti und Soper (Hg.), *Aspects*, S. 783–854.

133 Dieser ersetzte den National Monuments Act 28 (von 1969) und spätere Nachträge bis zum Act 35 von 1979.

134 Gilbert Pwiti und George Mvenge, ‚Archaeologists, Tourists and Rainmakers in the Management of Rock Art Sites in Zimbabwe: A Case Study of Domboshava National Monument' in Pwiti und Soper (Hg.), *Aspects*, S. 817–24; Webber Ndoro, ‚The Evolution of a Management Policy at Great Zimbabwe' in Gilbert Pwiti (Hg.), *Caves, Monuments and Texts: Zimbabwean Archaeology Today* (Universität Uppsala, 1997), S. 109–24.

135 Carlos Ervedosa, *Arqueologia Angolana* (Lissabon: Ministério da Educação, República Popular de Angola, 1980).

136 Martin Hall, ‚Frontiers in Southern African Archaeology' in Martin Hall *et al.* (Hg.), *Frontiers: Southern African Archaeology Today* (Oxford: British Archaeological Reports, 1984), S. 1–11.

137 Michael Bollig, ‚Risk and Risk Minimization among Himba Pastoralists in Northwestern Namibia', *Nomadic Peoples*, 1 (1997), S. 66–87; John Kinahan, ‚The Presence of the Past: Archaeology, Environment and Land Rights on the Lower Cunene River', *Cimbebasia*, 17 (2001), S. 23–39.

138 Kinahan, ‚Presence of the Past'.

2 Politik, Handel und Wandel. Süd- und Zentralnamibia von 1730–1870

Die Zeit zwischen 1730 und 1870 war von rapidem Wandel geprägt. Anfangs waren große Teile des späteren Zentral- und Südnamibia von Wildbeutern, Jägern und Hirten bevölkert und von ausgedehnten vorkolonialen Handelsnetzen durchzogen. Am Ende dieses Zeitabschnitts hatte sich das politische, gesellschaftliche und wirtschaftliche Kräftespiel dort tiefgreifend verändert, nicht zuletzt durch den Aufstieg und Niedergang einer Art zentraler Kontrolle über die gesamte Region, als nämlich Jonker Afrikaner die Herrschaft erlangte und sie dann wieder verlor. Ebenfalls in diesem Zeitraum wurden die wirtschaftlichen Beziehungen grundlegend neu geordnet, weil Zentral- und Südnamibia in das Wirtschaftsgeflecht der südafrikanischen Kapregion eingegliedert wurden und indigene Gesellschaften von den Möglichkeiten Gebrauch machten, die mit der Einführung des Handelskapitalismus einhergingen. 1870 hatten außerdem die christlichen Missionen festen Fuß gefasst, weiße Händler spielten eine zunehmend wichtige wirtschaftliche und politische Rolle, und am Horizont tauchte die Frage einer offiziellen Kolonialisierung auf. Namibia war eingezwängt zwischen zwei viel ältere Kolonien, das portugiesische Angola und das britisch-niederländische Kap; dass es bis dahin der Besetzung durch die Europäer entgangen war, lag vor allem an seinen unwirtlichen Umweltbedingungen und seiner unzugänglichen Küste.

Dieses Kapitel beginnt etwas willkürlich mit dem Jahr 1730, da dies der ungefähre Zeitpunkt ist, zu dem sich einige dieser geschichtlichen Prozesse erstmals anhand von historischen, archäologischen und linguistischen Quellen verfolgen lassen. Wie bereits in der Einleitung erwähnt, lassen die vorhandenen schriftlichen Aufzeichnungen einiges zu wünschen übrig; besonders für das achtzehnte Jahrhundert sind sie außerordentlich bruchstückhaft. Sie geben keinerlei Aufschluss über riesige Landstriche und Zeiträume und widmen Gegenden und Ereignissen, die Europäer aus eigener Anschauung kannten, unverhältnismäßig viel Aufmerksamkeit. Mündliche Überlieferungen der Herero und Mbanderu, die inzwischen veröffentlicht sind, stellen zwar Quellen von unschätzbarem Wert dar, sie konzentrieren sich jedoch häufig auf militärische und politische Ereignisse und schildern vor allem den Aufstieg und Niedergang von Otjiherero-sprachigen Gruppen.

Der zeitliche Endpunkt des Kapitels, 1870, ist enger mit dem Gang der namibischen Geschichte verknüpft: In diesem Jahr wurde das Friedensabkommen von Okahandja unterzeichnet, mit dem die Ära der Afrikaner-Oorlam zu Ende ging und der Aufstieg des obersten Anführers der Herero, Maharero, begann. Räumlich befasst sich das Kapitel mit dem zentralen und südlichen Teil des Landes. Ersterer wurde von europäischen Beobachtern im neunzehnten Jahrhundert als ‚Damaraland' bezeichnet, letzterer als ‚Groß-Namaqualand'.[1] Damaraland galt als Land der ‚Rinder-Damara'; diese Bezeichnung wurde später mit ‚Herero' gleichgesetzt, obwohl sich, wie wir weiter unten sehen werden, die Dinge keineswegs so einfach verhielten. Unter Groß-Namaqualand verstand man die Region zwischen Damaraland und dem Oranjefluss (Gariep), und es galt als selbstverständlich, dass diese Gegend Nama-Oorlam-Gruppen ‚gehörte'. Allerdings hätten die afrikanischen Bewohner der Region zur damaligen Zeit diesen sauberen Definitionen von Territorien und ethnischer Zugehörigkeit in vielerlei Hinsicht widersprochen. Zentral- und Südnamibia war eine komplexe politische Landschaft, in der Gruppen von Otjiherero-, Khoekhoegowab-, Kapholländisch- und San-Sprechern vielfältige Beziehungsgeflechte miteinander unterhielten und Ansprüche auf Wasser-, Land- und Weiderechte sich bisweilen in Konflikten entluden.

Ein Grund, warum Groß-Namaqualand und Damaraland in diesem Kapitel zusammen behandelt werden, liegt darin, dass sie während dieser Zeit eine gewisse geografische Geschlossenheit herausbildeten; erst wurden sie eng in die Handelsaktivitäten der Kapregion integriert, später traf sie der deutsche Kolonialismus mit voller Wucht. Im Gegensatz dazu lebten die meisten Menschen im Norden, anders als die ursprünglich halbnomadischen Gruppen weiter südlich, in relativ sesshaften Gemeinschaften und wurden im Rahmen zentralisierter Königtümer regiert, die erst ab 1909 unmittelbar unter die Kolonialherrschaft gerieten. Daher wird die Geschichte von Owambo, Kaoko, Kavango und Caprivi in Kapitel 3 behandelt. Die räumlichen (und zeitlichen) Einteilungen, die im vorliegenden Buch vorgenommen werden, dienen allerdings lediglich der Übersichtlichkeit und sind nicht als physische Grenzen zu verstehen. Es gab zur damaligen Zeit rege Kontakte zwischen Ovambo-Gesellschaften und ihren Nachbarn im Süden, vor allem durch den Handel, und es bestanden auch enge Bindungen und Wanderbewegungen zwischen den Otjiherero-Sprechern in Kaoko und denjenigen weiter im Süden.

Land, Menschen und Macht

Wie wir im vorangehenden Kapitel gesehen haben, war der südliche und zentrale Teil Namibias am Ende des achtzehnten Jahrhunderts von kleinen und sehr mobilen Gruppen von Menschen bewohnt, die Rinder, Schafe und Ziegen hielten, im Buschland durch Sammeln ein breites Nahrungsangebot (*veldkos*) nutzten, mit Waffen und Fallen Jagd auf Wild machten und möglicherweise in kleinem Umfang Ackerbau betrieben;[2] außerdem unterhielten sie sowohl im engeren Umkreis, als auch über größere Entfernungen Handelsnetze. Es ist zwar unter Historikern und Archäologen immer noch eine große Streitfrage, ob Menschen sich zwischen unterschiedlichen ‚Lebensweisen' hin und her bewegen konnten (und von dieser Möglichkeit auch Gebrauch machten), wenn sich die wirtschaftlichen Umstände änderten – zum Beispiel, ob Jäger- und Sammlergesellschaften ihrer Lebensweise immer verhaftet blieben oder ob sie unter geeigneten Bedingungen zur Viehwirtschaft übergehen konnten. Es gab aber unbestreitbar ein gewisses Maß an Veränderlichkeit. Sowohl Flexibilität, als auch Mobilität waren in dieser labilen Umwelt überlebenswichtig. Wasser war für gewöhnlich knapp, das Land wurde häufig von Dürrezeiten heimgesucht, und Weideland und andere Ressourcen konnten sich schnell erschöpfen. Besonders in mageren Jahren war es schwierig, genug Nahrung zu beschaffen, und darunter litt die Gesundheit der Bevölkerung, vor allem bei denjenigen Gruppen, die keine Rinder besaßen. Allerdings war in dieser Umwelt das Krankheitsrisiko nicht so hoch wie in den fruchtbaren, wasserreichen Gebieten weiter im Norden, wo Malaria und mancherorts auch die Schlafkrankheit endemisch vorkamen.[3]

Bei der Kontrolle über ertragreiche Ressourcen ging es nicht um den Besitz bestimmter Landstücke, sondern um Nutzungsrechte mit Bezug auf Quellen, Weideland oder auch Ameisen- und Bienennester. Die Ethnologin Winifred Hoernlé beschrieb dies im frühen zwanzigsten Jahrhundert wie folgt:

> Vor Ankunft der Missionare wanderten diese Menschen [die Nama] auf der Suche nach Weidegründen für ihr Vieh von einer Wasserstelle zur anderen. Große, permanente Quellen oder Tümpel in Flussbetten wurden von den unterschiedlichen Gruppen als Eigentum beansprucht, nicht Gebiete, die sich innerhalb konkreter räumlicher Grenzen befanden.[4]

Wasser und Weideland, Menschen und Herden waren daher ‚in ein Netz politischer Interessen und damit in eine Herrschaftsstruktur‘[5] eingebunden, die allerdings nicht statisch war und zum Gegenstand von Kontroversen und Konflikten werden konnte. Ansprüche auf Ressourcen wurden manchmal zu bestimmten Zeiten geltend oder erneut geltend gemacht, wenn Land verlassen oder (wieder) besiedelt wurde.

Zu Beginn des neunzehnten Jahrhunderts scheint das politische Gefüge insgesamt von dezentralisierter Macht und Autorität geprägt gewesen zu sein. Obwohl beispielsweise der Anführer der Kai ǁKhaun – die auch als ‚Rote Nation‘ bekannt sind – theoretisch aufgrund eines ererbten Anrechts einen höheren Rang innehatte als die Oberhäupter anderer Nama-Gruppen, war seine Macht in der Praxis sehr begrenzt. Hoernlé schreibt, dass ein Nama-*chief* ‚… als Oberhaupt der ranghöchsten Sippe [Clan] anerkannt war, und wenn er einen einwandfreien Charakter hatte, brachte man ihm viel Respekt entgegen; aber die Oberhäupter der anderen Sippen fungierten als seine Ratsherren, und ohne ihre Kooperation konnte er wenig ausrichten‘.[6] Auch die Vorfahren der heutigen Damara legten Autorität wohl meist in die Hände jedes einzelnen (männlichen) Familienoberhaupts.[7]

Im neunzehnten Jahrhundert begann der Aufstieg von Anführern – in der Ethnologie als *big men*, ‚große Männer' bezeichnet –, die Macht in einem völlig neuen Umfang erwarben (auch wenn ihre Autorität im Vergleich etwa zu den Ovambo-Königen im Norden immer noch ziemlich begrenzt war). Diese Männer stammten vor allem aus Oorlam-Gruppen (Neuankömmlingen aus der südlich gelegenen Kapkolonie); ab den 1860er-Jahren waren auch Otjiherero-Sprecher darunter. Dass sie eine Führungsposition einnehmen und behaupten konnten, lag nicht so sehr an ererbten Ansprüchen, sondern vielmehr daran, dass sie Anhänger um sich versammelten (da Arbeit eine wichtige Ressource darstellte) und ihre Viehherden (den Schlüssel zu Wohlstand) immer weiter vergrößerten. Eine entscheidende Rolle spielte auch der Erwerb von Schusswaffen, Munition und Pferden, meist über Handel mit dem Kap. Die Entstehung solcher Formen weitreichender Autorität war aber nicht auf Gruppen beschränkt, die Viehzucht betrieben: Im späten neunzehnten Jahrhundert scheinen sich auch bei den Hai||Om im nördlichen Zentralnamibia bestimmte Formen des ‚Häuptlingstums' (*chieftainship*) herausgebildet zu haben, vielleicht als Resultat ihrer (bis dahin erfolgreichen) Bemühungen, ihre Autonomie sowohl gegen die Herero-Gruppen weiter südlich als auch gegen die Ovambo-Gemeinwesen im Norden zu verteidigen. Langfristig gerieten die über das Land verstreut lebenden Damara- und San-Gruppen aber durch den Aufstieg der ‚big men' und die Zunahme von Handel, Raubüberfällen und Krieg während des neunzehnten Jahrhunderts in große Bedrängnis.[8]

Kontrolle über den Körper und die Leistungsfähigkeit von Frauen war für aufstrebende Anführer, bei denen es sich fast ausschließlich um Männer handelte, eine besonders wichtige Quelle der Macht. Frauen wurden vor allem durch Heirat in komplexe Tausch- und Bündnisnetze eingebunden. Außerdem waren sie (wie auch Kinder) zusätzliche Beute bei Raubüberfällen auf Viehherden und in mancherlei Hinsicht Benachteiligungen ausgesetzt, unter anderem aufgrund des Rechtssystems. Lita Webley zufolge hat sich die Situation der Khoikhoi-Frauen während des neunzehnten Jahrhunderts wahrscheinlich verschlechtert. Im Jahr 1800 durften Nama-Frauen Eigentum und Vieh besitzen und über den Großteil dessen, was sie produzierten, selbst verfügen; im frühen neunzehnten Jahrhundert regierte ein weiblicher *chief* namens Games offenbar sogar die Rote Nation, bis der eigentliche Anwärter, ihr Bruder, volljährig war. Die Ankunft von Gruppen, die Gewehre benutzten und mit großer Aggressivität Raubüberfälle durchführten (mehr darüber weiter unten), schwächte die gesellschaftliche Stellung von Frauen wohl erheblich.

Hinsichtlich der Grenzen weiblicher Autonomie waren auch relativer Wohlstand, Alter und Verwandtschaftsbeziehungen von Bedeutung. Bei den Herero und Damara zum Beispiel spielten ältere, hochrangige Frauen eine wichtige Rolle am Heiligen Feuer (das für beide Gruppen einen wichtigen Mittelpunkt darstellte). Die Quellen verzeichnen auch Standesunterschiede zwischen Frauen: Eine Frau aus dem mächtigen Oorlam-Gemeinwesen, das von Amraal regiert wurde, hatte mehrere Dienerinnen, darunter einige Damara.[9]

Zwar beruhten die Machtnetzwerke des neunzehnten Jahrhunderts im weitesten Sinne auf Unterstützung (oder Unterwerfung) im Rahmen verwandtschaftlicher oder sprachlicher Gemeinsamkeiten, aber sie waren keineswegs ethnisch exklusiv. Die einheitlichen ethnischen Gruppen des heutigen Namibia – ‚die Herero', ‚die Damara', ‚die Nama' u.s.w. – haben sich größtenteils überhaupt erst im späten neunzehnten und im zwanzigsten Jahrhundert herausgebildet. Es stimmt allerdings, dass bestimmte gemeinsame kulturelle und sprachliche Merkmale bereits früher existierten. Ein Beispiel hierfür sind Otjiherero-Sprecher, für die in den 1870er-Jahren Rinder bei zeremoniellen Anlässen und als Ressource sehr wichtig geworden waren; dies könnte auf ältere Wurzeln zurückgehen. Außerdem verfügten sie über ein ziemlich ungewöhnliches System der ‚doppelten Abstammung' (wobei Güter sowohl über die männliche, als auch über die weibliche Linie vererbt werden), das sich weder bei den patrilinearen Gruppen in ihrer Umgebung noch bei den matrilinearen Gesellschaften weiter im Norden fand. Dag Henrichsen hat aber darauf hingewiesen, dass sich in den Berichten früher europäischer Beobachter vom Anfang des neunzehnten Jahrhunderts die Situation als wesentlich unklarer darstellt. Häufig beschreiben sie Menschen in Zentralnamibia als ‚Rinder- bzw. Vieh-Damara/Dama' oder ‚Berg-Damara/Dama'. Es wurde zwar oft als selbstverständlich vorausgesetzt, dass diese Bezeichnungen jeweils ‚Herero' beziehungsweise ‚Damara' bedeuten, tatsächlich aber dienten sie nicht nur als ethnische und sprachliche Kennzeichnungen, sondern vor allem als wirtschaftliche: Sie beziehen sich nicht darauf, welcher Sprache sich die Menschen bedienten, sondern darauf, ob sie Rinder besaßen. Die Bezeichnung ‚Herero' gewann erst in der zweiten Hälfte des Jahrhunderts an Bedeutung, und selbst damals musste man Vieh besitzen, um als ‚Herero' zu gelten. Verarmte Otjiherero-Sprecher wurden ‚Ovatjimba' genannt und nicht ‚Ovaherero'. Erst ab den 1870er-Jahren bezog sich ‚Omuherero' tatsächlich auf Ethnizität, weil damals die Definition der Herero-Identität Gestalt annahm.[10]

Tatsächlich verhielt es sich daher im neunzehnten Jahrhundert in Namibia so, dass Verwandtschaftsbeziehungen zur Konstruktion politischer Einheiten beitrugen, dabei aber keinen bestimmenden Einfluss hatten: ‚Abstammungsideologie ist nicht identisch mit politischer Autorität. Sie ist die Sprache politischer Autorität'.[11] Menschen unterschiedlicher Herkunft und Sprache schlossen sich bisweilen zusammen, um sich unter den Schutz eines starken Anführers zu stellen; politische und soziale Identität wurden häufig umgeformt, wenn es zur Zersplitterung, Gründung oder Wiedergründung kleiner politischer Gemeinwesen um einzelne Anführer kam. Individuen und Gruppen von Menschen wurden bei Raubüberfällen gefangen genommen oder unterworfen und durch Heirat, als Arbeitssklaven oder Tributzahler in militärisch stärkere Gesellschaften eingegliedert. Manchmal versammelten sich vorübergehend völlig unterschiedliche Gruppen, um von der Gelegenheit zum Handel oder der Anwesenheit europäischer Forschungsreisender zu profitieren.[12] So entstanden im neunzehnten Jahrhundert sehr unterschiedliche Gemeinwesen, die aus verschiedenen Gesellschaftsschichten bestanden und sich in manchen Fällen wieder auflösten.

Die Ausweitung der Grenze

Bereits ab dem frühen achtzehnten Jahrhundert machte sich die Expansion der Kapkolonie aus dem Süden im Gebiet nördlich des Gariep (der heute die Südgrenze Namibias bildet) bemerkbar. Die 1652 von den Niederländern gegründete Kolonie wurde stetig größer, da die Zahl der Siedler und damit auch die Nachfrage nach landwirtschaftlicher Nutzfläche zunahm. Diese Ausbreitung erfolgte größtenteils durch eine Reihe erbitterter und langwieriger Kriege mit den ursprünglichen Einwohnern – San, Khoikhoi und Xhosa. Dieser Prozess ging einher mit ‚der Eroberung indigenen Landes, einem Schwund der Viehherden der Khoikhoi, dem Eindringen in die traditionellen Jagdgründe von Jäger- und Sammlergesellschaften, und endete für die indigenen Völker mit dem Verlust ihrer Unabhängigkeit'.[13] 1809 war die Unterwerfung der Khoikhoi- und San-Gesellschaften südlich des Gariep praktisch abgeschlossen: Erlasse aus den Jahren 1809 und 1812 gliederten sie offiziell in die Wirtschaft der nunmehr britischen Kolonie ein. [14]

Bereits 1738 überquerte eine Handelsexpedition, die aus Buren und ihren Khoikhoi- und San-Bediensteten bestand, den Gariep und drang nach Groß-Namaqualand vor. Diese Reise gipfelte in einem Überraschungsangriff auf das Gehöft eines *chief* oder *kaptein* namens Gal, wobei sieben Menschen getötet und über tausend Rinder gestohlen wurden. Der Sohn des *chief*, Captain Gaaren, reiste daraufhin nach Kapstadt, um sich über diesen Vorfall zu beschweren. Dies führte zu noch größeren Unruhen, die sich 1739 in einem offenen Krieg südlich des Gariep entluden und mit einer vernichtenden Niederlage der Khoekhoe und San endeten.[15]

In den 1730er-Jahren lag Südnamibia immer noch weit außerhalb der Grenzen der Kapkolonie, aber in den 1780er-Jahren brachte die Expansion der Siedler die Bevölkerung der nördlichen Grenzgebiete zusehends in Bedrängnis. Einige Siedler ließen sich offenbar nördlich des Gariep nieder oder weideten dort zumindest ihr Vieh; dies geht aus Beschwerden hervor, die Vertreter der Groß-Namaqua 1798-99 zur Zeit eines weiteren Aufstandes in Klein-Namaqualand vortrugen.[16] Neben den bekannteren

Reisen von Weißen zu diesem Fluss und über ihn hinaus – insbesondere diejenigen von Jakobus Coetzé (1760), Hendrik Hop (1761–62), Hendrik Wikar (1778–79) und Robert Gordon (1779) – gab es ganz offensichtlich sehr viele Kontakte, die nicht schriftlich festgehalten wurden. In den frühen 1790er-Jahren hieß es außerdem, einige Tagesreisen nördlich des Gariep sei Gold gefunden worden. Hätte sich dies bewahrheitet, wäre wahrscheinlich ein Großteil des heutigen Namibia sofort vom Kap annektiert worden; das angebliche Golderz stellte sich aber als Kupfer heraus.[17]

Zwar hatten die Kolonisten Interesse an der Region, aber die größte Fremdeinwirkung auf Namibia ging zu jener Zeit von Flüchtlings- und Oorlam-Gruppen aus, die erstmals stabile und langfristige Kontakte zwischen dem Kap und Groß-Namaqualand herstellten.[18] Wahrscheinlich flohen Menschen vor den gewalttätigen Auseinandersetzungen der 1730er-Jahre nach Norden ins südliche Namibia; am Ende des Jahrhunderts trafen sie dort dann in großer Zahl ein. Manchmal handelte es sich um einzelne Personen – flüchtige Sklaven und Bedienstete, ausgebrochene Kriminelle –, manchmal um ganze Gruppen, die sich mitsamt ihren Viehherden auf die Wanderung machten. Kulturell gesehen waren diese Neuankömmlinge häufig ein Produkt der Grenzregion,[19] in der es nicht nur – aber zweifellos auch – gewalttätig zuging; sie war auch ein Ort, an dem Integration, kulturelle Veränderungen und sexuelle Beziehungen zwischen Europäern und Afrikanern stattfanden. Dadurch konnten sich manche Menschen, die im kolonialen System einen eher niedrigen Status innehatten, neue Kompetenzen aneignen und häufig auch neue Identitäten annehmen. Häufig waren sie Khoikhoi, von gemischter ethnischer Herkunft oder Abkömmlinge von Sklaven. Sie arbeiteten meist für die Siedler, und einige von ihnen waren in deren Häusern und auf deren Farmland aufgewachsen. Andere waren die Kinder weißer Kolonisten und afrikanischer Frauen. Im Lauf der Zeit bildeten sich Gruppen mit einer neuen ‚Oorlam'-Identität heraus – das heißt, ‚Menschen, die außerhalb der [Kap-]Kolonie lebten, aber Merkmale aufwiesen, die sie innerhalb der Kolonie erworben hatten'.[20] Zu diesen Merkmalen gehörte, dass sie Kapholländisch sprechen konnten, Feuerwaffen, Fuhrwerke und Pferde besaßen und häufig den christlichen Glauben angenommen hatten. Im Wesentlichen bezog sich die Bezeichnung ‚Oorlam' auf eine wirtschaftliche und kulturelle Identität, die allerdings auch viel mit Geschlechtszugehörigkeit zu tun hatte: Die Wirtschaft von Oorlam-Gruppen basierte hauptsächlich auf groß angelegten Viehdiebstählen, die sie in Kommandotrupps unternahmen, Gruppen von mit Gewehren bewaffneten Männern zu Pferd. Diese Organisationsform hatten sie von den Kolonisten übernommen, die sie zur Aufstellung berittener Bürgerwehren benutzten, um Überfälle auf Nachbargruppen durchzuführen. Auch Gruppen von ‚Bastern' (‚Bastaards') – Menschen gemischter weißer und afrikanischer Abstammung – bildeten sich an der Grenze.

Die ‚Groß-Namaqua', die von den Oorlam bei ihrer Ankunft in Namibia angetroffen wurden, bestanden aus einer Reihe unterschiedlicher Nama-sprachiger Hirtengruppen. Unter diesen galten die Kai‖khaun, auch bekannt unter dem Namen ‚Rote Nation', allgemein als die ranghöchste; man weiß, dass sie im frühen neunzehnten Jahrhundert in den Karas-Bergen lebten, und wahrscheinlich gewährten sie den Neuankömmlingen Siedlungsrechte. Die übrigen Nama-sprachigen Gruppen, für deren Anwesenheit es Belege gibt, waren die !Kami‡nûn (Bondelswart), die wahrscheinlich seit dem späten sechzehnten Jahrhundert in Südostnamibia lebten; die ‖Khau|gôan (Swartbooi), die sich möglicherweise um 1800 von der Roten Nation abspalteten und damals am Fischfluss in der Gegend von Keetmanshoop lebten; die !Kharakhoen (Fransman-Leute), die damals ebenfalls in der Nähe der Karas-Berge wohnten; die ‖Haboben (Veldschoendrager); die !Gomen beziehungsweise ‖O-gain (Groot Doode); und die ‡Aonin (Topnaar) in Walvis Bay.[21]

Von allen einwandernden Oorlam-Gruppen hatten die Afrikaner-Oorlam letztlich den größten Einfluss auf Namibia. Die Schriftquellen erwähnen sie erstmals im Jahr 1761. In den frühen 1790er-Jahren arbeitete die Familie Afrikaner unter ihrem Oberhaupt Klaas Afrikaner für Petrus Pienaar, einen erfolgreichen weißen Farmer, der im Oranje-Distrikt ansässig war. Pienaar beschäftigte die männlichen Mitglieder der

Gruppe als Kommandotrupp, und sie wurden berühmt-berüchtigt für ihre draufgängerischen (und einträglichen) Raubüberfälle. Aber 1796 rebellierten sie, töteten Pienaar und die meisten Mitglieder seiner Familie und flohen ins Gebiet des Oranje, wo sie als Banditen auftraten, jagten und mit Elfenbein und Waffen handelten, eine Schar Khoikhoi und San als Anhänger um sich versammelten und Südnamibia als Zufluchtsort nutzten.[22] Obwohl sie (zu Recht) für ihre Gewalttätigkeit berüchtigt waren, schlossen sie schließlich im Jahre 1819 Frieden mit der Regierung am Kap; zu diesem Zweck reisten Jager Afrikaner (der sich vier Jahre zuvor hatte taufen lassen) und sein Sohn Jonker unter der Schirmherrschaft des Missionars Robert Moffat nach Kapstadt.

Einige Oorlam-Gruppen, wie etwa die Afrikaner-Oorlam, bildeten bereits kohärente Einheiten, bevor sie den Oranje überquerten; bei anderen war dies erst danach der Fall. Die Bethanier kristallisierten sich wahrscheinlich als Gruppe aus den mit ihnen verwandten Boois- und Fredriks-Familien heraus, die sich in Klipfontein (dem späteren Bethanien) niedergelassen hatten; offenbar verließen sie das Kap zu Beginn des neunzehnten Jahrhunderts, weil sie zum einen während der kurzen Rückeroberung der Kapkolonie durch die Niederländer zwischen 1803 und 1806 zum Wehrdienst einberufen werden konnten und zum anderen ihr Anführer, Jacobus Boois, im Auftrag Jager Afrikaners illegalen Waffenhandel betrieb.[23] Die Khauas wiederum formierten sich unter dem Einfluss der Missionare: Piet Vlermuis, der Anführer einer der Oorlam-Gruppen, wohnte mit seinen Leuten zuerst in den Missionsstationen in Heirachabis und dann ab 1813 in Bethanien. In den 1830er-Jahren machte er Amraal Lambert, der 1814 nach Bethanien gekommen war, zum Anführer seiner Gruppe; dieser zog später mit seinen Anhängern erst nach Naosonabis und dann nach Gobabis. Die beiden Gruppen wurden schließlich zusammengefasst als Khauas oder Kai|khaun bezeichnet.

Diese Begebenheiten deuten bereits an, dass die Menschen in Groß-Namaqualand in vielfältiger Weise von den ersten Missionaren beeinflusst wurden, die unter der Schirmherrschaft der London Missi-

Abb. 6: Diese Illustration eines Nama/Oorlam-Dorfes mit dem Titel ‚Der Namaqua-Kral' stammt aus James Chapmans Bericht über seine Reisen im südwestlichen Afrika in den 1850er-Jahren. Es wird nicht erwähnt, welcher Ort auf dem Bild dargestellt ist, aber es erscheint im Buch zusammen mit einer Textpassage über Begegnungen mit Amraals Leuten im Osten Namibias. Man beachte die runden Hütten; sie bestanden aus Matten, die auf ein Gerüst aus Schilfrohren gelegt wurden, und konnten beim Umzug in eine neue Siedlung auseinandergenommen werden. Die Männer rechts im Bild reiten auf Ochsen, wie es damals allgemein üblich war.

onary Society (LMS)[24] ins Land kamen und 1806 ihre erste Station in Warmbad gründeten. Sowohl Nama als auch Oorlam – und zwar wahrscheinlich vor allem arme Mitglieder dieser Gruppen – fanden sich in den Missionsstationen ein, wo Ressourcen zur Verfügung standen und sich unter ihnen bald eine Stimmung religiöser Begeisterung breitmachte. Zwar forderten auch die Oorlam-Anführer Missionare an, weil sich dadurch Möglichkeiten für die Eröffnung neuer Handelsrouten ergaben, aber diese frühen Missionsstationen waren dennoch in ständiger Gefahr. Warmbad musste 1811 und dann nochmals 1818 aufgrund von Jagers Angriffen aufgegeben werden. Heirachabis war noch kurzlebiger und schloss bereits 1808. Bethanien (Klipfontein) wiederum, die dritte und letzte in dieser Zeit gegründete Station, wurde 1814 gegründet und 1822 ebenfalls geschlossen. (Warmbad wurde 1834 von der Wesleyan Methodist Mission Society wieder eröffnet, Bethanien 1842 von der Rheinischen Missionsgesellschaft.)

Anders als bei späteren missionarischen Aktivitäten, wurde bei diesen frühen christlichen Vorstößen nicht versucht, indigene Gesellschaften umzuformen. Zwar hatten sowohl Missionare als auch Kolonialbeamte in späterer Zeit für die Mobilität von Hirtengruppen nichts übrig, weil sie darin ein Anzeichen von ‚Wildheit' sahen. Zu diesem Zeitpunkt stellten jedoch manche Missionare fest, dass sie in Dürrezeiten nur dann den Kontakt mit ihren Schützlingen halten konnten, wenn sie genauso halbnomadisch lebten wie diese; also wohnten sie ebenfalls in Strohhütten. Außerdem waren sie in hohem Maße darauf angewiesen, dass afrikanische Konvertiten nicht nur als Prediger und Katecheten für sie arbeiteten – eine Aufgabe, die häufig von Familien der Elite übernommen wurde –, sondern auch als Linguisten. Johann Schmelen, der Missionar der LMS in Bethanien, heiratete sogar eine Nama-Sprecherin namens Zara; sie war die Hauptverfasserin einer Reihe von Übersetzungen religiöser Schriften ins Nama, die ihr Mann begonnen hatte. Die Schmelens begründeten eine Dynastie von Missionaren gemischter europäischer und afrikanischer Abstammung. Zwar gab es seitens der Missionsobrigkeit missbilligende Stimmen über ihre Ehe, doch einige Zeitgenossen im neunzehnten Jahrhundert äußerten sich lobend, da dies eine tatkräftige Art der Missionierung sei und außerdem zur Herausbildung einer christlichen Elite beitrage.[25]

Ungeachtet der Einschränkungen, denen die frühe Missionierung unterlag, waren die Missionare erheblich in vorübergehende Machtverhältnisse eingebunden. Die Zerstörung Warmbads durch Jonker Afrikaner im Jahr 1811 ist einerseits in Zusammenhang mit Angriffen auf Nama-Gruppen in dieser Gegend zu sehen; sie wurde aber möglicherweise auch dadurch ausgelöst, dass der dortige Missionar, Johann Albrecht, am Kap um die Aufstellung eines Kommandotrupps gegen die Afrikaner-Oorlam gebeten hatte. Die Auflösung Bethaniens im Jahre 1822 hatte ihre Ursache zum einen in der damals in dieser Gegend herrschenden Dürre, zum anderen aber in heftigen Auseinandersetzungen zwischen Johann Schmelen, Piet Vlermuis und Jantje Kagab (bei dem es sich wahrscheinlich um den *kaptein* der !Kharakhoen handelte). Der Streit entzündete sich möglicherweise daran, dass die Missionare den Waffen- und Munitionsnachschub nicht mehr in der Hand hatten. Piet Vlermuis und seinen Leuten war es nämlich 1815 gelungen, den Verbindungsweg zum Meer nach Angra Pequena (Lüderitzbucht) zu erschließen, sodass sie sich nunmehr selbst durch Handel Waffen beschaffen konnten. Durch die Ereignisse in Bethanien wuchs die Feindseligkeit gegenüber der Missionsstation, und während der 1820er-Jahre nahmen die Konflikte stetig zu. Dies wiederum führte zu den Begleitumständen, unter denen der Missionar William Threlfall und seine afrikanischen Begleitern Jacob Links und Johann Jager in der Nähe von Warmbad ermordet wurden, als diese 1825 eine neue Missionsstation gründen wollten.[26]

Brigitte Lau vertritt die Ansicht, dass diese zunehmenden Spannungen auf eine immer gewaltsamere ‚Oorlam-Invasion' zurückgingen: Diese sei während der 1820er-Jahre auf eine anfängliche Phase der Zusammenarbeit zwischen Oorlam und Nama gefolgt und habe dazu geführt, dass die Nama ihre Herden, ihre politische Autonomie und ihre gesellschaftlichen Strukturen einbüßten. Dabei habe die Institution des Kommandotrupps eine besonders wichtige Rolle gespielt. Wie aber im vorangegangenen Kapitel bereits ausgeführt wurde, hat die spätere Forschung durch Tilman Dedering und John Kinahan gezeigt, dass die Situation wesentlich komplexer war und sich nicht auf die von Lau postulierte Polarisierung zwischen Nama und Oorlam reduzieren lässt. Spezifische lokale Gegebenheiten und der Konkurrenzkampf um wirtschaftliche Ressourcen spielten eine viel größere Rolle als eine allgemeine Feindschaft zwischen Nama und Oorlam. Es ist außerdem bekannt, dass Nama und Oorlam manchmal gemeinsam in den Kampf zogen, dass es bisweilen zu Konflikten zwischen Oorlam-Gruppen kam und dass sich sowohl Nama als auch Oorlam in Missionsstationen niederließen.

Außerdem waren die Produktionsweisen der Nama und Oorlam im neunzehnten Jahrhundert keineswegs so unterschiedlich, wie zuweilen angenommen wurde. Dedering vertritt die Ansicht, dass die Nama angesichts der unwirtlichen Umweltbedingungen in Südnamibia nie ‚eine afrikanische Gesellschaft gewesen sind, die viele Rinder besaß, autark war und sich innerhalb eines ökologischen Gleichgewichts verstetigte'.[27] Die Nama besaßen zwar Rinder, aber ihre Wirtschaft basierte vor allem auf der Haltung von Schafen und Ziegen sowie anderen Überlebensstrategien, etwa Jagd und Sammelwirtschaft; bereits vor Ankunft der Oorlam war auch Viehdiebstahl eine verbreitete Methode zur Anhäufung von Wohlstand. Umgekehrt waren die Oorlam nicht immer eine dominante Gruppe. Nur die Afrikaner-Oorlam verfügten über nennenswerte Schlagkraft, und obwohl sie seit den frühen Jahren des Jahrhunderts in Südnamibia und der nördlichen Kapprovinz eine wichtige politische – und bis zu einem gewissen Grad auch militärische – Größe darstellten, hatten sie vor den 1830er-Jahren keinerlei Befehlsgewalt. Und obwohl sie letztlich (wie die Missionare) enormen kulturellen und wirtschaftlichen Einfluss auf die Gesellschaften Südnamibias ausübten, trugen sie ‚bei ihrer Überquerung des Oranje außer ihren Gewehren (noch nicht) den „Handelskapitalfaktor" im Gepäck'.[28] Es gab zwar früh Handel an der Küste und ins Landesinnere (darüber weiter unten mehr) sowie in den ersten Jahrzehnten des neunzehnten Jahrhunderts auch neue Handelsbeziehungen nach Süden, aber Nama-Oorlam-Gesellschaften im Süden wurden erst ab den 1830er-Jahren ernsthaft im Fernhandel aktiv; zu Handel in größerem Umfang und Umgang mit Händlerkapital kam es erst in den 1840er-Jahren. Davor waren Oorlam-Gesellschaften nach wie vor hauptsächlich von der Viehwirtschaft abhängig.[29]

Aufgrund der Konflikte in den 1820er-Jahren und insbesondere des Mordes an Threlfall 1825 erwachte seitens der Regierung am Kap stärkeres Interesse an der Gegend nördlich des Gariep. 1830 schloss sie das erste Bündnis mit einem örtlichen *kaptein*, Abraham Christian, dem Anführer der Bondelswart, die um Hilfe gegen die Afrikaner-Oorlam gebeten hatten. Dahinter stand der Gedanke, dass an der Nordgrenze durch Zusammenarbeit mit afrikanischen Anführern eine ‚Pufferzone' entstehen sollte. Die Regierung am Kap wollte dadurch unter anderem einer neuen (vermeintlichen) Bedrohung entgegenwirken, die von der erhöhten Mobilität der Khoikhoi und San ausging; diese waren nämlich zumindest theoretisch durch die Ordinance 50 aus dem Jahr 1828 von der Zwangsarbeit befreit worden. 1834 wurde die Missionsstation in Warmbad wieder eröffnet, und ihr neuer Leiter, Edward Cook, begann zwischen der Regierung am Kap und Abraham Christian zu vermitteln. Damit übernahm in Namibia erstmals ein Missionar solch eine Mittlerrolle. 1837 erfolgte der erste offizielle Besuch durch James Alexander als Abgesandtem der Kapregierung. (Zuvor hatte Andrew Smith im Jahr 1828 Namibia bereits einen Besuch in geheimer Mission abgestattet.) Alexander sprach sich dafür aus, mehr Rinder aus Namibia zu importieren; dies lag vor allem an der Befürchtung, am Kap könne nach der Auswanderung burischer Bauern, die 1837 die Kolonie verlassen hatten (der so genannte ‚Große Treck'), die Nahrung knapp werden.

Dieser Viehhandel existierte bereits, denn Afrikaner in den Küstensiedlungen Namibias hatten sich nicht nur einem Netz vorkolonialer Handelsrouten angeschlossen, sondern seit einiger Zeit auch schon Handelsbeziehungen zu europäischen Schiffen unterhalten.[30] 1786 stieß der Kapitän des britischen Schiffes HMS *Nautilus* auf ein Dorf, dessen Bewohner eine Klicksprache sprachen und Rinder und Hunde besaßen; außerdem aßen sie ‚die Früchte einer kleinen, dornigen Pflanze. Wie der [Schiffs-]Botaniker feststellte, handelte es sich dabei um eine Art Gurke' (nämlich die Pepino oder Melonenbirne, die an der Küste ein Grundnahrungsmittel war).[31] Diese Küstenbevölkerung – auf die im vorangegangenen Kapitel näher eingegangen wurde – hatte wahrscheinlich seit der Mitte des achtzehnten Jahrhunderts mit Europäern Handel betrieben, aber der Umfang des Handels nahm erst in den 1770er-Jahren merklich zu, als vor der namibischen Küste der Walfang begann. Zu dieser Zeit waren Walprodukte in Europa und in den amerikanischen Kolonien für die Herstellung von Bedarfsartikeln unverzichtbar geworden. Aus Fischbein fertigte man Schirme und Korsetts, das Öl wurde für die Straßenbeleuchtung, die Herstellung von Farben und Schmiermitteln sowie zum Gerben von Häuten verwendet. Als die Walgründe vor Neuengland in den 1760er-Jahren erschöpft waren, wurden die Ressourcen an der namibischen Küste für amerikanische, französische und vor allem britische Walfänger immer wichtiger. Der Walfang erreichte dort zwischen 1790 und 1810 seinen Höhepunkt, wurde aber fortgesetzt, bis die Bestände in den 1840er-Jahren stark dezimiert waren. Ab 1810 wurden an der Küste Walfangstationen eingerichtet, und auch die Robbenjagd gewann an Bedeutung.[32]

Im Mittelpunkt dieser Handelsaktivitäten stand Walvis Bay, obwohl sich andere Küstensiedlungen – darunter Sandwich Harbour und Angra Pequena – auch daran beteiligten. Es gibt einige Hinweise darauf, dass dieser neue Handel in bereits zuvor bestehende Netzwerke integriert wurde. Die Menschen in ǂKhisa-ǁgubus (in der Nähe von Walvis Bay) handelten unter anderem mit Kupferperlen aus den landeinwärts gelegenen Bergen, Kaurischnecken-Gehäusen vom Indischen Ozean, europäischen Glasperlen von den Schiffen und Rindern. Der Rinderhandel, der wahrscheinlich von so weit entfernten Orten wie dem heutigen Botswana beliefert wurde, hatte bereits in den 1830er-Jahren beträchtliche Ausmaße angenommen; so wird von einem Schiffskapitän berichtet, der mit dem Kauf von zwei- bis dreihundert Stück Vieh rechnete. Es kann sein, dass Otjiherero-Sprecher, Tswana und San-sprachige Viehbesitzer diesen Handel mit Rindern versorgten.[33] Auch mit Waffen und Munition wurde gehandelt, aber offenbar erst im neunzehnten Jahrhundert in größerem Stil.

Nicht nur der Küstenhandel zog Schiffe nach Namibia. Die Forschungsfahrt der HMS *Nautilus* im Jahre 1786 diente unter anderem der Sondierung, ob Namibia ein geeigneter Ort für eine Strafkolonie war, in die man Sträflinge aus Großbritannien schicken konnte. Der Kapitän des Schiffes stellte nachdrücklich fest, dass dies nicht der Fall war: ‚So unwirtliche und unfruchtbare Landstriche findet man sonst nur in den Wüsten Arabiens; jedenfalls gewinnt man an der Küste diesen Eindruck …‘.[34] Die Küste war in der Tat für ihre Kargheit berüchtigt und hatte Europäer bis zur zweiten Hälfte des achtzehnten Jahrhunderts weitgehend von Versuchen abgehalten, dort Niederlassungen zu gründen oder Handel zu treiben, obwohl die Küste ihnen seit den frühen 1480er-Jahren bekannt war (damals legte erst Diogo Cão am Cape Cross südlich von Swakopmund an, dann Bartholomeu Dias in der heutigen Lüderitzbucht, die er Angra Pequena taufte). Mit der niederländischen Inbesitznahme des Kaps 1652 änderte sich jedoch der politische Kontext, und dies – zusammen mit der zunehmenden Einträglichkeit des Küstenhandels – förderte Bestrebungen, politische Kontrolle über die Gewässer weiter im Norden zu erlangen. 1793 annektierte der Kapitän der *Meermin* Walvis Bay für die Niederländer. Zwei Jahre später bemächtigten sich die Briten der Kapkolonie, und 1796 machte Kapitän Alexander von der *Star* britischen Anspruch auf Walvis Bay (und Angra Pequena) geltend; dadurch sollte der Konkurrenz durch die Amerikaner ein Riegel vorgeschoben werden. Diese Ansprüche wurden jedoch nicht durchgesetzt, und Walvis Bay wurde erst 1878 offiziell von den Briten annektiert.[35]

Über den äußersten Süden Namibias und die Küstengebiete im achtzehnten und frühen neunzehnten Jahrhundert ist zwar einiges bekannt, weitaus weniger jedoch über die Landesteile im Norden und Osten.[36] Es gibt allerdings mündliche Überlieferungen von Otjiherero-Sprechern, die deren Wanderung in das heutige Zentralnamibia und Botswana schildern. Mündliche Überlieferungen der Mbanderu – die innerhalb der Otjiherero-Sprecher eine Untergruppe oder Phratrie bilden – berichten ausführlich (wenngleich ohne Zeitangaben) von der Wanderung mehrerer Klans von Kaoko über Tsumeb in die Gegend des Waterbergs sowie über die Reise eines ihrer Anführer, Kaimu, und seiner Leute ans Meer und wieder zurück ins Landeszentrum. Zu dieser Zeit – vor dem Jahr 1800 – sollen sämtliche Mbanderu-Klans in Richtung Osten gewandert sein, und zwar bis nach Ghanziim heutigen Botswana: ‚Damals existierte Okanaindo (das heutige Buitepos [die Siedlung am Grenzposten]) für sie nicht‘.[37] Auch in Überlieferungen der Herero kommt eine Wanderung mehrerer Klans in Richtung Süden vor, die sie um 1820 bis nach Maun (ebenfalls in Botswana) geführt habe. Einzelheiten in diesen Wanderungsüberlieferungen müssten zwar auf ihre Richtigkeit geprüft werden – zumal sie ihrerseits von Vedders Schriften beeinflusst sein könnten –, aber es lässt sich dennoch gut nachweisen, dass es zu dieser Zeit Siedlungen von Otjiherero-Sprechern in Botswana gab.[38]

Die Überlieferungen der Mbanderu erwähnen auch einen Krieg zwischen Tswana-sprachigen Gruppen und Mbanderu, der wohl kurz vor 1800 ausbrach und wahrscheinlich über Weideland und Wasser entbrannte. Die 1820er-Jahre waren in großen Teilen des heutigen Südafrika von gewalttätig ausgetragenen Konflikten geprägt, und Otjiherero-Sprecher wurden von den westlichen Ausläufern dieser Auseinandersetzungen erfasst.[39] Eine Sotho-sprachige Gruppe (die späteren Kololo) erlitt 1823 bei der Schlacht von Dithejwane eine Niederlage und wanderte nach Norden; sie griffen die Tawana in Toteng am Lehututu-See an und gingen als Sieger hervor, wurden dann aber von Mbanderu westlich des Sees geschlagen. Um 1826 kämpften Mbanderu außerdem in der Nähe des heutigen Ortes Lehututu gegen Ngawaketse, und um 1832 gab es östlich des Nossob Kämpfe zwischen Rolong und Mbanderu (letztere möglicherweise verstärkt durch Herero). 1834 waren Herero in der Nähe von Ghanzi dem Ngwaketse-Anführer Sebego tributpflichtig. Den mündlichen Überlieferungen zufolge führten diese Ereignisse zum ‚Krieg der Schilde'. Der Name rührt daher, dass Herero in diesem Krieg so lange erfolglos blieben, bis sie es ihren Gegnern nachtaten und lernten, wie man Schilde aus Kuhhäuten herstellt.[40] In diese Zeit fiel wahrscheinlich auch der Aufstieg des *ohorongo*-(Maharero-)Familienverbandes: Tjirue, der Großvater Mahareros – des bedeutendsten Anführers der Herero in der zweiten Hälfte des neunzehnten Jahrhunderts – hatte bei Auseinandersetzungen mit Tswana im späten achtzehnten Jahrhundert sein Vieh verloren. Tjamuaha, der Sohn Tjirues, konnte seine Familie aus der Armut erlösen und vergrößerte seine Anhängerschaft und seine Viehherden, nachdem ihm der reiche Tjipangandjara Rinder geschickt hatte.[41]

Die Vorherrschaft der Afrikaner-Oorlam[42]

Die mündlichen Überlieferungen der Otjiherero-Sprecher erwähnen auch ihre ersten Zusammenstöße mit den Afrikaner-Oorlam, als diese im frühen neunzehnten Jahrhundert auf der Suche nach Land und Wasser am Westrand Namibias südwärts wanderten. In den späten 1820er-Jahren bat wahrscheinlich ǁOaseb, der Anführer der Roten Nation, Jonker Afrikaner um Schutz; Jonker und seine Kommandotrupps stellten sich den Einwanderern erfolgreich entgegen und drängten viele Otjiherero-Sprecher an den nördlichen Swakop zurück; andere wurden von den Siegern absorbiert.

Diese siegreichen Gefechte waren die ersten Meilensteine bei Jonker Afrikaners Aufstieg zur Macht. Er war der dritte Sohn von Jager Afrikaner und ein Enkel von Klaas, der die Afrikaner-Oorlam über den Oranje nach Norden geführt hatte. Drei Jahrzehnte lang, bis zu Jonkers Tod 1861, hatte der von ihm gegründete Staat die Kontrolle über Handel und Ressourcen in Süd- und Zentralnamibia, unterwarf die Bewohner der Region und gliederte sie in Bündnisse ein; da diese aber häufig unter ungleichen Bedingungen geschlossen wurden, handelte es sich eher um Klientelbeziehungen. Manche zeitgenössischen Beobachter haben Jonkers Führungsqualitäten hervorgehoben: Der Missionar Henry Tindall berichtet, er sei ‚ein beredter Sprecher, ein geschickter Befehlshaber und furchtloser Krieger, ein todbringender Schütze und großzügiger Freund' gewesen.[43] Viele Menschen, die unter seine Herrschaft gerieten, sahen ihn wahrscheinlich in einem weniger schmeichelhaften Licht. Unter Jonker florierten neue Handelsbeziehungen zum Kap, und bei den Afrikaner-Oorlam entstand eine christliche Gemeinde; seine Gefolgschaft und andere Oorlam-Gruppen gründeten einige der ersten dauerhaften Siedlungen in Süd- und Zentralnamibia. Sein politisches Gemeinwesen war aber ein fragiles Gebilde, und nach seinem Tod wurden die Klientelbeziehungen, die er aufgebaut hatte, bald wieder zerschlagen.[44]

Jonkers Gemeinwesen hatte seinen Ursprung wohl in den Jahren nach 1823, als die Afrikaner-Oorlam die Boldelswart in einer Schlacht besiegten. Zu dieser Zeit wanderte Jonker mit einer Minderheit der Gruppe nach Norden. Dadurch teilte sich die Hauptfamilie der Afrikaner-Oorlam, und ein jüngerer Sohn konnte sich eine neue Machtbasis aufbauen, ohne Auseinandersetzungen über die Erbfolge zu entfachen.

Jonkers Macht basierte also anfangs auf seiner Herrschaft über einen Teil der Herden und Bevölkerung bei den Afrikaner-Oorlam; sie nahm enorm zu, da es ihm gelang, Männer zu mobilisieren, Reittiere[45] und Gewehre zu beschaffen und daraus eine furchteinflößende militärische Streitmacht zu formen. Den Berechnungen des Händlers Charles John Andersson zufolge verfügte er im Jahre 1858 über 2000 bewaffnete Männer. Seine Kommandotrupps erbeuteten auf ihren Raubzügen nicht nur Pferde, von denen sie viele als Handelsgut in die Kapkolonie schickten, sondern auch Menschen (Männer, Frauen und Kinder), die vor allem beim Viehhüten als Arbeitskräfte eingesetzt wurden. Seine Militärexpeditionen erstreckten sich über ein weites Gebiet im nördlichen Zentralnamibia und führten manchmal bis zu den Ovambo-Königreichen.[46] Waffen, Munition, Pferde, Fuhrwerke und andere Handelsgüter wurden in großen Mengen vom Kap geliefert, und Jonker hielt bei diesen Handelsbeziehungen, die in den 1840er-Jahren beträchtliche Ausmaße angenommen hatten, die Fäden fest in der Hand. Er schränkte die Befugnisse der weißen Händler ein, die seit den frühen 1840er-Jahren ins Land kamen (darüber weiter unten mehr) und führte 1844 eine Expedition nach Walvis Bay. Damit endete die Unabhängigkeit der ǂAonin, die bis dahin an der Küste als Händler eine wichtige Rolle gespielt hatten. Jonker erhielt so die Kontrolle über die Handelsroute zwischen Walvis Bay und dem Ngami-See, und Nama-Oorlam-Gruppen erhoben während der folgenden dreißig Jahre Wegzoll an dieser Straße.[47]

Jonker verliess sich allerdings nicht allein auf direkte Gewalt: Er festigte seine Herrschaft über Zentral- und Südnamibia durch Integrationsprozesse. Jonker verlieh Rinder an Tjimba (so wurden Menschen bezeichnet, die kein Vieh besaßen) in den Missionsstationen und schloss in den frühen 1840er-Jahren Bündnisse – auf Klientelbasis – mit einigen Otjiherero-sprachigen Anführern, darunter Kahitjene und Mahareros Vater Tjamuaha. Andere Oorlam-Anführer bauten offenbar ähnliche

Beziehungen auf; in Gobabis beispielsweise wurde Kandjake Uahandura von Amraal Lambert als Anführer der örtlichen Mbanderu anerkannt.[48] Diese Abmachungen ermöglichten es den *ovahona*, eine Anhängerschaft um sich zu versammeln, Vieh zu erwerben und dadurch ihre Macht und ihren Wohlstand zu vergrößern.

Allerdings führten Jonkers Militäraktionen dazu, dass im mittleren Teil des Landes viele der ursprünglichen Bewohner verarmten. In den 1840er-Jahren waren Otjiherero-sprachige Anführer nur selten wohlhabend, und am Übergang zum nächsten Jahrzehnt waren viele von ihnen durch Raubüberfälle auf ihre Herden noch ärmer geworden; damals wurden Kahitjenes Leute nach einer Auseinandersetzung mit Jonker zu Tjimba. Viele flohen auch nach Kaoko. Wahrscheinlich haben Jonkers Patronagepolitik und die von ihm erhobenen Abgaben auch innerhalb seiner Klientel zu Spannungen und mehr Ungleichheit geführt: Zu jener Zeit stahlen Otjiherero-sprachige Gruppen sich nachweislich gegenseitig Rinder, und es gab häufig Erbstreitigkeiten. Damara- und San-Gruppen waren von dieser Verelendung mindestens genauso stark betroffen, und Zeitzeugen aus den 1850er-Jahren beschreiben in großen Teilen Zentralnamibias eine Wirtschaftsweise, die auf Jagen und Sammeln (und nicht auf Viehwirtschaft) beruhte; Nahrungsbeschaffung durch Jagen wurde allerdings zunehmend schwierig, weil die kommerzielle Jagd auf dem Vormarsch war und dadurch die Wildbestände stark zurückgingen. Besonders Damara verlegten sich ab den 1840er-Jahren auf Lohnarbeit, zum Beispiel bei Wegebau, dem Abbau von Guano und der Robbenjagd.[49]

Mit den anderen Nama-Oorlam-*kapteins*, die ab den 1840er-Jahren im Süden des Landeszentrums neue Gemeinwesen gründeten, schloss Jonker offenbar Allianzen, anstatt Beziehungen aufzubauen, die auf Herrschaft und Unterordnung gründeten. Einige dieser *kapteins* waren nach Norden gezogen, um dichter in seiner Nähe zu sein. Zu jener Zeit bezog sich die Bezeichnung ‚Oorlam' eher auf Unterschiede innerhalb von Gemeinwesen als auf Unterschiede zwischen ihnen. Nama und Oorlam waren damals dabei, endgültig miteinander zu verschmelzen: die Oorlam bildeten nunmehr die (christlichen) obersten Gesellschaftsschichten dieser Gruppen. Unter ihnen stand meistens eine gemischte Bevölkerung (sowohl Damara und Herero als auch Nama und Oorlam), die in unterschiedlichem Maße von ihnen abhängig und rangniedriger war. [50] In der Praxis waren die Beziehungen der anderen Gemeinwesen zu Jonker allerdings unbeständig: Besonders ǁOaseb konkurrierte mit den Afrikaner-Oorlam um die Herrschaft über die Otjiherero-sprachigen Gruppen, wobei sich Allianzen ständig änderten und es regelmäßig zu Auseinandersetzungen kam. ǁOaseb konnte meist auf Unterstützung durch Willem Swartbooi zählen, während Amraal Lambert der treueste Verbündete Jonkers war. Zwischen 1874 und 1857 verschärfte sich der Konflikt zwischen ǁOaseb, Jonker und ihren jeweiligen Verbündeten, möglicherweise auch aufgrund zunehmender Rivalität um Ressourcen, nachdem Kupferschürfer in die Region gekommen waren. Am Ende ging Jonker als Sieger hervor und schloss ein neues Abkommen mit ǁOaseb.

Von den neuen Nama-Oorlam-Gemeinwesen war Jonkers das größte. Das Hauptquartier befand sich 1840 in Tsebris und ab 1842 in Windhoek, das damals eine Bevölkerung von 2000 Menschen hatte (die Hälfte davon wurde von den Missionaren als ‚Abhängige' eingestuft). Jonker errichtete dort eine steinerne Kapelle, in der Gottesdienste abgehalten wurden, obwohl ihm kein Missionar bewilligt worden war. Der niederländische Name ‚Windhoek' bedeutet ‚windige Ecke' und stammt aus Jonkers Zeit, nicht aus der Kolonialzeit.[51] ǁOaseb und die KaiǁKhaun (Rote Nation) errichteten 1853 ihr Hauptquartier in !Hoaxa!nas, aber in den 1840er- und 1850er-Jahren lebten viele von ihnen in Jonkers Nähe am Kubakop und später in Rehoboth. Die Khauas unter Amraal Lambert errichteten in den frühen 1840er-Jahren ein Gemeinwesen in Naosonabis; die Familien Goliath und Isaak gründeten 1850 die Siedlung Berseba; die Swartbooi (angeführt von Willem Swartbooi) zogen 1845 nach Rehoboth, gaben den Ort aber 1864 wieder auf; und die Veldschoendrager gründeten in den 1840er-Jahren ein Gemeinwesen in Schans Vlakte. Die von Tseib angeführten Leute – ein Zweig der Roten Nation, aus dem um 1850 eine eigenständige Gruppe wurde – bauten sich, offenbar gegen ǁOasebs Willen, eine eigene Siedlung in ǀNuǀgoaes, auch bekannt unter dem Namen Zwartmodder (und 1866 in Keetmanshoop umbenannt).[52] Besonders nachhaltig machte sich aber die Ankunft der Witbooi bemerkbar, einer Oorlam-Gruppe, die zuvor in Pella im Norden des Kaps gelebt hatte und in den 1850er-Jahren nach Südnamibia kam; erst 1863 gründeten sie allerdings eine dauerhafte Siedlung – eine ‚ziemlich eng verbundene, politisch aktive Gemeinschaft'[53] – in Gibeon.

Die ersten sesshaften Nama-Oorlam-Staaten wurden also in der Zeit gegründet, um die es in diesem Kapitel geht. Diese Politik wurde sowohl von den *kapteins* unterstützt, weil sie den Handel erleichterte, als auch von Missionaren, die fast immer in einer engen Beziehung zu den neuen Siedlungen standen und die Aufgabe einer halbnomadischen Lebensweise als wichtigen Schritt auf dem Weg zur ‚Zivilisation' sahen. Afrikanische Anführer wiederum hießen Missionare meist willkommen: Zum einen waren sie Mittelsmänner im Handel mit dem Kap (Missionare betrieben selbst Handel, sie kauften Waren, um sie an Afrikaner weiterzuverkaufen, und waren auch weltlichen Händlern gegenüber aufgeschlossen); zum anderen bot ihre Anwesenheit diplomatische Vorteile. Manche Anführer hatten auch mehr oder weniger religiöse Motive. Nachdem sich die Missionsstationen etabliert hatten, waren sie alternative Schaltstellen der Macht und somit eine unausgesprochene Bedrohung für die Autorität der *kapteins*. Allerdings blieb die Macht der Missionare während dieser Zeit begrenzt, da afrikanische Anführer nach wie vor unabhängig und die Missionsstationen selbst anfällig für Raubüberfälle und Krieg waren.[54]

Nach frühen Rückschlägen weitete sich die Missionierung in Namibia erheblich aus, nachdem im Jahr 1842 die Missionare Carl Hugo Hahn und Franz Heinrich Kleinschmidt von der Rheinischen Missionsgesellschaft (RMG) ins Land gekommen waren. Die 1828 in Deutschland gegründete RMG wurde zur führenden Missionsgesellschaft in Zentral- und Südnamibia. In den frühen 1850er-Jahren handelte sie mit ihrer potenziellen Konkurrenz (nämlich anderen Missionsgesellschaften) mehr oder weniger das Alleinrecht auf die Betätigung in diesem ‚Missionsfeld' aus und gliederte sich administrativ in die ‚Namaland'- und ‚Hereroland'-Konferenzen.

Im Süden stellte die RMG Missionare für die Nama-Oorlam-Gemeinwesen; ein früher Erfolg war dort 1845 die Taufe Willem Swartboois in Rehoboth (der Ort war nach einer von Isaak gegrabenen Quelle benannt; 1 Mos. 26:22). Die Gesellschaft ließ sich in den Hauptquartieren von ǁOaseb und Amraal Lambert sowie bei einigen weiter südlich lebenden Gruppen in Schans Vlakte, Bethanien und Berseba dauerhaft nieder; in den 1860er-Jahren schickte sie außerdem Missionare nach Gibeon und Hochanas. (Die Bondelswaart allerdings waren weiterhin mit der Missionsstation in Warmbad verbunden, die bis 1867 in den Händen der Wesleyaner blieb.) In Zentralnamibia, wo die Gesellschaft sich das hohe Ziel gesteckt hatte, die Otjiherero-sprachige Bevölkerung zu missionieren, stieß sie jedoch auf erhebliche Probleme. Eine anfängliche Zusammenarbeit mit Jonker scheiterte letztlich an seiner Weigerung, die RMG unter den Otjiherero-sprachigen Gruppen Missionsarbeit betreiben zu lassen. Das Verhältnis zwischen der Missionsgesellschaft und dem afrikanischen *kaptein* blieb danach lange feindselig.

Nach Abbruch der Beziehungen zu Jonker gründete die RMG eine Station in Otjikango (Neubarmen, das heutige Gross Barmen). Während der folgenden dreißig Jahre war Hahn die treibende Kraft der Mission in Zentralnamibia. Ohne Johanna Uerita Gertze, seine erste Konvertitin, hätte er seine Missionstätigkeit allerdings nicht ausüben können. Sie spielte ab etwa 1848/49 eine bedeutende Rolle und half Hahn bei seiner linguistischen Arbeit, wenn sie nicht sogar deren eigentliche Urheberin gewesen ist. Sehr wichtig waren auch die missionarischen Aktivitäten anderer Afrikaner und diejenigen von Hahns Ehefrau Emma. 1842 hatte der Missionar Kleinschmidt Johanna Schmelen geheiratet, die sich – wie ihre Nama-sprachige Mutter Zara Schmelen – zeitlebens aktiv als Missionarin betätigte.

Ende der 1840er-Jahre unterhielt die RMG zwei weitere Stationen in Zentralnamibia: in Otjimbingue und Scheppmansdorf (in der Nähe von Walvis Bay). Ihre Arbeit in dieser Gegend wurde aber zum einen durch die anhaltenden Auseinandersetzungen mit Jonker Afrikaner behindert, dessen Männer 1853 die Mission in Otjimbingue dem Erdboden gleichmachten, zum anderen durch den ausgeprägten Unwillen der Afrikaner, sich zum Christentum bekehren zu lassen. Zwar unterhielten viele *ovahona* damals freundliche Beziehungen zu den Missionaren, den christlichen Glauben aber lehnten sie ab. Unter den Menschen, die sich scharenweise in den Missionsstationen einfanden, waren viele marginalisierte, verarmte Damara und Tjimba, die von der Aussicht auf Essen und Arbeit angelockt wurden. Anfang der 1870er-Jahren waren nur wenige Otjiherero-Sprecher zum Christentum übergetreten. Bei den Damara war die Anzahl der Christen wahrscheinlich höher, denn es gibt Belege dafür, dass sie der neuen Religion gegenüber bereits 1840 aufgeschlossen waren.[55]

Ungeachtet dieser Probleme – und im Gegensatz zu den frühen Missionen im Süden – unternahmen die neue RMG und die Wesleyaner aktive Vorstöße, die Gesellschaften, in denen sie lebten, ‚auf dem Gebiet alltäglichen Handelns' nach dem Vorbild spezifisch europäischer Vorstellungen von Frömmigkeit umzuformen. Wie besonders am Beispiel der Tswana aufgezeigt worden ist, propagierten während des neunzehnten Jahrhunderts Missionare im südlichen Afrika eine Erlösung, die nicht nur durch Glauben, eine rigide Sexualmoral und die Aufgabe von Bräuchen erlangt wurde, die sie für ‚heidnisch' erachteten; Erlösung setzte auch voraus, dass die Merkmale einer idealisierten, geordneten bäuerlichen Gesellschaft europäischen Gepräges übernommen wurden: westliche Kleidung, die Fähigkeit, zu lesen und zu schreiben, rechteckige Häuser, christliche Erziehung, eine rigide Festlegung der Rollen von Mann und Frau, die Frauen in den häuslichen Bereich verbannte, und die Verwendung des Pfluges.[56] In Nama-Oorlam-Gesellschaften hatten viele dieser kulturellen Gepflogenheiten bereits seit Jahrzehnten allmählich Einzug gehalten; in den 1840er-Jahren war europäische Kleidung dort weit verbreitet, und die Oberschicht wusste christliche Erziehung zu schätzen – obwohl der Übergang nicht immer reibungslos vonstatten ging, wie sich an der Weigerung von Frauen zeigte, in Rehoboth 1843 traditionelle Methoden des Hüttenbaus aufzugeben. Viele dieser Gemeinwesen gingen auch dazu über, ihre Verfassung schriftlich niederzulegen; ein Beispiel ist das Ryksboek von 1847 in Bethanien, das nicht zuletzt auf den Einfluss der Missionare zurückging.[57]

Angesichts der geringen Bekehrungsrate ließen sich kulturelle Veränderungen in Zentralnamibia viel schwieriger bewirken als im Süden, obwohl Hahn große Anstrengungen in dieser Richtung unternahm und 1848 beispielsweise den Pflug einführte. Versuche, Landwirtschaft nach europäischem Vorbild einzuführen, erwiesen sich aufgrund der klimatischen Bedingungen meist als kostspielige Misserfolge. Bereits die Strategie, feste Missionsstationen zu bauen, belastete das ohnehin anfällige ökologische Gleichgewicht, und Missionare berichteten häufig über negative Auswirkungen auf die Umwelt. Bestimmte ausgewählte Elemente der europäischen Kultur wurden von der lokalen Bevölkerung allerdings viel schneller angenommen und ihren Bedürfnissen angepasst als das Christentum selbst. Das ‚lange Kleid' der Herero-Frauen – Kleider im viktorianischen Stil, die sich heute großer Beliebtheit erfreuen – geht wohl auf die von Emma Hahn und (wahrscheinlich) Johanna Uerita Gertze 1846 eingeführten Nähkurse zurück, an denen Otjiherero-sprachige Frauen mit Begeisterung teilnahmen. Die Übernahme westlicher Kleidung sowohl durch Frauen als auch durch Männer signalisierte wohl eher ihre Bereitschaft, sich auf manche Symbole der modernen Zeit einzulassen, als ihre Aufgeschlossenheit gegenüber der neuen Religion.[58]

Je stärker die Nama-Oorlam-Gemeinwesen die südlichen und zentralen Teile Namibias in den Einflussbereich des Kap-Handelsnetzes brachten, desto einflussreicher wurden die (meist) weißen Händler, sowohl Missionare, als auch Nichtgeistliche. Händler, die nichts mit den Missionen zu tun hatten, kamen auf dem Landweg vom Kap nach Namibia, seit James Morris und Sidney Dixon 1843/44 erstmals erfolgreich mit Handelsgütern diese strapaziöse Reise unternommen hatten. In den 1840er-Jahren weitete sich der Handel mit dem Kap rasch aus. Die Drehscheibe war Windhoek, die Hauptstadt der Afrikaner-Oorlam, wo ‚ein Markt, auf dem sich die Menschen drängen und das ganze Jahr über geschäftiges Treiben herrscht'[59] Menschen aus Zentral- Süd- und wahrscheinlich auch Nordnamibia anzog. Der Handel trug auch dazu bei,

Abb. 7 und 8: Diese Fotos von Otjiherero-sprachigen Frauen wurden 1885 aufgenommen und zeigen anschaulich den Unterschied zwischen traditioneller, vorwiegend aus Leder gefertigter Bekleidung und Kleidung, die von europäischer Mode beeinflusst war und aus Stoff gefertigt wurde. Zwar führten die Missionen in Zentralnamibia Stoffkleidung ein, aber die Übernahme von Kleidern im viktorianischen Stil und deren Anpassung an den lokalen Geschmack ging dort viel schneller vonstatten als die Bekehrung zum Christentum. Die Kleider auf dem Bild sind die Vorläufer der elaborierteren Gewänder, die heute von Herero-Frauen getragen werden.

dass mehr Straßen gebaut wurden, sodass Ochsenwagen benutzt werden konnten, die beim Transport großer Warenmengen unverzichtbar waren. Jonkers Straßen von Windhoek über die Auas-Berge zum Kap und nach Walvis Bay (der ‚Baaiweg') sind wohlbekannt, aber auch andere *kapteins* ließen Handelswege zwischen Bethanien und Berseba sowie nach Warmbad und Rehoboth pflastern. Hahn bemerkte 1844 dazu, dass der Baaiweg handwerklich besser gemacht sei als alles, was er in der Kapkolonie gesehen hatte.[60]

Ein Guano-Boom im Jahre 1844 war den frühen Aktivitäten europäischer Händler sehr förderlich. Guano (der Kot von Seevögeln) wurde in Großbritannien erstmals zu Beginn der 1840er-Jahre als Wunderdünger angepriesen. 1843 entdeckte man Vorkommen auf Ichabo, einer Insel vor der namibischen Küste. Dies führte zu einem wahren Ansturm auf die Insel, und zwar vor allem durch britische Schiffe. Im Oktober 1844 befanden sich 350 Schiffe und 6.000 Seeleute an und auf dem felsigen Eiland, und die Zustände wurden so anarchisch, dass ein britisches Marineschiff geschickt wurde, um für Recht und Ordnung zu sorgen.[61] Zwar waren die Guanovorräte auf Ichabo Anfang des folgenden Jahres vorübergehend erschöpft, aber die entstandene Nachfrage brachte die Aktivitäten der Kap-Händler in Schwung, und ihre Geschäfte gediehen prächtig. Es gibt keine systematisch erhobenen Zahlen darüber, wie viel Geld damals bei diesem Import-Export-Handel in Zentral- und Südnamibia umgesetzt wurde, es waren aber zweifellos große Summen. 1851/52 schätzte der Händler und Abenteurer Andersson, dass jährlich 8000 bis 10 000 Rinder und darüber hinaus eine große Menge Kleinvieh auf dem Landweg in die Kapkolonie getrieben wurden.[62] Ein anderer äußerst wichtiger Faktor für Handel und Produktion war zu jener Zeit die Jagd. Wie in vielen anderen Teilen Afrikas führte die kommerzielle Ausbeutung zu einem rapiden Rückgang der Wildbestände, da man Elefanten wegen ihres Elfenbeins und Strauße wegen ihrer Federn jagte. Schätzungen zufolge schoss allein der Händler Frederick Green zwischen 1854 und 1876 mehr als 750 Elefanten; Augenzeugen berichten, dass die Wildbestände in Ngamiland 1860 erschöpft waren – nach nur einem

Jahrzehnt kommerzieller Jagd – und in Zentralnamibia 1880. Die intensive Bejagung hatte für Afrikaner unterschiedliche Folgen: Einerseits wurde es für Jäger- und Sammlergruppen schwieriger, ihre eigenen Nahrungsbedürfnisse zu stillen, andererseits beteiligten sich manche Afrikaner an der kommerziellen Jagd und profitierten davon.[63]

In dieser Zeit gewährten afrikanische Anführer Europäern auch erstmals Schürfrechte – also das Recht, innerhalb eines genau festgelegten Gebietes nach Bodenschätzen zu suchen, sie zu erschließen und abzubauen, wobei besonderes Interesse dem Kupfer galt. In Bethanien erhielt die Familie de Pass, die in den 1840er-Jahren in die Gegend kam, von David Christian nicht nur ein Monopol für den Guanohandel, sondern auch Fischerei- und Abbaurechte, die sich langfristig als äußerst profitabel erwiesen. Auch die Afrikaner-Oorlam, die Bondelswart und die Swartbooi in Rehoboth vergaben Abbaurechte.[64] 1858 kam der Händler Robert Lewis ins Land, dem Maharero später Schürfrechte in riesigem Umfang gewährte.

Die Missionare spielten bei diesem Handel bis in die 1850er-Jahre hinein eine Schlüsselrolle, besonders nach Gründung der Mission in Otjimbingue im Jahr 1849. Diese Missionsstation wurde ein besonders wichtiges Handelszentrum und zog sowohl europäische Handwerker als auch Tjimba und andere Siedler an. 1856 baute die Walfish Bay Mining Company (WBMC) in der Nähe eine Kupfermine, die sie auf der Grundlage einer von den Afrikaner-Oorlam im Jahre 1854 gewährten Schürfbefugnis betrieb. Sie erschloss dabei eine Rohstoffquelle für sich, die zuvor indigene Metallhandwerker genutzt hatten.[65] Diese (weltliche) Firma war auch am Handel mit Guano, Handel und Fisch beteiligt. Sie ist als ‚der entscheidende Katalysator für die erste systematische Integration des südlichen Hererolandes in das Handels- und Kapitalnetz der Kapkolonie' beschrieben worden[66] und beschäftigte 1856 viele kleinere europäische Händler. Allerdings erwies sich die Mine als unergiebig und wurde 1860 geschlossen.

Struktur und Entwicklung dieser Handels- und Wirtschaftszweige waren komplex. Zwar überwog ab den 1830-er Jahren der direkte

Handel mit dem Kap, es bestanden aber nach wie vor Verbindungen zu anderen Händlern, die Waren auf dem Seeweg beförderten, und zu ausgedehnten Handelsnetzen ins Landesinnere, vor allem nach Botswana und Nordnamibia. Außerdem hatten diese Handelsbeziehungen sehr unterschiedliche Auswirkungen. Es war keineswegs so, dass Missionare und weltliche Händler widerstrebenden afrikanischen Anführern Waffen und Munition aufdrängten. Ganz im Gegenteil: Es bestand große Nachfrage nach diesen und anderen Waren, und die Glaubwürdigkeit eines Missionars hing unter Umständen davon ab, ob er sie beschaffen konnte oder nicht. Darüber hinaus befanden sich die Händler gerade in der Anfangszeit nicht unbedingt im Vorteil: Sie brauchten Arbeitskräfte und andere Ressourcen und waren diesbezüglich vor Ort häufig auf lokale Anführer angewiesen. Außerdem verfügten sie nicht über genügend Kapital und waren gering an der Zahl: In den 1840er-Jahren gab es vielleicht ein Dutzend Händler, von denen die meisten am Ende des Jahrzehnts verarmt waren.[67]

Häufig hatten diese Kaufleute aber doch den Vorteil auf ihrer Seite. Oft konnten sie schnell Profit erwirtschaften und hohe Preise verlangen. Durch den Umgang mit Handelskapital gerieten sogar diejenigen Nama-Oorlam-Gruppen aus dem Gleichgewicht, die zuvor davon profitiert hatten, denn in den 1840er-Jahren waren ihre Anführer immer stärker verschuldet und hatten immer weniger Einfluss auf die Handelsbedingungen. Dadurch nahmen Raubüberfälle zu; in den 1850er-Jahren richteten sich Angriffe in der Gegend zwischen Gobabis, Windhoek, Walvis Bay und Okahandja unter anderem gegen einige Herero-Anführer, die mit Jonker verbündet waren. Dies führte zu einem Zusammenbruch seines Bündnissystems. Mbapupua beispielsweise floh damals zu Nangolo, dem König von Ondonga; manche Otjiherero-Sprecher suchten Zuflucht in Owambo und arbeiteten dort als Hirten, andere wurden möglicherweise sogar in die Sklaverei verkauft.

Paradoxerweise ist es zum Teil auf die Beteiligung am Kapitalismus zurückzuführen, dass bei Otjiherero-Sprechern ein zaghafter Prozess der Rückkehr zur Viehwirtschaft einsetzte (oder sie überhaupt erstmals

Viehbesitzer wurden). Viele Tjimba, die Land bewirtschaftet und Lohnarbeit verrichtet hatten, konnten in den 1850er-Jahren Rinder erwerben. Hierzu nutzten sie häufig die Ressourcen der Missionsstationen, während die Mitglieder der Zeraua-*omuhona*, denen 1851/52 der Großteil ihrer Herden bei Raubüberfällen gestohlen worden war, für die WBMC Weidezäune kontrollierten, in der Mine arbeiteten und dadurch ihre Viehbestände wieder aufstocken konnten. Zu dieser Zeit begannen auch die Herero, die Handelsnetze zu nutzen, um Waffen und Munition zu erlangen, und sie fingen an, Jonker Afrikaners Kontrolle über diesen Handelszweig zu untergraben. Als sie in den frühen 1860er-Jahren beschlossen, die Vorherrschaft der Afrikaner zu brechen, hatten sie daher auch die Mittel dazu.[68]

Ovita Vyongombongange[69]

In den 1860er-Jahren vollzog sich in Namibia eine radikale Verschiebung der Machtverhältnisse. Zu Beginn des Jahrzehnts war der Handel mit dem Kap für die Wirtschaft im südlichen und zentralen Teil des Landes so wichtig wie nie zuvor. 1860 errichtete Andersson, der rasch zum erfolgreichsten europäischen Händler der Region aufstieg, einen Handelsposten in Otjimbingue und brachte damit seine Absicht zum Ausdruck, Jonkers Vormachtstellung in diesem Geschäft ins Wanken zu bringen. Gleichzeitig wurde der Überlandhandel aber zunehmend anfällig für Lungenseuche-Epidemien, eine Rinderkrankheit, die damals viele Herden befiel. Zum Schutz ihrer eigenen Viehbestände versuchten Anführer der Nama-Oorlam, Händler am Export von Rindern durch die von ihnen kontrollierten Gebiete zu hindern. Dabei hatten sie durchaus Erfolg: Andersson erreichte zwar 1860 das Kap, wurde aber 1861 zur Umkehr gezwungen. Eine schwere Pockenepidemie, die um 1860/61 ihren Höhepunkt erreichte, verschärfte die Spannungen zusätzlich.

Der Tod nicht nur von Jonker Afrikaner, sondern auch von Tjamuaha im Jahr 1861 fiel also in eine ohnehin schwierige Zeit. Auf Jonker folgte sein Sohn Christian Afrikaner; er starb zwei Jahre später, und Jan Jonker

Afrikaner trat die Nachfolge an. Während die Zufälle der Geschichte die Afrikaner-Dynastie schwächten, war beim *ohorongo*-Klan genau das Gegenteil der Fall. Nachfolger Tjamuahas war sein Sohn Maharero, ein äußerst fähiger Mann, der Jonker Afrikaner nahegestanden, mit ihm Kommandoüberfälle durchgeführt und dabei militärisches Können erworben hatte.[70] Unter seiner Führerschaft gewannen Herero-Gruppen innerhalb eines Jahrzehnts die Herrschaft über Zentralnamibia und eigneten sich dabei auch große Teile des Viehs an, das die Nama-Oorlam besaßen.

Nachdem er die Nachfolge seines Vaters angetreten hatte, wurde Maharero schnell gegen die Vorherrschaft der Afrikaner-Oorlam aktiv. Als erstes beging er 1863 einen symbolischen Diebstahl: Er beauftragte seinen Neffen Hirarapi, Christian Afrikaner ein Schaf zu stehlen. Dadurch gab er zu verstehen, dass er den Afrikaner-Oorlam die Treue aufkündigen wollte, und leitete damit den *ovita vyongombongange* ein, den ‚Überfall der grau, weiß und bräunlich gefleckten Kuh'. (Diesen Tieren wurde nachgesagt, dass sie Tapferkeit und Kraft verleihen.)[71] Unterdessen war Andersson zunehmend entschlossen, den Afrikaner-Oorlam Widerstand zu leisten, und hatte sowohl Söldner vom Kap (die ‚Otjimbingue-Freiwilligen') als auch Tjimba, die in der Missionsstation in Otjimbingue lebten, bewaffnet und ausgebildet. 1861/62 importierte er sogar zwei Kanonen ins Land. Unterstützung erhielt er von der weißen Bevölkerung Otjimbingues sowie – als er Anfang 1864 ins ‚Missionsfeld' zurückkehrte – von Hahn, der auch häufig in Auseinandersetzungen mit den Afrikaner-Oorlam verwickelt war.

Hirarapis Diebstahl löste die bis dahin wohl schwersten Kampfhandlungen in Namibia aus. In diesem Krieg kämpften – und starben – weitaus mehr Menschen als bei den üblichen Raubüberfällen auf Viehherden. Christian Afrikaner reagierte auf die Diebesaktion, indem er mit einem Kommandotrupp von 400 bis 500 Männern die in Otjimbingue versammelten Streitkräfte angriff – also die Otjiherero-sprachigen Anführer und ihre Gefolgsleute, die sich auf die Seite von Zeraua und Maharero geschlagen hatten, sowie Anderssons Männer. Der Angriff schlug fehl, und in dem darauf folgenden Gefecht kamen ungefähr 200 Nama-Oorlam und 60 Herero ums Leben, darunter Christian, sein Verbündeter Piet Koper und Hirarapi.[72]

In den folgenden Monaten versuchten Mahareros Truppen gemeinsam mit denjenigen, die von Andersson und dessen Leutnant Green befehligt wurden, diesen Erfolg zu festigen. Im März 1864 griffen sie Windhoek an. Im Juni marschierte eine etwa 2500-köpfige Truppe in Richtung Rehoboth, um den Swartbooi, die sich kurz zuvor Maharero angeschlossen hatten, gegen ein Bündnis von Nama-Oorlam-Anführern beizustehen. Es kam zu einer ergebnislosen offenen Feldschlacht, aus der sich die Afrikaner-Oorlam zurückzogen. Danach wurden die Swartbooi von einem Kommandotrupp der Afrikaner-Oorlam angegriffen und geschlagen. Gegen Ende des Jahres konnten die *kapteins* in Berseba, Bethanien und Gibeon den Afrikaner-Oorlam den Munitionsnachschub abschneiden und dadurch einen Angriff auf Otjimbingue verhindern. Obwohl sich das Machtgleichgewicht zu Ungunsten der Afrikaner-Oorlam verlagerte, hatte aber keine der Parteien einen klaren militärischen Sieg errungen. Daraufhin zog Maharero erneut von Otjimbingue in Richtung Norden und gab offenbar nicht nur sein kurzes Bündnis mit Andersson (der 1867 starb) auf, sondern auch die bis dahin praktizierten eher konventionellen Methoden der Kriegführung. Trotzdem dauerten die offenen Konflikte an.

Die Ereignisse der Jahre 1863–64 waren fruchtbarer Boden für kontroverse Diskussionen. Heinrich Vedder schloss sich der Ansicht der RMG an, es habe sich um ‚einen Freiheitskrieg der Herero' gehandelt, in dem Maharero den Kampf um die Befreiung von der Oberherrschaft der Afrikaner-Oorlam angeführt habe, mit Unterstützung oder sogar auf Anregung der Rheinischen Missionare. Die von Alex Kaputu wiedergegebenen mündlichen Überlieferungen berichten, Tjamuahu habe auf dem Sterbebett verkündet, es sei ‚… an der Zeit, die Hereros vom Joch der Nama zu befreien'. Heinrich Loth hat als erster dieser Interpretation des Kriegs widersprochen und eingewandt, dass die Missionare größtenteils für die Konflikte verantwortlich waren; später hob Lau die Rolle der Händler hervor – vor allem dieAnderssons, der großes wirtschaftliches Interesse daran hatte, die politische Herrschaft der Afrikaner zu brechen.[73]

Lau und Loth überschätzen allerdings die Bedeutung von Europäern in dieser Zeit. Henrichsens spätere Untersuchungen haben gezeigt, was für eine wichtige Rolle Anführer der Herero in diesen Konflikten spielten, und zwar vor allem Maharero, der unter den Herero-Gruppen hauptsächlich wegen seiner Tapferkeit in diesen Kriegen – man nannte ihn ‚Muniovita', ‚Herr der Kriege' – in eine Führungsposition aufstieg und daraufhin seine Macht durch Heiratsbündnisse und andere Allianzen festigte.[74] Die aktive Führungsrolle Mahareros zeigt sich beispielsweise in den Symbolen, die bei der Militäraktion des Jahres 1864 zum Einsatz kamen wurden. Beim Feldzug nach Rehoboth wurde nicht nur eine neue ‚Nationalflagge' eingesetzt, die der Künstler, Händler und Reisende Thomas Baines entworfen hatte; Herero-Krieger hatten sich auch mit Asche vom Heiligen Feuer eingerieben. Vor dem Marsch auf Rehoboth ließ Maharero in einem Brief des Händlers Frederick Green an Andersson ausrichten: ‚Es würde sein [Mahareros] Krieg werden'.[75] Es ist auch nicht wahrscheinlich, dass Maharero und andere Anführer Andersson zum ‚Regenten und militärischen Befehlshaber' ernannten, wie frühere Autoren hartnäckig behauptet haben. Zwar existiert ein Dokument, in dem dieser Anspruch erhoben wird, aber es ist nicht unterzeichnet, und es gibt keinen Beweis dafür, dass die *ovahona* jemals ihre Zustimmung zu dem Schriftstück erteilt haben.[76]

Diese Richtigstellung räumt zwar den afrikanischen Akteuren bei den Ereignissen der frühen 1860er-Jahre wieder die zentrale Rolle ein, die ihnen gebührt und die sie wahrscheinlich auch innehatten, aber sie greift – nicht unhinterfragt – wieder die Vorstellung eines ‚Befreiungskrieges der Herero' auf. In dieser Bezeichnung liegt allerdings ein Körnchen Wahrheit: Viele Otjiherero-sprachige Anführer nutzten die Gelegenheit, aus ihrem Untertanenverhältnis zu den Afrikaner-Oorlam auszubrechen, und auch die Anfänge der Vorherrschaft durch die Herero fallen in diese Zeit. Zum einen bildete sich aber eine ‚Herero'-Identität auf breiterer Basis erst ab dem nächsten Jahrzehnt heraus, zum anderen richteten sich viele Bündnisse und Feindschaften nicht einfach nur nach einer Spaltung zwischen Nama und Herero, wie sich beispielsweise am Kräftespiel in der äußerst konfliktreichen Zeit nach den Kämpfen der Jahre 1863/64 zeigt – ein Kräftespiel, das letztlich die Vorherrschaft der Afrikaner-Oorlam beendete. Bis etwa 1868 gab es viele kriegerische Auseinandersetzungen zwischen den Afrikaner-Oorlam (meist unterstützt von ǁOaseb und !Nanib Hendrik Zes) und anderen Nama-Oorlam-Gruppen. Die Afrikaner-Oorlam verübten Angriffe auf verschiedene Nama-Oorlam-Gemeinwesen, darunter diejenigen der Witbooi in Gibeon und der Lambert in Gobabis. Im Laufe dieser Zeit wurde das Bündnis der Afrikaner-Oorlam mehrmals geschlagen, am empfindlichsten im November 1865 von einem Kommando aus Rehoboth und 1867, als ǁOaseb einem Kommandotrupp aus Gibeon und Berseba unterlag. Noch im Mai 1868 warnten die Behörden am Kap die südlichen *kapteins* davor, zu den Waffen zu greifen, da man befürchtete, sie könnten den Koranna in der nördlichen Kapregion zur Hilfe kommen, die sich gegen die Briten erhoben hatten. Daraufhin ersuchten die *kapteins* von Bethanien und Berseba um ein offizielles Bündnis mit dem Kap. Dies wurde abgelehnt, aber im Januar 1870 schloss die Regierung am Kap eine Vereinbarung mit Willem Christian von den Bondelswart, mit denen erstmals vierzig Jahre zuvor ein Bündnis geschlossen worden war.[77]

Viele der Kampfhandlungen im Süden verfolgten sowohl wirtschaftliche als auch politische Ziele: Es ging in gleichem Maße darum, Vieh zu stehlen und militärische Überlegenheit zu erlangen. Auch Herero-Anführer betrieben zwischen 1863 und 1866 intensiv Überfälle auf Viehherden – besonders Maharero, Kambazembi und Kapekaha waren in dieser Hinsicht sehr aktiv –, wodurch viele Herero zu großem Wohlstand an Rindern kamen. Demgegenüber verarmten viele Nama-Oorlam, während die ‚big men' der Herero erfolgreich ihre Unabhängigkeit von der Vorherrschaft der Afrikaner behaupteten. Die Kämpfe in dieser Zeit erstreckten sich über ein weites Gebiet, bis hin nach Ondonga und Kaoko nörtlich von Otjitambi, und erhielten zusätzliche Nahrung durch große Mengen an Waffen, die von Andersson und aus früheren Raubüberfällen stammten; zum Teil lag die Ursache für Übergriffe auch in Verschuldung bei den Händlern. Die gewalttätigen Auseinandersetzungen der 1860er-Jahre führten außerdem zu einer Verarmung der Damara-Gruppen (und wahrscheinlich auch der San-Gruppen), die über das Land verstreut lebten. Während des zweiwöchigen Marsches auf Rehoboth beispielsweise plünderten Mahareros und Anderssons Truppen die Schaf- und Ziegenbestände von Damara-Siedlungen, um die Soldaten zu ernähren. [78]

Die Gewalt der 1860er-Jahre, zusammen mit Anderssons Tod im Jahr 1867, führte dazu, dass sich viele weiße Händler während dieser Zeit aus Zentral- und Südnamibia zurückzogen. In der ‚Missionskolonie', die Hahn 1864 in Ojimbingwe gegründet hatte, ging der Handel allerdings weiter. Sie bestand nicht nur aus Missionaren und Konvertiten, sondern auch aus einer Gruppe europäischer Handwerker und deren Familien. Der Kolonie lag das theologische Konzept der *Volksbekehrung* zu Grunde, der Bekehrung ganzer Gemeinschaften anstatt nur einzelner Personen zum Christentum; Hahn wollte damit auf kulturellen und religiösen Wandel bei Afrikanern hinwirken.[79] Die Bekehrung der Herero ging nur schleppend voran: 1870 hatten sich gerade einmal neunundsechzig von ihnen taufen lassen. Die Gründung des Augustineums – einer Schule der RMG zur Ausbildung einheimischer Lehrer – ebnete dann aber den Weg für längerfristige kulturelle Veränderungen. Was den Handel anging, so beteiligte sich die Missionskolonie intensiv an der Jagd nach Elfenbein und Federn und rüstete ein Netzwerk von Jägern aus, von denen viele in Ondonga stationiert waren. Außerdem führte sie Waffen und Munition ein, obwohl die Zentrale der RMG dies verboten hatte.

1868 war der Konflikt in Süd- und Zentralnamibia mehr oder weniger zu Ende, und die Vorherrschaft der Afrikaner-Oorlam war zerschlagen. Ungefähr zu dieser Zeit zogen etwa 20 000 Otjiherero-Sprecher unter Maharero, Kandjii, Kavingava und Kambazembi sowie die größte Mbanderu-Gruppe nach Süden in die Gegend zwischen Windhoek und Okahandja und festigten ihre Macht durch die Besetzung von Land, das zuvor unter der Herrschaft der Afrikaner-Oorlam gestanden hatte. 1870 kam Jan Jonker nach Windhoek und schloss mit Hilfe der Missionare Brincker, Diehl und Irle einen offiziellen Friedensvertrag mit Maharero.

Hahn traf dort etwas später im Jahr ein und setzte durch, dass dieser Vertrag durch einen anderen ersetzt wurde, der Händlern und Missionaren mehr Rechte einräumte und die Macht der Afrikaner-Oorlam noch weiter beschnitt. Windhoek gehörte nunmehr rechtmäßig Maharero. Der zweite Vertrag gestattete außerdem einer Gruppe von Basters (Menschen gemischter europäischer und afrikanischer Abstammung) vom Kap, die in den 1860er-Jahren in den südlichen Teil des Landes gekommen waren, sich in Rehoboth niederzulassen; dies war der Beginn der modernen, auch heute noch existierenden Besiedlung des Ortes. Aus dem Vertrag geht auch deutlich hervor, dass Maharero von den südöstlichen Herero und den Mbanderu als oberster Anführer anerkannt wurde, nicht aber von Kambazembi und Kamureti.[80]

Die Verträge von Okahandja waren die formelle Bestätigung, dass die Vorherrschaft der Afrikaner-Oorlam de facto zu Ende war, und sie markierten den Aufstieg einer neuen Oberschicht von Otjiherero-Sprechern, die reich an Vieh und gut bewaffnet waren, in Zentralnamibia. In der Zeit seit 1730 hatte sich die Region schnell und grundlegend verändert, da sie fest in das Netzwerk des Handelskapitalismus eingebunden wurde, das sich vom Kap ausbreitete, und zwar – wie wir im nächsten Kapitel sehen werden – ab Mitte der 1860er-Jahre nordwärts bis hin zu den Ovambo-Königreichen und darüber hinaus. Die Auswirkungen dieser Einbindung waren komplex. Jonker Afrikaners Gemeinwesen profitierte zwar kurzfristig enorm davon, dass er den Handel mit dem Kap kontrollierte. Die destabilisierenden Auswirkungen dieses Handelsverkehrs machten sich aber zunehmend durch Verschuldung und eine Zunahme von Viehdiebstahl bemerkbar. Der Niedergang der Afrikaner-Oorlam war nicht zuletzt darauf zurückzuführen, dass die Herero-*ovahona* die Chancen zur Vermögensbildung ergreifen konnten, die mit den neuen wirtschaftlichen Bedingungen einhergingen, und sie erfolgreich nutzten, um sich zu bewaffnen und ihre Herden zu vergrößern. Die Tatsache, dass die Afrikaner-Oorlam so schnell scheiterten, ist auch ein Indiz für die empfindlichen Umweltbedingungen in Namibia: Im Zentrum und im Süden musste der Lebensunterhalt durch Viehhaltung und nicht durch Ackerbau produziert werden. In Rinder investierter Wohlstand war mobil und konnte leicht den Besitzer wechseln: Es ist einfacher, eine Rinderherde zu stehlen, als Menschen ihr Land wegzunehmen. An die Herrschaft zu kommen war daher mit schlagkräftigen Kommandotrupps relativ leicht, aber diese Herrschaft ließ sich auch einigermaßen leicht aushöhlen. Wir werden in den Kapiteln 4 und 5 sehen, dass die ‚Neureichen' während der folgenden drei Jahrzehnte genau diese bittere Erfahrung machen mussten.

Endnoten

1 Klein-Namaqualand war die Gegend des nördlichen Kap.

2 Martina Gockel vertritt in ihrem Beitrag ‚Diversifizierung und politische Ökonomie der Damara im 19. Jahrhundert', in Wilhelm Möhlig (Hg.), *Frühe Kolonialgeschichte Namibias, 1880–1930* (Köln: Koppe, 2000), S. 97–135 die Ansicht, dass die Damara spätestens seit Anfang des neunzehnten Jahrhunderts Kulturpflanzen (vor allem Tabak und Dagga) anbauten.

3 Es gibt allerdings Hinweise darauf, dass in Zentralnamibia im neunzehnten Jahrhundert wiederholt 'Fieber' ausgebrochen ist. Siehe z.B. John Wallis, *Fortune my Foe* (London: Jonathan Cape, 1936), S. 123.

4 Winifred Hoernlé, Hg. Peter Carstens, T*he Social Organization of the Nama and Other Essays* (Johannesburg: Witwatersrand University Press, 1985), S. 41.

5 Henrichsen, ‚Herrschaft', S. 59.

6 Hoernlé, *Nama*, S. 50, 42. Eine Tradition, die sich auf einen gemeinsamen Ursprung beruft, kann der historischen Wirklichkeit entsprechen, sie kann aber auch erfunden sein, um Gefüge von Zusammenarbeit und Rechten zu begründen und zu stärken.

7 Gockel, ‚Diversifizierung'; Inskeep, *Heinrich Vedder's The Bergdama*, S. 92. Der Bericht eines Reisenden aus den Jahren 1888/1889 erwähnt allerdings einen ‚uralten Bergdama-Anführer', der Anspruch auf die Macht über die Bevölkerung des Brandbergs erhob. Siehe *ders.*, S. 132.

8 Thomas Widlok, ‚On the Other Side of the Frontier: Relations between Herero and „Bushmen" in Michael Bollig und Jan-Bart Gewald (Hg.), *People, Cattle and Land: Transformations of a Pastoral Society in Southwestern Africa* (Köln: Rüdiger Köppe, 2000), S. 497–522, S. 507. Siehe auch Ute Dieckmann, *Hai||Om in the Etosha Region: A History of Colonial Settlement, Ethnicity and Nature Conservation* (Basel: BAB, 2007), S. 46. Hai||Om wurden meist als ‚San' oder ‚Buschleute' klassifiziert, sprachen aber keine San-Sprache, sondern Khoekhoegowab. Zur Identität von ‚Buschleuten' in Namibia siehe Barnard, *Hunters and Herders*, S. 39, 45–6, 62–5, 213–14; Gordon und Sholto-Douglas, B*ushman Myth*, S. 7; Sian Sullivan, ‚Difference, Identity and Access to Official Discourses: Hai||om, „Bushmen" and a Recent Namibian Ethnography', *Anthropos*, 96, S. 179–192 (2001).

9 K.F.R Budack, ‚Weibliche Häuptlinge bei den Khoe-khoen (Nama und Oorlam)', *Namibiana*, 1 2 (1979), S. 7–14; Webley, ‚Wives and Sisters'; Lau, J*onker Afrikaner's Time*, S. 68–74; Vedder, *The Bergdama*, S. 104.

10 Henrichsen, ‚Herrschaft', S. 311 ff., S. 12–13. Wie wir weiter unten sehen werden, besteht ein zentraler Ansatz in Henrichsens Dissertation darin,

dass Otjiherero-Sprecher erst ab der zweiten Hälfte des neunzehnten Jahrhunderts als Viehbesitzer gelten können.

11 Dedering, *Hate the Old*, S. 174.

12 Siehe beispielsweise Randolph Vigne, ‚The Hard Road to Colonization: The Topnaar Aonin of Namibia, 1670–1878', *Journal of Colonialism and Colonial History*, 1 2 (2000) und Wilmsen, *Land Filled with Flies*, S. 108 über Galtons Expeditionen.

13 Wayne Dooling, *Slavery, Emancipation and Colonial Rule in South Africa* (Scotsville: University of KwaZulu-Natal Press, 2007), S. 23.

14 Die Briten nahmen die Kolonie 1795 ein, die Niederländer eroberten sie 1803 zurück, und 1806 kam es zur endgültigen Rückeroberung durch die Briten. Zur Ausweitung der Kapgrenze siehe beispielsweise Dooling, *Slavery*; Nigel Penn, *Forgotten Frontier*.

15 Penn, *Forgotten Frontier*, S. 60–78.

16 Dieser Aufstand fiel in die gleiche Zeit wie der letzte Widerstandskrieg der Khoikhoi im Osten in den Jahren 1799–1803.

17 Penn, *Forgotten Frontier*, S. 78–86, 202–10.

18 Der folgende Abschnitt beruht vor allem auf Dedering, *Hate the Old*. Siehe auch Alvin Kienetz, ‚The Key Role of the Orlam Migrations in the Early Europeanization of South-West Africa (Namibia)', *International Journal of African Historical Studies* 10 4 (1977), S. 553–72; Nigel Penn, *Rogues, Rebels and Runaways: Eighteenth Century Cape Characters* (Kapstadt: David Philip, 1999); Penn, *Forgotten Frontier*, S. 108–12 und *passim*.

19 Es gibt eine umfangreiche Literatur über den Begriff der Grenze und deren Wirklichkeit im südlichen Afrika; ein früher und wichtiger Beitrag hierzu ist Martin Legassick, ‚The Frontier Tradition in South African Historiography' in Shula Marks und Anthony Atmore (Hg.), *Economy and Society in Pre-Industrial South Africa* (London: Longman, 1980).

20 Penn, *Rogues, Rebels*, S. 96.

21 Dedering, *Hate the Old*, S. 37–43; siehe auch Lau, *Jonker Afrikaner's Time*, S. 6. Die niederländischen Fassungen der Namen dieser Gruppen entstanden wahrscheinlich durch Kontakt mit den einwandernden Oorlam.

22 Penn, *Forgotten Frontier*, S. 168, 187–94, 210–17.

23 Im Gegensatz zu Dedering (auf den ich mich hier beziehe) betrachtet Lau die gemeinsame Siedlung der Leute von Vlermuis und Boois, die während der ersten Jahrzehnte des Jahrhunderts in Bethany bestand, als die Bethany-Gruppe. Dies ist wahrscheinlich ein Hinweis darauf, wie veränderlich diese Gruppen gewesen sind. Lau, *Jonker Afrikaner's Time*, S. 22–3; Dedering, *Hate the Old*, S. 37–9.

24 Zu Hintergrundinformationen über die LMS siehe John de Gruchy (Hg.), *The London Missionary Society in Southern Africa* (David Philip: Kapstadt, 1999). Das Buch geht allerdings kaum auf Namibia ein.

25 Ursula Trüper, *The Invisible Woman: Zara Schmelen, African Mission Assistant at the Cape and in Namaland* (Basel: BAB, 2006); Kathrin Roller, ‚Mission und „Mischehen": Erinnerung und Körper-geteiltes Gedächtnis an eine afrikanische Vorfahrin. Über die Familie Schmelen–Kleinschmidt—Hegner' in Förster *et al.* (Hg.), *Namibia–Deutschland*, S. 194–211.

26 Diese Interpretation findet sich bei Dedering, *Hate the Old*, S. 119–30.

27 *Ebd.*, S. 27.

28 *Ebd.*, S. 117.

29 Zu diesen Fragen siehe Dedering, *Hate the Old*, vor allem S. 115, 120–1; Lau, *Jonker Afrikaner's Time*, S. 25–8.

30 Für die folgenden Angaben siehe vor allem Kinahan, *Cattle for Beads*; Kinahan, *Pastoral Nomads*, Kap. 4.

31 Kinahan, ‚Impenetrable Shield', S. 40.

32 Allan Cooper, *US Economic Power and Political Influence in Namibia, 1750–1982* (Boulder: Westview, 1982), Kap. 1; Jill Kinahan, B*y Command of Their Lordships: The Exploration of the Namibian Coast by the Royal Navy, 1795–1895* (Windhoek: Namibia Archaeological Trust, 1992). Zwischen 1720 und 1730 gab es auch einen kurzlebigen Versuch der Niederländischen Westindien-Kompanie, sich am Walfang in Walvis Bay zu beteiligen. Siehe Peter Dekker und Cornelis de Jong, ‚Whaling Expeditions of the West India Company to Walvis Bay', *JNSS*, 46 (1998), S. 47–63.

33 Wilmsen, *Land Filled with Flies*, S. 86, 88.

34 Zitiert in Jill Kinahan, ‚Impenetrable Shield', S. 25. Siehe auch Randolph Vigne, ‚Imperialism at One Remove: Britain and Namibia, 1785–1915' in Wood (Hg.), *Namibia 1884–1984*, S. 145–51.

35 Siehe hierzu insbesondere Lynn Berat, *Walvis Bay: Decolonization and International Law* (Yale University Press, 1990), S. 17–18.

36 Bezüglich des folgenden Abschnitts siehe vor allem Wilmsen, *Land Filled with Flies*, S. 90–2; A. Kaputu, ‚Mbaha', in Annemarie Heywood, Brigitte Lau und Raimund Ohly (Hg.), *Warriors Leaders Sages and Outcasts in the Namibian Past: Narratives Collected from Herero Sources for the MSORP Project 1985–6* (Windhoek: Michael Scot Oral Records Project, 1992), S. 84–96; Theo Sundermeier (Hg.), *The Mbanderu: Their History until 1914 as told to Theo Sundermeier in 1966 by Heinrich Tjituka, Heinrich Hengari, Albert Kajovi, Heinrich Kavari, Paul Katjivikua, Ernst Ketjipotu* (übers. von Annemarie Heywood) (Windhoek: Michael Scott Oral Records Project, o.D.), S. 6–8; Thomas Tlou, *A History of Ngamiland 1750 to 1906: The Formation of an African State* (Gaborone: Macmillan Botswana, 1985), S. 42–3.

37 Kaputu, ‚Mbaha', S. 91.

38 Wilmsen, *Land Filled with Flies*, S. 78.

39 In dieser allgemein als *mfecane* bezeichneten Zeitperiode sollen sich Kriege, die in Natal ausbrachen, in einer Art Domino-Effekt durch Fluchtmigration überall im südlichen Afrika ausgebreitet haben. Wissenschaftler zweifeln diese Version jedoch mittlerweile an, und in einem neueren Geschichtsbuch über diese Zeit wird nachdrücklich angeregt, die Bezeichnung *mfecane* nicht länger zu verwenden. Etherington, *Great Treks*, S. xx–xxii.

40 Es sei aber erwähnt, dass eine andere Herero/Himba-Überlieferung den Krieg der Schilde in Kaoko ansiedelt. Michael Bollig (Hg.), *‚When War Came the Cattle Slept': Himba Oral Traditions* (Köln: Rüdiger Köppe, 1997).

41 Henrichsen, ‚Herrschaft', S. 134.

42 Dieser Abschnitt beruht insbesondere auf Henrichsen, ‚Herrschaft' und Lau, *Jonker Afrikaner's Time*.

43 Zitiert in Wallis, *Fortune my Foe*, S. 66–7.

44 Zu den frühen Jahren von Jonkers Gemeinwesen siehe insbesondere Lau, *Jonker Afrikaner's Time*, S. 28–9; Dedering, *Hate the Old*, S. 152–3; Henrichsen, ‚Herrschaft', S. 146–52.

45 Die Afrikaner-Oorlam besaßen zwar Pferde, ritten aber häufig auch auf Ochsen.

46 Heinrich Loth, *Die christliche Mission in Südwestafrika: Zur destruktiven Rolle der Rheinischen Missionsgesellschaft beim Prozess der Staatsbildung in Südwestafrika (1842–1893)* (Berlin: Akademie, 1963), S. 22, 46.

47 Zu archäologischen Zeugnissen dieses Handels siehe Kapitel 1. Siehe außerdem Wilmsen, *Land Filled with Flies*, S. 105–6.

48 Sundermeier, *The Mbanderu*, S. 10. Kandjake war der Vater von Munjuku, dessen Sohn Kahimemua wiederum 1896 den bewaffneten Widerstand gegen die deutsche Herrschaft anführte.

49 Henrichsen, ‚Herrschaft', S. 152–3, 174–80, 307–11; Gewald, *Herero Heroes*, S. 14–18; Lau, *Jonker Afrikaner's Time*, S. 122, 62; Dag Henrichsen, ‚*Ozongombe, Omavita and Ozondjembo* – The Process of (Re-) Pastoralization amongst Herero in Pre-colonial 19th Century Namibia' in Michael Bollig und Jan-Bart Gewald (Hg.), *People, Cattle and Land*, S. 149–186, S. 158; Gockel, 'Diversifizierung', S. 121, 124–5. Henrichsen zufolge ist Wildbeutertum aber nicht unbedingt ein Anzeichen dafür, dass Hunger herrscht.

50 Siehe hierzu insbesondere, Dedering, *Hate the Old*, S. 160–7.

51 Auf Otjiherero hieß der Ort Otjomuise, auf Khoekhoegowab, ǁAeǀGams. Beide Namen beziehen sich auf die natürlichen heißen Quellen in Windhoek.

52 Zu den mündlichen Überlieferungen über die von Tseib angeführte Gruppe siehe Hein Willemse, ‚Textual Production and Contested Histories in a Performance of the Namibian Storyteller Dawid Plaatjies', *Research in African Literatures* 34 3 (2003), S. 27–45.

53 Lau, *Jonker Afrikaner's Time*, S. 36.

54 Siehe zu diesen Punkten Nils Oermann, *Mission, Church and State Relations in South West Africa under German Rule, 1884–1915* (Stuttgart: Franz Steiner, 1999), S. 49; Schürmann, ‚Land', S. 37–8.

55 Zur RMG in dieser Zeit siehe Loth, *Christliche Mission*, S. 46–51; Lau, *Jonker Afrikaner's Time*, S. 33–40; Wolfram Hartmann, ‚Sexual Encounters and their Implications on an Open and Closing Frontier: Central Namibia from the 1840s to 1905' (Dissertation, Columbia University, 2002), S. 56–8, 76; Kurt Panzergrau, *Die Bildung und Erziehung der Eingeborenen Südwestafrikas (Hereroland und Gross-Namaqualand) durch die Rheinische Missionsgesellschaft von 1842–1914* (Akademischer Verlag, 1998), S. 20–2; Oermann, *Mission, Church*, S. 48; Lau, *History and Historiography*, S. 53–64; Roller, ‚Mission', S. 198–9; Inskeep, *The Bergdama*, S. 23.

56 Dies ist eine sehr knappe Zusammenfassung der komplexen Ausführungen in Jean Comaroff und John Comaroff, *Of Revelation and Revolution*, Bd. 1 und 2 (University of Chicago Press, 1991 und 1997). Siehe vor allem Bd. 1, Kap. 3–7; das Zitat stammt aus Bd. 2, S. 119.

57 Lau, *Jonker Afrikaner's Time*, S. 73, 47.

58 Oermann, *Mission, Church*, S. 50; Hildi Hendrickson, ‚The „London Dress" and the Construction of Herero Identities in Southern Africa', *African Studies*, 53 2 (1994), S. 25–54.

59 Lau, *Jonker Afrikaner's Time*, S. 108; das Zitat stammt von dem Händler und Forschungsreisenden Charles John Andersson.

60 *Ebd.*, S 90, 61–2; Henrichsen, ‚Herrschaft', S. 155–6; Carl Hugo Hahn, *Tagebücher 1837–1860. Diaries: A Missionary in Damaraland*, Hg. Brigitte Lau (Windhoek: Archives Service Division, 1984–85), Bd. 1, S. 144.

61 Kinahan, *By Command*, S. 63–73.

62 Lau, *Jonker Afrikaner's Time*, S. 89. Charles John Andersson wurde 1827 in Schweden geboren. 1850 kam er zusammen mit Francis Galton (einem Forschungsreisenden und Eugeniker) zum Kap. Im darauffolgenden Jahrzehnt erkundete er das südwestliche Afrika, jagte, trieb Handel und drang 1851 von Walvis Bay bis zum Ngami-See vor. 1860 war er der wichtigste Händler in Südwestafrika geworden und versorgte viele andere mit Kapital. 1864 ging er aber bankrott und starb drei Jahre später.

63 Zu den Auswirkungen und dem Ausmaß der Jagd siehe beispielsweise Wilmsen, *Land Filled with Flies*, S. 93, 106–7, 118–21; Harri Siiskonen,

Trade and Socioeconomic Change in Ovamboland, 1850–1906 (Helsinki: SHS, 1990), S. 107; Schürmann, ‚Land'.

64 Eine Zusammenfassung hierzu findet sich in H. Esterhuyse, *South West Africa 1880–1894: The Establishment of German Authority in South West Africa* (Kapstadt: C. Struik, 1968), S. 10.

65 Kinahan, *Cattle for Beads*, S. 70.

66 Henrichsen, ‚Herrschaft', S. 167.

67 Siehe insbesondere *ebd.*, S. 156–7; Hartmann, ‚Sexual Encounters', S. 66–8, 71–6; Kinahan, *Cattle for Beads*, S. 70; Esterhuyse, *South West Africa*, S. 9–10.

68 Lau, *Jonker Afrikaner's Time*, Kap. 5; Henrichsen, ‚Herrschaft', S. 159–64, 169–74, 180–7; Gewald, *Herero Heroes*, S. 21; Esterhuyse, *South West Africa*, S. 10.

69 Dieser Abschnitt basiert großenteils auf Henrichsen, 'Herrschaft', und Lau, *Jonker Afrikaner's Time*, Kap. 7.

70 Ein mündlich überlieferter Bericht über Tjamahuas Tod und die darauf folgenden Kriege findet sich in A. Kaputu, ‚The War Between the Nama and Herero' in Heywood *et al.* (Hg.), *Warriors*, S. 1–49.

71 Henrichsen, ‚Ozongombe', S. 164.

72 Zu dieser Interpretation der Beteiligung der Herero siehe Henrichsen, ‚Herrschaft', S. 187–92, außerdem Gewald, *Herero Heroes*, S. 21–2. Henrichsen (S. 192, n. 258) vertritt die Ansicht, dass Maharero kurz vor dem Gefecht in Otjimbingue eintraf und Lau zu Unrecht behauptet, er sei nicht beteiligt gewesen. Hinsichtlich anderer Aspekte siehe Lau, *Jonker Afrikaner's Time*, Kap. 7.

73 Vedder, *South West Africa*, S. 325; Kaputu, ‚War', S. 23; Loth, *Christliche Mission*; Lau, *Jonker Afrikaner's Time*.

74 Henrichsen, ‚Herrschaft', Kap. 3. Siehe auch Kaputu, ‚War', S. 28–9.

75 Green an Andersson, 12. Mai 1864, in Brigitte Lau (Hg.), *Charles John Andersson: Trade and Politics in Central Namibia, 1860–1864* (Windhoek Archives, 1989), S. 196.

76 Zu dieser Argumentation siehe Henrichsen, ‚Herrschaft', S. 330–4.

77 Zur Politik im Süden siehe Esterhuyse, *South West Africa*, S. 15–16.

78 Henrichsen, 'Herrschaft', S. 159–64; ders, ‚Ozongombe'; Lau, *Jonker Afrikaner's Time*, S. 133.

79 Siehe hierzu insbesondere Henrichsen, ‚Herrschaft', S. 82–3, 120; Hartmann, ‚Sexual Encounters', S. 54–5, 59–62, 66–7; Panzergrau, *Rheinische Missionsgesellschaft*, S. 52–9.

80 Lau, *Jonker Afrikaner's Time*, S. 140–1; Henrichsen, ‚Herrschaft', S. 335–40.

3 Monarchie, Macht und Veränderungen. Der Norden, 1750–1907

Dieses Kapitel befasst sich mit den nördlichen Regionen des heutigen Namibia, nämlich dem späteren Kaoko, Owambo, Kavango und Caprivi.[1] Im neunzehnten Jahrhundert lebten die meisten Bewohner dieser Gebiete in zentralisierten Staaten, die von Königen oder Königinnen regiert wurden. Diese Gemeinwesen waren vorwiegend matrilinear (das heißt, Erbfolge und königliche Abstammung leiteten sich über die mütterliche Linie her) und meist klein. Die bei weitem bevölkerungsreichste Gegend im vorkolonialen Namibia war Owambo: Schätzungen aus dem späten neunzehnten Jahrhundert zufolge lebten in der gesamten Überschwemmungsebene zwischen 80 000 und 143 000 Menschen. Für die übrigen drei Regionen nennen die frühesten Schätzungen Zahlen von insgesamt 7000–8000 (Kavango), 11.000 (Caprivi) und 5.000 (Kaoko) Einwohnern.[2] Die wichtigsten Produktionsmittel in den dortigen Gesellschaften waren Ackerbau und Viehzucht, an den Flüssen wurde zudem Fischerei betrieben. Die im Westen gelegene Kaoko-Region war wirtschaftlich wesentlich weniger ergiebig. Ihre Bevölkerung bestand aus Viehhaltern, und die Autoritätsstrukturen waren schwächer ausgeprägt als in den Königtümern. Jagen und Sammeln spielten überall nach wie vor eine wichtige Rolle.

Hinsichtlich der meisten nördlichen Gebiete lassen sich dank eines reichen und vielschichtigen Schatzes an mündlichen Geschichtsüberlieferungen (die teils veröffentlicht vorliegen) einige Ereignisse aus der Vergangenheit wenigstens in Umrissen nachverfolgen – obwohl sie in gleichem Maße von Symbolen und Metaphern wie von reinen ‚Tatsachen' durchdrungen sind. Diese Erzählungen sind Ausdruck afrikanischer Auffassungen von Zeit und Raum, Landschaft und Umwelt, Geschichte und Politik. Da sie ihren Ursprung in komplexen Auseinandersetzungen um Macht und Ressourcen haben und vor dem Hintergrund politischer Motive als historische Texte neu erzählt oder aufgezeichnet worden sind, widersprechen sie einander bisweilen, und viele von ihnen dienen als Rechtfertigung für Ansprüche von Königsgeschlechtern.[3]

Im Gegensatz dazu stammen die frühesten schriftlichen Quellen erst aus der Mitte des neunzehnten Jahrhunderts, als die Region Beziehungen mit dem Handelskapitalismus zu knüpfen begann. Es sollten danach aber noch mehr als fünfzig Jahre vergehen, bis ein Teil des Nordens unmittelbare koloniale Präsenz zu spüren bekam, nämlich durch die Besetzung des Caprivi-Zipfels im Jahre 1909. Trotzdem erwies sich die zweite Hälfte des neunzehnten Jahrhunderts als eine Periode grundlegenden und in vielerlei Hinsicht verheerenden Wandels. In dieser Zeit führten die Auswirkungen des Fernhandels (einschließlich des Sklavenhandels), der zunehmende Einfluss christlicher Missionare und das Vordringen kolonialer Mächte zu weitreichenden Veränderungen im gesellschaftlichen Gefüge des Nordens.

Die in diesem Kapitel erörterten Gebiete fielen alle nicht in den Bereich der Polizeizone (also den Teil der Kolonie, den die Deutschen 1907 für die Besiedelung durch Weiße bestimmten). Dadurch unterschied sich ihre Kolonialgeschichte sehr von derjenigen im restlichen Deutsch-Südwestafrika. Zu einer früheren Zeit gab es jedoch intensive Kontakte zu südlich gelegenen Regionen, zum einen durch den Handel, zum anderen durch die vielen verwandtschaftlichen und politischen Verbindungen zwischen den Otjiherero-sprachigen Bewohnern Kaokos und denjenigen Zentralnamibias. Die spätere – niemals komplette – Abriegelung des Nordens von der Polizeizone war größtenteils das Ergebnis wohlüberlegter Kolonialpolitik. Allerdings unterhielten die Bevölkerungsgruppen des Nordens generell mindestens genauso enge oder sogar noch engere Beziehungen zu Gebieten, die außerhalb der Grenzen des heutigen Namibia lagen. Die Owambo-Überschwemmungsebene liegt heute sowohl in Namibia als auch in Angola. Vor der Kolonialzeit verliefen die Grenzen der verschiedenen Gemeinwesen im Kavango-Gebiet rechtwinklig über den Fluss,[4] sodass Menschen häufig von einem Ufer ans andere zogen. Als man in dieser Region die koloniale Grenze zwischen Namibia und Angola zog, folgte diese stattdessen dem Flusslauf. Im äußersten Nordosten war der Caprivi-Zipfel ein integraler Bestandteil des Lozi-Staates, dessen Kerngebiet in der Barotse-Überschwemmungsebene sich heute in Sambia befindet.

Wanderungs-Überlieferungen

Gruppen von Wildbeutern und Jägern lebten schon sehr früh verstreut in Nord- und Nordost-Namibia. Die meisten von ihnen waren wahrscheinlich Khoisan-Sprecher. Im neunzehnten Jahrhundert lebten Khoi-sprachige Hai||Om in Owambo; San-sprachige Ju|'hoansi und Khoi-Sprecher, darunter die ||Ani-Khoe (‚Flussufer-Bewohner', die Fischfang betrieben und Metall bearbeiteten), bewohnten große Teile des Nordostens. Bantu-sprachige Yeyi, die sich ebenfalls durch Wildbeuterei und Fischfang ernährten, lebten am Linyanti-Fluss (der heute die Südgrenze des Caprivi-Zipfels bildet), bis die meisten von ihnen um 1750 unter dem Druck des expandierenden Lozi-Königreichs nach Süden abwanderten.[5]

Die Ursprünge der Bantu-sprachigen Staaten, die sich etwa im siebzehnten Jahrhundert in der Region herausgebildet hatten, liegen weitgehend im Dunkeln. Auf der Grundlage linguistischer und ökologischer Anhaltspunkte vertritt Jan Vansina die Auffassung, dass die gegenwärtig in Namibia gesprochenen Bantusprachen zwischen 300 v. Chr. und 400 n. Chr. dort entstanden sind, wo sich heute der südwestliche Teil der Demokratischen Republik Kongo befindet. Von dort seien sie durch Sprachtransfer (die Übernahme einer neuen Sprache) und Wanderbewegungen nach Süden gelangt, und zwar vor allem ab etwa 900 n. Chr. Vansina zufolge könnten Agropastoralisten im dreizehnten Jahrhundert in der Owambo-Region angekommen sein; als das Klima trockener wurde – wahrscheinlich im darauffolgenden Jahrhundert –, blieben sie weiterhin dort und lernten, mit den neuen, unwirtlicheren Umweltbedingungen zurechtzukommen.[6] In den mündlichen Überlieferungen spielen allerdings hauptsächlich Wanderungen eine Rolle, die vor etwa zehn Generationen stattgefunden haben sollen. Entweder wird in diesen

Überlieferungen daher die Zeit ‚gedehnt', oder sie konzentrieren sich nur auf relativ aktuelle Bevölkerungsbewegungen.[7]

Die in den mündlichen Überlieferungen geschilderten Wanderungen waren wahrscheinlich eine Reaktion auf politische und wirtschaftliche Spannungen um Land und Ressourcen sowie auf periodisch wiederkehrende Dürreperioden, die Zentralafrika heimsuchten; vielleicht wurden sie in manchen Fällen auch durch den Sklavenhandel ausgelöst. In den Überlieferungen spielt die Suche nach gutem Land und reichen Wildbeständen eine große Rolle: Ein früher Ort, an dem sich die Ovambo-Gruppen niederließen, ‚… lag tief im Busch, wo sich wilde Tiere zu Tausenden tummelten und es Weideland für Rinder, Schafe und Ziegen gab'.[8] Diese Erzählungen geben oft ganz genau an, wo die Herkunftsorte einzelner Gruppen gelegen haben sollen. So berichten Kaokolander, ihre Wanderung habe am Okarundu Kambeti ihren Ausgang genommen, einem Hügel nördlich von Ruacana (das sich heute an der Grenze zwischen Namibia und Angola befindet).[9] Viele der Klans, aus denen sich später die Ovambo-Königtümer zusammensetzten, haben ihren Ursprung in den Nyaneka-Nkhumbi-Gemeinwesen des südlichen Angola. Die Überlieferungen über ihre Wanderungen berichten, Oshimholo (nordöstlich von Evale im heutigen Angola) sei ein wichtiger Zwischenhalt gewesen, bevor sie nach Oshamba weiterzogen, wo das Königreich Ondonga entstand. Dort sollen sich die Klans dann aufgeteilt und zunächst Oukwanyama, Uukwambi und Ongandjera gegründet haben. [10]

Manchen Überlieferungen zufolge haben die Herero und Ovambo gemeinsame Ursprünge, genauso wie die Ovambo und Kwangali (letztere sind die Gruppe, die sich an der westlichsten Stelle des Kavango in Namibia niederließ). Wie auch andere Gruppen, die heute am Kavango leben – Mbunza, Shambyu und Gciriku –, weisen die Kwangali sprachlich eine enge Verwandtschaft mit dem Umbundu auf, das weiter nordwestlich im heutigen Angola gesprochen wird. Manche ihrer mündlichen Überlieferungen verorten ihre Herkunft aber im Osten und berichten von Wanderungen aus der Überschwemmungsebene zwischen den Flüssen Kwando und Sambesi (diese Gegend wird häufig als Mashi bezeichnet);

diese Wanderungen sollen bereits Mitte des achtzehnten Jahrhunderts eingesetzt haben, und zwar unter dem Druck des Königreiches Lozi. Solche scheinbaren Widersprüche gehen möglicherweise darauf zurück, dass es vielschichtige Einwanderungen in die Gemeinwesen der Kavango-Region gegeben hat. Interessanterweise ist auch eine Überlieferung erhalten, die von einer Wanderung der Tjaube berichtet, einer wahrscheinlich Khoisan-sprachigen Gruppe, die – vielleicht ebenfalls im achtzehnten Jahrhundert – im Kavango-Gebiet eintraf, später aber durch Eroberung komplett ausgelöscht wurde.[11]

Von der Geschichte der fünften Gruppe, die später unter die Oberbezeichnung ‚Kavango' fiel, nämlich der Mbukushu, gibt es unterschiedliche Versionen. Offenbar wurden sie im frühen siebzehnten Jahrhundert von Mwanambinje, einem Bruder des ersten Lozi-Königs Mboo, unterworfen. Dies führte möglicherweise dazu, dass sie in drei Untergruppen zerfielen. Eine davon wurde eine eigenständige ethnische Einheit, die Subiya, die zum Chobefluss wanderten und sich so im heutigen Caprivi und dessen Umgebung etablierten. Eine große Gruppe von Mbukushu machte sich schließlich auf den Weg in ihren heutigen Heimatort Andara (benannt nach einem ihrer Könige). Anderen Überlieferungen zufolge sollen sie aber zusammen mit den Shambyu gewandert sein.[12]

Mündliche Überlieferungen sagen zwar wenig darüber aus, inwieweit gewalttätige Auseinandersetzungen die Wanderungen ausgelöst haben, aber sie verraten dennoch einiges über die Dynamik dieser Bevölkerungsbewegungen. Sie berichten über die Zersplitterung größerer Gruppen in kleinere, aber auch über den Zusammenschluss von Menschen aus unterschiedlichen Klans oder Gemeinwesen zu einem gemeinsamen Staat. Die Bewohner von Uukwaluudhi beispielsweise stammten angeblich sowohl aus Owambo als auch aus Kaoko. Viele der neuen Königreiche wurden von Gruppen gegründet, die zuvor hauptsächlich Jäger und Sammler gewesen waren, und die Überlieferungen berichten auch von der Übernahme neuer Produktionsweisen – mit denen neue Ansprüche auf Land einhergingen. Die Chronik der Kwangali und Mbunza erzählt, wie sie erstmals Bekanntschaft mit Rindern machten:

> Die Leute begannen, Milch zu essen. Als sie sahen, wie etwas Weißes aus dem Euter kam, zeigten sie darauf und sagten: ‚Schaut nur! Was ist denn dieses weiße Zeug?' Sie versuchten, es in hölzerne Krüge zu melken, und aßen es. Dann warteten sie ab, ob vielleicht jemand [daran] sterben würde. Es starb aber niemand, und so aßen sie es weiterhin; sie nannten es *masini* (Milch).[13]

In Ongandjera soll eine Nkhumbi-Prinzessin bei den Viehhaltern den Ackerbau eingeführt haben, woraufhin sie den dortigen Anführer heiratete und die erste Königin des Ortes wurde. Überlieferungen der Shambyu berichten, dass man dort die Eisenbearbeitung übernommen habe, um Elefantenfallen zu bauen, und geben in diesem Zusammenhang den Ratschlag: ‚Wenn man überleben will, muss man schlau sein. Schlauheit bedeutet Wohlstand'.[14] Was produziert wurde, hing auch mit der Anpassung an neue Umweltbedingungen zusammen: In Kaoko zum Beispiel waren Palmen eine wichtige Nahrungsquelle.[15]

Die neuen Gemeinwesen

Mündliche Überlieferungen geben auch Einblicke in die Gründung der neuen Monarchien und die Herausbildung von Macht in den nördlichen Gebieten. Auf lange Sicht erlangten Agropastoralisten eine Vormachtstellung über die Bevölkerung. Manchmal geschah dies durch Eroberung, es kamen aber auch integrative Strategien zum Einsatz: Einige Khoisan schlossen Ehen mit Bantu-Sprechern oder übernahmen führende Rollen bei rituellen Anlässen. In dieser Hinsicht ist Uukwambi ein besonders interessantes Beispiel. Den mündlichen Überlieferungen zufolge sollen Angehörige der Bevölkerungsgruppe der Kwambi früh ein Königreich unter der Herrschaft von ‚Buschleuten' gegründet haben. Dieser Zustand hielt sich über die Regierungszeit von vier Kwambi-Königen, die jeweils Khoisan-Frauen heirateten; danach wurde Neyema König, bekämpfte und unterwarf die Khoisan und machte offenbar diejenigen von ihnen, die im Königreich blieben, zu Sklaven. Nicht alle bereits vorher existierenden Khoisan-Gesellschaften wurden jedoch ausgelöscht, und während des neunzehnten und zu Beginn des zwanzigsten Jahrhunderts gab es zwischen den beiden Gruppen immer noch ein gewisses Maß an gegenseitiger Abhängigkeit. Es scheint in früher Zeit auch zu Konflikten mit anderen Gruppen von Bantu-Sprechern gekommen zu sein. So sollen – wohl im späten siebzehnten Jahrhundert – Leute aus Ombwenge in Ondonga eingefallen sein; einige Jahre danach wurden diese Eindringlinge aber zurückgeschlagen.[16]

Der Prozess von Migration, Besiedlung, Eroberung und Integration führte zur Gründung der Staatswesen im Norden, die ungeachtet mancher Veränderungen bezüglich ihrer Herrscherdynastien und räumlichen Lage heute immer noch erkennbar sind. In der Owambo-Überschwemmungsebene war Ondonga das südlichste der Königtümer, und Uukwambi befand sich nördlich davon. Im Westen lagen die Königreiche von Ongandjera und Uukwaluudhi sowie einige dezentralisierte Gemeinwesen wie Uukolonkadhi, Ondombondola und Ombalantu (das größte).[17] Weiter im Norden, im heutigen Angola, befanden sich die beiden Ombandja-Königtümer und Evale. Auch Oukwanyama lag im neunzehnten Jahrhundert größtenteils in Angola. Westlich von Owambo lebten in Kaoko Viehhalter ohne zentralisierte Herrschaft. Im Osten, entlang des Kavango, gründeten die Kwangali, Mbunza, Shambyu, Gciriku und Mbukushu Monarchien, die oft nicht von Königen, sondern von Königinnen regiert wurden. In den meisten Ovambo-Staaten trug der Monarch den Titel ‚*omukwaniilwa*', wohingegen in Oukwanyama für dieses Amt die Bezeichnung ‚*ohambo*' verwendet wurde;[18] in den Kavango-Königtümern war der entsprechende Terminus ‚*hompa*', bei den Mbukushu ‚*fumu*'. Weiter östlich, im heutigen Caprivi, gründeten die Subiya eine Art Königtum (oder hatten zumindest einen obersten Anführer), wahrscheinlich unter der Oberherrschaft des Königreiches Lozi, auf das weiter unten näher eingegangen wird. Andere Gruppen, darunter die Vorfahren der heutigen Fwe, lebten offenbar unter stärker dezentralisierter Herrschaft.

Die meisten Menschen im Norden wurden also irgendwann vor Beginn des neunzehnten Jahrhunderts Untertanen von Königen oder Königinnen.

Der Aufstieg der Monarchien ist zumindest teilweise darauf zurückgeführt worden, dass sie in Konfliktsituationen Sicherheit, Schutz und Zugang zu Produktionsmitteln bieten konnten.[19] Auf lange Sicht – und vor allem in Owambo, wo die Könige mächtiger waren als in Kavango – galt die Königsherrschaft offenbar auch als Mittel zur Gewährleistung von Fruchtbarkeit, Nahrungsproduktion und Sicherheit in einer fragilen natürlichen Umgebung. Der Zusammenhang zwischen der Fruchtbarkeit des Landes, einer hierarchischen Gesellschaftsordnung und königlicher Macht spielt auch in den mündlichen Überlieferungen eine große Rolle, die im Wesentlichen Quellen über die Königsgeschlechter darstellen.[20] Könige und Königinnen besaßen sämtliches Land in ihren Gemeinwesen oder hatten zumindest ein Anrecht darauf, sodass sie über dessen Verteilung bestimmen konnten. Die Monarchen legten fest, wann die Ernte beginnen sollte, konnten über einen Teil des Ertrages von den Obstbäumen verfügen, lagerten Getreide für Notzeiten und übernahmen die zeitliche Planung für Jagd- und Handelsexpeditionen sowie für Reisen zur Gewinnung von Rohstoffen wie Salz und Eisen. Außerdem hatten sie ein gewichtiges Wort bei der Ovambo-Initiationszeremonie für Mädchen mitzureden (diese hieß in Oukwanyama *efundula*, in Ondonga *ohango*) und übten dadurch symbolischen Einfluss auf die Fruchtbarkeit in den Königreichen aus. Diese Zeremonie, die den Übergang vom Mädchen zur Frau markierte, spielte in den Oshiwambo-sprachigen Gesellschaften eine zentrale Rolle (im Gegensatz zur Beschneidung von Jungen, die in der zweiten Hälfte des neunzehnten Jahrhunderts überall außer in Ombalantu auszusterben begann).[21]

Die Monarchen erhoben auch Anspruch auf einen Teil dessen, was ihre Untertanen erwirtschafteten, sowie (im Falle von Königen) auf unmittelbare Kontrolle über die Fruchtbarkeit einzelner Frauen durch Heirat und andere sexuelle Rechte. Die Herrscher stellten dadurch nicht nur ihren eigenen materiellen Wohlstand sicher, sondern verschafften sich auch die Mittel, die sie zum Regieren und für das Weiterbestehen ihrer königlichen Dynastie brauchten. Im Laufe der Zeit festigten sie ihre Autorität außerdem durch die Schaffung von Justizsystemen, bei denen sie die Fäden fest in der Hand hielten. Sie erließen oder formulierten Gesetze und richteten Bezirke ein, die von *headmen* verwaltet wurden. In Owambo wurde ein großer Teil der damit zusammenhängenden Aufgaben von einer Gruppe älterer *headmen* und *headwomen* erledigt, Männern und Frauen, die als Bezirksvorsteher fungierten und *omalenga* (Singular: *elenga*) genannt wurden; sie bildeten auch die Ratsversammlung des Königs. Die *omalenga*, die Königsfamilie und andere Wohlhabende bildeten die Oberschicht dieser Gesellschaften, in denen sich bereits vor dem Kontakt mit den Europäern Mitte des neunzehnten Jahrhunderts Hierarchien herausgebildet hatten. Diese Kluft drückte sich beispielsweise in großen Unterschieden bei der Kleidung aus: Bei den Reichen war sie von alters her aus Leoparden- und Giraffenhaut, bei den Armen häufig nur aus Ziegenhaut.[22]

Diese eher praktischen Grundlagen der Königsmacht erklären den unaufhaltsamen Aufstieg der Königreiche aber nicht allein. Bestimmte Vorstellungen und symbolische Praktiken spielten auch eine entscheidende Rolle. Das ‚Annehmen von Titeln als Symbolen der Autorität'[23] war eine wichtige ideologische Neuerung, die in Nordnamibia möglicherweise aufgrund früherer Erfahrungen von Neuankömmlingen in benachbarten Königreichen eingeführt wurde. Nicht minder wichtig war aber, dass die Könige und Königinnen unter Berufung auf Kalunga (den obersten Gott) und die Ahnen sowie durch die Ausübung ritueller Macht Anspruch auf eine Art sakraler Autorität erhoben. Die Könige aus dem Hyänen-Klan beispielsweise, die in Ondonga, Ukwangali und Umbunza an die Macht gelangten, behaupteten, dass sie Regen machen konnten, und die Mitglieder des Mbukushu-Königshauses standen in dem Ruf, über ähnliche Fähigkeiten zu verfügen; dies wurde sogar von den Lozi-Königen anerkannt.[24]

Allerdings hatten die Könige und Königinnen kein unangefochtenes oder ausschließliches Recht auf die kollektiven Rituale, die den Frieden mit der spirituellen Welt aufrecht erhielten, die Gemeinschaft zusammenhielten, für Fruchtbarkeit sorgten und den landwirtschaftlichen Ertrag regelten. Die Monarchen bestimmten keineswegs komplett über die Initiation der Mädchen: Ombalantu, eine Republik, wurde zum ‚Zentrum der Ovambo-Kultur',[25] und Prinzessinnen aus den anderen Ovambo-Gemeinschaften gingen dorthin, um sich initiieren zu lassen. Könige erzeugten sakrosankten Raum, indem sie Flüchtlingen Asyl gewährten und Symbole der Macht (häufig Steine) schufen, doch gab es andere Personen, die dies ebenfalls taten, wenn auch in geringerem Ausmaß. Dies lässt vermuten, dass königliche Macht in Nordnamibia ein zweischneidiges Schwert gewesen ist. Einerseits wurden Könige und Königinnen als heilig verehrt und hatten weitreichende Macht, die von den oft schwachen staatlichen Kontrollinstanzen nur schwer eingedämmt werden konnte, obwohl Entscheidungsprozesse theoretisch durch Konsensbildung erfolgen sollten. Andererseits war ihre Autorität in der Praxis instabil und wurde häufig von einflussreichen Ratsmitgliedern und Mitgliedern der Königsfamilie angefochten und untergraben. Auch das Verfahren, in dem ein aus Beratern bestehender Ausschuss unter mehreren matrilinearen Verwandten den Nachfolger des Königs auswählte, sorgte für Instabilität innerhalb des Systems.

Diese Umstände führten wiederholt dazu, dass Mitglieder einer Königsfamilie von einem neu ernannten Monarchen umgebracht wurden oder ins Exil flohen. Sie schufen auch die Voraussetzungen dafür, dass manche Könige ihre Untertanen unterdrückten und ihre Herrschaft eine zersetzende Wirkung auf Landwirtschaft und Fruchtbarkeit hatte, weshalb sie als ‚grausam' in die mündlichen Überlieferungen eingingen.[26] Bei den Kwanyama gibt es Berichte, die von der Regierungszeit des Königs Haita erzählen, und zwar offenbar in Form einer Reihe metaphorischer Bilder: Zu jener Zeit habe man zugelassen, dass die landwirtschaftliche Produktion immer weniger wurde, und der König ‚ließ Leute ihre Ländereien mit bloßen Fingern bewirtschaften; und er befahl seinen Ratsleuten, einen Baobab-Baum mit Messern zu fällen und Frauen, Mehl auf Wasser zu streuen'.[27] In extremen Fällen wurden Monarchen von ihren Untertanen ermordet. Dieses Schicksal ereilte König Mpepo von Ukwangali, der in tiefem Wasser kleinen Kindern aufgelauert haben soll, um sie mit seinem Messer zu töten – vielleicht eine Metapher dafür, dass er sein Reich zerstörte. Besonders einschneidende Folgen hatte der Mord am tyrannischen König Kampaku von Ombalantu im frühen neunzehnten Jahrhundert, denn damit endete dort die Monarchie; die Herrschaft innerhalb des Gemeinwesens wurde zwischen den Oberhäuptern von Lineages (die ethnologische Bezeichnung für Familiengruppen, die ihre Herkunft auf einen gemeinsamen Ahnen zurückführen, A.d.Ü.) und einem spirituellen Anführer aufgeteilt. Umgekehrt kommen in den Überlieferungen aber auch Monarchen vor, die positive königliche Eigenschaften an den Tag legten: sie kümmerten sich um ihre Untertanen, sorgten für Fruchtbarkeit, brachten den Ahnen Ehrfurcht entgegen, waren tapfer in der Schlacht und erließen unermüdlich Gesetze, die im Reich Recht und Ordnung herstellten. Königin Mushinga, die in der ersten Hälfte der neunzehnten Jahrhunderts über die Shambyu herrschte, ‚wird als sehr gütig beschrieben… sie brachte den Menschen bei, wie man [fachgerecht] mit Hacken auf den Feldern arbeitet'.[28]

Zwar sind nicht alle Königinnen in so vorteilhafter Erinnerung geblieben, es ist aber darauf hingewiesen worden, dass sie im Kavango-Gebiet im Vergleich zu ihren männlichen Amtskollegen meist weniger Wert darauf gelegt haben, Reichtum anzuhäufen, Widersacher zu ermorden oder sich Ehepartner zu beschaffen, die eigentlich bereits anderweitig gebunden waren.[29] Eine solche Einstellung gegenüber Herrscherinnen spiegelt auch den relativ hohen Status der Frauen in den matrilinearen Gesellschaften Nordnamibias wider. Zwar waren diese Gemeinwesen insgesamt patriarchal ausgerichtet, und männliche Herrschaft wurde durch eine Reihe gesellschaftlicher und gesetzlicher Praktiken etabliert und gefestigt; aber die Tatsache, dass Erbschaften und Rechte von der Mutter auf die Tochter übergingen, brachte trotzdem sowohl für Frauen königlichen Geblüts, als auch für ihre weiblichen Untertanen Vorteile mit sich. Im Großen und Ganzen gab die Matrilinearität im Vergleich zur Patrilinearität Frauen ‚ein höheres Maß an Unabhängigkeit, Autonomie, förmlicher Autorität im lokalen politischen und rituellen Geschehen, Kontrolle über ihr Einkommen, Entscheidungsfreiheit in Bezug auf Schwangerschaft [und Einfluss auf] Verwandtschaftsbeziehungen'. Die

Rollen von Frauen und Männern in der landwirtschaftlichen Produktion waren weitgehend geschlechtsabhängig – wie auch in anderen Bantu-sprachigen Gesellschaften oblag der Anbau von Getreide weitgehend den Frauen[30] –, aber sowohl in Owambo als auch in Kavango hatten Frauen in gewissem Umfang Anrecht auf Landbesitz. Außerdem boten ihre matrilinearen Verwandten ihnen beträchtlichen Schutz; Scheidung war relativ einfach, und Frauen aus der Oberschicht konnten Anspruch auf formelle und informelle Macht erheben. Unter der Kolonialherrschaft verloren Frauen später viele dieser Rechte.[31]

Die Erlebnisse einiger Frauen der Oberschicht sind in den mündlichen Überlieferungen festgehalten. Gelegentlich bestiegen Frauen in Gemeinwesen, die eigentlich von männlichen Königen regiert wurden, den Thron, so etwa in Ongandjera. Im Hinblick auf Owambo ist aber noch wichtiger, dass die Mütter von Königen große Macht erlangen und Frauen der Oberschicht *omalenga* werden konnten.[32] Aber vor allem im Kavango-Gebiet und dort insbesondere in den Gemeinwesen der Kwangali und Shambyu verzeichnen die Genealogien sehr viele weibliche Herrscher: In Ukwangali gab es bis Mitte des zwanzigsten Jahrhunderts etwa sieben Königinnen und zehn Könige.[33] In den Überlieferungen findet sich eine sehr interessante Auseinandersetzung über das Recht von Frauen, Herrschaft auszuüben. Zwei in Oukwanyama aufgewachsene männliche Verwandte aus der mütterlichen Linie der Kwangali-Königin versuchten, mittels einer Kombination aus Gewalt und Betrug an den Thron von Kwangali zu gelangen. Sie verkündeten: ‚Lasst uns losziehen und die Macht übernehmen, wir sind Männer, wie kann denn eine Frau regieren? Wir aber, wir sind Männer!'[34] Sie ermordeten die Königin nebst ihrer Familie, wurden danach aber selbst von deren Untertanen umgebracht. Diese Schilderung dient offenbar dazu, das Recht von Frauen auf die Herrschaft über Ukwangali zu bekräftigen, sowie die Unabhängigkeit dieses Königtums von Oukwanyama geltend zu machen.

Wie diese Überlieferung aber auch andeutet, gibt es Hinweise auf Konflikte zwischen den Gemeinwesen im Norden vor den 1840er-Jahren, die unter anderem durch Erbfolgestreitigkeiten und Auseinandersetzungen über Ressourcen ausgelöst wurden. Seit langem schon bestand die Institution des *embuku* – ein Raubüberfall, der von einem König organisiert wurde; dabei ging der es nicht um die Eroberung von Gebieten und für gewöhnlich auch nicht darum, zu töten, sondern um die Erbeutung von Vieh und Menschen aus benachbarten Gemeinwesen. Lagen solche Expeditionen in den Händen ehrgeiziger und fähiger Könige, konnten sie sich als wichtiges Mittel zum Aufbau zentralisierter Macht erweisen. Haimbili zum Beispiel, der in der ersten Hälfte des neunzehnten Jahrhunderts König von Oukwanyama war, soll seine Stellung dadurch gefestigt haben, dass er Raubzüge in die umliegenden Gemeinwesen unternahm. Raubüberfälle hatten auch eine Art Sklaverei zur Folge, wenn die Gefangenen nicht gegen Lösegeld freigelassen, sondern versklavt wurden. Zu jener Zeit wurden Sklaven oft (rituell und tatsächlich) in Verwandtschaftsgruppen aufgenommen; dadurch erhielten sie zwar einen Platz in der Gesellschaft, in der sie nunmehr lebten, es wurde ihnen zugleich aber in signifikanter Hinsicht ein niedriger Rang zugewiesen.[35]

Spezifische geschichtliche Entwicklungen, die über diese eher allgemeinen Feststellungen zu den Dynamiken im Norden bis 1840 hinausgehen, lassen sich nur schwer nachverfolgen. Einige vorläufige Beobachtungen sind aber dennoch möglich. Ongandjera erlangte früh eine militärische Vormachtstellung in der Owambo-Überschwemmungsebene; dies ist darauf zurückzuführen, dass das Königtum dank eines Bündnisses mit Khoisan (die innerhalb des Gemeinwesens der Ngandjera einen wichtigen Faktor darstellten) in den Besitz von Giftpfeilen gelangt war. Auch die größeren Königreiche im Osten wurden in der ersten Hälfte des neunzehnten Jahrhunderts immer stärker. Im Königreich Ondonga sollen während der Regierungszeit von König Nangalo, die um 1820 begann, Einheit, militärische Stärke und Wohlstand Einzug gehalten haben. Um 1850 hatte sich auch Oukwanyama aus der Herrschaft der Nkhumbi befreit; möglicherweise gibt es hier einen Zusammenhang mit der Weigerung Mweshipandekas, sich beschneiden zu lassen, bevor er (in den 1850er-Jahren) König wurde.[36]

Im Osten hatten die Ereignisse, die den Lozi-Staat erschütterten, unmittelbare Auswirkungen auf die Gruppen im heutigen Caprivi. Das Königtum (das manchmal auch als Reich bezeichnet wird) war viel größer als die Gemeinwesen Nordnamibias. Seine Regierung und Verwaltung waren hoch entwickelt, und zu seiner Blütezeit vereinte es Menschen aus 25 bis 35 unterschiedlichen ethnischen Gruppen unter einer übergreifenden Identität als ,Lozi'. Überlieferungen der Lozi und Fwe zufolge brachte König Ngombala (ca. 1725–75)[37] in einem zweiten Eroberungsschub erneut die Subiya und andere Gruppen im Süden unter seine Herrschaft. Der Subiya-*chief* war zuvor zum *mwanamwalie* ernannt worden, zum Stellvertreter Lozis in Caprivi; nunmehr setzte Ngombala seine eigenen Beamten, *lindumeleti*, in diesem Gebiet ein. Diese Version der Ereignisse wird allerdings von dem Subiya-Historiker D.M. Shamukuni bestritten, der die Auffassung vertritt, die Subiya hätten seit ihrer Ankunft im Chobe-Gebiet ihr eigenes, unabhängiges Königreich (,Itenge') gehabt. Dieser Behauptung kann man jedoch nicht gänzlich zustimmen. Stattdessen lässt sich die Oberherrschaft von Lozi gut nachweisen, und die Tatsache, dass es damals Auseinandersetzungen zwischen Subiya und Fwe gab, macht die Sachlage auch nicht einfacher. Möglicherweise legen Überlieferungen der Lozi eine zu starke Betonung auf die Milde ihrer Herrschaft und das Ausmaß, in dem diese eher indirekt ausgeübt wurde. Auch die Tatsache, dass sich die Subiya wiederholt in Rebellionen gegen die Herrscher in Caprivi aufgelehnt haben, könnte für ihren Wunsch nach einer gewissen Form von Autonomie sprechen.[38]

Eine dieser militärischen Interventionen scheint sich in den 1830er-Jahren ereignet zu haben, als Liswani I. von den Subiya offenbar den Streitkräften der Kololo – einer großen, Sotho-sprachigen Gruppe, die von dem ,charismatischen und listigen Sibituane'[39] angeführt wurde – bei deren Überquerung des Sambesi halfen. Im Laufe des folgenden Jahrzehnts eroberten die Kololo das Königreich Lozi. Der König der Kololo konnte dabei eindeutig auf Unterstützung durch die Menschen im Süden zählen; das zeigt sich darin, dass Sebitwane 1851 sein Hauptquartier in Linyanti (dem heutigen Sangwali in Caprivi)[40] aufgeschlagen hatte, zwischen den Flüssen Linyanti und Kwando. Dort boten die Sümpfe ein gewisses Maß an Sicherheit, es lauerten aber auch Krankheiten, an denen viele der Neuankömmlinge starben.[41]

Handel und Regierung im Zeitalter des Handelskapitalismus

Es ist unwahrscheinlich, dass die Einwohner Nordnamibias vor den 1840er-Jahren direkt mit den Repräsentanten des Kapitalismus aus dem Norden oder Süden in Kontakt kamen. Davor gab es aber trotzdem regen Nah- und Regionalhandel mit Gütern wie Nahrungsmitteln, Keramik und anderen Spezialprodukten. Fernhandel verband die Ovambo-Königreiche mit Kaoko, Kavango, dem südlichen Angola und Zentralnamibia. In Südangola wurde Eisen von Kwana-Schmieden gewonnen und verarbeitet; Ndonga kauften Kupfer von Hai||om-Händlern, die über die Vorkommen südlich von Owambo verfügten; und Ondonga sandte Expeditionen aus, um Salz in der Etosha-Pfanne abzubauen. Ein weiteres Handelsgut waren Straußeneierschalen, die von San und von Viehhaltern aus Kaoko verkauft wurden.[42]

In der zweiten Hälfte des neunzehnten Jahrhunderts bekam Nordnamibia die Folgen der Beziehungen zum Handelskapitalismus, darunter viele ihrer zerstörerischen Auswirkungen, mit voller Wucht zu spüren. Der Fernhandel setzte in dieser Region später ein als in anderen Teilen Afrikas, unter anderem deshalb, weil sie geografisch so entlegen ist. Die Grenze zum Kap breitete sich relativ langsam vom Süden her aus: Zwar besuchten die Händler und Forschungsreisenden Francis Galton und Charles John Andersson 1851 Ondonga, aber König Nangolo gestattete ihnen nicht, weiter nach Owambo hinein zu reisen, und zeigte auch wenig Interesse an Handelsbeziehungen mit ihnen. Weiter nördlich war unter Führung der Portugiesen ein Handel mit Sklaven zur Ausfuhr nach Amerika entstanden, der drei Jahrhunderte lang verheerende gesellschaftliche, politische und wirtschaftliche Auswirkungen hatte. Das Gebiet südlich von Benguela war davon allerdings frühestens ab dem späten achtzehnten Jahrhundert betroffen – teils wegen seiner geringen Bevölkerungsdichte und starken politischen Verbände –, und die Ovambo-Könige weigerten sich bis zur Mitte des neunzehnten Jahrhunderts, Menschen zu verkaufen. Im Osten machten auch die Könige von Lozi durch Ovimbundu-Händler aus Angola Bekanntschaft mit dem großflächigen Sklavenhandelsnetz, weigerten sich aber zumindest bis zum Ende der Regierungszeit von König Mulambwai im Jahr 1835 ebenfalls, Menschen als Handelsware auszuführen, unter anderem deshalb, weil sie zur Bestellung ihres landwirtschaftlichen Hauptanbaugebietes im Überschwemmungsgebiet von Barotse viele Arbeitskräfte brauchten.[43]

Abb. 9: Eisen wurde von Kwanyama-Schmieden in Südangola geschmolzen und für die Herstellung vielfältiger Produkte verwendet. Dieser schön gearbeitete eiserne Fußreif wurde 1937 von den Schwestern Powell-Cotton erworben. Das Eisenhandwerk und die entsprechenden Handelswege sind wesentlich älter.

Nach Gründung des Hafens Moçamedes in Südangola im Jahr 1840 erwachte in Portugal größeres Interesse an den südlichen Teilen seiner

Kolonie in Angola. 1834 hatte die portugiesische Regierung ihre strenge Schutzzollpolitik gelockert und dadurch einem schnellen Wachstum des Elfenbeinhandels den Weg geebnet. Auch der Sklavenhandel dauerte unvermindert an, obwohl 1836 ein offizielles Verbot über Exporte verhängt worden war. Viele versklavte Menschen verblieben innerhalb der Kolonie Angola, wo in der zweiten Hälfte des neunzehnten Jahrhunderts die Plantagenwirtschaft im Süden florierte und daher die Nachfrage nach Arbeitskräften stieg; 1840 gab es im Gebiet von Moçamedes 400 Sklaven, 1877 war ihre Zahl auf 7000 gestiegen. Wahrscheinlich wurden männliche Sklaven, die zu Zeiten der Ausfuhr am gefragtesten gewesen waren, nun für Händler weniger lukrativ als Frauen, denen afrikanische Gesellschaften wegen ihrer Arbeitsleistung und Fortpflanzungsfähigkeit mehr Wert beimaßen. Auch Kinder wurden versklavt. Als die Sklavenhaltung 1879 offiziell abgeschafft wurde, trat an ihre Stelle eine Art Kontrakt- bzw. Vertragsarbeit, die sich nur dem Namen nach von Sklaverei unterschied und der erst 1911–13 ein Ende bereitet wurde.[44]

1851 – möglicherweise aber auch schon früher – begannen die Entwicklungen in Angola, den Handel in den Ovambo-Königreichen zu beeinflussen, wo afrikanische Unternehmer Glasperlen und Alkohol importierten und im Gegenzug Elfenbein lieferten. Um diese Zeit drangen auch weiße, vor allem portugiesische Händler allmählich bis zu den nördlichen Ovambo-Königreichen vor.[45] In den 1850er-Jahren hatten diese Gemeinschaften allerdings einen noch triftigeren Grund, sich am Fernhandel zu beteiligen: Damals fingen die Trupps von Jonker Afrikaner an, verheerende Raubzüge ins Owambo-Gebiet zu unternehmen. Zwischen 1858 und 1862 waren Kommandotrupps der Nama-Oorlam im Norden äußerst aktiv. Sie halfen Shokongo, einem Anwärter auf den Thron von Ondonga, seinen Widersacher des Amtes zu entheben, leisteten Ndonga-Streitmächten tatkräftige Unterstützung bei der Zerstörung und Brandschatzung des Königreichs Ongandjera (und beendeten damit dessen militärische Vorherrschaft in der Region) und stahlen etwa 20 000 Rinder aus mehreren Ovambo-Königreichen. Bald richteten Jonker Afrikaners Truppen ihr Augenmerk auch auf den Nordwesten und überfielen die in Kaoko lebenden Gruppen. Zwar verloren die Afrikaner-Oorlam 1870 ihre militärische und politische Vormachtstellung, aber Kommandotrupps der Swartbooi und Topnaar, die im südlichen Kaoko ansässig waren, unternahmen bis in die 1890er-Jahre Raubzüge, deren verheerende Folgen den Menschen bis heute im Gedächtnis geblieben sind.[46]

Die Reaktionen der Bevölkerungsgruppen, die sich Überfällen berittener und mit Feuerwaffen ausgerüsteter Angreifer ausgesetzt sahen, waren unterschiedlich. In Kaoko ist zwar immer noch die Erinnerung an den heldenhaften Widerstand von Persönlichkeiten wie etwa Mureti lebendig, aber die Viehhaltergemeinschaften mussten dennoch größtenteils die Flucht ergreifen. Manche flohen in die Berge des nördlichen Kaoko und lebten dort hauptsächlich als Wildbeuter (wobei sie schließlich eine ‚Tjimba'-Identität annahmen); die meisten überquerten den Kunene in Richtung Angola und blieben weiterhin Viehhalter, allerdings mit stark geschrumpften Herden. Viele von ihnen konnten ihr Einkommen dadurch aufbessern, dass sie für Siedler arbeiteten, jagten und Elfenbein, Federn und Vieh gegen Decken, Alkohol und Gewehre eintauschten. Einen dritten Weg schlug der Anführer Kakurukouje (auch bekannt unter dem Namen Kasupi) ein, der mit den Swartbooi kooperierte.[47] In Owambo jedoch machten die Überfälle der Nama-Oorlam den Königen bewusst, dass sie sich dringend Feuerwaffen beschaffen mussten, die dort vor den späten 1850er-Jahren weitgehend unbekannt waren.[48] Was Waffen ausrichten konnten, hatte sich auch anlässlich eines anderen frühen Besuches durch Europäer gezeigt: 1857 kamen die Missionare Hahn und Rath (zusammen mit einigen anderen weißen Männern, die keine Geistlichen waren) nach Ondonga, um die Aussichten für eine Missionierung im Norden zu sondieren. Dabei zogen sie sich den Ärger König Nangolos zu. Bei ihrer Abreise kam es zu einem Konflikt, und die Europäer erschossen drei Ndonga, darunter den Sohn des Königs. Der König selbst starb am folgenden Tag, wahrscheinlich an einem Schlaganfall.[49]

Die einzige Möglichkeit, an Waffen zu kommen, war Handel mit Europäern, und dafür brauchte man wertvolle Tauschobjekte. Die Portugiesen verlangten für gewöhnlich Sklaven als Bezahlung für Waffen und Munition. Der Verkauf von Menschen, denen meist Verbrechen vorgeworfen wurden oder die man bei Raubzügen erbeutet hatte, begann in größerem Umfang während der 1860er-Jahre in Ondanga, Oukwanyama und Uukwambi. Zehn Jahre später besuchte der Reisende Gerald McKiernan ein Lager portugiesischer Händler in der Nähe des Palastes von Kwanyama und stieß dort auf Sklavinnen in Ketten, die Halseisen trugen. Portugiesische Händler importierten auch billigen Schmuck, Glasperlen, Tabak und Alkohol – letzterer war in der Gegend als *aguardiente* bekannt und wurde in den Zuckerplantagen Südangolas hergestellt – und tauschten diese Waren gegen Menschen, Vieh und Elfenbein ein. Europäische Händler aus dem Süden, die die Walvis Bay als Exportroute benutzten, tauchten ab Mitte der 1880er-Jahre im südlichen Owambo auf. Sie brachten Perlen, Kleidung und Munition und erhielten dafür Elfenbein und Straußenfedern. Das von der Regierung am Kap erlassene Sklavereiverbot hinderte sie allerdings daran, Menschen zu kaufen und zu verkaufen.

Beide Gruppen von Europäern gaben den Anreiz zu intensiver Bejagung, die bald einen rapiden Schwund der Wildbestände in den Ovambo-Königreichen und deren Umgebung zur Folge hatte. In beiden Fällen war die Jagd ein riskantes, aber oft äußerst profitables Wagnis. Meist wurde sie von Leuten betrieben, die über zu wenig Kapital verfügten, doch es gab auch Wohlhabendere wie Charles John Andersson und Axel Eriksson, die viel Geld in das Geschäft mit der Jagd steckten. Ende der 1870er-Jahre hatten die Händler an der Walvis Bay die Oberhand auf dem Schusswaffenmarkt gewonnen, weil sie – anders als die Portugiesen – moderne Waffen beschaffen konnten. Der Elfenbeinhandel begann im großen Stil in den 1860er-Jahren, aber mit zunehmender Dezimierung der Bestände gewann in den 1880er- und 1890er-Jahren der Rinderhandel an Bedeutung. Zur gleichen Zeit wurde auch die Plantagenwirtschaft im südlichen Angola immer wichtiger, und der Handel wurde zusätzlich durch die Gründung einer Kolonie von Buren angeregt, die sich 1881 in Humpata in Südangola niederließen und den Transport von Handelsgütern übernahmen. Ungeachtet der heftigen Konkurrenz zwischen den Portugiesen und den Händlern an der Walvis Bay zogen viele der letzteren in den 1880er-Jahren über den Kunene in Richtung Norden, als in Zentralnamibia Krieg ausbrach.[50]

Im Osten stieg der Kololo-Staat etwa ab Mitte des neunzehnten Jahrhunderts in den Fernhandel ein. Die Beteiligung am Sklavenhandel begann dort wahrscheinlich irgendwann zwischen 1835 und 1850: Wie in Owambo brauchte man Sklaven als Bezahlung für Feuerwaffen, die man wiederum zur Verteidigung gegen die Ndebele benötigte. Caprivi war zum ‚Dreh- und Angelpunkt der Entscheidungsfindung im Gemeinwesen der Makololo'[51] geworden, und in dieser Region war auch ein Knotenpunkt für den Fernhandel entstanden. Es gibt Hinweise, dass König Sebitwane bereits versucht hatte, einen neuen Handelsweg in Richtung Westen zu erschließen, als 1851 der britische Missionar David Livingstone und dessen Mitreisende in Linyanti eintrafen. Livingstone verbreitete nicht nur die Botschaft des Evangeliums, sondern engagierte sich auch leidenschaftlich im Kampf gegen den Sklavenhandel, den er abschaffen und durch ‚gesetzmäßigen Handel' – wie er es nannte – ersetzen wollte.

Die Könige von Kololo hießen Livingstone willkommen, unter anderem deshalb, weil sie sich von seiner Anwesenheit mehr Zugang auf Fernhandelsnetze erhofften. Sebitwane starb 1851, und für kurze Zeit folgte ihm seine Wunschkandidatin auf den Thron, seine Tochter Mamochisane. Sie trat aber bald zugunsten seines Sohnes Sekeletu zurück – eines Königs, der wesentlich weniger beliebt und erfolgreich wurde als sein Vater. Sekeletu und seine Berater gaben eine Expedition in Auftrag, für die sie auch die Ausrüstung stellten und die von Livingstone gemeinsam mit Pitsane, einem erfahrenen älteren Kololo, angeführt wurde. Nach einer strapaziösen Reise gelang es ihnen, einen neuen Weg zur Küste Angolas aufzutun, und sie kamen 1854 in Luanda an. Unterwegs gelang es Livingstone, zwischen dem König und einigen Gruppen zu vermitteln, mit denen sich die Kololo durch ihre Eroberung des Königreiches Lozi überworfen hatten. In den folgenden Jahren betrieben reisende Trupps von Kololo offenbar weiter Handel in Richtung Westen, sodass die Expedition wohl über längere Zeit nachwirkte. Als Livingstone 1855 nach Linyanti zurückgekehrt war, brach er zusammen mit Sekwebu – einem anderen Kololo-Ältesten – zu einer erfolgreich verlaufenden Reise an die Ostküste auf.[52]

Am Kavango-Fluss kamen die Mbukushu etwa um die Mitte des Jahrhunderts mit Fernhandelsnetzen in Berührung. 1852 gelangten Griqua-Händler in die Hauptstadt des Königreichs, Andara (und verbanden sie dadurch mit Toteng und über diesen Handelsweg auch mit der Walvis Bay); bald folgten ihnen weiße Händler und schließlich auch Mambari (afrikanische Akteure im Sklavenhandelsnetz). Im Kavango-Gebiet waren versklavte Menschen ein sehr wichtiges Tauschmittel, aber in den 1880er-Jahren betrieb man auch Handel mit Rindern, wodurch sich die Viehwirtschaft der Mbukushu belebte. Weiter westlich besuchte Andersson 1859 Ukwangali, wo in den folgenden Jahren noch einige weitere weiße Jäger und Händler eintrafen. In den 1890er-Jahren stellten zeitgenössische Beobachter allerdings fest, dass es im Kavango-Gebiet ein geringes Handelsaufkommen und nur sehr wenige moderne Gewehre gab – obwohl diese Gegend sicherlich Überfällen durch Sklavenjäger ausgesetzt war.[53]

Die Auswirkungen des Fernhandels auf Nordnamibia in der zweiten Hälfte des neunzehnten Jahrhunderts sind am eingehendsten hinsichtlich der Ovambo-Königreiche untersucht worden. Die Historiker sind sich größtenteils einig, dass die Handelsbedingungen für die Europäer allgemein günstig waren und sie manchmal sogar Wucherpreise verlangen konnten; dennoch hatten die Könige Verhandlungsmöglichkeiten und überlegten genau, was sie kaufen wollten und was nicht. Moderne Waffen standen bei ihnen hoch im Kurs, und sie zahlten jeden Preis dafür. Dadurch rüsteten die Gemeinwesen in der nördlichen Überschwemmungsebene auf, und es war vor allem auf diese militärische Stärke zurückzuführen, dass sie sich den Kolonialmächten bis ins frühe zwanzigste Jahrhundert entziehen konnten. Außerdem behielten die Monarchen den Fernhandel fest in der Hand, wodurch sich oft ihre Macht noch weiter festigte, denn sie konnten auf diese Weise schnell Reichtum ansammeln und Klientelnetzwerke aufbauen.

In vielerlei Hinsicht wirkte sich der Handel aber schwächend aus und intensivierte bestehende Rivalitäten und interne Zwistigkeiten. Ab den 1870er-Jahren begann eine neue Ära der Raubzüge, ausgelöst durch die steigende Nachfrage nach Sklaven und Notlagen zum Beispiel aufgrund von Dürrezeiten. Im folgenden Jahrzehnt verschlechterte sich die Lage zusätzlich durch den Rückgang der Jagd. Gleichzeitig militarisierte sich die Gesellschaft, bei Raubüberfällen kamen immer häufiger Feuerwaffen zum Einsatz, und es hatte sich eine lokale Variante der Institution des Kommandotrupps herausgebildet. Bis zu einem bestimmten Punkt gewannen die mächtigeren östlichen Königreiche Oukwanyama, Uukwambi und Ondonga durch diese Intensivierung von Handel und Raub noch zusätzlich an Stärke. Mweshipandeka gelangte zu Ruhm, weil ‚er den Krieg ausgesprochen liebte', viele Raubzüge unternahm und dabei sowohl Menschen als auch Rinder erbeutete. Seine Herrschaft ‚wurde von seinem Volk gutgeheißen. Er hielt [die Leute] dazu an, ihre Getreidefelder zu bestellen … Die Menschen hatten genug zu essen'.[54] Die Vormachtstellung der östlichen Königreiche nahm in gewisser Hinsicht offiziellen Charakter an, als sie – wahrscheinlich zwischen den späten 1880er- und frühen 1890er-Jahren[55] – Friedensabkommen miteinander schlossen. Ihre Raubzüge richteten sich nun zunehmend gegen die dezentralisierten und weniger schlagkräftigen Gemeinschaften. Die Republik Ombalantu (die sich nicht so stark am Handel beteiligt hatte wie ihre Nachbarn) konnte einigen Widerstand leisten, und Uukolonkadhi genoss, wenn auch in geringem Maße, den Schutz von Uukwaluudi. Für die kleineren Gemeinwesen Onkankwa, Ehinga und Ofakime jedoch hatten die Raubüberfälle praktisch die Auflösung zur Folge. Ongandjera, das sich von der Eroberung im Jahr 1862 nicht wieder erholt hatte, wurde von seinen mächtigeren Nachbarn im Wesentlichen daran gehindert, Kontakte mit den Händlern zu unterhalten.[56]

Aber selbst die östlichen Königreiche litten allmählich unter den destabilisierenden Auswirkungen schnellen Reichtums, der die *omalenga* und Mitglieder der Königsfamilie in die Lage versetzte, Wohlstand anzuhäufen und die Machtstellung der Könige anzufechten. Im späten neunzehnten Jahrhundert war der König von Kwanyama gegenüber den *omalenga* praktisch machtlos geworden und hatte keinerlei Kontrolle mehr über sie. Das Königreich Ondonga wiederum wurde 1884 zwischen König Kambonde und seinem Bruder Nehale aufgeteilt. Darüber hinaus war in jedem der drei mächtigen Königreiche mindestens ein Monarch Alkoholiker geworden – eine unmittelbare Auswirkung des Fernhandels. Die neue Selbstbereicherung der Oberschicht führte auch dazu, dass den Armen größere Lasten auferlegt wurden. Zwar stellten Gewehre häufig eine Produktivkraft dar, aber nur ein sehr geringer Teil des durch Handel erwirtschafteten Profits floss in eine Steigerung der Nahrungserträge in der Überschwemmungsebene, und nur wenige Nichtadelige hatten Zugang zu den neuen Einkommensquellen. *Okashava,* eine unrechtmäßige Art der Steuereintreibung, wurde nun zunehmend eingesetzt, um den Armen ihre Besitztümer zu nehmen und damit die Einkäufe der Königsfamilien und *omalenga* zu bezahlen. Die Betroffenen waren mit dieser ‚Steuer' alles andere als einverstanden: ‚Die Leute, die andere ausplünderten, nannte man *okashava* … Sie kamen vom König … Sie stahlen viele Sachen, darunter auch Rinder'.[57]

Es häuften sich auch Anschuldigungen wegen Hexerei, und Menschen, die dadurch ins gesellschaftliche Abseits gerieten, verkaufte man immer öfter in die Sklaverei: 1887 beispielsweise wurden jeden Monat mindestens zehn Bürger Ondongas verkauft, damit der König Geld für Alkohol hatte. Als Reaktion auf solche erpressten Abgaben flohen die Untertanen oft in großer Zahl in benachbarte Königreiche. 1896 waren etwa zweitausend Kwanyama nach Humbe ins südliche Angola gezogen.[58]

Manche Könige versuchten, sich aus den Handelsaktivitäten jener Zeit herauszuhalten und der zunehmenden Habgier zu widerstehen. Negumbo von Uukwambi und Weyulu von Oukwanyama wurden (1875 bzw. 1885) Nachfolger eher despotischer Könige und lenkten die von ihren Vorgängern eingeschlagene Politik in moderatere Bahnen. Mit Anbruch der 1890er-Jahre wurden die Zukunftsperspektiven für die afrikanischen Gesellschaften in Nordnamibia jedoch immer düsterer. Während der nächsten zwei Jahrzehnte nahmen die Spannungen stetig zu, die Ungleichheit wurde immer größer, und es kam verstärkt zu gewalttätigen Auseinandersetzungen und Raubüberfällen. Die Konflikte erhielten zusätzlichen Zündstoff durch immer höhere Schulden bei Händlern[59] und eine Zunahme der Alkoholimporte; die schlimmsten Auswirkungen hatte aber eine Reihe von Naturkatastrophen: Dürrezeiten, Hungersnöte und vor allem die verheerende Rinderpest laugten die Produktivkräfte zusätzlich aus. 1897 wütete die Rinderpest im Norden, raffte zwischen 80 und 95 Prozent des Viehs dahin und verursachte zusammen mit der grassierenden Dürre große Not. Zwar hatten sich die Rinderherden 1910 wieder beträchtlich erholt, aber die Seuche führte zu mehr Raubüberfällen, Gewalt und Verelendung.[60]

Auch im Westen verendete durch die Rinderpest ein Großteil der Herden, die den zuvor aus Kaoko nach Angola eingewanderten Himba gehörten. Diese verlegten sich daraufhin zunehmend auf Lohnarbeit, um ihre Rinderbestände wieder aufzustocken. Viele verdingten sich unter Anführern wie Vita Tom (auch bekannt unter dem Namen ‚Oorlog', d.h. ‚Krieg') oder Muhona Katiti als Söldner an die Portugiesen und beteiligten sich in der Zeit von 1895 und 1906 fast jedes Jahr an Militärexpeditionen gegen die Nkhumbi, Ngambwe oder Ovambo. Als die portugiesische Regierung ihren politischen Kurs änderte und dadurch die Dienste dieser Söldner nicht länger benötigt wurden, verlegten sie sich aufs Banditentum, wobei Vita Tom schließlich die Seiten wechselte und im Auftrag der Portugiesen selbst Banditen auf die Finger sah. Im späten neunzehnten und frühen zwanzigsten Jahrhunderts kämpfte auch der Kwangali-König Himarwa für die Portugiesen.[61]

Die Einfuhr europäischer Waren in die Gesellschaften im Norden hatte nicht nur nachhaltige politische und wirtschaftliche Folgen, sondern löste vor allem in Owambo auch kulturelle Veränderungen aus. Westliche Kleidung war anfangs sehr teuer: 1866 kaufte Mweshipandeka einen europäischen Anzug, der hundert Rinder kostete. Wie traditionelle Kleidung drückten auch westliche Bekleidungsartikel den gesellschaftlichen Status ihres Trägers aus und dienten daher zunächst hauptsächlich dazu, die Macht der Monarchen hervorzuheben. Auch Gewehre und Pferde wurden zu königlichen Statussymbolen und waren zugleich ein Anzeichen für die Herausbildung neuer männlicher Hierarchien, die auf Tapferkeit im Krieg gründeten.[63] Die wichtigste Kraft beim Kulturwandel in Ovambo während des neunzehnten Jahrhunderts waren jedoch die christlichen Missionen.

Abb. 10: Anführer aus der Region Kaoko, aufgenommen 1910. Vita Tom (Oorlog) ist der zweite von rechts. Bei dem zweiten Mann von links handelt es sich wahrscheinlich um Muhona Katiti. Meist wird der Mann an Toms rechter Seite als Katiti bezeichnet, er trägt aber westliche Kleidung, die Katiti niemals übernahm.[62]

Missionar Hahn war frustriert, weil er in Zentralnamibia nur wenige Menschen hatte bekehren können, und sah in den Ovambo-Königreichen ein potenziell fruchtbareres Missionsfeld. 1866 unternahm er einen zweiten Besuch in dieser Gegend, der erfolgreicher verlief als der erste. Die Rheinische Missionsgesellschaft verfügte nicht über die Mittel, eigene Missionare nach Owambo zu entsenden, und riet daher der ebenfalls lutherischen Finnischen Missionsgesellschaft (FMS), dort tätig zu werden. 1871 traf eine Gruppe von sieben finnischen Missionaren im Norden ein und gründete unverzüglich Stationen in Ondonga, Oukwanyama, Uukwambi und Ongandjera. Im Jahr darauf verbannten die Könige sie jedoch aus sämtlichen Gemeinwesen außer Ondonga, das während der nächsten dreißig Jahre als einziges Ovambo-Königreich für die FMS zugänglich blieb. Die Ausweisung der Missionare hatte offenbar zum Teil mit ihrer Unfähigkeit zu tun, vorteilhafte Handelsbeziehungen herzustellen oder womöglich sogar übernatürliche Hilfe zu mobilisieren; außerdem hatten sie den Hang, in ihren Predigten gegen die Sklaverei zu wettern. Sie enttäuschten daher die Erwartungen der Könige und wurden zu einer Bedrohung für deren Autorität. Wie auch in anderen Teilen Afrikas bewegten sich die Monarchen auf Messers Schneide: Einerseits wollten sie sich den diplomatischen und kaufmännischen Einfluss der Missionare zu Nutze machen; andererseits fühlten sie sich von ihnen bedroht, weil sie alternative Schaltstellen der Macht schufen und häufig enge Beziehungen zu Kolonialmächten unterhielten. In Ondonga wurde die Mission von dem einflussreichen Martti Rautanen geleitet. Er kam mit den Ndonga-Königen unter anderem deshalb gut aus, weil er ihnen medizinische Behandlung anbot: ‚Rautanen genoss das Vertrauen des Königs [Kambonde KaNankwaya] und stattete daher täglich dem Königshof einen Besuch ab, um den König zu behandeln'.[64]

In einem anderen Teil Owambos setzte der römisch-katholische Missionar Pater Duparquet durch, dass Mitglieder der Missionsgesellschaft vom Heiligen Geist (Spiritaner) 1884 nach Oukwanyama einreisen durften. Als aber im folgenden Jahr König Namhadi starb, entluden sich die Spannungen im Königreich gewaltsam, man gab den Missionaren die Schuld an seinem Tod, und zwei von ihnen wurden umgebracht. Daher zogen sich die Katholiken aus Oukwanyama zurück; 1891 nahm die RMG selbst ihre Missionstätigkeit dort wieder auf. Ongandjera, Uukwambi und Uukwaluudi gestatteten 1903, 1908 und 1909 jeweils die Gründung von Missionsstationen auf ihrem Gebiet.[65]

Dem restlichen Nordnamibia schenkten Missionsgesellschaften im neunzehnten Jahrhundert wesentlich weniger Beachtung. Die Spiritaner-Pater wagten sich als erste ins Kavango-Gebiet. Es erwies sich als äußerst schwierig, überhaupt dorthin vorzudringen (die ersten drei Gesandtschaften von Missionaren kamen nie dort an), aber sie trotzten schließlich allen Widrigkeiten und den Krankheiten, die in der Gegend grassierten, und gründeten 1903 eine kurzlebige Station in Ukwangali. Erst 1910 wurde erfolgreich eine Mission bei den Gciriku eingerichtet, und drei Jahre später entstand eine weitere in Andara, der Hauptstadt der Mbukushu (nachdem ein erster Versuch 1909 fehlgeschlagen war). Die komplexen politischen Umstände dieser Missionsgründungen gehen auf die nicht minder komplizierten Außenbeziehungen der Monarchen in Kavango zurück, von deren Unterstützung der Erfolg der Missionare abhing. Im östlichen Caprivi gab es überhaupt keine Missionsstation, bis um 1924 die Adventisten vom Siebenten Tage dorthin kamen (wobei allerdings die Pariser Evangelische Missionsgesellschaft an den Grenzen des heutigen Caprivi erst 1885 in Sesheke und dann 1889 in Kazangula jeweils eine Basis einrichtete). Kaoko durften Missionare bis in die 1950er-Jahre nicht betreten.[66]

In Kaoko kam die FMS nur schleppend voran und hatte auch 1890 lediglich hundert Konvertiten.[67] Die einigende Kraft kultureller Institutionen bei den Ovambo sowie ein Weltbild, das Alltagsleben und Rituale mit religiösen Vorstellungen durchwob, blockierten Fortschritte bei der Missionierung. Ein Übertritt zum Christentum bedeutete grundlegende kulturelle Veränderungen, so etwa den Verzicht auf Polygynie, die Nichtteilnahme an Zeremonien wie der Mädcheninitiation und die Aufgabe traditioneller Frisuren und Kleidung zugunsten von Kleidungsstücken europäischen Stils, die in den Missionen hergestellt wurden (wobei die Missionare in der Anfangszeit eine so schwache Position hatten, dass sich diese Regeln nicht streng durchsetzen ließen).[68] Vor allem aufgrund dieser Verbote sträubte sich die Oberschicht gegen Bekehrungsversuche, und es waren anfangs hauptsächlich junge Leute, die sich anfangs vom Christentum angezogen fühlten. Bei den meisten ersten Konvertiten handelte es sich um Kinder, die in Missionsstationen aufgezogen und unterrichtet wurden. Als die 1890er-Jahre anbrachen, hatten viele junge Menschen

Gewalt erlitten; die Missionsstationen übten große Anziehungskraft auf sie aus, weil von Sicherheit die Rede war, wenn die Missionare die neue Religion erklärten. Aber auch die von den Missionen gebotenen materiellen Vorzüge und der Druck seitens Gleichaltriger hatten Einfluss auf sie. Ein weiterer Faktor war wahrscheinlich aber auch Zwang, den die Missionare ausübten.[69]

In den letzten Jahren des Jahrhunderts gewann das Christentum im Norden sehr an Einfluss, unter anderem vor dem Hintergrund der Rinderpest-Epidemie und anderer Krisen. Im Jahre 1900 gab es etwas mehr als achthundert Christen in Ondonga (die allerdings immer noch lediglich 2,5 bis 6 Prozent der Einwohner des Königreichs ausmachten). Im folgenden Jahrzehnt festigten die Missionare ihre Position, indem sie ihren Schulbetrieb ausbauten und sich auf Erziehung als essenzielles Werkzeug für die Prägung einer neuen Generation von Christen konzentrierten. 1910 besuchten etwa 2000 Schüler Grundschulen, und 1913 wurde eine Berufsschule für Lehrer gegründet. Die Tätigkeit der ärztlichen Mission begann offiziell im Jahre 1911 mit der Ankunft von Dr. Selma Rainio.[70]

Auch die kleinen Anfänge der Arbeitsmigration in die Siedlerkolonien Deutsch-Südwestafrika und Angola während der 1880er-Jahre waren Vorboten von Veränderungen in der Kultur Ovambos. Die Zahl dieser Kontraktsarbeiter nahm zwar allmählich zu, war aber nie sonderlich hoch, bis 1908 in Südnamibia Diamanten entdeckt wurden. Zu jener Zeit konnten die afrikanischen Herrscher noch ein gewisses Maß an Kontrolle über die Wanderarbeiter ausüben; sie schickten sie in organisierten Gruppen auf den Weg und bestanden auf einen Teil ihres Verdienstes. Die Verträge liefen für gewöhnlich nur über sechs Monate; von den Arbeitern wurde erwartet, dass sie rechtzeitig zurückkehrten, um sich an der Ernte zu beteiligen. Die meisten taten dies, aber in einigen südlichen Städten entstanden auch Ovambo-Siedlungen.

Anfangs waren junge Menschen am stärksten am Christentum interessiert, und auch die ersten Wanderarbeiter waren junge Männer. Zur Kontraktarbeit gehörte eine gefährliche Reise in den Süden oder Norden, wo voraussichtlich schlechte Arbeits- und Gesundheitsbedingungen auf sie warteten und man nicht gerade zimperlich mit ihnen umgehen würde. Trotzdem bot Wanderarbeit einen Ausweg aus der zunehmenden Armut in Owambo. Die Arbeiter nutzten ihren Verdienst zur Anschaffung von Gütern, darunter Rinder, wodurch sie wiederum die Mittel hatten, zu heiraten und Landrechte zu erwerben. Außerdem kauften sie Gewehre – häufig zur Selbstverteidigung – und Statussymbole wie Kleidung. Durch die Kontraktsarbeit erhielten diese jungen Männer also nicht nur Zugang zu ökonomischen Ressourcen, sondern sie konnten auch ihrem Verhalten, ihrer Kleidung und Sprache eine Bedeutung geben, die einer neueren, moderneren Zeit entsprach. Junge Frauen waren allerdings von diesem sozialen Aufstieg ausgeschlossen: Nur wenige verließen Owambo, weil in Deutsch-Südwestafrika offiziell nur Männer angeworben wurden und weil die Agrarproduktion davon abhing, dass Frauen das ganze Jahr auf den Feldern arbeiteten.[71]

Im Osten nahm der politische und kulturelle Wandel einen ganz anderen Verlauf. Dieser war zum einen von politischen Entwicklungen in den Dynastien von Kololo und Lozi geprägt, zum anderen von der Beteiligung am Fernhandel – allerdings nicht am Sklavenhandel, den Sekeletu unter dem Einfluss Livingstones verboten hatte. In den 1870er-Jahren waren dann jedoch Sklavenhändler im Caprivi-Gebiet aktiv. Dass der Handelskapitalismus in dieser Gegend Einzug gehalten hatte, zeigte sich auch an dem enormen Einfluss, den der britische Händler, Abenteurer und Schwerenöter George Westbeech gewann: In den 1870er-Jahren wurde er Mitglied des Staatsrates der Barotse.[72]

Wie in Owambo führte der Elfenbeinhandel auch hier dazu, dass die Macht vor allem in den Händen der Könige lag, von denen sich manche sehr unbeliebt machten. Die Herrschaft der Kololo unter Sebitwane wurde zwar allgemein anerkannt, unter anderem, weil er auf Integration bedacht war. Sein Nachfolger Sekeletu, der ebenfalls in Caprivi ansässig war, entwickelte jedoch deutlich diktatorische Züge. Er starb 1861, und im folgenden Jahr gelangte nach einem Aufstand, an dem sich offenbar die Totela, Subiya und Fwe beteiligten, der Lozi-Prinz Sipopa auf den Thron. 1865 holte der neue König den Anführer der Fwe, Simaata Kabende, in seinen Regierungsstab, verlieh ihm den Titel *mamili* und ernannte ihn zum Hüter des Lozi-Königreiches im Süden. Diese Ernennung markiert im Wesentlichen den Ursprung der heutigen Fwe als ethnische Gruppe und vereinte Fwe, Yeyi, Totela, Mbukushu, Lozi und Kwengo, die ihre Herkunft jeweils auf unterschiedliche Orte zurückführten, unter einem Anführer.

Andere Gruppen im Süden weigerten sich allerdings, Sipopa als Herrscher anzuerkennen, und 1865–66 schlug der König eine Rebellion, an der unter anderem Subiya beteiligt waren, blutig nieder. Sein Herrschaftsstil wurde immer tyrannischer, und 1876 verlegte er – wie schon die Kololo-Monarchen vor ihm – seine Hauptstadt aus der Überschwemmungsebene von Barotse in den Süden, dieses Mal nach Sesheke im heutigen Sambia. Dies veranlasste wohl manche Bewohner des Caprivi-Gebiets zu einer Flucht nach Süden, und offenbar suchte auch die Hauptgruppe der Subiya unter Nkonkwena zu jener Zeit Schutz bei den Mangwato im heutigen Botswana, deren Anführer Khama war; Shamukuni zufolge wurden die in Caprivi verbliebenen Subiya nunmehr von Ntolwa regiert, der Schwester des Königs. Möglicherweise wanderten einige Subiya später wieder aus Botswana nach Caprivi zurück.[73]

Die Ermordung Sipopas im Jahre 1878 entfachte weitere Konflikte. Seine Nachfolge trat schließlich der Lozi-König Lubosi an, der aber 1884 wieder abgesetzt wurde. Lubosi suchte Zuflucht bei den Shambya im Kavango-Gebiet und erkämpfte sich im folgenden Jahr die Macht zurück, unter anderem dank Unterstützung durch die Mbukushu und Simaata Kabende Mamili. Anschließend legte er sich den Titel ‚Lewanika', d. h. ‚der Einiger', zu. Lewanika war ein erfahrener und geschickter Politiker, und seine lange Herrschaft bis zu seinem Tod im Jahre 1916 war der Auftakt zu einer neuen Zeit der Stabilität. Die Bewohner in Caprivi bekamen die Folgen seiner Wiedereinsetzung prompt und nachhaltig zu spüren. An den Subiya und Toka aus der Gegend um Sesheke, die an der Absetzung des Königs beteiligt gewesen waren, übte er schreckliche Vergeltung. Danach reformierte Lewanika die Verwaltungsstrukturen im Caprivi-Gebiet, das zuvor von Mitgliedern der Königsfamilie von Lozi aus dem nördlich gelegenen Nalolo regiert worden war. Mamili und sein Volk wurden nunmehr unmittelbar Lewanika unterstellt; die meisten anderen Bewohner Caprivis wurden von der neu gegründeten Provinz Sesheke aus regiert, und zwar unter Lewanikas Nichte Akanangisa Mukwai, die bald für ihre Grausamkeit und Selbstverherrlichung berüchtigt wurde. Ab 1892 wurde ihre Macht über Caprivi durch die Stationierung von Lewanikos Sohn Ketia in Kazungula beschnitten. Eine zweite neue Provinz, Mashi, hatte ihr Hauptquartier in Kaunga (am Kwando-Fluss an der heutigen Grenze zwischen Angola und Sambia). Sie war für den weniger dicht bevölkerten westlichen Teil Caprivis zuständig. Trotzdem blieb die Herrschaft des Königreichs Lozi über das Caprivi-Gebiet eher indirekt, obwohl im späten neunzehnten Jahrhundert Tribut erhoben wurde und es Berichte über gelegentliche Überfälle von Sklavenjägern auf Subiya, Yeyi und Mbukushu gibt.[74]

Eroberung und Abschottung

In den 1880er-Jahren machten sich allmählich die Auswirkungen kolonialer Expansion auch in den Teilen Afrikas bemerkbar, die bis dahin von direkter europäischer Herrschaft verschont geblieben waren. Auf der Westafrika- bzw. Kongo-Konferenz in Berlin wurde der ‚Wettlauf um Afrika' 1884–85 offiziell ausgetragen, mit dem Ergebnis, dass der größte Teil des heutigen Namibia – zumindest auf dem Papier – deutsche Kolonie wurde. 1886 unterzeichneten Deutschland und Portugal ein Abkommen, das die ‚Stromschnellen am Kunene-Fluss' als Demarkationslinie zwischen Namibia und Angola festlegte. Später stellte sich allerdings heraus, dass es dort an *zwei* Stellen solche Stromschnellen gab, was zu einem Grenzstreit führte: Beide Länder erhoben Anspruch auf einen Landstreifen von Owambo, der sich in Ost-West-Richtung entlang der Kolonialgrenze erstreckte und schließlich unter der Bezeichnung ‚Neutrale Zone' bekannt wurde. Hinsichtlich der Kavango-Region einigten sich Portugal und Deutschland 1886 darauf, dass die Grenze zwischen ihren Herrschaftsbereichen entlang einer Linie in der Mitte des Kavango-Flusses verlaufen sollte. Weiter im Osten hatte sich Lewanika – unter anderem auf Anraten eines Missionars – 1880–90 davon überzeugen lassen, das Königreich Lozi unter britische ‚Protektion' zu stellen. Zwar war diese Taktik in begrenztem Maß erfolgreich, da das Barotse-Kerngebiet unangetastet blieb; Lewanika hatte jedoch nicht damit gerechnet, dass die Briten – die Nordrhodesien (das heutige Sambia) und Bechuanaland (das heutige Botswana) besetzt hatten – umgehend mit dem Deutschen Reich einen Handel eingehen und den späteren Caprivi-Zipfel gegen deutsches Herrschaftsgebiet in einem anderen Teil Afrikas eintauschen würden. Das Reich erhoffte sich auf lange Sicht über Caprivi Zugang zur ostafrikanischen Küste.[75]

Diese neuen Grenzen verliefen kreuz und quer durch solche, die bereits existierten; sie schnitten die Gemeinwesen am Kavango entzwei, trennten einen Teil des Lozi-Königreiches ab und durchschnitten die Überschwemmungsebene von Owambo. In der Praxis dauerte es allerdings einige Zeit, bis direkter Kolonialismus tiefgreifende Auswirkungen hatte. Dies war unter anderem auf die Stärke der afrikanischen Gemeinwesen zurückzuführen, trotz der erheblichen Schwächung, die diese durch die Krisen im späten neunzehnten Jahrhundert erlitten hatten. Auch die europäischen Regierungen waren erheblichen Sachzwängen ausgesetzt und investierten nur zögerlich Geld und andere Mittel in ihre kolonialen Projekte. Darüber hinaus waren die Beziehungen zwischen den drei größeren Kolonialmächten im südlichen Afrika (dem Deutschen Reich, Portugal und Großbritannien) oft von Misstrauen, Betrug und Auseinandersetzungen über Grenzansprüche geprägt. Die Austragung dieser Rivalitäten war für die europäischen Länder mindestens genauso wichtig wie die Ausübung direkter oder indirekter Macht über Afrikaner.

Zwar erwachte bei den Portugiesen in den späten 1860er-Jahren ein ausgeprägtes Interesse an der Eroberung Südangolas, aber aufgrund der militärischen Stärke der afrikanischen Staatswesen war dies ein langsamer und schwieriger Prozess. 1896 verbot König Weyulu den Bau eines portugiesischen Forts im Hoheitsgebiet der Kwanyama. Erst Anfang des zwanzigsten Jahrhunderts marschierten die Portugiesen in der

Owambo-Überschwemmungsebene ein und wurden 1904 von West- und Ost-Ombadja (mit Unterstützung aus Oukwanyama) empfindlich geschlagen. Drei Jahre später kehrten sie jedoch zurück und schafften es diesmal, die beiden Ombadja-Gemeinwesen zu erobern und aufzulösen. Eine unter vielen Auswirkungen des portugiesischen Vordringens gen Süden war die Verlagerung des Kwanyama-Gemeinwesens. In den frühen 1890er-Jahren befand es sich größtenteils nördlich der heutigen Grenze zwischen Namibia und Angola, 1904 war aber eine erhebliche Anzahl von Kwanyama-Dörfern innerhalb Namibias gegründet worden.[76]

Erst 1908, mit Entsendung eines Verwalters in den Caprivi-Zipfel, gerieten nördliche Teile der neuen Kolonie Deutsch-Südwestafrika überhaupt unter unmittelbare Kolonialherrschaft. Caprivi war zuvor weiterhin von der Lozi-Regierung verwaltet worden, bis Letia 1904 unter Druck von außen seine Beamten von dort abzog. Der Caprivi-Zipfel, der zuvor das königliche Jagdrevier und daher immer wildreich gewesen war, wurde nun zum Tummelplatz europäischer Abenteurer und Krimineller, die dort völlig unkontrolliert Handel trieben und jagten.[77] In anderen Gegenden im Norden regierten die Monarchen jedoch fast unverändert weiter.

Die Strategie der deutschen Verwaltung – wenn man es denn so nennen konnte –, wie im Norden vorzugehen sei, entwickelte sich schrittweise. In den 1890er-Jahren und zu Beginn des zwanzigsten Jahrhunderts trafen in Owambo, Kavango, Caprivi und Kaoko eine Reihe von Besuchern ein, manche davon Regierungsbeamte, andere regierungsunabhängig, um diese Gegenden zu erkunden, herauszufinden, ob die vorhandenen natürlichen Ressourcen – Mineralien sowie Land zur Besiedlung oder für den Bau von Eisenbahnstrecken – eine Inbesitznahme rechtfertigten, und Beziehungen zu örtlichen Anführern aufzunehmen. In den 1880er-Jahren hatten die Swartbooi und Topnaar bereits ein zweifelhaftes Geschäft abgeschlossen und die Südhälfte Kaokos an Konzessionsgesellschaften verkauft. Insgesamt zeigten sich die Kolonisatoren aber von den natürlichen Ressourcen des Nordens unbeeindruckt – mit Ausnahme der dort lebenden Menschen, die sich als Arbeitskräfte für die aufkeimende Industrie in Deutsch-Südwestafrika einsetzen ließen; dies galt besonders für Owambo, die bevölkerungsreichste Gegend. Diese Feststellung hatte wesentlichen Einfluss auf die Taktik der deutschen Kolonialmacht, die Ansiedlung von Afrikanern in den nördlichen Teilen Südwestafrikas zu fördern. So gestatteten sie beispielsweise Einwohnern von Kavango, in die Kolonie zu ziehen, um den Portugiesen zu entkommen, und entsandten Kakurukouye zu den Himba in Südangola, damit er sie zur Rückkehr nach Kaoko bewegte; und tatsächlich kam die Gruppe von Muhona Katiti 1910 zurück, diejenige von Vita Tom 1917.[78]

Die Entlegenheit des Nordens war ein weiteres Hindernis für eine direkte Kolonisierung. Vor allem aber begegneten die Deutschen der militärischen Schlagkraft der afrikanischen Gemeinwesen mit Vorsicht und wollten nicht durch übereilte Aktionen einen möglicherweise verlustreichen Krieg auslösen. Im Süden stieß die Kolonialmacht auf entschlossenen Widerstand und gewann nur langsam an Stärke; die Kolonie verfügte nicht über die Mittel und Möglichkeiten, die mächtigen nördlichen Königreiche zu unterwerfen. Trotzdem musste die Regierung in Berlin bei verschiedenen Gelegenheiten Beamte vor Ort von Militäraktionen abhalten. Afrikanischen Staatswesen drohte dann die größte Gefahr, wenn Weiße auf ihrem Hoheitsgebiet ermordet oder ausgeraubt wurden. Die Kolonialpresse stellte solche Fälle dar, als handele es sich um Angriffe auf die deutsche Obrigkeit (die natürlich von den Königen nicht anerkannt wurde), und die Siedlergemeinde bauschte sie häufig zum Kriegsgrund auf. Als Vergeltung für die Vertreibung katholischer Missionare aus Ukwangali führte Richard D. Volkmann, der Bezirkschef von Grootfontein,[79] 1903 eine unerlaubte Strafexpedition gegen das Gemeinwesen durch; dabei kam es zum Angriff auf den Palast von König Himarwa, und sechs Menschen kamen ums Leben. Volkmann traf sich daraufhin mit einigen anderen Monarchen aus dem Kavango und erfuhr, dass die Gciriku und Shambyu die Familie Paasch ermordet hatten. Dieser berühmt-berüchtigte Zwischenfall – der unter der Bezeichnung ‚Fall Paasch' bekannt wurde – brachte die Weißen in DSWA noch weiter gegen die einheimische Bevölkerung auf; es gab daraufhin Pläne für einen militärischen Straffeldzug, die aber 1903 wegen des Aufstandes der Bondelswart im Süden aufgegeben wurden.[80]

Die unmittelbarste Bedrohung für die Gemeinwesen im östlichen Kavango-Gebiet ging jedoch von den Tawana aus, einer in Toteng (Botswana) ansässigen Bevölkerungsgruppe. 1893 oder 1894 war Nyangana, der König der Gciriku, in Auseinandersetzungen mit den Nachbarkönigreichen verwickelt; er bat die Tawana, das Gemeinwesen der Shambyu anzugreifen, was sie auch mit Erfolg taten. Nachdem sie die Shambyu geschlagen hatten, wandten sich die von den Tawana angeführten Streitkräfte aber gegen ihre Gciriku-Verbündeten. Offenbar machten sie die Männer durch einen Trick glauben, sie könnten ihnen übernatürliche Kräfte im Kampf verleihen, und massakrierten dann fast alle an einem Ort, der später Lishora genannt wurde, der ‚Ort der Zerstörung'. Nyangana wurde mit folgenden Worten verleitet: ‚König Nyangana, wir wollen euch kugelsicher machen, sodass ihr nicht sterbt, selbst wenn man mit einem Gewehr auf euch schießt. Entledigt euch also all eurer Waffen und legt sie auf einen Haufen'… Nur wenig später begann bereits der Krieg. Die Rwa [Tawana] richteten unter den Gciriku ein Massaker an.[81] Die Tawana machten reiche Beute an Waren und Menschen und töteten außerdem den ǁAni-khoe-Anführer Mukekerume, angeblich, weil er sich zuvor dem Tawana-König gegenüber unhöflich verhalten hatte.

Nyangana selbst wurde zusammen mit einigen seiner nächsten Verwandten drei Jahre lang gefangen gehalten, dann aber auf britischen Druck freigelassen. Er durfte nach Hause zurückkehren, wo er sich an den Wiederaufbau seines Königreichs machte. Die Gemeinwesen der Shambyu und vor allem der Gciriku waren inzwischen arm geworden, weil die Tawana hohe Abgaben forderten. Auch die Mbukushu hatten zu leiden: Sie unterlagen zwar nominell der Zuständigkeit Lewanikas, der ein vergleichsweise milder Herrscher war, mussten aber nichtsdestoweniger zwischen 1895/96 und 1910 einen jährlichen Tribut an die Tawana entrichten. Dass die Macht Lewanikas solcherart in Frage gestellt wurde, zeigt das regionale Ausmaß dieser Ereignisse. Außerdem wurde von den Briten kolonialer Einfluss ausgeübt, die den Tawana in gewissem Maß den Rücken stärkten; demgegenüber hielten sich Portugiesen und Deutsche weitgehend fern.

Am Ende des neunzehnten Jahrhunderts war Kavango sehr angreifbar geworden, und der Verkauf von Einwohnern dieser Gegend durch ihre eigenen Könige oder Verwandten an Sklavenhändler war mittlerweile endemisch, ebenso wie die Veräußerung von Menschen, die man bei Überfällen auf benachbarte Gemeinwesen erbeutet hatte.[82] Die mündlichen Überlieferungen aus Ukwangali berichten dazu:

> Die *yimbali* [Sklavenhändler] brachten Waren mit; Decken und [andere] Sachen von den Portugiesen und auch Schießpulver... Wenn das Kind deiner Schwester eigensinnig ist, dann [bestrafst du es dadurch, dass du sagst:] ‚Dein Onkel wird dich verkaufen'. Und auch die *chiefs* benahmen sich so... Wer Menschen verkauft, [muss sich bewusst sein,] dass genauso gut auch er selbst verkauft werden könnte.[83]

In Owambo kam es demgegenüber bereits früh zu Spannungen mit den Deutschen, als nämlich 1886 der Händler William Jordan im Hoheitsgebiet von Nehale (dem Bruder des Ndonga-Königs Kambonde) umgebracht wurde. Jordan war der Gründer der Burenkolonie Upingtonia, die unter namibischen Anführern zu erheblichen Konflikten führte.[84] Zwar verfügten die Deutschen damals nicht über genügend militärische Stärke, um eine Strafexpedition gegen Nehale durchzuführen, aber 1894 zeugte eine Reihe von Forts im nördlichen Zentralnamibia – in Gobabis, Okahandja, Okombahe und Omaruru – von der Konsolidierung kolonialer Macht im Süden; zugleich boten sie eine Basis für ein Vordringen nach Norden. Kurz darauf bereiste Leutwein die Gegenden unmittelbar südlich von Owambo und gründete 1896 einen großflächigen so genannten Nordbezirk, dessen Zentrum Outjo war. Im folgenden Jahr befanden sich ungefähr 150 deutsche Soldaten in diesem Bezirk und versuchten erfolglos, die Gebiete der weißen Siedler angesichts der grassierenden Rinderpest unter Quarantäne zu stellen.[85]

Je mehr Siege die Deutschen im Norden der Polizeizone verzeichneten, desto bewusster wurden sich die Ovambo-Könige der Gefahr, die von der neuen Kolonialregierung ausging. Unterschiedliche Umstände – das

Ausmaß des Einflusses von Missionaren, die relative räumliche Nähe der Deutschen und Portugiesen sowie die Auswirkungen von Machtkämpfen zwischen den Königreichen und deren Königshäusern – führten zu unterschiedlichen politischen Reaktionen. 1899 besuchte Leutnant Viktor Franke, der neue Chef des Nordbezirks, Owambo und traf sich mit Kambonde und Weyulu, die hofften, durch eine unprovokante Haltung die von den Deutschen ausgehende Gefahr abwenden zu können. Vor allem Kambonde hatte um 1897 eine neutrale politische Linie eingeschlagen und wurde von den Deutschen mit Waffen und Alkohol umworben; über ihre Absichten machten er und Weyulu sich allerdings keine Illusionen – vier Jahre zuvor hatte er Rautanen gegenüber ‚seine große Verwunderung darüber' zum Ausdruck gebracht, ‚dass fremde Leute in sein Land kamen und versuchten, es in Besitz zu nehmen und ihrer Herrschaft zu unterwerfen'.[86] Nehale und König Negumbo von Uukwambi indessen schmiedeten Pläne für einen Angriff auf die deutsche Besuchergruppe. Diese wurden zwar nicht in die Tat umgesetzt, aber Franke reiste schnell wieder ab, zumal ihm der Missionar Rautanen dringend davon abgeraten hatte, sich um Freundschaftsverträge zu bemühen oder in Uukwambi, wie ursprünglich vorgesehen, einen Militärposten einzurichten. In dieser und in anderen Situationen fungierten Rautanen und die anderen Missionare als Dolmetscher und Vermittler zwischen den Ovambo-Königen und der deutschen Regierung. Manchmal achteten sie darauf, dass Einmischung seitens der Deutschen möglichst wenige Auswirkungen hatte; insgesamt wurden sie der Kolonialmacht aber immer freundlicher gesonnen, vor allem, nachdem Leutwein im Jahr 1900 für die Lutheraner ein Monopol in Uukwambi und Ongandjera erwirkt hatte.[87]

Als 1900 deutsche Händler in Uukwambi angegriffen wurden, verschärften sich die Spannungen. Dieses Mal genehmigte Leutwein eine groß angelegte militärische Vergeltungsaktion. Diese fand nur deshalb nicht statt, weil im Februar 1901 in Berlin eine Verordnung erlassen wurde, die – vor allem aus wirtschaftlichen Gründen – eine Eroberung des Nordens untersagte. Zwar wurde eine aus 25 Soldaten bestehende Strafexpedition bewilligt, aber diese musste sich fluchtartig aus Uukwambi zurückziehen, weil sie dort eine Streitmacht von etwa siebenhundert Mann (aus Uukwambi, Oukwanyama und dem von Nehale regierten Teil Ondongas) antraf.

Es gelang den Deutschen daher nicht, im Norden große Fortschritte zu erzielen. Gleichzeitig verfolgten sie aber eine andere Strategie: Sie kreisten Kaoko und Owambo von Süden her ein und isolierten die beiden Gebiete dadurch allmählich vom Rest der Kolonie. Dies geschah zum Teil zu militärischen Zwecken. Zwischen 1900 und 1903 wurde die Verteidigungsgrenze durch die Errichtung von Forts in Okaukuejo, Namutoni und Sesfontein nach Norden verschoben: Die ersten beiden dieser Forts lagen unmittelbar in Gebieten, die die Ovambo-Könige für sich beanspruchten. Mit Ausbruch des Deutsch-Namibischen Kriegs im Jahre 1904 (siehe Kapitel 6) wurde das Fort in Namutoni von Nehales Streitkräften dem Erdboden gleichgemacht, und das in Okaukuejo wurde erst von Herero angegriffen und dann immer wieder von Truppen aus Ngandjera überfallen. Die Deutschen planten zwar eine Invasion, um Nehale für den Angriff auf Namutoni zu bestrafen, aber der Krieg im Süden verschlang solche Mengen an Ressourcen, dass diese Pläne aufgegeben wurden.

Als sich abzeichnete, dass die Kolonialregierung im Süden die Oberhand gewinnen würde, nahm man die Politik der Einkesselung und des In-Schach-Haltens verstärkt wieder auf. Ein Erlass vom 25. Januar 1906 erklärte Ovamboland zum Reservat. Dieser Erlass war zum Teil als Verteidigungsmaßnahme gedacht, hatte aber auch sehr einschneidende und nachhaltige Auswirkungen auf Wirtschaft und Gesellschaft. Wer mit den Ovambo-Gemeinschaften Handel treiben, Arbeitskräfte aus der Gegend anwerben oder überhaupt als Weißer nach Owambo einreisen wollte, benötigte nunmehr eine Genehmigung von der Regierung. Auch der Verkauf von Waffen, Munition, Alkohol und Pferden nach Owambo wurde verboten. Diese neuen Kontrollen stellten den Versuch dar, den Fernhandel zu unterbinden, der sich seit der Rinderpest-Epidemie etwas erholt hatte; das Waffenhandelsverbot ging auch darauf zurück, dass die Deutschen zwar in den späten 1880er- und frühen 1890er-Jahren entsprechende Verbote erlassen hatten, der illegale Handel aus Angola durch Owambo nach Zentralnamibia aber weiterhin blühte. 1910 gab es Schätzungen zufolge alleine in Oukwanyama 15 000 Gewehre, die Hälfte davon modernen Typs. Auch Kaoko wurde durch seinen Ausschluss aus der Polizeizone 1907 in die Isolation getrieben: Die Viehwirtschaft in dieser Gegend war dadurch während der Kolonialzeit sehr beeinträchtigt.[88]

Am Ende des in diesem Kapitel behandelten Zeitabschnitts hatte die wirtschaftliche Lebensfähigkeit des Nordens schwere Einbußen erlitten. Während der zweiten Hälfte des neunzehnten Jahrhunderts war Ovambo ein blühendes Handelszentrum gewesen. 1906 fand es sich vorsätzlich von den internationalen Handelswegen abgeschnitten, und seine Zukunft als unterentwickeltes Reservat hatte begonnen. Überall im Norden waren ältere gesellschaftliche Formationen ausgehöhlt worden, und neue Formen der Moderne bildeten sich heraus, vor allem in Owambo. Dank einer Kombination aus militärischer Stärke seitens der Afrikaner (insbesondere in Owambo) und Schwäche seitens der Deutschen sowie der Auswirkungen des zähen Widerstands im Süden besaßen die Gemeinwesen aber nach wie vor ihre politische Unabhängigkeit. Wie wir in Kapitel 7 sehen werden, änderte sich dies innerhalb weniger als eines Jahrzehnts.

Endnoten

1 Diese Definitionen bildeten in der zweiten Hälfte des zwanzigsten Jahrhunderts die Grundlage für die Bantustans, waren darüber hinaus aber auch allgemeiner in Gebrauch. Sie entsprechen in etwa den heutigen Regionen Kunene, Omusati, Oshana, Oshikoto, Ohangwena, Kavango und Caprivi. Moderne Karten dieser Gebiete finden sich in Mendelsohn *et al.*, *Atlas of Namibia*, S. 20–7.

2 Man darf hierbei aber nicht vergessen, dass koloniale Bevölkerungsschätzungen bekanntermaßen unverlässlich sind und sich die Einwohnerzahl im Laufe der Zeit stark veränderte (für gewöhnlich nahm sie zu). Für Ovambo gibt es mehrere Schätzungen; siehe beispielsweise Martti Eirola, *The Ovambogefahr: The Ovamboland Reservation in the Making. Political Responses of the Kingdom of Ondonga to the German Colonial Power, 1884–1910* (Rovaniemi: Ponjois-Suomen Historiallinen Yhdistys, 1992), S. 31; Siiskonen, *Trade*, S. 42–3; Patricia Hayes, ‚A History of the Ovambo of Namibia, c. 1880–1935' (Dissertation, Universität Cambridge, 1992), S. 25. Für Kavango gibt es eine Schätzung aus dem Jahr 1903 (Andreas Eckl, *Herrschaft, Macht und Einfluss: Koloniale Interaktionen am Kavango (Nord-Namibia) von 1891 bis 1921* (Köln: Köppe, 2004), S. 13); aus Caprivi liegt eine Schätzung für 1908 vor (Maria Fisch, *The Caprivi Strip during the German Colonial Period, 1890 to 1914* (Windhoek: Out of Africa, 1999) S. 97); und für Kaoko eine viel spätere Volkszählung aus dem Jahre 1927 (Michael Bollig, ‚The Colonial Encapsulation of the Northwestern Namibian Pastoral Economy', *Africa*, 68 4 (1988), S. 506–35, S. 511; John Friedman, ‚Making Politics, Making History: Chiefship and the Post-Apartheid State in Namibia', *SAS*, 31 1 (2005), S. 23–51, S. 32).

3 Auswertungen dieser Quellen finden sich insbesondere in Hayes, ‚Land of Goshen'; Meredith McKittrick, ‚Landscapes of Power: Ownership and Identity on the Middle Kavango River, Namibia', *JSAS*, 34 4 (2008), S. 785–802; Patricia Hayes, ‚When You Shake a Tree: The Precolonial and the Postcolonial in Northern Namibian History' in Derek Petersen und Giacomo Macola (Hg.), *Recasting the Past* (Athens, Ohio: Ohio University Press, 2009).

4 Anders als in Gebieten, in denen halbnomadische Gruppen lebten, gab es in vorkolonialer Zeit feste Territorialgrenzen in Gegenden mit sesshafterer Bevölkerung. Siehe Wilhelm Möhlig, ‚From Oral Tradition to Local History Textbook: Two Examples from the Kavango Region, Namibia' in Axel Harneit-Sievers (Hg.), *A Place in the World: New Local Historiographies from Africa and South Asia* (Leiden: Brill, 2002), S. 181–99, S. 196; Gregor Dobler, ‚Boundary Drawing and the Notion of Territoriality in Pre-Colonial and Early Colonial Ovamboland', *JNS*, 3 (2008), S. 7–30;

Andreas Eckl, ‚Reports from „Beyond the Line": the Accumulation of Knowledge of Kavango and its Peoples by the German Colonial Administration, 1891–1911', *JNS*, 1 (2007), S. 7–37, S. 25–6.

5 Williams, *Precolonial Communities; Axel Fleisch und Wilhelm Möhlig, The Kavango Peoples in the Past: Local Historiographies from Northern Namibia* (Köln: Rüdiger Köppe, 2002), S. 32; B. Hartmann, ‚Die Tjaube, eine Vorbevölkerung im Kavangogebiet', *JSWASS*, 40/41 (1985/6–1985/7), S. 75–95; Thomas Widlok, *Living on Mangetti: ‚Bushman' Autonomy and Namibian Independence* (Oxford University Press, 1999), S. 30–2, 64 und *passim*; Dieckmann, *Hai‖Om*, S. 35–6.

6 Vansina, *Societies*, S. 53–60, 134; siehe auch Hayes, ‚History of the Ovambo', S. 58.

7 In Williams, *Precolonial Communities*, S. 189–93, finden sich die königlichen Genealogien von vier Ovambo-Königreichen; Bollig (Hg.), *‚When War Came'*, S. 13. Hans Namuhuja, *The Ondonga Royal Kings* (Windhoek: Out of Africa, 2002), zufolge fiel die erste datierbare Regierungszeit in die Jahre 1650–90.

8 Patricia Hayes und Dan Haipinge (Hg.), *„Healing the land": Kaulinge's History of Kwanyama. Oral Tradition and History by the late Reverend Vilho Kaulinge of Ondobe as told to Patricia Hayes and Natangwe Shapange* (Köln: Rüdiger Köppe, 1997), S. 23. Eine Diskussion dieser Prozesse findet sich insbesondere in Williams, *Precolonial Communities*, Kap. 1, 3.

9 Bollig, *‚When War Came'*, S. 13.

10 Williams, *Precolonial Communities*, insbesondere S. 63–5; Edwin Loeb, *In Feudal Africa* (Bloomington: Indiana University Research Center in Anthropology, Folklore and Linguistics, 1962), S. 4–5, 365–73. Vilho Kaulinge, aufgezeichnet in Hayes und Haipinge, *Healing the Land*, S. 23, setzt die Wanderung nach Oshimholo zeitlich nach der Siedlungsgründung in Oshamba an. Alle drei Quellen weisen außerdem auf die wichtige Rolle von Ombwenge während der Wanderungen hin; Loeb und Kaulinge zufolge lag dieser Ort in Ondonga, Williams zufolge am Kwando-Fluss.

11 McKittrick, ‚Landscapes', S. 791–2; Vansina, *Societies*, S. 182–6; Fleisch und Möhlig, *Kavango Peoples*, S. 18, 21–3 und *passim*; Gordon Gibson, Thomas Larson und Cecilia McGurk, *The Kavango Peoples* (Wiesbaden: Steiner, 1981), S. 22.

12 D.M. Shamukuni, ‚The baSubiya', *Botswana Notes and Records*, 4 (1972), S. 161–84; Lawrence Flint, ‚State-building in Central Southern Africa: Citizenship and Subjectivity in Barotseland and Caprivi', *International Journal of African Historical Studies*, 36 2 (2003), S. 393–428, S. 398; Louis L. van Tonder, ‚The Hambukushu of Okavangoland: an Anthropological Study of A South-Western Bantu People in Africa' (Dissertation, University of Port Elizabeth, 1966), S. 37, 48.

13 Fleisch und Möhlig, *Kavango Peoples*, Mangondo's Account: The Origin of the Kwangali, S. 183–4.

14 Fleisch und Möhlig, *Kavango Peoples*, Frans Josef Haushiku's Chronicle of the Shambyu, S. 136.

15 Hinsichtlich dieses Absatzes siehe Williams, *Precolonial Communities*, S. 92–3; Vilho Shigwedha, ‚Mwaala gwa Nashilongo: a Twin with a Unique Personality' in Wolfram Hartmann (Hg.), *More New Historical Writing from Namibia* (Windhoek: Namibian History Trust, 1999), S. 37–52, S. 40–3; Fleisch und Möhlig, *Kavango Peoples*, S. 129; Hayes, ‚Landscapes'; Bollig, ‚*When War Came*', S. 13.

16 Williams, *Precolonial Communities*, S. 125–6, 142, 116–17; Widlok, *Living on Mangetti*, S. 64–5, 234–6; Namuhuja, *Ondonga Royal Kings*, S. 7–10. Beispiele für die Eroberung von Khoisan-Gemeinschaften im Kavango-Gebiet finden sich in Van Tonder, ‚Hambukushu', S. 47–9; Hartmann, ‚Tjaube'.

17 Kurze Abrisse über diese dezentralisierten Gemeinwesen finden sich in Williams, *Precolonial Communities*, S. 11; Vilho Shigwedha, ‚The Pre-Colonial Costumes of the Aawambo: Significant Changes under Colonialism and the Construction of Post-Colonial Identity' in Nampala und Shigwedha, *Aawambo Kingdoms*, S. 111–274, S. 115–16. Shigwedha bezeichnet die dezentralisierten Gemeinschaften als ‚unabhängige' oder ‚autonome' Gebiete.

18 Meredith McKittrick, *To Dwell Secure: Generation, Christianity and Colonialism in Ovamboland* (Portsmouth, NH: Heinemann, 2002), S. 30.

19 Williams, *Precolonial Communities*, S. 98–101.

20 Hayes und Haipinge, *Healing the Land*, S. 10–11; Emmanuel Kreike, ‚Hidden Fruits: A Social Ecology of Fruit Trees in Namibia and Angola, 1820s–1980s' in William Beinart und JoAnn McGregor (Hg.), *Social History and African Environments*, S. 27–42; *ders.*, *Re-creating Eden: Land Use, Environment, and Society in Southern Angola and Northern Namibia* (Portsmouth, NH: Heinemann, 2004), S. 18–19; Hayes, ‚History of the Ovambo', S. 47; Siiskonen, *Trade*, S. 60–5, 70–9; McKittrick, ‚Landscapes', S. 797.

21 Zu *efundula* und *ohango* siehe Lovisa Nampala, ‚Christianisation and Social Change in Northern Namibia: A Comparative Study of the Impact of Christianity on Oukwanyama, Ondonga and Ombalantu, 1870–1971', in Nampala und Shigwedha, *Aawambo Kingdoms*, S. 1–109, S. 27–48; Patricia Hayes, ‚Efundula and History: Female Initiation in Precolonial and Colonial Northern Namibia' in Tominaga Chizuko und Nagahara Yoko (Hg.), *Towards New Perspectives of African History: Women, Gender and Feminisms* (Osaka: Museum of Ethnology Japan, 2006); Heike Be-

cker, ‚*Efundula*: Women's Initiation, Gender and Sexual Identities in Colonial and Post-colonial Northern Namibia' in Arnfred (Hg.), *Rethinking Sexualities in Africa*, S. 35–56; Hayes, ‚History of the Ovambo', S. 68–9; McKittrick, T*o Dwell Secure*, S. 40–3, 65. Bei der Initiation der Mädchen wurde keine Beschneidung der Genitalien vorgenommen.

22 Williams, *Precolonial Communities*, S. 105–9, 126; Hayes, ‚History of the Ovambo', S. 48 ff.; Shigwedha, *Pre-Colonial Costumes*, Kap. 1; Kreike, *Recreating Eden*, Kap. 2.

23 Williams, *Precolonial Communities*, S. 94.

24 *Ebd.*, S. 97; Tlou, *Ngamiland*, S. 19–21. Im schlimmsten Fall, wenn alles andere nicht half, schickten viele der Gemeinwesen auch Gesandte nach Evale, um dort Regen machen zu lassen. Siehe Nampala, ‚Christianisation', S. 54–8.

25 *Ebd.*, S. 30.

26 McKittrick weist darauf hin, dass Berichte über die Grausamkeit von Königen zu häufig in den mündlichen Überlieferungen auftauchen, als dass es sich bei dabei um eine bloße Erfindung der Europäer handeln könnte. Außerdem erwähnt Shigwedha, dass der Königsklan gerne ohne Rücksicht auf die Gesetze handelte. McKittrick, *To Dwell Secure*, S. 66–9; Shigwedha, *Pre-colonial Costumes*, S. 199–200.

27 Williams, *Precolonial Communities*, S. 121. Kaulinge, in Hayes und Haipinge, *Healing the Land*, S. 24–5, schreibt ähnliche Grausamkeiten nicht Haita zu, sondern König Shimbilinga.

28 Fleisch und Möhlig, *Kavango Peoples*, Haushiku's Chronicle of the Shambyu, S. 137–8 (Zitat). Hinsichtlich der beiden vorangehenden Absätze siehe Williams, *Precolonial Communities*, S. 101–5, 122, 126, 135–7; Fleisch und Möhlig, *Kavango Peoples*, Michael Kativa Sirongo's Account of the History of Ukwangali, S. 244–7 und *passim*; Hayes und Haipinge, *Healing the Land*, S. 28; McKittrick, *To Dwell Secure*, S. 33–6, 26–7; Nampala, ‚Christianisation', S. 30–1.

29 Romanus Shiremo, ‚Women Rule: Kavango Female Chiefs', *Namibian*, 17. Mai 2002.

30 In Ovambo lobte man neugeborene Kinder unter Bezug auf die Rollen, die sie eines Tages in der landwirtschaftlichen Produktion einnehmen sollten: Knaben würden ‚sich um das Vieh kümmern und gute Hirten sein', wogegen Mädchen ‚dafür sorgen werden, dass die Leute *oshithima* [Hirse] zu essen haben'. Nampala, ‚Christianisation', S. 66–7.

31 Pauline Peters, ‚Revisiting the Puzzle of Matriliny in South-Central Africa', *Critique of Anthropology*, 17, 2 (1997), S. 125–46, S. 134 (Zitat); Kari Miettinen, *On the Way to Whiteness: Christianization, Conflict and Change in Colonial Ovamboland, 1910–1965* (Helsinki: Suomalaisen Kirjallisuu-

den Seura, 2005), S. 38, 52–3; Kreike, *Recreating Eden*; Robert Gordon, *Mines, Masters and Migrants: Life in a Namibian Mine Compound* (Johannesburg: Ravan, 1977), S. 245.

32 Williams, *Precolonial Communities*, S. 132–4; Heike Becker, *Namibian Women's Movement 1980 to 1992: From Anti-colonial Resistance to Reconstruction* (Bonn: Informationsstelle Südliches Afrika, 1995), S. 66–8.

33 Gordon Gibson und Cecilia McGurk, ‚The Kwangari in Gibson *et al.*, *Kavango Peoples*, S. 35–79, 41–3; in dieser Gesamtzahl ist Königin Kanuni enthalten, die 1958 den Thron bestieg. Zu diesem Thema im allgemeinen siehe Cecilia McGurk, ‚The Mbundza' in *ebd.*, S. 81–95, S. 83–4; *dies.*, ‚The Sambyu' in *ebd.*, S. 97–157, S. 99–101; Thomas Larson, ‚The Mbukushu' in *ebd.*, S. 211–67, 215–6; Fleisch and Möhlig, *Kavango Peoples*, S. 130–1; Tlou, *Ngamiland*, S. 19–21.

34 Fleisch und Möhlig, *Kavango Peoples*, Mangondo's Account, S. 192–8.

35 Hayes, ‚History of the Ovambo', S. 41–5, 52–4; Siiskonen, *Trade*, S. 203–6; Williams, *Precolonial Communities*, S. 122.

36 *Ebd.*, S. 92–3, 117–18, 126, 133–4; Hayes, ‚History of the Ovambo', S. 52.

37 Diese Zeitangaben finden sich bei Chris Maritz, ‚The Subia and Fwe of Caprivi: Any Historical Grounds for *Primus inter Pares*?', *Africa Insight*, 26 2 (1996), S. 177–85, S. 178.

38 A.D. Roberts, *A History of Zambia* (London: Heinemann Educational, 1976), S. 98; Flint, ‚State-building', S. 393–6, 399–401; Shamukuni, ‚The baSubiya'; Maritz, ‚Subia and Fwe'; Bennett Kangumu, ‚A Forgotten Corner of Namibia: Aspects of the History of the Caprivi Strip, 1939–1980' (Magisterarbeit, Universität Kapstadt, 2000), S. 9–10.

39 Flint, ‚State-building', S. 402.

40 Das heutige Linyanti wurde in jüngerer Zeit gegründet.

41 Tlou, *Ngamiland*, S. 42–3; Mutumba Mainga, *Bulozi under the Luyana Kings: Political Evolution and State Formation in Pre-colonial Zambia* (Harlow: Longman, 1973), S. 70; Shamukuni, ‚The baSubiya', S. 173–4; Roberts, *History of Zambia*, S. 127; Flint, ‚State-building', S. 403.

42 Siiskonen, *Trade*, S. 60–79; Michael Bollig, ‚Unmaking the Market: The Encapsulation of a Regional Trade Network. North-western Namibia between the 1880s and the 1950s' in Möhlig (Hg.), *Frühe Kolonialgeschichte*, S. 11–29, S. 12; Widlok, *Living on Mangetti*, S. 30–2.

43 Joseph Miller, *Way of Death: Merchant Capitalism and the Angolan Slave Trade 1730–1830* (London: James Currey, 1988), Kap. 5; Siiskonen, *Trade*, S. 82–4; W.G. Clarence-Smith, *Slaves, Peasants and Capitalists in Angola 1840–1926* (Cambridge University Press, 1979), S. 7–8; Eric Flint, ‚Trade and Politics in Barotseland during the Kololo Period', *JAH*, 11 1 (1970), S. 71–86, S. 71–2; Flint, ‚State-building', S. 401.

44 Siiskonen, *Trade*, S. 82–4, 89–92, 96–8, 102–4, 111; Clarence-Smith, *Slaves, Peasants*, S. 14–15, 30–3.

45 Siiskonen, *Trade*, S. 89–92; Hayes, ‚History of the Ovambo', S. 73. Hayes weist darauf hin, dass sich diese Kontakte anhand schriftlicher Dokumente nachweisen lassen, obwohl mündlichen Überlieferungen zufolge weiße Händler erst zur Regierungszeit von Mweshipandeka (1850er-Jahre–1881) nach Oukwanyama gekommen sein sollen.

46 Williams, *Precolonial Communities*, S. 142–4; Siiskonen, *Trade*, S. 98–101; Bollig, ‚*When War Came*', S. 15–16; Hayes, ‚History of the Ovambo', S. 75–6.

47 Bollig, ‚*When War Came*', S. 15–19; *ders.*, ‚Power and Trade in Precolonial and Early Colonial Northern Kaokoland 1860s–1940s' in Patricia Hayes, Jeremy Silvester, Marion Wallace und Wolfram Hartmann (Hg.), *Namibia under South African Rule: Mobility and Containment, 1915–46* (London: James Currey, 1998), S. 176–81.

48 Allerdings berichtete ein Händler im Jahre 1857, dass die nördlichen Ovambo-Gesellschaften über Feuerwaffen verfügten. McKittrick, *To Dwell Secure*, S. 53.

49 Hahn, *Tagebücher*, S. 1060–1; Siiskonen, *Trade*, S. 98–101; Williams, *Precolonial Communities*, S. 119–20. Williams zufolge wollten die Ndonga-Krieger offenbar die Fuhrwerke der Reisenden als Tribut konfiszieren, den die Europäer ihrer Ansicht nach dem König schuldeten. Hahn und seine Mitreisenden hatten einige Geschenke gemacht, darunter Kleidung, auf die der König aber keinen Wert legte – ein weiterer Hinweis auf die Isolation Owambos zu jener Zeit.

50 Kalle Gustafsson, ‚The Trade in Slaves in Ovamboland, *ca.* 1850–1910', *African Economic History*, 33 (2005), S. 31–68, S. 34–5, 39; Siiskonen, *Trade*, S. 102–4; 109–10, 107–52; Kreike, *Recreating Eden*, S. 27; Clarence-Smith, *Slaves, Peasants*, S. 44; Hayes, ‚History of the Ovambo', S. 81–4; Peter Johannson, *The Trader King of Damaraland: Axel Erikson. A Swedish Pioneer in South Africa* (Windhoek: Gamsberg Macmillan, 2007), Kap. 16, 17.

51 Flint, ‚State-building', S. 406.

52 Flint, ‚Trade'; Mainga, *Bulozi*, S. 82–5; Roberts, *History of Zambia*, S. 127–31; Andrew Ross, *David Livingstone, Mission and Empire* (London: Hambledon, 2002); Flint, ‚State-building', S. 402–5.

53 Tlou, *Ngamiland*, S. 65–7, 75; Gibson, *Kavango Peoples*, S. 24–5; Eckl, ‚Reports', S. 19–21.

54 Hayes und Haipinge, *Healing the Land*, S. 32.

55 Die Sekundärquellen nennen hierfür verschiedene Zeitpunkte; eine Diskussion findet sich in Miettinen, *On the Way*, S. 71, Anm. 208. Siehe au-

ßerdem Williams, *Precolonial Communities*, S. 151–3; Dobler, ‚Boundary Drawing‘.

56 Siiskonen, *Trade*, S. 206–13, 224–9; Williams, *Precolonial Communities*, S. 142–6, 151–3, 157–9; Gustafsson, ‚Trade in Slaves‘, S. 40–2; Hayes, ‚History of the Ovambo', S. 53–4, 88; McKittrick, *To Dwell Secure*, S. 58.

57 Magdalena Malonde, zitiert in Kreike, *Recreating Eden*, S. 28.

58 Siiskonen, *Trade*, S. 112–14, 213–24; Widlok, *Living on Mangetti*, S. 30–2; Hayes, ‚History of the Ovambo‘, S. 85–6, 88–92, 94–7; Eirola, *Ovambogefahr*, S. 57–9; McKittrick, *To Dwell Secure*, S. 64–5, 70–9; Gustafsson, ‚Trade in Slaves‘, S. 41, 46–7, 50–1.

59 Siiskonen bestreitet, dass die Händler im Norden ihre Geschäfte über die Gewährung von Krediten abwickelten, aber sowohl Hayes, als auch Clarence-Smith erwähnen diese Praxis. Händler waren überall in Afrika so häufig für Verschuldung verantwortlich, dass dies wahrscheinlich auch im Norden Namibias der Fall gewesen ist. Siiskonen, *Trade*, S. 194–200; Hayes, ‚History of the Ovambo‘, S. 84–7; Clarence-Smith, *Slaves, Peasants*, S. 66–7.

60 Siiskonen, *Trade*, S. 136–57; Hayes, ‚History of the Ovambo‘, S. 100–12, 136–7; Kreike, *Recreating Eden*, S. 37–42; McKittrick, *To Dwell Secure*, S. 119–22; Clarence-Smith, *Slaves, Peasants*, S. 87–8.

61 Bollig, ‚Power and Trade‘, S. 181–2; Fleisch und Möhlig, *Kavango Peoples*, Sirongo's Account of the History of Kwangali, S. 256.

62 Persönliche Mitteilung von Lorena Rizzo, April 2010.

63 McKittrick, *To Dwell Secure*, S. 55–62; Gustafsson, ‚Trade in Slaves‘, S. 35.

64 Namuhuja, *Ondonga Royal Kings*, S. 26 (Zitat); Miettinen, *On the Way*, S. 89–90; McKittrick, *To Dwell Secure*, S. 94–8.

65 Hayes, ‚History of the Ovambo‘, S. 80, 89–90; Williams, *Precolonial Communities*, S. 151–3; Miettinen, *On the Way*, S. 90–6.

66 Andreas Eckl, ‚Serving the Kavango Sovereigns' Political Interests: The Beginnings of the Catholic Mission in Northern Namibia‘, *Le Fait Missionaire*, 14 (2004), S. 9–46; Fisch, *Caprivi Strip*, S. 58; Flint, ‚State-building‘, S. 409–10; Kangumu, ‚Forgotten Corner‘, S. 19; Michael Bollig, ‚Contested Places: Graves and Graveyards in Himba Culture‘, *Anthropos*, 92 (1977), S. 35–50, S. 45.

67 Hayes, ‚History of the Ovambo‘, S. 80.

68 Miettinen, *On the Way*, S. 90–1; Nampala und Shigwedha, *Aawambo Kingdoms*.

69 McKittrick, T*o Dwell Secure*, S. 79–83, 106–18; Shigwedha, *Pre-Colonial Costumes*, S. 185. Shigwedha behauptet, die Missionare hätten Kinder unter Anwendung von Zwang von ihren Eltern ferngehalten. Diese Frage ist

jedoch schwierig zu klären, weil die meisten Belege sich eher auf das frühe zwanzigste als auf das neunzehnte Jahrhundert beziehen.

70 Miettinen, *On the Way*, S. 90–6.

71 Moorsom, ‚Underdevelopment', S. 182–5; Hayes, ‚History of the Ovambo', S. 148–57; McKittrick, *To Dwell Secure*, S. 123–9; Becker, *Namibian Women's Movement*, S. 95.

72 Roberts, *History of Zambia*, S. 131, 135; Eugenia Herbert, *Twilight on the Zambezi: Late Colonialism in Central Africa* (Basingstoke: Palgrave, 2002), S. 4–5.

73 Kabunda Kayongo, *Reciprocity and Interdependence: The Rise and Fall of the Kololo Empire in Southern Africa in the Nineteenth Century* (o.O.: Almqvist & Wiksell International, 1987), S. 140–4; Mainga, *Bulozi*, S. 111–13; Roberts, *History of Zambia*, S. 132–3; Flint, ‚State-building', S. 402–8; Maritz, ‚Subia and Fwe', S. 180–3; Shamukuni, ‚The baSubiya', S. 174.

74 Mainga, *Bulozi*, S. 118–29, 172; Roberts, *History of Zambia*, S. 133–5; Maria Fisch, ‚The Tawana's Military Campaign in the Kavango', *JNSS*, 55 (2007), S. 109–31, S. 115–16; Fleisch und Möhlig, *Kavango Peoples*, Haushiku's Chronicle of the Shambyu, S. 160–1; Flint, ‚State-building', S. 401, 410; Fisch, *Caprivi Strip*, S. 54–65.

75 Hayes, ‚History of the Ovambo', S. 114–15; Eckl, *Herrschaft*, S. 14; Herbert, *Twilight*, S. 6–7; Flint, ‚State-building', S. 411. Der Caprivistreifen wurde nach Leo Graf von Caprivi benannt, der 1890-4 Reichskanzler war. Die Bezeichnung ‚Caprivi-Zipfel' war eine scherzhafte Anspielung auf den Grafen. Siehe Wolfgang Zeller und Bennett Kangumu Kangumu, ‚Caprivi Under Old and New Indirect Rule: Falling off the Map or a 19th Century Dream Come True?' in Henning Melber (Hg.), *Transitions in Namibia: Which Changes for Whom?* (Uppsala: Nordiska Afrikainstitutet, 2007), S. 190–209, S. 193–4.

76 Kreike, *Recreating Eden*, S. 42–4; Hayes, ‚History of the Ovambo', S. 124–40; Siiskonen, *Trade*, S. 114–16, 156–7; Clarence-Smith, *Slaves, Peasants*, S. 15–16, 81.

77 Flint, ‚State-building', S. 413; Fisch, *Caprivi Strip*, S. 43–51, 61–3.

78 Bollig, ‚Power and Trade', S. 183–5; Eckl, ‚Reports'. Allerdings stellte Kaoko niemals viele Arbeitskräfte für die Polizeizone.

79 Das Kavango-Gebiet war 1901 in die Zuständigkeit des Bezirks Grootfontein gelangt.

80 Eckl, *Herrschaft*, S. 34–53; *ders.*, ‚Serving', S. 16–17; *ders.*, ‚Mit Kreuz, Gewehr und Handelskarre: der Kavango 1903 im deutschen Fokus' in Möhlig (Hg.), *Frühe Kolonialgeschichte*, S. 31–75, S. 49–50; Fleisch und Möhlig, *Kavango Peoples*, S. 62 Anm. 14. Der Siedler Eduard Paasch und seine Familie waren mitsamt ihrem Vieh in das Gemeinwesen der Gciriku

getreckt, aber er kam bei einem Streit ums Leben, den er offenbar durch aggressives Verhalten gegenüber der örtlichen Bevölkerung entfacht hatte. Seine Familie floh ins Gemeinwesen der Shambyu, aber bis auf seine jüngste Tochter wurden alle umgebracht.

81 Fleisch und Möhlig, *Kavango Peoples*, Anna Mavandje's Chronicle of the Gciriku People, S. 96–7.

82 Fisch, ‚Tawana's Military Campaign'; Hartmann, ‚Tjaube', S. 78–84; Fleisch und Möhlig, *Kavango Peoples*, S. 58–62; Gibson, *Kavango Peoples*, S. 31–3. Fisch zufolge ereigneten sich die Massaker 1893, Fleisch und Möhlig datieren sie auf 1894.

83 Fleisch und Möhlig, *Kavango Peoples*, Alex Muranda Hamunyera's Account of the History of Ukwangali and Umbunza, S. 286. Die Passage bezieht sich auf die Regierungszeit von Himarwa (1886–1910).

84 Sowohl Kambonde, als auch Nehale hatten Interessen in Bezug auf das Land in Upingtonia. Siehe Kap. 4.

85 Zu den Dynamiken des frühen Kolonialismus in Ovambo siehe Hayes, ‚History of the Ovambo', S. 113–19; Eirola, *Ovambogefahr*, S. 64–5, 77–8, 84–7, 89, 98–9, 100–6, 18–36, 169–85, 187–99 und *passim*.

86 *Ebd.*, S. 87.

87 *Ebd.*, S. 118–22 und *passim*.

88 *Ebd.*, S. 60–1, 87; Hayes, ‚History of the Ovambo', S. 114–15; Kreike, *Recreating Eden*, S. 41–2; Siiskonen, *Trade*, S. 143–5, 178–83; Bollig, ‚Power and Trade', S. 183–5. Das vollständige Waffenhandelsverbot aus dem Jahre 1892 war damals umgesetzt worden, sodass Hendrik Witbooi keinen Waffennachschub mehr aus Owambo erhielt.

4 Der Schatten des Schutzes, 1870–93

Wie wir in Kapitel 2 gesehen haben, schlossen die Krieg führenden Parteien 1870 in Okahandja ein Abkommen. Der daraus folgende Frieden dauerte zehn Jahre. Von Windhoek in Richtung Norden festigten Otjiherero-sprachige Gruppen ihren Wohlstand und bauten ihn weiter aus, wobei sie sich zunehmend an Netzwerken des Handelskapitalismus beteiligten; zugleich bildeten sie eine Identität als ‚Ovaherero' heraus – als Leute, die Rinder, Gewehre und Pferde besaßen. Weniger mächtige Gruppen im selben Gebiet hatten jedoch immer weniger Zugang zu Land und Wasser und sahen sich gezwungen, ihren Lebensunterhalt durch Wanderarbeit zu verdienen. Auch die Gemeinwesen der Nama-Oorlam hatten während der Kriege in den 1860er-Jahren einiges von ihrem Wohlstand eingebüßt. Da es jedoch keine Geschichtsschreibung gibt, die sich eingehend mit den damaligen gesellschaftlichen und politischen Verhältnissen im Süden befasst, ist darüber sehr wenig bekannt.

Zwar ging es in den 1870er-Jahren größtenteils friedlich zu, aber damals wurden zugleich die ersten ernsthaften Schritte unternommen, Namibia dem Einflussbereich der Kolonialmächte hinzuzufügen – zunächst vergeblich (mit Ausnahme von Walvis Bay, das von der (britischen) Kapkolonie annektiert wurde). Im nächsten Jahrzehnt aber brachte das Deutsche Reich Bewegung in die Sache. Dies gestaltete sich langsam und schwierig, und die Geschichtsschreibung ist insbesondere in Bezug auf den Süden nach wie vor bruchstückhaft. Jedenfalls warfen das Deutsche Reich und Großbritannien in jener Zeit erstmals einen ‚Schatten des Schutzes' – wie ich es nennen möchte – auf Südwestafrika. Britische, deutsche und afrikanische Anführer verwendeten die Bezeichnung ‚Schutz' zur Beschreibung erster Übereinkünfte zwischen Kolonialmächten und afrikanischen Gemeinwesen. Letztere versprachen sich davon eine Festigung ihrer eigenen Macht mit Hilfe europäischer Waffen und europäischen Einflusses. Anfangs hatten Schutzvereinbarungen meist wenig zu bedeuten; später errichteten die Deutschen aber auf dieser Grundlage ihre Herrschaft über die neue Kolonie.

In den 1880er-Jahren führten wirtschaftliche Spannungen in Verbindung mit alten und neuen Rivalitäten erneut zum Ausbruch gewalttätiger Auseinandersetzungen. In die gleiche Zeit fiel Hendrik Witboois kometenhafter Aufstieg zur Macht. Er hatte um 1890 die Vorherrschaft über sämtliche Nama-Oorlam-Gruppen Namibias erlangt und wehrte sich bis 1894 erfolgreich gegen eine Kapitulation vor den deutschen Kolonialherren. Zu diesem Zeitpunkt verschob sich das Machtgleichgewicht stetig zu Ungunsten der *ovahona* und *kapteins*. 1870 waren die entscheidenden Machtverhältnisse noch diejenigen zwischen afrikanischen Anführern und Gesellschaften sowie innerhalb dieser Gemeinwesen. Die offizielle Kolonialisierung Namibias durch das Deutsche Reich im Jahr 1884 brachte wenig Veränderung, weil die deutsche Verwaltung während des folgenden Jahrzehnts erstaunlich schwach blieb. Dennoch wurde die Autorität afrikanischer Anführer nach und nach untergraben, und 1893 erlangte die deutsche Kolonialverwaltung erstmals nennenswerte Macht, wie wir am Ende dieses Kapitels sehen werden.

Die Schutzpolitik

Wie bereits erwähnt, besiegelte der Friedensvertrag von 1870 die Veränderungen in der politischen Landschaft Zentralnamibias, die 1861 begonnen hatten. Er erkannte die nunmehr überlegene Position von Otjiherero-sprachigen Gruppen an und trug der Tatsache Rechnung, dass der Einfluss von Nama-Oorlam-Gesellschaften im Norden nicht mehr bis nach Windhoek reichte. Zu jener Zeit setzte ein Prozess ein, in dessen Verlauf die Herero-Identität grundlegend neu definiert wurde, sodass ‚[s]eit den 1870er Jahren … Herero, die in der 1. Hälfte des 19. Jahrhunderts häufig keine Viehalter waren, als wohlhabende Viehalter *par excellence*‘ galten;[1] in den 1870er-Jahren wurde die Bezeichnung ‚Herero‘ erstmals allgemein gebräuchlich. Otjiherero-Sprecher stellten zugleich auch die größte Bevölkerungsgruppe in Zentral- und Südnamibia: 1876 schätzte der Missionar Irle ihre Zahl auf zwischen 64 000 und 96 000.[2] Einwohnerzahlen, die etwa zur gleichen Zeit vom Sonderkommissar der Kapregierung, William Coates Palgrave, genannt wurden (unter Verwendung der üblichen ethnischen Kategorien, die in mancherlei Hinsicht über eine weniger einheitliche Wirklichkeit hinwegtäuschten), belaufen sich auf schätzungsweise 85 000 Herero, 30 000 (Berg-)Damara, 3 000 San, 16 850 Nama-Oorlam, 1500 Baster und 150 Weiße (ohne Buren).[3]

Die militärischen Erfolge einiger Otjiherero-sprachiger Anführer während der Kriege in den 1860er-Jahren ermöglichten ihnen den Aufbau einer beachtlichen Hausmacht. Der einflussreichste *omuhona* (‚große Mann') während der 1870er-Jahre war Maharero. Seine Gruppe zählte etwa 23 000 Menschen, sein Viehbestand möglicherweise sogar 40 000 Rinder (wobei sein Wohlstand durch die im nächsten Jahrzehnt zunehmenden Raubüberfälle auf Herden schrumpfte). Kambazembi, der 1863 aus Kaoko nach Zentralnamibia gekommen und am Fluss Omuramba Omatako ansässig war, verfügte über etwa 12 000 Menschen und (in den 1890er-Jahren) 70 000 Rinder. Kamureti hatte eine ähnliche Wanderung hinter sich und gebot über eine Gruppe von etwa 6000 Menschen, die nördlich von Omaruru in der Gegend des Omatako-Flusses lebten. Zeraua, der in Omaruru residierte, war einer der politisch einflussreichsten *ovahona* und Herrscher über etwa 4000 Menschen. Im Osten hatte der Mbanderu-*omuhona* Kahimemua am Nossob-Fluss ungefähr 13 000 Menschen unter sich.[4]

Die Afrikaner-Oorlam und wahrscheinlich auch andere Nama-Oorlam-Gruppen waren durch ihre Niederlagen in den 1860er-Jahren und den daraus resultierenden Verlust an Vieh, Weideland und materieller Habe verarmt. Vor diesem Hintergrund kam es zu großen Veränderungen im politischen Gefüge des Südens, sodass in den 1880er-Jahren die Witbooi in Gibeon eine der mächtigsten Nama-sprachigen Gruppen wurden. 1871 zählten sie bereits schätzungsweise 3.000 Menschen. Wie auch die anderen Nama-Oorlam-Gesellschaften waren sie nach dem Kommandotrupp-System organisiert und wurden von einer kleinen, männlichen Oberschicht militärischen Gepräges beherrscht, die in

Missionsstationen zur Schule gegangen war.[5] 1870 ließ sich außerdem eine Gruppe von Neuankömmlingen in Rehoboth nieder, die unter der Bezeichnung „Rehobother Bastaards“ oder „Baster“ bekannt wurde. Sie waren von gemischter afrikanischer und europäischer Abstammung, sprachen Kapholländisch, waren Christen und verfügten über eine Verfassung, die erstmals im Jahre 1868 verabschiedet worden war. Außer ihnen kamen etwa um dieselbe Zeit weitere Baster-Gruppen in die Gegend. Das Hauptquartier der Rehobother Baster lag an einer geografisch entscheidenden Stelle: Die wichtigste Nord-Süd-Route, die Süd- und Zentralnamibia verband, lief genau durch den Ort, der dadurch das Tor nach Windhoek und Okahandja bildete. Aufgrund dieser geografischen Schlüsselposition musste ihr *kaptein* später schwierige politische Klippen umschiffen, da es die gegensätzlichen Interessen von Herero, Nama-Oorlam und Deutschen unter einen Hut zu bringen galt.[6]

In den 1870er-Jahren lag die Macht größtenteils in den Händen der einflussreicheren *ovahona* und *kapteins*. Besonders Maharero übte über die meisten anderen Herero-Anführer ein gewisses Maß an Herrschaft aus und schaltete sich vor allem in Erbfolgeangelegenheiten ein. Zeraua und dessen Nachfolger in Omaruru sowie Kambazembi am Waterberg versuchten, dieser Einflussnahme einen Riegel vorzuschieben – ersterer mit einigem Erfolg.[7] Nichtsdestoweniger änderte sich das internationale politische Klima, und etwas mehr als zehn Jahre später erhoben die europäischen Großmächte Anspruch auf fast ganz Afrika, wobei das Deutsche Reich Südwestafrika erhielt. In den 1870er-Jahren schien es allerdings noch wesentlich wahrscheinlicher, dass Zentral- und Südnamibia britisches Protektorat würden.

1874 schrieben Zeraua, Maharero und Kambazembi gemeinsam an die Regierung am Kap und baten die Briten angesichts eines drohenden Einfalls von Buren aus der südafrikanischen Republik um Schutz, da die *ovahona* fürchteten, diese würden ihnen Land wegnehmen.[8] Die Regierung am Kap griff daraufhin umgehend ein. 1875 beschloss die Cape Legislative Assembly die Annexion von Walvis Bay und eines Gebietes im Landesinneren hinter der Hafenstadt, dessen Größe nicht näher bestimmt wurde. Im Jahr darauf entsandte man William Coates Palgrave, einen Beamten, der früher als Händler in dieser Gegend aktiv gewesen war, aus der Kapkolonie nach Namibia. Zwischen 1876 und 1885 leitete Palgrave fünf unterschiedliche Delegationen, die in das annektierte Gebiet reisten.[9] Seine Absicht war im Wesentlichen, dort einen britischen Einflussbereich zu schaffen, den Handelsverkehr mit dem Kap zu erleichtern und die Anwerbung von Arbeitskräften in die Wege zu leiten. Es bestand allerdings eine Kluft zwischen den zusätzlichen Absichten der Behörden am Kap, die ihre strategischen Interessen durch eine Politik unmittelbarer Annexion wahren wollten, und den Zielen der britischen Regierung, die wesentlich größere Vorbehalte gegen die Übernahme neuer Verpflichtungen seitens des Empire hatte. Aus diesem Grund, und weil sich der anfängliche Erfolg von Palgraves diplomatischen Annäherungsversuchen angesichts der sehr unterschiedlichen Erwartungen auf Seiten der namibischen Herrscher nicht aufrechterhalten ließ, waren Walvis Bay und dessen Umgebung das einzige Landgebiet, das Palgrave im Rahmen seiner Aktion für Großbritannien annektierte (1878). Allerdings gelang es ihm, hunderte von Arbeitern für die Kapkolonie anzuwerben (wie wir weiter unten sehen werden).

Die Anführer vieler Gesellschaften in Zentral- und Südnamibia sahen in Palgraves diplomatischer Mission eindeutig eine Möglichkeit, ihre eigenen politischen und wirtschaftlichen Ziele zu verfolgen. Das galt ganz besonders für Maharero, der diese ‚Schutzpolitik' energisch aufgriff, da er nicht nur hoffte, dadurch seine Interessen und die seiner Gruppe gegen die Buren zu wahren; er wollte auch seine eigene Oberherrschaft über Zentralnamibia vorantreiben. Er und andere Herero-Anführer nutzten die Verhandlungen mit Palgrave – eine Reihe groß angelegter Treffen mit hochrangigen Männern –, um ihren Anspruch auf Macht und Status geltend zu machen. Sie stellten ihren Wohlstand zur Schau, indem sie mit vielen Fuhrwerken und Pferden anreisten. Palgrave wiederum wollte Autorität und Modernität ausstrahlen und verlieh diesem Anspruch durch den Einsatz einer Kamera (seine Delegation verfügte über einen offiziellen Fotografen) und durch das geschriebene Wort Nachdruck.

Eines der Prinzipien, nach denen diese Fotografien gemacht wurden, war interessanterweise die Einteilung der Dargestellten in vorgefasste ethnische Gruppen (‚Damara', d.h. Herero, ‚Berg-Damara', d.h. Damara, und ‚Namaqua', d.h. Nama). Dies zeigt, dass Palgraves Delegation gleichzeitig auf bestehende Stereotype zurückgriff und dazu beitrug, sie zu festigen.

1876 schien es, als kämen Mahareros Verhandlungen mit Palgrave zu einem erfolgreichen Abschluss. *Ehi rOvaherero* (das Land der Herero) wurde in einem vom *ovahona* unterzeichneten Brief erstmals offiziell abgesteckt, und zwar als ein Gebiet zwischen Rehoboth, Waterberg und Omaruru. Dieser Versuch, die Herrschaft über Land durch die Festsetzung starrer Grenzen zu definieren, stand in schroffem Gegensatz zu älteren Vorgehensweisen bei der Legitimierung von Landansprüchen, die Rechte auf Wasserstellen und Weideland festgelegt hatten. In demselben Brief wurde burischen Siedlern ein wenig Land zur Nutzung bewilligt und einer ‚Schutz'-Vereinbarung zugestimmt, der zufolge die Herero durch das Einsetzen eines britischen Residenten in Namibia vor Angriffen geschützt würden. Henrichsen hat darauf hingewiesen, dass Maharero hierbei einen Kurs einschlug, der die Ansprüche der Damara und Nama-Oorlam ignorierte und gleichzeitig Herero-Gruppen die Möglichkeit gab, ihren Zugriff auf Land und Vieh auszubauen (die gleiche Funktion erfüllten auch Herero-Preislieder auf Orte (*omitandu*), die Menschen, Rinder und Land miteinander verknüpften und zugleich dazu dienten, Anspruch auf Wasser- und Weiderechte zu erheben).[10] Der von Maharero eingeschlagene politische Kurs stellte also keineswegs eine Kapitulation vor den Briten dar. Bei seinem Vorgehen wurde er von Riarua, Wilhelm Maharero und dem Mbanderu-Anführer Japona unterstützt. Andere, darunter Kamureti, Kambazembi und Tjaherani, waren vorsichtiger und lehnten Schutzvereinbarungen ab. Auch Maharero kamen recht bald Zweifel, und die Vereinbarung mit den Briten scheiterte dann tatsächlich daran, dass Palgrave ihn nicht über die Annexion von Walvis Bay informierte. Allerdings hofften beide Seiten weiterhin auf eine erfolgreiche Wiederaufnahme der Verhandlungen.

Palgrave traf sich auch mit fast allen Nama-Oorlam-*kapteins* in Zentral- und Südnamibia. Sowohl Andries Lambert in Gobabis als auch die Baster in Rehoboth ersuchten um britischen Schutz. Jan Jonker Afrikaner jedoch, der hoffte, einige Gebiete im südlichen Hereroland wieder unter die Herrschaft der Afrikaner-Oorlam zu bringen, nutzte die Verhandlungen dazu, sich für Änderungen im Friedensabkommen von 1870 auszusprechen. Damit stieß er bei Palgrave allerdings auf taube Ohren. Auch Jacobus Isaak aus Berseba hatte Vorbehalte gegen Schutzvereinbarungen; er sagte, er sei mit einem ‚englischen Residenten' nur dann einverstanden, ‚wenn er uns nicht unser Land wegnimmt oder uns unserer Befugnisse als Anführer beraubt … Wenn ich aber dem Residenten untertan sein soll, dann sehe ich keine Daseinsmöglichkeit für uns …'.[11] David Christian, gleichfalls aus Berseba, erklärte sich demgegenüber mit Schutz einverstanden, und zwar – wie er sagte – angesichts der von Buren-Einfällen ausgehenden Gefahr. Palgrave berief sich außerdem auf Unterstützung durch Moses Witbooi. Es wurde allerdings mit den südlichen *kapteins* keine schriftliche Vereinbarung getroffen, mit Ausnahme von Willem Christian und den Bondelswart, die bereits seit langem ein Bündnis mit dem Kap unterhielten. Die Bondelswart forderten außerdem einen Magistraten an, der sich um ihre auswärtigen Angelegenheiten kümmern, ‚Hüter unseres Landes sein und es zum Wohle unseres Volkes verwalten',[12] jedoch nicht das Recht besitzen sollte, ohne ihre Zustimmung Land zu veräußern.

Als Palgrave mit seinen diplomatischen Aktivitäten begann, herrschte in Zentral- und Südnamibia seit 1870 Frieden. Im folgenden Jahrzehnt nahmen missionarische Aktivitäten zu, der Handel mit dem Kap dehnte sich aus und Herero- sowie Nama-Oorlam-Gruppen wurden immer stärker in die Netzwerke des Handelskapitalismus und der Missionierung einbezogen. Wie auch die Anführer im Süden baten nun auch Herero-*ovahona* häufig Missionare, sich bei ihnen niederzulassen, da sie sich davon politische Einflussnahme und Zugang zum Fernhandel versprachen. Zu jener Zeit weitete auch die Rheinische Missionsgesellschaft ihr Betätigungsfeld aus. Sie gründete neue Stationen im Zentrum des

Abb. 11: Dieses Bild von Maharero stammt aus einem Fotoalbum, das während Palgraves Reise nach Namibia im Jahre 1876 entstand. Maharero sitzt links, neben ihm Riarua (auch bekannt unter dem Namen Amadamap), sein militärischer Befehlshaber; hinter ihnen steht Mahareros ältester Sohn Wilhelm.

Landes, an der Küste und im Süden, und nahm bereits bestehende wieder in Betrieb. Dadurch ‚[verwandelte sich] eine angreifbare, lokal ausgerichtete RMG in ein funktionierendes Netz, zunächst nur im Kleinen, dann aber in immer größerem Umfang, und betrieb Bildungseinrichtungen, das erste Krankenhaus für Afrikaner, landwirtschaftliche Betriebe und Missionsstationen‘.[13]

Die Nama-Missionen hatten es mit Gemeinschaften zu tun, die das Christentum schon seit langem kannten, und konnten daher bezüglich Bekehrung und Kirchgang deutlich größere Erfolge verzeichnen als die Missionen unter Otjiherero-Sprechern. Dennoch hielt auch bei letzteren das Christentum immer stärker Einzug: 1869 hatte die Herero-Mission der RMG gerade einmal 150 Mitglieder zu verzeichnen, 1876 war die Zahl der Konvertiten bereits auf 983 angewachsen, und 1883 auf 1448.

Zu jener Zeit erwachte bei der Herero-Oberschicht ernsthaftes Interesse an der neuen Religion: Viele *ovahona*, darunter auch Maharero, Zeraua, Kandjii und Riarua, wollten zwar selbst nicht zum Christentum übertreten, schickten ihre Kinder aber in die Kirche und ließen sie bisweilen sogar am Augustineum ausbilden, dem 1866 gegründeten Lehrerseminar in Otjimbingue. Die RMG unterteilte ihre Arbeit zwar nach ethnischen Gruppen, es gibt aber Hinweise darauf, dass die Wirklichkeit sich etwas komplexer gestaltete: So fanden sich beispielsweise in den Stationen der Herero-Mission einige Damara und Nama-Oorlam ein. Außerdem waren Missionsstationen nach wie vor Zufluchtsorte für die Armen aus Zentralnamibia; ein Beispiel hierfür ist die von Daniel Cloete in den späten 1860er-Jahren in Omaruru aufgenommene Tätigkeit bei verarmten Damara und Swartbooi. Etwas anders verhielt es sich bei der Damara-Missionsstation in Okombahe, da sie 1870 in einer Gemeinschaft gegründet wurde, die Mitte des neunzehnten Jahrhunderts entstanden war und offenbar bereits vor dem Eintreffen der Missionare wirtschaftlich gedieh. Die dortigen Einwohner produzierten Mais, Kürbisse und Tabak und hielten Ziegen und Rinder.[14]

Zusätzlich zu ihrer geistlichen und politischen Tätigkeit blieb die Mission (die selbst finanzielle Schwierigkeiten hatte) weiterhin im Fernhandel aktiv, der im Vergleich zu den unterkapitalisierten Vorstößen der 1860er-Jahre in den 1870er-Jahren eine neue Größenordnung annahm. Seinen Höhepunkt hatte dieser Handel wahrscheinlich 1877/78: Palgrave berichtet, damals habe man in Zentralnamibia in zehn Handelsposten und mit bis zu hundertzwanzig Fuhrwerken Handel betrieben. 1869 gründete der imperialistisch eingestellte Leiter der RMG, Friedrich Fabri, eine missionseigene Handelsgesellschaft, die Missions-Handels-Actien-Gesellschaft (MHAG). Wie ihre Konkurrenz importierte auch die MHAG Waffen (ungeachtet eines Verbotes, das aus dem Hauptsitz der Mission ergangen war) und Alkohol und führte Jagderzeugnisse und Rinder aus. Es gab inzwischen zwar auch andere Unternehmen, die in Zentralnamibia Geschäfte machten, aber die einzigen, die Handel in noch größerem Stil betrieben als die MHAG, waren die Partner Axel Wilhelm

Eriksson und Anders Ohlsson (letzterer ansässig in Kapstadt), die Mitte der 1870er-Jahre über Kapital im Wert von etwa 200 000 Pfund Sterling verfügten. In der gleichen Zeit verlor Otjimbingue seine Vorrangstellung als bedeutendster Handelsposten in Zentralnamibia an Omaruru (Zerauas Hauptquartier, auf das sich auch die Aktivitäten von Eriksson und Ohlsson konzentrierten) und an Mahareros Siedlung Okahandja.[15]

Diese Händler führten vor allem Elfenbein und Straußenfedern aus, die zum Kap und von dort nach Europa verschickt wurden. Wie auch in vielen anderen Teilen Afrikas schoss man zu dieser Zeit viele Wildtiere und dezimierte die Bestände, da sich mit diesen Luxusgütern erhebliche Gewinne erzielen ließen. Aus Elfenbein wurden Klaviertasten, Schmuck und andere Konsumgüter hergestellt: Statt Walprodukten waren nunmehr Elefantenstoßzähne das Hauptexportgut. Um an diese Waren zu gelangen, bedienten sich die großen Firmen – aber auch eine Reihe kleinerer Unternehmen und Einzelpersonen – eines Systems kommerzieller Jagd, in dem Händler (Weiße, Baster, Griqua und manchmal auch Schwarze) auf Kreditbasis arbeiteten und ein Netz aus Nama-Oorlam- und San-Jägern unter sich hatten. Handelsbeziehungen zum Ngami-Gebiet bestanden in dieser Zeit ebenfalls fort. Auch Otjiherero-Sprecher beteiligten sich am Jagdgeschäft, schafften es aber häufig, sich aus diesem System herauszuhalten und unabhängig davon zu arbeiten.

Anders als die Nama-Oorlam waren die Herero-Gruppen vor relativ kurzer Zeit in den Handel mit dem Kap eingestiegen: Erst in den 1870er-Jahren waren sie intensiv in diese Handelsnetze eingebunden, wobei sie Jagderzeugnisse lieferten und dafür Pferde und moderne Waffen einführten. Zumindest kurzfristig konnten sie durch diesen Markteintritt ihre militärische Schlagkraft ausbauen (und Kommandotrupps bilden) und erhielten dadurch mehr Kontrolle über Handel, Herden und Menschen sowie über den Zugang zu Wasser und Weideland. Mit diesem Prozess der (Re-)Pastoralisierung bei Otjiherero-Sprechern ging immer mehr eine Selbstidentifizierung als ‚Herero' einher – definiert nicht nur als Menschen, die Otjiherero sprachen, sondern auch als Besitzer von Rindern, Gewehren und Pferden.[16]

Eine Folge dieses zunehmenden Wohlstands waren vermehrte Spannungen, sowohl unter den Verlierern bei diesem Herausbildungsprozess von *ehi riOvaherero* – da durch das Anwachsen der Herden Wasser und Weideland knapp wurden – als auch unter den Herero selbst, da sie sich durch die neuen Handelsbeziehungen immer mehr verschuldeten. Diese Spannungen entluden sich schließlich nach dem Wirtschaftskollaps am Ende des Jahrzehnts; damals gingen die üppigen Niederschläge der 1870er-Jahre zu Ende, und die Dürre von 1879–81 begann. Außerdem waren damals die Wildbestände fast völlig erschöpft, und die weltweite Rezession der frühen 1880er-Jahre führte zum Zusammenbruch des Marktes für Jagderzeugnisse. Bewaffnete Konflikte, insbesondere in Form von Raubüberfällen auf Rinderherden, waren die Folge, da die Dürre Herero-Hirten zwang, ihre Herden nach Süden in die Gegend um Windhoek zu treiben. Daran entzündeten sich Kämpfe, an denen (im Wesentlichen) Jan Jonker Afrikaner auf der einen Seite und die Baster in Rehoboth und Maharero auf der anderen beteiligt waren. Allerdings weist Lau darauf hin, dass es sich dabei um ‚ein sehr komplexes Muster aus sich verändernden Allianzen zwischen [verschiedenen] Ethnien' handelte.[17] 1880 befahl Maharero, alle Nama-Oorlam im Okahandja-Gebiet und dessen Umgebung zu töten; Auslöser war offenbar ein Zwischenfall an einem Rinderposten.[18] Nach einigen Monaten heftiger Gefechte änderte sich das Gewaltmuster. Es kam nun zu einer Reihe eher dezentral durchgeführter, aber dennoch massiver Raubüberfälle auf Viehherden. Auch in West- und Nordwestnamibia kämpften Nama, Damara und San gegen Herero um Rinder.

Diese Jahre stellten auch einen Wendepunkt für die kleinen Damara-Gruppen dar, die verstreut in Zentralnamibia lebten. Durch die Ausbreitung der Herero-Herden waren sie ohnehin bereits verarmt, und die Herero machten sie sich zunehmend als Arbeitskräfte zunutze. Unter der Dürre von 1880 hatten sie schwer zu leiden, zumal die Wildbestände – früher eine Nahrungsquelle in mageren Zeiten – durch die kommerzielle Jagd stark dezimiert waren. Armut zwang Damara, die zuvor in Okombahe gelebt und dem dortigen *ovahona* Tribut gezahlt hatten, zur Abwanderung in die umliegenden Berge, woraufhin sich eine Otjiherero-sprachige Gruppe unter Daniel Kariko (der wiederum ein Untertan des Gemeinwesens von Omaruru war) in Okombahe niederließ und Eigentumsansprüche anmeldete. Zur gleichen Zeit wurden Damara verstärkt als Wanderarbeiter angeworben, zunächst (1879–82) von der Regierung am Kap, die mindestens 200 Männer, 50 Frauen und etwa 100 Kinder (wahrscheinlich aber wesentlich mehr) als Haushaltsangestellte sowie für landwirtschaftliche und andere Tätigkeiten anwarb. Dank einer mit Manasse Tjiseseta (der 1884 nach dem Tod von Tjaherani, dem Nachfolger Zerauas, Anführer geworden war) später in Omaruru geschlossenen Vereinbarung durften südafrikanische Arbeitsvermittler Damara anwerben, und zwar vor allem für Arbeit in den Minen. Dabei handelte es sich bisweilen jedoch um Zwangsrekrutierungen. Manche Damara konnten sich diesem Druck dadurch entziehen, dass sie zu den Swartbooi flohen. Gemeinsam mit diesen verteidigten sie 1887 Otjitambi erfolgreich gegen Angriffe der Herero.[19]

Die neuerlichen Konflikte der 1880er-Jahre erhielten zusätzlichen Zündstoff durch die auf beiden Seiten herrschende Verschuldung und die Tatsache, dass sie wirtschaftlich auf Weidegründe für ihr Vieh und Rinderraub angewiesen waren. Die gewalttätigen Auseinandersetzungen machten einen Großteil der von der RMG in den 1870er-Jahren erzielten Fortschritte zunichte und erschwerten den Handel im Großen wie im Kleinen erheblich. 1881 ging die MHAG in Konkurs. Eriksson & Co., die bereits zuvor bis zum Ngami-See und nach Owambo Handel getrieben hatten, expandierten nunmehr nach Norden, konzentrierten ihre Aktivitäten auf Moçamedes in Südangola und handelten vor allem mit Rindern, nach denen inzwischen zum Gebrauch in den Minen in Südafrika große Nachfrage bestand. Als die Regierung am Kap (seit 1880) Vorstöße unternahm, Waffenexporte nach Namibia zu verbieten, gerieten die *ovahona* und *kapteins* zunehmend in die Abhängigkeit der wenigen verbliebenen Händler– vor allem solcher, die Wege fanden, die neuen Vorschriften zu umgehen und nach wie vor Waffen einzuführen. In vielen Fällen verkaufte man den Händlern Vieh, Abbau- und Handelskonzessionen und sogar Land oder bezahlte damit Schulden bei ihnen. Der bekannteste dieser Männer war Robert Lewis; Maharero kannte ihn bereits seit langem gut und erteilte ihm 1877, 1883 und 1885 weitreichende Konzessionen, unter anderem über Handelsrechte in einem großen Teil Zentralnamibias.[20]

Der Aufstieg von Hendrik Witbooi

Allen Konflikten, denen sich Süd- und Zentralnamibia gegenüber sahen, zum Trotz kam 1883 ein deutscher Kaufmann namens Adolf Lüderitz in diese Gegend und legte den Grundstein für dessen koloniale Inbesitznahme (und überhaupt für die Definition von ‚Südwestafrika' als einer räumlichen Einheit). Aber verglichen mit dem Aufstieg Hendrik Witboois, der etwa um diese Zeit begann, müssen den namibischen Anführern Lüderitz' Eintreffen und die Schutzverträge, die er in den folgenden zwei Jahren schloss, belanglos vorgekommen sein.

Von den drei bekanntesten Anführern in Zentral- und Südnamibia während des neunzehnten Jahrhunderts – Jonker Afrikaner, Maharero und Hendrik Witbooi – ist das Gedenken an Witbooi heute noch am stärksten; er gilt als Held im Kampf gegen den Kolonialismus. Er hielt der deutschen Herrschaft stand und weigerte sich bis zu seiner Niederlage gegen den deutschen Verwalter Leutwein im Jahr 1894, einem Schutzvertrag zuzustimmen. Zehn Jahre später führte er hochbetagt einen weiteren Aufstand an, bei dem er ums Leben kam. Zwischen 1894 und 1904 hielt er sich jedoch getreulich an das Friedensabkommen, das er mit den Deutschen geschlossen hatte; verschiedentlich entsandte er sogar seine eigenen Streitkräfte, um an der Seite der Schutztruppe (des deutschen Militärs) gegen diejenigen zu kämpfen, die sich der deutschen Kolonialherrschaft widersetzten. Witbooi ist zweifellos eine widersprüchliche Figur: Er war gebildet und ein begabter Zimmermann; nachdem er in den 1880er-Jahren mit knapper Not Mordaktionen an Nama in Herero-Gebieten entkommen war, wurde er zum religiösen Visionär und entwickelte sich zu einem charismatischen Anführer, der durch seine starke persönliche Ausstrahlung eine Anhängerschaft anzog. Er war auch ein begnadeter Politiker und Heerführer. Er verband aufrichtige religiöse Überzeugung mit taktischen Überlegungen zur Etablierung einer Vormachtstellung der Witbooi, die auf bewaffneten Überfällen auf andere Gruppen im Zentrum und Süden basierte.

Hendrik Witbooi korrespondierte eifrig, und viele der Briefe, die er mit afrikanischen und deutschen Führungspersönlichkeiten sowie mit anderen Personen, einschließlich seiner Anhängerschaft, ausgetauscht hat, sind erhalten. Er meldet sich darin so unmittelbar und ausführlich zu Wort wie kein anderer namibischer Anführer jener Zeit (obwohl diese zuweilen auch eigene Archive unterhielten). Daher ist es umso enttäuschender, dass es bislang noch keine grundlegende Untersuchung über die Gesellschafts- und Wirtschaftsgeschichte Witboois und seiner Gruppe gibt, und übrigens auch nicht über den Süden Namibias nach 1870 im All-

Abb. 12: Hendrik Witbooi, der über zwei Jahrzehnte lang bis zu seinem Tod im Jahre 1905 oberster Anführer im Süden war, fotografiert um 1898.

gemeinen.[21] In groben Umrissen ist diese Geschichte trotzdem bekannt. Hendrik Witbooi wurde um 1830 in Pella in der nördlichen Kapregion als Sohn von Moses und !Nanses (Lena) Witbooi geboren. Moses wurde 1875 nach dem Tod seines Vaters Kido *kaptein* der Witbooi. Ab 1820 hatten sich die Witbooi auf eine Reihe von Wanderungen begeben, um einen Ort zu finden, an dem sie sich niederlassen konnten. 1863 gründeten sie dann zusammen mit einem Missionar eine Siedlung in Gibeon (dem früheren Kachatsus). Soweit bekannt ist, etablierten und wahrten sie ihre Macht durch den Diebstahl oder das Einfordern von Rindern bei anderen Bevölkerungsgruppen. Wie die anderen Gruppen Südnamibias waren auch sie eng in die Austauschnetze eingebunden, die vom Kap ausgingen, und importierten große Mengen an Waren – Kleidung, Nahrung, Alkohol, Waffen und Pferde.[22]

Im Alter von etwa 38 Jahren wurde Witbooi erst ein engagiertes Mitglied und dann Kirchenältester in der Missionskirche zu Gibeon, wo sich zwischen ihm und dem ersten dortigen Vertreter der RMG, Johannes Olpp, eine enge Freundschaft entwickelte. Bestärkt wurde er darin möglicherweise von seiner Frau Katharina, die etwas früher als er am Unterricht des Missionars Olpp teilzunehmen begann. 1884 war in Hendrik Witbooi aber der Entschluss gereift, seine Leute aus Gibeon fortzuführen und sich dadurch von seinem Vater zu lösen, der seit 1880 versuchte, Angriffen der Herero zu widerstehen – größtenteils vergeblich. Mit einem Trupp von etwa 300 Gefolgsleuten (wahrscheinlich nur Männer) machte sich Hendrik Witbooi auf die Reise nach Norden. In der Nähe von Windhoek geriet er zunächst in einige Gefechte mit Maharero, verhandelte dann aber mit ihm und erhielt freies Geleit durch dessen Land. Im Jahr darauf reiste er wieder von Gibeon Richtung Norden, diesmal mit einem Tross von fünf- bis sechshundert Männern, Frauen und Kindern, darunter auch einige aus anderen Nama-Oorlam-Gruppen; nur etwa 40 bis 50 Leute blieben zurück.[23] Die Reise nahm ein unglückliches Ende: Obwohl Maharero offenbar sicheres Geleit zugesagt hatte, griffen seine Streitkräfte die Neuankömmlinge in Osona südlich von Okahandja an, und die Witbooi mussten Hals über Kopf fliehen.

Dieses Verhalten Mahareros ist angesichts der Konflikte, die es in den Jahren zuvor gegeben hatte,[24] und der zunehmenden Konkurrenz um Wasser und Weideland, die durch die Ankunft der Witbooi entstanden wäre, möglicherweise nicht überraschend. Witbooi wiederum glaubte, die Reise nach Norden sei eine Aufgabe, die ihm Gott gestellt habe. Hinsichtlich der genauen Art dieser Berufung sind seine Briefe eher vage; es ging aber wohl unter anderem darum, die Reise seines Großvaters Kido Witbooi gen Norden fortzuführen; die Missionare dachten außerdem, er wolle das Land allgemein befrieden.[25] Zugleich wollte er aber eine von seinem Vater unabhängige Hausmacht aufbauen und sich Zugang zu Weideland verschaffen, das besser war als in der Gegend um Gibeon. Dass er anfangs im Wesentlichen friedliche Mittel einsetzte – und sogar den Bastern, die mit Maharero verbündet waren, gestohlenes Vieh zurückgab – verdeutlicht die Vielschichtigkeit seiner Motive. Einerseits glaubte er offenbar zu jener Zeit, er handle damit nach Gottes Willen, und möglicherweise war er auch davon geprägt, dass die Kirche Diebstahl verbot. Andererseits war dies Teil einer geschickten politischen Taktik, um sich mit dem wesentlich stärkeren Maharero gewaltlos zu arrangieren.

Mit seinem Vorgehen verscherzte sich Hendrik Witbooi das Wohlwollen der Missionare, die in seinem Anspruch, ein direkter Empfänger von Gottes Willen zu sein, eine implizite Bedrohung für ihre eigene Autorität sahen und angesichts der von ihm angeregten spirituellen Bewegung beunruhigt waren. Außerdem stand die von Witbooi geplante Wanderung in Widerspruch zu ihrer eigenen Politik der Sesshaftmachung. 1884 wurde Witbooi seines Amtes als Kirchenältester enthoben. Er fungierte jedoch nach wie vor als Seelsorger und Prediger für den Teil der Witbooi-Gemeinde, der unter seiner Herrschaft stand. Dies war die Mehrzahl, und unter ihnen gedieh das Christentum unabhängig von einem Missionar. Nach der Niederlage von 1885 siedelte sich diese Gemeinschaft in Garumanas nördlich von Rehoboth an.

Anfang 1886 unternahm Hendrik Witbooi (als Befehlshaber einer Streitmacht, die sowohl aus Witbooi, als auch aus Mitgliedern anderer Nama-sprachiger Gruppen bestand) einen dritten vergeblichen Versuch, weiter nördlich einen Stützpunkt einzurichten. Er führte einen Überraschungsangriff auf Okahandja durch, der – wenn auch unter einigen Schwierigkeiten – abgewehrt wurde. Danach wurden Witboois Truppen in der Nähe von Rehoboth von einer Streitmacht der Herero in Kämpfe verwickelt und geschlagen.[26] Weiter südlich jedoch hatte er mehr Erfolg. Als Paul Visser im Jahre 1887 Moses Witbooi, das Oberhaupt der Gruppe in Gibeon, stürzte, holte Hendrik zum Gegenschlag aus, bezwang Visser und dessen Verbündete im Juli 1888 und wurde *kaptein* in Gibeon (Moses Witbooi und Visser kamen beide bei diesen Auseinandersetzungen um). Wie wir unten sehen werden, war er nunmehr bereit für den Aufstieg zu einer Vormachtstellung im Süden, die derjenigen Jonker Afrikaners ähnelte. Er erlangte zwar keine vergleichbare Herrschaft über Otjiherero-Sprecher, stellte für sie aber eine ständige militärische Herausforderung dar.

Die Ankunft der Deutschen

Die Expansion offizieller kolonialer Macht nach Namibia fiel in diese Zeit rasch aufeinanderfolgender Veränderungen. 1883 begann der deutsche Händler Adolf Lüderitz mit einer Reihe von Landkäufen und brachte dadurch den Prozess ins Rollen, der schließlich zur Inbesitznahme Südwestafrikas durch die Deutschen führte. 1870 war es noch keineswegs ausgemachte Sache, dass das Deutsche Reich ein Weltreich aufbauen würde. In den 1880er-Jahren machten sich andere europäische Großmächte an die Annexion großer Gebiete in Afrika (und anderswo). Im Zuge dessen meldete das Deutsche Reich, das bis dahin noch keine Besitzungen in Übersee hatte, ähnliche Ambitionen an. Die Inbesitznahme von SWA durch das Deutsche Reich wurde dadurch begünstigt, dass Großbritannien zwar Anspruch auf die Region – die von der Regierung am Kap als eigenes Hinterland betrachtet wurde – hätte erheben können, den Deutschen aber keinen nennenswerten Widerstand entgegensetzte. Allerdings geriet die Bereitschaft des Deutschen Reichs, das Gebiet zu kolonisieren, immer wieder ins Wanken, und noch 1892 gab es ernsthafte Überlegungen, ob sich das Kaiserreich nicht doch besser aus DSWA zurückziehen sollte.

Nach der Konstituierung des Deutschen Reichs 1871 wuchs die Begeisterung für ein Weltreich und den Profit, der sich daraus schlagen ließ. Reichskanzler Otto von Bismarck mahnte aber zur Vorsicht. Er war der Ansicht, dass die wahren Interessen des Deutschen Reichs in Europa lägen, und wies eindringlich darauf hin, dass der Erwerb von Kolonien das Deutsche Reich finanziell und in diplomatischer Hinsicht teuer zu stehen kommen würde. Im weiteren Verlauf des Jahrzehnts änderte sich jedoch seine Meinung, da der Wirtschaftsnationalismus zunahm und der ‚Wettlauf um Afrika' seitens der europäischen Mächte immer schneller wurde. Auch die heikle politische Lage im Reich, das durch die Auswirkungen der kürzlich erfolgten rapiden Industrialisierung und den damit einhergehenden Anstieg der Arbeitslosigkeit entzweit war, bestärkte ihn möglicherweise darin, die Kolonialisierung als ein Vorhaben aufzugreifen, das alle außer der Linken vereinen und von den bestehenden Problemen ablenken würde. 1884 war Bismarck bereit, die Kolonialisierung zu unterstützen, wobei er allerdings die (auf längere Sicht unhaltbare) Auffassung vertrat, dass die Kolonien von deutschen Privatfirmen verwaltet werden sollten. Zugleich einigten sich die europäischen Mächte auf der berühmt-berüchtigten Kongo-Konferenz (Westafrika-Konferenz) in Berlin (1884/85) auf die rechtlichen Grundlagen ihrer Inbesitznahme und Aufteilung Afrikas. Am Ende des Jahrzehnts hatte das Deutsche Reich mit der Gründung von Kolonien in Kamerun, Togoland, Ostafrika, auf den Pazifikinseln sowie in Südwestafrika begonnen.[27]

In diesem Zusammenhang ist auch Lüderitz' Kauf großer Landgebiete im heutigen Namibia zu sehen. Er war nicht der einzige, der aus namibischen Ressourcen Profit schlagen wollte:[28] In den frühen 1880er-Jahren besorgten sich auch einige andere Händler neue Konzessionen für das Gebiet, ungeachtet der immer wieder aufflackernden Gewalt. Die besondere Bedeutung von Lüderitz liegt aber im schieren Umfang der Vereinbarungen, die er treffen konnte, in seinem bombastischen politischen Ehrgeiz – er wollte einen deutschen Einflussbereich schaffen, der bis nach

Zentral- und Ostafrika reichte – und in der Tatsache, dass er seine Käufe zum richtigen Moment in der Geschichte tätigte, um die Politik zum Handeln zu bewegen.

Zuallererst schickte Lüderitz seinen Agenten Heinrich Vogelsang, unterstützt durch den Rheinischen Missionar Johannes Bam, zu Joseph Fredericks von den Nama in Bethanien, um mit ihm Verhandlungen über das Land um die Angra-Pequena-Bucht (die bald in ‚Lüderitzbucht' umgetauft werden würde) zu führen. Lüderitz kaufte dieses Land durch einen am 1. Mai 1883 geschlossenen Vertrag. Am 25. August willigten Frederick und die Bethanier in einen zweiten Verkauf ein; diesmal ging es um das Gebiet, das vom Gariep (Oranje), der die Nordgrenze der Kapkolonie bildete, bis zum 26. Breitengrad nördlich von Angra Pequena reichte. Durch diese beiden Transaktionen erwarb der Händler den Küstenstreifen und ein Gebiet von zwanzig *geografischen* Meilen landeinwärts entlang dieses Streifens. Allerdings wurde den Bethaniern nicht gesagt, dass eine geografische Meile 7,4 Kilometer misst, im Gegensatz zur englischen Meile, die nur 1,6 Kilometern entspricht. Ohne es zunächst zu merken, wurden sie also getäuscht und verkauften weitaus mehr Land, als sie beabsichtigt hatten. Der Preis betrug 6000 Pfund (die offenbar in Waren bezahlt wurden) und 260 Gewehre.[29]

Aus der Rolle, die Bam bei diesen Verhandlungen einnahm, wird die Wichtigkeit einzelner RMG-Missionare (oder ehemaliger Missionare) bei Gesprächen über ‚Schutz' und bei Käufen ersichtlich, da sie über Sprachkenntnisse und Kontakte zu Afrikanern verfügten. Im Deutschen Reich hatte der Leiter der Mission, Friedrich Fabri, seit den 1880er-Jahren die Annexion Südwestafrikas durch die Deutschen aktiv unterstützt. Allerdings war die Befürwortung deutscher Herrschaft seitens der RMG keineswegs so einhellig, wie es Drechsler und andere Historiker unterstellen. Erst 1884 sprach sich die Missionsgesellschaft öffentlich für eine Annexion aus, und noch 1878, als sich die Briten Walvis Bay aneigneten, ersuchte Fabri um *britischen* Schutz für Missionare der RMG in SWA. Es gab zwar unter den Missionaren vor Ort viel deutschen Patriotismus, aber sie hatten auch den ganz pragmatischen Wunsch nach Sicherheit vor den damals herrschenden gewalttätigen Zuständen. Außerdem unterschieden sich Missionare wie Bam, die eine deutsche Intervention befürworteten, von anderen wie etwa Gottlieb Viehe, die sich stärker mit den Interessen der Afrikaner identifizierten und um Neutralität bemüht waren. Wie Oermann schreibt, hatte die RMG

> ... enorme Probleme, festzulegen, welches Maß an Verstrickung in die Politik bei den Missionaren noch akzeptabel war. Für die Zentrale lag der Schwerpunkt auf der Ausweitung missionarischer Aktivitäten, aber die Tatsache, dass Missionare der RMG im In- und Ausland deutsche Bürger waren, hatte immer einen unterschwelligen Einfluss.[30]

Durch die Landkäufe im Süden erhielt Bismarck eine Grundlage, auf der er in Namibia den Prozess einer Herrschaftsübernahme durch das Deutsche Reich einleiten konnte. In einem Telegramm vom 24. April 1884 schuf er faktisch die Kolonie, indem er Angra Pequena unter deutschen ‚Schutz' stellte. Außerdem schickte er Kanonenboote, um die Küste offiziell in Besitz zu nehmen. Daraufhin forderte die deutsche Regierung Lüderitz auf, den Küstenstreifen vom 26. Breitengrad bis zur Grenze zu Angola zu kaufen. Dies tat er mit fragwürdigen Methoden, da er Kaufverträge mit Anführern schloss, die wenig oder keine Verfügungsgewalt über das Land besaßen, das sie nach eigenen Angaben verkaufen konnten, während diejenigen Anführer, die de facto große Teile des Gebietes beherrschten, sich einer Veräußerung hartnäckig widersetzten. Im August 1884 kaufte man Piet Haibib – dem Anführer der in Rooibank nahe Walvis Bay ansässigen Topnaar – der Abschnitt vom 26. bis zum 22. südlichen Breitengrad (also nördlich von Angra Pequena bis nördlich von Walvis Bay) einschließlich des Gebietes ab, das zwanzig geografische Meilen landeinwärts hinter der Küste lag. Schließlich kaufte Lüderitz 1885 von den Swartbooi in Fransfontein und den Topnaar, die in Sesfontein lebten und von Jan Uichamab angeführt wurden, ein Gebiet, das sich vom 22. südlichen Breitengrad bis zum Kalten Kap (Kap Frio) und dem Kunene-Fluss nach Norden erstreckte, sowie zusätzliches Land in Kaoko. Außerdem erwarb er von Jan Jonker Afrikaner Schürfrechte und ein wenig Land in Zentralnamibia, einschließlich des Orts Windhoek.

Durch diese Käufe erhielt die junge deutsche Kolonie – zumindest nominell – fast die gesamte Küste Namibias sowie ein Gebiet, das sich hinter der Küste etwa 150 Kilometer landeinwärts erstreckte.[31] Die Tatsache, dass Joseph Fredericks, Piet Haibib, Cornelius Swartbooi, Jan Uichamab, Jan Jonker Afrikaner und ihre Räte dem Verkauf dieses Landes zustimmten, ist erklärungsbedürftig. Geld spielte eindeutig eine Rolle: Alle diese Gruppen waren klein, relativ machtlos und größtenteils verarmt – Jan Jonker beispielsweise verfügte nur noch über vierzehn kampffähige Männer –, und ihre wirtschaftliche Situation hatte sich durch das Waffenembargo zusätzlich verschlechtert. Lüderitz zahlte für Land und sicherte dem betreffenden *kaptein* meist zusätzlich ein jährliches Einkommen zu. Zumindest im Fall von Fredericks waren außerdem Betrug und erhebliche Mengen Alkohol im Spiel.

Allerdings steht außer Zweifel, dass die *kapteins* ihrerseits versuchten, sich den Einfluss der Deutschen in bestehenden Machtkämpfen zu Nutze zu machen. Jan Jonker Afrikaners Anläufe, Windhoek an Lüderitz zu verkaufen, wurden ständig von Maharero hintertrieben, der unter Berufung auf den zweiten Vertrag von Okahandja aus dem Jahre 1870 selbst Ansprüche auf den Ort geltend machte. Die Swartbooi wiederum lagen im Zwist mit Manasse Tjiseseta von Omaruru, einem der mächtigsten Anführer der Herero. 1867 hatten die Swartbooi einen Stützpunkt in Ameib errichtet, an einer strategisch wichtigen Stelle südwestlich von Omaruru, auf die auch Manasse Anspruch erhob. Anschließend zogen sie nach Kaoko, wodurch sich die Spannungen nicht verringerten, da Manasse ihre dortige Siedlung in Fransfontein als Gefahr für die Handelswege zwischen Omaruru und dem Norden betrachtete. Anlässlich des Landverkaufs an Lüderitz nutzte Cornelius Swartbooi die Gelegenheit und gab eine Proklamation ab, der zufolge sein Land sich von Karibib und Okombahe nach Norden bis zum Kalten Kap und zum Kunene erstreckte; tatsächlich aber herrschte Manasse über einen Großteil dieses Gebietes. Im Gegenzug versprachen die Deutschen, den Swartbooi Okombahe und Waterberg (die beide unter Herero-Herrschaft standen) zu beschaffen, hielten dieses Versprechen allerdings nicht ein. Die Swartbooi nutzten daher ihren Vertrag mit den Deutschen als Vehikel, um weitreichende Landansprüche geltend zu machen. Dadurch verschärfte sich der Konflikt mit den Herero in Omaruru erheblich, wobei die Swartbooi in den späten 1880er-Jahren aber mit Manasse Frieden und eine Art Bündnis schlossen. Ein weiterer Fall, in dem ein unbedeutender *kaptein* sich Landverkäufe bei örtlichen Machtkämpfen zunutze machte, ereignete sich 1890: Damals schlossen die Veldschoendrager im Süden mit dem deutschen Händler Theophilus Hahn ein Geschäft ab; Hendrik Witbooi focht diesen Verkauf mit der Begründung an, er habe das fragliche Gebiet erobert und es gehöre daher rechtmäßig ihm.[32]

Zur gleichen Zeit verhandelte das Deutsche Reich mit den Bevölkerungsgruppen Zentral- und Südnamibias über Schutzverträge, damit die deutsche Inbesitznahme Südwestafrikas auf politischer Ebene Fuß fassen konnte. Ganz allgemein gesagt, gewährleisteten diese Verträge die Sicherheit deutscher Staatsbürger und deren Recht, ungestört Handel zu treiben, und hinderten afrikanische Führer daran, Beziehungen zu anderen europäischen Mächten aufzunehmen. Im Gegenzug sagten die Deutschen zu, dass sie den *kapteins* und *ovahona* Schutz gewähren und deren rechtliche Zuständigkeit für ihre eigenen Untertanen respektieren würden. Der kaiserliche Generalkonsul Gustav Nachtigal, dessen Agent Dr. Hoepfner und Carl Büttner, ein ehemaliger Missionar der RMG,schlossen 1884 Schutzverträge mit den Bethaniern, den Topnaar und den Rehobother Bastern sowie 1885 mit Jan Jonker Afrikaner, der Gruppe in Berseba und der Roten Nation. Diese Entscheidungen waren auch von der Hoffnung getragen, man könne sich vor Hendrik Witbooi schützen, die sich aber nicht erfüllte. Andere Nama-Oorlam-Gruppen dagegen, vor allem die Witbooi, aber auch die Khauas und Bondelswart, weigerten sich zu jener Zeit, Schutzverträge zu unterzeichnen. Büttner übte auf die Bondelswart extremen Druck aus und drohte ihnen unter anderem mit Krieg, aber sie hielten stand, und ihr *kaptein* (Willem Christian) brachte Büttner mit seinen knappen und kategorischen Antworten zur Weißglut: ‚Auf meine Frage, was ich denn nun meinem Herrn, dem Kaiser, über diese Verhandlungen berichten sollte, hiess es, dies sei meine Sache, er bleibe bei seinem Nein'.[33] Der Widerstand der Bondelswart ging auf ihr seit langem bestehendes Bündnis mit dem Kap zurück, und erst 1890 schlossen sie einen Vertrag mit den Deutschen.[34]

Maharero hatte anfangs große Vorbehalte gegen die Unterzeichnung eines Vertrages mit den Deutschen. Er verfolgte nach wie vor eine Politik, die seinen eigenen Einfluss und denjenigen des *ohorongo*-Klans in großen Teilen Nord- und Zentralnamibias festigen sollte. Er hatte am 19. September 1884 ein Dokument veröffentlicht, demzufolge die Grenzen von Hereroland von Kaoko bis zu den Mündungen der Flüsse Swakop und Omaruru und im Süden bis in die Gegend von Rehoboth reichten; innerhalb dieses Gebietes durften rechtskräftig nur noch mit seiner Genehmigung Konzessionen vergeben und Verkäufe getätigt werden. Außerdem war für ihn immer noch britische Protektion eine Option, und so schrieb er im Oktober 1884 an die Regierung am Kap mit der Bitte um Rat. Die Briten waren jedoch nicht bereit, in Aktion zu treten, da sie im Juni 1884 beschlossen hatten, sich der deutschen Expansion nach Südwestafrika nicht in den Weg zu stellen. Außerdem war zwischenzeitlich Hendrik Witbooi auf der politischen Bühne erschienen, und im Oktober 1885 – nach dem Gefecht in Osona – unterzeichnete Maharero schließlich doch einen Schutzvertrag mit Heinrich Göring, dem kurz zuvor eingetroffenen Kaiserlichen Kommissar für DSWA (und Vater des späteren nationalsozialistischen Politikers Hermann Göring). In dem Vertrag von 1885 boten die Deutschen offenbar militärische Unterstützung gegen Witbooi an; außerdem wurde Maharero darin gestattet, seine eigene Stellung symbolisch durch die europäischen Herrschaftssymbole zu unterstreichen, die er von den Deutschen überreicht bekam: eine Uniform und einen Thron, in den eine vergoldete Krone eingelassen war. Einen Monat später, im November 1885, schloss auch Manasse Tjiseseta einen Schutzvertrag mit den Kolonisatoren ab.

Mit einigen wichtigen Ausnahmen hatte man also die meisten Bevölkerungsgruppen Zentral- und Südnamibias innerhalb der kurzen Zeitspanne zwischen 1884 und 1885 in offizielle Beziehungen zu den Deutschen eingebunden. Vielleicht hat Schürmann mit der Annahme recht, die afrikanischen Anführer hätten sich unter anderem deshalb mit den Deutschen eingelassen, weil sie davon ausgingen, dass diese Neuankömmlinge – wie die weißen Händler und Politiker in früheren Zeiten – keine sonderliche Bedrohung darstellten und ohnehin bald wieder gehen würden. Tatsächlich blieb Maharero auch noch für einige Jahre die stärkste politische Kraft in Zentralnamibia. Die offizielle Präsenz der Deutschen war nach wie vor sehr gering: Vor Ankunft deutscher Soldaten im Jahr 1888 standen Göring lediglich ein Sekretär und ein leitender Polizeibeamter zur Seite.[35] Die ungebrochene Macht von Maharero und anderen örtlichen Anführern zeigte sich 1885 bei dem Zwischenfall von Upingtonia. Einwandernde Buren hatten damals eine Siedlung dieses Namens im heutigen Grootfontein gegründet. Maharero und andere Anführer hatten schon lange befürchtet, burische Viehhalter könnten in ihr Land eindringen, und sich deshalb bereits elf Jahre zuvor mit der Bitte um Hilfe an die Regierung am Kap gewandt. Nun bewahrheitete sich diese Befürchtung. Unterstützt vom Ndonga-König Kambonde und Robert Lewis machte Maharero erfolgreich seinen Einfluss geltend, um die Siedler wieder loszuwerden. Allerdings erhoben auch San-Gruppen Anspruch auf das fragliche Land und nahmen es schließlich in Besitz; sie griffen Upingtonia wiederholt an und waren daher ebenfalls maßgeblich an der Vertreibung der Buren beteiligt.[36]

Auf internationaler Ebene jedoch einigten sich die Kolonialmächte zunehmend auf die Grenzen der von ihnen beanspruchten Gebiete. Erhebliche Spannungen zwischen Großbritannien und Deutschland führten dazu, dass die Briten im Januar 1885 Bechuanaland annektierten und damit Lüderitz' Hoffnung zunichte machten, den deutschen Einfluss unter Mitwirkung der Burenrepubliken von DSWA bis zur Ostküste auszudehnen. Später im selben Jahr erkannten die Briten jedoch den Anspruch des Deutschen Reichs auf Groß-Namaqualand und Hereroland an.[37] Außerdem erklärte sich das Deutsche Reich 1886 damit einverstanden, dass die Guanoinseln vor der namibischen Küste britischer Besitz waren, und im selben Jahr akzeptierte Portugal die Forderung der Deutschen, den Kunene als Nordgrenze Südwestafrikas festzulegen (wobei die Nordgrenze von Owambo strittig blieb, bis schließlich 1926 Einigung darüber erzielt wurde). Die nordöstliche Grenze wurde 1890 durch einen Vertrag mit den Briten gezogen, wobei Deutschland den Caprivi-Streifen erwarb. Gleichzeitig wurden auch die anderen Grenzen zwischen britischen und deutschen Kolonien bekräftigt (mit Ausnahme der Südgrenze der Enklave in Walvis Bay). Dieser Vertrag gestattete außerdem britischen Firmen, sich in dem betreffenden Gebiet zu betätigen.[38]

Ungewisse Inbesitznahme

1885 sah sich Lüderitz, der bislang noch keinerlei Gewinn gemacht hatte, zum Verkauf seines Landbesitzes gezwungen, der etwa ein Viertel des Gesamtgebietes von Namibia ausmachte. Käufer war die am 30. April desselben Jahres mit Unterstützung führender deutscher Geschäftsleute gegründete Deutsche Kolonialgesellschaft für Südwestafrika (DKGSWA).[39] Sie erhielt äußerst großzügige Konzessionen, darunter sämtliche Schürf- und Abbaurechte für die ganze Region (nicht nur für das Land, das ihr gehörte) und Exklusivrechte für den Bau von Eisenbahnstrecken, Straßen, Häfen und Kanälen sowie Kontrolle über den Handel auf ihrem Gebiet. Die deutsche Regierung verfolgte diesen Kurs in der Hoffnung, dass die DKGSWA schließlich einem ‚Kaiserlichen Schutzbrief' zustimmen würde, durch den sie sich zur Verwaltung Südwestafrikas verpflichtete. Wäre diese Taktik aufgegangen, so hätte Bismarck den Reichstag nicht um Geld für die Kolonie bitten und dem Widerstand der antiimperialistisch eingestellten Abgeordneten die Stirn bieten müssen.

Dieses Modell der ‚königlich privilegierten Handelsgesellschaft hatte sich zwar bis zu einem gewissen Grad im britischen Empire als praktikabel erwiesen, war aber im Falle Namibias von Anfang an zum Scheitern verurteilt. Die DKGSWA verfügte seit ihrer Gründung über zu wenig Kapital, konnte nicht sofort Gewinn erwirtschaften und eignete sich daher denkbar wenig für die Rolle als Kolonialverwaltung, die ihr Bismarck zugedacht hatte. Erst, nachdem 1887 angeblich Gold entdeckt worden war, unternahm sie erste Schritte in diese Richtung, aber diese Entwicklungen – ebenso wie ein kleiner Goldrausch – nahmen im Jahr darauf ein jähes Ende, da sich der ‚Goldfund' als Falschmeldung herausstellte. Inzwischen hatte sich der Reichstag überzeugen lassen, einer Finanzierung der neuen Kolonie zuzustimmen. 1886 wurden Zuschüsse in Höhe von 22 000 Mark bewilligt, mit steigender Tendenz: schon 1888 betrugen sie 166 000 Mark. Als jedoch Maharero 1888 aus dem mit den Deutschen geschlossenen Schutzvertrag ausstieg, läutete dies das Ende jeglicher realistischer Hoffnung auf eine Regierung durch eine privilegierte Handelsgesellschaft ein.[40]

In der Zwischenzeit hatte sich bei den Herero in Zentralnamibia eine zunehmende Ernüchterung über den ‚Schutz' durch die Deutschen breitgemacht. Wenn sie gehofft hatten, die militärische Schlagkraft der Deutschen gegen Witbooi aufbieten zu können, so wurde daraus nichts, da die deutsche Regierung keine Truppen nach DSWA schickte. Ein Herero brachte diese Enttäuschung folgendermaßen auf den Punkt: ‚Wo ist euer Protektorat? Wir glaubten, ihr würdet uns beistehen, wenn wir angegriffen würden. Was für eine Art ist eures? Wir wollen Schutz'.[41] Außerdem sorgte der durch den Goldrausch ausgelöste Zustrom (männlicher) deutscher Siedler für Unmut, weil diese sexuelle Beziehungen mit Otjiherero-sprachigen Frauen unterhielten. Der Vertrag war ruiniert, und Göring musste sich nach Walvis Bay zurückziehen. Oermann weist darauf hin, dass die Macht der Deutschen damals größtenteils ein Trugbild gewesen ist: ‚Die Ereignisse des Jahres 1888 … kann man als Veranschaulichung des tatsächlichen und nicht des förmlichen Machtgleichgewichts sehen'.[42] Auch die Tätigkeit der Rheinischen Missionare, die Maharero nunmehr als Verbündete der deutschen Verwaltung betrachtete, erlitt schwere Rückschläge.

Unterdessen wurden Hendrik Witbooi und seine Leute immer mächtiger und ‚erlangten die unbestrittene Herrschaft über riesige Gebiete'[43] in Süd- und bis zu einem gewissen Grad auch in Zentralnamibia. Nachdem er 1888 Paul Visser besiegt hatte, musste Witbooi sich dessen einstigen Verbündeten stellen, nämlich Manasse !Noroseb von der Roten Nation, Jan Jonker Afrikaner, Kol von der Grootedoden-Gruppe, ǂArisemab und vielen der Veldschoendrager sowie Frib von den Khaiǁkaun – also sämtlichen Wirkkräften im zentralen Namaland. 1890 hatte Witbooi dann aber durch eine Reihe genialer Feldzüge alle diese Gruppen unter sich gebracht. Manche, wie die Afrikaner-Oorlam, schlug er militärisch (Jan Jonker fiel im August 1889 bei einem Gefecht), andere, wie Frib, machte er zu seinen Verbündeten; er gewann auch Willem Christian von den Bondelswart als Mitstreiter gegen die Vendschoendrager und dehnte seinen Machtbereich bis tief in den Süden aus.[44] Außerdem verwickelte er immer wieder Herero, und zwar vor allem die Leute Mahareros, in Gefechte. Wie Hendrik Witbooi seine militärischen Erfolge errungen und gefestigt hat, ist bislang noch nicht im Einzelnen untersucht. Unzweifelhaft konnte er aber durch erfolgreiche Viehdiebstähle und das Einfordern von Tribut Wohlstand ansammeln und betätigte sich auch am Handel mit dem Kap, um sich Nachschub zu besorgen.

Witbooi verfügte über Charisma und verstand es, andere davon überzeugen, dass er den Willen Gottes kenne; so konnte er mit friedlichen Mitteln anstatt durch Zwang eine Anhängerschaft gewinnen und an sich binden. 1889 gründete er eine Siedlung in Hoornkrans westlich von Rehoboth, wo sich die Witbooi-Gruppe gemeinsam mit ‚sehr vielen führerlosen Leuten'[45] niederließ, darunter die meisten Anhänger von Jan Jonker, Visser und ǂArisemab. Dort baute er eine christliche Gemeinschaft auf, die strenger Disziplin unterlag. Die Wirtschaftsgrundlage der Siedlung waren Raubüberfälle (deren Beute an sämtliche Haushalte verteilt wurde) auf Rinderherden und – in geringerem Umfang – Viehhaltung, der Aufbau einer schlagkräftigen Streitmacht und Handel, bei dem Pferde, Waffen und eine ganze Reihe anderer Waren erworben wurden, darunter Luxusartikel wie Musikinstrumente. Witbooi als Anführer spielte bei alledem eine entscheidende Rolle. Ein Besucher berichtete (vielleicht etwas übertrieben), dass die Leute ‚an [Witboois] Berufung und Visionen glauben und ihm folgen, sogar bis in den Tod und in den Ruin, wobei sie vor allem sein eigener Mut ansporn t, der in der Tat außerordentlich ist'.[46]

Die damals anhaltenden gewalttätigen Auseinandersetzungen zwischen Otjiherero-sprachigen Gruppen und Hendrik Witbooi veranschaulichen nicht nur den Zwiespalt in seiner Persönlichkeit und seinem Handeln, sondern möglicherweise auch die Verbindung zwischen seinen Gebietsansprüchen und seinem religiösen Glauben. Seinem Biografen Günter Reeh zufolge sah er sich im alttestamentlichen Sinne als strafendes Werkzeug Gottes, und Maharero verdiente seiner Ansicht nach eine solche Strafe, weil er sich Witboois auf göttliches Geheiß unternommener Wanderung nach Norden in den Weg stellte. Witbooi selbst schrieb 1889 an Hermanus van Wyk, den *kaptein* von Rehoboth: ‚Wir wissen und glauben… dass Er [Gott] zu bestimmter Zeit unter den Menschen durch Frieden herrscht und dass Er zu anderen Zeiten durch Krieg herrscht. Und Gott verfolgt durch Krieg bestimmte Zwecke, also spreche doch nicht allein mir gegenüber von Frieden, denn ich selbst flehe Gott um wahren Frieden an…‘[47]

Die gewalttätigen Auseinandersetzungen trugen dazu bei, dass sich ein immer stärkeres Krisengefühl verbreitete, da viele Gruppen einen Großteil ihres Viehs einbüßten und außerdem anfällig für Krankheiten wurden, vor allem für Pocken. Auseinandersetzungen innerhalb Otjiherero-sprachiger Gesellschaften machten diese Situation noch brisanter (und wurden ihrerseits durch sie verschärft), weil dort zum einen das Christentum immer beliebter wurde, zum anderen die jüngere Generation (offenbar insbesondere junge Männer) die Autorität der Älteren zunehmend missachtete und sich zu bewaffneten Trupps zusammenschloss.[48]

In diese unsichere Situation entsandte die deutsche Regierung 1889 Hauptmann Curt von François, zusammen mit zwanzig Soldaten, um sich wieder Autorität zu verschaffen. Von François' diplomatische und militärische Fähigkeiten ließen allerdings sehr zu wünschen übrig, und er überschritt bald seine Befugnisse. Er hatte Befehl, Robert Lewis aus Südwestafrika auszuweisen, jedoch Auseinandersetzungen mit Herero oder anderen Afrikanern zu vermeiden. Lewis war den Deutschen ein Dorn im Auge, weil sie ihn für Mahareros Ablehnung des Schutzvertrages verantwortlich machten (wobei sie seinen Einfluss in dieser Sache jedoch überschätzten) und weil er dank der Lizenzen, die er von Maharero erhalten hatte, über die wahrscheinlich wertvollsten Wirtschaftsanteile im gesamten Land verfügte. Von François verfolgte aber von Anfang an eigene taktische Ziele. Zunächst brachte er die Herero in Otjimbingue gegen sich auf, indem er ohne ihre Erlaubnis im nahegelegenen Tsaobis einen Stützpunkt errichtete. Von dort aus versuchte er, Kontrolle über den Handelsweg zwischen Otjimbingue und Walvis Bay auszuüben und den Waffen- und Munitionsnachschub abzuschneiden. Die *ovahona* von Okahandja, Omaruru und Otjimbingue taten sich zwar zusammen, um von François in seine Schranken zu weisen, mussten dann aber aufgrund der zunehmenden militärischen Auseinandersetzungen mit Hendrik Witbooi davon Abstand nehmen.[49]

Die deutsche Regierung war zwar über von François' Vorgehensweise nicht gerade glücklich, vergrößerte aber die Streitkräfte für Südwestafrika – die so genannte Schutztruppe – im Januar 1890 auf fünfzig Mann. Kurz danach willigte Maharero zum zweiten Mal ein, sich unter deutschen Schutz zu begeben. Möglicherweise war dies auf die Aufstockung der Schutztruppe zurückzuführen, auf jeden Fall spielte aber der immer noch andauernde Konflikt mit den Witbooi eine Rolle. Die Deutschen gestatteten Maharero nunmehr den Kauf von Waffen und versuchten gleichzeitig, Witbooi mit einer vollständigen Handelssperre zu belegen. Ansonsten blieb der ‚Schutz' jedoch ein leeres Wort und verschärfte sogar den Konflikt, weil er zu Spannungen führte, ohne irgendwelchen tatsächlichen Schutz vor Angriffen zu bieten. Von François schrieb Briefe an Witbooi und verlangte Frieden, aber das war alles, was er tun konnte. Witboois militärische Überlegenheit zu dieser kritischen Zeit wurde offenkundig, als er 1890 auf dem Rückweg von einer Reise in von François' Hauptquartier in Tsaobis Station machte. Er war unterwegs gewesen, um Tribut einzufordern (und Rinder zu stehlen, falls ihm dieser verweigert wurde), und verlangte nun, sein Vieh in Tsaobis tränken zu dürfen. Der deutsche Kommandeur hatte nicht genügend Soldaten, um sich Witbooi zu widersetzen. Die Peinlichkeit, der Forderung stattgeben zu müssen, blieb ihm nur deshalb erspart, weil Witbooi schließlich freiwillig wieder abzog. Daraufhin trat von François eilends den Rückzug nach Windhoek an, wo er unverzüglich die heute unter dem Namen ‚Alte Feste' bekannte Festung bauen ließ, die strategisch günstig auf einer zentralen Anhöhe liegt.[50]

Als Reaktion auf den zweiten ‚Schutz'-Vertrag zwischen Maharero und den Deutschen schrieb Witbooi einen vorausblickenden und zu Recht berühmt gewordenen Brief, in dem er Maharero vorwarf, er habe bei seinem Bündnis mit den Deutschen die versteckten Gefahren nicht erkannt. Witbooi vertrat die Ansicht, die Hoheitsgewalt der Herero und der ‚Roten Nationen' (also der Nama-sprachigen Gruppen) sei gleichwertig mit derjenigen, die europäische Länder für ihre eigenen Gebiete in Anspruch nahmen. Es lohnt sich, etwas ausführlicher aus diesem Brief zu zitieren:

> Hereroland [Damaraland] gehört allein der Herero-Nation und ist ein autonomes Königreich und Namaland gehört allein allen Roten Nationen, und auch dies sind autonome Königreiche – genauso, wie man es den Ländern der Weißen nachsagt... Aber lieber *kaptein*! Sie haben jetzt eine andere Regierung akzeptiert und sich ihr ausgeliefert um von ihr beschützt zu werden, erstens vor allen Gefahren und desweiteren vor mir... Aber lieber *kaptein*! Ist dir bewusst, was du da getan hast?... Sie haben sich einer anderen Regierung durch Weiße verschrieben und meinen, dass dies klug geplant und getan wurde, dass Sie die Sonne auf dem Rücken tragen [und sich dabei verbrennen, d.Ü]... Sie werden Görings Schalten und Walten nicht verstehen und nicht zufrieden sein, denn er wird nicht nach Ihrem Willen und Ihren gebräuchlichen Gesetzen handeln und wandeln. Aber dann wird es für Sie zu spät sein, denn du hast ihm bereits sämtliche Rechte eingeräumt, und er wird sich Ihnen nicht mehr beugen.[51]

In diesem Brief hält Witbooi zwar Mahareros Taktik für naiver, als sie wohl tatsächlich war, aber seine scharfsichtige Einschätzung der Lage, sein politischer Weitblick und die Eindringlichkeit seiner Worte sind bemerkenswert (interessant ist auch die Verwendung europäischer Konzepte von Territorialität im namibischen Kontext). Außerdem zeigt der Brief sehr genau, auf welcher politischen Grundlage Hendrik Witboois Widerstand gegen das Eindringen der Deutschen beruhte – ein Widerstand, der anfänglich das größte Hindernis beim Aufbau kolonialer Macht darstellte.

Zugleich erwog das Deutsche Reich – was die namibischen Anführer allerdings nicht wissen konnten – zu dieser Zeit letztmals ernsthaft, Namibia aufzugeben. Die Vertreibung von 1888 löste bei den Investoren der Deutschen Kolonialgesellschaft Panik aus und schwächte die Position der Befürworter des Imperialismus im Reich. 1890 war das Kapital der Gesellschaft nahezu aufgebraucht, und da keine Rohstoffvorkommen gefunden wurden, spielte Bismarck mit dem Gedanken, das Gebiet den Briten im Tausch gegen die Nordseeinsel Helgoland zu überlassen oder es an Financiers in Großbritannien zu verkaufen. Krisen in mehreren deutschen Besitzungen hatten dazu geführt, dass sich bezüglich der Kolonialpolitik erhebliche Ernüchterung breitmachte, und Bismarck erklärte 1890, er sei ‚der Kolonien überdrüssig'.[52]

Nach Bismarcks Rücktritt im selben Jahr hatte sein Nachfolger, Leo Graf von Caprivi, anfangs noch weniger für das Südwestafrika-Projekt und Görings Appelle übrig, man solle gegen die dortigen Bewohner militärisch vorgehen. 1891 schrieb er, dass der Kaiser ‚darauf gefasst [ist], Südwestafrika aufgeben zu müssen, um alle Kraft auf Ostafrika zu konzentrieren'.[53] Außerdem taten in diesen Jahren Politiker am Kap ihr Möglichstes, um Großbritannien dazu zu bringen, dem Deutschen Reich Südwestafrika zu entreißen. Die Regierung in London wusste aber um die Gefahren, die ein solches Unterfangen barg, und hielt sich zurück. Die koloniale Lobby im Deutschen Reich (darunter die Kolonialabteilung des Auswärtigen Amtes) reagierte darauf, indem sie noch stärker auf die Kolonialisierung Namibias drängte, und hatte Mitte 1892 die Oberhand gewonnen.

Ein wichtiger Faktor bei dieser Veränderung im politischen Kurs war die Tatsache, dass man eine neue Version der Strategie eines ‚Weltreichs für wenig Geld' akzeptierte. 1892 hatte es sich als Fehlschlag erwiesen, Südwestafrika durch eine Firma regieren zu lassen. Die Obrigkeit war daher jetzt zu einem Kompromiss bereit, bei dem der deutsche Staat die Betriebsausgaben für das Gebiet und die dort stationierte Armee bezahlte, während eine Reihe großer Firmen äußerst großzügige Konzessionen erhielt: freien Grundbesitz und Exklusivrechte auf Rohstoffabbau und die Durchführung von Bauarbeiten sowie das Recht, Land an Siedler zu verteilen. Im Gegenzug sollten die Firmen Südwestafrika für eine wirtschaftliche Ausbeutung erschließen, mussten ansonsten aber nur wenige Leistungen erbringen. Diese Politik konnte zum einen wegen des 1890 mit Maharero geschlossenen Vertrages umgesetzt werden, zum anderen, weil man nunmehr bereit war, britischen Financiers Investitionen in Namibia zu gestatten. (Es gab keine deutschen Zuschüsse, denn die Investoren der DKGSWA waren nicht zu weiteren Investitionen bereit, Außerdem wirkte Cecil Rhodes darauf hin, den Erfolg eines anderen deutschen Konzerns, des Groll-Syndikats, zu vereiteln.)

Zwischen 1892 und 1901 vergab die deutsche Regierung an acht Gesellschaften Konzessionen – oder bekräftigte diese –, damit sie in Namibia tätig wurden. Diese Konzessionen beruhten zum Teil, aber keineswegs ausschließlich, auf Landverkäufen und der Vergabe von Schürf- und anderen Rechten durch namibische *kapteins* und *ovahona*. Große Handelskonsortien begannen, sich förmlich um Konzessionen für Land und andere Ressourcen zu reißen, angelockt von der Aussicht auf beträchtliche (wenngleich nicht kurzfristige) Gewinne. Wie wir im nächsten Kapitel sehen werden, hatten ihre Aktivitäten tiefgreifende politische und wirtschaftliche Folgen.

Die größte und politisch bedeutendste dieser Firmen war die South West Africa Company (Südwestafrikanische Gesellschaft, SWACO); an ihrer Spitze standen zwar ein Investor namens Joseph Scharlach und ein deutsch-englisches Direktorium, ihr Hauptkapital kam jedoch in den ersten Jahren ihres Bestehens von britischen Investoren. 1892 erwarb die SWACO die ‚Damaraland-Konzession', nämlich 13 000 Quadratkilometer Land (im nördlichen Hereroland außerhalb des Grundbesitzes der DKGSWA) sowie Schürfrechte und Rechte auf den Bau von Eisenbahnlinien in einem 72 000 Quadratkilometer großen Gebiet. Im gleichen Jahr kaufte das Kharaskhoma-Syndikat, das ebenfalls hauptsächlich in britischer Hand war, einen Großteil des Grundbesitzes der DKGSWA im Süden. Das Syndikat engagierte sich bereits politisch in dieser Gegend und stand in Verhandlungen mit den Bondelswart, Veldschoendrager und den Leuten von Keetmanshoop (wobei sie sich auch in die Angelegenheiten all dieser Gruppen einmischte); 1890 war es ihr, offenbar durch hartnäckige Bestechung, gelungen–, die Bondelswart zu überreden, sich unter deutschen Schutz zu stellen – fünf Jahre nach ihrem heftigem Widerstand gegen deutsche Beamte. Eine dritte Firma, die zu dieser frühen Zeit Konzessionen erwarb, war die Hanseatische Land- und Minengesellschaft, die große Landflächen und Abbaukonzessionen in der Gegend von Rehoboth und Gobabis erhielt.[54]

Zwar waren diese Entwicklungen Vorzeichen radikaler Veränderungen in der Kontrolle über Land und Abbaurechte, aber sie hatten in der Praxis keine Konsequenzen, da die Firmen noch nicht imstande waren, die ihnen von der deutschen Regierung gewährten Rechte auszuüben. Einer Ausbeutung der Ressourcen in Südwestafrika stand das tatsächliche Machtgleichgewicht in der Region im Wege – das zeigte sich deutlich bei Hendrik Witboois Angriff auf die Niederlassung der DKGSWA in Kubub im Süden, die ohne seine Erlaubnis gegründet worden war. Die Besitzansprüche der Firmen bezüglich großer Teile des an sie vergebenen Landes wurden angefochten: Dieses Land war hauptsächlich von Afrikanern bewohnt, und zusätzliche Landstriche wurden in Dürrezeiten als Weideland benutzt. Die Aktivitäten der Europäer im Rohstoffabbau und in der Landwirtschaft waren daher sehr begrenzt, und es gab immer noch wenige weiße Siedler. Ihre Zahl nahm jedoch zu, nachdem 1891 das Siedlungssyndikat für Südwestafrika eigens zu dem Zweck gegründet worden war, Deutsche zur Einwanderung in dieses Gebiet zu ermutigen. Zu einem ersten nennenswerten – jedoch noch kleinen – Zustrom kam es, nachdem die deutsche Regierung Klein-Windhoek zur Besiedlung freigegeben hatte. Auch Samuel Maharero und Zacharias Zeraua veräußerten ungefähr zu dieser Zeit billig Teile ihres Landes, um von dem Erlös Waren kaufen zu können. Bei den neuen Siedlern handelte es sich meist um Händler und Kleinbauern, sowohl Buren aus Südafrika als auch Deutsche. Damals ließen sich auch Fritz Wecke und die Gebrüder Voigts in Namibia nieder und gründeten ihre Handelsgesellschaft Wecke und Voigts (die noch heute existiert). In der Praxis behielten jedoch

Namibier die Herrschaft über den größten Teil ihres Landes und ihre politische Unabhängigkeit, bis 1894 Leutwein eintraf, um die Regierungsgeschäfte zu übernehmen.[55]

Neuordnung

Maharero starb am 27. Oktober 1890. Seit er sich in den Kämpfen der 1860er-Jahre einen Namen gemacht hatte, war er der mächtigste Anführer der Otjiherero-Sprecher in Namibia gewesen. Unter seiner Führung waren die Viehbestände der Bevölkerung gewaltig angewachsen, ihr Hoheitsgebiet war größer geworden, und sie hatte eine neue Identität als ‚Herero' herausgebildet. Zum Zeitpunkt seines Todes war allerdings die Macht des *ohorongo*-Klans am Schwinden, und alte Widersacher – die Afrikaner-Oorlam – waren neuen gewichen, nämlich den Witbooi und den Deutschen.

Mahareros Tod löste einen erbitterten Streit um seine Nachfolge aus. Bei den Herero gilt im Erbfall das System der ‚doppelten Abstammung', und daher gab es eine Reihe komplizierter Vorschriften, die das Vererben von Eigentum und sozialem Rang sowohl über die weibliche als auch über die männliche Linie (*eanda* bzw. *oruzo*) regelten. Mahareros Rinder und andere Besitztümer wurden unter mehreren Anspruchsberechtigten aufgeteilt, vor allem Verwandten aus seiner *eanda*. Sein Sohn Samuel Maharero (einer der ärmeren Herero-Anführer) erbte wenig mehr als ein Backsteinhaus. Allerdings trat Samuel Maharero schließlich dennoch die Nachfolge seines Vaters als Anführer des *ohorongo*-Klans und der Leute in Okahandja und damit indirekt auch als Anführer der gesamten Otjiherero-sprachigen Bevölkerung an. Sein Anspruch auf dieses Erbe war indessen zweifelhaft. Zwar wurde die Nachfolge über die männliche Linie (*oruzo*) vererbt, doch es gab zwei Männer, die wesentlich mehr Anspruch geltend machen konnten: Nikodemus Kavikunua (der Sohn von Mahareros Bruder, auch bekannt unter dem Namen Kambahatuza oder Kambahiza) und Riarua (Mahareros militärischer Befehlshaber und Halbbruder). Dass Samuel Maharero Christ war, wirkte sich zusätzlich zu seinem Nachteil aus, denn seine Stellung in der Gemeinschaft galt als zwiespältig und vielleicht nicht völlig ‚Herero'. Als es wegen des Erbes zu Auseinandersetzungen kam, brachte Samuel Maharero die deutschen Behörden in DSWA dazu, ihn als obersten Anführer der Herero anzuerkennen, und im August 1891 begab sich Hugo von François (der Bruder von Curt) zu diesem Zweck nach Okahandja.[56]

Zur gleichen Zeit lösten Hendrik Witboois Angriffe bei Otjiherero-sprachigen Gruppen eine Krise aus. Seine Raubüberfälle auf Viehherden nahmen beachtliche Ausmaße an: Einer Schätzung zufolge erbeutete er allein im Jahr 1890 nicht weniger als 7000 Rinder, 1700 Schafe und 20 Pferde. Auch die *ovahona* führten Raubüberfälle auf Witboois Leute durch, griffen im April 1892 mit einer großen Streitmacht Hoornkrans an und wurden nach erbitterten Kämpfen zurückgeschlagen.[57] Diese Zustände führten dazu, dass sich viele *ovahona* mit ihren Leuten nach Norden zurückzogen, aber Samuel Maharero blieb in Okahandja und schloss im November 1892 Frieden mit Witbooi (wobei Hermanus van Wyk als Vermittler fungierte). Dieses Abkommen ist als Friedensschluss zwischen ‚den Herero' und ‚den Nama' beschrieben worden; diese Bezeichnung war aber aufgrund der sehr begrenzten Machtbefugnisse Samuel Maharero keineswegs zutreffend. Es ist allerdings durchaus möglich, dass er hoffte, das neue Bündnis würde ihm bei seinen Auseinandersetzungen mit den anderen *ovahona* nützen; außerdem war es wohl eine Reaktion auf die Stimmung unter den Herero in Okahandja, die sich immer mehr zu Ungunsten der Deutschen entwickelte.[58]

Trotz seines begrenzten Umfangs versetzte das Abkommen die deutschen Behörden in Alarmbereitschaft. Die Tatsache, dass es sich bei den Witbooi um die bedeutendste Gruppe in Zentralnamibia handelte, die sich deutschem ‚Schutz' verweigerte, hatte von François schon seit längerer Zeit veranlasst, um Erlaubnis für ihre militärische Unterwerfung zu ersuchen. Am 17. März 1893 trafen 215 weitere deutsche Soldaten in Walvis Bay ein, und er ergriff umgehend die Gelegenheit, einen Überraschungsangriff auf Wotboois Hauptquartier durchzuführen. In der Nacht des 12. April fielen deutsche Truppen in Hoornkrans ein, brachten 80 Menschen um, darunter 30 Frauen, und verwundeten 100 weitere (so lauten zumindest die offiziellen Zahlen). Die Presse berichtete, einige Frauen und Kinder, die sich nach dem Gefecht noch in der Siedlung befanden, seien von deutschen Soldaten erschossen worden; etwa 70 nahm man gefangen und brachte sie nach Windhoek (wo sie Opfer sexueller Gewalt durch Siedler wurden). Einige Tage später beschrieb Witbooi den Vorfall wie folgt:

> Hauptmann [von François] griff uns frühmorgens an, als wir ahnungslos schliefen, und obwohl ich meine Männer mobil machte, konnten wir sie [die Deutschen] nicht zurückdrängen; und der Hauptmann kam ins Lager und brandschatzte es auf so brutale Art und Weise, wie ich es einem Angehörigen eines zivilisierten weißen Volkes niemals zugetraut hätte... Aber dieser Mann hat mich ausgeraubt und kleine Kinder an der Mutterbrust umgebracht, ebenso größere Kinder, Frauen und Männer. Die Leichen von Leuten, die erschossen worden waren, ließ er in unseren Grashütten verbrennen, sodass von ihren Körpern nichts als Asche übrig blieb.[59]

Unter den Gefangenen waren auch Hendrik Witboois Frau und eine seiner Töchter. Einer deutschen Quelle zufolge erklärte letzere, der Sieg der Kolonialherren sei nur vorläufig, ‚denn ihr Vater werde einst wie ein Löwe über uns [die deutschen Streitkräfte] herfallen und Vergeltung üben'.[60] Witbooi selbst entkam und holte nun seinerseits mit 200 Kämpfern zum erfolgreichen Gegenschlag gegen von François aus, der wenig Ahnung hatte, wie er mit Guerillataktiken umgehen sollte. Sein Nachfolger schrieb später in einem anderen Zusammenhang: ‚Die in Afrika schwierigste Seite der Kriegführung ... [ist] das Auffinden des Feindes in dem weiten Lande...'.[61] Von ihrem Basislager in den Naukluft-Bergen aus führten die Witbooi Angriffe auf die deutschen Streitkräfte durch und tauchten einmal urplötzlich direkt vor Windhoek auf. Außerdem gelang es ihnen, den Nachschub für die Deutschen empfindlich zu stören und andere Gruppen auf ihre Seite zu ziehen.[62]

Die Deutschen in SWA sahen sich daher jetzt ununterbrochen bewaffnetem Widerstand ausgesetzt. Am Ende eines Jahrzehnts deutscher

‚Herrschaft' hatte die Kolonie vor Ort kaum auch nur begonnen, Gestalt anzunehmen. Zwar waren mit einer Reihe afrikanischer Anführer formelle Verträge geschlossen worden, aber diese hatten bislang in der Praxis nur sehr geringe Bedeutung. Dennoch war die Zeit seit 1870 entscheidend für das Schaffen einer Grundlage für die Kolonialherrschaft gewesen. Ab 1894 bekamen die Afrikaner nun die Herrschaft der Deutschen auf eine neue Art zu spüren.

Endnoten

1 Henrichsen, ‚Herrschaft', S. 186.

2 *Ebd.*, S. 203.

3 Cape of Good Hope, *Report W. Coates Palgrave, Special Commissioner of His Mission to Damaraland and Great Namaqualand in 1876* (Kapstadt, 1877), S. 83, 94. (Es ist nicht ganz klar, ob in der Gesamtzahl der Nama-Oorlam in Groß-Namaqualand (16 850), die dort auf S. 94 genannt wird, die Gesamtzahl der auf S. 83 für Damaraland angegebenen Nama-Oorlam (1500) enthalten ist.

4 Henrichsen, ‚Herrschaft', S. 198–202; siehe auch Gewald, *Herero Heroes*, S. 24–6.

5 Brigitte Lau (Hg.), *The Hendrik Witbooi Papers* (Windhoek: National Archives of Namibia, übersetzt von Annemarie Heyward und Eben Maasdorp, 2. Aufl., 1995), S. viii–ix.

6 Zu den Rehobother Bastern siehe Maximilian Bayer, *The Rehoboth Baster Nation of Namibia* (Basel: BAB, 1984, Hg. Peter Carstens); Peter Carstens, ‚Opting out of Colonial Rule: the Brown Voortrekkers of South Africa and their Constitutions', Teil Eins, *African Studies* 42 2 (1983), S. 135–52 und Teil Zwei, *African Studies*, 43 1 (1984), S. 19–30.

7 Henrichsen, ‚Herrschaft', S. 365–8; Joris de Vries, *Manasse Tjiseseta: Chief of Omaruru 1884–1898, Namibia* (Köln: Rüdiger Köppe, 1999).

8 Der Brief ist veröffentlicht in Cape of Good Hope, *Report of W. Coates Palgrave*, Annexures, S. iv–vi. Die ‚Dorslandtrekker' (‚Durstland-Trekker') begannen zwar erst im Jahr darauf (1874), den Transvaal zu verlassen, aber es gab genügend Gerüchte über ihren bevorstehenden Aufbruch, um die Herero-Anführer zu beunruhigen.

9 Zu Palgraves diplomatischer Mission siehe Stals (Hg.), *Commissions of Palgrave*, insbesondere ‚Introduction', S. ix–xxxiv, und *passim;* Cape of Good Hope Legislative Council, *Report of W. Coates Palgrave*; Henrichsen, ‚Herrschaft', S. 372–83; *ders.*, ‚Pastoral Modernity, Territoriality and Colonial Transformations in Central Namibia, 1860s to 1904' in Peter Limb, Peter Midgley und Norman Etherington (Hg.), *Grappling with the Beast: Indigenous Southern African Responses to Colonialism, 1840–1930* (Leiden: Brill, 2010); Berat, *Walvis Bay*, S. 31–7; Schürmann, ‚Land', S. 147–54; Jeremy Silvester, ‚Portraits of Power and Panoramas of Persuasion: The Palgrave Album at the National Archives of Namibia' in Hartmann (Hg.), *Hues*, S. 131–60; Esterhuyse, *South West Africa*, S. 16–24.

10 Dag Henrichsen, ‚Claiming Space and Power in Pre-Colonial Central Namibia: The Relevance of Herero Praise Songs' (Basel: BAB Working Paper 1, BAB, 1999); *ders.*, ‚Herrschaft', S. 62–8.

11 Isaak an Palgrave, 18. Januar 1877, veröffentlicht in Cape of Good Hope, *Report of W. Coates Palgrave*, S. 108.

12 Willem Christian an Palgrave, 22. Dezember 1876, veröffentlicht in *ebd.*, S. 101.

13 Oermann, *Mission, Church*, S. 53. Palgrave zufolge gab es 1876/77 in Zentralnamibia ‚Namaqua'-Missionen in Bokberg (Erongo) und Windhoek, eine ‚Houquain'-(Damara-)Station in Okombahe und ‚Damara'-(Herero-)Missionen in Otjimbingue, Barmen (Otjikango), Okahandja, Otjozondjupa, Otjithwathu (Otjosazu), Omburu, Otjizeva und Okozondje (Omaruru). Was den Süden angeht, so nennt Oermann Grootfontein, Hoachanas und Gobabis, aber diese Liste ist wahrscheinlich unvollständig. Es gab sicher damals auch eine Station in Gibeon. Cape of Good Hope, *Report of W. Coates Palgrave*, S. 85–6.

14 Henrichsen, ‚Herrschaft', S. 394–6, 112; Oermann, *Mission, Church*, S. 70; Hartmann, ‚Sexual Encounters', S. 87–8; Brigitte Lau, ‚A Critique of the Historical Sources and Historiography Relating to the "Damaras" in Pre-colonial Namibia' (Bachelor-Arbeit, Universität Kapstadt, 1979), S. 67; Ivan Gaseb, ‚A Historical Hangover: The Absence of Damara from Accounts of the 1904–08 War' in Hartmann (Hg.), *More New Historical Writing*, S. 5–20, S. 14–15; Gockel, ‚Diversifizierung', S. 113–14.

15 Henrichsen, ‚Herrschaft', S. 215–16, 220–39, 90–1; Hartmann, ‚Sexual Encounters', S. 88–9. Zu Eriksson siehe Peter Johansson, *The Trader King of Damaraland: Axel Eriksson. A Swedish Pioneer in Southern Africa* (Windhoek: Gamsberg Macmillan, 2007).

16 Henrichsen, ‚Herrschaft', S. 244–66; Wilmsen, *Land Filled with Flies*, S. 120–5.

17 Lau (Hg.), *Hendrik Witbooi Papers*, S. x.

18 Siehe Lau (Hg.), *Hendrik Witbooi Papers*, S. 39, Anm. 42. Lau schätzt, dass auf diesen Befehl hin 15–20 Menschen in Okahandja umgebracht wurden und weitere 24 in Witvlei. Diese Zahlen sind wesentlich niedriger und wahrscheinlich auch eher zutreffend als frühere Schätzungen. Esterhuyse beispielsweise behauptet, dass es 200 Tote gegeben habe (*South West Africa*, S. 29).

19 Henrichsen, ‚Herrschaft', S. 292–9, 73; *ders.*, ‚„Damara" Labour Recruitment to the Cape Colony and Marginalisation and Hegemony in Late Nineteenth Century Namibia', *JNS*, 3 (2008), S. 63–82; Gewald, *Herero Heroes*, S. 64–7.

20 Henrichsen, ‚Herrschaft', S. 212–16, 227–8, 266–79, 292–9, 413; Oermann, *Mission, Church*, S. 53; Brian Mokopakgosi, ‚German Colonialism in Microcosm: A Study of the Role of the Concessionaire Companies in the Development of the German Colonial State' (Dissertation, University of London, 1998), S. 144–7; Ronald Dreyer, *The Mind of Official Imperialism: British and Cape Government Perceptions of German Rule in Namibia*

from the Heligoland–Zanzibar Treaty to the Kruger Telegram (1890–1896) (Essen: Hobbing, 1987), S. 105, Anm. 17.

21 Günter Reehs Biografie *Hendrik Witbooi: Ein Leben für die Freiheit. Zwischen Glaube und Zweifel* (Köln: Rüdiger Köppe, 2000), erzählt zwar beredt von Witboois Leben und befasst sich mit seinen religiösen Überzeugungen, geht aber kaum auf die gesellschaftlichen und wirtschaftlichen Grundlagen seines Erfolges ein. Eine aufschlussreiche Analyse findet sich in Tilman Dedering, ‚Hendrik Witbooi, the Prophet', *Kleio*, 25 (1993), S. 54–78. Siehe außerdem den nützlichen, aber knappen Überblick bei Ludwig Helbig und Werner Hillebrecht, *The Witbooi* (Windhoek: CASS, 1992); Lau (Hg.), *Hendrik Witbooi Papers* (dort insbesondere die ‚Introduction'); Gustav Menzel, *‚Widerstand und Gottesfurcht': Hendrik Witbooi – eine Biographie in zeitgenössischen Quellen* (Köln: Rüdiger Köppe, 2000), das vor allem Zitate aus Primärquellen enthält; George Gugelberger, *Nama/ Namibia: Diary and Letters of Nama Chief Hendrik Witbooi, 1884–1894* (Boston University African Studies Centre, 1984); Hendrik Witbooi, *Die Dagboek van Hendrik Witbooi* (Kapstadt: Van Riebeeck Society, 1929); *ders.*, *Afrika den Afrikanern! Aufzeichnungen eines Nama-Häuptlings aus der Zeit der deutschen Eroberung Südwestafrikas 1884 bis 1894* (Berlin: Dietz, 1982). Die folgenden Ausführungen im vorliegenden Buch beruhen vor allem auf den ersten vier dieser Quellen.

22 Lau (Hg.), *Hendrik Witbooi Papers*, S. iii–xi; Henrichsen, ‚Herrschaft', S. 284–5.

23 Reeh, *Hendrik Witbooi*, S. 26, unter Bezugnahme auf den Missionar Rust; Dedering, ‚Hendrik Witbooi', S. 57–63. Siehe außerdem Menzel, *‚Widerstand und Gottesfurcht'*, S. 89, 97.

24 Möglicherweise hat aber Reh mit seiner Annahme Recht, der Angriff sei hauptsächlich auf die in jenem Moment akuten Spannungen zurückzuführen. Siehe *Hendrik Witbooi*, S. 28.

25 Siehe vor allem Witboois 1890 verfasste Schilderung seines religiösen Erlebnisses: Witbooi an Johannes Olpp, 3. Januar 1890, in Lau (Hg.), *Hendrik Witbooi Papers*, S. 38–43.

26 Zu dieser dritten Expedition siehe Menzel, *Widerstand und Gottesfurcht*, Kapitel 9; Esterhuyse, *South West Africa*, S. 112.

27 Eine Zusammenfassung dieses viel diskutierten Themas findet sich in W.O. Henderson, *The German Colonial Empire, 1884–1919* (London: Frank Cass, 1993), Kap. 3 und 4. Siehe auch Mokopakgosi, ‚German Colonialism', S. 64–71.

28 Namibias Kupfervorkommen waren wohlbekannt, und Spekulationen über Lagerstätten von Edelmineralien wurden 1867 durch die Entdeckung von Diamanten in Kimberly am Kap genährt (wobei Gold erst 1886–88 am Rand entdeckt wurde).

29 Drechsler schreibt, dass der deutsche Reichskommissar Gustav Nachtigal, der später in jenem Jahr eintraf, diese Angabe durch Streichung des Wortes ‚geografisch' berichtigte. Da er aber auf dem Rückweg nach Europa starb, trat diese Änderung nicht in Kraft. Drechsler, ‚*Let Us Die Fighting*', S. 24. Zu diesen Landtransaktionen im Allgemeinen siehe Schürmann, ‚Land', S. 160–73.

30 Oermann, *Mission, Church*, S. 68 (Zitat), S. 54–63; Ngavirue, *Political Parties*, S. 94–7.

31 Eine diesbezügliche Karte findet sich in Mokopgakgosi, ‚German Colonialism', S. 194.

32 Zu den Landkaufverträgen und den damit zusammenhängenden politischen Aspekten siehe Goldblatt, *History*, Kap. 17, S. 100–3; de Vries, *Manasse Tjiseseta*, S. 28–35, 99; Drechsler, ‚*Let Us Die Fighting*', S. 17–26, 37; Henderson, *German Colonial Empire*, S. 24–5; Walter Moritz, *Die Swartboois in Rehoboth, Salem, Ameib und Franzfontein* (Tsumeb: Nation Press, 1998), S. 33; Ngavirue, *Political Parties*, S. 74; Schürmann, ‚Land', S. 161, 170. Über die genauen Ausmaße der Landmengen, um die es bei manchen dieser Transaktionen ging, besteht unter Historikern Uneinigkeit.

33 Zitiert in Drechsler, *Südwestafrika*, S. 38.

34 Schürmann, ‚Land', S. 140–1. Zu den Schutzverträgen siehe Drechsler, ‚*Let Us Die Fighting*', S. 26–9.

35 Zu diesen Verhandlungen und insbesondere zu der von Maharero verfolgten Politik siehe Henrichsen, ‚Herrschaft', S. 372–414; *ders.*, ‚Pastoral Modernity'; Goldblatt, *History*, S. 100–3; Schürmann, ‚Land,, S. 164–7, S. 172–3; De Vries, *Manasse Tjiseseta*, S. 35–6.

36 Zu Upingtonia siehe Henrichsen, ‚Herrschaft', S. 422 ff.; Gordon und Sholto-Douglas, *Bushman Myth*, S. 40–2. Die Dorsland-Trekker (‚Durstland-Trekker') hatten die Kalahari durchquert und gelangten 1877 nach Rietfontein in Ostnamibia; danach wanderten sie weiter zum Okawango und erreichten schließlich Angola. Einige von ihnen zogen 1885 wieder in die Gegend von Grootfontein. Henrichsen führt den Zusammenbruch Upingtonias auf Maharero und dessen Verbündete zurück, Gordon auf den Widerstand der San. Upingtonia war eine sehr komplexe Angelegenheit; unter anderem ging es dabei um konkurrierende Ansprüche Mahareros und Kambondes auf das Land, und auch Kambondes Widersacher Nehale, der den Burenanführer Jordan umbringen ließ, war in die Sache verwickelt; siehe hierzu Eirola, *Ovambogefahr*. Zu Streitigkeiten zwischen Herero und San über das Land um Grootfontein siehe auch Thomas Widlok, ‚On the Other Side of the Frontier: Relations between Herero and „the Bushmen"' in Bollig und Gewald (Hg.), *People, Cattle and Land*, S. 487–522.

37 Einer der Gründe für das Einlenken Großbritanniens war das Versprechen der Deutschen, in Ägypten Untertützung zu leisten, wo britische und französische Wirtschaftsinteressen miteinander in Konflikt standen. Siehe Dreyer, *Official Imperialism*, S. 58.

38 *Ebd.,* S. 65–70, 98; Henderson, *German Colonial Empire*, S. 42–3; Drechsler, *'Let Us Die Fighting'*, S. 31–2.

39 Nicht zu verwechseln mit der Deutschen Kolonialgesellschaft (DKG), die 1887 im Deutschen Reich durch Fusion zweier ähnlicher Organisationen zu den Zweck gebildet worden war, die koloniale Expansion des Deutschen Reichs zu fördern.

40 Drechsler, *'Let Us Die Fighting'*, S. 29–31, 35–7; Henderson, *German Colonial Empire*, S. 43; Dreyer, *Official Imperialism*, S. 104; Richard Voeltz, *German Colonialism and the South West Africa Company* (Athens, Ohio: Ohio University Press, 1988), S. 1–2; Mokopakgosi, 'German Colonialism', S. 90–105, S. 113–14.

41 Drechsler, *Südwestafrika*, S. 51–3; Zitat: S. 53.

42 Oermann, *Mission, Church*, S. 66.

43 Lau, (Hg.), *Hendrik Witbooi Papers*, S. xvii.

44 *Ebd.,* S. vii–ix.

45 Helbig und Hillebrecht, *The Witbooi*, S. 23; sie zitieren nicht näher benannte Deutsche, die Hoornkrans besucht hatten.

46 *Ebd.,* S. 25 (Zitat eines nicht näher benannten deutschen Besuchers), 23. Zu Rinderzuchtpraktiken siehe Witboois Brief an die Gemeinschaft in Hoornkrans, 27. Juli 1890 (Lau (Hg.), *Hendrik Witbooi Papers*, S. 55–6), worin er die Leute dazu anhält, ihr Vieh nicht zu verschwenden, sondern sparsam damit umzugehen. Siehe außerdem *dies.*, S. 63–4, zur Ernennung von Beamten in der Gemeinschaft im Jahre 1891.

47 Witbooi an Hermanus van Wyk, 9. Juni 1889, übersetzt aus Witbooi, *Die Dagboek*, S. 33-4. Siehe auch Lau (Hg.), *Hendrik Witbooi Papers*, S. 34; Reeh, *Hendrik Witbooi*, S. 27–30, 35–8.

48 Henrichsen, 'Herrschaft', S. 425–31. Ob diese Trupps Vorgänger der *oturupa*-Bewegungen (siehe Kap. 8) gewesen sind, ist ein strittiger Punkt. Die jungen Männer imitierten zwar zum Teil deutsche Militärpraktiken, aber es handelte es sich hier um echte Soldaten und keine pseudomilitärische so genannte 'Truppenspielerbewegung' wie die *oturupa*.

49 Drechsler, *'Let Us Die Fighting'*, S. 43–4; Gewald, *Herero Heroes*, S. 33–7; Lau (Hg.), *Hendrik Witbooi Papers*, S. xix–xx, 45–6.

50 Oermann, *Mission, Church*, S. 69; Dreyer, *Official Imperialism*, S. 165; Gewald, *Herero Heroes*, S. 39–41; Lau (Hg.), *Hendrik Witbooi Papers*, S. 48; Annemarie Heywood und Brigitte Lau, *Three Views into the Past of Windhoek* (Windhoek: Historical Conference, 1993), S. 9–11.

51 Witbooi an Maharero, 30. Mai 1890, übersetzt aus Witbooi, *Die Dagboek*, S. 79-81. Siehe auch Lau (Hg.), *Hendrik Witbooi Papers*, S. 50–3.

52 Drechsler, ‚*Let Us Die Fighting*'; Henderson, *German Colonial Empire*, S. 74.

53 Zitiert in Drechsler, *Südwestafrika*, S. 72.

54 Zu den Konzessionsgesellschaften und der ihnen gegenüber verfolgten Politik siehe insbesondere Drechsler, ‚*Let Us Die Fighting*', S. 44–53; Mokopakgosi, ‚German Colonialism', S. 123–4, 187–9, 190, 201–3, 214–15; Dreyer, *Official Imperialism*, Kap. 3; Voeltz, *South West Africa Company*, Kap. 1.

55 Mokopakgosi, ‚German Colonialism', S. 96–8, 209–11; Gewald, *Herero Heroes*, S. 48.

56 Zu den Auseinandersetzungen über die Nachfolge siehe *ebd.*, S. 41–6; Gerhard Pool, *Samuel Maharero* (Windhoek: Gamsberg Macmillan, 1991), S. 97; Bley, *Namibia*, S. 17–18. Gewald vertritt die Ansicht, Riarua sei der Wunschkandidat der Herero in Okahandja gewesen, während Pool schreibt, Riarua habe Nikodemus Kavikunua im Streit um die Anführerschaft unterstützt. Bley geht in Anlehnung an Lehmann und Vedder davon aus, die *ovahona* hätten Samuel Maharero wahrscheinlich ohne deutsche Einmischung gewählt, was aber weniger glaubhaft ist.

57 Lau (Hg.), *Hendrik Witbooi Papers*, S. xvi–xvii, 45–6; Pool, *Samuel Maharero*, S. 71, 84–92.

58 Siehe Gewald, *Herero Heroes*, S. 46–52. Gewald geht nicht im Einzelnen auf die Gründe für das Bündnis zwischen Samuel Maharero und Witbooi ein. Siehe auch Lau (Hg.), *Hendrik Witbooi Papers, passim.*

59 Lau (Hg.), *Hendrik Witbooi Papers*, S. 126–7; siehe auch S. 207–10.

60 Zitiert in Martha Mamozai, *Herrenmenschen: Frauen im deutschen Kolonialismus* (Reinbek bei Hamburg: Rohwohlt, 1982), S. 173.

61 Theodor Leutwein, *Elf Jahre Gouverneur in Deutsch-Südwestafrika* (Windhoek: Namibia Scientific Society, 1997, erstmals veröffentlicht 1906), S. 106.

62 Wolfram Hartmann, ‚Urges in the Colony: Men and Women in Colonial Windhoek, 1890–1905', *JNS*, 1 (2007), S. 39–71, S. 40–2; Lau (Hg.), *Hendrik Witbooi Papers*, S. xxi–xxii, 199–214; Oermann, *Mission, Church*, S. 71–2; Drechsler, ‚*Let Us Die Fighting*', S. 69–71; Helbig und Hillebrecht, *The Witbooi*, S. 33–4; Reeh, *Hendrik Witbooi*, S. 42–4.

5 Unter deutscher Herrschaft, 1894–1903

Am 1. Januar 1894 traf Theodor Leutwein in DSWA ein, um von François als Leiter der (rudimentären) Kolonialverwaltung abzulösen.[1] Nun verschob sich das Machtgleichgewicht erstmals deutlich zu Gunsten der Kolonisatoren. Ende 1896 hatte Leutwein den direkten Widerstand gegen die deutsche Besetzung erstickt, Verträge mit den Gruppen geschlossen, die sich Göring und von François gegenüber reserviert gezeigt hatten, und begonnen, Strukturen für die Kolonialherrschaft aufzubauen. Im folgenden Jahr hatte die Rinderpest-Epidemie verheerende Auswirkungen auf die afrikanischen Viehhalter. Dadurch entstanden Bedingungen, unter denen sich die Kolonie entwickeln konnte: Erstmals kamen deutsche Siedler in größerer Zahl nach Südwestafrika, und es wurde eine Infrastruktur mit Straßen, Eisenbahnlinien und Häfen geschaffen. Allerdings bezahlten die Afrikaner in der Polizeizone (so die neue Bezeichnung der Deutschen für Zentral- und Südnamibia) einen sehr hohen Preis für diese Unternehmungen. Sie büßten viel von ihrer politischen Macht und Autonomie ein und verloren Wasser-, Land- und Weiderechte. Ein Jahrzehnt nach Leutweins Ankunft griffen die meisten afrikanischen Gruppen in der Polizeizone im Deutsch-Namibischen Krieg zu den Waffen, und die Deutschen antworteten mit Völkermord.

Die ersten Niederlagen

Nach seinem Eintreffen war es zwar Leutweins wichtigstes Anliegen, die Witbooi im Kampf zu schlagen, aber zunächst nahm er ein leichteres Ziel ins Visier. Ein Deutscher war kurz zuvor auf dem Gebiet der Khauas-Nama in Gobabis umgebracht worden. Leutwein verlangte die Auslieferung der Männer, die für den Mord verantwortlich waren, doch Andries Lambert, der *kaptein* der Khauas, weigerte sich. Leutwein nahm dies – und andere ‚Vergehen' sowie den allgemeinen Ruf der Khauas als Gesetzlose – zum Anlass für eine bewaffnete Intervention: Mit hundert

Soldaten im Rücken nahm er Lambert fest. Im März 1894 handelte er eine Vereinbarung aus, der zufolge die Khauas die deutsche Oberhoheit anerkannten, Lambert sein Amt als *kaptein* behielt und das Gemeinwesen mehr oder weniger unangetastet blieb. Das änderte sich jedoch schon kurz darauf: Lambert und die meisten seiner Leute wurden dabei erwischt, wie sie vor den Deutschen zu fliehen versuchten, und dieses Mal kam der *kaptein* vor ein Kriegsgericht und wurde standrechtlich erschossen. Seine Leute wurden entwaffnet, ein Großteil ihres Landes und ihrer Rinder konfisziert. Diese Ereignisse bewegten auch Simon Kopper, den Anführer der Fransmann-Gruppe in Gochas (südöstlich von Mariental), einen Schutzvertrag mit den Deutschen abzuschließen, was er bis dahin beharrlich abgelehnt hatte.

Abb. 13: Theodor Leutwein, der als Erster erfolgreich deutsche Machtstrukturen in Namibia aufgebaut hat, war zwischen 1894 und 1904 für die Kolonie zuständig.

Dass Leutwein die Khauas und Fransmann unter Kontrolle brachte, war nicht nur eine direkte Demonstration deutscher Macht, sondern gab den deutschen Streitkräften auch zusätzliche Sicherheit bei ihrer geplanten Militäraktion gegen Hendrik Witbooi. Zugleich bauten die Deutschen eine Kette kleiner, entlegener Garnisonen im Süden. Nachdem diese fertig waren, zögerte Leutwein den Angriff auf Witboois gut bewaffnete und erfahrene Kommandotrupps weiter hinaus und stimmte einem zweimonatigen Waffenstillstand zu, der bis August 1894 dauerte. Sowohl er als auch Hendrik Witbooi sahen darin die Chance, ihre Streitkräfte weiter auszubauen. In dieser Zeit gab es erstaunlich regen Kontakt zwischen den Konfliktparteien: Witbooi-Frauen wuschen die Kleidungsstücke deutscher Soldaten und erhielten dafür Tabak und Kaffee.[2] Zugleich führten Witbooi und Leutwein eine rege Korrespondenz und stritten über die Frage der Oberherrschaft. ‚…[D]ie Herrscher verschiedener Länder und Königreiche schließen Verträge als Brüder', schrieb Witbooi am 21. Mai, ‚um in Frieden zu leben und sich über große und wichtige Angelegenheiten zu beraten, die ihre Länder und Völker betreffen, und doch bleibt jeder in seinem eigenen Land und in seinem Volk selbständiges Oberhaupt'. Worauf Leutwein lapidar antwortete: ‚Das tatsächliche Problem ist, dass es in Namaqualand einen Anführer gibt, der glaubt, er könne nach eigenem Gutdünken handeln, obwohl Namaqualand ein Schutzgebiet ist und Seiner Majestät dem deutschen Kaiser untersteht'.[3]

Hendrik Witboois Hoffnung, er könne seine Unabhängigkeit behalten, wurde durch eine rasche Militäraktion, die vom 27. August bis zum 5. September dauerte, zerschlagen. Der Ausgang der Kämpfe war zwar unentschieden, aber Witbooi unterbreitete dennoch ein Friedensangebot unter Vorbehalt, das Leutwein akzeptierte. Witboois Bereitschaft zu einer Einigung ging offenbar auf die schwierigen Überlebensbedingungen in den Bergen zurück. Außerdem verfügten die Deutschen über mehr Feuerkraft, denn sie hatten schwerere Geschütze und – wahrscheinlich – auch mehr Soldaten (Leutwein schätzte Witboois Streitkräfte auf etwa 250 Mann, wohingegen die deutsche Seite 350 Mann aufbot).[4] Obwohl Witbooi sich wegen der langfristigen Absichten der Deutschen große

Sorgen machte, sah er diesen Kompromiss wahrscheinlich auch als einen Weg, möglichst viel von seiner früheren Unabhängigkeit und Autorität zu behalten. Leutwein wiederum stimmte der Übereinkunft zu, weil ein vollständiger militärischer Sieg über die Witbooi nur unter hohen Verlusten – wenn überhaupt – möglich gewesen wäre.

Bei dem Friedensschluss unterstellte sich Witbooi der deutschen Obrigkeit. Im Gegenzug blieb er im Amt, und seine Leute (die jetzt nach Gibeon zurückkehrten) behielten ihr Vieh, ihr Land und sogar ihre Waffen. Weil sie durch ihre Militäraktionen in den Bergen verarmt waren, konnte Leutwein nun auf ihre dauerhafte wirtschaftliche Abhängigkeit hinwirken und gewährte ihnen zu diesem Zweck 150 Rinder als Darlehen.[5] Ein Jahr später willigte Witbooi ein, den Deutschen Soldaten zur Verfügung zu stellen; trotz einiger Spannungen tat er dies auch danach bei vielen Gelegenheiten. Afrikanische Soldaten wurden ein sehr wichtiger Bestandteil bei frühen Militärkampagnen der Deutschen in Namibia, da sie über entscheidende Ortskenntnisse verfügten und wussten, wie man im trockenen Buschland überlebt. Leutwein war mit den Eroberungsmethoden der Briten vertraut und kannte das Potenzial der einheimischen Soldaten recht gut. Diese Vereinbarungen brachten auch für die afrikanischen Soldaten Vorteile, so etwa die Möglichkeit, sich bei besiegten Feinden Rinder zu beschaffen.[6] Es gab daher vielleicht einige Kontinuitäten zwischen diesen frühen Kriegen der Kolonialzeit und den schon länger üblichen Raubüberfällen auf Viehherden. Witbooi selbst verhielt sich den deutschen Besatzungsbehörden gegenüber loyal, bis er und seine Leute sich schließlich im Oktober 1904 gegen sie auflehnten. Kurz darauf schrieb er Leutwein nachdenklich über seine zwiespältigen Gefühle hinsichtlich des vorangegangenen Jahrzehnts:

> Zehn Jahre lang habe ich mich innerhalb Ihres Gesetzes bewegt, unter Ihrem Gesetz und hinter Ihrem Gesetz gestanden… So fürchte ich Gott den Vater. Alle Seelen [Personen], die während der vergangenen zehn Jahre in allen Nationen Afrikas starben… schuldlos und grundlos, ohne eine Rechtfertigung für Krieg in Zeiten des Friedens, und noch dazu unter Friedensverträgen – sie klagen mich an.[7]

Zusätzlich zur direkten militärischen Intervention griff Leutwein in den ersten Monaten, nachdem er das Kommando übernommen hatte, auch in die Erbfolgepolitik Otjiherero-sprachiger Gruppen ein. Bei den Herero dauerten die Auseinandersetzungen über die Oberherrschaft (hierauf wurde im vorigen Kapitel bereits eingegangen) noch immer an, und im Juni 1894 wurde Samuel Maharero (dessen Anspruch die Deutschen anerkannten) von seinem Halbbruder Riarua (der wahrscheinlich der rechtmäßige Anwärter war) gezwungen, Okahandja zu verlassen. Unter Berufung auf die Unterstützung, die er der deutschen Kolonialmacht gewährte, bat Samuel Maharero Leutwein um Hilfe und brachte den deutschen Kommandeur dazu, direkt einzuschreiten – wodurch der ‚Schutz' durch die Deutschen erstmals in die Tat umgesetzt wurde. Leutwein begab sich mit 41 Soldaten und einer Feldkanone zu Samuels Lager, das sich auf einer Bergkuppe in Osona in der Nähe von Okahandja befand und über dem die deutsche Flagge wehte. Diese Gewaltandrohung und die Erinnerung daran, was Andreas Lambert passiert war, genügten, um Riarua und Nikodemus Kavikunua zu einer Anerkennung der Autorität Samuel Mahareros und der deutschen Regierung zu bewegen. Riarua musste zudem einen Großteil seiner Machtbefugnisse und seiner Rinder an Samuel Maharero abgeben. Für letzteren begann nun eine Zeit enger und für beide Seiten einträglicher Zusammenarbeit mit der deutschen Obrigkeit, die in Okahandja eine Garnison einrichtete.[8]

Im September sahen sich Leutwein und sein Stellvertreter von Lindequist, der 1894 in der Region eingetroffen war (und später selbst Gouverneur wurde), in der Lage, sich dem Gemeinwesen in Omaruru zuzuwenden, dessen *omuhona* Manasse Tjiseseta nunmehr einer der mächtigsten Herero-Anführer war. Seine Herrschaft beruhte auf soliden Grundlagen: Kontrolle über die Arbeit von Damara-Sprechern und die Ausfuhr dieser Arbeitskräfte, landwirtschaftliche Unabhängigkeit (teils dank der Tributzahlungen von Damara-Bauern in Okombahe), die Bildung gut bewaffneter Kommandotrupps; Kontrolle über das Finanz- und Rechtswesen, einschließlich der Besteuerung von Händlern, die durch Omaruru kamen, und die Verfügungsgewalt über Land-, Wasser- und Abbaurechte.

Durch diese wirtschaftliche und politische Macht konnte Manasse ein hohes Maß an de-facto-Unabhängigkeit vom obersten Anführer der Herero wahren. Ungeachtet seiner früheren Zustimmung zu einem Schutzvertrag, stellte seine Macht auch eine mögliche Bedrohung für die Herrschaft der Deutschen dar, worüber Leutwein nicht hinwegsehen wollte.

Dieser hatte bereits im Juli 1894 den Weg für eine militärische Intervention geebnet. Damals reiste Cornelius Goroseb, der *kaptein* der in Okombahe lebenden Damara, nach Windhoek und bat darum, seine Leute von Manasses Herrschaft zu befreien. Im Oktober konnte Leutwein, der gerade erst Hendrik Witbooi besiegt hatte, sich schließlich einen Streit über Manasses rechtliche Befugnisse zu Nutze machen. Im September 1894 hatte ein britischer Siedler namens Christie, der auf Manasses Gebiet ansässig war, einen Baster namens Buijs umgebracht und war dann aus Manasses Hoheitsgebiet geflohen. Dieser schickte Männer los, um ihn zu verhaften, aber stattdessen töteten sie ihn (möglicherweise in Notwehr). Leutwein vertrat die Ansicht, dass die Mörder – da Christie ein Siedler war – nicht in den rechtlichen Zuständigkeitsbereich Manasses fielen, sondern an die deutsche Obrigkeit hätten ausgeliefert werden müssen, damit ihnen der Prozess gemacht würde. Diesem Beschluss verlieh er dadurch Nachdruck, dass er mit hundert Mann und einer Kanone gen Omaruru marschierte, begleitet von Samuel Maharero, Zacharias Zeraua aus Otjimbingue (einem früheren Verbündeten Manasses), einigen von Zerauas Männern und Cornelius Goroseb. Manasse musste wahrscheinlich an das Exempel denken, das an den Khauas statuiert worden war, und wollte zumindest einen Teil seines Wohlstands und seiner Autorität retten. Er ließ daher seine eigenen Truppen nicht aufmarschieren und lieferte die betreffenden Männer an die Deutschen aus. Bei den anschließenden Verhandlungen erkannte Leutwein Manasses Unabhängigkeit von Samuel Maharero in Okahandja an, zwang ihn jedoch, dem Bau einer Garnison zuzustimmen, und entzog ihm die Verfügungsgewalt über die Damara-Gemeinschaft in Okombahe. Dadurch schwächte er Manasses Gemeinwesen in Omaruru erheblich. Etwa zur gleichen Zeit wurde die Kolonialherrschaft über diesen nordwestlichen

Teil Zentralnamibias zusätzlich durch das Einschreiten der Deutschen bei einem Erbfolgestreit unter Manasses Widersachern, den Swartbooi, gefestigt. Deren *kaptein* Cornelius Swartbooi war im Januar 1894 gestorben, und sein Neffe David Swartbooi wurde mit Hilfe der Deutschen als Nachfolger eingesetzt.[9]

Nach dem Verlust von Okombahe wurde Manasses Autorität über die dortige Damara-sprachige Bevölkerung auf Cornelius Goroseb übertragen, den die koloniale Obrigkeit nunmehr zum obersten *chief* ‚der Damara' ernannte. Dies war nicht nur eine Belohnung für seine Rolle bei der Unterhöhlung von Manasses Macht, sondern auch für seine Zusage, den Deutschen Arbeitskräfte in nicht näher bezifferter Menge zur Verfügung zu stellen. In Wirklichkeit konnte er sich aber keine großen Hoffnungen auf Machtausübung über Okombahe hinaus machen, da seine neuen ‚Untertanen' verstreut lebende Gruppen von Damara-Sprechern waren, die sich zwar möglicherweise mit einer gemeinsamen Bergdama-Kultur (bzw. Aspekten dieser Kultur, diese Frage ist umstritten) identifizierten, aber auf keinen Fall eine politische Einheit bildeten.

Im Jahr darauf befasste sich Leutwein weiter mit kleinen, relativ machtlosen Damara- und San-Gruppen und versuchte offenbar, ein gewisses Maß an Kontrolle über diese sehr verschiedenartigen und dezentralen Gemeinschaften zu bekommen. Er erkannte Johannes (Jaq) Kruger – einen Baster, der auch am Waterberg eine Führungsrolle einnahm – als *kaptein* der in Gaub (in der Nähe von Grootfontein) lebenden San und Damara an; im Gegenzug wurde Kruger dem lokalen Vertreter der SWACO rechenschaftspflichtig und musste darüber hinaus örtlichen Landwirten Arbeitskräfte zur Verfügung stellen. Außerdem unterzeichnete Leutwein in Naidaus einen Vertrag mit Aribib, einem ‚*kaptein*' der San.[10]

Land, Rinder und Widerstand

Das Jahr 1894 war also für Leutwein und von Lindequist voller diplomatischer und militärischer Aktivitäten, und als es zu Ende ging, hatte überall in Süd- und Zentralnamibia zumindest in groben Zügen eine '*pax Germanica*' Einzug gehalten. Die deutsche Herrschaft über die drei mächtigsten politischen Einheiten – diejenigen der Witboois sowie die Gemeinwesen in Okahandja und Omaruru – war so eingerichtet worden, dass deren Anführer weiterhin ein gewisses Maß an Autonomie besaßen, und man hatte auch zahlreiche weitere Verträge geschlossen. Zwar lauerte dicht unter der Oberfläche stets die Androhung von Gewalt seitens der Kolonialherren, aber nur im Falle von Andreas Lambert und den Khauas war ein Gemeinwesen gewaltsam zerstört worden – jedenfalls bis zu diesem Zeitpunkt. Leutwein hatte also eine sehr wirksame Kombination aus verschiedenen Taktiken aufgeboten und nach Möglichkeit auf direkte Gewaltanwendung verzichtet. Stattdessen machte er sich politische Zwistigkeiten und Konflikte zu Nutze und führte verschiedene Arten indirekter Herrschaft ein, die immer durch die Unterzeichnung formeller Verträge legitimiert wurde (zumindest in kolonialpolitischer Hinsicht). Zu dieser Politik gehörte zwar durchaus die Zurschaustellung kolonialer Stärke, aber sie ging auch auf die grundsätzliche Schwäche der deutschen Präsenz zurück. Die Anzahl deutscher Soldaten im Land war immer noch sehr gering; aus diesem Grund war es nicht möglich, den mächtigen Ovambo-Königreichen im Norden den Kampf anzusagen. Im Osten aber nahmen die Spannungen rapide zu, weil die deutsche Obrigkeit jetzt Versuche unternahm, die koloniale Herrschaft effektiv umzusetzen.

Leutweins neue Strategie bestand im Wesentlichen in dem Versuch, namibische Viehhalter in die Gebiete innerhalb 'vereinbarter' Grenzen zurückzudrängen, um dadurch Land für eine Besiedlung und Nutzung durch Deutsche zu gewinnen. Dabei konzentrierte er sich vor allem auf 'Hereroland', das bessere Möglichkeiten zur Rinderzucht bot als der kargere Süden; außerdem hoffte er, dort zumindest einige der immer noch recht starken Herero-Gemeinwesen zu schwächen, indem er aus seinem Bündnis mit Samuel Maharero Kapital schlug. Im Dezember 1894 unterzeichneten die beiden Männer einen Vertrag, der die Südgrenze Hererolands von ihrer vorherigen (rechtswirksamen) Lage in Richtung Norden verschob; im Süden und Osten verlief sie jetzt entlang des Weißen Nossob-Flusses. Otjiherero-Sprechern war es verboten, im Gebiet jenseits dieser neuen Grenze zu wohnen oder ihr Vieh dort zu weiden. Durch die Verschiebung der Grenze fielen die wichtigen Weidegebiete in Seeis und Gobabis nunmehr in das deutsche Hoheitsgebiet. Von den Folgen wurden Otjiherero-Sprecher, die im Osten lebten, am schwersten getroffen. Dies galt vor allem für den Mbanderu-*omuhona* Kahimemua sowie Nikodemus Kavikunua, einen der unterlegenen Anwärter auf die Oberherrschaft in Okahandja, die beide mit ihren jeweiligen Gruppen in Otjihaenena am Weißen Nossob lebten.

Anders als viele Schutzabkommen war dieser Vertrag mehr wert als das Papier, auf das er geschrieben war: Es wurden sofort intensive Bemühungen unternommen, ihn in die Tat umzusetzen, wobei sich Leutwein die Macht eines Teiles der Herero-Oberschicht zunutze machte, um Landenteignungen durchzuführen. Eine Grenzkommission, der unter anderem Assa Riarua (der Sohn Riaruas) und Samuel Maharero angehörten, wurde ausgeschickt, um über die genauen Grenzverläufe zu verhandeln, Zugangsbeschränkungen zu Weideland in Kraft zu setzen und Otjiherero-Sprecher in das Gebiet nördlich der Grenze zu drängen. Im August 1895 unterzeichnete Samuel Maharero Verträge, in denen die Nordgrenze Hererolands neu gezogen wurde, und stimmte dabei noch größeren Gebietsverlusten zu. Er und Leutwein bereisten die neue Grenze und konnten den sehr wohlhabenden *omuhona* Kambazembi (der die Oberherrschaft Samuel Mahareros anerkannte) am Waterberg für eine Zusammenarbeit gewinnen. Außerdem wurden Vereinbarungen mit den Topnaar und Swartbooi in Fransfontein unterzeichnet (sowie mit den oben erwähnten San- und Damara-Gruppen).[11]

Leutwein wusste um die Gefahren kolonialer Kriegführung und hätte wahrscheinlich nicht so schnell gehandelt, wäre er nicht starkem politischem Druck ausgesetzt gewesen. Dieser ging sowohl von der kleinen, aber lautstarken Bevölkerungsgruppe der deutschen Siedler aus (wobei sich vor allem Neuankömmlinge zu Wort meldeten) als auch von den Konzessionsgesellschaften. Beide Gruppen verlangten, dass man den Herero ihr gesamtes Land und alle Rinder wegnehmen solle. Als Grund führten sie an, dass die Deutschen dadurch auf einen Schlag Zugriff auf

Land, Vieh und Arbeitskräfte bekämen. Die South West Africa Company wollte Militärschläge gegen die östlichen Herero und Enteignung im Norden; die DKGSWA forderte einen Militäreinsatz zum Schutz ihrer Interessen im Gebiet um Spitzkoppe (auf das Manasse Tjiseseta Ansprüche geltend machte), und die 1894 gegründete Kaoko Land- und Minengesellschaft (auf welche die Rechte der DKGSWA in Kaoko übergegangen waren)[12] verlangte, dass man die Swartbooi von ihrem Land verjagte. Diese Forderungen wurden zum Teil durch die neuen Verträge erfüllt. Neben anderen Maßnahmen wurden in den Vereinbarungen, die den Norden betrafen, neue Land- und Schürfrechte an die SWACO vergeben, und es war darin auch vorgesehen, Afrikaner von dem der Firma zugesprochenen Land zu vertreiben.

Was Samuel Maharero betraf, so brachte seine Mitarbeit bei der Durchsetzung der neuen Grenzen zahlreiche Möglichkeiten mit sich, Machtbefugnisse gegenüber rivalisierenden *ovahona* zu erhalten und diese Befugnisse mit beträchtlicher politischer Gewitztheit auszunutzen. Außerdem konnte er sich persönlich bereichern und erhielt unter anderem ein Gehalt von der Kolonialverwaltung. Seine Handlungsweise öffnete Übergriffen der Kolonialmacht auf die Autorität und Hoheitsgebiete von Afrikanern Tür und Tor, und Helmut Bley hat festgestellt, dass er ‚wesentlich weniger als etwa Hendrik Witbooi oder Manasse [Tjiseseta] von Omaruru auf weite Sicht die Konsequenzen seiner Anlehung an die Landeshauptmannschaft sah'.[13]

Vor Ort stieß die Geltendmachung der Grenzen im Osten und Norden auf heftigen Widerstand. In manchen Fällen warfen Kanonenrohre ihren Schatten auf Zwangsumsiedlungen, und die Verlagerung der Nordgrenze erfolgte mithilfe einer Truppe von achtzig deutschen Kavalleristen. Außerdem hatten Verstöße gegen den Vertrag – also das Weiden von Rindern jenseits der festgelegten Grenzen – ab November 1895 die Beschlagnahmung von fünf Prozent des Viehs zur Folge, das auf der ‚falschen' Seite der Grenzlinie angetroffen wurde. Die Hirten betrachteten dies – zu Recht – als Diebstahl. Zwar richteten sich diese Aktionen vor allem gegen reiche Viehhalter, es ist aber wahrscheinlich, dass auch

Angehörige kleinerer, isoliert lebender Damara- und San-Gruppen in Mitleidenschaft gezogen wurden, wenngleich über ihre (wahrscheinlich sehr unterschiedlichen) Erfahrungen mit der neuen Politik nur wenig bekannt ist.

Dennoch ging nicht alles nach Leutweins und Samuel Mahareros Willen. Anfang 1895 gelang es Nikodemus Kavikunua und einer Streitmacht bewaffneter Herero, von Lindequist und seinen Kollegen Zugeständnisse abzunötigen. Im Mai begaben sich Leutwein, von Lindequist, Samuel Maharero und Assa Riarua nach Otjihaenena, um erneut mit Nikodemus Kavikunua, Kahimemua und anderen gut bewaffneten Otjiherero-sprachigen Anführern ins Gespräch zu kommen. Dabei ging es ebenso um Samuel Mahareros Machtansprüche wie um die neue Grenze. Das Ergebnis der Verhandlungen war, dass Nikodemus Kavikunua im Osten als *chief* eingesetzt wurde, der von Samuel Mahareros Oberherrschaft unabhängig (dafür aber stark auf die deutsche Obrigkeit angewiesen) war; im Gegenzug machte er einige Gebietszugeständnisse. Für Leutwein bedeutete diese Vereinbarung eine teilweise Niederlage, da er einige seiner Forderungen abschwächte, um eine bewaffnete Auseinandersetzung zu vermeiden. Allerdings gab sie ihm zugleich die Möglichkeit, seine Politik nach dem Prinzip ‚Teile und herrsche' auszuweiten, denn ausgerechnet der ranghohe Anführer Kahimemua, der sich, so berichten es die mündlichen Überlieferungen, als Mahareros Pendant im Osten betrachtete (und als unabhängig von der Oberherrschaft Okahandjas), wurde jetzt zum Untergebenen Nikodemus Kavikunuas.[14]

Obwohl er sich Mühe gab, seine nördlich der im Mai vereinbarten Grenze lebenden Untertanen umzusiedeln, stellte Nikodemus Kavikunua immer noch eine potenzielle Bedrohung für die Deutschen dar, und das Einvernehmen zwischen beiden Seiten hielt nicht lange an. Leutwein hinderte ihn daran, ein dauerhaftes Hauptquartier in Gobabis aufzuschlagen (auch Kahimemua erhob Anspruch auf diesen Ort, und die Deutschen hatten dort 1895 eine Garnison eingerichtet).[15] Die Bevölkerung im Osten merkte, wie ihre Produktionsmittel erheblich schrumpften: Nach wie vor beschlagnahmten die deutschen Behörden Rinder; der drohende Verlust von Gobabis würde den Waffennachschub gefährden, den Nikodemus Kavikunua aus Botswana erhielt; Kahimemua schrieb an Leutwein und fragte ihn: ‚... warum weigern Sie sich, mir einen Teil des Landes zu geben.';[16] und die Khauas waren durch Leutweins Aktionen im Jahr 1894 politisch und wirtschaftlich zu Grunde gerichtet. Da sich diese ohnehin angespannte Lage durch eine Dürre noch zusätzlich verschärfte, entlud sich die Situation im März 1896 in Krieg. Der Widerstand der Afrikaner gegen Übergriffe der Kolonialmacht war zwar aufgrund bereits zuvor bestehender Meinungsverschiedenheiten, Rangkämpfe und Machtkonflikte brüchig, aber der Aufstand stellte die Kolonisatoren dennoch vor die langwierigste Herausforderung seit Leutweins Ankunft.

Der Krieg begann mit dem Angriff einer Gruppe von Khauas auf eine deutsche Patrouille. Nach dem Angriff begann es in der Kolonie zu gären, und die wildesten Gerüchte gingen um; so hieß es, die Witbooi würden sich gegen die Deutschen wenden. Im Monat darauf griffen die Khauas – wahrscheinlich Nikodemus Kavikunua[17] und vielleicht auch Kahimemua[18] – die deutsche Garnison in Gobabis an. Sie erlitten eine schwere, wenn auch von den Deutschen nicht leicht errungene Niederlage, und es gab etwa hundert Tote auf Seiten der Afrikaner und sechs bei den Deutschen.[19] Zu diesem Zeitpunkt zog sich Nikodemus aus den Kämpfen zurück: Offenbar ging er mit sehr wenigen Gefolgsleuten fort und suchte Zuflucht bei Tjetjo Kandjii (dem Sohn von Mahareros Schwester, der zunächst Samuel Mahareros Autorität in Frage gestellt, schließlich aber dessen Herrschaftsanspruch ohne Blutvergießen anerkannt hatte). Zur gleichen Zeit zogen Kahimemua und der größte Teil der Otjiherero-Sprecher zusammen mit den Khauas ins *veld*, wo sie ihren Verfolgern entwischen konnten, bis diese sie in Otjunda (das die Deutschen ‚Sturmfeld' nannten) aufspürten und nach erbitterten Gefechten besiegten. Zur siegreichen Streitmacht gehörten Deutsche, Baster, die Anhänger von Witbooi und Samuel Maharero sowie zwei unzufriedene *ovahona* der Mbanderu.

Nach der Niederlage in Otjunda ergab sich Kahimemua. Seine Truppen hatten schwere Verluste erlitten (unter den Gefallenen waren sein Bruder und zwei seiner Söhne), und seine Nahrungs- und Munitionsvorräte waren offenbar aufgebraucht. In mündlichen Überlieferungen wird seine Kapitulation auch damit in Verbindung gebracht, dass er ein *ombuke* (Prophet) gewesen sein soll; solche Menschen waren selten, und für einen politischen Anführer war es besonders ungewöhnlich, diese Rolle einzunehmen. Kahimemua, so heißt es, habe mit den Ahnen gesprochen, dann in einer Vorahnung bevorstehenden Unheils die neue Ordnung mit einem Fluch belegt und erklärt: „‚Ich habe das ganze Land vollständig vernichtet"'. Danach habe er Boten zu Samuel Maharero geschickt, die diesem ausrichteten: „‚Ich bin hier. Komm` und hol` mich"'.[20] Diese Worte passen zur allgemeinen Tendenz der mündlichen Überlieferungen über Kahimemua, seine prophetischen Gaben und sein kompromissloses Leben und Sterben hervorzuheben: Bei den Unterredungen im Mai 1895 beispielsweise hatte er erklärt: „‚Solange ich lebe, habe ich kein Land, das ich Fremden geben kann"'.[21] Selbst wenn einige seiner Aussagen möglicherweise erst später erfunden wurden und nicht zu seinen Lebzeiten geäußert wurden, zeugen sie doch beredt von dem tiefen Eindruck, den Kahimemuas Persönlichkeit und politische Haltung im historischen Gedächtnis der Mbanderu hinterlassen haben und davon, wie einschneidend die Niederlage von 1896 gewesen ist. Auch die von Carow überlieferte Fassung der Botschaft Kahimemuas an Leutwein nach der Schlacht von Otjunda hat einen prophetischen Beiklang: „‚Ich will mich ergeben und dann sterben, denn ich bin alt genug"'.[22] Unterdessen ging Nikodemus Kavikunua von Tjetjo zu Assa Riarua und begab sich dann in deutschen Gewahrsam. Er und Kahimemua wurden in Okahandja gefangen gehalten und dort auch vor Gericht gestellt, zum Tode verurteilt und am 12. Juni 1896 von einem Exekutionskommando erschossen. Das gleiche Schicksal ereilte auch andere, die an den Kämpfen beteiligt gewesen waren.[23]

Zwar bedeutete dies das Ende einer Episode bewaffneten Widerstandes gegen die deutsche Inbesitznahme Südwestafrikas, der entschlossen geführt wurde und tragisch endete. Der Schwerpunkt, den die Quellen dabei auf die beiden gegensätzlichen Anführer legen – Kahimemua, der würdig und tapfer starb, und der todesängstliche Nikodemus Kavikunua –, darf aber nicht darüber hinwegtäuschen, um was für einen Krieg es sich handelte. Es waren nicht nur männliche Kämpfer darin verwickelt, sondern ganze Gruppen von Khauas, Mbanderu und Herero, die nach der Niederlage in Gobabis gemeinsam die Flucht ergriffen. Carow berichtet, wie Khauas-Frauen und -Kinder dem Hungertod nahe ins deutsche Lager kamen, um sich zu ergeben; Khauas-Frauen sollen sogar in den Kampf im April eingegriffen und sich im Gewehrfeuer schützend vor die Männer gestellt haben.[24] Nach dem Aufstand vertrieben die Deutschen die Khauas (oder zumindest alle, die als solche galten) aus dem Osten. Manche unterstellte man der Herrschaft von Witbooi; viele wurden gefangen genommen und nach Windhoek gebracht, wo die Deutschen sie in Gefangenenlagern internierten und als Arbeitskräfte benutzten; wieder andere wurden wohl von deutschen Soldaten als Dienstboten beschäftigt.[25] Zugleich wurden die Wirtschaftsgrundlagen der östlichen Otjiherero-Sprecher weiter ausgehöhlt. Diese hatten im Verlauf der Kämpfe einiges Vieh verloren, außerdem beschlagnahmten Leutwein zufolge die deutschen Behörden in den Jahren 1896–97 12 000 ihrer Rinder. Nach den Kämpfen überantwortete man viele von ihnen Samuel Maharero und seinen Gefolgsleuten; andere flohen über die Grenze in das Protektorat Bechuanaland, das britisches Hoheitsgebiet war. Samuel Maharero intensivierte außerdem seine Raubzüge im Osten, nahm dabei unter anderem seinen einstigen Widersacher Tjetjo Kandjii ins Visier und dehnte seinen Einflussbereich weiter nach Osten aus. Die militärische Präsenz der Kolonialmacht wurde zusätzlich dadurch gestärkt, dass Leutwein die Gelegenheit nutzte und eine dauerhafte Besatzung von 700 Soldaten einrichtete, die im Süden, Zentrum und Osten des Landes stationiert wurden.[26]

Dass sich der Krieg im Osten nicht zu einem großflächigen Konflikt ausweitete, war unter anderem Leutweins erfolgreicher ‚Teile und herrsche'-Taktik zu verdanken. Ende 1895 war die Lage innerhalb anderer Gemeinwesen von Otjiherero-Sprechern explosiv geworden. Sogar die Leute von Okahandja waren von den neuen Grenzverträgen betroffen, die sie zwangen, ihr Vieh von Weideland abzuziehen. Leutwein zögerte nicht, auch bei Samuel Mahareros Gruppe Rinder zu beschlagnahmen; der oberste Anführer erhielt dabei die Hälfte der Einnahmen. Dadurch wurde das Gemeinwesen von Okahandja zunehmend gespalten, und Samuel Mahareros Beliebtheit schwand. Sein Ansehen in der Bevölkerung insgesamt – und das wirtschaftliche Wohlergehen von Otjiherero-Sprechern – litt außerdem darunter, dass er Land verkaufte (häufig in Gebieten, die traditionell nicht in seinen Machtbereich fielen), und zwar vor allem, um seine Schulden bei Händlern zu begleichen.

Abb. 14: Mit an Sicherheit grenzender Wahrscheinlichkeit zeigt dieses Foto Khauas,[27] die nach ihrer Niederlage gegen Leutwein 1896 gefangen genommen und anschließend in Windhoek inhaftiert wurden. Das Bild gemahnt eindringlich daran, dass nicht nur Männer, sondern auch Frauen und Kinder unter deutscher Herrschaft Krieg, Gefangenschaft und Zwangsarbeit erleiden mussten.

Im Gegensatz zu seinem Vorgehen im Osten entschärfte Leutwein die Lage wenigstens zum Teil, indem er den Herero von Okahandja erlaubte, vorübergehend Weideland südlich der neuen Grenze bis hin nach Seeis zu nutzen. Er und Samuel Maharero konnten allerdings nicht verhindern, dass andere Bevölkerungsgruppen Schritte unternahmen, um dem Machtgeflecht zwischen Okahandja und Windhoek zu entkommen. Viehhalter, die ihr Hab und Gut verloren hatten, suchten jenseits der Grenzen von Hereroland Hilfe. So beklagten sich Untertanen Samuel Mahareros Ende 1895 beim Ndonga-König Kambonde über die herrschenden Zustände. Etwas später beschuldigten die deutschen Behörden den Herero-*omahona* Katarre, einen Untertanen von Manasse Tjiseseta, des Diebstahls und entwaffneten ihn. Dadurch wollten sie wahrscheinlich eine Zusammenarbeit zwischen Kambonde und Katarre unterbinden, dessen Hauptquartier am Handelsweg zwischen Omaruru und den Ovambo-Königreichen lag – einer wichtigen Route für Waffenlieferungen an die Gruppen in Zentralnamibia. Die Deutschen versuchten, diesen Handelsweg in ihre Gewalt zu bekommen, und errichteten daher auch eine Garnison in Outjo.

Ein weiterer Konflikt flackerte zwischen den deutschen Behörden und Daniel Kariko auf, der in Okombahe ansässig war und der Herrschaft Manasse Tjisesetas unterstand. Durch die Einigung der Deutschen mit Manasse hatte Kariko seine Machtbefugnisse über die Damara in Okombahe verloren und fürchtete zusehends um seine Stellung. Ende 1895 trat er an Kambonde mit der Bitte heran, sich in Ondanga ansiedeln zu dürfen, und der König willigte ein. Durch diesen Schachzug erhielt Kariko besseren Zugang zu Waffenlieferungen von Händlern aus dem Norden und konnte außerdem Damara, die er gefangen genommen hatte, als Arbeitskräfte an südafrikanische Firmen wie die in Cape Cross ansässige Damaraland Guano Company vermitteln. Offenbar versuchte er auch, sich der deutschen Staatsgewalt zu entziehen, und behauptete, er sei Untertan der Briten. Die Deutschen waren allerdings nicht willens, diese unterschwellig subversive Haltung zu dulden. Im Juni 1896 beorderte Manasse Tjiseseta ihn nach Omaruru, und er wurde verhaftet. Er wurde des Verrats für schuldig befunden und in die Verbannung geschickt, konnte jedoch später nach Walvis Bay fliehen. Zusätzlich mussten Rinder als Bußgeld gezahlt werden, sodass die von ihm angeführte Gruppe wahrscheinlich verarmte.[28]

Ende 1896 hatte die deutsche Besatzung alle namibischen Gesellschaften südlich der Ovambo-Königreiche also schwer in Mitleidenschaft gezogen, aber es kam noch schlimmer, denn im folgenden Jahr wütete die Rinderpest. Waren die Zeiten vorher schon schwierig gewesen, so drohte nun eine Katastrophe. Die Rinderpest ist eine ansteckende Viehseuche, die von Viren übertragen wird und zu einer hohen Sterblichkeit führt, wenn sie unbehandelt bleibt. Große Teile des südlichen Afrika waren bereits von ihr betroffen, und ab April 1897 war sie auch in Namibia virulent. Das Gebiet bot ideale Bedingungen für eine Ausbreitung der Seuche: große Herden auf Weideland, das aufgrund der Zwangsumsiedlungen der vorangegangenen Jahre mit Vieh überfüllt war; nur sehr wenige passierbare Routen, entlang derer sich das Virus schnell übertrug; und ein Staat, der keine Mittel zur Durchführung von Impfungen und strengen Quarantänemaßnahmen hatte. Tatsächlich hatten die Deutschen versucht, die Kolonie Ende 1896 und Anfang 1897 durch den Bau einer Festungslinie zwischen Gobabis im Osten und Tswawisis in der Nähe von Fransfontein im Westen zu schützen; diese markierte zugleich die Grenzen geltender deutscher Herrschaft in SWA und war auf längere Sicht sehr wichtig, da aus ihr die spätere Unterteilung Südwestafrikas in die ‚Polizeizone' und die nördlich davon liegenden Gebiete hervorging. Zur Eindämmung der Epidemie eignete sie sich freilich nicht.

Die Rinderpest hatte daher katastrophale Auswirkungen auf afrikanische Viehhalter. Die Sterblichkeitsziffern sind strittig, aber bei den Herero verendeten mindestens zwei Drittel der Rinder.[29] Die Siedler verloren weniger Vieh. Hauptsächlich aufgrund einer Impfaktion der Behörden überlebten selbst in den am schlimmsten betroffenen Bezirken 75 bis 95 Prozent ihrer Rinder[30]. Diese war dank der Arbeit des bedeutenden deutschen Bakteriologen Robert Koch[31] und seines Assistenten Kohlstock möglich: Die British South Africa Company hatte die beiden Wissenschaftler nach Südafrika eingeladen, wo sie schnell einen Impfstoff entwickelten, den Kohlstock dann 1897 nach Namibia brachte. Die Herden der Siedler wurden vordringlich behandelt, sodass für die Rinder von Afrikanern nur wenig Impfstoff übrig blieb. Außerdem begegneten viele namibische Viehhalter der Kolonialregierung und deren Absichten ohnehin bereits mit Argwohn und misstrauten dem Vakzin, da es keineswegs immer Wirkung zeigte. In Otjosazu beispielsweise starben 2000 von 3000 geimpften Rindern. Darüber hinaus wurde zur Herstellung des Impfstoffes Gallenflüssigkeit von gesunden Kühen benötigt, die man bei Afrikanern beschlagnahmte. Daher flackerte immer wieder Widerstand gegen die Impfaktion auf.

Die Epidemie verdeutlicht in jeder Hinsicht den Umgang mit einer großen öffentlichen Gesundheitskrise in einem kolonialen Kontext. Verursacht wurde diese durch die schnelle Ausbreitung der Seuche, die man mit Zwangsmaßnahmen zu bekämpfen versuchte – denen sich diejenigen widersetzten, über die sie verhängt wurden –, und verteilte die Mittel zur Bekämpfung der Seuche ungleich zwischen Weiß und Schwarz. Als die Epidemie vorüber war, litten sehr viele Menschen in Zentralnamibia an Unterernährung, weil sie eine Hauptnahrungsquelle eingebüßt hatten. Als 1897–98 Infektionskrankheiten – darunter Malaria und Typhus – ausbrachen, war die Sterblichkeit hoch: Der Missionar Irle schätzte, dass die schwere Epidemie (möglicherweise Typhus), die Anfang 1898 wütete, 10 000 Todesopfer gefordert hat.[32] Diejenigen, die davongekommen waren, entwickelten eine Reihe von Strategien – erst zum puren Überleben, dann zum Umgang mit den wirtschaftlichen Auswirkungen der Katastrophe.

Verarmte ehemalige Viehbesitzer und ihre Familien fanden sich auf der Suche nach Agrarland scharenweise in Missionsstationen wie denjenigen in Omaruru und Otjimbingue ein, oder sie begaben sich innerhalb und außerhalb des Schutzgebiets auf Wanderschaft und suchten Arbeit. Manche gingen nach Windhoek und in die neuen städtischen Zentren Karibib und Tsumeb, andere suchten Zuflucht in Botswana (aufgrund einer früheren Vereinbarung mit Sekgoma Letsholathebe, dem König der Batawana), Kaoko oder Owambo; manche landeten als Arbeitskräfte auf den Farmen von Buren in Botswana, andere gingen als Minenarbeiter nach Südafrika. Zur gleichen Zeit verkauften einige *ovahona* – vor allem Samuel Maharero – immer mehr große Landflächen, um ihre Schulden zu bezahlen und ihre eigenen Klientelnetzwerke zu erweitern. Zwar schwächte die Epidemie eindeutig Macht und Autonomie des Gemeinwesens von Omaruru, und das Gleiche galt für Kambazembi am Waterberg und Tetjo Kandjii in Gobabis; kurzfristig wuchs dadurch jedoch der Einfluss Samuel Mahareros, und er machte sich diesen Einfluss zunutze, um seine Machtstellung im Osten zu festigen.[33]

Vermutlich bekamen auch die Bevölkerung im Süden und kleinere Gruppen in Zentralnamibia die Auswirkungen der Rinderpest zu spüren, doch gibt es hierzu kaum Literatur. Die Folgen der Epidemie waren zweifellos komplex. Für ärmere Gruppen, die wenige oder keine Rinder besaßen, waren sie möglicherweise nicht so verheerend wie für wohlhabendere Viehhalter. Andererseits wurden manche Gruppen durch die allgemeine Krise sicher noch weiter marginalisiert. Gewald schreibt beispielsweise, dass Damara-Hirten, die sich um Herden von Herero kümmerten, nach der Epidemie durch verarmte Otjiherero-Sprecher ersetzt wurden. San ‚wurden schnell in die koloniale Wirtschaft hineingezwungen',[34] und wahrscheinlich zwang man auch viele Damara weiterhin zu verschiedenen Arten von Wanderarbeit. Ganz im Süden führten Versuche, die Epidemie einzudämmen, zu bewaffnetem Widerstand und einer weiteren Tragödie. Dort errichteten die Deutschen einen zwanzig Kilometer breiten Quarantänestreifen an der Grenze zu Südafrika, und zwar unter anderem auf Land, auf dem sich Siedlungen der Afrikaner-Oorlam befanden. Als die Vertreter der deutschen Obrigkeit in diesem Streifen auf Rinder der Oorlam stießen und sie töteten, löste dies militärische Auseinandersetzungen aus. Die Deutschen brauchten fast einen Monat, um diesen Krieg zu gewinnen, aber am 2. August 1897 besiegten sie die Afrikaner-Oorlam und brachten in einem Gefecht, bei dem britische Soldaten jede Fluchtmöglichkeit über den Gariep nach Süden abschnitten, siebenunddreißig von ihnen um (darunter auch einige Frauen). Der Afrikaner-*kaptein*, seine Söhne und andere Anführer wurden vor ein Kriegsgericht gestellt und erschossen; was mit den Überlebenden passierte, ist unklar. Jedenfalls waren die Afrikaner-Oorlam nach diesem Zwischenfall zerschlagen und stellten keine geschlossene politische Kraft mehr dar.[35]

Die aus der Rinderpestkrise erwachsenen Spannungen waren auch zum Teil für einen Aufstand der Swartbooi in Fransfontein und anderer Gruppen in Nordwesten verantwortlich. Einer von mehreren weiteren Gründen für diesen Konflikt war die Einmischung der Deutschen in die Nachfolge von Cornelius Swartbooi nach dessen Tod im Jahr 1894. Der Widerstand gegen die Herrschaft der Deutschen erlebte 1897 ein ständiges Auf und Ab, und Ende des Jahres machte sich eine große Gruppe unter Führung von David Swartbooi auf den Weg ins *veld*. Zusammen mit unzufriedenen Topnaar unter Jan Uichamab und einer kleinen Gruppe westlicher Herero unter dem *omuhona* Kambatta unternahmen sie Raubüberfälle auf Viehherden von Siedlern. Für die deutschen Behörden war diese neue Situation eine Gelegenheit, sich *de facto* des Landes der Swartbooi zu bemächtigen, und zwar zugunsten einer der großen Konzessionsgesellschaften, der Kaoko Land- und Eisenbahn-Gesellschaft. Sie leiteten eine Militäraktion ein (zu der Samuel Maharero und Hendrik Witbooi je 100 Mann beisteuerten), und im März 1898 waren die Swartbooi besiegt. Die Deutschen schafften sie nach Windhoek, inhaftierten etwa 150 Männer sowie 400 Frauen und Kinder und zwangen sie, selbst nach ihrer Freilassung in der Hauptstadt zu bleiben. Die Topnaar kamen mit einer Buße von 1000 Stück Kleinvieh davon, aber fünfundzwanzig von Kambattas Männern, darunter sein Sohn, wurden des Hochverrats für schuldig befunden und zu Zwangsarbeit beim Streckenbau für die Eisenbahn verurteilt.[36]

1897 fühlte sich die Regierung in Windhoek stark genug, um einen Erlass bezüglich der Stempelung von Waffen zu verabschieden. Dahinter stand die Absicht, die Afrikaner allmählich und unauffällig zu entwaffnen. Außer der Registrierung von Waffen versuchten die Behörden, südafrikanische Gewehre durch deutsche zu ersetzen, um nach Möglichkeit den Waffenschmuggel aus britischem Hoheitsgebiet zu unterbinden. Diese politische Strategie der Registrierung ist in die mündlichen Überlieferungen der Herero eingegangen, wo sie als ‚Impfung' von Waffen bezeichnet wird – vielleicht in Anlehnung an die Impfung von Vieh während der Rinderpest-Epidemie. In den darauf folgenden Jahren führte die Umsetzung dieser Politik zu Konflikten mit einigen kleineren Gruppen. 1899 schickte Samuel Maharero Streitkräfte aus, um Tjetjo Kandjii zu zwingen, die Waffen seiner Kämpfer stempeln zu lassen. Als diese Forderung auf Widerstand stieß, ließ man gegenüber dem alten *omuhona* Milde walten, aber sein Sohn wurde entwaffnet und zusammen mit seinen Leuten nach Okahandja gebracht. 1900 gingen die Deutschen drei Wochen lang militärisch gegen eine Gruppe von Bastern in Grootfontein vor, die versucht hatten, sich der Registrierung ihrer Pferde zu widersetzen. Ihr *kaptein* Klaus Swart kam dabei ums Leben; seinen Leuten nahmen die Deutschen Land und Rinder weg, und sie mussten fortan für die Kolonisatoren Zwangsarbeit leisten. 1898 wehrten sich Willem Christian (der *kaptein* der Bondelswart in Warmbad) und Paul Fredericks in Bethanien ebenfalls erfolglos gegen die Registrierung ihrer Waffen: Leutwein marschierte mit hundert Mann und vier Kanonen nach Süden, zusammen mit fünfzig von Witboois Kämpfern. Christian und Fredericks wurden nach ihrer Niederlage für die Kosten der Militärexpedition haftbar gemacht. Weil sie nicht zahlen konnten, wurde ein großer Teil ihres Landes beschlagnahmt.[37]

Bewaffneter Widerstand flackerte also im Kleinen immer wieder auf, und vor Ausbruch des Krieges im Jahre 1904 war Namibia niemals gänzlich befriedet. Dennoch trat zwischen 1894–97 eine rudimentäre Form deutscher Herrschaft über Süd- und Zentralnamibia in Kraft. Zu dieser Zeit wurde der deutsche Kolonialstaat erstmals mehr als ein bloßer Gedanke in den Köpfen der Verwaltungsbeamten und Politiker in Berlin und Windhoek, und unabhängige politische Macht in Namibia wurde schnell und gründlich zerstört. Diejenigen Anführer, denen ein gewisses Maß an Autonomie geblieben war – darunter die mächtigsten von ihnen, Samuel Maharero und Hendrik Witbooi –, verdankten dies einzig und allein Übereinkünften mit der deutschen Obrigkeit. Aber wieso konnte die Macht der afrikanischen Herrscher so schnell zerschlagen werden?

Die offenkundigste Antwort ist die militärische Schlagkraft des Deutschen Reichs. Dabei handelt es sich aber um eine komplexe Angelegenheit. Die Feuerkraft der Kolonialmacht war zwar eine unerlässliche Voraussetzung für Unterwerfung, aber keineswegs immer der entscheidende Faktor. Die deutsche Besatzungstruppe in Namibia war klein, und Leutwein war in hohem Maße auf die Ortskenntnisse und militärischen Fähigkeiten seiner afrikanischen Verbündeten angewiesen. Dies lässt erkennen, dass Leutwein sein unbestrittenes politisches, diplomatisches und militärisches Geschick äußerst effektiv zur Ausnutzung und Vertiefung bereits existierender Zwistigkeiten zwischen Gemeinwesen einsetzte, deren Auseinandersetzungen um Land, Wasser und Macht bereits von den Konflikten und Bündnissen der vergangenen Jahrzehnte geprägt waren. Außerdem hielten sie anfangs die Deutschen nicht für gefährlicher als Feinde, mit denen sie schon länger zu tun hatten. In vielen Fällen stimmten Anführer auch einer gütlichen Einigung zu, weil sie fürchteten, bei bewaffnetem Widerstand alles zu verlieren. Hendrik Witbooi war sich der Bedrohung stärker bewusst als die meisten anderen, aber selbst er konnte – oder wollte – nicht durchweg nach dieser Erkenntnis handeln, und so trug sein zehnjähriges Bündnis mit den Deutschen dazu bei, die Herrschaft der Kolonisatoren über die anderen Gemeinwesen sicherzustellen. Das Gleiche galt für die aktive Kollaboration Samuel Mahareros. Umgekehrt waren diejenigen, die Widerstand gegen die Deutschen leisteten, nicht immer eindeutig von dem Wunsch getrieben, sich von deren Herrschaft zu befreien; manchmal wurden solche Konflikte auch durch politisches Profitstreben, verzweifelten Überlebenskampf oder interne politische Kräftespiele ausgelöst. Genau wie Kollaboration fand Widerstand also innerhalb der Grenzen statt, die sich aus der Gesamtsituation und dem Rahmen des politisch Machbaren ergaben.

Ungeachtet dieser komplexen Bedingungen wandte Leutwein bei vielen Gelegenheiten unmittelbare Gewalt an (wobei er auf das militärische Geschick und die Kenntnisse einheimischer Soldaten angewiesen war); auch wenn er darauf verzichtete, hing die Gefahr von Gewalt in der Luft und brachte Afrikaner dazu, seine Forderungen zu erfüllen. Selbst wenn der bewaffnete Widerstand gegen die Deutschen sehr viel geschlossener und entschiedener gewesen wäre, hätte er sich wahrscheinlich nicht gegen die grundsätzliche Macht eines deutschen Kaiserreichs durchsetzen können, das – im Großen und Ganzen – entschlossen war, seine Kolonialgebiete in Besitz zu nehmen. Als 1904 ein großflächiger bewaffneter Konflikt ausbrach, war das Deutsche Reich bereit, ein beachtliches Truppenkontingent nach Südwestafrika zu schicken.

Ein weiterer Faktor bei der Eroberung war die starke Durchdringung Südafrikas vom Handelskapitalismus. Es ist zwar unbestreitbar, dass die Beteiligung am Handel die Bevölkerung nicht automatisch wirtschaftlich zurückwarf: In Zentralnamibia hatten sich Otjiherero-Sprecher den Handelsverkehr zunutze gemacht, um sich zu bewaffnen und immer mehr Macht und Autonomie zu erlangen (was allerdings zur Verarmung anderer Bevölkerungsgruppen führte und dadurch zum Auslöser von Raubüberfällen und kriegerischen Auseinandersetzungen wurde).[38] In den 1890er-Jahren machten sich aber die Nachteile dieser Kapitaldurchdringung mehr und mehr bemerkbar, da Samuel Maharero und andere *ovahona* Land verkauften, um ihre Schulden bezahlen zu können, und dadurch Krisen verschärften, nämlich Landhunger und immer größere Meinungsverschiedenheiten zwischen den einzelnen Otjiherero-sprachigen Gemeinwesen.

Die Staatsbildung

Die Eroberung Namibias in der Zeit zwischen 1894 und 1897 machte zum einen die Bildung eines jungen deutschen Staates in Namibia möglich und wurde zum anderen von diesem begünstigt. Die Herrschaft der Deutschen sollte nunmehr durch die Schaffung bürokratischer Rahmenbedingungen, Vorschriften und Behörden, die Einrichtung eines Justizsystems und die Verteilung von Land an weiße Siedler ausgeübt werden. Im Deutschen Reich signalisierte unterdessen die erste Kolonialausstellung des Landes die wachsende Bedeutung eines Weltreiches. Mehr als hundert Menschen aus deutschen Kolonien – darunter einer der Söhne Samuel Mahareros – wurden zu dieser Veranstaltung geschickt, um den Europäern das im Entstehen begriffene deutsche Weltreich plastisch vor Augen zu führen.[39] Nach dem Rücktritt von Reichskanzler Caprivi im

Jahre 1894 war die deutsche Außenpolitik deutlich stärker auf Großmachtstreben ausgerichtet als zuvor, und in den folgenden Jahren verfolgte das Deutsche Reich im südlichen Afrika eine Expansionspolitik, die zu diplomatischen Konflikten mit Großbritannien führte; 1898 unterzeichneten das Reich (wo inzwischen Bernhard von Bülow Außenminister war)[40] und Großbritannien jedoch ein Abkommen, und die Beziehungen verbesserten sich wieder.[41]

Die Errichtung deutscher Herrschaft in Namibia wurde allerdings dadurch erschwert, dass das neue Regierungssystem weiterhin alles andere als stabil war. Im Alltag konnte es seine Autorität aufgrund seiner geringen Ausstattung mit Personal und Sachmitteln nur begrenzt geltend machen, und auch die Kontrolle über ein derart riesiges, trockenes und heißes Gebiet gestaltete sich in der Praxis sehr schwierig. Trotzdem waren die Veränderungen im Jahrzehnt vor 1904 so umfangreich und tiefgreifend wie nie zuvor. Wie wir gesehen haben, gerieten afrikanische Gemeinwesen zunehmend in Bedrängnis, und zwar zum einen durch die rasche Zunahme der Siedlerpopulation und eine ebenso rapide Ausweitung der Aktivitäten der Konzessionsgesellschaften, und zum anderen durch die Rinderpest-Epidemie. Hatte es 1896 noch 2000 weiße Einwohner in Namibia gegeben (einschließlich der Streitkräfte), so waren es 1903 mehr als doppelt so viele, nämlich 4700, und Siedler erhielten in gewissem Umfang finanzielle Unterstützung vom Staat.[42]

Die Statistiken legen von der Enteignung, die mit diesem Zuwachs einherging, ein beeindruckendes Zeugnis ab. 1902 war die Zahl der Rinder von Otjiherero-Sprechern auf 46 000 gesunken, in den frühen 1890er-Jahren waren es noch 100 000 gewesen; im selben Jahr betrug die Zahl der Rinder, die Deutschen gehörten, etwa 45 000. 1902 besaßen die Konzessionsgesellschaften 29,2 Millionen Hektar Land, der Staat 10,2 Millionen und weiße Siedler 3,7 Millionen, bei einer Gesamtfläche von 83,5 Millionen Hektar.[43] Afrikaner verlegten sich erstmals in großer Zahl auf Lohnarbeit. Trotzdem standen der kolonialen Expansion erhebliche Hindernisse im Weg. So konnten etwa die Konzessionsgesellschaften über große Teile der Landflächen, die man ihnen bewilligt hatte, noch gar nicht verfügen. Auch ihre Landzuteilung an Siedler ging nur schleppend voran: Sie erwarteten, dass die Preise steigen würden, und behielten daher ihre Vermögenswerte lieber fest in der Hand.[44] Diese Situation hielt an, bis die Regierung 1907 mit den Gesellschaften eine Abmachung treffen konnte.[45]

Leutwein wollte durch den Aufbau ‚moderner' und bürokratischer – wenngleich anfangs noch rudimentärer – staatlicher Mechanismen die zunehmende Präsenz der Deutschen fest auf namibischem Boden verankern. Diese staatlichen Strukturen sollten dafür sorgen, dass die Siedler eine Regierung bekamen, und bezüglich Land- und anderen Konzessionen einen gesetzlichen Rahmen für deren Erwerb, Definition und Kontrolle schaffen – genauso, wie die Schutz- und Kaufverträge ein gesetzlicher Deckmantel für die Machtübernahme über afrikanische Anführer waren. Bereits 1894 versuchte Leutwein, dem Land den Stempel deutscher Herrschaft aufzudrücken, indem er die Kolonie – im Norden ohne die Gebiete von Owambo, Kaoko und die nördlichen Teile von Hereroland – in drei Bezirke aufteilte. Mit dem Anwachsen der weißen Bevölkerung wurden die Bezirke unterteilt, und 1896 gründete man zusätzlich einen neuen Nordbezirk, der sich am Gebiet von Outjo orientierte. Wie wir bereits gesehen haben, wurde die Nordgrenze angesichts der Rinderpest-Epidemie formell bekräftigt und befestigt; zur fraglichen Zeit war eine vollständige Kontrolle über die Grenze aber nicht möglich.[46]

Vor 1904 bestand das Personal der deutschen Verwaltung hauptsächlich aus Offizieren; grundsätzlich wollte Leutwein (der sowohl Gouverneur, als auch militärischer Oberbefehlshaber war) jedoch ein Signal für die Modernität des in Südwestafrika entstehenden Staates setzen und einen Unterschied zwischen militärischer und ziviler Obrigkeit einführen.[47] Diesem Vorhaben stand allerdings die Tatsache im Weg, dass bis 1905 die Schutztruppe zugleich als Polizei fungierte. Jedoch erhielt die Verwaltung in Windhoek eine rudimentäre Struktur nach Abteilungen, darunter Ressorts für Finanzwesen, Zoll, Gesundheit und Bergbau, und es wurden Verfahren festgelegt, um die Registrierung von Land- und anderen Konzessionen zu regeln. Diese Regelungen machten es nicht nur allgemein leichter, Land und Rechte von Afrikanern in europäische Hände übergehen zu lassen, sondern wurden gelegentlich auch eingesetzt, um Druck auf die afrikanische Politik auszuüben. Nach dem Tod Manasse Tjisesetas im Jahre 1898 konnten die Deutschen Einfluss auf die Wahl seines Nachfolgers nehmen, weil sie die Verfahren zur Landregistrierung in der Hand hatten: Viele Ratsmitglieder in Omaruru mussten Land verkaufen, um ihre durch die Rinderpest-Epidemie entstandenen Verluste wettzumachen, aber dazu brauchten sie die Genehmigung der Deutschen.[48]

Trotz dieser Versuche, Regierungsstrukturen aufzubauen, war Leutweins Macht in vielerlei Hinsicht begrenzt. Der Handlungsspielraum des Gouverneurs wurde durch die Forderungen seiner afrikanischen Verbündeten und Gegner eingeschränkt; auch erwies es sich als schwierig, die Fremdherrschaft mit knappen Personal- und Sachmitteln durchzusetzen. Außerdem vertrat die neue Regierung in Namibia keineswegs einheitliche deutsche Interessen. Leutweins Verwaltung wurde zwar letzten Endes immer wieder durch in Berlin getroffene politische Entscheidungen gezügelt, aber vor Ort häufig gedrängt, aggressiver gegen afrikanische Gemeinwesen vorzugehen. Diese Rufe kamen zum einen von den Siedlern – die selbst keine einheitliche Gruppe bildeten, da viele Neuankömmlinge wesentlich streitlustiger waren als die Alteingesessenen –, zum anderen von den Konzessionsgesellschaften: Deren Machenschaften, so warnte Leutwein, würden wahrscheinlich zu Unruhen unter den Afrikanern führen.

An den Gesellschaften – nun größer an der Zahl, da 1899 die Otavi Minen- und Eisenbahngesellschaft (OMEG) und 1903 die Gibeon Schiff- und Handelsgesellschaft dazugekommen waren – entzündeten sich nicht nur im Deutschen Reich die Gemüter, sondern auch mancherorts in Südwestafrika. Die SWACO, die eine Mehrheitsbeteiligung an vielen der übrigen Gesellschaften besaß, war im Reich besonders unbeliebt. Sie galt dort als politisch gefährlich (weil ihr Kapital vorwiegend britisch war) und nicht willens, etwas für die Entwicklung der Kolonie zu tun. Der erste dieser Einwände war überzogen, da die Eigentümerschaft an der Gesellschaft in Wirklichkeit immer mehr in deutsche Hände über-ging.[49] Nichtsdestoweniger wurde deutlich, dass die Politik des ‚Welt-reichs für wenig Geld' (*empire on the cheap*) das Gebiet zu einer leichten Beute für große Gesellschaften machte, die man – zum Teil, weil ihre Aktivitäten noch keinen Gewinn abwarfen – nicht zwingen konnte, der finanziell klammen deutschen Verwaltung durch die Ausführung umfas-sender Infrastrukturarbeiten unter die Arme zu greifen. Nach der Rinder-pest-Katastrophe musste im Interesse der Kolonialwirtschaft unbedingt eine Eisenbahnstrecke zwischen Swakopmund und Windhoek gebaut werden, da das Transportwesen mit Ochsenkarren zusammengebrochen war. Die SWACO, die das Monopol für diese Arbeiten besaß, weigerte sich, sie auszuführen, und das Problem wurde erst aus der Welt geschafft, als die Gesellschaft auf diese Anrechte verzichtete und im Gegenzug eine große Konzession im Norden erhielt. Dadurch konnte die Regierung das Eisenbahnregiment der deutschen Armee und afrikanische Lohnarbeiter für den Bau der Strecke einsetzen, die 1902 fertig wurde.[50]

Die Eisenbahnlinie zwischen Swakopmund und Windhoek war vor 1904 das größte, aber keineswegs einzige Infrastrukturprojekt un-ter deutscher Herrschaft. Straßen, Dämme und Bohrbrunnen wurden gebaut; viele Farmen von Siedlern profitierten unmittelbar von diesen Maßnahmen. Die Woermann-Linie verkehrte ab 1896 regelmäßig mit Dampfschiffen zwischen Europa und Swakopmund, und drei Jahre spä-ter begann man mit dem Bau eines künstlichen Hafenbeckens in der Stadt am Atlantik. 1903 nahm die OMEG die Arbeit an einem neuen Eisenbahnprojekt auf; dieses Mal ging es um die Erneuerung der be-stehenden Strecke zwischen Swakopmund und Windhoek und deren Verlängerung in Richtung Norden nach Tsumeb, um den Transport von Kupfer aus den dortigen Minen und von Arbeitskräften zu erleichtern. Diese neue Eisenbahnlinie und die Landenteignungen, die sich dadurch abzeichneten, führten – wie wir im nächsten Kapitel sehen werden – zu Spannungen, und ihr Bau wurde 1904 durch den Ausbruch des Krie-ges unterbrochen. 1905 wurde sie fertig gestellt.[51] Während Leutweins Amtszeit richteten also die Kolonisatoren die Infrastruktur – sowohl die physische, als auch die administrative – so ein, dass sie das wirtschaftliche Potenzial Südwestafrikas ausschöpfen konnten. Viele Aspekte dieses Prozesses waren nicht neu: Bevor der Kolonialismus unmittelbar Einzug hielt, hatten Afrikaner seit vielen Jahren Straßen, Brunnen und Dämme gebaut, ja sogar Konzessionen vergeben. Auch kamen die Entwicklungen in der Zeit vor 1904 nicht an das schnelle Wirtschaftswachstum heran, das anschließend in der Ära der Kupfer- und Diamantengewinnung stattfand. Trotzdem waren die Entwicklungen in diesem Jahrzehnt Vorboten einer neuen Art kapitalistischer Wirtschaft mit einem viel größeren Ausmaß an Industrialisierung und besserem Zugang zu technologischen Ressourcen.

Diese ‚Entwicklung' wurde durch die Arbeit von Afrikanern möglich, denn sie waren es, die die Infrastruktur bauten und auf Farmen und in den Städten für große und kleine Betriebe arbeiteten. Diese Zeit war entscheidend für die Geschichte der Lohnarbeit in Namibia. In den 1890er-Jahren wurden erstmals Wanderarbeiter aus dem Norden – vor allem aus Owambo – in der deutschen Kolonie beschäftigt, zunächst nur in geringem Umfang, aber dann zu Hunderten, als die großen Infrastrukturarbeiten begannen. Vor 1907 blieb die Zahl solcher Lohnarbeiter zwar verhältnismäßig gering, aber in der Polizeizone waren es durchgehend immerhin nicht weniger als 1.700.[52] In der gleichen Zeit verlegten sich im Süden und Zentrum des Landes so viele Afrikaner (sowohl Männer, als auch Frauen) auf Lohnarbeit wie nie zuvor, unter anderem aufgrund der bereits oben angesprochenen verheerenden Auswirkungen der Rinderpest-Epidemie. Anfang des zwanzigsten Jahrhunderts arbeiteten sie an den Eisenbahntrassen und in den Minen der SWACO, für Missionare und deutsche Soldaten und auf den Farmen von Siedlern. Trotzdem musste die Kolonialregierung feststellen, dass ständig Arbeitskräfte fehlten, und versuchte daher 1901, die Ausfuhr von Arbeitern aus der Kolonie einzuschränken; nur 1903 machte sie für kurze Zeit eine Ausnahme und gestattete der Witwatersrand Native Labour Association (WNLA, Witwatersrand-Gesellschaft für Eingeborenenarbeit), Arbeiter für die südafrikanischen Minen anzuwerben.[53]

Diese Entwicklungen waren im Wesentlichen von dem wirtschaftlichen Prinzip geleitet, Namibias Ressourcen deutschen Staatsbürgern, anderer Siedlern und Vertretern europäischer Geschäftsinteressen zuzuschleusen, damit diese davon profitieren konnten. In den 1890er-Jahren unterlag die kapitalistische Ausbeutung *schwarzer* Arbeitskräfte aber noch erheblichen Einschränkungen. Zwar war die Rassenzugehörigkeit ein unterscheidendes Merkmal zwischen Ausbeutern und Ausgebeuteten, aber diese Trennlinie war noch keineswegs so eindeutig wie später. Manche afrikanischen Anführer hatten sich mit der Kolonialregierung verbündet; infolgedessen waren ihre wirtschaftlichen und politischen Interessen eng mit denen der deutschen Obrigkeit verknüpft, was zugleich bedeutete, dass sich zumindest zwischen Teilen der Oberschicht und ihren Untertanen eine Kluft auftat. Andererseits waren damals die afrikanischen Gemeinwesen noch relativ autonom – und paradoxerweise sorgten ausgerechnet ihre Bündnisse mit den Deutschen dafür, dass dies auch noch eine Zeitlang so blieb –, sodass die örtlichen Anführer weiterhin in gewissem Maß Kontrolle über die Beschäftigung ihrer Untertanen durch Europäer ausüben konnten. Daraus zogen sie finanzielle Vorteile, konnten ihre Leute aber auch – ebenfalls in gewissem Maße – vor schlechter Behandlung schützen. In vielen Fällen waren sie zu beidem auch noch nach der Rinderpest-Epidemie in der Lage.

Auch in den ländlichen Gebieten der Polizeizone war man keineswegs immer auf Konfrontationskurs, denn einzelne Siedler wohnten sehr abgelegen und mussten sich daher mit örtlichen *ovahona* und *kapteins* gut stellen (was ihnen freilich oft ein Dorn im Auge war), um die Arbeitskräfte zu bekommen, die sie für ihre Farmen brauchten. In den frühen 1890er-Jahren war es in manchen Fällen sehr prestigeträchtig, für Europäer zu arbeiten; so schickten beispielsweise Herero junge Mädchen gerne zur Ausbildung in europäische Haushalte. Besonders Siedler, die schon länger in Namibia lebten, wie etwa Gustav Voigts, kamen mit Afrikanern gut aus. Deutsche Siedler – bei denen es sich vorwiegend um Männer handelte –[54] unterhielten mit afrikanischen Frauen sexuelle Beziehungen, aus denen oft Kinder hervorgingen. Manchmal waren dabei

Vergewaltigung und Zwang im Spiel, andere Beziehungen waren aber einvernehmlich, zum Teil handelte sich sogar um Lebensgemeinschaften. Möglicherweise benutzten hochrangige afrikanische Männer das Produktionspotenzial von Frauen, um mit der Siedlerpopulation Bündnisse zu schließen und aufrechtzuerhalten, wobei allerdings nicht klar ist, inwieweit Frauen bei diesen Abmachungen mitreden konnten; ihre Position war zweifellos ziemlich angreifbar. Das häufige Vorkommen dieser Beziehungen beunruhigte manche Siedler- und Regierungskreise, wie wir in Kapitel 7 sehen werden.[55]

Wenn solche (Schutz-)Strategien fehlschlugen, kam es zu Konflikten. Junge Frauen, die in deutschen Haushalten lebten, wurden bisweilen schlecht behandelt, und weil Siedler von den sozialen Beziehungen in afrikanischen Gesellschaften keine Ahnung hatten, machten sie sich über diese Mädchen lustig, da sie sich wie Prinzessinnen benähmen. Gesine Krüger bemerkt dazu: ‚[Sie] übersahen jedoch, daß es sich tatsächlich um „Prinzessinnen" handelte'.[56] Auch sexuelle Gewalt wurde ein häufiger Bestandteil der frühen kolonialen Beziehungen. Berichte über Vergewaltigungsfälle gibt es beispielsweise aus Windhoek, wohin man etliche Frauen nach der Eroberung der Gemeinwesen gebracht hatte, denen sie angehörten.[57]

Obwohl die Beziehungen zwischen Afrikanern und Europäern in den 1890er-Jahren noch relativ flexibel waren, versuchten deutsche Beamte und Siedler schon damals, bei Arbeitsverhältnissen ein Zwangssystem einzuführen und überhaupt die koloniale Ordnung auf einer breiteren Basis geltend zu machen. Zu diesem Zweck setzten sie behördliche Anordnungen, die Macht der Gerichte und unmittelbarer Gewalt ein. Bereits 1892 sahen deutsche Beamte den Abschluss schriftlicher Arbeitsverträge in städtischen Gegenden vor, und führten dadurch Kontrollen darüber ein, wo sich afrikanische Arbeiter aufhielten und was sie taten. In den Distrikten Otjimbingue und Gibeon wurden 1894 bzw. 1896 Vorschriften zur Überwachung von Arbeitern eingeführt. In manchen Gebieten – und zwar vor allem im Süden – stellte man Afrikanern außerdem Pässe als Reisegenehmigung aus. Unter Beamten wurde bereits vor

1904 über Maßnahmen diskutiert, wie man in der Kolonie landesweit Kontrolle über afrikanische Arbeitskräfte ausüben und Pässe einführen könnte, aber dies wurde erst nach Beginn des dem Deutsch-Namibischen Krieges umgesetzt.[58]

Zwar behielten afrikanische Anführer theoretisch die rechtliche Zuständigkeit für ihre Untertanen, aber aufgrund der Schutzverträge konnten alle Fälle, an denen Weiße beteiligt waren, vor Kolonialgerichte gebracht werden. Gegen Afrikaner wurde daher wegen Straftaten wie kleine Diebstähle und unerlaubtes Streunen von Vieh gerichtlich vorgegangen. Im Jahr 1902/3 wurden 473 Afrikaner zu körperlicher Züchtigung und 326 zu Haftstrafen verurteilt. Auch bei schwerwiegenderen Vergehen erhielten Weiße ganz offenkundig mildere Strafen als Afrikaner. Zwischen 1894 und 1900 ahndete man die Morde an vier afrikanischen Männern und einer afrikanischen Frau durch Weiße mit Haftstrafen zwischen drei Monaten und drei Jahren, während im gleichen Zeitraum fünfzehn Afrikaner für die Morde an sechs Europäern hingerichtet wurden. Außerdem kamen viele Straftaten überhaupt nicht vor Gericht, unter anderem, weil sich das gesamte Gebiet unmöglich polizeilich überwachen ließ, aber auch, weil Arbeitgeber oft nicht die Zeit ihrer Beschäftigten durch Haftstrafen vergeuden wollten. Farmer durften selbst Strafen von bis zu fünfundzwanzig Hieben verhängen, ohne vor Gericht zu gehen.[59]

Auch in den Städten, wo Siedler und Afrikaner intensiven Kontakt miteinander hatten, kam es zu Spannungen. Viele dieser städtischen Zentren waren vor 1884 gegründet worden, oft als Missionsstationen und/oder Hauptquartiere halbnomadischer Gruppen, und wurden während der ersten beiden Jahrzehnte deutscher Herrschaft schnell größer. 1903 betrug die weiße Zivilbevölkerung in Windhoek – das damals und auch für den Rest des Jahrhunderts die größte städtische Ansiedlung in Namibia war – etwa 500 Menschen. Außerdem lebten 2000 Afrikaner in der Stadt,[60] von denen, wie bereits erwähnt, viele unter Zwang dorthin gekommen waren. Der Bau der Eisenbahnlinie hatte zur Folge, dass auch Karibib ab 1901 schnell wuchs. In manchen Städten zeichnete sich allmählich eine räumliche Trennung nach Rassen ab. Es wurden eigens zu diesem Zweck separate Wohngebiete für Afrikaner gebaut, so etwa Internierungslager und Unterkünfte für Bedienstete der Armee. In manchen Fällen handelte es sich auch um eine ältere, häufig komplexe Art der Segregation, die sich im Umfeld der Missionsstationen herausgebildet hatte. All diese Entwicklungen verstärkten sich dann im letzten Jahrzehnt deutscher Herrschaft.[61]

1903 speisten sich daher in der Polizeizone die Spannungen zwischen Afrikanern und Europäern aus vielen Quellen. Manche afrikanischen Anführer profitierten von ihren Bündnissen mit Leutwein (so unbehaglich sie sich auch dabei fühlen mochten), während andere die Hauptlast seiner Machtpolitik zu tragen hatten. Durch ihre Selbstbedienungsmentalität brachten die Anführer vor allem weniger wohlhabende Mitglieder einiger Otjiherero-sprachiger Gemeinwesen gegen sich auf und machten sie noch ärmer. Auf der anderen Seite sprachen sich Siedler (mit einigen wichtigen Ausnahmen) und Konzessionsgesellschaften nunmehr weitgehend für einen Enteignungskrieg aus, da sie der Ansicht waren, der Weg zur ungehinderten Ausbeutung namibischer Ressourcen sei erst dann frei, wenn die Macht afrikanischer Anführer vollständig gebrochen würde.

Endnoten

1 Wie auch schon von François, hatte Leutwein bei seinem Eintreffen in Namibia den Rang eines Landeshauptmanns inne (dieser Titel bezeichnete den höchsten Beamten in einer Provinz). Nachdem der Widerstand in der ersten Phase niedergeschlagen war, wurde er zum Gouverneur ernannt, was darauf hindeutete, dass die Deutschen ihre Herrschaft über das Gebiet nunmehr gefestigt hatten. Siehe Hansjörg Huber, *Koloniale Selbstverwaltung in Deutsch-Südwestafrika* (Frankfurt: Peter Lang, 1999), S. 68.

2 Helbig und Hillebrecht, *The Witbooi*, S. 37.

3 Witbooi an Leutwein, 21. Mai 1894, übersetzt aus Witbooi, *Die Dagboek*, S. 213; dazu und zur Antwort vom 24. Mai 1894 siehe Lau (Hg.), *Hendrik Witbooi Papers*, S. 163–5.

4 Einer anderen zeitgenössischen Schätzung durch Leutnant F. J. Bülow zufolge verfügten die Witbooi jedoch zu jener Zeit über 600 Soldaten. Siehe Drechsler, *‚Let Us Die Fighting'*, S. 72–3.

5 Es gibt kaum Untersuchungen darüber, inwieweit den Witbooi und anderen Gruppen Einschränkungen bezüglich Viehdiebstahl und Eintreiben von Tribut auferlegt wurden, nachdem sie unter deutsche Herrschaft geraten waren; es ist aber wahrscheinlich, dass diese Einkommensquellen sich drastisch verminderten, was zusätzlich zu wirtschaftlicher Abhängigkeit beitrug.

6 Dies passierte während der Militäraktion gegen Kahimemua im Jahre 1896. Siehe Ludwig von Estorff, *Kriegserlebnisse in Südwestafrika* (Berlin: Ernst Siegfried Mittler, 1911), S. 7.

7 Witbooi an Leutwein, 14. November 1904, in Lau (Hg.), *Hendrik Witbooi Papers*, S. 193. Siehe auch Leutwein, *Elf Jahre Gouverneur*, S. 457. Zu den Khauas, Fransmann und Witbooi in jenem Jahrzehnt siehe Lau (Hg.), *Hendrik Witbooi Papers,* S. xxv–xxvi; Bley, *Namibia*, S. 8–15, 27–38; Drechsler, *‚Let Us Die Fighting'*, S. 75–82.

8 Bley, *Namibia*, S. 15–22; Gewald, *Herero Heroes*, S. 56–60.

9 *Ebd.,* S. 62–80; De Vries, *Manasse Tjiseseta*, Kap. 3; Moritz, *Die Swartboois*, S. 33.

10 Bennet Fuller, ‚Institutional Appropriation and Social Change among Agropastoralists in Central Namibia, 1916–1988' (Dissertation, Boston University, 1993), S. 178; Gewald, *Herero Heroes*, S. 62–80; Bley, *Namibia*, S. 23–7; Gordon und Sholto-Douglas, *Bushman Myth*, S. 49–50, 64.

11 Pool, *Samuel Maharero*, Kap. 9, 10, S. 115; Gewald, *Herero Heroes*, S. 81–102.

12 Mokopakgosi, ‚German Colonialism', S. 212–14.

13 Bley, *Kolonialherrschaft*, S. 83.

14 Gewald, *Herero Heroes*, S. 83, 85; Pool, *Samuel Maharero*, S. 119–23.

15 Zu Gobabis siehe Bley, *Namibia*, S. 59–60. Leutwein gestattete Nikodemus Kavikunua schließlich, den Ort vorübergehend zu nutzen, jedoch unter einigen Auflagen.

16 Kahimemua an Leutwein, 3. März 1896, zitiert in Gewald, *Herero Heroes*, S. 102.

17 Die meisten Quellen sind sich einig, dass Nikodemus Kavikunua daran beteiligt war; zu einer gegenteiligen Meinung siehe aber Pool, *Samuel Maharero*, Kap. 11.

18 Der deutsche Offizier Richard Carow, der beim Prozess zugegen war, berichtet, Kahimemua ‚erzählte … von den Plänen, die er im Verein mit Nikodemus ausgeheckt hatte, um die Schutztruppe zu vernichten'. Richard Carow, *Die kaiserliche Schutztruppe in Deutsch Südwest-Afrika unter Major Leutwein* (Leipzig: Freund und Wittig, 1898), S. 90. Die mündlichen Überlieferungen behaupten allerdings das Gegenteil.

19 P. H. Van Rooyen und Peter Reiner, *Gobabis: Brief History of the Town and Region* (Gobabis: Municipality of Gobabis, 1995), S. 21.

20 Zitiert in Sundermeier, *Die Mbanderu*, S. 58.

21 Zitiert in *ebd.*, S. 49.

22 Carow, *Die kaiserliche Schutztruppe*, S. 86.

23 Zum Krieg von 1896 und dessen Ursachen siehe Sundermeier (Hg.), *The Mbanderu*, S. 39–48; das Buch enthält auch Auszüge aus den Schriften Kurt Schwabes, S. 62–5, 67–8; Carow, *Die kaiserliche Schutztruppe*, S. 58–96; Leutwein, *Elf Jahre Gouverneur*, Kap. 3; Bley, *Namibia*, S. 59–62; Drechsler, *‚Let Us Die Fighting'*, S. 92–6; Gewald, *Herero Heroes*, S. 85–90, 107–8; Pool, *Samuel Maharero*, Kap. 11, S. 128–9.

24 Carow, *Die kaiserliche Schutztruppe*, S. 86, 65. Carow schreibt außerdem (S. 81), dass sich auf Lagerplätzen rund um Otjunda viele Frauen und Kinder befunden hätten.

25 Gewald, *Herero Heroes*, S. 108; siehe auch Kaulich, *Deutsch-Südwestafrika*, S. 236.

26 Drechsler, *‚Let Us Die Fighting'*, S. 96–7; Huber, *Koloniale Selbstverwaltung*, S. 77; Jan-Bart Gewald, ‚„I was afraid of Samuel, therefore I came to Sekgoma": Herero Refugees and Patronage Politics in Ngamiland, Bechuanaland Protectorate, 1890–1914', *Journal of African History*, 43 (2002), S. 211–34; *ders.*, *Herero Heroes*, S. 124–8.

27 Dieses Foto wurde ursprünglich auf 1904 datiert, dann aber in einem 1899 veröffentlichten Buch entdeckt, wo es in Zusammenhang mit der Niederlage der Khauas erscheint. Siehe Hartmann, *Hues*, S. 62.

28 *Ebd.*, S. 81–106; Pool, *Samuel Maharero*, S. 133–8; Bley, *Namibia*, S. 50–7; Drechsler, *‚Let Us Die Fighting'*, S. 87.

29 Für den Süden liegen keine vergleichbaren Zahlen vor.

30 Gewald, *Herero Heroes*, S. 112; Oermann, *Mission, Church*, S. 84. Irle und

offizielle deutsche Quellen stimmen in dieser Schätzung hinsichtlich der Sterblichkeitsrate bei Rindern der Herero überein; der Missionar Viehe berichtet jedoch, die Sterblichkeit sei wesentlich höher gewesen, nämlich 90 Prozent.

31 Koch hatte 1882 den Erreger der Tuberkulose und 1883 den der Cholera entdeckt.

32 Drechsler, *'Let Us Die Fighting'*, S. 98.

33 Eine ausführliche Untersuchung der Auswirkungen der Rinderpest auf Herero findet sich in Gewald, *Herero Heroes*, Kap. 4. Bezüglich der Ausführungen im vorliegenden Buch siehe auch Drechsler, *'Let Us Die Fighting'*, S. 98; Bley, *Namibia*, S. 124–6; Miescher, 'Rote Linie', S. 43–9; Heywood *et al.* (Hg.), *Warriors*, S. 161.

34 Gordon und Sholto-Douglas, *Bushman Myth*, S. 51–2.

35 Drechsler, *'Let Us Die Fighting'*, S 99–100; Kaulich, *Deutsch-Südwestafrika*, S. 238.

36 Drechsler, *'Let Us Die Fighting'*, S. 100–3; Moritz, *Die Swartboois*, S. 33–6; Kaulich, *Deutsch-Südwestafrika*, S. 238–9.

37 Kaulich, *Deutsch-Südwestafrika*, S. 239–41; Mokopakgosi, 'German Colonialism', S. 328; Leutwein, *Elf Jahre*, S. 249–52; Heywood *et al.* (Hg.), *Warriors*, S. 161 ff.; Sundermeier, *The Mbanderu*, S. 49.

38 Ich danke Dag Henrichsen für seine Kommentare zu diesem Gesichtspunkt.

39 Oermann, *Mission, Church*, S. 80.

40 Von Bülow ist wegen seines Wunsches bekannt geworden, Deutschland einen 'Platz an der Sonne' zu geben – also ein Weltreich zu schaffen –, hatte aber kein sonderliches Interesse an einer Expansion im südlichen Afrika.

41 Matthew Seligmann, *Rivalry in Southern Africa, 1893–99: The Transformation of German Colonial Policy* (New York: St Martin's, 1998), S. 3, 14–16, 21, 57, 76.

42 Bley, *Namibia*, S. 73. Siehe auch Robbie Aitken, *Exclusion and Inclusion: Gradations of Whiteness and Socio-economic Engineering in German Southwest Africa, 1884–1914* (Bern: Peter Lang, 2007), S. 58–69; Daniel Walther, *Creating Germans Abroad: Cultural Policies and National Identity in Namibia* (Athens, Ohio: Ohio University Press, 2002), S. 15–16, 28–9.

43 Wolfgang Werner, *'No One Will Become Rich': Economy and Society in the Herero Reserves in Namibia, 1915–1946* (Basel: P. Schlettwein, 1998), S. 44.

44 Dies galt auch für das Siedlungssyndikat, das 1896 unter dem Namen 'Siedlungsgesellschaft für Südwestafrika' ein Wirtschaftsunternehmen wurde und von der Regierung in Berlin 20 000 Quadratkilometer Land zugesprochen bekam.

45 Mokopakgosi, 'German Colonialism', S. 291–9; Gert Sudholt, *Die deutsche Eingeborenenpolitik in Südwestafrika von den Anfängen bis 1904* (Hil-

desheim: Georg Olms, 1975), S. 61–8; Christo Botha, ‚The Politics of Land Settlement in Namibia, 1890–1960', *SAHJ*, 42 (2000), S. 232–75, S. 235.

46 Huber, *Koloniale Selbstverwaltung*, S. 73; Miescher, ‚Rote Linie'; siehe auch Eirola, ‚*Ovambogefahr*', S. 78.

47 Zur komplexen Natur dieses Staatswesens siehe Huber, *Koloniale Selbstverwaltung*, S. 73, 79.

48 Bley, *Namibia*, S. 46–50, 99–103; Gewald, *Herero Heroes*, S. 136; Leutwein, *Elf Jahre Gouverneur*, S. 209–227; Zimmerer, *Deutsche Herrschaft*, S. 116; Kaulich, *Deutsch-Südwestafrika*, S. 90.

49 Mokopakgosi, ‚German Colonialism', S. 201–5. Mokopakgosi zeigt auf, dass bei der SWACO das Aktienkapital, das Deutschen gehörte, 1908/9 größer geworden war als das der Briten und Südafrikaner.

50 Zu den Konzessionsgesellschaften und verwandten Themen siehe *ebd.*, S. 209–11, 274–95, 221–5, 201–3, 217–20; Voeltz, *South West Africa Company*, S. 66; Kaulich, *Deutsch-Südwestafrika*, S. 460.

51 Sudholt, *Eingeborenenpolitik*, S. 82–90; Kaulich, *Deutsch-Südwestafrika*, S. 460; Ursula Massman, *Swakopmund: A Chronicle of the Town's People, Places and Progress* (Swakopmund: Society for Scientific Development, 1983), S. 9, 12–13.

52 Richard Moorsom, ‚The Formation of the Contract Labour System in Namibia, 1900–1926' in Abebe Zegeye und Shuni Ishemo (Hg.), *Forced Labour and Migration: Patterns of Movement within Africa* (London: Hans Zell, 1989), S. 55–108, S. 79. Nkhumbi- und Ovambo-Arbeiter in ähnlicher Zahl wurden auch jedes Jahr bei Arbeitsvorhaben in Südangola beschäftigt.

53 Gewald, *Herero Heroes*, S. 132–3; Gordon und Sholto-Douglas, *Bushman Myth*, Kap. 6; Zimmerer, *Deutsche Herrschaft*, S. 179–81; Jan-Bart Gewald, ‚The Road of the Man called Love and the Sack of Sero: the Herero-German War and the export of Herero Labour to the South African Rand', *JAH*, 40 (1999), S. 21–40.

54 Ende des Jahrhunderts gab es Bemühungen, deutsche Frauen in die Kolonien zu schicken. Die erste ‚Lieferung' weißer Frauen – sechzehn an der Zahl – wurde von der Deutschen Kolonialgesellschaft per Schiff nach SWA geschickt, wo sie 1898 eintrafen. Lora Wildenthal, *German Women for Empire, 1884–1945* (Durham, NC: Duke University Press, 2002), S. 16.

55 Bley, *Namibia*, S. 86–91; Zimmerer, *Deutsche Herrschaft*, S. 84–97; Aitken, *Exclusion*, S. 95–101; Dag Henrichsen, ‚Heirat im Krieg: Erfahrungen von Kaera Ida Getzen-Leinhos' in Zimmerer und Zeller (Hg.) , *Völkermord*, S. 160–8; Hartmann, ‚Sexual Encounters', S. 133–6, Kap. 4, S. 211–14. In den 1890er-Jahren verhängte die Obrigkeit in SWA ein

de-facto-Verbot über ‚Mischehen', das sie jedoch 1899 wieder aufheben musste.

56 Gesine Krüger, *Kriegsbewältigung und Geschichtsbewusstsein: Realität, Deutung und Verarbeitung des deutschen Kolonialkrieges 1904 bis 1907* (Göttingen: Vandenhoek & Ruprecht, 1999), S. 157–8.

57 Hartmann, ‚Urges', S. 41–2.

58 Zimmerer, *Deutsche Herrschaft*, S. 69–74.

59 *Ebd.*, S. 28–9; Gordon und Sholto-Douglas, *Bushman Myth*, S. 51–2, gehen auf die Bestrafung von Arbeitern im Bezirk Grootfontein in den Jahren 1898–9 ein, insbesondere von San, die häufig auf Farmen angestellt waren. Siehe auch Bley, *Namibia*, S. 95–8.

60 Gunther Wagner, ‚Ethnographic Survey of the Windhoek District' (unveröffentlichtes Manuskript, 1950), zufolge gab es 1903 in Windhoek 457 Weiße und 2.000 Afrikaner; Bley, *Namibia*, gibt an, die Zahl der Weißen habe – ebenfalls 1903 – ohne die Armeeangehörigen 610 betragen.

61 *Ebd.*, S. 89; Marion Wallace, ‚Looking at the Locations: The Ambiguities of Urban Photography' in Hartmann *et al.* (Hg.), *Colonising Camera*, 132–7, p. 132; Oswin Köhler, *A Study of the Karibib District (SWA)* (Pretoria: Union of South Africa, 1958), S. 58; *ders.*, *A Study of the Omaruru District (SWA)* (Pretoria: Department of Bantu Administration and Development, 1959), S. 98. Karibib bestand im Jahre 1902 aus zwei Ansiedlungen, und 1903 registrierte die Rheinische Mission in dem Ort 204 Christen. Zu vorkolonialen Siedlungsmustern in Missionsstationen siehe Henrichsen, ‚Herrschaft', S. 110–13.

6 Der Deutsch-Namibische Krieg, 1904–08

1904 entluden sich die allgemeinen Konflikte und Spannungen in Süd- und Zentralnamibia in zwei Widerstandskriegen gegen die Kolonialmacht. Zur Zeit der letzten größeren militärischen Gefechte im Jahr 1908 hatte das Deutsche Reich bereits einen Völkermord an der Bevölkerung Süd- und Zentralnamibias verübt. Die meisten, die Krieg und Flucht überstanden hatten, waren in Konzentrationslagern interniert, wo viele von ihnen umkamen,[1] und den Überlebenden wurde fast ihr gesamtes Land und Vieh weggenommen. Die Ereignisse der Jahre 1904–08 waren also entscheidend bei der Schaffung ungleicher und auf Rassenzugehörigkeit basierender Landbesitzstrukturen, die in Namibia bis zur Unabhängigkeit bestanden (und sich selbst danach noch als erstaunlich hartnäckig erwiesen).

Diese Ereignisse sind von großer historischer Bedeutung, und ihre Nachwirkungen sind noch heute deutlich spürbar. Diskussionen über den Deutsch-Namibischen Krieg[2] entbrannten von Neuem im Jahr 2004 anlässlich des Gedenkens an den Kriegsausbruch 1904; in den Auseinandersetzungen über Entschädigung und Gedenken zeigten sich damals sehr deutlich Schmerz, Zorn und Unrechtsgefühl der Nachfahren der Betroffenen, zugleich aber auch die Schwachstellen heutiger namibischer Politik und der noch immer kontroverse Charakter vieler Aspekte dieser Geschichte. Auch die Tragweite für die deutsche Geschichte und Politik ist erheblich: Es ist vehement behauptet – und nicht minder vehement bestritten – worden, dass der namibische Völkermord, der erste seiner Art im zwanzigsten Jahrhundert, dem Genozid im „Dritten Reich“ den Boden bereitet habe.

Die Widerstandskriege und der Völkermord

Im Oktober 1903 wurde eine Auseinandersetzung über ein gestohlenes Schaf in Warmbad ganz im Süden Namibias zum Auslöser für einen Aufstand der dort lebenden Bondelswart. Sie hegten ohnehin bereits erheblichen Groll, so etwa darüber, dass sich weiße Siedler auf Land niedergelassen hatten, das zuvor ihnen gehört hatte.[3] Im Dezember ritt Leutwein nach Süden, um die Unruhen zu niederzuschlagen, die sich bereits auf andere Orte wie Maltahöhe ausgeweitet hatten, jedoch örtlich begrenzt blieben und größtenteils spontan aufflackerten. Am 12. Januar brachen jedoch in Okahandja Gefechte in einer völlig anderen Größenordnung zwischen Herero und deutschen Truppen aus. Im Laufe der nächsten zehn Tage griffen Herero-Krieger Siedlungen überall in Zentralnamibia an und legten einen Großteil der 267 Farmen in der Gegend, die sich im Besitz von Weißen befanden, in Schutt und Asche. Sie griffen Städte, Dörfer, Telegrafenleitungen und die Eisenbahnlinie zwischen Windhoek und Swakopmund an, belagerten nicht nur die deutschen Festungen in Windhoek und Okahandja, sondern auch Omaruru, Otjimbingue, Gobabis und Outjo und töteten zwischen 123 und 150 Siedler.

Die Regierung in Windhoek wurde von diesen Ereignissen völlig überrascht. Bewaffnete Herero hatten praktisch ganz Zentralnamibia in ihrer Gewalt, der Gouverneur und ein Großteil des Militärs waren zwanzig Tagesmärsche vom Geschehen entfernt, und die Siedler gerieten in Panik. Leutnant Franke und seine Kompanie kehrten jedoch von ihrem Marsch nach Süden sofort zurück, woraufhin sich die Streitkräfte der Herero aus Windhoek, Okahandja und Omaruru zurückzogen – allerdings erst nach einer offenen Feldschlacht in der Nähe von Omaruru, die sechs oder sieben Deutsche und etwa hundert Herero das Leben kostete. In diesem frühen Stadium des Krieges kam Nehale, der Herrscher über den Südteil Ondongas, einer Aufforderung der Herero nach und entsandte Truppen zum Angriff auf fünf Deutsche, die sich im Fort von Namutoni verschanzt hatten; die Deutschen mussten zwar das Fort räumen, aber die Ndonga erlitten schwere Verluste.[4] Nehale wollte offenbar Rechte auf den Kupferabbau in Tsumeb geltend machen und den deutschen Militärposten in Namutoni loswerden, da er fürchtete, dieser könne als Brückenkopf nach Norden dienen. Der Ndonga-König Kambonde jedoch schlug einen vorsichtigeren Kurs ein, und nach dem Angriff auf Namutoni zogen sich die Ovambo-Gemeinwesen weitgehend aus dem aktiven Konfliktgeschehen zurück. Trotzdem fungierten sie aber als Schleuse, durch die Waffen- und Munitionsnachschub zu den gegen die Deutschen kämpfenden Streitkräften gelangte, und nahmen nach der Niederlage von Ohamakari (Waterberg) Herero-Flüchtlinge auf. Aus dem Süden war indessen keine Unterstützung zu erwarten: Im Januar 1904[5] hatte Samuel Maharero an Hermanus van Wyk – den Anführer der Rehobother Baster – und Hendrik Witbooi geschrieben, aber van Wyk, der den Deutschen gegenüber durchgehend loyal blieb, händigte die Briefe den deutschen Behörden aus. Die Soldaten Hendrik Witboois wiederum kämpften anfangs auf der Seite der Deutschen.

Leutwein sah sich unterdessen gezwungen, mit den Bondelswart einen Kompromissfrieden zu schließen: Die Vereinbarung sah vor, dass sie ihre Waffen abgaben, Land abtraten sowie die Anführer des Aufstandes auslieferten. Die Erfüllung dieser Bedingungen ließ sich jedoch wegen der Kriegslage nicht umsetzen, und etwa sechshundert Bondelswart überquerten die Grenze nach Südafrika, um sich einer Festnahme zu entziehen. Bei seiner Rückkehr nach Zentralnamibia Mitte Februar stellte Leutwein fest, dass die Städte für Deutsche inzwischen relativ sicher waren, dass aber – wie Jon Bridgman es ausdrückt – die Herero in einem Monat die gesamte deutsche Ordnungsstruktur zerstört hatten, die während des vorangegangenen Jahrzehnts so mühsam aufgebaut worden war'.[6]

Aber warum waren die Herero-Gemeinwesen nahezu geschlossen in den Krieg gezogen, und wie hatten sie ihn geführt? Der Aufstand wurde von Samuel Maharero angeführt. Wahrscheinlich war er im Jahr zuvor bei Treffen von Otjiherero-Sprechern geplant worden, oder es hatte dort zumindest Diskussionen über ein militärisches Vorgehen gegeben. Es ist allerdings auch möglich, dass Ereignisse im Januar 1904 – damals führte das aggressive Vorgehen des Distriktschefs Zürn zu erheblichen Spannungen – den Aufstand ausgelöst haben, der sich daraufhin schnell auf andere Teile Namibias ausbreitete und nicht bereits im Vorfeld näher koordiniert war. Tatsächlich zögerten manche Herero-Anführer (vor allem in Omaruru und Otjimbingue) anfänglich, sich dem Aufstand anzuschließen, ließen sich dann am Ende des Monats aber doch überzeugen.[7] In jedem Fall gingen die Herero-Streitkräfte unter Samuel Maharero äußert diszipliniert und koordiniert vor, errangen rasch militärische Erfolge und hielten sich fast immer an seine Anweisung, dass Afrikaner aus anderen ethnischen Gruppen, weiße Frauen und Kinder sowie Missionare und nicht-deutsche Männer verschont werden sollten.

Herero-Gemeinschaften traten dem Krieg bei, weil sie durch die ständig wachsenden Forderungen des deutschen Regimes und der Siedler an die Grenzen ihrer Belastbarkeit gelangt waren. Außerdem verloren die Herero-Gemeinwesen stetig (aber nicht alle in gleichem Maße) ihre Machtbefugnisse, und seit einigen Jahrzehnten hatten die Spannungen zwischen ihnen zugenommen. Nicht von ungefähr nennen mündliche Quellen als Ursachen für den Krieg die Arbeitsmigration junger Männer zu den südafrikanischen Minen, wo sie eine ungewisse Zukunft erwartete, und den Verlust ‚traditioneller' Kultur durch den Einfluss von Kirche und Schulen. [8] In den ersten Jahren des zwanzigsten Jahrhunderts dauerte der Landverlust an, da ergiebige Weidegründe im Distrikt Okahandja und weiter östlich an Siedler verkauft wurden. 1901 beispielsweise ersuchten Anführer der am Weissen Nossob (einem Fluss östlich von Windhoek) ansässigen Bevölkerung Leutwein, künftige Landverkäufe zu verbieten; sie listeten Grundbesitz auf, der ihnen weggenommen worden war, und machten dafür Samuel Maharero verantwortlich. *Ehi rOvaherero*, das zu Mahareros Lebzeiten abgesteckte Land der Herero, befand sich in großer und unmittelbarer Gefahr, wie auch die auf Viehhaltung basierende Wirtschaft in diesem Gebiet.[9]

Viele dieser Landverkäufe dienten dazu, die Schulden Samuel Mahareros und der anderen *ovahona* zu bezahlen, denn auch die Verschuldung hatte inzwischen kritische Ausmaße angenommen. Unter deutscher Herrschaft hatte die Zahl der in Namibia aktiven Händler rapide zugenommen, und es waren zusätzliche Märkte für Konsumgüter wie Kleidung, Alkohol, Kaffee und Zucker erschlossen wurden. Die Händler wirtschafteten oft mit knappen Margen, wollten aber hohe Gewinne erzielen; daher gaben sie Waren für gewöhnlich auf Kreditbasis aus und verlangten dann später eine Bezahlung in Rindern. Die deutsche Verwaltung fürchtete, dass die hohe Verschuldung der Afrikaner zu instabilen Verhältnissen führen könnte. Daher verfügte sie, dass sämtliche derartigen Schulden innerhalb eines Jahres zu begleichen seien, ansonsten müssten sie erlassen werden. Daraufhin machten sich die Händler unverzüglich und manchmal unter Zuhilfenahme von Gewalt an die Eintreibung dessen, was ihnen ihrer Ansicht nach geschuldet wurde. In Verbindung mit der Ungleichbehandlung durch das Justizsystem führte dies zu großer Verbitterung bei der afrikanischen Bevölkerung. In den Anfangsjahren des Jahrhunderts erregten mehrere Gerichtsverfahren großes öffentliches Aufsehen, in denen Deutsche milde Strafen für Morde und andere an Afrikanern begangene Gewalttaten erhielten. In anderen Fällen wurden Weiße, die sich der Vergewaltigung schuldig gemacht hatten, gar nicht erst vor Gericht gestellt. Selbst Assa Riarua wurde von einem Bäcker namens Schäfer ausgepeitscht, der dafür lediglich eine Geldstrafe von 20 Mark erhielt. Die Autorität der *ovahona* wurde daher zunehmend geschwächt; sie konnten nicht mehr über ihre Untertanen – vor allem die Frauen – verfügen, sie aber auch nicht mehr hinreichend schützen.[10]

Außerdem begann 1903 die SWACO mit der Umsetzung ihrer Pläne, eine Eisenbahnstrecke zwischen Otavi und der Küste in Swakopmund zu bauen. Im Juli willigte Samuel Maharero auf Leutweins Drängen ein, das für die Schienen benötigte Land abzutreten (allerdings nicht einen jeweils 20 Kilometer breiten Streifen auf beiden Seiten der Gleise, wie es die Deutschen gehofft hatten). Zum Teil als Reaktion auf diese Entwicklungen, schlugen sowohl die Missionen als auch der Gouverneur nunmehr die Einrichtung von Reservaten vor. Die Missionare wollten dadurch ihre Gemeinden (im Süden und Zentrum Namibias) vor weiteren Landverlusten schützen, zugleich aber ihre eigenen Interessen wahren und ihren Einfluss auf diese Gemeinschaften festigen. Leutwein wiederum war sich zwar durchaus bewusst, dass sich politische Spannungen entschärfen ließen, wenn man indigenen Viehhaltern genügend Produk-

Abb. 15: Vermessungsarbeiten für die Eisenbahnstrecke zwischen Otavi und Swakopmund. Die Bauarbeiten an der Strecke begannen 1903 und waren einer der Hauptgründe für die Spannungen, die zum Deutsch-Namibischen Krieg führten. Dieses Foto erinnert auch daran, wie wichtig die Arbeit von Afrikanern – sowohl von Fachkräften, als auch von Hilfsarbeitern – beim Aufbau der Infrastruktur in der Kolonie gewesen ist.

tionsmittel zur Verfügung stellte. Andererseits wollte er aber mehr Land für die Nutzung durch Deutsche gewinnen. In Zentralnamibia fanden diese Vorschläge allgemein wenig Anklang: Zum einen ging es darin um zu wenig Land mit zu wenig Wasser; zum anderen bedeuteten sie den Verlust von Okahandja, Omaruru, des Waterbergs und Omburus – einiger der ergiebigsten Weidegründe der Herero-Gemeinwesen. Die Arbeit der Landkommission, die zur Einrichtung von Reservaten gegründet worden war, wurde dann durch den Ausbruch des Deutsch-Namibischen Krieges unterbrochen (zu diesem Zeitpunkt waren erst sehr wenige Reservate entstanden).[11]

Der Deutsch-Namibische Krieg hatte daher seine Wurzeln in der Ausweitung der Kolonialherrschaft mittels Landraub, Entwaffnung, Gewinnmitnahme und körperlicher Übergriffe.[12] Hinzu kam, dass die Gemeinwesen der Herero immer noch über die nötigen organisatorischen Mittel sowie das militärische Rüstzeug – einschließlich genügend Waffen –verfügten, um Krieg zu führen. Tatsächlich erwähnen die mündlichen Überlieferungen eine erneut drohende Entwaffnung, beziehungsweise die ‚Impfung' (Registrierung) von Waffen, als einen der Hauptgründe dafür, dass die Herero zum Angriff übergingen.[13]

Dieses grob gezeichnete Bild der Lage verwischt zum Teil die Komplexität und Heterogenität Zentralnamibias zu jener Zeit. Damals veränderten sich Risse, Klüfte und Bündnisse im gesellschaftlichen Gefüge ständig und trugen zum Ausbruch und Verlauf des Krieges bei. Innerhalb der Herero-Gemeinwesen gab es seitens der Bevölkerung große Unterstützung für den Aufstand. Besonders einsatzfreudig waren wohl jüngere Männer: Sie hatten durch die Landverkäufe wenig zu gewinnen, würden wahrscheinlich Lohnarbeiter werden und liefen daher die größte Gefahr, von ihren Arbeitgebern schlecht behandelt zu werden. Es gibt auch Hinweise auf Unterstützung seitens Herero-Frauen. Ganz sicher waren sie zusammen mit den Männern im *veld*, und Berichten zufolge riefen sie hinter den Linien in Sprechchören ‚Hereroland gehört uns' und feuerten so die Kämpfer an. Besonders in Gemeinschaften, die direkt von Landverkäufen betroffen waren, machte sich sehr großer Unmut breit, und unter den älteren Männern führte Assa Riarua den Widerstand gegen diese Veränderungen an. Er forderte eine Vergrößerung des geplanten Reservats, im Gegensatz zu Samuel Maharero, der für dessen Verkleinerung plädiert hatte, um mehr Land verkaufen zu können. Auf der anderen Seite hatte der Missionar Kuhlmann nach einem Besuch des Herero-Feldlagers im Februar den Eindruck, dass manche ärmeren Leute fürchteten, die *ovahona* würden ihnen ihre Rinder wegnehmen, wenn die Herero den Krieg gewännen. Am wenigsten gewinnversprechend war ein Waffengang aber zweifellos für Samuel Maharero und andere Mitglieder der Oberschicht, die begonnen hatten, sich an Landverkäufen zu beteiligen, und am tiefsten in das deutsche Kolonialprojekt verstrickt waren. Die wahrscheinlichste Erklärung für die Entscheidung des obersten Anführers der Herero, den Widerstand zu leiten, ist daher der starke Druck seitens seiner eigenen Bevölkerungsgruppe: Er war ‚in einen Sog geraten, aus dem es für ihn kein Entkommen gab'.[14] Allerdings war er sich durchaus über die negativen Auswirkungen der immer stärker um sich greifenden deutschen Herrschaft im Klaren und erwähnte in seinen Briefen über den Krieg Unrecht und Gräueltaten, die Deutsche an Herero begingen.[15]

Es gab auch Differenzen unter den Otjiherero-sprachigen Anführern, von denen anfangs keineswegs alle bereit waren, zu den Waffen zu greifen. Wie bereits erwähnt, waren manche erst unschlüssig und schlossen sich dann doch Samuel Maharero an. Vor allem aber war das Verhältnis zwischen den Anführern in Okahandja und den östlichen Otjiherero-Sprechern, deren Anführer Kahimemua und Nicodemus Kavikunua nur acht Jahre zuvor mit Samuel Mahareros stillschweigendem Einverständnis hingerichtet worden waren, sehr angespannt; darüber hinaus hatten sie zwischenzeitlich sehr viel Land und Vieh eingebüßt. Anstatt sich am Krieg zu beteiligen, wanderten Mbanderu aus Kahimemuas Klan lieber nach Botswana, wo sie lange vor der Niederlage von Ohamakari eintrafen.[16] Einige Otjiherero-Sprecher stellten auch fest, dass sie außerhalb der wichtigsten politischen Formationen standen. Manche kämpften mit den deutschen Streitkräften oder arbeiteten für sie, vor allem Jungen, die von den Deutschen *Bambusen* genannt wurden.[17] Bei anderen (besonders Frauen) durchzog das familiäre Netz beide Bevölkerungsgruppen, Deutsche und Herero, und sie befanden sich daher wahrscheinlich in einer besonders zwiespältigen Lage.

Schließlich bedeutete die Vielfalt der Siedlungsmuster in Zentralnamibia, dass der Krieg auch hier zu keiner Zeit eine reine Angelegenheit zwischen Herero und Deutschen war. Zum einen waren manche Damara in die Gesellschaftsstrukturen der Herero-Gemeinwesen absorbiert worden. Vor allem aber konnten diejenigen über Zentralnamibia verstreuten Gemeinschaften, die nicht aus Otjiherero-Sprechern bestanden, den Auswirkungen des Krieges nicht entgehen. Vor allem Damara-Gruppen am Waterberg, in Gobabis, dem Omaruru-Tal, Okahandja, Windhoek und dem Khomas-Hochland befanden sich buchstäblich in der Schusslinie. Die Macht des Damara-Anführers Cornelius Goroseb reichte nicht über Okombahe hinaus, und die Einstellung gegenüber dem Krieg richtete sich nach ‚der lokalen Vielschichtigkeit der Beziehungen, die [Damara] sowohl mit Deutschen, als auch mit Herero unterhielten'. In Gobabis etwa kämpften Damara auf der Seite der Herero. Von einem Mann namens Gariseb ist überliefert, dass er den Widerstand in den Bergen anführte; andernorts kämpften oder arbeiteten Damara für die Deutschen, verhielten sich neutral oder flohen vor anrückenden Truppen. Die Auswirkungen des Deutsch-Namibischen Krieges auf San-Gemeinschaften sind schwieriger einzuschätzen, unter anderem, weil diese Gruppen nach dem Krieg viel größerer Gewalt ausgesetzt waren. Wahrscheinlich waren auch sie mal mehr, mal weniger in Zusammenstöße verwickelt, und es gibt in den mündlichen Überlieferungen Hinweise darauf, dass sie einer ‚zweiten Welle' der Gewalt durch Herero und Nama ausgesetzt waren, die vor den Deutschen flohen.[18]

Der Verlauf des Kriegs

Am 22. Februar befand sich das Hauptquartier der meisten Herero unter Samuel Maharero, Tjetjo und anderen Befehlshabern in Otjosasu, etwa dreißig Kilometer östlich von Okahandja. Innerhalb weniger Wochen verlagerten sie sich nach Osten und Süden zu den Onjati-Hügeln.[19] Im März und April 1904 führten die Herero-Streitkräfte eine größtenteils erfolgreiche Militärkampagne. Dabei machten sie sich geschickt ihre Mobilität und ihre Ortskenntnisse zu Nutze, stellten den Deutschen wiederholt Hinterhalte und lockten sie in dichtes Buschland, wo schwere Geschütze am wenigsten ausrichten konnten.

Leutwein wiederum war in mehrerlei Hinsicht im Nachteil: Er verfügte über ein schlechtes Nachrichtensystem und zu wenige erfahrene Soldaten, denen beim Kämpfen außerdem das trockene, heiße Klima zu schaffen machte. Seine aus drei Unterabteilungen bestehenden Truppen konnten im Westen einige Erfolge erzielen, aber im Osten erlitten sie unter dem ungeduldigen Major Glasenapp schwere Verluste, als Tjetjos Streitkräfte sie zweimal in größere Hinterhalte lockten.[20] Unterdessen versuchten die Streitkräfte in Okahandja, die unmittelbar unter Leutweins Kommando standen, es mit Samuel Maharero aufzunehmen. Zunächst konzentrierte sich der Gouverneur darauf, die Garnisonen in Zentralnamibia zu halten und die Eisenbahn zu schützen. Als aber aus Deutschland Verstärkung eintraf und die Regierung in Berlin Druck auf ihn ausübte, in einer Feldschlacht einen Sieg zu erringen, rückte er am 7. April aus Okahandja aus. Samuel Maharero griff die deutschen Streitkräfte in der Nähe des Ongandjira-Berges nordöstlich von Okahandja an, wurde aber schließlich zurückgedrängt – obwohl die Herero-Truppen zweimal beherzt gegen das Gewehrfeuer der Deutschen anstürmten – und verlor deutschen Quellen zufolge mehr als hundert Mann; auf deutscher Seite fielen vierzehn Soldaten. Zwei Tage später gerieten dann aber Leutweins Männer an einer Wasserstelle in Oviumbo in einen Hinterhalt von Herero-Streitkräften und mussten nach einem mehrstündigen Gefecht, in dessen Verlauf einundzwanzig von ihnen umkamen, den Rückzug nach Okahandja antreten.[21]

Anfang Mai waren die deutschen Truppen stark demoralisiert und im Osten zusätzlich durch den Ausbruch einer Typhus-Epidemie geschwächt. Die Herero-Streitkräfte hatten fast alle Siedlerfarmen in Zentralnamibia zerstört und sich der Rinder bemächtigt, die den dortigen Bewohnern gehörten; sie hatten effektiv das gesamte Gebiet unter Kontrolle, mit Ausnahme der Garnisonen und Städte. Zu diesem Zeitpunkt verlegte Samuel Maharero seinen Hauptstützpunkt nach Norden auf die Hochebene in Ohamakari, wo sich besseres Weideland befand: Dort versammelten sich etwa 6000 Kämpfer und 40 000 Frauen und Kinder mit vielen Rindern, Fuhrwerken und Pferden.[22]

Nachdem es Leutwein nicht gelungen war, den Herero-Streitkräften eine vernichtende Niederlage beizubringen, wurde er im Juni als Militärkommandeur durch General Lothar von Trotha abgelöst, einen erfahrenen Offizier, der Feldzüge in Ostafrika und China befehligt hatte und dessen Vorstellungen bezüglich des ‚richtigen' Umgangs zwischen

Kolonisatoren und deren Untertanen wesentlich unbarmherziger waren als diejenigen Leutweins. Letzterer blieb Gouverneur, jedoch mit stark eingeschränkten Befugnissen, bis er im November 1904 die Kolonie verließ. Außerdem schickte die deutsche Regierung rasch Männer und Versorgungsgüter nach Südwestafrika, und diese Ressourcen erwiesen sich letztlich als entscheidend, obwohl die Soldaten mit Krankheiten, Erschöpfung und Nachschubproblemen zu kämpfen hatten. Am 17. Juni waren bereits 5000 deutsche Soldaten eingetroffen, und ihre Zahl stieg schließlich auf fast 20 000.[23]

Die Monate vor August verbrachte von Trotha damit, Nachschublinien einzurichten und den Waterberg einzukesseln. Während die deutschen Truppen sich allmählich in Stellung brachten, ließ sich Samuel Maharero die Chance zum Rückzug entgehen, obwohl im Lager der Herero Nahrung und Wasser knapp wurden. Wahrscheinlich blieb er an seinem Standort, weil er mit einem Friedensangebot rechnete – eine Erwartung, zu der ihm Leutweins übliche Vorgehensweise Anlass gab. Tatsächlich berichtet eine mündliche Überlieferung aus der Maharero-Familie, dass er davon ausging, der Krieg sei nunmehr zu Ende.[24] Die Zurückhaltung der Herero-Streitkräfte während des Krieges deutet sehr darauf hin, dass ihnen nicht so sehr daran gelegen war, die deutsche Herrschaft zu beenden (wie es frühere Generationen von Historikern angenommen haben),[25] sondern dass sie ‚einen Kampf gegen die deutschen Siedler [führten], gegen die Praktiken der Händler und gegen die zunehmende Missachtung und Unterminierung der Autorität ihrer *chiefs*'.[26] Es ist auch möglich – obwohl man darüber nur spekulieren kann –, dass es außerdem unter den Anführern der Herero Uneinigkeit über die einzuschlagende Strategie gab.

Im Gegensatz dazu beabsichtigte von Trotha offenbar, mindestens einen vollständigen militärischen Sieg zu erringen, und zwar entsprechend den Ausführungen zeitgenössischer deutscher Militärtheorien über eine totale Kriegsführung. Nach den Worten des Generals war es daher in Ohamakarin das Ziel, ‚den Feind gleichzeitig mit allen Abteilungen anzugreifen, um ihn zu vernichten'.[27] Am 11. August 1904 griffen die Deutschen mit sechs Abteilungen, bestehend aus etwa 4000 Mann, 36 Artilleriegeschützen und 14 Maschinengewehren, die Stellungen der Herero am Waterberg an.[28] Nach nur einem Tag war die Schlacht von Ohamakari vorüber. Oberst von Deimling rückte von Westen heran und nahm die Waterberg-Hochebene ein. Die aus Norden und Osten aufziehenden Truppen stießen auf wenig Gegenwehr. Im Süden und Südosten leisteten die Streitkräfte der Herero aber heftigen Widerstand und hätten gegen Ende des Tages beinahe die Deutschen unter Oberstleutnant von Mueller überwältigt. Bei Anbruch der Nacht war jedoch klar, dass die Herero den Kampf verloren hatten, insbesondere, da die Frauen und Kinder im rückwärtigen Gebiet dem deutschen Beschuss schutzlos ausgeliefert waren. Wer konnte, floh nach Südosten, wo durch die Unfähigkeit General von der Heydes eine Schwachstelle in der deutschen Verteidigung entstanden war.[29]

So begann die verzweifelte Flucht der Herero-Gruppen. Verfolgt von deutschen Soldaten flohen sie in die *omaheke*, das Wüstengebiet östlich des Waterbergs, das sich bis in das britische Hoheitsgebiet Bechuanaland erstreckte. Sie nahmen eine Route, die für sie unter gewöhnlichen Umständen ohne Weiteres zu bewältigen war; seit vielen Jahren hatte es schon Verkehr und Wanderungen zwischen Ostnamibia und Westbotswana gegeben.[30] Nun aber, im Angesicht von Niederlage und Massenwanderung, wurde der Weg durch die *omaheke* zur Todesfalle. Ein deutscher Offizier beschrieb das Bild, das sich ihm bot, wie folgt: ‚Das [Vieh der Herero] lag, mit der Masse des Volkes, verdurstet im Busch, säumte die Pfade ihres Todeszugs… Sattelten wir im Busch ab, so stiessen unsere Füße gegen Leichname'.[31]

In den mündlichen Überlieferungen der Herero ist die Erinnerung an dieses traumatische Ereignis sehr wach. Im *omutandu* (Lobgesang) auf Ohamakari heißt es, dies sei ‚der Ort, wo Menschen am Kriegsschauplatz starben/Das Land, wo die Leute versprengt wurden'.[32] Und ein Trauerlied auf Omaruru geht wie folgt:

> Ich bin eine junge Frau und gehöre zu den Leuten von Tjiyaku,
> (dem) mit der Halskette, die von seinem Adamsapfel fiel, aber es gibt niemanden, der (die Perlen) aufsammelt.

Wie bei solchen Liedern üblich, sind diese Zeilen metaphorisch zu verstehen; die Halskette steht symbolisch für die Versprengung der Gemeinschaft im Jahre 1904.[33] Keinen symbolischen, sondern echten Schmuck findet man noch heute dort, wo Frauen ihn damals auf der Flucht ablegten, weil er ihnen zu schwer wurde.[34] Von Samuel Mahareros Flucht nach Botswana heißt es:

Er hatte Hungerpferde
Er ritt mit Hungerpferden
Er ritt und ritt
Und immer noch hatte er Hungerpferde

Er ging in die Häuser von Fremden
WIRKLICH!

‚Hungerpferde' werden normalerweise Pferde genannt, mit denen man früh am Tag ausreitet, ohne dass sie vorher etwas zu Fressen bekommen haben; im vorliegenden Fall beschreibt diese Bezeichnung mit einem Wort die Verzweiflung der Flüchtlinge.[35]

Im Gedächtnis der Herero-Gemeinschaften ist jedoch der Widerstand genauso haften geblieben wie die Niederlage. Noch in den späten 1940er-Jahren erinnerten sich Leute, dass ‚die Soldaten nur mit Kugelkopfkeulen (*knobkierris*) bewaffnet ihren *chief* [Samuel Maharero] verteidigten, bis sie ihn in ein Land gebracht hatten, wo er Schutz fand', denn ‚solange ihr *chief* nicht gefangen oder getötet war, konnte man nicht behaupten, dass das Land erobert worden sei'.[36] Auch die Erinnerung an militärische Auseinandersetzungen und einige Siege der Herero nach der Schlacht von Ohamakari ist noch wach. Die offiziellen Aufzeichnungen der Deutschen berichten jedoch nur noch von einem weiteren Gefecht, bei dem Herero die Deutschen angriffen, und zwar am 15. August in Omatupa; bei fünfundzwanzig darauf folgenden Auseinandersetzungen bis zum 22. Dezember handelte es sich im Wesentlichen um Angriffe der Deutschen auf fliehende Herero.[37] Bald wurde den Deutschen allerdings klar, dass sie nur dann ihr militärisches Ziel – nämlich einen endgültigen, entscheidenden Sieg – erreichen würden, wenn sie die Herero durch die *omaheke* verfolgten. Das konnten die Soldaten aber nicht leisten, denn sie waren selbst durch das Wüstenklima angeschlagen. Stattdessen verlegte sich von Trotha auf die simple, aber brutale Taktik, die Wasserstellen am Rande der Wüste zu besetzen, und verurteilte dadurch ein Volk auf der Flucht zum Tod durch Austrocknung und Verhungern. Es wurden zwar einige Gefangene gemacht, aber viele Männer, Frauen und Kinder der Herero wurden von deutschen Soldaten kurzerhand erschossen oder erlitten noch schlimmere Gräuel.[38] Von Trotha weigerte sich, Friedensbedingungen auszuhandeln – was unter ‚normalen' Bedingungen kolonialer Kriegführung eigentlich der nächste Schritt gewesen wäre. Fast zwei Monate nach der Schlacht, am 2. Oktober, erließ er einen Aufruf:

> Ich, der große General der deutschen Soldaten, sende diesen Brief an das Volk der Herero … Das Volk der Herero muss … das Land verlassen. Wenn das Volk dies nicht tut, so werde ich es mit dem groot Rohr [Geschütz] dazu zwingen. Innerhalb der deutschen Grenze wird jeder Herero, mit oder ohne Gewehr, mit oder ohne Vieh erschossen. Ich nehme keine Weiber und Kinder mehr auf, treibe sie zu ihrem Volke zurück oder lasse auf sie schießen.[39]

Diesem Aufruf folgt die Weisung, dass Soldaten Warnschüsse auf Frauen und Kinder abgeben, sie also vertreiben und nicht töten, sollten. Unter den Klimabedingungen in der *omaheke* kam dies jedoch einem Todesurteil gleich.[40]

Nicht alle Flüchtlinge starben im Verlauf dieser schrecklichen Ereignisse: Manche gelangten nach Botswana, andere überlebten im *veld*, wieder andere entkamen in andere Teile Namibias oder auf britisches Hoheitsgebiet in Walvis Bay. Letztendlich aber gingen die meisten Herero entweder in der *omaheke* zu Grunde oder in den Konzentrationslagern, wo sie später gefangen gehalten wurden und das Deutsche Reich den ersten Völkermord des zwanzigsten Jahrhunderts beging.

Der Krieg im Süden[41]

Im Verlauf des Jahres 1904 führten die Gemetzel in Zentralnamibia und andere Umstände unweigerlich auch im Süden zu Krieg. Die deutschsprachige Presse – die viele Nama-Sprecher lesen konnten – erging sich in Drohungen, dass es den Nama ähnlich ergehen könne wie den Herero. Die deutsche Obrigkeit schlug, letztendlich mit Leutweins Zustimmung, einen ähnlichen Kurs ein und richtete ihr Augenmerk auf die ‚Lösung der Eingeborenenfrage' und eine Entwaffnung im Süden. Im September nahmen die Spannungen zu, nachdem eine Gruppe Witbooi-Kämpfer mit erschreckenden Augenzeugenberichten über die neuen Eroberungsmethoden der Deutschen in die Gegend zurückgekehrt war.

Zu den bereits vorhandenen Missständen der vergangenen zwei Jahrzehnte – Landverlust und Niederlage – kamen jetzt daher neue Ängste hinzu.[42] Auch zwei weitere Ereignisse trugen dazu bei, die südlichen Gemeinwesen in einen Kriegszustand zu versetzen: Erst kehrte Jakob Morenga, der im Jahr zuvor einer der Anführer des Bondelswart-Aufstandes gewesen war, im August zu den Karas-Bergen zurück, scharte Anhänger um sich und begann, Guerillaangriffe auf deutsche Streitkräfte und Farmen durchzuführen. Er war der Sohn eines Herero und einer Nama, gut ausgebildet und ein begabter Militärstratege. Daraus erklärt sich unter anderem, warum er eine Führerposition bei den Bondelswart innehatte, obwohl er nicht den kleinen Oberschichten entstammte, die in den Gemeinwesen Südnamibias regierten. Seine Verbündeten Abraham und Edward Morris waren Söhne des britischen Händlers James Morris und einer Frau aus einer der führenden Bondelswart-Familien.

Zugleich führte die Ankunft von Shepherd Stuurman – auch bekannt unter dem Namen Hendrik Bekeer –, einem selbst ernannten Propheten aus Südafrika, zu einer zunehmenden Radikalisierung bei den Witbooi. Er war ein Außenseiter, der behauptete, Gott habe ihn dazu berufen, eine Widerstandsbewegung anzuführen und die Weißen aus Afrika zu vertreiben. Stuurman gewann Einfluss auf Hendrik Witbooi und viele von dessen Anhängern. Dennoch behielt der tief religiöse *kaptein* trotz seines hohen Alters in seiner Gruppe das Sagen, und es war sicherlich seine eigene Entscheidung, den Deutschen die Freundschaft aufzukündigen. Möglicherweise war dabei eine Prophezeiung für die Witbooi der unmittelbare Anstoß, aber es hatte sich über die vergangenen zehn Jahre bei ihnen ohnehin große Verzweiflung angestaut. Durch ihr Bündnis mit den Deutschen waren sie stark verarmt. Da Raubüberfälle auf Viehherden – früher ein wichtiges Produktionsmittel – nunmehr verboten waren, hatten sich Hendrik Witbooi[43] und die Oberschicht seines Gemeinwesens zunehmend auf Landverkäufe verlegt, um ihre Schulden zu bezahlen (die wiederum zum Teil auf ungleiche Handelsbeziehungen zurückgingen). Einer Schätzung zufolge bestand der Viehbesitz der meisten Witbooi-Familien im Jahr 1899 aus nicht mehr als einer Ziege, und in Gibeon gab es deutliche Anzeichen für gesellschaftlichen Verfall. Hendrik Witbooi schrieb daher als Antwort auf deutsche Friedensvorschläge im Jahr 1905: ‚Ich war oftmals mit Euch [stand an Eurer Seite, d. Ü] während Eures Friedens, und nun sehe ich darin nichts als die Vernichtung aller unserer Menschen'.[44]

Krieg brach schließlich aus, als Anfang Oktober 1904 der örtliche Distriktschef von einem Witbooi erschossen wurde (wahrscheinlich nicht auf Hendriks Befehl); auch ein Missionar wurde umgebracht. Jetzt erhoben sich die Witbooi gegen die Deutschen, und bald schlossen sich ihnen die Fransmann unter Simon Kopper, die Rote Nation unter Manasse Noroseb und die Veldschoendrager unter Hans Hendrik an. Die Bondelswart – wie die Witboois eine große Bevölkerungsgruppe – waren geteilt: Ein Drittel von ihnen war mit ihrem Anführer Johannes Christian in Warmbad interniert; ein weiteres Drittel hielt sich nicht in der Kolonie auf, da sie in südafrikanischen Minen arbeiteten; und die übrigen traten dem Krieg bei, um unter Morenga zu kämpfen.

Andere Nama-sprachige Gruppen – die von Tseib angeführten Leute in Keetmanshoop sowie die Topnaar und Swartbooi im Nordwesten (die man entwaffnet und interniert hatte) – beteiligten sich kaum am Krieg. In Bethanien wurde Paul Fredericks (mit einer kleinen Zahl seiner Leute) unter schrecklichen Bedingungen interniert; sein Rivale um das Amt des *kaptein*, Cornelius Fredericks, schloss sich Anfang 1905 Hendrik Witbooi an. Johann Christian Goliath in Berseba blieb jedoch mit dem Kolonialregime verbündet, und seine Männer waren als Arbeitskräfte für die deutschen Truppen tätig. Die Rehobother Basters unter Hermanus van Wyk kämpften auf Seiten der Deutschen, allerdings nicht ganz ohne Bedenken.

Zu Beginn dieser neuen Zeit kriegerischer Auseinandersetzungen standen etwa 2350 Nama-Kämpfer im Süden einer deutschen Streitmacht gegenüber, die nur aus ungefähr 1000 Mann bestand.[45] Für die Kolonialregierung war dieser neuerliche Aufstand ein Schock und eine Katastrophe und zugleich auch ein Zeichen dafür, dass von Trothas Versuche, das Hoheitsgebiet zu befrieden, nicht überall von Erfolg gekrönt waren. Auch im Deutschen Reich kam es dadurch zu politischen Konflikten, und die Stimmen derer, die über die Ereignisse in DSWA beunruhigt waren (vor allem seitens der Linken), wurden lauter. Im Dezember 1906 eskalierten die Spannungen, als der Reichstag gegen eine Erhöhung der Geldmittel für die sich schnell ausweitenden Militäreinsätze in der Kolonie stimmte. Daraufhin wurde der Reichstag aufgelöst; aus den darauf folgenden Wahlen gingen die Befürworter des Imperialismus als Sieger hervor, und damit wurde der Wille im Reich, dem Widerstand in Südwestafrika ein Ende zu bereiten, unerschütterlich.[46]

Aus den anfänglichen Kämpfen gingen die Streitkräfte der Nama mal als Sieger hervor, mal unterlagen sie. Die Witbooi und Veldschoendrager mussten im Dezember 1904 in Naris beziehungsweise in Koes herbe Niederlagen einstecken. Hendrik Witbooi konnte (zusammen mit Simon Kopper) im Auob-Tal seine Streitkräfte neu formieren und leistete in der Schlacht von Gross-Nabas im Januar 1905 hartnäckigen Widerstand, musste aber schließlich doch die Flucht ergreifen. Nach einigen weiteren Zusammenstößen zogen sich die Witbooi in die relative Sicherheit der Kalahari zurück, und der deutsche Kommandeur beschloss – entgegen dem eher zur Vorsicht mahnenden Befehl, den er erhalten hatte –, Morenga in den Karas-Bergen anzugreifen. An der Wasserstelle von Aob trafen Morengas Männer auf eine der deutschen Abteilungen und besiegten sie (wobei auf ihrer Seite unter anderem Edward Morris ums Leben kam); im März schlugen die Deutschen sie dann schließlich in Narudas in die Flucht.

Nachdem die Witbooi und Morenga zurückgedrängt waren, sah die Lage für die Deutschen zu diesem Zeitpunkt recht hoffnungsvoll aus. Tatsächlich war dies jedoch nur der Anfang langwieriger bewaffneter Auseinandersetzungen, bei denen sich die Nama-Kämpfer äußerst effektiv die Taktiken des Guerillakriegs und die Unwirtlichkeit des Landes zu Nutze machten. Immer wieder wurden hart erkämpfte Siege der Deutschen – etwa bei der Schlacht von Gross-Nabas, wo Soldaten durch den extremen Durst wahnsinnig wurden und zweiundzwanzig Deutsche starben[47] – dadurch zunichte gemacht, dass die afrikanischen Streitkräfte entwischen konnten. Außerdem war es für die Europäer oft schwierig, Nachschub zu bekommen, insbesondere Wasser. Und wie auch bei anderen Militärkampagnen jener Zeit grassierten Krankheiten: Im November 1905 war das Krankenhaus in Keetmanshoop überfüllt mit Soldaten, die an Skorbut, Ruhr, Typhus, Herzbeschwerden, Rheumatismus und Kriegsverletzungen litten.

Obwohl die gegen die deutschen Streitkräfte aufgestellten Nama-Truppen Vorteile aus den örtlichen Gegebenheiten ziehen konnten, litten auch sie schwere Not. Sie hatten Schwierigkeiten mit dem Nachschub, den sie sich aus unterschiedlichen Quellen organisierten: erbeuteter feindlicher Besitz, vom Kap und aus Bechuanaland geschmuggelte Waffen, Viehbestände sowie Nahrungsmittel, die es in unwirtlichen Gegenden eben gab. Der militärische Erfolg der Afrikaner beruhte auf ihrer Mobilität: Guerillakämpfer mussten den deutschen Streitkräften dadurch entwischen können, dass sie in Wüsten- und Bergregionen flohen und sich immer wieder zwischen internationalen Grenzen hin und her bewegten (die anzuerkennen sie sich sowohl implizit als auch explizit weigerten). Dies verlangte nicht nur den kämpfenden Männern sehr viel ab, sondern auch den Frauen, Kindern und anderen Zivilisten, die alle gemeinsam den Deutschen entkommen und Widerstand gegen sie leisten wollten. In manchen Fällen wurden die Nichtkämpfer von den Kämpfern innerhalb Südwestafrikas zurückgelassen; manche Gruppen überquerten auch Ende 1905 und Anfang 1906 die Grenze zum Kap, wo die Briten viele Frauen und Kinder in Flüchtlingslagern internierten, die Männer aber fliehen konnten und in Namibia weiterkämpften.[48] Häufig blieben aber Frauen und Kinder bei den Männern: Deutsche Kapitulationslisten verzeichnen in beinahe jedem Fall nicht nur Männer, sondern auch Frauen und Kinder.[49] Ein Informant aus Gibeon erinnerte sich im Jahre 2007, dass sein Großvater , ... im Krieg aufwuchs und mit seinen Eltern ständig auf der Flucht war. Er erzählte mir auch, wie die Leute von den deutschen Soldaten ausgelöscht wurden ... Manche Säuglinge wurden auf dem Rücken ihrer Mütter totgeschossen. Auch viele Soldaten wurden erschossen'.[50]

Frauen und Kinder waren auf den langen Gewaltmärschen dabei, die Cornelius Fredericks und seine Anhänger auf der Flucht vor den deutschen Truppen unternahmen. Sie waren auch Teil der Witbooi-Gruppe, die 1905 durch Südnamibia zog. Im Oktober zwang extreme Dürre sie zum Verlassen der Kalahari, und sie fanden die Wasserstellen, die sich entlang der Ostseite Namalands von Gochas über Koes bis Hasuur erstreckten, von Deutschen besetzt. Diese weigerten sich, Frauen Wasser zu geben, und die Menschen hatten nichts anderes zu trinken als das Blut ihrer Tiere. Ein deutscher Offizier schrieb:

> ... die Hottentotten, die anscheinend bereits damals durch das ununterbrochene Hin- und Herziehen stark erschüttert und erschöpft waren, ... irrten in der Folgezeit ziellos zwischen Koes, Geibis und Geiachab umher. Sie litten schwer unter Wassermangel ... Hier sollte sich das Schicksal des Witbooivolkes erfüllen. Die ersten Anzeichen der beginnenden Auflösung waren Haufen von halb verhungerten und halb verdursteten Weibern und Kindern, die sich bei den deutschen Besatzungen einfanden und um Wasser flehten.[51]

Gegen Ende April 1905 übernahm von Trotha persönlich das Kommando über die deutschen Truppen im Süden und erließ am 22. April einen Aufruf, der in vielen Dingen seinem früheren Erlass gegen die Herero ähnelte, jedoch nicht ganz so weit ging. Der General bot denen, die sich ergaben, Verpflegung und Arbeit an (also wahrscheinlich Zwangsarbeit mit Essensrationen), hielt den Nama aber auch das Schicksal der Herero warnend vor Augen und erklärte: ,Wer hiernach glaubt, dass auf ihn die Gnade keine Anwendung findet,[52] der soll auswandern, denn wo er sich auf deutschem Gebiet blicken lässt, da wird auf ihn geschossen werden, bis alle vernichtet sind'.[53] Diese Proklamation beendete den Krieg keineswegs.[54] Ab Juni 1905 hatte von Trotha es nicht nur mit Hendrik Witbooi und Simon Kopper im Osten und Cornelius Fredericks im Süden zu tun, sondern im Westen auch mit den Witbooi, die – zusammen mit einem Herero-Anführer, der unter dem Namen Andreas bekannt ist – unbemerkt durch die deutschen Linien geschlüpft waren. Von Trotha richtete seine Streitkräfte jetzt gegen die Witbooi, deren 750 teils mit alten, teils mit modernen Gewehren bewaffnete Kämpfer der ungefähr doppelten Zahl deutscher Soldaten gegenüberstanden, die über zwanzig Artilleriegeschütze und zwei Maschinengewehre verfügten.

Die Witbooi konnten von Trothas ersten Versuch, sie einzukesseln und zu schlagen, dadurch vereiteln, dass sie sich aus der Gegend von Gibeon zurückzogen. Nach periodischen heftigen Gefechten wurde Hendrik Witbooi aber am 29. Oktober bei den Kämpfen in Vaalgras tödlich verwundet und starb kurz darauf. Sein Tod und die physischen Härten des Krieges schwächten den Widerstand der Witbooi. Im November ergaben sich Samuel Isaak, Hans Hendrik und ihre Gefolgsleute als erste unter den Witbooi und deren Verbündeten. Isaak Witbooi, der gegen diesen Schritt gewesen war, bat im Februar 1906 um Frieden. Insgesamt ergaben sich 278 Männer sowie 306 Frauen und Kinder.[55] Die Friedensbedingungen fielen relativ mild aus, wurden aber später von Friedrich von Lindequist, dem nächsten Gouverneur, außer Kraft gesetzt. Was Sturman angeht, so hatte er sich Mitte 1905 nach Auseinandersetzungen mit den Witbooi klammheimlich aus Namibia davongemacht; letztere hatten nämlich zwischenzeitlich erkannt, dass er keine Führungsqualitäten hatte und militärisch unfähig war.[56]

Ungeachtet dessen, was den Witbooi widerfahren war, kämpften die übrigen südlichen Anführer – darunter Morenga und Cornelius Fredericks (deren Anhängerschaft vor allem aus aus den Bondelswart und Fransmann bestand)[57] – weiter und errangen beachtliche militärische Erfolge. Am 24. Oktober 1905 erlitten die Deutschen eine der schlimmsten Niederlagen des gesamten Krieges. Sie saßen in Hartebeestmund am Oranje fest, waren Morengas Gewehren ausgeliefert und konnten erst bei

Anbruch der Nacht entkommen, als bereits 17 von ihnen gefallen waren; auf Morengas Seite gab es wahrscheinlich keine Verluste. Unterdessen befasste sich Cornelius Fredericks mit der Planung und Durchführung mehrerer erfolgreicher Angriffe; in der offiziellen deutschen Geschichtsschreibung über den Krieg wurde er später als ‚Namaführer … mit einer geradezu beispiellosen Schnelligkeit und Gewandheit' beschrieben.[58] Trotzdem forderten die Gewaltmärsche, die er und seine Leute auf der Flucht vor den deutschen Verfolgern auf sich nehmen mussten, einen hohen Tribut, und nach ihrer Niederlage in Gochas im Januar 1906 war ihr Widerstand gebrochen. Anfang März hatten sich Cornelius Fredericks, 235 Männer und 176 Frauen und Kinder ergeben und waren inhaftiert worden; andere flohen in die südliche Kapregion, wo sie bis nach der Eroberung Namibias durch Südafrika blieben. Unterdessen hatten sich die Fransmann und die Rote Nation gemeinsam im Gebiet zwischen dem Mittleren Nossob und der Grenze nach Bechuanaland eingefunden, wo sie offenbar mehr damit beschäftigt waren, in den dortigen unwirtlichen Halbwüstenbedingungen zu überleben, als weiterzukämpfen. Kriegsmüdigkeit machte sich bei diesen anhaltenden, heftigen Auseinandersetzungen überhaupt häufig bemerkbar, und auch mündliche Überlieferungen (in diesem Falle über die Witbooi) berichten darüber: ‚Wann immer es in diesem Krieg eine kurze Unterbrechung gab, versuchten sie, ein normales Leben zu führen: Sie entfachten Feuerstöße und feierten Hochzeiten und andere traditionelle Feste, als gebe es keinen Krieg'.[59] Schikanen durch die Deutschen und der Tod Manasse Norosebs bei einem Gefecht im Dezember 1905 führten jedoch dazu, dass sich 250 Mitglieder der Roten Nation – hauptsächlich Frauen und Kinder – ergaben; die übrigen flohen über die Grenze.

Die anderen Gegner der Deutschen spalteten sich in kleine Gruppen auf, um die Taktiken des Guerillakrieges besser einsetzen zu können, und ‚die Trupps von Morenga, Johannes Christian und Morris … zogen buchstäblich Kreise um die ganze deutsche Armee', wie es Bridgman ausdrückt.[60] Im Mai 1906 folgten die Deutschen dann aber Morengas Streitkräften nach Süden über die Grenze und fügten ihnen auf britischem Hoheitsgebiet eine Niederlage zu. Morenga ergab sich der Polizei am Kap, die sich weigerte, ihn an die deutschen Behörden auszuliefern. Dieses Scheitern einer Zusammenarbeit spiegelte das insgesamt sehr unbeständige Verhältnis zwischen den Deutschen und den Briten wider. So schlossen die Briten häufig Grenzstationen und schnitten den Deutschen dadurch den Nachschub aus Südafrika ab. Die Feindseligkeit der Briten gegenüber den deutschen Behörden wurde dadurch vertieft, dass im November 1906 eine Gruppe unzufriedener Buren, die nach Namibia ausgewandert waren, einen kurzen und schlecht organisierten Raubzug nach Südafrika unternahm. Bei anderen Gelegenheiten jedoch unterstützten die britischen Behörden die Deutschen aktiv und bisweilen sogar bei Militäraktionen, da ihnen bewusst war, dass sich die Unruhen durchaus auch nach Südafrika ausbreiten könnten.[61]

Im Juni 1906 löste Oberst von Deimling seinen Vorgänger Dame als Militärkommandeur im Süden ab und führte ein neues System ein, bei dem deutsche Patrouillen die Verfolgung afrikanischer Banden unter sich aufteilten, sodass die Soldaten Verfolgungsjagden nicht mehr wegen Erschöpfung aufgeben mussten. Außerdem ließ er so viele Rinder wie möglich nach Norden bringen und nahm seinen Gegnern dadurch eine ihrer wichtigsten Versorgungsquellen. Gegen Ende des Jahres trugen diese Maßnahmen dazu bei, die Bondelswart zu Friedensverhandlungen zu bewegen. Auf deutscher Seite drängte vor allem das Militär, das die Kämpfer Johannes Christians zwar in viele Gefechte verwickelt hatte – siebenundzwanzig zwischen dem 16. Juli und dem 1. November 1906 –, ohne sie indessen besiegen zu können, auf Frieden. Von Deimling war so sehr auf eine Beendigung des Konflikts bedacht, dass er sich sogar über die Befehle der Kolonialabteilung des Auswärtigen Amtes und Gouverneur von Lindequists hinwegsetzte, um vergleichsweise milde Friedensbedingungen zu vereinbaren.

So wurde im Dezember der Frieden von Ukamas/Heirachabis geschlossen, zwar unter erheblichem gegenseitigem Misstrauen, aber abgesegnet durch Johannes Christian und schließlich auch Abraham Morris. Der Vertrag machte deutlich, wie effektiv der Guerillakampf der Bondelswart gewesen war. Zwar hatten sie keinen einzigen unmittelbaren Sieg davontragen können, aber wenigstens eine militärische Pattsituation erreicht. Dies ist ein wichtiges Gegenbeispiel zu den Berichten über den Deutsch-Namibischen Krieg im Allgemeinen, in denen vor allem von Niederlagen die Rede ist. Gemäß dem Vertrag wurden die Bondelswart wieder auf einem Teil ihres alten Landes angesiedelt, wo sie auch drei Wasserstellen benutzen durften; sie bekamen Ziegen und Rinder auf Darlehensbasis, und ihr *kaptein* erhielt 300 Schafe und ein Ochsengespann. Im April 1907 waren 769 Mitglieder der Gruppe wieder vom Kap zurückgekehrt. Allerdings wurden sie entwaffnet, zur Aufnahme von Lohnarbeit gezwungen und durften ihren neu festgelegten Aufenthaltsort nicht ohne Pässe verlassen.

Nach Unterzeichnung des Vertrages von Heirachabis erklärten die deutschen Behörden am 31. März 1907 den Frieden. Daraufhin wurde allerdings Morenga von den britischen Behörden freigelassen und kehrte mit 400 Anhängern nach Namibia zurück, um dort weiterzukämpfen. Im September wurde er schließlich bei einem Gefecht auf der britischen Seite der Grenze getötet. Aber selbst der Tod dieses besonders listigen, tapferen und beharrlichen Anführers beendete den Krieg noch nicht gänzlich. In Bechuanaland hatten Überlebende aus Simon Koppers und Manasse Norosebs Streitkräften zwei Siedlungen gegründet. Die Bewohner eines dieser Orte, Lehututu, wurden schließlich britische Untertanen. Die andere Gruppe unter Simon Kopper zog Angehörige der versprengten und unzufriedenen Bevölkerungsgruppen Südnamibias magnetisch an; im April 1906 zählte sie etwa siebzig Kämpfer, im September 1907 war deren Zahl auf 400 bis 500 (und zusätzlich 2000 Nichtkämpfer) angewachsen. Ein mit Maschinengewehren bewaffneter deutscher Trupp griff die Siedlung im März 1908 an. Trotz schwerer Verluste auf beiden Seiten ging das Gefecht jedoch unentschieden aus, und Simon Kopper blieb ungeschlagen. Die Briten drängten auf eine Klärung dieser Situation, und so willigten die Deutschen 1909 schließlich ein, ihm regelmäßige Zahlungen zukommen zu lassen, wenn er Frieden hielt; an diese Abmachung hielt er sich dann auch bis zu seinem Tod im Jahr 1913.

Noch immer standen einzelne, isoliert lebende Gruppen unter Waffen. Ihnen lag im Allgemeinen mehr daran, außerhalb des beengten, vom Staat festgelegten Raums zu überleben, als den Deutschen direkt den Kampf anzusagen. 1909 wurden die Anführer einer Gruppe unter Abraham Rolf hingerichtet, die in Südnamibia Raubzüge unternommen hatte. Offiziell beendet wurde der Deutsch-Namibische Krieg aber durch die Einigung mit Simon Kopper. Drechsler hat zusammenfassend festgestellt, dass ‚eine europäische Großmacht, die etwa 15 000 Soldaten in Südwestafrika hatte, gegen anfänglich 1000 bis 2000, später aber nur noch wenige hundert Nama einen jahrelangen Kleinkrieg führte, dem sie in keiner Weise gewachsen war'.[62] Krieg und Niederlage forderten jedoch einen hohen Tribut.

Die Konzentrationslager

War die Zeit offener Auseinandersetzungen bereits äußerst leidvoll gewesen, so kam es in der Nachkriegszeit zu einer Tragödie. Die Deutschen errichteten Konzentrationslager zur Internierung der besiegten afrikanischen Gruppen – Männer, Frauen und Kinder. Die schrecklichen Bedingungen in den Lagern und die Zwangsarbeit, die deren Insassen leisten mussten, führten zu großem Elend und einer sehr hohen Sterberate.[63]

Am 12. Dezember 1904 nahm von Trotha auf Befehl aus Berlin seine Anordnung zurück, dass die Herero ausgelöscht werden sollten. Die deutsche Politik verlagerte sich nunmehr darauf, die besiegte Bevölkerung in Haft zu nehmen – trotzdem wurden Afrikaner, die man beschuldigte, gegen die Deutschen zu kämpfen, in Zentralnamibia und im Süden immer noch willkürlich erschossen, und es gab auch viele öffentliche Hinrichtungen durch den Strang. Militärpatrouillen versuchten mit wenig Erfolg, Überlebende aus dem *veld* zu holen, und als von Lindequist im November 1905 Gouverneur wurde, gestattete er den Rheinischen Missionaren die Einrichtung von Sammellagern.[64] Für die überlebenden Herero war es eine schwierige Entscheidung, ob sie die rauen Lebensbedingungen im Busch aufgeben sollten: ‚Manche Leute sammelte man in den Lagern und andere lebten im offenen *veld*, weil sie Angst hatten, dass die Deutschen sie umbringen würden. In jenen Tagen wurden Leute umgebracht, [zum Beispiel,] wenn man sie im Busch oder an den vergifteten Wasserstellen antraf. Viele Leute hatten Angst, in die Lager der Kolonisatoren zu gehen'.[65]

Abb 16: Dieses Foto zeigt gefangene Herero, die sich 1905 zum Haftantritt stellen. Nach der Niederlage und den Gemetzeln von 1904 errichteten Missionare Sammellager, in denen sich die häufig verelendeten Überlebenden stellen konnten. Dieses Bild stammt aus der wenig bekannten Sammlung von Georg Weyrauther, einem Marinesoldaten, der kurz nach Ausbruch des Deutsch-Namibischen Krieges nach Südwestafrika versetzt wurde.[66]

Zwar blieben viele im *veld* und eine Minderheit kämpfte weiter, doch 11 000 Menschen fanden sich schließlich in den Lagern der Missionare ein. Der Missionar Diehl berichtete, dass viele von ihnen verzweifelt waren und Angst hatten, man würde sie umbringen, aber zugleich ‚bereit gewesen seien zu sterben, nur um endlich Ruhe zu haben'.[67] Aus den Lagern der Missionare schaffte man die Gefangenen in Zentren, in denen Arbeitskräfte benötigt wurden: vor allem nach Windhoek, Okahandja,

Karibib, Swakopmund und Lüderitz. Rings um diese Zentren errichtete man einige Lager, von denen manche von der Regierung betrieben wurden, manche von privaten Arbeitgebern und anderen Körperschaften wie etwa der Polizei. Die größten Lager befanden sich in Windhoek, wo durchschnittlich 5000 Häftlinge gefangen gehalten wurden (etwa doppelt so viele Menschen, wie die Hauptstadt Einwohner hatte).

Mit Ausnahme der Bondelswart wurden auch die besiegten Nama in den Lagern interniert. Entgegen den mit den Deutschen getroffenen Vereinbarungen brachte man die Gruppen, die sich unter Samuel Isaak und Hans Hendrik ergaben, 1906 in das Lager in Windhoek und dann auf die Haifischinsel (Shark Island) in der Lüderitzbucht. Die Bethanier unter Cornelius Fredericks wurden erst nach Karibib geschafft, wo sie an der Eisenbahnstrecke nach Tsumeb arbeiten mussten, und dann ebenfalls auf die Haifischinsel. Ende 1906 befanden sich mehr als 2000 Nama-sprachige Gefangene auf der Insel. Isaak Witbooi und seine Leute wurden schließlich in Okandjande in der Nähe von Otavi inhaftiert. Unterdessen deportierte man 119 Witbooi, die im Oktober 1904 bei den deutschen Streitkräften gedient hatten, nach Togo und anschließend nach Kamerun; im Juni 1906 waren fast zwei Drittel von ihnen tot.[68]

Die Lebensbedingungen in den Lagern waren erbärmlich. Ernährung, Unterkunft, Kleidung und sanitäre Anlagen waren völlig unzulänglich, und besonders an der Küste wurden die Sträflinge zusätzlich von kaltem, windigem Wetter gepeinigt, gegen das sie völlig schutzlos waren. Unter diesen Zuständen erkrankten viele von ihnen an Tuberkulose, Ruhr, Skorbut, Fleckfieber und Typhus. Außerdem grassierte sexuelle Gewalt, und weiße Siedler und Soldaten machten sich regelmäßig über weibliche Gefangene her.[69] Die Missionare berichteten schonungslos über die Lager: ‚Wie Vieh wurden hunderte zu Tode getrieben und wie Vieh begraben', schrieb Heinrich Vedder über die Zustände in Swakopmund.[70] In einigen Fällen gelang es Missionaren und bisweilen auch Beamten vor Ort, die Verhältnisse durch Beschwerden bei den Behörden und private Hilfsaktionen erträglicher zu machen, aber die Sterblichkeitsziffern in den Lagern blieben während der ganzen Zeit der Internierung extrem hoch.[71]

Die Lager waren nicht nur für die Internierung besiegter Feinde gedacht: Sie dienten auch dazu, mit aller nur denkbaren Härte Arbeitskraft aus den Gefangenen herauszupressen. Die Häftlinge – halb verhungert und bei schlechter Gesundheit – wurden unter Anwendung von Gewalt gezwungen, körperliche Schwerstarbeit zu verrichten. Viele von ihnen arbeiteten ohne Bezahlung am Bau der Eisenbahnstrecken zwischen Lüderitz und Keetmanshoop und zwischen Windhoek und Oatvi, und in Lüderitz und Swakopmund führten sie Hafenbauarbeiten durch – sie schufen also die Infrastruktur, die künftig eine Stütze für die Wirtschaft Südwestafrikas darstellen sollte. Im April 1906 beispielsweise belief sich die Anzahl der Gefangenen, die an der Otavi-Strecke arbeiteten, auf 900 Männer, 700 Frauen und 620 Kinder. Die Internierten arbeiteten außerdem als Bedienstete in Haushalten und für Soldaten sowie für private Arbeitgeber, die ‚in einem Menschenhandel, der Sklaverei gleichkam'[72] den Behörden 10 Mark pro Monat für jeden Mann oder jede Frau bezahlten. Zu diesen Arbeitgebern gehörten private Gesellschaften wie die OMEG, Arthur Koppel und Lenz, mit denen man beim Bau von Großprojekten wie den Eisenbahnstrecken Verträge abschloss.[73]

Die Arbeitsbedingungen waren fürchterlich. Wanderarbeiter vom Kap waren entsetzt, als sie mitbekamen, wie die Gefangenen in Swakopmund behandelt wurden:

> Diese bedauernswerten Frauen müssen jeden Tag schwere Eisenteile für die Bauarbeiten tragen, und außerdem noch große Packen gepresstes Viehfutter. Ich habe oft gesehen, wie Frauen unter der Last zusammenbrachen und Soldaten und Schaffner sie mit Schlägen und Fußtritten zwangen, weiterzumachen.[74]

Es gab Versuche, sich gegen diese unerträglichen Zustände zu wehren, so etwa durch Ausbruch und sogar durch Selbstmord. Flucht aus dem Lager in Swakopmund nach Walvis Bay (wo die Männer sich zur Arbeit in Südafrika anwerben ließen) kam häufig vor; in einem Fall machte sich eine Gruppe von 120 Gefangenen mit Hilfe von Michael Tjiseseta, dem Anführer in Omaruru, auf und davon.[75] Die Internierten wandten sich auch hilfesuchend an mitfühlende Seelen, vor allem an Missionare, und

Abb. 17: Herero-Frauen beim Entladen einer Kiste, Swakopmund, 1905. Die meisten Häftlinge in den Lagern mussten nach den Niederlagen im Deutsch-Namibischen Krieg Zwangsarbeit leisten.

versuchten verzweifelt, Angehörige ausfindig zu machen. [76] Kaera (Ida Leinhos), die gemischter afrikanischer und europäischer Abstammung war und über ein gewisses Maß an gesellschaftlichem Ansehen verfügte, konnte Mitglieder ihrer eigenen Familie vor der Inhaftierung bewahren.[77] Von Ngatitwe (Rupertine), der Mutter Zacharias Zerauas, ist überliefert, dass sie durch ihr Einschreiten im Konzentrationslager von Omaruru Hinrichtungen durch den Strang verhindern konnte:

> Einmal wandte sie sich gegen die Deutschen, die Leute aufhängten, und sagte zu ihnen: ‚Diese Leute haben nur die Befehle meines Sohnes ausgeführt… Wenn ihr sie umbringen wollt, dann solltet ihr stattdessen lieber mich umbringen'… Nach Rupertines Einschreiten kam uns nie wieder zu Ohren, dass Leute gehängt wurden.[78]

Nichtsdestoweniger war die Internierung für die überwiegende Mehrzahl der Gefangenen eine beispiellos erniedrigende und leidvolle Erfahrung, und sehr viele starben.

Die Sterblichkeitsziffern sind widersprüchlich und schwierig einzuschätzen, aber sogar aus den offiziellen Statistiken, die nicht sämtliche Häftlinge erfassen, ergibt sich, dass fast die Hälfte von ihnen umgekommen ist: Zwischen Oktober 1904 und März 1907 gab es 7682 Todesfälle unter insgesamt 15 000 Herero und 2000 Nama.[79] Im Distrikt Lüderitz, wo sich auch die berüchtigte Haifischinsel befindet, ging es besonders schlimm zu; dort zeigte sich die Konzentrationslager-Politik in ihrer extremsten Ausprägung. Die ersten Herero-Sträflinge trafen Anfang 2005 ein. Augenzeugenberichte, die am 25. September 1905 in der Zeitung *Cape Argus* erschienen, bezeugen die Zustände, die dort auf sie warteten: ‚Diejenigen Frauen, die gefangen genommen und nicht hingerichtet werden, lässt man als Sträflinge für das Militär arbeiten … [Ich] sah ganz viele von ihnen in Angra Pequena [Lüderitz], wo sie Schwerstarbeit verrichten mussten, und sie waren so ausgehungert, dass sie nur noch aus Haut und Knochen bestanden …'.[80]

Nama-Sträflinge, die man ab September 1906 auf die Insel schickte, hätten eigentlich einen Tiefseehafen bauen sollen, aber im Januar wurden lediglich zwanzig von ihnen für arbeitsfähig befunden, sodass man von dem Vorhaben Abstand nehmen musste. Fotografien, die 1905 von dem deutschen Offizier Leutnant von Düring gemacht wurden, illustrieren nicht nur die erbärmlichen Zustände, unter denen die Häftlinge leben mussten, sondern sind zugleich eine visuelle Inszenierung der vom Militär ausgeübten Macht, wozu als wesentlicher Bestandteil die sexuelle Erniedrigung weiblicher Sträflinge gehörte.[81]

Die Sterblichkeitsziffern im Lüderitz-Distrikt legen von den Auswirkungen dieser Behandlung ein erschütterndes Zeugnis ab. Zwischen 1905 und 1908 starben wahrscheinlich 3000 bis 4000 Kriegsgefangene; die Sterblichkeit auf der Haifischinsel selbst belief sich auf etwa 70 Prozent.[82] Unter denen, die dort den Tod fanden, war auch Cornelius Fredericks. An der Eisenbahnstrecke, wo viele Herero-Sträflinge eingesetzt waren, starben zwischen Januar 1906 und Juni 1907 schätzungsweise 1359 dieser Arbeiter – das sind 67,48 Prozent.[83]

Das Lager auf der Haifischinsel wurde im April 1907 aufgelöst, nachdem Major von Estorff – der mit den Witbooi den ursprünglichen Friedensvertrag ausgehandelt hatte – Kommandeur der Schutztruppe in Namibia geworden war. Allerdings blieben die überlebenden Nama bis zum Ende der deutschen Herrschaft weiterhin in Haft; Samuel Isaak starb kurz vor der Kapitulation de Deutschen Reichs. Den offiziellen Zahlen des Distriktschefs von Lüderitz zufolge lebten bei Schließung des Lagers auf der Insel von den ursprünglich dort inhaftierten 2000 Nama noch 450: mindestens 1550 waren also gestorben. Estorff schätzte jedoch, dass dort 1900 Menschen umgekommen waren.[84] Die übrigen Konzentrationslager wurden im Januar 1908 geschlossen[85] und ihre Insassen freigelassen – allerdings erwartete sie ein neues, streng reglementiertes System kolonialer Ordnung.

Der Völkermord und die Geschichtsschreibung über den Deutsch-Namibischen Krieg

Die Völkermord-Konvention der Vereinten Nationen aus dem Jahr 1948 (‚*Konvention* über die Verhütung und Bestrafung des Völkermordes') definiert Völkermord (Genozid) als Handlungen in der ‚Absicht, auf direkte oder indirekte Weise eine nationale, ethnische, rassische oder religiöse Gruppe als solche ganz oder teilweise zu zerstören'. Dazu gehören ‚das Töten von Angehörigen der Gruppe' und ‚die absichtliche Unterwerfung unter Lebensbedingungen, die auf die völlige oder teilweise physische Zerstörung der Gruppe abzielen'.[86] Nach Ansicht der Verfasserin und der meisten Historiker, die zu diesem Thema arbeiten, steht es völlig außer Zweifel, dass Anfang des zwanzigsten Jahrhunderts ein Genozid im Sinne dieser Definition in Namibia begangen wurde.

Hierfür sprechen zum einen die Sterblichkeitsstatistiken. Zwar gibt es bezüglich der genauen Zahlen einige Ungewissheit (und erhebliche Diskussionen), aber es ist offenkundig, dass der deutsche Feldzug gegen die Herero sehr viele Todesopfer gefordert hat. Die meisten zeitgenössischen

Quellen schätzen die Zahl der Otjiherero-Sprecher vor dem Deutsch-Namibischen Krieg auf 60 000 bis 100 000 Personen. Anfang 1908 waren es Schätzungen zufolge noch 16 363; die Volkszählung von 1911 verzeichnet insgesamt 19 423 Angehörige dieser Bevölkerungsgruppe.[87] Ungefähr 3000 bis 10 000[88] überlebten außerdem in Botswana, Südafrika, Owambo, Kaoko und Angola. Selbst wenn man die vorsichtigsten dieser Schätzungen zu Grunde legt, ergibt sich, dass über die Hälfte der als Herero klassifizierten Bevölkerung ausgelöscht wurde. Es ist nahezu sicher, dass das wahre Ausmaß der Todesfälle höher gewesen ist, und zwar wohl erheblich höher.

Wie viele Nama-Sprecher umkamen, ist schwer zu sagen, weil Unklarheit über ihre Gesamtzahl vor dem Krieg besteht. Einer Schätzung aus dem Jahre 1892 zufolge betrug sie damals 15 000 bis 20 000 Personen.[89] Man kann davon ausgehen, dass eine natürliche Bevölkerungszunahme stattgefunden hat. Selbst wenn die niedrigere Zahl von 1892 zutrifft, wäre eine Schätzung von 20 000 Nama im Jahr 1904 nicht aus der Luft gegriffen und wahrscheinlich sogar eher niedrig angesetzt. Nimmt man dies als Grundlage, so ist die Nama-sprachige Bevölkerung um etwa ein Drittel zurückgegangen: 1908 wurde ihre Zahl auf 13 114 geschätzt, und die Volkszählung von 1911 verzeichnet 14 236.[90] Es besteht Gewissheit darüber, dass bestimmte Gruppen von Nama-Sprechern – die Veldschoendrager, Witbooi und Bethanier, die alle auf die Haifischinsel geschickt wurden – in den Konzentrationslagern fast völlig ausgelöscht wurden. Von den Witbooi waren 1906 bereits 517 in Internierungshaft gestorben, bevor sie überhaupt auf der Insel eintrafen; wahrscheinlich war die Sterblichkeitsrate bei den beiden anderen Gruppen ähnlich hoch. Mindestens 1.550, vielleicht aber sogar 1900 von insgesamt 2000 Nama kamen auf der Insel um; nach April 1907 ereigneten sich zusätzliche Todesfälle. Infolgedessen gab es 1909 nur 248 überlebende Nama-Häftlinge.[91] In den Konzentrationslagern starben daher weit mehr als 2000 Witbooi, Bethanier und Veldschoendrager. Auch unter den Deportierten war die Sterblichkeitsrate hoch. Ein weiterer Grund für den Rückgang der Nama-Bevölkerung insgesamt waren die während des Krieges erlittenen Entbehrungen, unter anderem durch die Taktik der Deutschen, Wasserstellen abzuriegeln – die dadurch verursachten Todesfälle lassen sich nicht beziffern, aber angesichts der Art dieser Militärkampagne müssen es viele gewesen sein –, und die Flucht vieler Nama-Sprecher auf britisches Hoheitsgebiet.

Auch unter San- und Damara-Sprechern, die damals von den Verheerungen in Namibia erfasst wurden, war die Sterblichkeit wahrscheinlich hoch. So gibt es zahlreiche Hinweise darauf, dass Deutsche willkürlich Damara in Zentralnamibia angriffen. Es gibt aber keine statistischen Untersuchungen zu diesen Todesfällen. Das liegt zum einen daran, dass dieser Teil der Geschichte schwer greifbar ist, zum anderen an der ‚ethnischen Lupe', durch die der Deutsch-Namibische Krieg – wenngleich aus guten Gründen – betrachtet wird.

Der Genozid im Deutsch-Namibischen Krieg geschah nicht zufällig – er wurde, um aus der Völkermord-Definition der Vereinten Nationen zu zitieren, ‚absichtlich begangen'. Schon im Juni 1904 erließ von Trotha den Befehl, alle zu erschießen, die gegen die Deutschen kämpften; dadurch gab er bereits zu erkennen, wie brutal und aggressiv der von ihm geplante Feldzug sein würde. So entstand eine allgemeine Stimmung, in der viele deutsche Soldaten (aber keineswegs alle) Massaker an Zivilisten und andere Gräueltaten begingen, und zwar sowohl vor als auch nach Ohamakari. [92] In einigen jüngeren – und umstrittenen – Arbeiten wird die Ansicht vertreten, von Trotha habe in der Schlacht von Ohamakari (am 11. August) noch nicht die Strategie verfolgt, die Herero als Volk zu vernichten, sondern einen vollständigen militärischen Sieg erringen wollen, wie es dem damals in Deutschland herrschenden strategischen Denken entsprach. In der Praxis verschwammen aber bereits in diesem Stadium die Unterschiede zwischen diesen beiden Absichten, da sich auf Seiten der Herero sehr viel mehr Nichtkämpfer als Kämpfer auf dem Schlachtfeld befanden. Als die Ereignisse in den folgenden Monaten festere Konturen annahmen, möglicherweise aber auch schon zuvor, entschied sich von Trotha ganz eindeutig und rasch für eine Strategie, die auf die Vernichtung der Herero abzielte. [93] Einige Zeit nach einem Massaker an siebzig gefangenen Herero in der ersten Septemberwoche sagte er seinen Untergebenen, dass ‚das ganze Volk der Herero mit Stumpf und Stiel ausgerottet werden sollte'.[94] Als von Estorff dagegen protestierte, die Afrikaner in die *omaheke* zu treiben (eine Aktion, die er leiten sollte), sagte man ihm, von Trotha ‚wolle die gänzliche Vernichtung'.[95] Der Vernichtungsbefehl vom 4. Oktober bekräftigte nicht nur formell eine bereits bestehende Praxis, sondern schloss auch Friedensverhandlungen aus und besiegelte daher den Völkermord.[96]

In Gegensatz zu von Trothas aggressivem Plan, ‚die aufständischen Stämme mit Strömen von Blut und Strömen von Geld [zu vernichten]',[97] vertrat Leutwein die moderatere (wenngleich eigennützige) Ansicht, die Vernichtung der Herero sei ein ‚schwerer wirtschaftlicher Fehler', da man sie längerfristig als Arbeitskräfte benötige.[98] Die Meinungsverschiedenheiten zwischen den beiden Männern waren Ausdruck eines allgemeinen Gerangels zwischen militärischer und ziviler Obrigkeit im Deutschen Reich. Unter von Trotha verwandelte sich Südwestafrika im Wesentlichen in eine Militärdiktatur, und er wurde in seiner Völkermordpolitik aktiv von Alfred Graf von Schlieffen (dem Chef des Generalstabs) und indirekt auch von Kaiser Wilhelm II unterstützt. Die Kolonialabteilung des Auswärtigen Amtes und Reichskanzler von Bülow versuchten, im Krieg mit den Herero auf dem Verhandlungsweg eine Lösung zu erzielen, kamen damit aber nicht voran, bis von Schlieffen widerstrebend im Dezember den Vernichtungsbefehl außer Kraft setzte. Zwar wurden nunmehr Kapitulationen akzeptiert, Friedensgespräche lehnte von Schlieffen jedoch ab.[99]

Nachdem von Trotha Namibia verlassen hatte, ging die Völkermordpolitik in den Konzentrationslagern unter Gouverneur von Lindequist und dem Stellvertretenden Gouverneur Tecklenburg weiter. Beamte vor Ort und Missionare informierten die Behörden in DSWA bereits bald nach Einrichtung der Lager über die enorme Todesrate, und auch Politiker in Berlin wussten, was dort vor sich ging. Trotzdem unternahm man wenig, um dem Sterben ein Ende zu machen, und Tecklenburg verhinderte im Februar 1907 sogar aktiv, dass Nama-Frauen und Kinder von der Haifischinsel fortgebracht wurden.[100] Es wurde also nicht nur der Völkermord an den Herero fortgesetzt, sondern auch vorsätzlich an den Witbooi, Bethaniern und Veldschoendrager verübt. Dieser Umstand ist von besonderer Bedeutung, da sich die sonstige Beweislage für Völkermord im Süden nicht so eindeutig darstellt wie in Zentralnamibia, obwohl es durchaus deutliche Hinweise darauf gibt.[101] Wie bereits erwähnt, wurden am Rande der Kalahari Wasserstellen abgeriegelt, und nachdem die Witbooi in die Wüstengebiete im Osten entkommen waren, wollten die Deutschen sie zwingen, dort zu bleiben.[102] Zwar räumte von Trotha in seinem Befehl aus dem April 1905 – anders als in seinem Vernichtungsbefehl – manchen Gegnern die Möglichkeit der Kapitulation ein, doch zugleich drohte er den Nama, dass es ihnen genauso ergehen könnte wie den Herero. Dadurch bereitete er den Boden für eine Phase der Gesetzlosigkeit, in der deutsche Soldaten und Siedler ungestraft töten konnten.[103]

Der Völkermord in Namibia lässt sich nicht einfach durch die (letztendlich) größere militärische Stärke des Deutschen Reichs erklären. Ebensowenig war er nur ein zweckdienlicher Ausweg, da die Deutschen militärisch zu scheitern drohten, obwohl dieser Aspekt sicher auch eine Rolle spielte. Was Gemetzel und Gräueltaten betrifft, so ging dieser Krieg weit über sämtliche Konflikte im damaligen Europa hinaus. Das lag zum Teil an dem damals in Europa gängigen Diskurs hinsichtlich der Überlegenheit der ‚weißen Rasse'. Sowohl in Europa als auch in Namibia wurden Afrikaner in Politik und Alltagskultur systematisch entmenschlicht. Herero galten als ‚wilde Tiere', ‚Wilde' und ‚unverschämte Barbaren', die weitverbreiteten Gerüchten zufolge weiße Frauen vergewaltigt, umgebracht und zerstückelt hatten;[104] deutsche Politiker bezeichneten Nama als ‚Raubtiere'. Solches Gedankengut hatte eine lange Tradition, und die Tagebücher vieler Soldaten verraten, dass sie ihm verhaftet waren. In der Vorstellung von Deutschen waren Afrikaner daher der Inbegriff von Wildheit und verkörperten das Gegenteil von Zivilisation. Diese Entmenschlichung förderte eine Atmosphäre, in der man Afrikaner ungestraft umbringen konnte, der Status von Nichtkämpfern nicht anerkannt wurde und militärische Aggression leicht in Massenmord umschlug.[105] Der absolute Tiefpunkt war dabei wohl erreicht, als man aus den Konzentrationslagern die Schädel von Gefangenen – darunter den von Cornelius Fredericks – nach Deutschland schickte, um daran Studien zum Wesen der Rassenhierarchie durchzuführen.[106]

Es wurde zwischen 1904 und 1908 in Namibia ein Völkermord verübt. Das Deutsche Reich war nicht die einzige europäische Großmacht, die zur Durchsetzung ihrer Machtansprüche und letztlich auch zur bestmöglichen wirtschaftlichen Wertschöpfung in ihren Kolonien Gewalt einsetzte. Die Gräueltaten in Namibia lassen sich als extremste Ausprägung in einem Kontinuum von Gewalt und Unterdrückung verstehen, an dem sämtliche Kolonialmächte beteiligt waren. Trotzdem ist es wichtig, die Ereignisse der Jahre 1904–08 als Völkermord zu bezeichnen, nicht zuletzt deshalb, weil die Leugner dieses Genozids immer noch eine Debatte nähren, die in Wirklichkeit ‚ein Paradebeispiel für das beharrliche Bestreiten geschichtlich nachweisbarer Tatsachen'[107] ist. Angesichts der Hartnäckigkeit, mit der sie ihre Argumente vortragen, muss noch einmal gesagt werden, dass die Art und Weise, in der sie das Leid von Afrikanern herunterspielen, unvereinbar mit erdrückenden historischen Beweisen und den Ergebnissen jüngster Forschungsarbeiten ist.[108]

Das Thema Genozid birgt auch aufgrund der komplexen Politik im Hinblick auf Geschichte und Gedenken politischen Sprengstoff, die von den Verfechtern einer generell antikolonialen Haltung in Namibia selbst verfolgt wird. Im Jahr 2004 wurde der hundertste Jahrestag des Völkermordes von zwei unterschiedlichen Organisationen begangen – dem National Preparatory Committee for the Commemoration of 2004 (NPCC04, Nationales Vorbereitungskomitee für die Gedenkfeiern 2004), das von der Regierung, den Kirchen und den Vertretern der Nama-sprachigen Gruppen im Süden unterstützt wurde, und dem Genocide Commemoration Committee (Genozid-Gedenkkomitee), das politisch dem obersten Anführer der Herero und Oppositionspolitiker Kuaima Riruako nahestand.[109] Das letztgenannte Gremium verlangte von der deutschen Regierung Entschädigungszahlungen an Otjiherero-Sprecher. Zwar befürwortete das NPCC04 dieses Vorgehen nicht, aber beide Organisationen kamen dennoch zu einer Gedenkfeier am Waterberg zusammen. An dieser nahm auch die damalige Bundesministerin für Wirtschaftliche Zusammenarbeit und Entwicklung, Heidemarie Wieczorek-Zeul, teil und bat um Vergebung für ‚die Schuld, die Deutsche damals auf sich geladen haben'.[110]

Die Definition der Ereignisse in Namibia als Völkermord ist politisch wichtig, zugleich aber eine heikle Angelegenheit. Das hat sich möglicherweise nachteilig auf die Einstellung, mit der Geschichtsforschung betrieben wurde und die Art und Weise ausgewirkt, in der historische Narrative herausgearbeitet wurden. Auf beiden Seiten wurde sehr viel Energie darauf verwendet, den jeweiligen Standpunkt zu rechtfertigen, und es kommt mittlerweile so weit, dass historisches Beweismaterial instrumentalisiert wird. Es gibt zweifellos einige sehr gute neuere Untersuchungen, die zu unserem Verständnis der Ereignisse von 1904–08 als Prozess historischer Entwicklungen beigetragen haben.[111] Die Debatte über den Völkermord kann aber auch für die Forschung hinderlich sein, vor allem aber für die Verortung des Deutsch-Namibischen Krieges als Ereignis in der *namibischen* und nicht so sehr in der deutschen Geschichte.[112]

Da die Frage der Absicht für den Nachweis von Völkermord entscheidend ist, wurde der von den Tätern verfolgten Politik viel Aufmerksamkeit geschenkt. Man kann den Krieg jedoch nur dann richtig verstehen, wenn man die inneren Kräftespiele der afrikanischen Gemeinwesen eingehender untersucht, ihre Motive, in den Krieg zu ziehen und Frieden zu suchen, sowie die Beziehungen der einzelnen Gemeinwesen und Anführer zueinander. Hinsichtlich dieser Fragen ist die Geschichtsschreibung nach wie vor dünn, vor allem, was den Süden betrifft.[113] Mehr Forschung – auch zu mündlichen Überlieferungen – würde uns viel über den Krieg, nicht nur als heldenhafter Widerstand gegen den Kolonialismus, sondern auch als harte Erfahrung, die viele afrikanische Bevölkerungsgruppen betraf und sie oft zu Migration und Flucht zwang, verraten. Eine solche Neufassung der Geschichte könnte vieles zu dem hinzufügen, was wir bereits vermuten: dass zu manchen Zeiten des Krieges der Kampf ums

Überleben genauso entscheidend war wie Angriffe auf den Feind; dass die Gründe für Kampf oder Friedensschluss, die auf frühere gesellschaftliche Prozesse und die Umstände des Augenblicks zurückgingen, bisweilen alles andere als eindeutig sind; und dass Frauen und andere Nichtkämpfer genauso schwer von den Bedingungen, unter denen Krieg geführt und Frieden geschlossen wurde, betroffen waren wie die Kämpfer. Obwohl es sich vor allem um einen Krieg zwischen ‚Afrikanern' und ‚Deutschen' handelte, der mir einer vernichtenden Niederlage für die Afrikaner endete, könnte ein solcher neuer Blick auf die Geschichte auch mehr über alternative Geschichtsnarrative einzelner Menschen verraten: zum Beispiel derjenigen Afrikaner, die nicht gegen die Deutschen, sondern mit ihnen kämpften, und derjenigen, deren militärischer Erfolg ihre Gegner zu einer Verhandlungslösung zwang. Und wie auch immer man die Ereignisse der Jahre 1904–08 nennen mag – wir würden ganz sicher erfahren, dass die entsetzlichen Erlebnisse fast aller Afrikaner in Zentral- und Südnamibia Gedenken und Verständnis verdienen, und sie die Geschichte Namibias im zwanzigsten Jahrhundert entscheidend geprägt haben.

Endnoten

1 Konzentrationslager waren eine Erfindung der Spanier, die während eines Krieges um ihre Herrschaft auf Kuba im späten neunzehnten Jahrhunderts dort ‚campos de reconcentración' einrichteten; auch die Briten benutzten Konzentrationslager in ihrem Krieg gegen die Buren in Südafrika (1899–1902).

2 Wie auch in einigen anderen neueren Geschichtsbüchern wurde im vorliegenden Buch die Bezeichnung ‚Deutsch-Namibischer Krieg' wohlüberlegt gewählt. Das Wort ‚Krieg' bezieht sich auf das Ausmaß der damaligen Ereignisse und impliziert im Gegensatz zu Wörtern wie ‚Aufstand' oder ‚Rebellion' nicht, dass die deutsche Herrschaft rechtmäßig gewesen sei. Die anachronistische Bezeichnung 'Namibia', die absichtlich im gesamten vorliegenden Buch verwendet wird, macht es möglich, von einer Beschreibung des Krieges in ethnischen Kategorien (vor allem ‚Herero') Abstand zu gewinnen. Die Bezeichnung ‚Deutsch-Namibischer Krieg' betont auch die Tragweite des Krieges, der in Namibia so viele Menschenleben gekostet hat, wie kein anderer im neunzehnten und zwanzigsten Jahrhundert.

3 Im Jahr 1900 wählte die Konzessionsgesellschaft SATCO im Süden des Landes 128 Farmen für Siedler aus. 98 dieser Farmen befanden sich auf Land, das Willem Christian – der damalige *kaptein* der Bondelswart – 1890 an das Kharaskhoma-Syndikat verkauft hatte. Im Gegenzug hatte die Boldenswart-Gemeinschaft (und die Mission) seinerzeit Geschäftsanteile erhalten. 1895 übernahm aber SATCO das Syndikat und hielt sich nicht an diese Abmachung, sodass der Aktienbesitz verloren ging. Zur Zeit des Aufstands im Jahr 1903 waren bereits fünfundzwanzig der für Siedler vorgesehenen Farmen verkauft oder verpachtet.

4 Früheren Schätzungen zufolge verloren die Ovambo mehr als 100 Mann. In einer jüngeren Publikation schätzt Eirola die Zahl ihrer Gefallenen jedoch auf etwa sechzig. Eirola, *Ovambogefahr*, S. 168.

5 Zur Debatte über die zeitliche Einordnung dieser Briefe siehe weiter unten. Krüger weist darauf hin, dass Samuel Maharero möglicherweise bereits vorher an Hendrik Witbooi geschrieben hat; *Kriegsbewältigung*, S. 59.

6 Jon Bridgman, *The Revolt of the Hereros* (Berkeley: University of California Press, 1981), S. 84. Zum Boldelswart-Aufstand und dem Ausbruch des Deutsch-Namibischen Krieges siehe Mokopakgosi, ‚German Colonialism', S. 195, 274–80, 325–7; Drechsler, *‚Let Us Die Fighting'*, S. 106–11; Casper Erichsen, *‚What the Elders Used to Say': Namibian Perspectives on the Last Decade of German Colonial Rule* (Windhoek: Namibia Institute for Democracy, 2008), S. 21–4; Zimmerer, *Deutsche Herrschaft*, S. 34; Eirola, *Ovambogefahr*, S. 163–9; Williams, *Precolonial Communities*, S. 149; Jeremy Silvester, ‚Black Pastoralists, White Farmers: The Dynamics

of Land Dispossession and Labour Recruitment in Southern Namibia' (Dissertation, University of London, 1993).

7 Hinweise darauf, dass die Auflehnung gegen die Deutschen im Vorfeld geplant war, sind in vielen Abhandlungen über diesen Krieg angesprochen worden; siehe etwa Krüger, *Kriegsbewältigung*, S. 56–9. Andererseits hat Gewald (*Herero Heroes*, Kap. 5) Argumente dafür vorgebracht, dass der Aufstand in Wirklichkeit spontan ausbrach und seine Ursache in einer Reihe von Überreaktionen durch Hauptmann Zürn hatte, sodass die Herero im Wesentlichen von den Deutschen in den Krieg getrieben worden seien. Auch Pool, *Samuel Maharero*, S. 208–9, führt Belege für einen uneinheitlichen Ausbruch des Aufstandes an. Zwar war damals die Lage in Okahandja eindeutig besonders angespannt und Gewald hat möglicherweise Recht; trotzdem überwiegen meiner Ansicht nach immer noch die Beweise dafür, dass dem nicht so ist. Man könnte Gewald nur dann beipflichten, wenn man die Belege für Samuel Mahareros vor dem 12. Januar geschriebene Briefe an van Wyk und Witbooi beiseite ließe (zu Einwänden gegen Gewald in diesem Punkt siehe Oermann, *Mission, Church*, S. 94–6, und zu weiteren Erkenntnissen Krüger, *Kriegsbewältigung*, S. 59), alle Indizienbeweise ignoriert, dass der Aufstand im Vorfeld geplant war, und die Tatsache ausblendet, dass er sich in den Tagen nach dem 12. Januar so schnell ausweitete und die Militäraktionen so effektiv waren.

8 Heywood *et al.* (Hg.), *Warriors*, S. 161 ff.

9 Pool, *Samuel Maharero*, Kap. 12, 13. Die gegenteilige Meinung – dass Landverlust 1904 eher eine Angstvorstellung als Realität gewesen sei – findet sich bei Bley, *Namibia*, S. 133–4, 138; Gewald, *Herero Heroes*, S. 142–4.

10 Oermann, *Mission, Church*, S. 91–2; Drechsler, ,*Let Us Die Fighting*', S. 133–6.

11 *Ebd.*, S. 113–4, 132–3; Mokgapakgosi, ,German Colonialism', S. 364–7; Oermann, *Mission, Church*, S. 87–91; Gewald, *Herero Heroes*, S. 146–7.

12 Eine Zusammenfassung der Diskussionen zu diesem Thema findet sich bei Krüger, *Kriegsbewältigung*, S. 56–9.

13 Sundermeier (Hg.), *The Mbanderu*, S. 49; Heywood *et al.* (Hg.), *Warriors*, S. 161 ff.

14 Pool, *Samuel Maharero*, S. 181.

15 Bley, *Namibia*, S. 142–3; Krüger, *Kriegsbewältigung*, S. 116–19; Pool, *Samuel Maharero*, S. 186–7; *Deutsches Kolonialblatt*, 1. Juni 1904, S. 357–8; Bridgman, *Revolt of the Herero*, S. 108; Gewald, *Herero Heroes*, S. 167–8.

16 Sundermeier (Hg.), *The Mbanderu*, S. 49 ff.; Gewald, „,I Was Afraid of Samuel"'.

17 Krüger, *Kriegsbewältigung*, S. 71–3, 98–103; Dag Henrichsen, ,*Ozombambuse* and *Ovasolondate*: Everyday Military Life and African Service

Personnel in German South West Africa' in Hartmann (Hg.), *Hues*, S. 161–84.

18 Gaseb, ,Historical Hangover', S. 6; Erichsen, *Elders*, S. 18, 33–7.

19 Dieses Feldlager wird im Bericht des Missionars Kuhlmann beschrieben, *Deutsches Kolonialblatt*, 1. Juni 1904, S. 357–8. Siehe außerdem Bridgman, *Revolt of the Herero*, Kap. 4.

20 *Ebd.*, Kap. 4, S. 99, 106. Am 12. März kamen in Owikokorero in der Nähe von Onjatu sechsundzwanzig Deutsche und eine unbekannte – wahrscheinlich sehr kleine – Zahl von Herero ums Leben. Am 1. April wurde bei Okaharui die deutsche Vorhut angegriffen, wobei 33 (von 230) Soldaten fielen; die Deutschen schätzten die Verluste der Herero auf mehr als 84 Mann, aber Bridgman hält diese Schätzung für sehr unzuverlässig.

21 *Ebd.*, Kap. 4. Eine ausführliche Beschreibung der Militärkampagne findet sich außerdem in Pool, *Samuel Maharero*, Kap. 15–20.

22 Bridgman, *Revolt of the Herero*, Kap. 4. Die hier im Text zitierten Zahlen finden sich dort auf S. 113, aber auf S. 125 nennt Bridgman eine Zahl von 50 000 Männern, Frauen und Kindern im ,rückwärtigen Gebiet'. Oermann, *Mission, Church*, S. 97, stützt sich auf verschiedene Quellen und gelangt zu einer Schätzung von insgesamt 50–60 000 Herero einschließlich 6000 bewaffneter Männer.

23 Bridgman, *Revolt of the Herero*, S. 112; Jürgen Zimmerer, ,Krieg, KZ und Völkermord in Südwestafrika: Der erste deutsche Genozid' in Jürgen Zimmerer und Joachim Zeller (Hg.), *Völkermord in Deutsch-Südwestafrika: der Kolonialkrieg (1904–1908) in Namibia und seine Folgen* (Berlin: Links, 2003) (auch auf Englisch erschienen als *dies.* (Hg.), *Genocide in German South-West Africa: The Colonial War of 1904–1908 and its Aftermath* (Monmouth: Merlin, 2008)), S. 45–63, S. 49; Isabel Hull, *Absolute Destruction: Military Culture and the Practices of War in Imperial Germany* (Ithaca: Cornell University Press, 2006), S. 21–7.

24 Zimmerer (,Krieg', S. 50) gehört zu den Historikern, die diese Auffassung vertreten; die mündliche Überlieferung, erzählt von Samuels Urgroßenkel Moses Maharero, findet sich in Erichsen, *Elders*, S. 52–3. Bridgman (*Revolt of the Herero*, Kap. 5) ist dagegen der Ansicht, Samuel Maharero habe gedacht, er könne die Schlacht gewinnen.

25 Drechsler, ,*Let Us Die Fighting*'; Neville Alexander, ,The Namibian War of Anti-colonial Resistance, 1904–7' in Wood (Hg.), *Namibia 1884–1984*, S. 193–204, S. 194–5.

26 Krüger, *Kriegsbewältigung*, S. 61.

27 Aus dem Befehl, den von Trotha für die Schlacht am Waterberg ausgab, zitiert in Henrik Lundtofte, ,„I Believe that the Nation as Such Must be annihilated" – The Radicalisation of the German Suppression of the Herero Rising in 1904' in Steven Jensen (Hg.), *Genocide: Cases, Comparisons*

and Contemporary Debates (Kopenhagen: Danish Center for Holocaust and Genocide Studies, 2003), S. 15–53, S. 30; siehe außerdem S. 30–31. Auf die Frage des Genozids in diesem Zusammenhang wird weiter unten eingegangen.

28 Diese Zahlen werden von Bridgman, *Revolt of the Herero*, S. 121 genannt, wobei er aber nicht die jeweilige Stärke von Kampf- und Unterstützungstruppen spezifiziert. Auf S. 117 erwähnt er, dass am Vorabend der Schlacht nur 1500 Bajonette und 30 Feldgeschütze vorhanden waren.

29 Diese Zusammenfassung basiert auf unterschiedlichen Darstellungen: Bridgman, *Revolt of the Herero*, Kap. 5; Hull, *Absolute Destruction*, S. 33–43. Hull erhebt überzeugende Einwände gegen Drechslers (und Bridgmans) Ansicht (,*Let Us Die Fighting*', S. 154–5), von Trotha habe vorsätzlich geplant, die Herero in die *omaheke* zu treiben. Hull zufolge war ihr Entkommen vielmehr ein Rückschlag für den General, der einen vollständigen Sieg wollte. Trotzdem stimmt es zweifellos, dass von Trotha sich die Situation schnell zunutze machte, um einen Massenmord in die Wege zu leiten. Tilman Dedering führt außerdem Belege dafür an, dass von Trothas Stab einen vollständigen Sieg für unmöglich hielt (,A Certain Rigorous Treatment of All Parts of the Nation': The Annihilation of the Herero in German South West Africa, 1904' in Mark Levene und Penny Roberts (Hg.), *The Massacre in History* (Oxford: Berghahn Books, 1999), S. 205–22). Hull befasst sich auch nicht mit den Erlebnissen der Herero während der Schlacht; sie schreibt lediglich, dass die Herero zwar eine Niederlage erlitten, ihre ,Krieger' jedoch nur ,relativ leichte Verluste' erlitten hätten (S. 41, 44). Siehe auch Lundtofte, „,Nation"', S. 29–30.

30 Siehe etwa Karl-Johann Lindholm, *Wells of Experience: A Pastoral Land-use History of Omaheke, Namibia* (Universität Uppsala, 2006), insbesondere S. 42 ff., 109 ff.

31 Adolf Fischer, *Menschen und Tiere in Deutsch-Südwest* (Stuttgart: Deutsche Verlagsanstalt, 1914), S. 92. Siehe auch George Steinmetz, *The Devil's Handwriting: Precoloniality and the German State in Qingdao, Samoa and Southwest Africa* (University of Chicago Press, 2007), S. 190.

32 Larissa Förster, ,Land and Landscape in Herero Oral Culture: Cultural and Social Aspects of the Land Question in Namibia', *Analyses and Views*, 1 (2005), S. 16.

33 Einer von Adelheid Mbwaondjou und anderen vorgetragenen Rede zufolge, zitiert und erörtert in Anette Hoffmann, „,Since the Germans Came it Rains Less": Landscape and Identity in Herero Communities of Namibia' (Dissertation, Universität Amsterdam, 2005), S. 65–6.

34 Erichsen, *Elders*, S. 53–4.

35 Kirsten Alnaes, ,Living with the Past: The Songs of the Herero in Botswana', *Africa*, 59 (1989), S. 267–99, S. 276–7.

36 Aus den Aussagen von Festus Kandjo gegenüber Michael Scott in den späten 1940er-Jahren, zitiert in Freda Troup, *In Face of Fear: Michael Scott's Challenge to South Africa* (Faber & Faber, 1950), S. 52. Gewald, „Samuel"', erörtert Samuel Mahareros Ankunft in Botswana, seine Auseinandersetzungen mit zuvor eingetroffenen Mbanderu und seine Versuche, als Anwerber für die südafrikanischen Minen wieder zu Wohlstand zu kommen.

37 Larissa Förster, ‚Zwischen Waterberg und Okakarara: namibische Erinnerungslandschaften' in Larissa Förster, Dag Henrichsen und Michael Bollig (Hg.), *Namibia–Deutschland: Eine geteilte Geschichte* (Köln: Rautenstrauch-Joest Museum für Völkerkunde, 2004), S. 164–79, S. 170–4; Hull, *Absolute Destruction*, S. 45.

38 Die Ereignisse nach Waterberg werden in vielen Quellen behandelt. Eine sorgfältige Auswertung der Beweislage findet sich in Hull, *Absolute Destruction*, Kap. 2, die zu dem Ergebnis gelangt, dass ‚willkürliche Erschießungen von Zivilisten allgemein üblich geworden waren' (S. 49).

39 In der Literatur ist dieses Dokument unter der Bezeichnung ‚Vernichtungsbefehl' beziehungsweise ‚Schießbefehl' bekannt geworden. Hier zitiert nach Drechsler, *Südwestafrika*, S. 184.

40 *Ebd.*, S. 184.

41 Für diesen Abschnitt wurden vor allem folgende Quellen herangezogen: Andreas Bühler, *Der Namaaufstand gegen die deutsche Kolonialherrschaft in Namibia von 1904–1913* (Frankfurt: IKO, 2003), insbesondere S. 161–81, 215, 217, 231 ff., 244, 255–9, 261–94; Bridgman, *Revolt of the Herero*, Kap. 6; John Masson, *Jakob Marengo: An Early Resistance Hero of Namibia* (Windhoek: Out of Africa, 2001). Zur Militärgeschichte siehe außerdem Walter Nuhn, *Feind überall: der grosse Nama-Aufstand (Hottentottenaufstand) 1904–1908 in Deutsch-Südwestafrika (Namibia). Der erste Partisanenkrieg in der Geschichte der deutschen Armee* (Bonn: Bernard & Graefe, 2000).

42 Werner Hillebrecht, ‚Die Nama und der Krieg im Süden' in Zimmerer und Zeller (Hg.), *Völkermord*, S. 121–33.

43 Aus Witboois Briefen geht deutlich hervor, dass er Vorbehalte gegen diese Vorgehensweise hatte.

44 Hendrik Witbooi an Karl Schmidt, Juli 1905, *Hendrik Witbooi Papers*, S. 195 (Zitat). Zu diesen Ereignissen siehe auch Tilman Dedering, ‚The Prophet's „War against Whites": Shepherd Stuurman in Namibia and South Africa, 1904–7', *JAH*, 40 (1999), S. 1–19; *ders.*, ‚Hendrik Witbooi the Prophet', S. 66; Drechsler, *‚Let Us Die Fighting'*, S. 181–3.

45 Diese Schätzung stammt von Bühler (*Der Namaaufstand*, S. 181–8) und basiert auf offiziellen Zahlen; Bridgman gibt an, die Zahl der Nama-Kämpfer habe 1.260–1.400 betragen (*Revolt of the Herero*, S. 140).

46 Zur politischen Situation in Deutschland siehe beispielsweise Henderson, *German Colonial Empire*, S. 83–92.

47 Die Witbooi verloren ungefähr siebzig Mann.

48 Tilman Dedering, ‚War and Mobility in the Borderlands of Southwestern Africa in the Early Twentieth Century', *International Journal of African Historical Studies*, 39 2 (2006), S. 275–94.

49 Bridgman listet beispielsweise vier Kapitulationen im Süden zwischen November 1905 und März 1906 auf (*Revolt of the Herero*, S. 153–4); bei diesen ergaben sich insgesamt 315 Männer sowie 342 Frauen und Kinder.

50 Jeremia Rooi Jr., zitiert in Erichsen, *Elders*, S. 31.

51 Kurt Schwabe, *Im deutschen Diamantenlande: Deutsch-Südwestafrika von der Errichtung der deutschen Herrschaft bis zur Gegenwart (1884–1910)* (Berlin: o.V., 1909), S. 319–20. Schwabe erwähnt zwar nicht, ob die Frauen und Kinder Wasser bekamen, es ist aber bekannt, dass man ihnen in Aninhoos in der Nähe von Aminuis (wohin Hendrik Witbooi sie mit einer weißen Fahne geschickt hatte) und in Gamib keines gab (Bühler, *Der Namaaufsstand*, S. 257–8, 262–3). Zur Abriegelung von Wasserstellen siehe auch Jürgen Zimmerer, ‚Das deutsche Reich und der Genozid–Überlegungen zum historischen Ort des Völkermordes an den Herero und Nama', in Förster *et al.*, *Namibia–Deutschland*, S. 106–21, S. 111.

52 Die Proklamation definiert diese Personen als ‚solche, welche bei Beginn des Aufstandes Weiße ermordet oder befohlen haben, dass sie ermordet werden'.

53 Zitiert beispielsweise in Bühler, *Der Namaaufstand*, S. 244; Bridgman, *Revolt of the Herero*, S. 145.

54 Allerdings wurde sie von den für Warmbad zuständigen Deutschen tatsächlich missverstanden, woraufhin diese ihre Boldenswart-Gefangenen freiließen; dadurch konnten Johannes Christian und seine Leute sich den afrikanischen Streitkräften anschließen.

55 Diese Angaben stützen sich auf offizielle Zahlen und finden sich verstreut immer wieder in den veröffentlichten Quellen. Siehe insbesondere Bühler, *Der Namaaufstand*, S. 265–70; Nuhn, *Feind überall*, S. 178.

56 Dedering, ‚Shepherd Stuurman', S. 9–11.

57 Es ist allerdings davon auszugehen, dass zu diesen Gruppen auch andere Nama-Sprecher und vielleicht auch Angehörige anderer ethnischer Gruppen gehörten. Die Zusammensetzung der Nama-sprachigen Gruppen war sehr dynamisch. Das zeigte sich, als Ende 1905 eine Gruppe von Frauen und Kindern der Witbooi die Grenze nach Bechuanaland überschritt und sich als Angehörige von Simon Koppers Gruppe ausgaben, weil man ihnen als Witbooi die Einreise verweigert hätte. Bühler, *Der Namaaufstand*, S. 261–70.

58 Zitiert in Drechsler, *Südwestafrika*, S. 223.

59 Lukas Afrikaner, zitiert in Erichsen, *Elders*, S. 29.

60 Bridgman, *Revolt of the Herero*, S. 160.

61 Zu Grenzbeziehungen im Allgemeinen siehe Dedering, ‚War and Mobility'; zu den Buren als Faktor siehe *ders.*, ‚The Ferreira Raid of 1906: Boers, Britons and Germans in Southern Africa in the Aftermath of the South African War', *JSAS*, 26 1 (2000), S. 43–60. 1902 waren von den insgesamt 4635 Weißen in Südwestafrika 1455 Buren, und weitere 400 wanderten während des Deutsch-Namibischen Krieges aus. *Ebd.*, S. 51.

62 Drechsler, *Südwestafrika*, S. 214. (Wie bereits weiter oben erwähnt betrug die Zahl der Nama-Kämpfer nach offiziellen Angaben etwa 2350.)

63 Zu den Konzentrationslagern siehe insbesondere Casper Erichsen, ‚*The Angel of Death has Descended Violently Among Them*': *Concentration Camps and Prisoners-of-war in Namibia, 1904–1908* (Leiden: African Studies Centre, 2005), vor allem S. 45, Kap. 2 (über Shark Island), S. 76–7, 102–10; Joachim Zeller, „‚Ombepera i koza–Die Kälte tötet mich'": Zur Geschichte des Konzentrationslagers in Swakopmund (1904–1908)' in Zimmerer und Zeller (Hg.), *Völkermord*, S. 64–79; Krüger, *Kriegsbewältigung*, S. 126–37; Drechsler, ‚*Let Us Die Fighting*', S. 204–14; Hull, *Absolute Destruction*, Kap. 3.

64 Nach Schließung der Konzentrationslager Ende 1906 und Anfang 1907 nahm die Polizei ihre Razzien wieder auf und setzte sie bis zum Ende der deutschen Kolonialzeit fort.

65 Chief Kaveriua Hoveka, ein Nachfahre von Nikanor Hoveka, zitiert in Erichsen, *Elders*, S. 49.

66 Rainer-Maria Kiel, ‚Der Hereroaufstand in Deutsch-Südwestafrika: Zeitgenössische Originalfotografien als Leihgabe des Historischen Vereins für Oberfranken in der Universitätsbibliothek Bayreuth', *Archiv für Geschichte von Oberfranken*, 85 (2005), S. 267–78.

67 Zitiert in Krüger, *Kriegsbewältigung*, S. 176.

68 Zu diesen Deportationen siehe Drechsler, ‚*Let Us Die Fighting*', S. 185–6; Krüger, *Kriegsbewältigung*, S. 138–40.

69 Wolfgang Eckart, ‚Medizin und kolonialer Krieg: Die Niederschlagung der Herero-Nama-Erhebung im Schutzgebiet Deutsch-Südwestafrika, 1904–1907' in Peter Heine und Ulrich van der Heyden (Hg.), *Studien zur Geschichte des deutschen Kolonialismus in Afrika* (Pfaffenweiler: Centaurus, 1995), S. 220–35, S. 227–8.

70 Zitiert in Zeller, „‚Ombepera'", S. 64.

71 Manchmal spielten Missionare aber auch eine weniger rühmliche Rolle, wovon (beispielsweise) mündliche Überlieferungen Zeugnis ablegen. Siehe Erichsen, *Elders*, S. 29–31.

72 Erichsen, ‚*The Angel of Death*', S. 119.

73 Krüger, *Kriegsbewältigung*, S. 131–2. Allerdings verbesserte die OMEG schließlich die Arbeitsbedingungen und zahlte ein wenig Lohn, da es ihr wichtiger war, funktionsfähige Arbeitskräfte zu haben, als einen besiegten Feind zu bestrafen.

74 Aus einer eidesstattlichen Erklärung von Jack Seti, John Culayo und James Tolibandi an den Kap-Gouverneur, August 1906, zitiert in Erichsen, ‚*The Angel of Death*', S. 60–1.

75 Zimmerer, „‚Ombepera"', S. 73–4; Erichsen, ‚*The Angel of Death*', S. 76–7.

76 Krüger, ‚Koloniale Gewalt', S. 103.

77 Henrichsen, ‚Heirat im Krieg', S. 167. Kaera war die Tochter einer Herero-Frau namens Betji Kahitjene und des anglokanadischen Händlers Frederick Green.

78 Chief Zeraua, Ngatitwes Großenkel, zitiert in Erichsen, *Elders*, S. 58–9. Erichsen geht nicht auf die Glaubwürdigkeit dieses Berichtes ein, der wahrscheinlich mehr über den Mut Ngatitwes aussagt als über etwaige Veränderungen in der Vorgehensweise der Deutschen.

79 Krüger, *Kriegsbewältigung*, S. 130.

80 Zitiert in Erichsen, ‚*The Angel of Death*', S. 78.

81 *Ebd.,* Kap. 2. Fotografien der Konzentrationslager sind außerdem z.B. in Hartmann, *Hues, passim,* veröffentlicht.

82 Diese Schätzung stammt von Erichsen und basiert auf einer eingehenden Sichtung des vorhandenen Zahlenmaterials (‚*The Angel of Death*', S. 132–3).

83 *Ebd.,* S. 131–2.

84 *Ebd.,* S. 125–31, 154; Drechsler, ‚*Let Us Die Fighting*', S. 211–13.

85 Zimmerer, Deutsche Herrschaft, S. 48.

86 Zitiert beispielsweise in Werner Hillebrecht, „‚Certain Uncertainties": Or Venturing Progressively into Colonial Apologetics?', *JNS*, 1 (2007), S. 73–96, S. 93.

87 In Bühler, *Der Namaaufstand*, S. 337, finden sich die Gesamtzahlen von ‚Eingeborenenzählungen' aus den Jahren 1908 und 1913, die im Bundesarchiv in Koblenz aufbewahrt werden (Aktenzeichen N 1037, Nachlaß Hintrager, Band 9 Statistische Materialen). Der Zählung von 1913 zufolge gab es damals 21.611 Herero. Hillebrecht, „‚Certain Uncertainties"', S. 82–3, führt die Zahl aus der Volkszählung 1911 an; er stellt fest, dass Drechsler (‚*Let Us Die Fighting*', S. 214 und Anm. 189) auf die Zahlen aus dem Jahr 1911 zurückgreift, die im Blue Book genannt sind. Dort findet sich die niedrigere (und zwangsläufig falsche) Zahl von 15 130.

88 Küger, *Kriegsbewältigung*, S. 123–6. Der Spielraum zwischen den Zahlen geht vor allem darauf zurück, dass es zwei unterschiedliche Schätzungen über die Zahl der Otjiherero-Sprecher gab, die in Botswana eintrafen.

89 Leutwein, *Elf Jahre Gouverneur*, S. 11. Drechsler gibt die Gesamtzahl vor dem Krieg mit 20.000 an, nennt aber seine Quelle nicht. ‚*Let Us Die Fighting*', S. 181.

90 Bühler, *Der Namaaufstand*, S. 337; NAN, ZBU 172 A.VI.d.4, Volkszählung von 1911. Auch hier nimmt Drechsler Bezug auf das Blue Book und nennt eine niedrigere Zahl, nämlich 9781.

91 Erichsen, *'The Angel of Death'*, S. 125–31, 154, 158, 131 Anm., 253. Die Diskrepanz in den Angaben für Shark Island liegt an den offiziellen Zahlen des Distriktschefs, denen zufolge es von den ursprünglich über 2000 Nama-Sträflingen im April 1907 noch 450 Überlebende gab, und der Schätzung von Estorffs, dass 1900 Nama auf der Insel umgekommen waren.

92 Zimmerer, ‚Das Deutsche Reich', S. 109; Hull, *Absolute Destruction*, S. 47–51.

93 In *ebd.*, Kap. 1, wird im Wesentlichen vorgebracht, von Trotha habe zu seiner Völkermord-Strategie gegriffen, weil er in Ohamakari keinen vollständigen Sieg hatte erringen können; siehe auch Lundtofte, '"Nation"', S. 33–8. Jürgen Zimmerer vertritt dagegen die Ansicht, dass von Trothas im Juni erlassener Befehl mehr oder weniger den Völkermord in Gang gesetzt hat. Zimmerer, 'Das Deutsche Reich', S. 109; *ders.*, 'Rassenkrieg und Völkermord: Der Kolonialkrieg in Deutsch-Südwestafrika und die Globalgeschichte des Genozids' in Henning Melber (Hg.), *Genozid und Gedenken: Namibisch–deutsche Geschichte und Gegenwart* (Frankfurt: Brandes und Apsel, 2005), S. 23–48, S. 30.

94 Hull, *Absolute Destruction*, S. 52.

95 Tilman Dedering, 'The German-Herero War of 1904: Revisionism of Genocide or Imaginary Historiography?', *Journal of Southern African Studies*, 19 1 (1993), S. 80–88. Das Zitat (S. 85) stammt aus von Esdorffs Buch *Wanderungen und Kämpfe in Südwestafrika, Ostafrika und Südafrika 1904–1910* (Wiesbaden: Privatdruck, 1968). Eine Erörterung der Bedeutung des Wortes 'Vernichtung' findet sich in Steinmetz, *Devil's Handwriting*, S. 188–9.

96 Hull, *Absolute Destruction*, S. 54–9.

97 Von Trotha an Leutwein, 5. November 1904, zitiert in Drechsler, *Südwestafrika*, S. 180.

98 Leutwein an die Kolonialabteilung, 23. Februar 1904, zitiert in *ibid.*, S. 173.

99 Hull, *Absolute Destruction*, S. 63–5.

100 Erichsen, *'The Angel of Death'*, S. 151–6; siehe außerdem Steinmetz, *Devil's Handwriting*, S. 173–5.

101 Zimmerer, 'Das Deutsche Reich', S. 117.

102 Bühler, *Der Namaaufstand*, S. 234–5.

103 Zu dieser Argumentation siehe Casper Erichsen, „,The Angel of Death has

Descended Violently among them": A Study of Namibia's Concentration Camps and Prisoners-of-war, 1904–1908' (Magisterarbeit, University of Namibia, 2004), S. 264–6.

104 In Wirklichkeit wurden sehr wenige deutsche Frauen umgebracht; für gewöhnlich verschonte man sie und ihre Kinder, und bei verschiedenen Gelegenheiten geleiteten Herero-Kämpfer sie sogar in Sicherheit.

105 Krüger, *Kriegsbewältigung*, S. 104–15; Joachim Zeller, ‚Images of the South West African War: Reflections on the 1904–1907 Colonial War in Contemporary Photo Reportage and Book Illustration' in Hartmann (Hg.), *Hues*, S. 309–23. Eine ausführliche Untersuchung deutscher Stereotypen von Herero und Nama findet sich auch in Steinmetz, *Devil's Handwriting*, Teil 1.

106 Krüger, *Kriegsbewältigung*, S. 95–103; Patricia Hayes, Jeremy Silvester und Wolfram Hartmann, „‚Picturing the Past" in Namibia: The Visual Archive and its Energies' in Carolyn Hamilton *et al.* (Hg.), *Refiguring the Archive* (Dordrecht: Kluwer Academic, 2002), S. 102–33, S. 103; Erichsen, ‚*The Angel of Death*', S. 140–4. Man glaubte, Afrikaner befänden sich auf einer niedrigeren evolutionären Entwicklungsstufe als Europäer.

107 Hillebrecht, ‚Certain Uncertainties', S. 73. Die hiermit zusammenhängende Auseinandersetzung darüber, ob die Geschehnisse in Namibia Vorboten des Holocaust waren, ist komplex und sprengt den Rahmen des vorliegenden Buches.

108 Die Gründe, warum es sich um Völkermord gehandelt hat, wurden in den 1960er-Jahren überzeugend von Drechsler vorgetragen. Zu denen, die seine Ansicht nicht teilten, gehörten Gert Sudholt, Brigitte Lau, Karla Poewe und etwas später auch Claus Nordbruch. Siehe z.B. Sudholt, *Eingeborenenpolitik*; Lau, ‚Uncertain Certainties: The Herero-German War of 1904' in *dies.*, *History and Historiography*, S. 39–52; Claus Nordbruch, *Völkermord an den Herero in Deutsch-Südwestafrika? Widerlegung einer Lüge* (Tübingen: Grabert, 2004). Schlüssige Gegenbeweise bezüglich ihrer Argumentation liefern Dedering, ‚German–Herero War' und Hillebrecht, ‚Certain Uncertainties'. Ein von einem Universitätshistoriker geschriebener Artikel, in dem versucht wird, Zweifel am Genozid-Narrativ zu schüren (nach Ansicht der Verfasserin dieses Buches allerdings mit wenig Erfolg), ist Andreas Eckl, ‚The Herero Genocide of 1904: Source-critical and Methodological Considerations', *JNS*, 3 (2008), S. 31–61.

109 Hier sei angemerkt, dass Riruako zwar wahrscheinlich eine Mehrheit der Otjiherero-Sprecher vertritt, aber nicht alle.

110 The *Namibian*, 16. August 2004. Die Entschuldigung ließ zwar eine neue Richtung in der deutschen Politik erkennen, aber die Bundesregierung weigert sich nach wie vor, Entschädigungszahlungen zu leisten. Eine prä-

zise und umfassende Erklärung und Erörterung dieser Fragen bezüglich Erinnerung und Gedenken findet sich in den Beiträgen in Melber (Hg.), *Genozid und Gedenken*.

111 Beispielsweise Hull, *Absolute Destruction*; Steinmetz, *Devil's Handwriting*.

112 Es gibt nur wenige Quellen über die afrikanische Sicht der Dinge. Samuel Maharero hat einige Briefe hinterlassen, die aber nicht gesammelt und veröffentlicht worden sind (siehe jedoch Gewald, *Herero Heroes*, *passim*); Hendrik Witboois Briefe sind aber erhalten. Augenzeugenberichte von Überlebenden wurden 1917 von Major O'Reilly für das umstrittene ‚Blue Book' gesammelt, nämlich den *Report on the Natives of South-West Africa and their Treatment by Germany* (London: HMSO, 1918), wiederveröffentlicht von Jeremy Silvester und Jan-Bart Gewald (Hg.) unter dem Titel *Words Cannot be Found: German Colonial Rule in Namibia. An Annotated Reprint of the 1918 Blue Book* (Leiden: Brill, 2003). Zu Argumenten, die für die Verlässlichkeit der dort veröffentlichten Augenzeugenberichte sprechen, siehe die Rezension der Verfasserin in *African Research and Documentation*, 99 (2005), S. 57–60, und Hull, *Absolute Destruction*, S. 47–9. Es gibt inzwischen auch eine kleine Zahl von Arbeiten, die sich mit mündlichen Überlieferungen und mündlicher Literatur befassen oder darauf zurückgreifen, so etwa Alnaes, ‚Living with the Past'; Heywood *et al.*, *Warriors*, S. 114–17, 143; Sundermeier, *The Mbanderu*, S. 51–6; Ernst Dammann (Hg.), *Herero-Texte erzählt von Pastor Andreas Kukuri* (Berlin: Dietrich Reimer, 1983); Förster, ‚Land and Landscape'; *ders.*, ‚Zwischen Waterberg'; Hoffmann, ‚„Since the Germans Came"'; Erichsen, *Elders*; Gewald, ‚Road of the Man Called Love'; *ders.*, ‚„I was Afraid of Samuel"'; Henrichsen, ‚Heirat im Krieg'.

113 Ausnahmen hiervon sind überall in diesem Kapitel zitiert worden; siehe insbesondere (bezüglich interner Kräftespiele bei den Herero) Gewald, *Herero Heroes*.

7 Die Errichtung einer deutschen Kolonie, 1908–15

1908 war ein erheblicher Teil der afrikanischen Bevölkerung in der Polizeizone während des Deutsch-Namibischen Kriegs niedergemetzelt worden. Tausende hatte man aus dem Gebiet vertrieben, die gesellschaftlichen und politischen Strukturen der Herero waren zerstört und einige Nama-Gruppen fast völlig ausgelöscht. Von den Herero-Anführern der Vorkriegszeit war einzig Zacharias Zeraua in der Polizeizone geblieben. Was die südlichen Anführer betraf, so waren Hendrik Witbooi, Jacob Morenga, Cornelius Fredericks und Paul Fredericks tot; Samuel Isaak und Edward Fredericks (der Bruder von Paul Fredericks und dessen Nachfolger als Anführer der Bethanier) befanden sich im Exil.[1] In den folgenden Jahren verhängte die deutsche Kolonialmacht Straf- und Kontrollmaßnahmen, um aus der besiegten afrikanischen Bevölkerung ein diszipliniertes Proletariat zu machen. Die Kolonialherrschaft wurde jedoch stets von unterworfenen Afrikanern angefochten und ließ sich nie völlig durchsetzen. Tatsächlich gab es über die Art und Weise der Herrschaft – also darüber, was genau es bedeutete, eine deutsche Kolonie auf afrikanischem Boden zu errichten – auch heftige Auseinandersetzungen unter deutschen Siedlern und Beamten. Letztendlich blieb den Deutschen weniger als ein Jahrzehnt, um diese Fragen zu klären: 1915, kurz nach Ausbruch des Ersten Weltkriegs, verloren sie Südwestafrika an Südafrika.

Die Überlebenden und die Arbeitsgesetze

Nach Ende des Kriegs gab es für die Überlebenden klare Prioritäten: Sie wollten auch weiterhin überleben und wieder Kontakt zu ihren Familienverbänden und ihren sozialen Netzwerken herstellen. Die Afrikaner waren sehr mobil. Aus offiziellen Zahlen ergibt sich, dass in einem einzigen Jahr elf Prozent der Arbeiter zwischen den Distrikten hin- und hergezogen waren.[2] Briefe, die von den deutschen Behörden abgefangen wurden, zeigen, dass Herero den Postweg benutzten, um Familienangehörige und Freunde ausfindig zu machen und mit diesen zu kommunizieren, und dass sie unter sehr schwierigen Umständen ausgedehnte Netze zur gegenseitigen Unterstützung woben. Der Brief eines Mannes namens Matthias Karl vom 25. Dezember 1908 vermittelt einen Eindruck von diesen Briefwechseln:

> Die Welt hier oben ist reich an Mühsalen und Schwierigkeiten, überall. Levi ist in Okanona, Traugott ist verschwunden, ich höre nichts von ihm, wo er sein mag. Kamapuenisa ist in Karibib. ... Ein Mensch, der in Swakopmund gewesen ist, muss weinen ...[3]

In den Jahren nach 1907 nutzten Afrikaner außerdem jede sich bietende Möglichkeit, die Herden zu erneuern, die sie eingebüßt hatten. 1913 besaßen sie mehr als 25 Prozent des Kleinviehbestands in der Kolonie sowie über zwanzigtausend Stück Großvieh.[4] Diese Bemühungen um einen Wiederaufbau fanden ungeachtet der neuen Gesetzgebung statt, die – so hoffte die Regierung – in der Polizeizone ‚ein lückenloses Kontrollsystem' schaffen würde. Mit den so genannten Eingeborenenverordnungen aus dem Jahr 1907 wollten die Behörden aus den Afrikanern ein Proletariat ohne Landbesitz machen, ihre politische Organisation und Kultur zerstören und sie zwingen, diszipliniert und geregelt für Weiße zu arbeiten. In den drei Verordnungen ging es um Kontrollmaßnahmen, Pässe und Arbeitsverträge. Zusammengenommen schufen sie ein System, in dem sich sämtliche Afrikaner – Frauen und Männer –, die älter als sechs Jahre waren, bei den örtlichen Behörden registrieren lassen und Passmarken (d. h. Metallscheiben) tragen mussten, mittels derer Beamte sie identifizieren konnten. Außerdem war es von Rechts wegen strafbar, Arbeitsverträge zu brechen. Reisen zwischen Distrikten waren Afrikanern nur dann gestattet, wenn sie über einen von einer weißen Person unterzeichneten Reisepass verfügten, und Landstreicherei – worunter im Wesentlichen Reisen ohne Pass verstanden wurde – war eine Straftat. Auf den Farmen durften afrikanische Siedlungen (*Werften*) aus nicht mehr als zehn Familien bestehen; damit wollte man sicherstellen, dass sich die Arbeitskraft der Afrikaner breit verteilte. Die Tragweite der Eingeborenenverordnungen hatte jedoch gewisse Grenzen. Sie verboten Afrikanern nicht, zwischen zwei Arbeitsverträgen in andere Distrikte zu ziehen. Jürgen Zimmerer zufolge zielten sie in der Theorie auf die Schaffung eines „halbfreien" Arbeitsmarktes' (wobei in der Praxis diese begrenzten Freiheiten oft eingeschränkt wurden, zum Beispiel durch die Zuteilung von ‚Landstreichern' an Farmer, die Arbeitskräfte brauchten). In der Gesetzgebung war auch ein gewisses Maß an Schutz für die Arbeiter vorgesehen, der sich jedoch im Allgemeinen als kaum wirksam herausstellte. Zusätzlich zu den Eingeborenenverordnungen erlegten die meisten örtlichen Behörden Afrikanern ab 1910 Steuern auf (von denen Frauen meist befreit waren); ein Antrag, überall in der Kolonie eine Steuer einzuführen, wurde aber 1911 vom Reichskolonialamt abgewiesen.[5]

Der Staat konnte sich die Afrikaner in der Polizeizone als Arbeitskräfte zunutze machen, weil er ihr Land und Vieh konfisziert hatte. Dahinter stand die Absicht, es Afrikanern unmöglich zu machen, ihren Lebensunterhalt selbstständig zu erwirtschaften. Dies hatte man im September 1907 durch separate Gesetze erreicht. Afrikaner durften jetzt ohne Sondergenehmigung keine Rinder oder Pferde mehr besitzen und verloren ihr ganzes Land – mit einigen Ausnahmen, wie den Bondelswart, die in Heirachabis einen Friedensvertrag ausgehandelt hatten, den Leuten von Berseba, die neutral geblieben waren, und den Rehobothern, die auf Seiten der Deutschen gekämpft hatten.[6] Die Beziehungen zu letzteren gestalteten sich größtenteils harmonisch (obwohl es bei Themen wie Besteuerung durchaus zu Meinungsverschiedenheiten kam), weil beide Seiten die Vorzüge der Zusammenarbeit zu schätzen wussten: Die Deutschen waren froh über Rehoboth als politischen Puffer und Verbündeten, und die Baster erlangten unter deutscher Herrschaft einen relativen Günstlingsstatus, der zum Teil auf ihrer gemischten Abstammung beruhte. Über die Regelungen bezüglich der Bondelswart und der Bewohner von Berseba war die Kolonialregierung allerdings sehr viel weniger glücklich, da Regierung und Siedler ständig Rebellionen von ihnen befürchteten. Aufgrund ihrer potenziellen militärischen Stärke wollten sich die deutschen Behörden nicht direkt mit ihnen anlegen und deportierten daher drei sehr kleine Nama-Gruppen, hauptsächlich als Warnung vor den Folgen von ‚Ungehorsam'. Die Stuurmann – eine Gruppe unter ‚Klein Hendrik Witbooi' (Hendrik Witboois Sohn) – und die Veldschoendrager wurden zunächst in Grootfontein inhaftiert. In der Folge deportierte man 1910 dreiundneunzig von ihnen, darunter vierzig Frauen und siebenundzwanzig Kinder, nach Kamerun; fast zwei Drittel davon starben, bevor die Überlebenden 1912 nach Namibia zurückkehren durften.[7]

In den Augen der Behörden waren solche harten Maßnahmen erforderlich, um aus der afrikanischen Bevölkerung so viel Arbeitskraft wie nur möglich zu ziehen. In der Spätzeit deutscher Herrschaft gab es einen besonders akuten Mangel an Arbeitskräften; zum einen wegen des Völkermords, zum anderen, weil die Bergbauindustrie damals ihre Blütezeit erlebte. Die industrielle Kupferverarbeitung in der Mine von Tsumeb begann 1906; vor allem aber entdeckte 1908 Zacharias Lewala, ein Angestellter von August Stauch, in der Nähe von Lüderitzbucht Diamanten. Für die Minen und für die Infrastruktur, die von den Deutschen jetzt in schnellem Tempo aufgebaut wurde, brauchte man große Mengen an Arbeitskräften, und das Gleiche galt für die Farmen der Weißen, deren Zahl aufgrund der Siedlungspolitik von Lindequists rapide zunahm.[8] Diese Politik ermunterte Siedler, und zwar vor allem Mitglieder der Schutztruppe, schnell zum Kauf von überwiegend kleinen Farmen, unterstützt durch staatliche Förderung (500 000 Mark allein im Jahr 1906). Der Gouverneur vertrat die Ansicht, dass für eine erfolgreiche Eroberung durch die Deutschen große Landstriche physisch in Besitz genommen werden mussten; außerdem konnten ehemalige Soldaten mit Leichtigkeit Bürgerwehren bilden, wenn es zu Unruhen kam. Durch diese neue Politik nahm zwar die Zahl weißer Siedler schnell zu – 1914 waren es bereits 15 000 –, aber in der Praxis verfügten viele Farmen über zu wenig Kapital, waren verschuldet und befanden sich bald wirtschaftlich in einem desolaten Zustand. Zusammen mit der Tatsache, dass viele Farmer wohl die Feindbilder des Deutsch-Namibischen Kriegs auf die Nachkriegszeit übertrugen und wie die meisten Weißen in der Kolonie einer aggressiven

Ideologie bezüglich der Überlegenheit ihrer Rasse anhingen, führte dies zu einer Situation, in der afrikanische Arbeiter regelmäßig ausgebeutet und misshandelt wurden. Die Besitzer der entlegenen Farmen hegten häufig den Verdacht, ihre Bediensteten wollten sie vergiften, und es kursierten oft Gerüchte über neue Aufstände. Auf diesen Farmen herrschte daher eine von Gewalt, Angst und der Geringschätzung von Afrikanern wegen ihrer angeblichen ‚Frechheit' und ‚Faulheit' geprägte Kultur.[9]

Den Arbeitsgesetzen wurde mittels eines Rechtssystems Geltung verschafft, das gegen Afrikaner, die man bei Verstößen erwischte, Strafmaßnahmen verhängte, und zwar vor allem körperliche Züchtigung (für gewöhnlich Auspeitschen). Die Zahl der von den Gerichten ausgesprochenen Verurteilungen zu körperlicher Züchtigung stieg von 534 in den Jahren 1907/8 auf 1713 in den Jahren 1912/13[10]. Außerdem waren Afrikaner erheblicher Gewalt (über die es keine Aufzeichnungen gibt) durch ihre Arbeitgeber ausgesetzt, denen nach dem Gesetz ein ‚väterliches Züchtigungsrecht' über ihre Arbeiter zustand – das heißt, sie durften ohne vorheriges Gerichtsverfahren körperliche Züchtigung anwenden. Die schlimmsten Misshandlungen, die im Deutschen Reich seitens der politischen Mitte und der Linken auch stark kritisiert wurden, kamen bei einer Reihe von Prozessen in den Jahren 1911–13 ans Licht, über die es zahlreiche Veröffentlichungen gibt. Farmer hatten auf afrikanische Bedienstete geschossen, sie geschlagen, Fehlgeburten bei ihnen verschuldet und sie in manchen Fällen sogar umgebracht. Einige Berichterstatter vertraten zwar die Ansicht, es handle sich um Einzelfälle, aber ansonsten gab es in der Lokalpresse vehemente Unterstützung für die Angeklagten – ein deutliches Indiz für die unter Siedlern weit verbreitete Meinung, man solle sie ihre Arbeiter so bestrafen lassen, wie sie es für nötig hielten; dazu gehörte auch das ‚Recht', schwarze Frauen zu schlagen, das 1896 für ungesetzlich erklärt worden war.[11]

Der Staat war auch bei der Gewaltanwendung gegen San-Gruppen nicht zimperlich, die bei den meisten Siedlern und Beamten als bewaffnete Bedrohung und als ein Volk galten, das man unmöglich zur Lohnarbeit bewegen konnte (obwohl 1912 in Wirklichkeit 997 von insgesamt 2829 Angehörigen dieser Bevölkerungsgruppe als Lohnarbeiter tätig waren, vor allem auf Siedlerfarmen).[12] 1911 unternahmen kleine San-Trupps, die durch Siedlungen von Weißen auf ihrem Land und Dürre immer mehr in Bedrängnis gerieten, eine Reihe von Viehdiebstählen und bewaffneten Angriffen auf Farmen und umherziehende Gruppen von Ovambo-Migranten im Distrikt Grootfontein. Als Antwort darauf ermächtigte Gouverneur Seitz Polizeipatrouillen, jeden San zu erschießen, der vor ihnen wegzulaufen versuchte. Vierhundert solcher Patrouillen wurden allein in den Jahren 1911 und 1912 ausgeschickt. Festgenommene San wurden bestraft, zur Arbeit gezwungen und in manchen Fällen in andere Teile der Kolonie deportiert.[13] Patrouillen spürten auch Afrikaner auf, die versuchten, ihren Lebensunterhalt durch *veldkos* zu bestreiten, nämlich durch Jagd und manchmal auch Viehdiebstahl außerhalb der Reichweite der weißen Obrigkeit. Dabei handelte es sich um Herero, die in den Trockengebieten in der Nähe von Wasserstellen wohnten, und um Damara, die in den Bergen lebten. Eine aus zweihundert Menschen bestehende Gruppe unter den Herero-Anführern Kandiapu und Kanjemi, die östlich des Omuramba Omatako ansässig war und Überfallkommandos losschickte, um Vieh von Farmen zu stehlen, wurde 1911 schließlich aufgespürt, und die Anführer wurden getötet. Manche im *veld* lebenden Gruppen wurden jedoch nicht mit Gewalt, sondern durch Verhandlungen rekrutiert.[14]

Dennoch stellten die Behörden fest, dass Passzwang und Gesetze gegen Landstreicherei keine Lösung für den Arbeitkräftemangel darstellten – teils aufgrund des entschlossenen und breiten Widerstands der Afrikaner, teils aufgrund der dünnen Besiedlung in der Polizeizone (1913 lebten dort etwa 69 000 Menschen, einschließlich der Wanderarbeiter). Schätzungen zufolge gab es 1911 innerhalb der Kolonie 15 000 mehr Arbeitsplätze als Arbeiter.[15] Man brachte also Wanderarbeiter aus dem Norden (dazu weiter unten mehr) und Südafrika ins Land und setzte auch gegen sie Gewalt ein. Afrikanische und farbige Arbeiter vom Kap waren in Namibia erstmals während des Deutsch-Namibischen Krieges beschäftigt worden, und diese Tendenz setzte sich in der Nachkriegszeit fort. 1910 wurden die letzten verbleibenden vierzehn südafrikanischen Eisenbahnarbeiter während eines Arbeitskampfes von Soldaten massakriert.[16]

Die Härte, mit der die Weißen ihrer Macht Geltung verschafften, zeigt bereits, dass das Bestreben der Deutschen um totale Kontrolle sich mehr oder weniger als eine koloniale Fantasie erwies. Auf den Farmen und in den Häusern von Weißen in städtischen Gebieten standen afrikanische Lohnarbeiter bald in dem Ruf, sie seien ‚unverschämt' – was sich allerdings eher auf ihre Weigerung bezog, die Autorität Weißer anzuerkennen, sei es im Allgemeinen oder in Gestalt einzelner Arbeitgeber. Als der Siedler Conrad Rust einen seiner Arbeiter fragte, ‚wer hier denn Herr und wer Diener' sei, erhielt er zur Antwort: ‚Gibt's in diesem Lande denn überhaupt weiße Herren oder willst du einer sein?'[17] Überall in der Polizeizone verließen immer wieder Afrikaner ihre Arbeitsplätze und warfen ihre Passmarken weg, um eine neue Identität annehmen und einer Bestrafung wegen ‚Desertion' zu entgehen: In manchen Fällen gingen sie von den Farmen fort, um anderswo Beschäftigung zu suchen, in anderen – vor allem nach reichhaltigen Regenfällen – gingen sie in den Busch. Ihr Widerstand wurde durch einige Faktoren begünstigt, die eine effektive Verwaltung durch die Deutschen erschwerten, darunter der Mangel an administrativem Personal und die Tatsache, dass der kleine, wenig schlagkräftige Polizeiapparat unmöglich das riesige Gebiet Namibias flächendeckend überwachen konnte. Auch die Siedler als Gruppe – deren Beziehungen zur zivilen Obrigkeit in der Kolonie, die eher aus gehobenen Kreisen stammte, alles andere als harmonisch waren – unterwanderten die gesetzlichen Bestimmungen. So ließen sie beispielsweise mehr als zehn Familien auf ihren Farmen leben und unterhielten in manchen Fällen traditionellere afrikanische Klientelverhältnisse, bei denen sie Afrikaner mit Vieh anstatt mit Geld bezahlten. Solche Maßnahmen verbesserten das Verhältnis zwischen Arbeitnehmern und Arbeitgebern, und auf einer Farm in Grootfontein gab es sogar ein Arbeitspacht-System, bei dem Afrikaner Land zum Anbau von Feldfrüchten nutzen und Vieh halten durften. (Auf der anderen Seite untergruben die Machenschaften vieler Arbeitgeber – so etwa ihre Weigerung, Afrikanern Reisepässe zu genehmigen – den gesetzlich festgelegten minimalen Schutz.)[18]

Ob der Widerstand der Afrikaner so weit ging, dass sie die Herrschaftsstrukturen aus der Vorkriegszeit wiederbeleben wollten, ist zweifelhaft. Zwar kursierten unter den Siedlern immer wieder Gerüchte, Afrikaner schlössen sich wieder ihren alten ‚Stämmen' an und planten weitere Aufstände. Tatsächlich gab es aber während der verbleibenden Zeit deutscher Kolonialherrschaft keine ernsthaften Vorstöße in diese Richtung. Angesichts der Tatsache, dass die meisten bedeutenden alten Anführer tot oder außer Landes waren und bei den Herero die Grundlage von Machtausübung – nämlich ihre Rinderherden – zerstört worden war, ist es unwahrscheinlich, dass eine Wiederherstellung der alten politischen Verhältnisse vor der Niederlage der Deutschen im Ersten Weltkrieg ernsthaft in Betracht gezogen wurde.[19]

Auf den Farmen sah die Wirklichkeit so aus, dass die Arbeitskräfte – denen die Siedler nahezu übernatürliche böse Kräfte zuschrieben – größte Mühe hatten, überhaupt zu überleben. 1907 war die Bevölkerung der Polizeizone besiegt, zermürbt und zutiefst traumatisiert. Ihre Gesundheit war bereits durch Unterernährung, Krankheiten und Zwangsarbeit angegriffen, und in der Nachkriegszeit waren Farmarbeiter oft buchstäblich am Verhungern: Eine 1912 durchgeführte Untersuchung über Farmen im ‚mittleren Hereroland' ergab, dass in 75 Prozent der Fälle die Mindesternährung der afrikanischen Arbeiter nicht gewährleistet war.[20] Das seelische Trauma der Überlebenden zeigt sich in Liedern über den Krieg, die von Otjiherero-Sprechern in Botswana komponiert wurden und mit reicher, lebhafter Metaphorik von Flucht, Verlust und einer Welt erzählen, die aus den Fugen geraten ist: ‚Die Leute sind verzweifelt; das Kind hat seine Mutter verloren; die Mutter hat ihren Ehemann verloren; die Lämmer sind fort, um an den Ziegen zu säugen'.[21]

Auf Seiten der deutschen Obrigkeit führten die Zustände in der Polizeizone zu einigen eher halbherzigen Schritten in Richtung Liberalisierung – so gab es beispielsweise Diskussionen darüber, ob man das Verbot,

Vieh zu halten, aufheben oder für Afrikaner Reservate einrichten sollte –, die letztlich aber kaum über die Ernennung von Eingeborenenkommissaren hinausgingen. Deren Aufgabe bestand ab 1912 unter anderem darin, die Interessen von Afrikanern nach Möglichkeit zu wahren. Außerdem wurden neue Gesetze gegen die schlimmsten Exzesse bei der Behandlung von Arbeitern verabschiedet. Hierzu sah sich die Kolonialregierung aus zwei Gründen veranlasst: Zum einen drohte wegen der Misshandlungen in der Kolonie ein politischer Skandal im Deutschen Reich, zum anderen fürchtete sie, dass die strengen Arbeitsgesetze Afrikaner erneut in die Rebellion treiben könnten. Im Reich selbst wurden die Wahlen Anfang 1907 zwar mit Hilfe eines rechtsgerichteten, imperialistischen Programms gewonnen, paradoxerweise brachten sie aber unter dem neuen Leiter des Reichskolonialamts, Bernhard Dernburg, auch Ansätze von Reformen in den Kolonien mit sich. Sowohl Dernburg als auch sein Nachfolger Wilhelm Solf besuchten 1908 beziehungsweise 1912 Namibia, konnten aber angesichts des entschiedenen Widerstands der dort lebenden Weißen nicht viel für eine Verbesserung der Lebensbedingungen der Afrikaner tun.[22]

Neue Formen des Bewusstseins und gesellschaftliche Veränderungen

Afrikaner reagierten auf die neue Situation nicht nur, indem sie traditionellere Gesellschaftsformen wiederzubeleben versuchten: Sie ließen sich auch auf neue Identitäten ein und bildeten neue Identitäten heraus. Diese Prozesse waren teilweise auf den massiven gesellschaftlichen Zusammenbruch der Nachkriegsjahre und die damit einhergehenden Spannungen zwischen den Generationen und Geschlechtern zurückzuführen. Zu jener Zeit übernahmen viele Afrikaner nicht nur europäische Symbole und Gepflogenheiten, sie transformierten und unterminierten diese auch und benutzten sie in manchen Fällen dazu, nicht nur an der Herrschaft der Weißen, sondern auch an manchen Formen afrikanischer Machtausübung Kritik zu üben.

Die wichtigste kulturelle Entwicklung in der unmittelbaren Nachkriegszeit war die massenhafte Konversion von Otjiherero-Sprechern zum Christentum. Dadurch hatte die RMG im Jahr 1914 in der Polizeizone 25 000 Mitglieder. Die katholische Kirche, die seit 1905 berechtigt war, sich in SWA auf gleicher Basis zu betätigen wie die RMG, hatte im Jahr 1919 2672 afrikanische Mitglieder.[23] Viele der Bekehrungen fanden in den Konzentrationslagern statt – sicherlich zumindest teilweise aus echter religiöser Überzeugung der Gefangenen. Die gesellschaftlichen und kulturellen Folgen dieser Veränderung waren tiefgreifend, vor allem unter Otjiherero-Sprechern, von denen vor 1904 nur sehr wenige den christlichen Glauben angenommen hatten. Afrikaner konnten sich jetzt die Führungs- und Gemeindestrukturen der Kirchen zu Nutze machen – und neu gestalten –, um die durch den Zusammenbruch ihrer alten gesellschaftlichen und politischen Ordnung entstandenen Lücken zu füllen.

In gewissem Maße waren es die (männlichen) Mitglieder der einstigen Oberschicht, die nunmehr in den Missionskirchen zu Autoritätsfiguren wurden. Unmittelbar nach dem Völkermord hatten Missionare an christliche, in den Missionen erzogene *ovahona* appelliert, ihre noch im *veld* befindlichen Leute dazu zu bewegen, in die Sammellager zu kommen. Zu diesen Männern gehörten Gustav Kamatoto, der früher Lehrer in Otjihaenena gewesen war; Erastus, ein Verwandter des früheren dortigen *ovahona*; und Friedrich, der frühere *ovahona* von Omburo. Besonderen Mut zeigte Samuel Kariko: Er ging unter Federführung der RMG auf die Haifischinsel, um dort als Seelsorger für die Gefangenen zu wirken. Nachdem die Konzentrationslager aufgelöst worden waren, nahm die Zahl afrikanischer Prediger, Lehrer und Kirchenältester zu, und 1911 eröffnete die RMG ein Priesterseminar in Gaub. Neben periodischer Arbeit in den Minen und anderen neuen Beschäftigungsformen, eröffneten die Missionen nun jungen afrikanischen Männern Berufswege, die es zuvor kaum gegeben hatte. Zu ihnen gehörten Andreas Kukuri, ein Enkel des ranghöchsten Mannes in Otjosazu, der in Gaub ausgebildet wurde und zeitlebens als Lehrer tätig war; Hosea Kutako, der später oberster Anführer der Herero wurde und in der Missionsstation der RMG in Omaruru unterrichtete; und Frans ǁHoesemab, ein bedeutender Anführer in der so genannten Lokation (dem von Afrikanern bewohnten Stadtteil) von Windhoek und Missionslehrer (von dem weiter unten noch die Rede sein wird). Auf den Farmen gehörten Missionare und Wanderprediger – darunter Kido in Sesfontein, Daniel in Okombahe und Philippus in Keetmanshoop – nunmehr zu den wichtigsten Nachrichtenübermittlern zwischen Menschen, die sonst sehr abgeschieden lebten. Zu jener Zeit erschienen auch erstmals kirchliche Veröffentlichungen in namibischen Sprachen.[24]

Trotz dieser erheblichen Veränderungen waren die für die RMG tätigen Missionare noch nicht bereit, Befugnisse in nennenswertem Umfang auf afrikanische Personen zu übertragen. In politischer Hinsicht war die Einstellung weißer Missionare damals vielschichtig. Zwar befürworteten die meisten von ihnen die deutsche Herrschaft und sogar körperliche Züchtigung, aber bei vielen Anlässen kritisierten sie auch die Behandlung von Afrikanern durch Siedler und den Staat.[25]

Eine zweite wichtige neue Identitätsquelle für Afrikaner war die Institution des *Bambuse*. Während des Deutsch-Namibischen Krieges hatte man hunderte von Jungen – darunter auch Waisen – als Diener beziehungsweise *Bambusen* in die Schutztruppe aufgenommen. Andreas Kukuri beispielsweise wurde *Bambuse*, nachdem die Deutschen seine Gruppe gefangen genommen hatten. Auch Mädchen befanden sich in einiger Zahl als Bedienstete und manchmal auch als Prostituierte in Militärlagern; viele von ihnen gingen nach dem Krieg weiterhin ähnlichen Tätigkeiten nach. Die *Bambusen*, die von ihren Herren oft Uniformen bekamen, formten eigenständige Gruppen mit eigenen Hierarchien und Identitäten. In ihrer Einstellung gegenüber der modernen Zeit stellten diese Gruppen in vielerlei Hinsicht eine jugendgerechtere Alternative zu den christlichen Hierarchien dar und verlegten sich manchmal auf bestimmten Formen des Sozialbanditentums.[26]

In der Nachkriegszeit erlebten die Städte Namibias ein rasches Anwachsen der schwarzen und weißen Bevölkerung. In Windhoek zum Beispiel verdoppelte sich die schwarze Bevölkerung zwischen 1903 und

Abb. 18: Der begleitenden Bildbeschreibung zufolge zeigt dieses Foto den ‚Katecheten Johannes', wie er in Grootfontein eine Unterrichtsstunde abhält. Es entstand mit großer Wahrscheinlichkeit während der deutschen Kolonialzeit und macht deutlich, wie wichtig afrikanische Anführer in den Kirchen waren. Nach Schließung der Konzentrationslager spielten Kirchenälteste eine entscheidende Rolle beim Wiederaufbau sozialer Netze.

1912 auf 4000, und die Zahl der ortsansässigen Weißen wuchs von 457 im Jahr 1903 auf 1700 im Jahr 1915. Dieses Anwachsen der städtischen Bevölkerung ging auf einen rapiden Zustrom deutscher Beamter und anderer Siedler zurück, auf die Auflösung der Konzentrationslager – viele Insassen blieben in städtischen Gebieten – und den Zuzug von Afrikanern auf der Flucht vor schwierigen Lebensbedingungen in ländlichen Gegenden. Nach Ansicht der Behörden drohte durch diese neue schwarze Bevölkerung in den Städten die Gefahr von ‚Disziplinlosigkeit' und politischen Unruhen. Es wurden daher Gesetze erlassen, um Afrikaner dazu zu zwingen, in so genannten Lokationen räumlich getrennt von den Wohngegenden der Weißen zu leben. Außerdem sollte eine nächtliche Ausgangssperre verhängt werden. Wie die Eingeborenenverordnungen, ließen sich aber auch diese strengen, auf Rassenunterschieden beruhenden Maßnahmen nur begrenzt durchsetzen. Offenbar beschränkten die Deutschen nicht explizit die Zahl der Afrikaner, die in die städtischen Gebiete einreisen durften (wenngleich 1911 für Reisepässe eine Gebühr von zwei Schilling erhoben wurde, um solche Einreisen zu erschweren) und legten auch nicht fest, dass solche Gebiete von Afrikanern nur zeitweise anstatt dauerhaft bewohnt werden durften; da es kein System ländlicher Reservate gab, wäre dies auch schwierig gewesen. Außerdem wurde eine räumliche Trennung zwischen schwarzer und weißer Bevölkerung keineswegs durchgängig in die Tat umgesetzt.[27]

In diesem Zusammenhang bildeten sich unter städtischen Afrikanern neue Herrschaftsformen heraus, vor allem, als der Staat begann, in den Städten schwarze Oberhäupter zu ernennen. Der bekannteste davon war Frans ǁHoesemab, der Anführer der Damara-Sektion in der Lokation von Windhoek und eine wichtige Figur bei der RMG in Windhoek. Sein Werdegang war von Kontroversen begleitet, bei denen es vor allem um Machtbefugnisse in der Kirche und in der Lokation ging. ǁHoesemab geriet mit dem Missionar Becker in Streit, als dieser ihn – seiner Meinung nach – nicht hinreichend in Missionsangelegenheiten konsultierte; außerdem war Becker schockiert, weil sich ǁHoesemab partout nicht an die Regeln der Kirche bezüglich sexueller Moralvorstellungen halten wollte. Als Damara-Mitglieder der RMG-Gemeinde begannen, zum Ausdruck ihrer Identität und ihres Selbstbewusstseins Zylinder zu tragen, betrachtete Becker dies als unverhohlene Verhöhnung der Weißen (obwohl es wahrscheinlich viel eher mit Generationskonflikten innerhalb der schwarzen Gemeinde zu tun hatte). 1913 schickte die Regierung ǁHoesemab auf Bitten der RMG ins Exil nach Lüderitzbucht.[28]

Machtausübung – durch den Staat, aber auch durch ranghohe afrikanische Männer – spielte auch eine Rolle im Hinblick auf das Verhalten afrikanischer Frauen und die Kontrolle über sie. Zwar waren schwarze Frauen zweifellos als landwirtschaftliche Arbeitskräfte und häusliche Bedienstete Teil der Erwerbsbevölkerung geworden,[29] aber sie konnten die patriarchale Kontrolle sowohl durch Deutsche als auch durch Afrikaner erheblich unterwandern. Zum einen widersetzten sich verheiratete

Frauen und Frauen mit Kindern oft erfolgreich dem Zwang, für Geld zu arbeiten. Zum anderen beklagten sich Beamte in den Distrikten darüber, dass manche Frauen ihre Familien auf den Farmen verließen und in die Städte gingen; andere zogen mitsamt ihrer Familie dorthin. Diese Wanderbewegungen schlagen sich auch zahlenmäßig nieder: So war der weibliche Anteil der schwarzen Einwohnerschaft Windhoeks von 1903 bis mindestens 1915 höher als der männliche.[30] Nachdem sie in den städtischen Gebieten eingetroffen waren, betätigten sich zwar manche Frauen als Prostituierte (und viele wurden wahrscheinlich zu sexuellen Beziehungen mit weißen Männern gezwungen), aber viele andere arbeiteten als häusliche Bedienstete und in anderen Berufen. Da Arbeitskräfte knapp waren, konnten sie Druck ausüben, um mehr Lohn zu bekommen, und auch relativ leicht den Arbeitsplatz wechseln.[31] Manche afrikanischen Frauen hatten daher trotz der schwierigen Bedingungen, mit denen sie sich konfrontiert sahen, ein recht hohes Maß an Autonomie gewonnen.

Die Konstruktion von ‚Deutschtum'

Es gab unter Siedlern in den Städten sowie auf den Farmen und in den Minen große Ängste hinsichtlich der Errichtung weißer Herrschaft, sowie einen ‚Kampf um die „Distanz" im Alltag' seitens der Arbeitgeber, wie es Bley genannt hat.[32] Unter diesen Umständen richteten sich insbesondere die Ängste männlicher Siedler auf afrikanische Frauen, und zwar sowohl in ländlichen als auch in städtischen Gegenden. In anderen Kolonien im südlichen Afrika entluden sich damals gesellschaftliche Spannungen an Vorfällen, bei denen afrikanische Männer der Vergewaltigung weißer Frauen beschuldigt wurden. In Namibia dagegen standen afrikanische *Frauen* im Mittelpunkt moralischer Angstzustände, und auf sie projizierte man allgemeinere Konflikte. Zeitungen und Romane stellten sie als stark, böswillig und gefährlich dar, als sexuell verführerisch für deutsche Männer, aber letztendlich zerstörerisch.[33] Die Unfähigkeit der Deutschen, während des Deutsch-Namibischen Krieges zwischen Kämpfern und Nichtkämpfern zu unterscheiden, ging wohl auf einen Diskurs seitens der Siedler zurück (und prägte diesen wiederum mit), in dem afrikanische Frauen und Kinder kaum als schützenswerte Personengruppen auftraten.

Diese Vorstellungen seitens der Siedler führten unmittelbar zu Gewalttaten gegen schwarze Frauen; ein Beispiel dafür ist der Fall Cramer. Außerdem unterzog man afrikanische Frauen allgemeinen, regelmäßigen, brutalen und erniedrigenden Zwangsuntersuchungen auf Geschlechtskrankheiten. Bei den Siedlern gehörte Furcht vor Geschlechtskrankheiten zwar zum Grundrepertoire ihrer panischen Angst vor den Gefahren, die von Afrikanern ausgingen; es besteht aber wenig Zweifel daran, dass geschlechtlich übertragbare Infektionen von weißen Männern nach Namibia eingeschleppt worden waren und sich durch die grassierende sexuelle Gewalt während und nach dem Deutsch-Namibischen Krieg stark ausgebreitet hatten.[34] Die Untersuchungen auf Geschlechtskrankheiten begannen in den Konzentrationslagern und wurden nach Entlassung der Gefangenen fortgesetzt, wobei sich diese Zustände nach Protesten der RMG und des Deutschen Frauenvereins für Krankenpflege in den Kolonien besserten.[35]

Tatsächlich wurden Geschlecht und Rassenzugehörigkeit in der Spätzeit deutscher Herrschaft zu Kernpunkten im Kolonialprojekt. Im Deutschen Reich selbst gab es schon lange eine enge Verbindung zwischen der Kolonialbewegung und dem Gedankengut radikaler Nationalisten. Für diese war eine Expansion des Kaiserreiches unabdingbar für die Wahrung der Ehre des Reichs und für die Erfüllung der Hoffnung, das Land könne zur Weltmacht werden. Diesem Denken zufolge waren die Kolonien Orte, an denen Deutschland mit seinen angeblich wesentlichen Eigenschaften neu erfunden werden konnte: als ländliches Idyll frei von Industrialisierung und städtischer ‚moralischer Degeneration'. Das Weltreich sollte also ein Bollwerk gegen Kommunismus und Kapitalismus zugleich sein und Konflikte, an denen das Deutsche Reich zu zerbrechen drohte, auf zutiefst konservative Weise lösen. Die Kolonien wurden als ideale Räume zur Konstruktion eines ‚Deutschtums' dargestellt; dorthin konnte Auswanderung aus dem Deutschen Reich umgeleitet werden, deren beliebtestes Ziel damals eigentlich die USA waren. Bei diesen Gedankengängen nahm Deutsch-Südwestafrika die erste Stelle ein. Es war die größte deutsche Kolonie, die Siedlern die gesündesten Lebensbedingungen bot. Außerdem war es – von einem imperialistischen Standpunkt aus gesehen – mit dem Blut deutscher Soldaten erkauft worden. Mit dem Sieg der Befürworter eines Weltreichs im Jahre 1907 gewann solches Gedankengut noch zusätzlich an Boden.

Die Vorstellung eines Deutschtums basierte auf der Auffassung, dass die weiße – und vor allem die deutsche – Rasse allen anderen überlegen sei. Diese Vorstellung war sowohl von der starren Rassenhierarchie des Sozialdarwinismus geprägt als auch von dem proto-nationalsozialistischen Gedankengut, das Autorinnen und Autoren wie Frieda von Bülow und Carl Peters verbreiteten. Aber auch liberalere Denker wie Paul Rohrbach, der ab 1903 Ansiedlungskommissar für DSWA war, betätigten sich als Fürsprecher der Siedler und des deutschen Expansionismus.[36] Die tatsächliche Situation in der Kolonie sprach jedoch eindeutig gegen die Schaffung von ‚Rassenreinheit'. Sexuelle Beziehungen zwischen weißen Männern und afrikanischen Frauen – häufig aus Gewalt oder käuflichem Sex geboren, in einigen Fällen aber auch aus gegenseitigem Einvernehmen – waren extrem verbreitet. Diese Situation hatte ihre Wurzeln in einer älteren, multikulturellen Oberschicht und dem massiven Zustrom von Siedlern und Soldaten seit 1890. In sehr seltenen Fällen hatten afrikanische Frauen mit weißen Männern (und zwar nicht ausschließlich Deutschen) Ehen geschlossen, die nach dem Kolonialrecht gültig waren: Anfang 1903 gab es vermutlich 42 solche Zivilehen.[37] Die meisten afrikanischen Ehefrauen von Deutschen stammten wohl aus Rehoboth und galten in den Augen ihrer Ehemänner als ‚halb weiß'.[38]

Nicht nur Kolonialideologen, sondern auch eine Reihe von Gouverneuren und viele Siedler sahen in sexuellen Beziehungen und Ehen zwischen Weißen und Schwarzen eine Bedrohung für den Gedanken des Siedlerkolonialismus insgesamt. Weil afrikanische Frauen und deren Kinder durch Ehen mit deutschen Männern die deutsche Staatsbürgerschaft erhielten,[39] gerieten sie besonders ins Kreuzfeuer der Kritik, und

1905 schob der stellvertretende Gouverneur Tecklenburg ‚Mischehen' zwischen ‚Eingeborenen' und ‚Nicht-Eingeborenen' einen Riegel vor. Außerdem wurden solche Ehen, die vor 1905 geschlossen worden waren, 1907 für ungültig erklärt. Als ‚Eingeborene' wurden nunmehr alle Person mit nicht-weißen Vorfahren definiert – eine Maßnahme, die jegliche Vorstellung einer Eingliederung von Menschen gemischter Herkunft in die weiße Bevölkerung zunichte machte. Afrikanischen Frauen, die mit weißen Männern verheiratet waren, drohte jetzt der Verlust von Land, Rechten und dem Zugang zu Bildung. So erging es beispielsweise Ida Leinhos (Kaera) und ihrer Familie. Allerdings sollten in der Kapkolonie geschlossene ‚Mischehen' von den deutschen Behörden als rechtsgültig angesehen werden, was zumeist auch geschah.

Außerdem ergriff die Kolonialregierung Maßnahmen, um die Zahl der Kinder, die aus Verbindungen zwischen Afrikanerinnen und Europäern hervorgingen, nach Möglichkeit zu verringern. Allein 1909 gab es offiziellen Statistiken zufolge etwa vierhundert solcher Geburten.[40] Gemäß der Verfassung des Landesrates durften Männer, die in Beziehungen mit Afrikanerinnen lebten, jetzt nicht mehr wählen; auch verweigerte man ihnen bestimmte Formen finanzieller Unterstützung sowie das Recht, von der Regierung Land zu kaufen – eine Politik, die größtenteils umgesetzt wurde, obwohl es später einige Ausnahmen für vor 1905 geschlossene Ehen gab. 1912 wurde eine Zwangsregistrierung für Geburten von ‚gemischtrassigen' Kindern eingeführt, und zugleich zwang man ihre Väter, der Kindsmutter eine Entschädigung zu zahlen.[41] Wie sich aber am ständigen Anwachsen der ‚gemischten' Bevölkerung zeigte, hatten diese Maßnahmen nur geringe Wirkung.

Galten schwarze Frauen bei Kolonialideologen und vielen Siedlern als ultimative zerstörerische Kraft, so mangelte es nicht an Propaganda, die deutsche Siedlerinnen als das genaue Gegenteil darstellte: als Patentrezept, um geordnete Verhältnisse und die Werte des Deutschtums in die häusliche Sphäre der Kolonie zu bringen. Im Mai 1910 hatte der 1907 in Deutschland gegründete Frauenbund[42] bereits 158 Frauen in die Kolonie geschickt; 1913 betrug das Verhältnis zwischen weißen Männern und

Frauen drei zu eins.[43] Es gab allerdings erhebliche Spannungen zwischen der Leitung des Frauenbundes, die aus der Mittel- und Oberschicht stammte, und den Auswanderern, die vor allem der Arbeiterklasse angehörten. Erstere hegte die Vorstellung, dass weiße Frauen nicht nur deutsche Kultur in die Kolonien tragen, sondern auch über ein ganzes Spektrum an praktischen Fertigkeiten im häuslichen und landwirtschaftlichen Bereich verfügen sollten. Auch männliche Siedler sollten zwar robuste Individualisten sein und mit der ‚Freiheit' umgehen können, die ihnen der koloniale Raum bot, andererseits aber auch mit allen Eigenschaften aufwarten, die erfolgreiche Landwirte brauchten. Aber die meisten jungen Auswanderer aus der Arbeiterschicht taten diesen Schritt hauptsächlich aus wirtschaftlichen Gründen, und die harten Lebensbedingungen und angespannten gesellschaftlichen Verhältnisse in der Kolonie waren eine herbe Enttäuschung für sie. Aus der ‚Freiheit' der Kolonie wurde für viele Siedler die Freiheit, Afrikaner erschießen und schlagen zu dürfen. [44] Außerdem war DSWA keineswegs die ländliche Kolonie, die radikale Nationalisten so herbeisehnten: 1914 waren 30 Prozent der männlichen europäischen Einwohner im Staatsdienst und beim Militär beschäftigt,[45] und auch andere arbeiteten nicht auf Farmen, sondern in kleinen Herstellungsbetrieben und Geschäften.

Tatsächlich illustrieren die Bemühungen der Kolonialregierung um Kontrolle über das Verhalten der weißen Siedlerbevölkerung zum einen das Problem, ‚Weißsein' und ‚Deutschtum' als herrschende, auf Rassenzugehörigkeit basierende Kategorien zu schaffen und aufrechtzuerhalten; zum anderen zeigen sie, wie ausgeprägt die Spannungen zwischen den unterschiedlichen Gesellschaftsschichten in der Kolonie waren. Ein Gouverneur nach dem anderen versuchte, einen Staat zu schaffen, in dem nicht das Gespenst der Armut unter Weißen umging und in dem sich keine Unterschicht etablieren konnte. Vor allem die Entdeckung von Diamanten führte zur verstärkten Einwanderung von Abenteurern, die bei der Obrigkeit als ‚unerwünscht' galten, und Siedler wurden unter anderem wegen Alkoholismus, Armut und homosexueller Handlungen ins Deutsche Reich abgeschoben. Insbesondere vor und nach dem Südafrikanischen Krieg (1899–1902) waren außerdem Buren in beträchtlicher Zahl von Südafrika nach DSWA gekommen. Darunter waren die ärmeren Gruppen wandernder Trekburen den deutschen Behörden ein besonderer Dorn im Auge.[46]

Abb. 19: Dieses Foto aus dem Jahr 1904 zeigt Burenfrauen und -kinder in Gibeon und vermittelt einen Eindruck von den Bedingungen, unter denen arme weiße Siedler in Namibia lebten. Burische Einwanderer kamen vor 1915 in verhältnismäßig großer Zahl ins Land. Dies beunruhigte deutsche politische Entscheidungsträger und Publizisten, die eine von Weißen beherrschte deutsche Kolonie errichten wollten.

Deutschtum wurde nicht nur durch den Ausschluss ‚unerwünschter Personen' geschaffen, sondern auch durch die aktive Förderung kultureller Einrichtungen und dadurch, dass die Deutschen im Land Gedenkstätten errichteten und ihm auch sonst ihren Stempel aufdrückten. In den Städten riefen die deutschen Einwohner eine Fülle von Sport-, Musik-, Wohltätigkeits- und Kirchenvereinen und -verbänden ins Leben, und die Deutsche Evangelische Kirchengemeinde (DEK) gründete mehrere Zweigstellen für die deutsche Bevölkerung. In den Zentren und den von Weißen bewohnten Vierteln in Städten wie Windhoek, Swakopmund und Lüderitzbucht dominierten bald Gebäude im zeitgenössischen deutschen Stil, und auch Denkmäler für die von den Deutschen erbrachten Opfer und ihren Sieg wurden errichtet. In Windhoek wurden 1910 die Namen von Deutschen, die im Deutsch-Namibischen Krieg gefallen waren, auf Gedenktafeln in der Christuskirche – einer DEK-Kirche, die noch heute das Stadtzentrum beherrscht – verewigt, und 1912 wurde das später legendäre Reiterdenkmal außerhalb der Alten Feste aufgestellt.[47]

Die Verwaltung der Kolonie

Diese Entwicklungen wurden zum Teil durch die Einführung einer kommunalen Selbstverwaltung für die Siedler im Jahr 1909 und Wahlen zum Landesrat im Jahr 1910 möglich. Dieses Gremium hatte begrenzte Entscheidungsbefugnisse in Bereichen wie Straßen, Wasser, Jagd und Landwirtschaft. Andere Angelegenheiten jedoch, darunter Verteidigung, Finanzwesen und die meisten eigentlichen Regierungsaufgaben, fielen weiterhin in den ausschließlichen Zuständigkeitsbereich des Gouverneurs, der nach wie vor auf dem Verordnungsweg regierte und dem Reichskolonialamt in Berlin unterstand. Weil das Wahlrecht nur begüterten, weißen deutschen Männern zustand, repräsentierte der Landesrat im Wesentlichen die männliche Oberschicht der Siedler, vor allem die Farmer. Diese gelangten dadurch zu einer politischen Macht, die in keinem Verhältnis zu ihrer wirtschaftlichen Bedeutung für die Kolonie stand. Allerdings war dieser Teil der Siedlerbevölkerung bereits zuvor zu einer starken politischen Kraft geworden und hatte von der deutschen Regierung die gewaltige Summe von zehn Millionen Mark als Entschädigung für die während des Deutsch-Namibischen Kriegs erlittenen Verluste erhalten. 1911 stimmte der Landesrat dafür, Einwohnern der Polizeizone die Arbeit in den Minen zu verbieten und dadurch den Farmen mehr Arbeitskräfte zu verschaffen. Nach Gründung der Hypothekenbank im

Jahr 1913 ließ der Staat dann Farmen, die von Weißen betrieben wurden, großzügigere finanzielle Hilfe zukommen.[48]

Zugleich wurde der zivile Regierungsapparat ausgeweitet und straffer organisiert. Gegen Ende der deutschen Kolonialherrschaft stieg die Zahl der Bezirke auf elf. 1908 untergliederte man die Zentralbehörde in vier Abteilungen (für innere Verwaltung, Verkehrswesen, Rechtsangelegenheiten und Militärische Sicherheit), und 1910/11 kamen zwei weitere hinzu (Eingeborenenangelegenheiten und Bausachen der Gouvernements). 1907 wurde die Polizei zu einer zivilen Abteilung, und die Schutztruppe wurde auf eine permanente Stärke von 1967 Deutschen sowie 600 Afrikanern in den Hilfstruppen reduziert. Die deutsche Regierung verbesserte und vereinheitlichte die Arbeitsbedingungen für Beamte in den Kolonien und förderte Forschungen zu Rohstoffvorkommen, Landwirtschaft und Gesundheit. Diese Entwicklungen schlugen sich auch in Namibia nieder, wo Kartierungen vorgenommen und Untersuchungen über Wasserversorgung und Landwirtschaft durchgeführt wurden. Die Produktion nahm zu, und 1907 trug der Gouverneur durch die Einführung der ersten Karakulschafe aus Usbekistan dazu bei, kommerzielle Landwirtschaft im trockenen Süden rentabel zu machen, denn das kostbare Fell dieser Schafe ließ sich zu hohen Preisen auf den internationalen Märkten verkaufen.

Die imposanteste wirtschaftliche Entwicklung in der späten deutschen Kolonialzeit betraf jedoch den Bergbau, und zwar vor allem die Gewinnung von Diamanten. Einnahmen aus dem Verkauf von Diamanten machten zwischen 1909 und 1913 zwei Drittel der Staatseinkünfte aus, und Deutsch-Südwestafrika war auf dem Weg zu finanzieller Unabhängigkeit (abgesehen von den Kosten für die Schutztruppe, die von der Regierung des Kaiserreichs bezahlt wurden); 1913 wurden Diamanten und Kupfer im Wert von 66 830 00 Mark exportiert, bei einer Export-Gesamtsumme von 70 302 830 Mark. Kurz nach der Entdeckung von Diamanten ließ Dernburg auf den Diamantenfeldern keine Kleinunternehmer mehr zu, schuf dadurch eine monopolistische Ausgangslage und ermöglichte es so der DKGSWA und deren Tochtergesellschaft

Deutsche Diamanten Gesellschaft (die 1909 gegründet worden war), erstmals Gewinne zu erwirtschaften. Auch ein deutsches Bankenkonsortium profitierte stark von der Diamantenindustrie. Die OMEG wiederum zog außerdem großen Gewinn aus dem Kupferboom.

Die Verwaltung verwendete auch erhebliche Mittel auf die Infrastruktur der Kolonie. Besonders wichtig war dabei die Eisenbahn, sowohl in praktischer Hinsicht aufgrund ihrer Rolle bei der kapitalistischen Erschließung des Landes als auch symbolisch als Sinnbild für Zivilisation und Modernität. Bis 1913 hatte man ein Eisenbahnnetz von 2104 Kilometern Länge gebaut. Auch Bildungs- und Gesundheitseinrichtungen für die weiße Bevölkerung entstanden überall in der Kolonie. Afrikanern wurden solche Dienstleistungen, wenn überhaupt, vor allem von den Missionen geboten (die indessen viel größeren Wert auf Ausbildung als auf medizinische Versorgung legten). Außerdem gab es minimale Fördermittel vom Staat. Gegen Ende der deutschen Kolonialzeit war allerdings die Regierung immer mehr geneigt, diese Zuschüsse zu erhöhen, um besser ausgebildete (und Deutsch sprechende) Arbeitskräfte zu erhalten.[49]

Der Norden: Direkte und indirekte Herrschaft

Ohne ausreichend billige Arbeitskräfte war kein Bergbau möglich, und bei ihrer Suche nach Arbeitern richteten die Deutschen ihr Augenmerk vor allem auf die nördlichen Gebiete Namibias. Dass man sich schließlich gegen eine direkte Besetzung Owambos entschied, lag nicht zuletzt an diesem Arbeitskräftebedarf und der immer noch gegebenen militärischen Stärke der Ovambo-Königreiche. Dies war jedoch kein vorgefasster Entschluss. 1908 bereiste Franke die Region und erhielt erstmals von den Königen von Ondonga, Oukwanyama, Uukwambi, Uukwaluudhi und Ongandjera das Einverständnis zu Schutzverträgen. Die Monarchen ließen sich zum einen in der Hoffnung, Schutz vor der Bedrohung durch die Portugiesen zu erhalten, die sich für die Kwanyama besonders akut darstellte, zu einer Zusammenarbeit überreden; zum anderen hatte der Ausgang des Deutsch-Namibischen Kriegs bei ihnen Ängste geschürt.

Im Juni 1909 erklärte sich das Reichskolonialamt in Berlin damit einverstanden, einen Kommissar für Ovamboland zu ernennen. Dieser geplante Schritt in Richtung einer Besetzung scheiterte aber daran, dass der Reichstag kein Geld dafür zur Verfügung stellen wollte. Einige Monate später rang Görgens, der Ober-Landvermesser der Kolonie, schließlich dem neuen Ndonga-König Kambonde kAngula[50] die Erlaubnis ab, einen deutschen Posten auf dessen Hoheitsgebiet einrichten zu dürfen; das Reichskolonialamt legte jedoch gegen dieses Abkommen ein Veto ein.[51]

Danach beschränkte die Kolonialverwaltung ihren direkten Umgang mit Owambo auf jährliche offizielle Besuche, bei denen es vor allem um die Anwerbung von Wanderarbeitern ging. Außerdem konnte sich die Kolonialregierung die Missionsstationen zu Nutze machen, um Informationen über diese Gegend zu erhalten und dort zu kommunizieren. Darüber hinaus bedienten sich die Behörden ‚sanfter Machtausübung' und schickten erhebliche Mengen an Nahrungsmitteln nach Ovamboland, die von den Missionen verteilt wurden. In den Jahren nach 1907 starben überall im Norden viele Menschen an Unterernährung und Krankheiten, da sie 1907–08 und danach nochmals 1910–12 von Hungersnöten und Trockenheit heimgesucht wurden. Zugleich kamen in den beiden mächtigsten Ovambo-Königreichen junge, reformfreudige Könige an die Macht. Mandume ya Ndemufayo wurde 1911 König von Oukwanyama. Er führte umgehend Maßnahmen ein, um die Macht zu zentralisieren, die Machenschaften der *omalenga* zu unterbinden, die Gewalt im Königreich einzudämmen und – in der Tradition ‚guter' Ovambo-Könige – dafür zu sorgen, dass das Land bewirtschaftet wurde. Er ist den Menschen als Herrscher im Gedächtnis geblieben, der die Armen gegen Ausplünderung durch die Reichen in Schutz nahm: ‚König Mandume hatte Gesetze, die sein Land und sein Volk schützten'.[52] In Ondonga, das nach dem Tod von Nehale 1908 wieder vereinigt war, bestieg 1912 Nambala Kadhikwa den Thron. Wie Mandume ging es auch ihm darum, die Macht zu zentralisieren, die *omalenga* in ihre Schranken zu weisen und deren Gewalttätigkeiten gegen einfache Untertanen zu unterbinden. In ihrer Politik unterschieden sich die beiden Könige jedoch erheblich. Nambala war Anhänger des Christentums, schöpfte daraus politische Macht und wurde kurz nach seiner Thronbesteigung auf den Namen Martin getauft; bis zu seinem Tod im Jahr 1942 blieb er der engste Verbündete der Kolonialbehörden in dieser Gegend. Mandume hatte demgegenüber für die neue Religion nichts übrig und geriet mit den Missionaren wegen der Mädcheninitiation in Streit; seine Regierungszeit endete, wie wir weiter unten sehen werden, mit einer direkten militärischen Kampfansage an die Regierung Südwestafrikas.[53]

Überall in Owambo redeten die Könige ihren Untertanen zu, dem Wunsch der Deutschen nach Arbeitskräften entgegenzukommen, um dadurch eine direkte Intervention der Kolonialmacht abzuwenden. Ein weiterer Anreiz zur Zusammenarbeit waren die materiellen Vorteile, die den Königen daraus erwuchsen, so etwa ‚Geschenke' von zurückkehrenden Wanderarbeitern. Angesichts der Hungersnot ergab es auch für die Untertanen Sinn, sich anderswo nach Überlebensmöglichkeiten umzusehen. In den meisten Jahren zwischen 1910 und 1914 wanderten jeweils mehr als 9000 Ovambo zum Arbeiten in die Polizeizone; nur 1912 sank ihre Zahl auf etwas mehr als 6000, weil in ihrer Heimat reichlich Regen gefallen war. Die meisten Arbeitsverträge liefen zu jener Zeit über acht bis neun Monate. Dies war für die Ovambo immer noch günstig, weil sie dadurch zur Ernte nach Hause zurückkehren konnten. Als sich aber immer mehr Menschen auf den Weg nach Süden machten, konnten die Könige ihre frühere feste Kontrolle über Gruppen von Wanderarbeitern wahrscheinlich nicht aufrechterhalten.

Die Kontraktarbeiter gingen vor allem in die Minen von Tsumeb und Lüderitz, aber manche wurden auch auf Siedlerfarmen geschickt. Man zahlte ihnen mehr als Arbeitern in der Polizeizone, jedoch galten sie zugleich als entbehrlicher, und die Arbeitsbedingungen waren hart: zwölf-Stunden-Schichten, und dies meist sieben Tage die Woche, schlechtes Essen, ungeeignete Kleidung und körperliche Züchtigung. Im Jahr 1911 starben 181 der 2300 Wanderarbeiter in den Diamantminen an Krankheiten (vor allem Skorbut und Lungeninfektionen). Im selben Jahr erließ die Kolonialregierung neue gesetzliche Vorschriften bezüglich der Arbeitsbedingungen, aber die Bemühungen des Eingeborenenbeauftragten in Lüderitz, Hermann Tönjes (ein früherer RMG-Missionar), um Verbesserungen stießen auf entschiedenen Widerstand bei den Minenbetreibern.[54]

Allen Hoffnungen der Kolonialverwaltung zum Trotz entwickelte sich keine nennenswerte Wanderarbeiterschaft aus den dünner besiedelten und entlegeneren Gebieten Kaoko, Kavango und Caprivi. Kaoko war vom Handel abgeschnitten und wurde – abgesehen von einigen Versuchen, Wanderarbeiter in Angola anzuwerben – weitgehend ignoriert. In Caprivi und Kavango jedoch errichteten die Deutschen eine regelrechte Besatzung. Anfang 1909 führte die Kolonialregierung in Caprivi die direkte Herrschaft ein, und zwar in Gestalt von Hauptmann Streitwolf. Dieser errichtete mit einem Trupp von dreiundzwanzig Mann an einem Ort, dem er den Namen Schuckmannsburg gab und der gegenüber von Mwandi im heutigen Sambia liegt, eine ‚Kaiserliche Residentur'. Die merkwürdig anmutende Entscheidung, im am weitesten von Windhoek entfernten Teil Deutsch-Südwestafrikas einen Außenposten einzurichten, wurde damals damit begründet, dass man die unkontrollierten Machenschaften von Siedlern im östlichen Caprivi in den Griff bekommen wolle – vor allem von Deutschen, die das Gebiet als Schleuse für Waffen und (vermutlich kranke) Rinder in die Polizeizone benutzten. Die strategische Bedeutung Caprivis, das an drei britische Kolonien angrenzte, sowie die Hoffnung auf dort vorhandene Bodenschätze spielten ebenfalls eine Rolle.

Bei Eintreffen Streitwolfs machten sich viele örtliche Bewohner mitsamt ihrem Vieh auf den Weg in das Hoheitsgebiet der Lozi im heutigen Sambia, teils auf Befehl von Letia (dem Sohn König Lewanikas), teils aus Angst vor den Deutschen. Streitwolf ermutigte sie zur Rückkehr und hatte damit auch in gewissem Umfang Erfolg. Außerdem initiierte er die Entwicklung einer eigenständigen ‚Caprivi-Identität', – hauptsächlich, indem er zwei *chiefs* anerkannte – Simaata Kabende Mamili für die Fwe und Chikamatondo für die Subiya. Ersterer hatte vorher unter der Herrschaft Lewanikas gestanden, aber diese Verbindung war inzwischen abgerissen. Chikamatondo löste Mwanamwalie im Amt ab, der jedoch auf der britischen Seite des Flusses weiterhin an der Macht blieb. Streitwolf schnitt außerdem das östliche Caprivi noch mehr vom Rest des Lozi-Königreiches ab; dabei schränkte er das Recht in Sambia lebender Lozi-Untertanen ein, auf der zu Südwestafrika gehörenden Flussseite zu fischen und Binsen zu ernten, und brachte sie dadurch in große Not. Er wies die meisten Weißen aus Caprivi aus und erkundete und kartierte die Gegend. Nach seiner Abreise 1910 führten seine Nachfolger den von ihm eingeschlagenen Kurs fort und hatten Weisung, sich so wenig wie möglich in die politischen Angelegenheiten der Afrikaner einzumischen, wobei allerdings Viktor von Frankenberg – der dort 1911 eintraf – für seine strenge Bestrafung afrikanischer ‚Straftäter' berüchtigt war.[55]

In Kavango war die direkte Okkupation der angolanischen Seite des Kavango durch die Portugiesen für die lokale Bevölkerung von viel größerer Bedeutung als die Stationierung von Deutschen in der Region. Mitte 1909 trafen portugiesische Streitkräfte am Nordufer des Kavango ein (wo damals die meisten Kavango-Gruppen lebten) und errichteten im Handumdrehen fünf Forts, in denen zum Teil große Streitkräfte stationiert wurden. Für die örtliche Bevölkerung hatte diese plötzliche Besatzung schwerwiegende Folgen. Die Shambyu leisteten erfolglos bewaffneten Widerstand, flohen offenbar für einige Jahre nach Shikambakamba in Südangola und kehrten um 1915 zurück. Die Mbukushu, denen Streitwolf kurz zuvor einen Besuch abgestattet hatte, baten ihn vergebens um Hilfe. Alle Gemeinwesen hatten unter der Plünderung ihrer Getreide- und Viehbestände durch portugiesische Soldaten zu leiden, und auch Vergewaltigungen von Frauen scheinen häufig vorgekommen zu sein. Daraufhin ergriffen die meisten Kwangali, Mbunza, Gciriku und Mbukushu die Flucht über den Fluss auf deutsches Hoheitsgebiet. Dort hatten zwar die Deutschen den Kwali-König Kandjimi 1909 dazu gebracht, einen ‚Schutz'-Vertrag zu unterzeichnen, aber ihre Macht war doch deutlich weniger spürbar als die der Portugiesen. Im Jahr darauf wurde ein deutscher Polizeiposten in Nkurenkuru errichtet, gegenüber dem portugiesischen Fort in Cuangar. Zwar überwachte man von diesem

Posten aus auch das Kavango-Gebiet, aber hauptsächlich diente er dazu, die Aktivitäten der Portugiesen im Auge zu behalten. Seine Funktionsfähigkeit war allerdings begrenzt. Zum einen mangelte es an Ressourcen, zum anderen wollten die Deutschen erreichen, dass die Bevölkerung auf der deutschen Seite des Flusses blieb. Dazu mussten sie sich im Vergleich zu den Portugiesen als die weniger strengen Herren präsentieren. Durch diese Strategie verschafften sie allerdings der Polizeizone nur sehr wenige Arbeitskräfte: Die größte Anzahl belief sich auf 122 im Jahr 1913.[56] Zwar wollten die Bewohner des Kavango-Gebietes auch gerne Konsumgüter haben, aber die harten Arbeitsbedingungen in den Minen in Tsumeb und die mühsame Reise dorthin schreckten sie ab, und außerdem gab es im Kavango immer noch jede Menge Ackerland. Trotzdem nahm auch in dieser Gegend damals der deutsche Einfluss zu, und zwar durch die Gründung katholischer Missionsstationen auf dem Gebiet der Gciriku (1910) und in Andara (1913), wo der Mbukushu-König Diyeye sich von den Missionaren und deutschen Beamten Schutz vor der Oberherrschaft der Tawana versprach.[57]

Wo überhaupt vorhanden, war die deutsche Herrschaft über den Norden also indirekt und verhältnismäßig liberal, was allerdings eher den Umständen geschuldet als beabsichtigt war. Im Fall von Owambo schlug die Situation allerdings schnell ins Gegenteil um, nachdem Südafrika die Herrschaft übernommen hatte.

Endnoten

1 Gewald, *Herero Heroes*, S. 220; Silvester *et al.*, Trees Never Meet', S. 4–5.

2 Zimmerer, *Deutsche Herrschaft*, S. 183–7. Von 69.003 Arbeitskräften zogen 7.618 im Jahre 1912 zwischen Bezirken und Distrikten hin und her; viele andere taten wohl illegal dasselbe.

3 Krüger, *Kriegsbewältigung*, S. 190–3, Zitat S. 193.

4 Werner, *'No One Will Become Rich'*, S. 52. Siehe auch Zimmerer, *Deutsche Herrschaft*, S. 258–67 zu Statistiken aus dem Jahre 1909 hinsichtlich des Viehbesitzes von Afrikanern (in denen nur sehr wenige große Herden verzeichnet sind).

5 Zimmerer, *Deutsche Herrschaft*, S. 84, 93 (Zitate), 68–9, 77–93, außerdem 250–81; siehe auch Drechsler, *'Let Us Die Fighting'*, S. 231–2; Bley, *Namibia*, S. 172–3.

6 Diese Abmachungen führten offenbar *de facto* zur Schaffung von Reservaten, obwohl während der deutschen Kolonialherrschaft keine offizielle Reservatspolitik eingeleitet wurde. Eine vollständige Liste solcher Reservate gibt es bislang nicht, aber wahrscheinlich gehörten auch Okombahe, Gunichas im Distrikt Gobabis, Otjimbingue Nord und Soromas sowie möglicherweise Sesfontein und Fransfontein dazu. Siehe beispielsweise Wellington, *South West Africa*, S. 280–1; Reinhart Kößler, *In Search of Survival and Dignity: Two Traditional Communities in Southern Namibia under South African Rule* (Windhoek: Gamsberg Macmillan, 2005), S. 43–5.

7 Zimmerer, *Deutsche Herrschaft*, S. 56–66, 167–75; Drechsler, *'Let Us Die Fighting'*, S. 241–3; Steinmetz, *Devil's Handwriting*, S. 216–39; Reinhart Kößler, „'A Luta Continua": Strategische Orientierung und Erinnerungspolitik am Beispiel des „Heroes Day"" der Witbooi in Gibeon' in Zimmerer und Zeller (Hg.), *Völkermord*, S. 180–91, S. 181–2.

8 Friedrich von Lindequist war von 1905–7 Gouverneur; seine Nachfolger waren Bruno von Schuckmann (1907–10) und Theodor Seitz (1910–15).

9 Birthe Kundrus, *Moderne Imperialisten: das Kaiserreich im Spiegel seiner Kolonien* (Köln: Böhlau, 2003), S. 61–2; Aitken, *Exclusion*, S. 91–3; Zimmerer, *Deutsche Herrschaft*, S. 161–7.

10 Zimmerer, *Deutsche Herrschaft*, S. 204. Oermann, *Mission, Church*, S. 176, gibt an, dass in den Jahren 1913-13 im Distrikt Windhoek (dem Distrikt mit der höchsten Ziffer solcher Verurteilungen) an 697 Afrikanern körperliche Züchtigung vollzogen wurde.

11 Die Farmer, denen der Prozess gemacht wurde, hießen Oehlsen, Schneidewind, Cramer, Baas und Berner; die Urteile fielen sämtlich sehr milde aus. Siehe hierzu insbesondere Bley, *Namibia*, S. 260–7. Drechsler (*'Let Us Die Fighting'*, S. 234–7) nimmt dabei Bezug auf das umstrittene 'Blue Book' (Great Britain, *Report on the Natives*), Bley jedoch nicht. Siehe au-

ßerdem Philipp Prein, ‚Guns and Top Hats: African Resistance in German South West Africa, 1907–1915', *JSAS*, 20 1 (1994), S. 99–121; Krista O'Donnell, ‚Poisonous Women: Sexual Danger, Illicit Violence, and Domestic Work in German Southern Africa, 1904–1915', *Journal of Women's History*, 11 3 (1999), S. 31–54; Oermann, *Mission, Church*, S. 172–7.

12 Gordon und Sholto-Douglas, *Bushman Myth*, S. 65. Die Zahlen stammen aus der Volkszählung von 1912.

13 *Ebd.*, Kap. 7–9.

14 Gewald, *Herero Heroes*, S. 208–11. Kanjemi wurde gehängt, Kandiapu starb im Gefängnis, als er auf seine Deportation nach Kamerun wartete. Über die Damara ist in diesem Zusammenhang nur sehr wenig geschrieben worden, aber Drechsler (*Südwestafrika*, S. 264) zitiert eine Passage aus der *Deutschen Kolonial-Zeitung* aus dem Jahr 1911, in der drakonische Strafen für Vagabundieren gefordert werden: ‚*Der im entlegenen Schlupfwinkel des Gebirges sitzende Kaffer*, der im Buschfeld lungernde Herero, der durch die Steppe streifende Buschmann, sie alle dürfen sich keinen Augenblick sicher fühlen' [Hervorhebung durch die Verfasserin]. Damara wurden für gewöhnlich ‚Bergkaffern' (bzw. ‚Klip Kaffirs') genannt. Zimmerer, *Deutsche Herrschaft*, S. 87, erwähnt, dass Streitwolf 1907 Damara aus dem *veld* holte und sie zum Arbeitseinsatz schickte.

15 Zimmerer, *Deutsche Herrschaft*, S. 110, 177.

16 William Beinart, „‚Jamani": Cape Workers in German South West Africa, 1904–12' in William Beinart und Colin Bundy (Hg.), *Hidden Struggles in Rural South Africa: Politics and Popular Movements in the Transkei and Eastern Cape, 1890–1930* (London: James Currey, 1987), S. 166–90; Zimmerer, *Deutsche Herrschaft*, S. 228–36, erwähnt (S. 228–9), dass im Jahr 1910 aus Südafrika 2540 Arbeiter angeworben wurden, 6439 im Jahr 1911 und 2089 im Jahr 1913.

17 Zitiert in Bley, *Kolonialherrschaft*, S. 297.

18 Zimmerer, *Deutsche Herrschaft*, S. 115–18, 126–41; Krüger, *Kriegsbewältigung*, S. 186–7; Gewald, *Herero Heroes*, S. 224. Es war ursprünglich geplant, dass die Polizei eine Stärke von 720 weißen Beamten haben sollte. Sie erreichte aber nur eine Höchststärke von 569 Mann mit zusätzlich 370 afrikanischen Hilfspolizisten.

19 Die Ansicht, die Afrikaner hätten ihre alten politischen Verhältnisse wiederherstellen wollen, vertritt unter anderem Bley, *Namibia*; die gegenteilige Auffassung findet sich in Prein, ‚Guns', S. 104–7.

20 Bley, *Namibia*, S. 252–5.

21 Alnaes, ‚Living with the Past', S. 279.

22 Bley, *Namibia*, S. 228–32, 237, 274–9; Zimmerer, *Deutsche Herrschaft*, S. 203–28; L. H. Gann und Peter Duignan, *The Rulers of German Africa, 1884–1914* (Stanford, Calif.: Stanford University Press, 1977), S. 53–4,

181–3; Prein, ‚Guns', S. 113–14. 1907 trat das Reichskolonialamt als eigenständiges Ministerium an die Stelle der bisherigen Kolonialabteilung.

23 Lothar Engel, *Kolonialismus und Nationalismus im deutschen Protestantismus in Namibia 1907 bis 1945* (Herbert Lang, 1976), S. 38 Anm. 3; Oermann, *Mission, Church*, S. 134.

24 Gewald, *Herero Heroes*, S. 193–204, 220–5; *ders.*, ‚Chief Hosea Kutako: A Herero Royal and Namibian Nationalist's Life against Confinement1870–1970' in De Bruijn *et al.* (Hg.), *Strength Beyond Structure*, S. 83–113, S. 88; Ernst Dammann (Hg.), *Herero-Texte erzählt von Pastor Andreas Kukuri* (Berlin: Dietrich Reimer, 1983), S. 6, 61; Engel, *Kolonialismus*, S. 103–21. Wo im vorliegenden Buch nur christliche Namen genannt werden, entspricht dies dem Sprachgebrauch in der jeweils verwendeten Publikation. Es gibt keine Studien über die damalige Rolle von Frauen in den Kirchen, was aber nicht bedeutet, dass sie in diesem Bereich nicht aktiv gewesen wären.

25 Oermann, *Mission, Church*, *passim.*

26 Dag Henrichsen, ‚*Ozombambuse* and *Ovasolondate*: Everyday Military Life and African Service Personnel in German South West Africa' in Hartmann (Hg.), *Hues*, S. 161–84; Gewald, *Herero Heroes*, S. 204–6, 227–9; Dammann (Hg.), *Herero-Texte*, S. 42–3. Kukuri berichtet, von Estorff habe seinen Vater um Erlaubnis gebeten, ihn und andere als *Bambusen* beschäftigen zu dürfen.

27 Marion Wallace, *Health, Power and Politics in Windhoek, Namibia, 1915–1945* (Basel: P. Schlettwein, 2002), S. 40; *dies.*, ‚The Process of Urbanisation', Vortrag auf der Konferenz ‚Trees Never Meet', Windhoek, 1994; *dies.*, ‚Looking at the Locations', S. 135; Zimmerer, *Deutsche Herrschaft*, S. 79; Prein, ‚Guns', S. 113–14; Bley, *Namibia*, S. 263.

28 Prein, ‚Guns'; Engel, *Kolonialismus*, S. 88–101; Oermann, *Mission, Church*, S. 162–5; Gewald, *Herero Heroes*, S. 226–7.

29 So waren beispielsweise bei den Farmern Schneidewind und Cramer – um die es in den bereits erwähnten Prozessen ging – Frauen für Rinder verantwortlich. Bley, *Namibia*, S. 264–5.

30 Wallace, *Health*, S. 46, 259.

31 O'Donnell, ‚Poisonous Women'; Zimmerer, *Deutsche Herrschaft*, S. 262–3, 278–9; Prein, ‚Guns', S. 113–14.

32 Bley, *Kolonialherrschaft*, S. 297.

33 Diese Ansicht vertritt O'Donnell (‚Poisonous Women'), die hierbei vor allem auf den Fall Cramer Bezug nimmt, aber auch Erscheinungsformen des diesbezüglichen Diskurses insgesamt behandelt. Die Einstellung der Deutschen gegenüber afrikanischen Frauen zeigt sich beispielsweise auch deutlich in den Romanen von Hans Grimm (Aitken, *Exclusion*, Kap. 4) und in Karikaturen, die in deutschen Zeitungen erschienen (Edward Nor-

ris mit Arnold Beukes, ‚Kolonialkrieg und Karikatur in Deutschland: Die Aufstände der Herero und der Nama und die Zeichnungen der deutschen satirischen Zeitschriften' in Heine und Heyden, *Studien*, S. 377–98). Siehe auch die Ausführungen zu ‚Mischehen' weiter unten.

34 Eine kurze Erörterung dieses Themas findet sich in Eckhart, 'Medizin', S. 220–35 (für eine gegenteilige Meinung siehe allerdings Hartmann, ‚Urges', S. 43). Eckhart weist jedoch eindringlich darauf hin, dass die Geschichte von Geschlechtskrankheiten und Krieg sehr komplex ist; siehe hierzu auch Wallace, *Health*, S. 101.

35 Oermann, *Mission, Church*, S. 210–12; Gewald, *Herero Heroes*, S. 201–2; Bley, *Namibia*, S. 214; Wildenthal, *German Women*, S. 47. Bley schreibt, aufgrund der Proteste seien Zwangsuntersuchungen 1910 auf Prostituierte beschränkt worden, aber Oermann und Gewald deuten lediglich an, das Vorgehen bei den Untersuchungen sei zu diesem Zeitpunkt weniger brutal geworden.

36 Zu deutschem Imperialismus und ‚Deutschtum' in den Kolonien siehe insbesondere Kundrus, *Moderne Imperialisten*, S. 1–38, 56–9; außerdem z.B. Bley, *Namibia, passim;* Aitken, *Exclusion*, S. 49–55; Wildenthal, *German Women*, S. 55–6, 99–104. Von Bülow und Peters waren zwar vor allem Ostafrika verbunden, ihr Gedankengut fand jedoch darüber hinaus Verbreitung.

37 Zimmerer, *Deutsche Herrschaft*, S. 97. Der Staat erkannte kirchliche Eheschließungen nur in Verbindung mit einer standesamtlichen Heirat an.

38 Das Thema ‚Mischehen' und sexuelle Beziehungen zwischen Afrikanerinnen/Afrikanern und Deutschen ist in vielen Veröffentlichungen behandelt worden. Siehe etwa Dag Henrichsen, ‚„...Unerwuenscht im Schutzgebiet ... nicht schlechthin unsittlich": „Mischehen"" und deren Nachkommen im Visier der Kolonialverwaltung in Deutsch-Südwestafrika' in Marianne Bechhaus-Gerst und Mechthild Leutner (Hg.), *Frauen in den deutschen Kolonien* (Berlin: Links, 2009), S. 80–90; Aitken, *Exclusion*, Kap. 3; Zimmerer, *Deutsche Herrschaft*, S. 94–109; Bley, *Namibia*, S. 212–19; Kundrus, *Moderne Imperialisten*, Kap. 4; Wildenthal, *German Women*, Kap. 3; Hartmann, ‚Urges'; Karen Smidt, ‚„Germania führt die deutsche Frau nach Südwest": Auswanderung, Leben und soziale Konflikte deutscher Frauen in der ehemaligen Kolonie Deutsch-Südwestafrika 1884–1920' (Dissertation, Otto-von-Guericke-Universität Magdeburg, 1995), Kap. 2. Eine Erörterung kolonialzeitlicher Konstruktionen von Rassenzugehörigkeit bei den Rehobothern findet sich in Steinmetz, *Devil's Handwriting*, S. 218–39.

39 Das Gegenteil galt nicht, denn gemäß deutschem Recht nahm die Frau die Staatsbürgerschaft ihres Ehemannes an. Über solche Ehen wird zwar viel diskutiert, in Wirklichkeit waren sie aber sehr selten. Smidt führt ei-

nen eindeutigen Fall in SWA an, wobei es aber im Deutschen Reich selbst es mehr solcher Ehen gab. Smidt, „‚Germania'", S. 167–70; Aitken, *Exclusion*, S. 98.

40 *Ebd.*, S. 129.

41 Siehe hierzu insbesondere Henrichsen, „‚Mischehen'", S. 89, Anm. 47.

42 Dieser hieß ursprünglich Deutschkolonialer Frauenbund, änderte seinen Namen aber bald in Frauenbund der Deutschen Kolonialgesellschaft; eine Vorgängerorganisation war der Verein Frauenwohl. Wildenthal, *German Women*, S. 131–2.

43 Aitken, *Exclusion*, S. 183; Brigitta Schmidt-Laubner, *Die abhängigen Herren: deutsche Identität in Namibia* (Münster: Lit, 1993), S. 57–9.

44 Zu diesem Punkt siehe Wildenthal, *German Women*, S. 102: ‚Freiheit in der Kolonie bedeutete auch, dass man sich ohne Gewissensbisse an denjenigen vergehen konnte, die nie Teil des nationalen Gemeinwesens sein würden. Külz [der 1906 ernannte Reichskommissar für Selbstverwaltung] fühlte sich im kolonialen Raum so frei', dass er in ein friedliches San-Lager schoss, um an ein Souvenir zu gelangen.

45 Bley, *Namibia*, S. 233.

46 Aitken, *Exclusion*, S. 86, Kap. 2, 5. Mit der Zeit wurden die Deutschen den Buren gegenüber freundlicher gesinnt, vor allem, weil das Deutsche Reich während des Zweiten Burenkrieges mit den Buren sympathisierte.

47 Kundrus, *Moderne Imperialisten*, S. 176 ff.; Jeremy Silvester, „‚Sleep with a Southwester": Monuments and Settler Identity in Namibia' in Elkins und Pedersen (Hg.), *Settler Colonialism in the Twentieth Century*, S. 271–86, S. 275–6. Zur Stadtplanung siehe Walter Peters, ‚Grundlagen des Städtebaus in Namibia' in Heine und Heyden, *Studien*, S. 429–52.

48 Bley, *Namibia*, S. 181–96; Kaulich, *Deutsch Südwestafrika*, S. 112–18, 157–8, 341–2; Zimmerer, *Deutsche Herrschaft*, S. 183–7; Botha, ‚Land Settlement', S. 235. Nach dem Deutsch-Namibischen Krieg sollten Farmer eigentlich nur dann Land zugeteilt bekommen, wenn sie 10 000 Mark besaßen, aber man hielt sich nicht immer an diese Vorschrift – ein Beispiel ist die Ansiedlung von Mitgliedern der Schutztruppe.

49 Zu Wirtschaft, Infrastruktur und Verwaltung der Kolonie siehe Zimmerer, *Deutsche Herrschaft*, S. 110–11, 115–18, 243–50; Kaulich, *Deutsch Südwestafrika*, S. 308–14; 92–100, 157–8, 378–9; Helmuth Stoecker (Hg.), *German Imperialism in Africa: From the Beginnings until the Second World War* (London: C. Hurst & Co., 1986), S. 200; Gann und Duignan, *German Africa*, S. 53–5, 87–9; Henderson, *German Colonial Empire*, S. 100–5; Christo Botha, ‚Internal Colonisation and an Oppressed Minority? The Dynamics of Relations between Germans and Afrikaners against the Background of Constructing a Colonial State in Namibia, 1884–1990', *JNS*, 2 (2007), S. 7–50, S. 14–15.

50 Kambonde kAngula wurde 1909 der Nachfolger von Kambonde kaMpingana, der an einer Alkoholvergiftung gestorben war. Zu dieser Nachfolge siehe Namuhuja, *Ondonga Royal Kings*.

51 Eirola, *Ovambogefahr*, S. 230–62, 269–75. Allerdings gründete Görgens 1910 ohne Genehmigung trotzdem für sehr kurze Zeit einen kleinen Posten.

52 Hayes und Haipinge, ‚*Healing the Land*', S. 63 (Zitat), S. 42–63; Hayes, ‚When You Shake a Tree'.

53 Eirola, *Ovambogefahr*, S. 225–6, 269–75; McKittrick, *To Dwell Secure*, S. 137–44; Hayes, ‚History of the Ovambo', S. 157–77; Hayes und Haipinge, ‚*Healing the Land*'; Namuhuja, *Ondonga Royal Kings*, S. 38–43.

54 Moorsom, ‚Formation', S. 79, 81–7; Hayes, ‚History of the Ovambo', S. 153–6; Zimmerer, *Deutsche Herrschaft*, S. 211–28.

55 Flint, ‚State-building', S. 413–17; Fisch, *Caprivi Strip*, S. 24, 71–127; Zeller und Kangumu, ‚Caprivi', S. 194. Flint (S. 414) datiert Streitwolfs Ankunft in Caprivi auf November 1908, aber sowohl Fisch (S. 77), als auch Dierks (*Chronology*, S. 80) zufolge traf er dort im Januar 1909 ein; Dierks nennt als Zeitpunkt seiner Abreise aus der Polizeizone den November 1908, woraus sich wahrscheinlich diese Verwirrung erklärt.

56 Eckl, *Herrschaft*, S. 227.

57 *Ebd.*, S. 62–106, 83–235; *ders.*, ‚Serving', *passim.*

8 Südafrikanische Herrschaft, 1915–46

Mit Ausbruch des Ersten Weltkriegs im Jahr 1914 kam es in den Kolonien im südlichen Afrika schlagartig zu Kampfhandlungen. Diese Ereignisse hatten letztlich traumatische Folgen für die Deutschen in Südwestafrika, deren Versuche, ihr Hoheitsgebiet gegen einmarschierende südafrikanische Streitkräfte zu verteidigen, schnell zunichte gemacht wurden. Die Auswirkungen des Kriegs auf die afrikanische Bevölkerung waren unterschiedlich. Manche Gruppen hatten unter den militärischen Auseinandersetzungen zu leiden, andere profitierten davon. Während der ersten Jahre südafrikanischer Herrschaft (als das Kriegsrecht galt) war die Politik der Regierung gegenüber Afrikanern in der Polizeizone von relativ liberalem Gepräge, aber im Norden, wo der Kwanyama-König Mandume gestürzt wurde, erreichte die Einmischung größere Ausmaße als je zuvor. 1921 begann Südafrika (in Vertretung Großbritanniens), Namibia auf einer neuen gesetzlichen Grundlage zu regieren, nämlich eines Mandats des Völkerbundes. In den folgenden zwei Jahrzehnten wandte die südafrikanische Verwaltung systematisch ihre Politik der Rassentrennung auf Namibia an und versuchte – wie zuvor auch schon die deutsche Regierung – so viel Profit wie möglich aus der Kolonie zu ziehen.

In den ersten Jahren des Mandats war die neue Kolonialregierung allerdings nicht besonders effektiv oder leistungsfähig. Die 1920er-Jahre waren eine Zeit erbitterter Gegenwehr gegen eine Verwaltung, die noch immer unter chronischer Mittelknappheit litt. Diese Ereignisse prägten die Kolonialpolitik mit, und erst während der Dürren und der Wirtschaftskrise in den 1930er-Jahren konnte der Staat deutlich mehr Kontrolle über die Mobilität und Arbeitskraft von Afrikanern gewinnen – wobei selbst dann seine Herrschaft begrenzt blieb. Wie bereits in der Vergangenheit, entstanden Widerstand und Konflikte aus den internen Kräftespielen afrikanischer Gesellschaften und dem unmittelbaren Druck heraus, dem diese sich ausgesetzt sahen, sowie aus direkter Auflehnung gegen die Kolonialpolitik. Allerdings ging aus der Unterdrückung der Zwischenkriegszeit später eine nachhaltige nationalistische Bewegung hervor.

Das erste entscheidende Ereignis des Ersten Weltkrieges auf namibischem Boden fand am 21. September 1914 statt, als sich der deutsche Posten im Caprivi-Streifen, der in Schuckmannsburg nunmehr isoliert inmitten feindlichen Gebiets lag, den Briten kampflos ergab. Für den Rest der Zeit, in der das Kriegsrecht galt, wurde Caprivi von der Polizei des Protektorats Bechuanaland verwaltet. Weiter im Westen kam es zu Auseinandersetzungen zwischen Deutschen und Portugiesen, als letztere im Oktober 1914 in Naulila, das in der Nähe des Kunene auf der angolanischen Seite der Grenze liegt, den Verwalter von Outjo und mehrere seiner Begleiter töteten. Kurz darauf stürmte eine kleine deutsche Truppe das Fort in Cuangar und zerstörte anschließend auch die restlichen vier portugiesischen Festungen am Kavango. Im Dezember schlugen die Deutschen die Garnison von Naulila in die Flucht. Sowohl die geschlagenen Portugiesen, als auch die siegreichen Deutschen zogen sich daraufhin aus Owambo und Kavango zurück. Südangola befand sich in Aufruhr, und Mandume hatte die besten Voraussetzungen für einen Ausbau seiner Macht in diesem Gebiet. Nakare, ein Überlieferer mündlicher Geschichte, berichtet, die Kwangali hätten den Deutschen beim Angriff auf Cuangar Beistand geleistet: ‚Anschließend gingen sie zurück und Kandjimi blieb dort'. Mit anderen Worten: Der Kwangali-König war der wahre Sieger bei diesem Angriff, und er behielt daher nach Abzug der Deutschen uneingeschränkte Herrschaft über sein Land.[1]

Aus Sicht der Kolonialmächte waren diese Kampfhandlungen jedoch kaum mehr als Scharmützel. Wie auch die anderen britischen Siedlungskolonien (Australien, Neuseeland und Kanada) beteiligte sich Südafrika auf Seiten der Alliierten aktiv am Ersten Weltkrieg, und zwischen September und Dezember 1914 marschierten die südafrikanischen Streitkräfte in Namibia ein, wobei sie sowohl auf dem Festland als auch vom Meer aus angriffen.[2] Die südafrikanischen Streitkräfte, die zum Teil aus erfahrenen Buren-Kommandotrupps bestanden, waren den deutschen zahlenmäßig weit überlegen[3] und verfügten über bessere Transportmittel und Ausrüstung. Innerhalb weniger Monate überwältigten sie ihre Gegner und nahmen im Mai Windhoek ein. Am 9. Juli 1915 kapitulierten die Deutschen in Khorab in der Nähe von Tsumeb. Namibia ging nun offiziell in südafrikanische Hand über und wurde zunächst vom Militär unter Kriegsrecht regiert. Während dieser Zeit waren die Südafrikaner sehr präsent: Im Jahr 1917 schätzte der Administrator die Zahl der Soldaten und Zivilbeamten im Territorium auf 6000.[4] Das Kriegsrecht endete formal am 1. Januar 1921, als Südafrika das Mandat über Namibia erhielt.

Die ‚überall grassierende Hungersnot' und die Kolonialherrschaft im Norden[5]

Die Zeit des Kriegsrechts war für die Bevölkerung Owambos traumatisch. Als die Südafrikaner einmarschierten, wurde das Gebiet gerade von einer der schlimmsten Hungersnöte des zwanzigsten Jahrhunderts heimgesucht, an die man sich noch heute unter der Bezeichnung *ondjala yawekomba* erinnert, ‚die überall grassierende Hungersnot'. Sie erreichte ihren Gipfel, nachdem 1914 und 1915 der Regen ausgeblieben war, und bildete den schrecklichen Höhepunkt einer Reihe von Dürrezeiten und Hungersnöten, unter denen diese Region bereits während der gesamten Spätzeit der deutschen Herrschaft gelitten hatte. Die Leute hatten der Nahrungsknappheit wenig Widerstand und Ressourcen entgegenzusetzen, und so brach eine große Hungersnot aus. Die normalen sozialen Beziehungen brachen zusammen, Flüchtlingen wurde die Gastfreundschaft – die unter gewöhnlichen Umständen traditionell sehr ausgeprägt war – verwehrt, und es kam zu riesigen Bevölkerungsbewegungen innerhalb Owambos und in Richtung Süden. Zwar waren die Auswirkungen der Hungersnot unterschiedlich – Südangola war besonders schwer betroffen, während eine gute Melonenernte 1915 die Lage in Ondonga etwas entspannte –, aber alle Ovambo-Gemeinwesen litten sehr große Not. Die Sterblichkeit während der Hungersnot war hoch, wobei allerdings südafrikanische Schätzungen, denen zufolge von einer 156 000 Menschen zählenden Gesamtbevölkerung 25 000 starben, wohl übertrieben sind. In Südangola schätzten Missionare die Zahl der Todesopfer auf 50 000.[6] Die höchsten Sterblichkeitsraten waren wahrscheinlich unter den Anfälligsten zu verzeichnen – Kindern, Alten und Frauen. In dieser verzweifelten Lage wandten sich viele Menschen an die Missionen, die in den Jahren nach der Hungersnot erstmals rapiden Zuwachs verzeichneten: Die Zahl der Bekehrten stieg von 1418 im Jahr 1904 auf 3205 im Jahr 1914.[7]

Viele, die sich in der Hoffnung auf Arbeit in die Polizeizone aufmachten, starben unterwegs, aber dennoch kamen schwache und ausgehungerte Arbeitssuchende zu Tausenden dort an.[8] Dabei handelte es sich vorwiegend, aber nicht ausschließlich, um Männer. In der Eisenbahnstadt Karibib (wo es während der Hungersnot 5000 ‚überzählige' Arbeiter gab) war die Sterblichkeit trotz der rudimentären medizinischen Versorgung durch den neuen leitenden südafrikanischen Gesundheitsbeamten und dessen Mitarbeiter sehr hoch.[9] Außerdem schafften es einige der Menschen, die der Hunger auf Wanderschaft getrieben hatte, im Süden – und zwar vor allem in Lüderitz – kleine, dauerhafte Siedlungen zu gründen. Auch im Kavango-Gebiet blieben in jener Zeit die Regenfälle aus, und noch heute ist 1915 als ein Jahr extremer Entbehrungen in Erinnerung, in dem sich erstmals Menschen in großer Zahl zur Wanderarbeit gezwungen sahen: Aufzeichnungen zufolge schlossen 1917/8 etwa 250 Männer der Kwangali und Mbunza entsprechende Verträge ab.[10]

Nach der Hungersnot erholte sich Owambo allmählich wieder, und die Zahl der Wanderarbeiter fiel weit unter den Stand während der Spätzeit deutscher Herrschaft: Zwischen Oktober 1916 und November 1917 gingen nur 3168 Arbeiter nach Süden, und 1921 waren es insgesamt nur 4000.[11] Die Schaffung eines Arbeitskräfteangebots war jedoch eines der vorrangigen Ziele der neuen Regierung gewesen. Im August 1915 wurde Stanley Pritchard, der im Transvaal Leiter des Native Labour Bureau (Amt für eingeborene Arbeitskräfte) gewesen war, von der neuen Militärregierung in Windhoek nach Norden geschickt. Dort handelte er mit König Martin die Erlaubnis zur Errichtung eines südafrikanischen Stützpunktes in Ondonga aus; im Gegenzug willigte der König, dessen

Autorität gegenüber seinen Untertanen während der Hungersnot gelitten hatte, in Hilfsleistungen durch die Südafrikaner ein (die in der Praxis jedoch eher dürftig ausfielen). Diese konnten nun in Owambo das erste koloniale Verwaltungsgerüst aufbauen, und das zu einer Zeit, als es nach Pritchards Ansicht ‚schwierig war, sich eine so einzigartige Gelegenheit zur Errichtung einer politischen Verwaltung in einem Land vorzustellen, in dem unter anderen Umständen Widerstand gegen die Staatsgewalt … zu erwarten gewesen wäre'. Ein ansässiger Kommissar, nämlich Major Charles Manning, den man hierfür zeitweilig vom South African Native Affairs Department (Ministerium für Eingeborenenangelegenheiten) abstellte, wurde in Ondonga eingesetzt, und es gab auch einen solchen Kommissar in Namakunde unmittelbar südlich der Grenze zu Angola.[12]

Hatten die Südafrikaner die Besetzung Ondongas letztlich ohne Blutvergießen bewerkstelligt, so war in Oukwanyama genau das Gegenteil der Fall. Dort war König Mandume der neuen Verwaltung zunächst durchaus wohlgesinnt, unter anderem, weil er nach einem verheerenden Zusammenstoß mit den Portugiesen Verbündete brauchte. Im April 1915 traf eine große Streitmacht aus Portugal in Moçamedes ein und unterwarf eine Reihe von Gebieten in Südangola, darunter Ombandja. Hauptsächlich kämpften sie jedoch gegen Mandume, der im August nach viertägigen heftigen Gefechten geschlagen wurde, obwohl er mit bis zu 30 000 Mann ins Feld zog.[13] Angesichts des Vorrückens der Portugiesen befahl Mandume einige Tage später, seinen Palast in Ondjiva zu verbrennen, und zog sich hinter die südwestafrikanische Grenze zurück.

Mandume musste allerdings feststellen, dass seine Autorität ständig angefochten wurde. Die Atmosphäre war durch Hungersnot, Krieg und zunehmende Gesetzlosigkeit angespannt, zumal die Kwanyama-*omalenga* ihre alten Machtansprüche wieder geltend machten und anfingen, ohne Mandumes Erlaubnis auf Raubzüge zu gehen. Die Beziehungen zu den Südafrikanern gingen nach und nach in die Brüche, da man Mandume Unruhestiftung in der Grenzregion, unerlaubtes Überqueren der Grenze ins portugiesische Hoheitsgebiet und die Neutrale Zone sowie seine Weigerung zur Last legte, sich zu einem Treffen mit südafrikanischen

Abb. 20: König Mandume und seine Soldaten, 1916, wahrscheinlich in Oihole. Fotos von Mandume sind bekannt dafür, dass sein Gesicht darauf nicht erkennbar ist, da es von seinem breitkrempigen Hut überschattet wird.[14] Dieses Bild lässt die beeindruckende Stärke der Streitmacht unter seinem Kommando erahnen. Ihr war es zu verdanken, dass sich das Kwanyama-Königreich der europäischen Herrschaft so lange widersetzen konnte. Es wurde von C.H.L. Hahn aufgenommen, dem Eingeborenenkommissar im Norden.

Beamten in Windhoek einzufinden. (Dieses Treffen verhinderten seine *headmen* mit der Begründung, ein König dürfe sein Königreich nicht verlassen.) Als die Spannungen zunahmen, schlug Mandume einen kleinen portugiesischen Trupp in die Flucht, der am 30. Oktober 1916 in die Neutrale Zone kam, und tötete neunzehn Soldaten. Manning warnte, dass sein Erfolg möglicherweise ‚Menschen auf beiden Seiten der Grenze vereinen und eine gefährliche Lage schaffen' könne,[15] woraufhin die Südafrikaner eine Militärexpedition aussandten. Eine mit Maxim-Maschinengewehren ausgerüstete große Streitmacht griff Mandumes Armee am 5. Februar 1917 an und besiegte sie innerhalb einer halben Stunde. Mandume kam bei dem Gefecht ums Leben, und mit ihm starb die letzte Hoffnung auf Unabhängigkeit für Oukwanyama.

Nach offiziellen Angaben wurde Mandume zwar erschossen, aber in den mündlichen Überlieferungen der Kwanyama ist sehr nachdrücklich und einhellig die Rede davon, er habe Selbstmord begangen (wie er es zuvor angedroht hatte). Fotos, die nach dem Gefecht vom Leichnam des Königs gemacht wurden – und dadurch den Triumph der Südafrikaner fotografisch dokumentierten – zeigen, dass dies möglicherweise tatsächlich der Fall gewesen ist. Auch ein Ehrenmal, das vor dem Bahnhof in Windhoek für die bei dieser Militäraktion gefallenen südafrikanischen Soldaten errichtet wurde, wird als Denkmal für Mandume umgedeutet, da die Kwanyama glauben, der Kopf des Königs sei darunter begraben.[16] Ob sie wörtlich zu nehmen sind oder nicht, solche Überlieferungen über die Zerstückelung des königlichen Leichnams symbolisierten die Zerstückelung Oukwanyamas und den letztendlichen Verlust der Unabhängigkeit. Durch die Behauptung, Mandume habe seinen Tod selbst herbeigeführt, legten sie aber zugleich den Keim für eine Alternative zum kolonialen Herrschaftsdenken und bereiteten einem anderen Prozess des Erinnerns den Weg – an die Vergangenheit, an das Kwanyama-Gemeinwesen und den Norden im Allgemeinen. Wie Hayes ausführt, steht die Vorstellung vom Selbstmord des Königs in Einklang mit dem althergebrachten Anspruch der Monarchie, dass sie das Land schützen könne: ‚In einer Zeit der Unordnung und Zersplitterung war die Androhung von Selbstmord seitens des Königs in gewisser Weise eine Antwort auf das Trauma, das durch Hungersnot, Gewalt und die Zerteilung von Oukwanyama entstanden war. Sie war eine Maßnahme, um die Welt intakt zu erhalten'.[17]

Nach Mandumes Niederlage wurde bei den Kwanyama das Königtum abgeschafft und schließlich durch eine fügsame Ratsversammlung aus *headmen* ersetzt. In Ondonga festigten die Südafrikaner ihr Bündnis mit Martin, und bisweilen schalteten sie sich auch in die Angelegenheiten anderer Gemeinwesen ein. Für Ombalantu beispielsweise brachte die neue Regierung erhebliche Veränderungen mit sich; im Mai 1917 ernannte sie einen Mann namens Aipanda, der bei einer Zusammenkunft der dortigen Bewohner zu deren ‚Sprecher' gewählt worden war, zum

Herrscher über einen Großteil des Gebietes. Aipanda und seine Nachfolger genossen offenbar wenig Unterstützung seitens der Bevölkerung, wahrscheinlich, weil Ombalantu vorher eine dezentrale Regierungsform gehabt hatte. In Ongandjera versuchte König Shaanika regelmäßig, die widerstrebende Kolonialverwaltung in die Regierungsgeschäfte hineinzuziehen, um die Schuld für unbeliebte Entscheidungen auf die Behörden abzuschieben und dadurch seine eigene Position gegenüber den *omalenga* zu stärken.

Insgesamt und mit Ausnahme von Oukwanyama verfolgte Südafrika in Owambo zu jener Zeit eine vorsichtige Politik, die kaum auf Intervention ausgerichtet und sogar ein wenig paternalistisch angehaucht war.[18] Für das gesamte Gebiet waren weniger als zehn Beamte verantwortlich, und die Mittel und Möglichkeiten für die Verwaltung dieser unruhigen Grenzregion waren daher dünn gesät. Das Hauptanliegen der Verwaltung war nach wie vor die Gewinnung von Arbeitskraft. Dies wurde dadurch erleichtert, dass die Südafrikaner einige zuvor von den Deutschen verfolgte politische Kernstrategien beibehielten, sodass Owambo weiterhin von größeren Handelsnetzen sowohl in Richtung Süden als auch in die Kaoko-Region abgeschnitten blieb. Außerdem wollte Südafrika mit seiner politischen Linie den Völkerbund zufriedenstellen – der ja nach dem Krieg darüber entscheiden würde, wem SWA gehören sollte – und versuchte daher, den Sklaven- und Waffenhandel zu unterbinden und gegen Gesetzlosigkeit und Raubüberfälle in der Region vorzugehen. Die Wirksamkeit dieser neuen Maßnahmen war angesichts der Schwäche der Kolonialregierung im Norden begrenzt – der Waffenhandel beispielsweise ging bestimmt in irgendeiner Form weiter[19] – und außer in Oukwanyama war sicherlich die Hungersnot ein wesentlich wichtigeres Ereignis als die Einrichtung einer neuen Kolonialverwaltung. Trotzdem war der Beginn direkter südafrikanischer Herrschaft im Norden von Bedeutung, denn sie war ein Vorbote der wesentlich strafferen Machtausübung in späteren Jahren.

1917 und 1919 unternahmen Beamte auch Expeditionen nach Kaoko; während der ersten Expedition ernannte Manning Vita Tom, den er im Gegensatz zum eher traditionell ausgerichteten Muhona Katiti als ‚zivilisiert' betrachtete, zum *chief* über das nördliche Kaokoland. Im Kavango-Gebiet baute Kanjimi gute Beziehungen zu den Südafrikanern auf, unter anderem, um Schutz vor den Portugiesen zu erhalten. Diese begannen 1916 mit dem Wiederaufbau ihrer Forts, verhielten sich erneut repressiv gegenüber der örtlichen Bevölkerung und versuchten sogar, sie davon abzuhalten, den Fluss als Transportweg zu benutzen. Die Portugiesen verlangten (vergeblich) die Verhaftung Kandjimis und ernannten Widersacher der Gciriku- und Mbukushu-Könige zu *chiefs* über ihre jeweiligen Bevölkerungsgruppen auf der angolanischen Seite des Flusses. Wie die Deutschen übten jedoch auch die Südafrikaner, abgesehen von einer kurzzeitigen Wiederbelegung des Forts in Nkurenkuru im Jahre 1917, lieber indirekte Herrschaft in der Region aus; außerdem zahlten sie Kandjimi ein jährliches Gehalt und erhielten dadurch ein gewisses Maß an Kontrolle über ihn.[20]

Die Invasion und die Zeit danach: Wiederaufbau und Repressionen in der Polizeizone

In der Polizeizone hatte die Invasion Namibias durch Südafrika unmittelbare und sofortige Auswirkungen auf manche afrikanischen Gruppen, vor allem auf die Bondelswart. Die Deutschen hatten schon lange gehofft, sie irgendwann von dem Land entfernen zu können, auf dem sie gegenwärtig lebten. Im August 1914 pferchte man sie in Züge und brachte sie nach Norden, wo sie an der geplanten Eisenbahnlinie nach Owambo arbeiten mussten. Die Rehobother wiederum kündigten den Deutschen ihre seit dreißig Jahren bestehende Loyalität auf und weigerten sich, gegen die Südafrikaner zu kämpfen, da sie fürchteten, im Fall eines Sieges der letzteren ihr Land zu verlieren. Als sie in Tsamkhubis kurz vor einer Niederlage standen, kamen ihnen gerade noch rechtzeitig südafrikanische Streitkräfte zur Hilfe. Die Militäraktion hatte außerdem Viehverluste zur Folge, da große Herden (die sowohl schwarzen als auch weißen Farmern gehörten) auf beiden Seiten zur Versorgung der Truppen beschlagnahmt wurden. Wieder waren die Bondelswart und Rehobother besonders schwer betroffen: Erstere verloren schätzungsweise 15 227 Stück Kleinvieh und 123 Stück Großvieh, sodass ihnen nur noch 600 bzw. 30 Tiere blieben. Insgesamt beteiligte sich jedoch nur ein geringer Teil der schwarzen Bevölkerung Namibias am Kampfgeschehen. General Botha (der zusammen mit Smuts die südafrikanischen Streitkräfte anführte) erklärte den Konflikt zu ‚einem Krieg der Weißen' und räumte Afrikanern im Wesentlichen eine untergeordnete Rolle ein, nämlich als Hilfstruppen und Arbeiter.[21]

Im Großen und Ganzen wurde es für Afrikaner durch das Eintreffen der Südafrikaner auf kurze Sicht sehr viel leichter, an Land und Vieh zu gelangen, und die zaghafte Rückkehr zur Viehwirtschaft, die in den letzten Jahren deutscher Herrschaft eingesetzt hatte, beschleunigte und intensivierte sich deutlich. Diesen Prozessen kam zugute, dass es überall in der Polizeizone große Landflächen gab, die noch nicht von Weißen besiedelt waren: 1916 erstreckte sich Farmland, das zwar vermessen, aber noch nicht von weißen Siedlern in Besitz genommen worden war, über etwas mehr als 33,6 Millionen Hektar. Außerdem hatten die Siedler während des Kriegs ihre Ländereien nicht so fest im Griff wie zuvor, da sich viele von ihnen der Armee anschlossen und später (mit Ausnahme der Offiziere) in einem Lager in dem südnamibischen Ort Aus interniert wurden; andere flohen in die Städte. Auch hatte bis 1919 der Landwirtschaftssektor mit wirtschaftlichen Schwierigkeiten zu kämpfen, sodass viele Farmer mehr oder weniger gezwungen waren, sich auf eine Art Arbeitspacht einzulassen, bei der die Arbeiter ihr eigenes Vieh auf dem Land ihrer Lohnherren weiden durften.[22] Wie wir weiter unten sehen werden, wurde die Kontrolle der Siedler über ihre Arbeiter bald auch dadurch eingeschränkt, dass die Regierung bestimmte Formen von Bestrafung abschaffte.

Durch die südafrikanische Invasion intensivierten sich also zum einen die Wanderbewegungen von Menschen und Vieh und zum anderen die Wiederaufstockung der Herden, die sich bereits in der Spätzeit deutscher Herrschaft abgezeichnet hatte. In der Gegend von Windhoek gründeten Afrikaner neue Viehhaltersiedlungen in Orumbo-Okatana, Aukeigas und Fürstenwalde; im Distrikt Karibib ließen sich schwarze Viehhalter auf der regierungseigenen Farm Neubrunn nieder; im Distrikt Keetmannshoop hatten im März 1918 139 schwarze Viehbesitzer, deren Tiere auf 17 Farmen verteilt waren, Weidelizenzen erworben; Hoachanas in der Nähe von Rehoboth wurde von Afrikanern während der Invasion in Besitz genommen; und in den Distrikten Gobabis, Okahandja, Omaruru und Windhoek siedelten sich Afrikaner auf sogenanntem Regierungsland (Land, das sich im Besitz des Staats befand) an und gründeten neue Gemeinschaften rings um Wasserstellen.[23]

Auf politischer Ebene bedeuteten diese Wanderbewegungen die (Wieder-)Einsetzung von Anführern, die bei der Niederlage im Jahr 1904 entmachtet oder vertrieben worden waren. Im Süden kehrte Edward Fredericks zurück, um die Bethanier anzuführen, und Hendrik Witboois Söhne Isaak und Hendrik trafen 1915 wieder in Gibeon ein, nachdem sie Gefangenschaft und Deportation überlebt hatten. Weiter nördlich etablierten Herero-*chiefs* wieder ihre Autoritätsstellung: Traugott Maharero, ein Bruder von Samuel Maharero, sammelte seine Leute in Okahandja; Kambazembis Familie kehrte aus Südangola in das Waterberg-Gebiet zurück; und Daniel Kariko – auch bekannt unter dem Namen Kavezemba – zog aus Owambo wieder in das Gebiet von Otjohorongo. 1920 ernannte Frederick Maharero Hosea Kutako (der 1917 *headman* der Herero in Windhoek geworden war) zum Stellvertreter seines Vaters Samuel in Namibia. Der Damara-Anführer Frans ǁHoesemab kehrte nach Windhoek zurück und wurde im August 1915 Vormann der Lokation.

Zwar kamen die Nachfahren der alten machttragenden Familienverbände zurück, aber sie taten dies innerhalb neuer, von der südafrikanischen Obrigkeit auferlegter Einschränkungen. 1918 wurden Isaak Witbooi und einige seiner Ratsmitglieder verhaftet und ins Gefängnis gesteckt, nachdem Witbooi in einem Versuch, die rechtlichen Befugnisse seines Vaters wiederherzustellen, eigene Vertreter auf den Farmen von Weißen ernannt hatte. Ihre Aufgabe bestand darin, Leute, denen man Straftaten – vor allem Ehebruch – vorwarf, vor sein Gericht in Gibeon zu bringen. Witbooi-Männer brachten ihre Unterstützung für Isaak dadurch zum Ausdruck, dass sie eine Gepflogenheit Hendrik Witboois wieder aufleben ließen: Sie trugen weiße Tücher an ihren Hüten.[24]

Auch die quasi-militärischen Aktivitäten der vor allem aus Herero bestehenden Truppenspielerbewegung (*oturupa*), die während der Zeit des Kriegsrechts wieder aktiv wurde, zehrte an den Nerven von Staat und Siedlern. Die *oturupa* war wahrscheinlich aus der Einbindung von Herero in die Schutztruppe entstanden; ihre Mitglieder, die nach Distrikten gegliedert waren, trugen deutsche Militäruniformen, führten deutsche militärische Rangbezeichnungen und hielten Drillübungen ab. Außerdem unterstützten die *oturupa*-Organisationen gegenseitig ihre Mitglieder, indem sie Geld sammelten und es an Notleidende auszahlten. Für die Kolonisatoren stellten sie indessen keine unmittelbare Gefahr dar, sondern fungierten (trotz mancher gesellschaftlicher Spannungen) in dieser Zeit des Wiederaufbaus als einheitsstiftende Kraft unter Herero, ‚eine symbolische Wiederauferstehung der Herero-Armee in dem eklektischen Stil, den diese sich vor den Aufständen 1904 bis 1907 zu eigen gemacht hatte‘.[25]

Die Jahre des Kriegsrechts waren daher in vielerlei Hinsicht eine Zeit der Hoffnung für die afrikanische Bevölkerung der Polizeizone, denn viele Bewohner hegten wohl ernsthafte Erwartungen, dass die neuen Kolonialherren ihnen Land zurückgeben würden, das die Deutschen beschlagnahmt hatten. Wie es Wolfgang Werner ausgedrückt hat: ‚Seit den 1860er-Jahren hatte die Mythologie der Herero Großbritannien mit der Fähigkeit ausgestattet, zu kommen und sie zu befreien‘.[26] Die neue Regierung beabsichtigte jedoch keineswegs, den Afrikanern in der Polizeizone gut bewässertes Land zurückzugeben. Während der Zeit des Kriegsrechts, als der Status Namibias noch ungewiss war, drückte sie bei der Übernahme von Regierungsland und unbesiedeltem Land ein Auge zu und gestattete kurzzeitig die Inbesitznahme einiger Farmen; nach 1920 wurde diese faktische Siedlungserlaubnis jedoch in den meisten Fällen schnell wieder außer Kraft gesetzt.

Unterdessen führte die neue südafrikanische Regierung auch eine Reihe von Reformen ein.[27] Diese trugen zwar zur Schaffung von Spielräumen bei, in denen sich Afrikaner Land und Freiheiten verschaffen konnten; dahinter stand auf Seiten der südafrikanischen Behörden aber kein tiefsitzendes Engagement für Humanität oder Kap-Liberalismus. Vielmehr war Südafrika sehr daran gelegen, sich als Befreier der Afrikaner in dieser Region zu präsentieren, um nach Kriegsende SWA behalten zu dürfen; außerdem waren die Reformen ein Ausdruck davon, dass sich der Staat von der Siedlergemeinschaft (den ‚Feinden') distanzieren wollte. Zwar wollte die neue Regierung den schlimmsten Auswüchsen im bestehenden Lohnarbeitssystem einen Riegel vorschieben, aber wie ihr Vorgängerregime war sie auf dieses System angewiesen. Daher schafften die Südafrikaner das Auspeitschen als Strafe für Arbeiter und das ‚väterliche Züchtigungsrecht' der Siedler ab, hoben das Alter, ab dem Afrikaner Pässe bei sich tragen mussten, von sieben auf vierzehn Jahre an und setzten das Viehbesitz-Verbot (aber nicht das Landbesitzverbot) für Afrikaner außer Kraft. Auf der anderen Seite wurde jedoch die ‚Masters-and-Servants'-Gesetzgebung (Herren-und-Diener-Gesetze) während der Zeit des Kriegsrechts zweimal verschärft, und es gab außerdem neue Vorschriften zur Überwachung von Nichtsesshaften und afrikanischen Arbeitern in Minen und bei Bauvorhaben. Die Propagandakampagne erreichte ihren Höhepunkt 1918 mit dem Erscheinen des so genannten ‚Blue Book', das die Auswüchse der deutschen Kolonialherrschaft detailliert schilderte.[28]

Auch aus anderen Gründen ließ 1915 die ohnehin begrenzte Herrschaftsausübung durch die neuen Kolonialherren nach. Die Eroberer waren vor einer möglichen militärischen Bedrohung durch die feindliche deutsche Bevölkerung auf der Hut und daher darauf bedacht, die afrikanischen Bewohner des Territoriums nicht gegen sich aufzubringen. Außerdem hatte das neue Regime nicht die Mittel für wirksame Repressionen. Das lag zum Teil an der Konjunkturschwäche des Gebiets: Zwischen August 1915 und März 1920 beliefen sich die gesamten Staatseinkünfte Namibias auf 1 236 957 Pfund Sterling, also wesentlich weniger als die 2 071 157 Pfund, die das deutsche Kolonialregime allein im letzten Jahr seines Bestehens 1914–15 eingenommen hatte.[29] Administrative Schwäche sollte bis in die 1930er-Jahre und darüber hinaus ein Kennzeichen der Regierung in Namibia bleiben.[30]

Das Jahr 1915 brachte zwar einige Verbesserungen in den Lebensbedingungen vieler Afrikaner, aber hinsichtlich der deutschen Bevölkerung war das Gegenteil der Fall. Es stimmt zwar, dass die Eroberung und Besetzung Deutsch-Südwestafrikas eine der am wenigsten traumatischen Episoden des Ersten Weltkriegs gewesen ist. Bei den Kriegsparteien gab es auf südafrikanischer Seite 266 Gefallene und 263 Verwundete, bei den Deutschen 34 Gefallene und 65 Verwundete.[31] Nach der Eroberung durften Offiziere und Reservisten zu Hause bleiben, wohingegen gewöhnliche Soldaten – wie bereits erwähnt – interniert wurden. Trotzdem hatten viele Siedler unter den darauffolgenden schwierigen wirtschaftlichen Bedingungen zu leiden, vor allem unter der Krise im Sektor der von Weißen bewirtschafteten Farmen. Außerdem konnte man deutschen Beamten ihre Gehälter nicht bezahlen, weil Geldmittel aus Deutschland nicht mehr eintrafen, Vermögen in örtlichen Banken eingefroren waren und der Wert der Mark fiel. Darüber hinaus wurden die Rechte der deutschen Siedler unter dem Kriegsrecht erheblich beschnitten. Sie brauchten Genehmigungen, wenn sie außer Landes und zwischen größeren Städten hin und her reisen wollten, es gab Briefzensur, und die Verbreitung von ‚Falschmeldungen' wurde verboten. Nach dem Krieg wurde etwa die Hälfte der deutschen Bevölkerung des Gebietes – 1619 Armeeangehörige, 1226 Beamte, 873 Polizisten, 1223 ‚unerwünschte Personen' nebst ihren Familien und 1433 Freiwillige – nach Deutschland abgeschoben.[32]

Diese Probleme verblassten allerdings angesichts der weltweiten Grippe-Pandemie im Jahr 1918, die Namibia schwer traf und schnell sehr viele Todesopfer sowohl unter der weißen, als auch unter der schwarzen Bevölkerung forderte. Die Spanische Grippe, die im Oktober 1918 in großen Teilen der Polizeizone ausbrach, war hochansteckend und übertrug sich (aus Südafrika kommend) mit rasender Geschwindigkeit durch Zugpassagiere, die auf den Eisenbahnstrecken der Region unterwegs waren. Außerdem war der Erreger äußerst virulent und führte in vielen Fällen rasch zu tödlichen Komplikationen. Weltweit verursachte die Pandemie etwa zwanzig Millionen Todesfälle, bis zu einem Zehntel davon allein in Afrika südlich der Sahara. In Windhoek, wo innerhalb Namibias die Sterblichkeit am höchsten war, raffte die Epidemie wahrscheinlich etwa 10 Prozent der Bevölkerung in der Lokation dahin und den gleichen Prozentsatz unter der südafrikanischen Garnison; bei der deutschen Bevölkerung betrug die Sterblichkeit zwischen 3 und 4 Prozent. Besonders schwer betroffen waren auch die Arbeiter auf den Diamantenfeldern. Die Epidemie löste eine schwere Krise aus, und die Militärbehörden hatten Mühe, auch nur grundlegende medizinische Versorgung zu leisten. Am Ende des Jahres war die Spanische Grippe jedoch vorbei, wenngleich sie in weniger schwerer Form 1919 noch einmal ausbrach, dieses Mal in Owambo.[33]

Südafrikas neue Kolonie

Die Machtübernahme durch Südafrika prägte die Geschichte Südwestafrikas für den Rest des zwanzigsten Jahrhunderts. Die Motive Südafrikas für die Eroberung und den Besitz Namibias sollten somit näher betrachtet werden. Die Eroberung selbst wurde dadurch ausgelöst, dass Großbritannien am ersten Kriegstag Südafrika ersuchte, in Namibia einzumarschieren. Die Bereitschaft der südafrikanischen Regierung, dieser Bitte stattzugeben, war zum Teil auf das angespannte Verhältnis zur deutschen Verwaltung in SWA zurückzuführen. Allerdings war die Einstellung gegenüber dem Deutschen Reich und Großbritannien in Südafrika keineswegs einhellig; Buren, die mit den Deutschen sympathisierten, waren gegen die Invasion und erhoben sich 1914 in einem Aufstand. Dieser wurde gewaltsam niedergeschlagen, und die anschließende Militärkampagne in Namibia diente nicht nur dazu, unzufriedene Buren von weiterer Unterstützung durch die Deutschen abzuschneiden, sondern wurde auch von den burischen Generalen Botha und Smuts geleitet und größtenteils von aus Buren bestehenden Kommandotrupps durchgeführt. Vielleicht sollte hierdurch innerhalb des südafrikanischen Staates eine neue Einigkeit geschaffen werden.[34]

Die Übernahme Südwestafrikas versprach aber auch längerfristige Vorteile. In den 1870er-Jahren war die Besetzung Namibias eines der Ziele des Parlaments in Kapstadt gewesen; nunmehr war dessen Eroberung Teil einer umfassenderen und größtenteils erfolglosen expansionistischen Strategie, die auf eine Einverleibung Portugiesisch-Ostafrikas und letztlich auch der britischen Hoheitsgebiete Bechuanaland, Basutoland, Swaziland, Nord- und Südrhodesien sowie SWA abzielte. Diese Politik erscheint umso ehrgeiziger, als Südafrika zu jener Zeit nach wie vor ‚schwach, uneins [und] arm' war.[35] Die Südafrikanische Union war erst 1910 durch die politische Vereinigung zweier ehemaliger britischer Kolonien: der Kapkolonie und Natal, und zweier ehemaliger Burenrepubliken: des Transvaal (zuvor Südafrikanische Republik) und der Oranjefluss-Kolonie (zuvor Oranje-Freistaat). Zugleich war Südafrika ein britisches Dominion mit Selbstverwaltung geworden. Für die Regierung des Landes bedeutete die Eroberung Namibias daher ‚den Eintritt in die prestigeträchtige Erwachsenenwelt kolonialer Macht'.[36] Obwohl Südafrika dadurch begann, seinen neuen Status als Nation zu festigen, blieben die in Namibia zur Schau gestellten Symbole der Eroberung – der Union Jack und ein Banner mit der Aufschrift ‚Britannia Still Rules the Waves' – diejenigen des britischen Empire.[37] Auch auf lange Sicht spielte das Gebiet im öffentlichen Bewusstsein Südafrikas und in der Vorstellungswelt seiner Bewohner keine sonderlich große Rolle; außer in Krisenzeiten oder Momenten politischer Entscheidung blieb sie ein vergessenes, marginales und vernachlässigtes Hinterland. Nichtsdestotrotz brachte die Inbesitznahme Namibias der südafrikanischen Regierung einige erhebliche Vorteile, und während der Zeit des Kriegsrechts bezeichnete es der Administrator mit entwaffnender Ehrlichkeit als ‚eine sehr wertvolle Bereicherung für die Union'.[38]

Zum einen bot SWA der zunehmenden Zahl verarmter Weißer, die in Südafrika selbst lebten, die Aussicht auf Arbeit und Land. Landlosigkeit, Unzufriedenheit und die Gefahr sozialer Unruhen nahmen dort stetig zu und gipfelten 1922 im Streik der weißen Minenarbeiter (die so genannte ‚Rand-Revolution'). Wie wir weiter unten sehen werden, reagierten die südafrikanischen Behörden auf diese Probleme mit einem umfangreichen Siedlungsprogramm für arme Weiße. Zum anderen waren die Mineralvorkommen in der Region – vor allem Diamanten – ein äußerst verlockender Pluspunkt; tatsächlich beteiligten sich südafrikanische Investoren, darunter nicht zuletzt Cecil Rhodes, schon lange finanziell in SWA. Regierungsland ging zur Zeit der Eroberung von der deutschen auf die südafrikanische Verwaltung über. Die Diamantenminen wurden während der Besatzung vom Custodian of Enemy Property (Treuhänder für die Verwaltung von Feindvermögen) übernommen und nach dem Krieg von dem Konzern Anglo-American erworben (der zehn Jahre später faktisch eine südafrikanische Gesellschaft wurde, als er das de Beers-Diamantenimperium aufkaufte).[39]

Südafrikas Herrschaft über Namibia wurde offiziell durch das Mandatssystem etabliert, das die Alliierten (unter Mitwirkung von Jan Smuts, der seit 1917 Mitglied des britischen Kriegskabinetts war) am Ende des Ersten Weltkriegs eingerichtet hatten. Die Kolonialmächte teilten die früheren deutschen Hoheitsgebiete nach einem in drei Klassen (A, B und C) untergliederten Mandatssystem unter sich auf. Die allgemeine Aufsicht über diese Regelungen oblag einer neuen Ständigen Mandatskommission des Völkerbundes. Südwestafrika wurde unter ein ‚C'-Mandat gestellt – die Kategorie für Kolonien, denen man am wenigsten zutraute, sich selbst zu verwalten. Das Mandat wurde formell Großbritannien erteilt und sollte von Südafrika verwaltet werden. Entsprechend dem Artikel 22 der Völkerbundsatzung mit Bezug auf das Mandat sollte Südwestafrika als integraler Teil Südafrikas verwaltet werden (wobei Südafrika davon ausgehen konnte, sich das Gebiet schließlich offiziell einverleiben zu können). Die Mandatsmacht sollte dabei allerdings Namibia im Sinne einer ‚heiligen Verpflichtung der Zivilisation' verwalten und ‚das Äußerste tun, um das materielle Wohl, den Bildungsstand und den sozialen Fortschritt der Einwohner des Territoriums zu fördern'.

Nach Vereinbarung des Mandats dauerte es zweieinhalb Jahre, bis es in Kraft trat (woraus sich einige Unstimmigkeiten über das Ende des Kriegsrechts erklären, die in den Geschichtsbüchern auftauchen). Die

Kriegshandlungen endeten mit dem Waffenstillstand vom 11. November 1918. Im Vertrag von Versailles wurde am 7. Mai 1919 Südafrika das Mandat über Namibia erteilt; unterzeichnet wurde der Vertrag erst am 28. Juni. Im September erließ Südafrika den Treaty of Peace and South West Africa Mandate Act (Nr. 49, 1919; Gesetz zum Friedensvertrag und zum Mandat über Südwestafrika), in dem das südafrikanische Parlament Südwestafrika der Zuständigkeit des Generalgouverneurs von Südafrika unterstellte (dies war damals Lord Buxton), der diese Befugnisse wiederum auf den (vom südafrikanischen Parlament ernannten) Administrator von Südwestafrika übertrug. Ende 1919 wurde in Namibia das deutsche Recht durch die am Kap gültige südafrikanische Gesetzgebung ersetzt, und im Verlauf des Jahres 1920 wurde eine zivile Verwaltung eingerichtet. Erst am 17. Dezember 1920 bestätigte jedoch der Völkerbund formell das Mandat und legte dessen Bedingungen fest. Am 1. Januar 1921 wurde das Kriegsrecht in Südwestafrika aufgehoben und eine neue, zivile Regierung eingesetzt.[40] Dieser Übergang führte zu einer schnellen, bitteren Ernüchterung.

Rassentrennung

Die südafrikanische Verwaltung machte sich jetzt unverzüglich daran, die von Afrikanern während der Zeit des Kriegsrechts erlangten begrenzten Verfügungsmöglichkeiten über Land und Mobilität rückgängig zu machen. Ziel war die Einführung einer neuen Kolonialordnung einschließlich einer reibungslos funktionierenden Wirtschaft, die Südafrika unmittelbar zugutekam. Staatliche Kontrolle über die Afrikaner war untrennbar mit diesem Ziel verknüpft; ein Ausspruch des Administrators bringt dies sehr gut auf den Punkt: ‚Die Eingeborenenfrage ist gleichbedeutend mit der Arbeitsfrage'.[41] Afrikaner in der Polizeizone hegten allerdings völlig andere Hoffnungen und Erwartungen: Sie wollten Land, hatten ‚Sehnsucht nach mehr Freiheit' und wünschten sich bessere Bedingungen für Lohnarbeiter – dies trugen sie 1922 in einer Petition an den Generalgouverneur anlässlich seines Besuches in Namibia vor.[42]

Angesichts solcher Sehnsüchte brachte die seit Beginn der Mandatszeit eingeführte repressive Politik die Verwaltung unweigerlich auf Kollisionskurs mit afrikanischen Gesellschaften.

Die ‚Eingeborenenfrage' war nicht nur zugleich die ‚Arbeitsfrage', sondern aus Sicht des Administrators auch die ‚Landfrage',[43] und die neue Regierung widmete ihre Aufmerksamkeit unverzüglich beiden Themen. Für Afrikaner bedeutete die in der Polizeizone umgesetzte Landpolitik die Einrichtung von Reservaten; nachdem sie während der deutschen Kolonialzeit viele Territorien verloren hatten, erhielten sie durch diese Maßnahmen zwar im Endeffekt größere Landflächen, auf denen sie sich offiziell ansiedeln durften. Die auf diese Weise geschaffenen Reservate befanden sich aber im Allgemeinen auf den unwirtlichsten Landstrichen mit unzureichendem Wasservorkommen und wurden Orte bitterster Armut.

Die Politik der neuen Verwaltung in der Polizeizone wurde von der Native Labour Commission (Kommission für Eingeborenenarbeit) ausgearbeitet, die 1920 gegründet worden war, um die Lage auf dem Arbeitsmarkt zu untersuchen (einschließlich der Arbeitskraft und Mobilität schwarzer Frauen, die als am schwersten kontrollierbar galten) und Berichte über die Reservate und die (städtischen) Lokationen vorzulegen. Das Aufgabengebiet der Kommission wurde bald erweitert und beinhaltete nunmehr die Zuständigkeit für die Reservate (weshalb sie auch unter der Bezeichnung Native Reserves Commission, Kommission für Eingeborenenreservate, bekannt ist); außerdem sollte sie ‚so weit wie möglich für Zufriedenheit und Wohlbefinden bei den Eingeborenen sorgen und den Weißen Gewissheit hinsichtlich der dauerhaften Wohnsitze der Eingeborenen geben, sowie … in Eingeborenenangelegenheiten streng durchgreifen und Landstreicherei und Müßiggang vorbeugen'. Die Kommission empfahl die Einführung von Rassentrennung als Grundprinzip und die Einrichtung von (besser überwachten) Reservaten. Sogenannte ‚Schwarze Inseln' – kleine afrikanische Siedlungen in der Nähe von Land, auf dem Weiße lebten – sollte es nicht geben.[44]

In Namibia war die Schaffung von Reservaten ausdrücklich darauf ausgelegt, eine gründliche Rassentrennung durchzuführen; diese Maßnahmen gingen unmittelbar auf die Rassentrennungspolitik zurück, die damals in Südafrika selbst umgesetzt wurde.[45] Wie die deutsche Vorgängerregierung wollte die Verwaltung jedoch außerdem verhindern, dass sich wieder eine ‚Stammesorganisation' herausbildete. Obwohl die Bevölkerung und deren Anführer in den meisten Reservaten vorwiegend aus einer einzigen ethnischen Gruppe stammten, sollten diese nicht ethnisch exklusiv sein. Der Staat verhinderte sogar, dass Frederick Maharero – der sich noch im Exil in Botswana befand – oberster Anführer der Herero wurde, damit sich in den Reservaten keine stärkere übergreifende ‚Pan-Herero'-Identität und -Organisation herausbildete.[46] Außerdem sollten die Reservate als Arbeitskräftepools dienen, die Kosten für die Reproduktion dieser Arbeitskraft mittragen (beispielsweise durch die Bereitstellung von finanziellen Hilfeleistungen für ältere Menschen) und – in Verbindung mit den gleichzeitig eingeführten drastischen Gesetzen – Kontrolle über die Mobilität der Afrikaner ermöglichen. Darüber hinaus waren sie als Maßnahme zur ‚Einschränkung, zahlenmäßigen Erfassung und Kontrolle der von Schwarzen betriebenen Viehwirtschaft'[47] gedacht, und zwar vor allem mittels Weidegebühren, die Viehbesitzern in den Reservaten auferlegt wurden. Die ‚schwarze' Viehwirtschaft erwies sich nämlich als so unverwüstlich, dass Verwaltung und Siedler fürchteten, sie könne den weißen Farmbetrieben Konkurrenz machen.

Gleichzeitig mit der Reservatspolitik arbeitete die Verwaltung auch Pläne für die Ansiedlung ‚armer Weißer' aus Südafrika aus. Es wurde ein Land Board (Landvergabeausschuss) gegründet; bis Ende 1925 waren 880 Farmen neuen Siedlern zugeteilt worden – ein beträchtlicher Anstieg in der Zahl von Farmen in weißem Besitz, von denen es 1915 1138 gegeben hatte; 1926 hatte sich die weiße Bevölkerung gegenüber dem Stand von 1914 fast verdoppelt. Wie die bereits bestehenden Farmen waren auch die neuen völlig auf schwarze Arbeitskräfte angewiesen, und 1928 waren in der Polizeizone etwa 60 Prozent der Afrikaner auf den Farmen ansässig.[48]

Neue Siedler mussten lediglich nachweisen, dass sie über das relativ geringe Vermögen von 500 Pfund Sterling (später noch weiter heruntergesetzt auf 250 Pfund Sterling) verfügten, das aus Vieh und anderen Gütern wie etwa Einrichtungsgegenständen bestehen konnte. Das bedeutete, dass es sich bei vielen dieser Neuankömmlinge um Viehbauern vom Kap handelte, die außer ihren Rindern kaum etwas besaßen und häufig so arm waren wie schwarze Viehhalter – oder sogar noch ärmer. Auch ihre Landwirtschaftsmethoden waren ähnlich, vor allem die periodischen Wanderungen mit ihren Herden zu besseren Weidegründen wegen der Trockenheit und Unbeständigkeit des Klimas in Namibia, besonders im Süden. Die Dürrekommission des Jahres 1924 berichtete, dass eine 5000 Hektar große Farm in weißem Besitz praktisch auf eine Fläche von 15 000 Hektar zurückgreifen konnte;[49] auch schwarze Viehhalter konnten häufig mit ihren Herden weit umherstreifen, weil in den 1920er-Jahren viele Farmen und Reservate – wie ja auch die Grenzen des Gebietes insgesamt – noch nicht eingezäunt waren.[50] Für die Verwaltung und andere zeitgenössische Beobachter war diese Art Mobilität jedoch ein Kennzeichen von Rassenzugehörigkeit und Andersartigkeit: Sowohl weiße als auch schwarze Viehhalter wurden dazu angehalten, ihre nomadischen Gepflogenheiten aufzugeben. Zugleich galt die ‚Tatsache', dass der schwarze Viehbesitzer, ‚selbst wenn er unter zivilisierten Bedingungen lebt … von Zeit zu Zeit ohne erkennbaren Grund unbedingt Abwechslung will' als Anzeichen dafür, wie schwer Afrikaner zu ‚zivilisieren' waren.[51] In Wirklichkeit waren viele Faktoren für die Mobilität der Afrikaner verantwortlich, darunter der Kampf ums Überleben, verwandtschaftliche Verpflichtungen, die Suche nach Weidegründen und (besonders bei Abwanderung in die städtischen Gebiete) der Wunsch, autoritären patriarchalen Strukturen zu entkommen. Daher zogen die Leute weiterhin häufig im Land hin und her, ungeachtet der staatlichen Versuche, die Bewegungen von Schwarzen zu kontrollieren und sie daran zu hindern, sich in den Städten niederzulassen (die nun als Wohngebiete für Weiße ausgewiesen waren).

Die Bedeutung von Städten als Orte, an denen Afrikaner versuchten, sich der Kontrolle durch die Kolonialherren entziehen und sich ihr zu widersetzen, ist kaum zu überschätzen. Zwar ist richtig, dass die Einwohnerzahl der Städte nach wie vor niedrig war (die weitaus größte Stadt war Windhoek mit 7859 Einwohnern im Jahr 1921; 1946 war die Bevölkerung dort auf 14 929 angestiegen). Das trifft jedoch auch auf die Gesamtbevölkerung zu: Etwa ein Siebtel davon lebte 1946 in städtischen Gebieten. Verglichen beispielsweise mit vielen Städten Südafrikas war in den Städten Namibias der Anteil an afrikanischen Frauen ziemlich hoch – wegen der Ereignisse während der deutschen Kolonialherrschaft und vielleicht auch, weil Migration für Frauen in Viehhaltergesellschaften einfacher war als in solchen, die durch ihre Felder ortsgebunden waren. Durch wirtschaftliche, verwandtschaftliche und kulturelle Beziehungen waren die städtischen Gebiete weiterhin eng mit den ländlichen Gegenden verbunden, und viele Stadtbewohner (vor allem Otjiherero-Sprecher) betrachteten letztere nach wie vor als ihr eigentliches Zuhause. Abwanderung aus den Städten erfolgte zu jener Zeit sowohl freiwillig, weil die Afrikaner ihre Herden wieder aufstockten (durch Viehkäufe in den Reservaten und auf weißen Farmen), als auch zwangsweise durch die Umsetzung der Reservatspolitik. Daher war Proletarisierung zwar ein Faktor beim Anwachsen der städtischen Bevölkerung, aber durch die Rückkehr zur Viehwirtschaft – die als Repastoralisierung der 1910er- und 1920er-Jahre bezeichnet worden ist – wurde sie in manchen Fällen zumindest teilweise wieder rückgängig gemacht. Auch in der Gegend um die beiden größten Industriezentren, Lüderitz und Tsumeb, war kein nennenswertes Bevölkerungswachstum zu verzeichnen. Die dortige Belegschaft bestand aus männlichen Wanderarbeitern, die weiterhin nach Ablauf ihrer Verträge in den Norden zurückkehrten. Es gab in Namibia also komplexe Prozesse von Urbanisierung und Desurbanisierung, die sich erheblich von der Entwicklung in Südafrika unterschieden, wo die größten Ballungsräume in den Minengebieten des Rand entstanden.[52]

Geeignete Kontrollmaßnahmen?

Um ihre Politik der Rassentrennung umzusetzen, führte die Verwaltung einen Gesetzeskorpus ein, der sich größtenteils unmittelbar aus Gesetzen herleitete, die zur gleichen Zeit oder etwas früher in Südafrika erlassen worden waren. Proklamation 3 aus dem Jahr 1917 befasste sich mit Arbeit in den Minen, und durch die Masters and Servants Proclamation (25/1920; Herren-und-Dienstboten-Proklamation) konnten Menschen, die man außerhalb der Reservate ‚vagabundierend' vorfand und die ‚nicht über sichtbare Mittel zum Lebensunterhalt' verfügten, verhaftet und Arbeitgebern zugewiesen werden. Außerdem gab es Gesetze, die afrikanische Männer in der Polizeizone zur Aufnahme von Lohnarbeit zwangen,[53] wenn sie nicht zehn Rinder oder fünfzig Stück Kleinvieh besaßen. Manche Autoren vertreten die Ansicht, die Landstreicherei-Gesetze seien speziell gegen die San-Gemeinschaften gerichtet gewesen, auf die Polizeipatrouillen während der 1920-er und 1930er-Jahre weiterhin Jagd machten. Manchmal wurden dabei San erschossen, und diejenigen, die man gefangen nahm, wurden ins Gefängnis gesteckt und zur Lohnarbeit gezwungen.[54] 1922 wurde die Native Administration Proclamation (Proklamation zur Eingeborenenverwaltung) verabschiedet; diese führte die Reservate ein und schrieb vor, dass afrikanische Männer Pässe bei sich tragen mussten. Dasselbe galt nicht für Frauen, was viele aber nicht wussten, und der Staat nutzte dies weidlich zu seinem Vorteil aus.[55] Rechtliche Grundlage für die Verwaltung der Reservate waren die Native Reserves Regulations (Bestimmungen für Eingeborenenreservate) von 1924 und die Native Administration Proclamation von 1928, die außerdem den Administrator zum ‚Oberhäuptling' (Supreme Chief) ernannten, der ermächtigt war, *chiefs* und *headmen* zu ernennen. Zur Kontrolle über Afrikaner in städtischen Gebieten wurde 1924 die Natives (Urban Areas) Proclamation (Proklamation zu Eingeborenen in städtischen Gebieten) erlassen und eine nächtliche Ausgangssperre für Afrikaner in von Weißen bewohnten Stadtteilen verhängt (Proklamation 33/1922). Sowohl in den städtischen als auch in den ländlichen Gebieten der Polizeizone wurden verschiedene Arten der Besteuerung eingeführt (wohingegen die weiße Bevölkerung der Region damals keine Steuern auf privates Einkommen zahlte). In den Reservaten wurden Weidegebühren in reservatseigene Treuhandfonds eingezahlt. Theoretisch sollten damit Verbesserungen in Infrastruktur und Landwirtschaft bezahlt werden; in der Praxis blockierte jedoch die Verwaltung häufig solche Ausgaben, sodass sich große Guthaben anhäuften, die sich Ende der 1940er-Jahre insgesamt auf etwa 80 000 Pfund Sterling beliefen.[56]

Dass es sich bei dem Gebiet um ein Mandat des Völkerbundes handelte, wirkte sich offenbar kaum auf die von Südafrika verfolgte Politik aus. Zwar herrschte in einzelnen Gesetzen de facto ein Verbot expliziter Rassendiskriminierung, wodurch aber in der Praxis die Rassentrennung kaum Einschränkungen unterworfen war. So war es Afrikanern beispielsweise nicht ausdrücklich verboten, Land zu besitzen, aber durch die Gesetzgebung für städtische Regionen und Reservate wurde in Wohngebieten faktisch eine Rassentrennung eingeführt. Außerdem stellte Lord Hailey 1946 in einem Bericht fest, dass bei Beschäftigungsverhältnissen nach wie vor ein informelles System der Rassendiskriminierung existierte, obwohl gesetzlich keine Rassenschranken vorgesehen waren.[57] Darüber hinaus waren Gesetze erlaubt, die sich auf ‚Eingeborene' als Gesellschaftsschicht bezogen, so etwa die Natives Administration Proclamation.

Zwar wurde in den 1920er-Jahren der rechtliche Rahmen für staatliche Kontrolle festgelegt, doch es fehlten die praktischen Mittel zur Durchsetzung. Die riesige Landfläche wurde nur minimal überwacht: 1923 gab es lediglich 503 Polizisten (278 Weiße und 225 Afrikaner), und selbst 1939 waren es insgesamt nur 520 (359 Weiße und 161 Afrikaner). Anders als in Südafrika war ‚Eingeborenenverwaltung' – außer im Norden – kein offiziell anerkannter Beruf. Der Secretary for South West Africa (Sekretär für Südwestafrika; er war Stellvertreter des Administrators) fungierte zugleich als Chief Native Commissioner (Oberster Eingeborenenkommissar), und überall in der Polizeizone betätigten sich Verwaltungsbeamte, die man aus Südafrika zum Einsatz geschickt hatte, als lokale Eingeborenenkommissare. Das Native Affairs Department (Departement für Eingeborenenangelegenheiten) verfügte über sehr wenig Personal, und es wurde auch kaum Geld in diese Behörde gesteckt.

Unter diesen Umständen konnten Afrikaner häufig die Unzahl von Vorschriften umgehen oder ignorieren, die eigentlich über ihr Leben bestimmen sollten. Es ist sogar die Auffassung vertreten worden, einige der neuen Gesetze hätten eher dazu gedient, die weißen Siedler in ihrer Überlegenheit zu bestätigen, als die Verfügungsgewalt über eine nennenswerte Zahl von Arbeitskräften zu bekommen. Als SWA Anfang der 1920er-Jahre von Dürre und Rezession betroffen wurde, führte dies zu einer weiteren Schwächung der Regierung; besonders schwer betroffen waren Exporte aus Bergbau und Landwirtschaft, die Haupteinnahmequelle des Staates. Die Entscheidung, das Siedlungsprogramm trotz dieser Umstände weiter zu betreiben, erwies sich – wie die Südwestafrika-Kommission 1935 zugeben musste – als wirtschaftlich fatal. Der Staat subventionierte die neuen weißen Farmer großzügig und nahm dazu Darlehen bei Südafrika auf, sodass sich 1928/29 die öffentlichen Schulden auf 406 800 Pfund Sterling beliefen. Zu allem Überfluss richtete die Verwaltung außerdem Namibias Wirtschaft neu aus, damit Südafrika davon profitieren konnte. Das namibische Eisenbahnnetz war zu Beginn des Kriegsrechts durch eine neue Strecke, die über Upington führte, mit demjenigen des Nachbarlandes im Süden verbunden worden, und 1921 wurde SWA offiziell Teil der Südafrikanischen Zollunion. Sowohl die Zollgebühren als auch die Regelungen bezüglich der Eisenbahntarife gaben meist den Wirtschaftsinteressen Südafrikas Vorrang gegenüber denjenigen Südwestafrikas.[58]

Die Auseinandersetzungen der frühen 1920er-Jahre

1921 empfahl die Native Reserves Commission, die von den Deutschen eingerichteten, bereits vorhandenen Reservate weiterbestehen zu lassen. Otjohorongo und Aukeigas – das eine im Westen, das andere im Distrikt Windhoek – waren während der Zeit des Kriegsrechts gegründet worden, und 1923 wurden im Süden Reservate in Neuhof und Tses eingerichtet (bei letzterem handelte es sich um Land, das der Gemeinschaft in Berseba abgekauft worden war), Otjimbingue im Zentrum sowie Waterberg East, Otjituo, Aminuis und Epukiro im nordöstlichen Teil der Polizeizone. Weitere kamen später hinzu, so etwa Gibeon und Warmbad im Süden, das Eastern Native Reserve (zwischen Otjituo und Epukiro) und Ovitoto.

Die Umsetzung der Reservatspolitik führte zu offenem Widerstand in einem Ausmaß wie später erst wieder Ende der 1950er-Jahre, und der Staat reagierte darauf häufig mit Gewalt. Es ist zwar richtig, dass mit der Schaffung der Reservate zum Teil dem Wunsch afrikanischer Politiker entsprochen wurde, Land zurückzubekommen, und es stimmt auch, dass Afrikaner in manchen Fällen – zumindest anfangs – nicht benachteiligt wurden. 1925 siedelte man beispielsweise schwarze Viehbesitzer von einer regierungseigenen Farm in Neubrunn nach Otjimbingue um, ‚eine für sie akzeptable Alternative', denn das dortige Land war bekanntermaßen fruchtbar.[59] Insgesamt richtete man die Reservate aber auf wasserarmen Landflächen ein, die zu klein waren, um die dort lebenden Menschen zu ernähren. Zwar gerieten nicht alle sofort in eine Krise, aber die langfristigen Auswirkungen dieser Politik waren schwerwiegend, denn ‚die Bewohner wurden ins Elend getrieben'.[60]

Am frühesten und besonders stark waren hiervon die Bondelswart betroffen, die 1915 zur Zeit der Invasion sehr viel Vieh verloren hatten und außerdem durch einen Zustrom von Siedlern in den Distrikt Warmbad unter Druck gerieten. 1921 sahen sie sich mit neuen Vorschriften konfrontiert, die jungen Männern ausbeuterische Arbeitsverträge aufnötigten, sowie mit einer hohen Steuer auf den Besitz von Hunden, mit denen sie auf die Jagd gingen; diese Maßnahmen und die Auswirkungen von Dürre und Rezession machten sie bitter arm. Sie waren ohnehin bereits radikalisiert, weil die Südafrikaner ihrem Anführer Jacobus Christian nicht erlaubt hatten, nach seiner Rückkehr aus dem Exil 1919 wieder offiziell zu amtieren. Außerdem war im Mai 1922 Abraham Morris – der Leutnant von Jakob Morenga – zu ihnen gestoßen. Im Reservat machten Adam Pienaar und andere Anführer dem allgemeinen Unmut Luft, woraufhin sich die Bondelwart mit Waffengewalt gegen die südafrikanische Verwaltung erhoben.

Die Regierung geriet in Panik, weil sie eine Ausweitung des Aufstandes befürchtete, und der Administrator Gysbert Hofmeyr führte persönlich die Truppen gegen die Rebellen an. Am 29. Mai bombardierten zwei Flugzeuge aus Pretoria Guruchas, wo die Bondelswart Zuflucht gesucht hatten. Am 7. Juni war die Rebellion niedergeschlagen. Von den insgesamt 1000 Bondelswart (darunter 200 Bewaffnete) kamen etwa 100 Männer, Frauen und Kinder ums Leben. Abraham Morris und Adam Pienaar fielen im Kampf, Jacobus Christian wurde gefangen genommen (1924 aber freigelassen und als Anführer anerkannt), und schon wieder beschlagnahmte man das Vieh der Boldelswart. Nicht nur die Ständige Mandatskommission des Völkerbundes, sondern sogar die Siedlerpresse war entsetzt über die Brutalität der Reaktion des Staates.[61]

Die Niederlage der Bondelswart war richtungsweisend für die erste Hälfte der 1920er-Jahre, als das südafrikanische Regime den Widerstand von Afrikanern gegen die Umsiedlung rücksichtlos niederschlug. Es stimmt zwar, dass der Staat in manchen Fällen immer noch zum Einlenken gezwungen werden konnte, zum Beispiel, als die Witbooi sich 1923 erfolgreich der Umsiedlung in das Reservat Tses widersetzten.[62] Dies war jedoch die Ausnahme. Im Osten waren die Herero- und Mbanderu-Anführer Hosea Kutako und Nikanor Hoveka anfangs bereit, sich für eine Umsiedlung von wasserreicherem, aber auch weniger sicherem Land in Zentralnamibia in die neuen Reservate Aminuis und Epukiro auszusprechen. Ihre Hoffnungen zerschlugen sich jedoch, als ihnen die unwirtlichen wirtschaftlichen Bedingungen dieser östlichen Halbwüstengebiete klar wurden: 1924 fanden sie heraus, dass das Gebiet, das ihnen die Regierung anbot, keineswegs in Epukiro lag, sondern dreißig Meilen *hinter* dem Ort; Kutako beschrieb diesen Landstrich als ‚Wüste, in der nie zuvor ein menschliches Wesen gelebt hatte'.[63] Er widersetzte sich daraufhin der Umsiedlung, aber Bombardements in den Hügeln um Orumbo im Distrikt Windhoek, in denen Otjiherero-Sprecher lebten, führten sie dann zwangsweise herbei.[64]

Auch die Städte Namibias waren zu jener Zeit Schauplatz von Unruhen. In Windhoek gipfelte der Widerstand gegen Steuern, die bei dortigen Bewohnern eingezogen wurden, 1924 in einem breit angelegten Steuerboykott. Außerdem gab es Versuche, eine Passpflicht für schwarze Erwachsene (mit Ausnahme verheirateter Frauen) in den Lokationen einzuführen. Die Proteste wurden schließlich nach und nach durch die Umsetzung der Natives (Urban Areas) Proclamation in der Stadt erstickt. Auch in den ländlichen Gebieten regte sich auf den unteren Ebenen viel Widerstand gegen den Staat und die weißen Siedler; so umgingen Farmarbeiter die Vorschriften oder widersetzten sich ihnen, und es gab Angriffe durch verfolgte San-Gruppen.[66]

Abb. 21: Der Herero-Politiker Hosea Kutako erreichte ein gesegnetes Alter und war in der Nachkriegszeit einer der Begründer der nationalistischen Bewegung in Namibia. Dieses Foto wurde 1956 von Anneliese Scherz in Windhoek aufgenommen. Kutako war damals ungefähr sechsundachtzig Jahre alt.[65]

Der aktive Widerstand gegen den Staat erreichte seinen Höhepunkt mit der Rehobother Rebellion in den Jahren 1923–25. Anfangs hatte die südafrikanische Verwaltung der Baster-Gemeinschaft im Rehoboth-Gebiet den Eindruck vermittelt, sie würde die privilegierte Stellung, die sie unter den Deutschen innehatte, auch weiterhin behalten. In den Anfangsjahren südafrikanischer Herrschaft ließen sich viele schwarze Viehhalter in diesem Gebiet nieder, die von den Bastern Land pachteten: 1925 bestand die Bevölkerung aus 3.500 Bastern, 2.500 Schwarzen (größtenteils, aber nicht ausschließlich Herero) und etwa dreißig Weißen. Solche ‚Landnahmen' waren durch die Proklamation 11 aus dem Jahre 1922 für rechtswidrig erklärt worden, aber diese Gesetzgebung konnte in Rehoboth erst nach Niederschlagung der Rebellionumgesetzt werden.

1923 versuchte der Staat, über das Rehoboth-Gebiet ein neues ‚Baster Agreement' (Baster-Vereinbarung) zu verhängen. Die Mehrzahl der Rehobother Bürger lehnte dies jedoch ab und bildete stattdessen eigene Regierungseinrichtungen. Viele Mitglieder dieser ‚Rebellen'-Fraktion stammten zwar aus der Reservats-Oberschicht, aber sie erhielt auch breite Unterstützung durch Squatter (illegale Landbesetzer), die ihre Interessen durch die Absicht des Staates gefährdet sahen, sie in andere Reservate umzusiedeln. Schließlich verlangte die Verwaltung, dass zum 1. März 1925 den neuen Vorschriften zur Markierung von Vieh mit Brandzeichen nachgekommen werden sollte, und erzwang dadurch eine entscheidende Kraftprobe. Es kam zu Unruhen, am 5. April war Rehoboth von südafrikanischen Streitkräften umzingelt, und am Himmel kreisten drei Flugzeuge der südafrikanischen Luftwaffe. Die Truppen marschierten ein und verhafteten 632 Personen (den Aufzeichnungen zufolge 289 Baster, 218 Herero, 75 Nama und 50 Damara).[67]

Die Niederschlagung in Rehoboth läutete faktisch das Ende der heftigen Proteste ein, die in der ersten Hälfte der 1920er-Jahre sowohl auf dem Land als auch in den Städten laut geworden waren. Die Unruhen wurden nicht durch eine explizit nationalistische Agenda genährt – diese kam erst später auf –, sondern unter anderem durch eine Vielzahl von Ideologien und neuen Organisationen, von denen manche nur kurz, aber heftig aufflackerten, andere mit tieferen Wurzeln jedoch sehr viel weitreichenderen Einfluss erlangten. Die South African Industrial and Commercial Workers' Union (ICU, Südafrikanische Gewerkschaft der Arbeiter in Industrie und Handel) – die vor allem Arbeiter aus Süd- und Westafrika und der Karibik vertrat – richtete 1920 eine Zweigstelle in Lüderitz ein. 1922 wurde von S.M. Bennett Ncwana in Lüderitz der South West African National Congress (Südwestafrikanischer Nationalkongress) ins Leben gerufen; und die African People's Organisation (Afrikanische Volksorganisation) sowie der African National Bond (Afrikanischer Nationalbund), beides Vertretungen der Coloureds vom Kap, wurden 1920 bzw. 1925 in Windhoek gegründet. Diese Organisationen hatten nur begrenzten Einfluss, weil sie nur ein schmales Interessenspektrum vertraten und einer ‚Teile-und-herrsche'-Politik seitens der Verwaltung ausgesetzt waren. Wesentlich effektiver war demgegenüber die Universal Negro Improvement Association (UNIA, Universale Vereinigung zur Besserstellung der Neger): Sie gründete 1921 ihre erste Zweigstelle in Lüderitz, hatte jedoch 1922 eine Niederlassung in Windhoek, und zu ihrem Vorstand gehörten Hosea Kutako, Aaron Mungunda (Kutakos Bruder) und andere Herero-Politiker sowie die beiden bedeutendsten Damara-Politiker in der Hauptstadt, Frans ǁHoesemab und Alpheus Harasemab.

Die UNIA war 1914 in Jamaika von Marcus Garvey gegründet worden und gewann aufgrund ihrer Forderung nach Rechten für Afrikaner und ihrer antikolonialistischen und pan-afrikanischen Ideologie ab 1916 massenweise Anhänger in den USA. Der Aufruf der Organisation, dass ‚… Schwarze an einem Strang ziehen und all ihre Stimmen zu einer einzigen vereinen [sollten], dann werden sie ihre Freiheit bekommen, denn dies ist ihr Land'[68] verbreitete sich in Namibia in Windeseile in den Städten und auf dem Land, und zwar bis hin zum Königreich Uukwambi im Norden. Zum Leidwesen der Anführer der Organisation interpretierten viele Menschen diese Botschaft als eine Art millenaristisches Heilsversprechen, dass die Amerikaner kommen und sie befreien würden. Die Bewegung genoss großen Rückhalt bei allen ethnischen Gruppen in Zentralnamibia. Bei Siedlern und Verwaltung nährte sie eine Atmosphäre von Anspannung und Angst, und dies war der Hintergrund für die beiden größeren Aufstände und die vielen kleineren Unruhen in jener Zeit. Die Unterstützung für die UNIA erreichte 1923 ihren Höhepunkt, ließ jedoch rasch nach, als das Erscheinen der Amerikaner ausblieb.[69]

Anfang der 1920er-Jahre gärte es in Namibia, und in Ansichten und Handeln der Menschen verflochten sich neue Ideologien mit älteren Institutionen und Praktiken. Otjiherero-Sprecher nahmen in der UNIA eine wichtige Rolle ein, was vermuten lässt, dass die neue traditionalistische Bewegung bei den Herero und die *oturupa* (die ‚Truppenspielerbewegung') von Garveys Gedankengut beeinflusst war. Ab 1920 lehnten Otjiherero-Sprecher zunehmend die Missionskirchen ab, da diese ihre älteren Gesellschaftsstrukturen und kulturellen Normen zersetzten, und ließen Bräuche wie das Anzünden des Heiligen Feuers (*okuruuo*) – das bei den Herero im Mittelpunkt des rituellen stand –, Polygynie und das Feilen der Zähne wieder aufleben.[70] Diese Bewegung erhielt großen Auftrieb durch die zeremonielle Bestattung von Samuel Maharero in Okahandja im Jahr 1923 (er war kurz zuvor in Botswana gestorben), die zur Entstehung eines neuen Identitätsgefühls als ‚Herero' beitrug. Zugleich entfaltete auch die *oturupa*-Bewegung immer mehr Aktivitäten. Bis in die späten 1930er-Jahre fungierte sie zum Teil als Stimme für jüngere, unzufriedene und ärmere Männer (und wahrscheinlich auch für manche Frauen) und war häufig Zielscheibe der Kritik durch Kutako. Truppenorganisationen gab es auch bei Damara und Ovambo. Angesichts der starken Repressionen in dieser Zeit war es aber wohl unvermeidlich, dass diese Bewegungen sich aus den aktiven Protesten zurückzogen und stattdessen die alternative Vision eines Freiraums jenseits der Kolonialherrschaft pflegten, in dem traditionelle Bräuche in gewisser Form weiter ausgeübt werden konnten, auch wenn politische Macht inzwischen der Vergangenheit angehörte.[71]

Die allgemeinen Proteste der frühen 1920er-Jahre gingen unmittelbar darauf zurück, dass die Regierung Erwartungen nicht erfüllte, die sie – oft mit Absicht – während der Zeit des Kriegsrechts geweckt hatte.

Dass der Staat diesen Widerstand niederschlagen konnte, lag vor allem an seiner militärischen Überlegenheit. Dadurch blieb die enorme, auf Rassenzugehörigkeit beruhende Ungleichheit in Bezug auf Land, Vermögen und Rechte weiter bestehen, die während der deutschen Kolonialzeit eingeführt worden war. Besonders der Einsatz von Flugzeugen zum Zweck der Zerstörung (oder deren Androhung) ‚veränderte komplett das Gesicht des Guerillakrieges in der Kolonie und war ein mächtiges Symbol kolonialer Überlegenheit, mit dem man die Kolonialisierten einschüchtern konnte'.[72] Paradoxerweise waren jedoch die Einflussmöglichkeiten des Staates im normalen Alltag sehr viel stärker begrenzt als in Krisenzeiten. Dies änderte sich erst mit der Wirtschaftskrise und Dürre Ende der 1920er-Jahre.

Die Wirtschaftskrise und die ‚Hungersnot der Dämme'

1928/29 kündigte sich die schlimmste Trockenperiode der Zeit zwischen den Weltkriegen an: In den folgenden fünf Jahren lag die Niederschlagsmenge überall im Land 60 Prozent unter dem Durchschnitt. Ungefähr zur gleichen Zeit drosselten die Minen erst ihre Produktion und schlossen dann völlig, da Namibia die Auswirkungen der Weltwirtschaftskrise zu spüren bekam. Der Erlös aus Diamantenverkäufen fiel von über 2 Millionen Pfund Sterling vor der Rezession auf nur 91 000 Pfund Sterling im Jahr 1933. Die jährlichen Einnahmen der Verwaltung sanken katastrophal, wodurch es zu einem großen Haushaltsdefizit und Ausgabenkürzungen kam.[73]

Dürre und Depression forderten bei den Menschen einen hohen Tribut. In der Polizeizone brachte man schwarze Viehhalter gewaltsam von Farmen, die Weißen gehörten, in Reservate, und mittellos gewordene Weiße und Schwarze machten sich in großer Zahl auf den Weg nach Windhoek und in andere städtische Zentren. Weiße Farmer und Arbeiter erhielten Unterstützung vom Staat, und in der Hauptstadt bauten weiße Arbeiter im Rahmen eines Hilfsprojekts den Avis-Damm. Schwarze Viehhalter erhielten in deutlich geringerem Umfang Unterstützung, und es gab nur wenige Arbeitsbeschaffungsmaßnahmen für die vielen afrikanischen Arbeitslosen. Allerdings wurden in Windhoek etwa hundert Arbeiter eingestellt, um 1932–33 die Anordnung der Lokation zu reorganisieren.[74]

In Owambo reagierte der Staat jedoch sehr viel aktiver auf Hungersnot und wirtschaftliche Rezession und nutzte die Gelegenheit für maßgebliche Eingriffe.[75] Trotz der Niederlage Mandumes im Jahr 1917 war die Macht der Verwaltung im Norden noch immer stark begrenzt. Allerdings höhlte sie bereits die Unabhängigkeit des Gebietes aus, und zwar durch ihre Isolationspolitik, die nach und nach zur Schließung der Grenze nach Angola führte, und durch den Ausschluss Owambos von den Märkten Südwestafrikas. Außerdem behielten zwar die Menschen im Norden einen Großteil ihres Landes (zumindest auf der südwestafrikanischen Seite der Grenze), doch 1926 trat Südafrika die umstrittene ‚Neutrale Zone' an der Grenze zwischen Angola und Namibia an Portugal ab. Die dadurch entstandene neue Grenze wurde von den Einheimischen *onhaululi*, ‚die trennende Straße', genannt, und war – so berichtet der Historiker Petrus Ngongo – sogar in den 1990er-Jahren ‚vielen Leuten immer noch verhasst'.[76] Kwanyama, die in der Neutralen Zone wohnten und von denen viele bereits vor dem strengeren Steuer- und Arbeitssystem in Angola geflohen waren, wanderten nun nach Süden; in den 1930er-Jahren gründeten dann viele von ihnen Siedlungen in der ‚Wildnis' auf zuvor nicht bewirtschaftetem Land im östlichen Oukwanyama.[77]

Dennoch machte sich der Kolonialismus in den 1920er-Jahren in Owambo nur am Rande bemerkbar. Bis Ende der 1920er-Jahre gab es keine Versuche, die Bevölkerung zu entwaffnen, und es wurden ihr auch keine Steuern auferlegt; besonders wenig Kontakt mit Europäern hatten die westlichen Gebiete. Auch der Regierungsapparat war immer noch sehr klein. C.H.L. (‚Cocky') Hahn, der von 1920 bis 1947 Native Commissioner (Eingeborenenkommissar) war, legte den Grundstein für eine systematische indirekte Herrschaft, bei der die Regierungsgeschäfte über zumindest offiziell gefügige Ratsmitglieder, *headmen* oder Könige in jedem der Ovambo-Gemeinwesen liefen.[78] Die Ovambo-Gemeinschaften behielten auch ein gewisses Maß an Einflussmöglichkeiten durch ihre

Beteiligung am Wanderarbeitssystem, wie sich an der damals anhaltenden Arbeiterknappheit in den Minen Südwestafrikas zeigt. Die Zahl der Arbeiter, die vom Norden in die Polizeizone wanderten – zwischen 1926 und 1930 durchschnittlich etwa 6000 pro Jahr[79] – blieb beständig niedriger als in der Spätzeit deutscher Herrschaft. Dass die meisten von ihnen – wenn auch nicht alle – nach Ablauf ihrer Verträge wieder in den Norden zurückkehrten, lag zum einen am sozialen Zusammenhalt im Norden, zum anderen an kolonialen Vorschriften. In den 1920er-Jahren handelte es sich bei den meisten Wanderarbeitern immer noch um junge Männer, die nicht davon ausgingen, dass sie weiterhin Arbeitsverträge abschließen würden, wenn sie erst einmal verheiratet waren. Diejenigen, die eine Anstellung fanden, wollten sich ihren Arbeitsplatz gerne selbst aussuchen und wehrten sich gegen schlechte Arbeitsbedingungen, so beispielsweise durch einen Boykott der Diamantminen Anfang der 1920er-Jahre aufgrund der hohen Sterblichkeit unter den dortigen Arbeitern.

Als Reaktion auf die Probleme bei der Beschaffung von Arbeitskräften versuchten Arbeitgeber und Staat, Anreize für eine Arbeitermigration zu schaffen (in Ondonga wurde 1925 ein Kaufladen eröffnet, um die Geldwirtschaft anzukurbeln) und Kontraktarbeiter zu reglementieren und zu maßregeln. So unterzog man sie beispielsweise entwürdigenden körperlichen Untersuchungen und stufte sie nach ihrem angeblichen Gesundheitszustand ein; außerdem wurden sie gezwungen, Pässe bei sich zu tragen. 1924 wurde die Nordgrenze der Polizeizone offiziell als Veterinärgrenze in Betrieb genommen und im Jahr darauf erstmals als rote Linie auf einer Landkarte eingetragen. Daraufhin machte sich die Verwaltung daran, die Grenzposten mit Personal zu besetzen, sodass die Bewegungen von Arbeitern zwischen Owambo und der Polizeizone fortan wesentlich strenger überwacht und kontrolliert wurden. Mit Gründung der Southern Labour Organisation (SLO, Südliche Organisation für Arbeitskräfte) und der Northern Labour Organisation (NLO, Nördliche Organisation für Arbeitskräfte) wurde 1925 außerdem das Anwerbeverfahren neu organisiert. Die in südafrikanischem Besitz befindlichen Diamantminen warben Arbeiter über die SLO an, die unter den Lohnarbeitern aus Owambo die erste Wahl hatte. Die NLO besorgte Arbeiter für die Kupfermine in Tsumeb, die sich in deutschem Besitz befand; sie war anfangs vor allem im dünn besiedelten Kavango-Gebiet aktiv, ab 1929 dann in Caprivi.[80]

Dennoch war die Kolonialregierung in den 1920er-Jahren weit mehr an Owambo interessiert als an den anderen nördlichen Gebieten, wo sie sich dann und wann aktiv einmischte. 1923 wurde der nördliche Teil von Kaoko in drei Reservate unterteilt: jeweils eines für Herero, Tjimba und Himba (in Wirklichkeit fließende ethnische Kategorien). Im südlichen Kaoko gab es außerdem Gemeinschaften von Herero, Nama und Damara. Was Arbeitskräfte betraf, so war dieses Gebiet für den Staat kaum von Interesse, da es nur sehr dünn bevölkert war. Die Verwaltung verfolgte vielmehr das Ziel, Kaoko zu isolieren, unter anderem, um weiße Siedler in der Polizeizone vor der Konkurrenz durch qualifizierte schwarze Viehhalter zu schützen. Diese Politik ließ sich in den 1920er-Jahren nicht sehr wirksam umsetzen (Afrikaner konnten Grenzkontrollen umgehen, und die Region war damals außerdem von der Ideologie Garveys durchdrungen), aber ihre Einführung ließ dennoch die Absichten der Regierung im Hinblick auf diese Viehhaltergesellschaften erkennen, deren Wirtschaft und letztlich auch Überleben von ihrer Mobilität abhing. In Kavango legte die Verwaltung ein Veto gegen die Entscheidung des Shambyu-Ältestenrats bei der Wahl des neuen Königs ein und vergab das Amt stattdessen an ihren eigenen Wunschkandidaten. Insgesamt war das Verhältnis zwischen den Herrschern in Kavango und der südafrikanischen Obrigkeit aber kooperativ. Diese Zusammenarbeit wurde den Monarchen zwar aufgezwungen, trug aber nichtsdestoweniger zu einer Stärkung ihres Einflusses in ihren eigenen Herrschaftsbereichen bei. An Caprivi, das zwischen 1922 und 1929 vom Protektorat Bechuanaland aus regiert wurde, hatte die Verwaltung von SWA in den 1920er-Jahren jedoch kein Interesse. Es wurde in eine östliche und eine westliche Region unterteilt; erstere wurde vom Distriktskommissar von Kasane verwaltet, letztere von demjenigen von Maun. Besonders das östliche Caprivi war damals nicht so isoliert wie die nördlichen Gebiete Namibias, und vor allem der Handel florierte.[81]

Das Interesse der Regierung richtete sich im Norden also auf das große Arbeitskräftepotenzial, und als 1928 im östlichen Owambo die Regenfälle ausblieben, witterte die Verwaltung eine Möglichkeit, die Machtverhältnisse zu ihren Gunsten zu verlagern. Da die Minen Arbeiter entließen, wurden in der Polizeizone Straßenbau- und andere Projekte für männliche Ovambo-Arbeiter eingerichtet. In Owambo selbst waren die üblichen Strategien der Bevölkerung im Umgang mit Hungersnöten bald erschöpft, und die Verwaltung rief ‚Nahrung-für-Arbeit'-Programme ins Leben, in denen vor allem Frauen und Kinder arbeiteten: Zunächst (ab August 1929) bauten sie Dämme in Ondonga, später – als sich die Hungernot verschlimmerte – auch in anderen Gegenden. Im Westen, wo der Hunger später einsetzte, aber letztlich noch mehr Not verursachte, wurde allerdings nicht viel unternommen. Bemerkenswerterweise unternahm König Martin von Ondonga selbst wirksame Schritte, um seine Untertanen zu ernähren: Er kaufte Getreide auf eigene Kosten.

Diese politische Taktik zwang körperlich gesunde Männer in großer Zahl, Kontraktarbeit in der Polizeizone aufzunehmen – unter anderem, weil man Frauen nicht an den Dämmen arbeiten ließ, wenn ihre Ehemänner im Norden blieben. Ebenfalls Ende der 1920er-Jahre wurde die Gesundheitsversorgung für Wanderarbeiter verbessert, und das Gleiche galt für das Transportwesen aus und nach Owambo. Durch solche Maßnahmen versprach sich die Verwaltung zweifellos ein zusätzliches Arbeitskräfteangebot aus dem Norden in Zeiten, in denen es wieder benötigt würde. Unterdessen machten in dieser Zeit die meisten Frauen erstmals Bekanntschaft mit dem Kolonialstaat, der ihnen nunmehr einen Platz als ‚autarke ländliche Bevölkerung' zuwies, ‚die sich durch Landwirtschaft selbst versorgt und von traditionellen Anführern und männlichen Lineage-Ältesten regiert wird'.[82] Wie wir weiter unten sehen werden, führte ein solch konservatives Bild der Ovambo-Gesellschaft und ihrer ‚Traditionen' unmittelbar dazu, dass Frauen an Macht verloren und ihr Handlungsspielraum eingeschränkt wurde. Obwohl während der Hungersnot nur wenige Menschen starben, hinterließ sie bittere Erinnerungen: ‚Es hieß, die Leute würden Essen bekommen, aber in Wirklichkeit zwang man sie zum Arbeiten'.[83] Damals wurde ,Ovamboland' offiziell zum Reservat erklärt, und der Staat führte für Ovambo-Männer formell eine Kopfsteuer ein (die jedoch bis nach der Weltwirtschaftskrise ausgesetzt wurde). Da diese nicht nur mit Geld, sondern auch mit Getreide bezahlt werden konnte, betraf auch diese Maßnahme unmittelbar die Frauen, denn sie bauten die Feldfrüchte an, und ihnen gehörten diese auch.[84]

Die Geschichtsschreibung über die nordöstlichen Gebiete zu jener Zeit ist sehr spärlich, aber vermutlich grassierte die Hungersnot auch dort: Bei den Gciriku im Kavango gibt es jedenfalls Überlieferungen, dass dort Hunger geherrscht habe.[85] Kaoko wurde 1928 von einer Hungersnot heimgesucht, der die Menschen den Namen *katurambanda* gaben, ,das Weichklopfen von Lederkleidung (um sie zu essen)'. Die Zustände waren dort besonders schlimm, unter anderem, weil die Verwaltung sich kaum um Hilfsgüter kümmerte. Außerdem war die Kaoko von der Kolonialverwaltung auferlegte Isolation zwar noch nicht völlig durchsetzbar, aber sie erschwerte dennoch den Handel mit Lebensmitteln erheblich und erhöhte den Druck auf Weideland und Wasser. Die Lage verschlimmerte sich 1929–31, als man 1200 Menschen aus dem Süden ins Zentrum von Kaoko umsiedelte, ,eine der größten Zwangsumsiedlungen in der Kolonialgeschichte Namibias'.[86]

Straffere Kontrollen: Die 1930er-Jahre

Nach Ende der Depression machte der Staat unmissverständlich klar, dass er seine Macht in Owambo stärker geltend machen wollte. Iipumbu, der König von Uukwambi, hatte sich Hahn Anfang der 1920er-Jahre ungestraft widersetzt und sich geweigert, eine hohe Geldstrafe zu zahlen. Außerdem geriet er mit den örtlichen Missionaren aneinander, da diese in seinem Königreich immer mehr Menschen bekehrten, und belagerte Anfang 1932 die finnische Missionsstation. Durch diese bewaffnete, aber unblutige Aktion wollte er eine seiner Untertaninnen zurückholen, Nekalu ya Shivute, die Zuflucht in der Mission gesucht hatte – wahrscheinlich, um Iipumbus sexuellen Avancen zu entkommen. Obwohl die Verwaltung häufig mit den Missionaren in Streit lag, nutzte sie die Gelegenheit und verhängte eine Geldstrafe über Iipumbu. Als der König die Zahlung verweigerte, schickten die Südafrikaner eine kleine Streitmacht gegen ihn ins Feld und zerstörten seinen Palast durch Luftbomben. Es kam zwar nicht zu Blutvergießen, aber der König war dennoch so eingeschüchtert, dass er ins Kavango-Gebiet floh. Die Verwaltung erklärte, dass ‚auf Jahre hinaus, wenn überhaupt, keine Probleme mit den Eingeborenen [in Ovamboland] zu erwarten sind' – eine Behauptung, die zweifellos zu den irrigsten politischen Prognosen in der Geschichte Afrikas gehört. Zwar spielte Widerstand gegen die Kolonialmacht bei Iipumbus Vorgehen eine wichtige Rolle, aber er war ein Mann mit vielen Gesichtern. Seine Reaktion auf die zunehmenden Spannungen der Kolonialzeit bestand darin, dass er sich bei manchen seiner Untertanen gewaltsam Autorität verschaffte. So soll er mehrere Frauen vergewaltigt haben, und er ließ Männer erschießen, denen man homosexuelle Handlungen vorwarf. Schon vor seiner Absetzung waren unzufriedene Kwambi aus dem Königreich geflohen. Zwistigkeiten innerhalb Uukwambis selbst trugen daher erheblich zur Entstehung der Krise bei, die der kolonialen Obrigkeit dann die Gelegenheit zum Eingreifen bot.[87]

Nach Iipumbus Niederlage straffte die Verwaltung in den Ovambo-Königreichen die Zügel. Aus *headmen* bestehende Ratsversammlungen – die von Hahn bevorzugte Lösung – waren inzwischen in Uukwambi und Oukwanyama eingesetzt worden. In Ondonga, Uukwaluudhi und Ongandjera wurden die Herrscher, deren Machtanspruch noch aus der Zeit vor dem Kolonialismus stammte, allmählich alt. Dort konnte Hahn zunehmend durch seine Autorität den Einfluss jüngerer, als ‚fortschrittlicher' geltender Männer stärken und dafür sorgen, dass sie die Thronfolge antraten. Darüber hinaus gelang es ihm, den Ovambo-Gemeinwesen die meisten ihrer Waffen abzunehmen, sodass sie 1937 so gut wie völlig entwaffnet waren. An die neueren Monarchen – wie Sheya und Uushona in Ongandjera – sind ähnliche Erinnerungen wach wie an die ‚schlechten Könige' der vorkolonialen Zeit: Über Sheya wird beispielsweise erzählt, er habe seine Pferde auf den Feldern der Armen grasen lassen. Nach dem Zweiten Weltkrieg führten die Unbeliebtheit dieser neuen Herrschergeneration und ihre Zusammenarbeit mit der Verwaltung zu einer Legitimitätskrise der traditionellen Herrschaft, da sich die Untertanen der Könige lieber den Kirchen und den neuen nationalistischen Bewegungen zuwandten.[88] Mwala von Uukwaluudhi ist demgegenüber als unabhängiger König in Erinnerung geblieben, der frühere Missstände behob und am Ende seines Lebens mit der Verwaltung aneinandergeriet; Shigwedha zufolge gilt er als ‚vorbildlicher guter Omukwaniilwa'.[89]

Auch in Kaoko mischte sich die Kolonialverwaltung zu jener Zeit stärker ein. Nach einem Prozess, bei dem es um Mord und den Abschuss von Elefanten ging, verhaftete die Verwaltung 1935 den Himba-Anführer Vita Tom und dessen Verbündeten Thomas Mutate. Damit lösten die Behörden ihr jahrzehntelanges Bündnis mit den beiden Männern auf, durch das diese imstande gewesen waren, die Region – häufig unter Gewaltanwendung – zu beherrschen. Hahn ersetzte Tom durch einen aus sieben Herero bestehenden ‚Stammesrat', aus dem später der Kaokoland Tribal Council (Stammesrat von Kaokoland) wurde. Auch die Isolierung des Gebietes wurde 1939–40 durch die Errichtung von sechs Polizeiposten am Kunene vorangetrieben, die den Handel mit Angola unterbinden sollten.[90]

Im Kavango-Gebiet zeigte die Kolonialmacht 1936 unmittelbar Präsenz und gründete Rundu als Residenz des Eingeborenenkommissars. Caprivi ging 1929 in den Zuständigkeitsbereich Windhoeks über, offenbar auf Geheiß der Ständigen Mandatskommission. Im Osten und Westen wurden Polizeikräfte stationiert, und es wurden verschiedene Maßnahmen ergriffen, so etwa 1930 der Bau einer Straße vom Kwando-Fluss nach Katima Mulilo und Schuckmannsburg. Außerdem erhielten Chikamatondo und Lefani Mamili (der Nachfolger von Simaata Mamili) Unterhaltszahlungen vom Staat. 1930 führte die Verwaltung eine Besteuerung der erwachsenen Männer ein, und im Jahr darauf erfolgte eine Registrierung von Feuerwaffen. Trotzdem blieb Caprivi in dieser Zeit ‚ein Anhängsel oder eine Fußnote Südwestafrikas'. 1939 wurde der Caprivi-Streifen unmittelbar der Zuständigkeit Südafrikas unterstellt, angeblich, weil er von Windhoek aus schwierig zu verwalten war, wahrscheinlich aber, weil die Südafrikaner dessen strategische Bedeutung erkannt hatten.[91]

Diese Veränderungen waren von erheblichen gesellschaftlichen Umbrüchen begleitet, die zum Teil durch die Erfahrungen von Wanderarbeitern, vor allem aber durch die Ausbreitung des Christentums ausgelöst wurden. Ab 1920 wurden in Owambo jedes Jahr mehrere hundert Menschen (manchmal sogar mehr) Lutheraner; Schätzungen zufolge gab es 1951 bei einer Gesamtbevölkerung von 198 000 Menschen 71 000 Christen (Lutheraner, Katholiken und Anglikaner). Die meisten Konvertiten waren ärmere einfache Bürger, denen das Christentum in vielen Fällen neue Freiheiten schenkte oder Schutz bot. Aber auch Angehörige der Oberschicht wandten sich in manchen Gemeinwesen allmählich der neuen Religion zu (allerdings nicht in allen: Uukwaluudi zum Beispiel hatte erst 1961 einen christlichen König).[92]

Den Missionaren waren aus ideologischen Gründen viele Aspekte der Ovambo-Kultur ein Dorn im Auge, so etwa Kleidung, Rituale und Brautgeld. In den 1930er-Jahren entbrannten heftige Auseinandersetzungen über die Mädcheninitiation und insbesondere den Brauch, Brautgeld zu zahlen, da die Oberhäupter der über die weibliche Linie organisierten Abstammungsgruppen (Matriklane) und die Ovambo-Könige feststellten, dass die Missionare zusehends ihre Macht untergruben. Von Hahn und der Verwaltung erhielten die Missionen jedoch bei diesen Konflikten nur wenig Unterstützung. Die Politik des Staates zielte darauf ab, eine ‚Enttribalisierung' zu verhindern und sicherzustellen, dass Owambo weiterhin ein sich ständig regenerierendes Reservoir für Wanderarbeit blieb. Aus diesem Grund war ihm an einer sozialen Stabilität der Bevölkerung gelegen; dabei sollte die Gesellschaft insbesondere in den produktiven und reproduktiven Rollen der Frauen verankert sein – denen man bereits 1918 die Abwanderung aus Owambo verboten hatte.[93] In den 1930er-Jahren verfolgten Beamte diese Ziele außerdem dadurch, dass sie Traditionen aufzeichneten und befürworteten, die sie für unveränderlich und zeitlos hielten. Hahn war in dieser Hinsicht besonders aktiv und besuchte und fotografierte beispielsweise Initiationszeremonien für Mädchen – was in völligem Gegensatz zur Herangehensweise der Missionare stand. In Wirklichkeit verstand der Staat unter ‚Tradition' eine neue, rigidere Version von zuvor recht flexiblen Herrschaftsregeln und kulturellen Richtlinien. Dieses Traditionsverständnis diente in der Praxis dazu, Frauen zu objektivieren und ihrer Macht zu berauben. So führten die konservativen Ansichten der Verwaltung Frauen gegenüber offenbar unmittelbar dazu, dass diese Landrechte einbüßten; außerdem hatten die Kampagnen der Missionen gegen Polygynie eine Marginalisierung geschiedener Frauen zur Folge.[94]

Die Veränderungen im Norden vollzogen sich in Zusammenhang mit einer allgemeinen Erholung der Wirtschaft. Im November 1933 endete die Dürreperiode, es gab vielerorts Überschwemmungen und in den folgenden elf Jahren fielen ausreichend Niederschläge (mit einer kurzen Unterbrechung 1940–41). 1936 hatte man das Siedlungsprogramm wieder aufgenommen, das *veld* war nachgewachsen, und die Farm- und Minensektoren hatten sich erholt. Zwar herrschte in der Polizeizone wieder Arbeitskräftemangel, aber die Zahl der in den nördlichen Gebieten angeworbenen Kontraktarbeiter nahm im Vergleich zur Zeit vor der Depression beträchtlich zu: In den Jahren von 1937 bis 1940 waren es jeweils insgesamt zwischen 8458 und 9705. 1935 wurde durch Proklamation 29 die Mindestlaufzeit von Verträgen auf achtzehn Monate festgesetzt. Die Arbeiter verloren dadurch zwar einen großen Teil ihrer früheren Einflussmöglichkeiten auf das System, konnten ihm aber gelegentlich immer noch erfolgreich die Stirn bieten: 1938 musste Consolidated Diamond Mining (CDM) die Anwerbung von Arbeitern in Owambo beenden, weil es Proteste wegen neuer Röntgengeräte in Oranjemund gab.[95]

Die wichtigste wirtschaftliche Veränderung war der zunehmende Erfolg der landwirtschaftlichen Betriebe, die sich im Besitz von Weißen befanden. Zu jener Zeit war Bergbau *nicht* der Hauptwirtschaftsfaktor: 1921 erzielte er zwar 58 Prozent des Bruttoinlandsproduktes, erreichte diesen Stand aber erst wieder nach dem Zweiten Weltkrieg. Der Landwirtschaftssektor verdankte seinen Aufschwung hauptsächlich der Expansion der Karakulschafzucht. Farmer konnten die kostbaren Felle von Eintagslämmern gegen bares Geld verkaufen. Dadurch waren sie in der Lage, Liquiditätskrisen zu bewältigen und der Schwerindustrie beim Anwerben von Arbeitskräften Konkurrenz zu machen (obwohl sie nur etwa ein Drittel des Lohns zahlten, den es in den Minen gab): Ab 1935 gingen mehr Wanderarbeiter auf die Farmen als in die Minen. Während des Zweiten Weltkriegs nahm die Bedeutung des Landwirtschaftssektors noch weiter zu; damals schlossen Minen, doch die Landwirtschaft boomte, weil in Südafrika und Übersee eine große Nachfrage nach Lebensmitteln bestand. Dies führte 1943 zum Zusammenschluss der NLO und SLO zu einer einzigen Organisation, der South West Africa Native Labour Association (SWANLA, Vereinigung für Eingeborenenarbeit in Südwestafrika), die künftig das Sagen über sämtliche in der Polizeizone beschäftigten Arbeiter hatte.[96]

In den 1930er-Jahren wurde den Farmen der Weißen auch neue staatliche Unterstützung zuteil, teils in Form neuer Wirtschaftsverbände für Landwirtschaftsprodukte, teils durch stärkere Überwachung der Reservate, damit schwarze Farmer keine Konkurrenz darstellen konnten. Letztere mussten feststellen, dass ihr Zugang zu Märkten innerhalb der Polizeizone stark eingeschränkt war, sodass Händler, die von Afrikanern Vieh kauften, für gewöhnlich die Preise weit unterhalb des Marktkurses ansetzen konnten. Zusammen mit der zunehmenden Belastung der fragilen Ökologie führte dies generell zu größerer Armut in den Reservaten, wobei schwarze Viehhalter mancherorts aber immer noch Handlungsspielraum hatten – so etwa im Reservat in Otjimbingue, wo das fruchtbare Flussbett die Ernährung einigermaßen sicherte. Selbst dort benötigten sie aber Bargeld, um die von der Regierung auferlegten Steuern und Gebühren zu bezahlen. Dadurch wurde Wanderarbeit unabdingbar, was zu einer zunehmenden Aushöhlung der örtlichen Wirtschaft führte.[97]

Auf politischer Ebene gab es unterschiedliche Reaktionen auf diese Belastungen. In den östlichen Reservaten waren Herero-Politiker wie Hosea Kutako bis zu einem bestimmten Grad bereit, Kompromisse mit der Verwaltung zu schließen und sich außerdem für die Interessen der

Oberschicht einzusetzen; so forderten sie beispielsweise eine Kopfsteuer anstelle der Weidegebühren. Meinungsverschiedenheiten in den Reservaten entzündeten sich sowohl an wohlhabenderen Viehbesitzern als auch an der Verwaltung; Ausdruck verliehen ihnen unter anderem die *otjiserandu*. Kutako erging sich allerdings auch in heftigen Verbalattacken gegen die Verwaltung. So unterbreitete er beispielsweise der Südwestafrika-Kommission im Jahr 1935 eine ‚wortgewandte und schneidende Abrechnung mit der südafrikanischen Herrschaft in Namibia', in der er die Regierung mit dem deutschen Regime und Afrikaner mit Gefangenen verglich. Andere *headmen* jedoch wurden 1938 in Soromas (Joseph Frederick) und Berseba (Diedrich Goliath) von der Verwaltung abgesetzt. Der letztgenannte Fall ist besonders aufschlussreich im Hinblick darauf, wie komplex das Wechselspiel zwischen Lokalpolitik und Staat werden konnte. Goliath, der 1933 *kaptein* wurde, erhielt seitens der Bevölkerung sehr viel Rückhalt, weil er Weidegebühren ablehnte, selbst Recht sprach und Pässe ausstellte und sich außerdem weigerte, den leitenden Beamten der Lokation mit ‚Sir' anzureden. Aber er war nicht nur in Auseinandersetzungen mit dem Staat verwickelt, sondern auch mit der rivalisierenden Familie Isaaks, und seine Abschiebung nach Hoachanas 1938 wurde dadurch beschleunigt, dass er im Reservatsrat an Unterstützung verlor.[98]

In den 1930er-Jahren straffte die Obrigkeit auch ihre Kontrolle in den Städten, weitete die Natives (Urban Areas) Proclamation von 1924 aus und verschärfte 1932 die Zuzugskontrollen gegenüber schwarzen Frauen. In Windhoek begann die Stadtverwaltung nunmehr (wenngleich noch in recht geringem Umfang), ‚unerwünschte Personen' in die Reservate abzuschieben, und in einer Reihe von Städten wurden wahrscheinlich auch Lokationen zwangsweise umgesiedelt.[99] Bei solchen städtischen Maßnahmen gerieten besonders afrikanische Frauen ins Visier. So waren sie Zielscheiben des regelmäßigen harten Durchgreifens gegen illegales Bierbrauen sowie des 1939 vom Staat unternommenen Versuches, Zwangsuntersuchungen auf Geschlechtskrankheiten durchzuführen; diese Maßnahmen trafen auf erbitterten Widerstand, der – wenn auch begrenzt – erfolgreich war. Dieses Interesse der Behörden an den Frauen erklärt sich teils daraus, dass man ihnen die Fähigkeit zutraute, die Gesellschaftsordnung empfindlich zu stören und ‚Enttribalisierung' und ‚moralische Degeneration' zu fördern – ganz wie im Norden und übrigens auch in Südafrika, wo die Urbanisierung viel schneller voranschritt und entsprechende Debatten daher an Heftigkeit zunahmen.[100]

Die daraus resultierenden Versuche, Frauen auf ‚traditionelle' Rollen festzulegen, stützten sich auf die Vorstellungen der Behörden und Siedler über die ‚Eingeborenen'. Auch in anderer Hinsicht wurde zu jener Zeit das ‚Wissen' über Afrikaner erweitert und ein wichtiger Aspekt hinsichtlich der Definition und Ausgestaltung kolonialer Politik. Ethnografische Stereotypisierungen verfügten in Namibia bereits über eine lange Geschichte. Im neunzehnten Jahrhundert hatten zeitgenössische Beobachter damit begonnen, Afrikaner primordialen und unveränderlichen ‚Stämmen' zuzuordnen, die eher ein Produkt der europäischen Fantasie darstellten als ein zutreffendes Abbild geschichtlicher Vorgänge, die wechselhaft und nicht fest umrissen waren; und auch die Missionare teilten ihre Gemeindemitglieder nach ethnischen Gesichtspunkten ein. Wie wir in Kapitel 6 gesehen haben, haben solche Rassenstereotype maßgeblich dazu beigetragen, die Voraussetzungen für Völkermord zu schaffen.[101] In der Zeit zwischen den Weltkriegen wurde solches Gedankengut kontinuierlich in einer Reihe von Studien weiterentwickelt (die in wissenschaftlicher Hinsicht mal mehr, mal weniger solide waren). Zwei dieser Arbeiten hatten besonders großen Einfluss auf das öffentliche Bewusstsein bei den Weißen (und in gewissem Umfang auch bei den Schwarzen): *The Native Tribes of South West Africa* (1928), verfasst von dem Missionar, Ethnografen und Historiker Heinrich Vedder, [102] dem obersten Gesundheitsbeamten der Verwaltung, Louis Fourie, und dem Eingeborenenkommissar von Ovamboland, Hahn,[103] sowie *Das alte Südwestafrika* (1934), ebenfalls von Vedder verfasst. Das erstgenannte Buch bestand aus Einzelethnografien der ‚Stämme' Namibias – definiert als Ovambo, Herero, Nama, Damara und Buschmänner. Das zweite schilderte die vorkoloniale Geschichte Namibias als eine lange Kette von

Konflikten, die erst durch die deutsche Herrschaft über das Land gelöst werden konnten.[104]

Die Generierung dieses ethnografischen Wissens trug zum Machterhalt der Weißen bei, da es im Kontext zeitgenössischen sozialdarwinistischen Denkens der Ansicht Vorschub leistete, Afrikaner seien Weißen unterlegen. Damara und San kamen in dieser Hinsicht besonders schlecht weg. Vedder erklärte, erstere befänden sich auf der untersten Stufe der Evolution, während man letztere meist als ‚Pack' oder gefährliche Wilde darstellte, die auf irgendeine Weise ‚verschwinden' würden. Zugleich kamen damals auch positivere, aber stark romantisierende Darstellungen der San auf, beispielsweise durch die Filme, die 1925 von der Denver-Expedition in der Kalahari gedreht wurden. Beide Versionen schenkten der Tatsache keinerlei Beachtung, dass Polizei und Siedler damals aktiv Jagd auf die San machten.[105]

Vor Ort war die ethnische Identifikation jedoch noch sehr flexibel. Die ethnischen Identitäten, die sich in Namibia herausbildeten, waren übrigens keine reinen Kolonialkonstrukte: Im Allgemeinen entstanden sie aus früheren politischen Situationen heraus, und in manchen Fällen gab es ein hohes Maß an Selbstzuschreibung zu ethnischen Kategorien, wie etwa bei der Herausbildung einer ‚Herero'-Identität ab den 1870er-Jahren. Trotzdem blieben in der Zwischenkriegszeit ethnische Grenzen vielerorts verschwommen und durchlässig und veränderten sich in manchen Fällen beträchtlich; die Ideologie Garveys war ethnisch grenzübergreifend, und es herrschte in den unterschiedlichen Reservaten auch sehr viel Bereitschaft, über gefühlte ethnische Grenzen hinweg zusammenzuarbeiten. Wie wir im nächsten Kapitel sehen werden, nahm jedoch der Staat gegen Ende der 1930er-Jahre die Politik (wieder) auf, Afrikaner auf der Grundlage von ‚Stämmen' zu regieren, um einem vermeintlichen gesellschaftlichen Verfall entgegenzuwirken (dies schien eine relativ sichere Option zu sein, da ja die alten afrikanischen politischen Einheiten inzwischen zersetzt worden waren). Diese Vorgehensweise sollte sowohl zu einer zunehmenden Festschreibung ethnischer Kategorien, als auch zu stärkeren Konflikten zwischen unterschiedlichen Gruppen führen.[106]

Weiße Politik, Nationalsozialismus und der Zweite Weltkrieg

Zwar wandte der Staat in der Zeit bis 1948 viel Energie dafür auf, die Afrikaner ruhig zu halten, aber er konnte das Einverständnis der Weißen zu seiner Politik nicht als selbstverständlich voraussetzen. Zum einen war immer noch staatliches Handeln gefragt, um die weiße Gemeinschaft als *weiß* zu erhalten. Farmen, die unter dem Landbesiedlungsprogramm vergeben worden waren, konnten konfisziert werden, wenn der Inhaber mit einer Afrikanerin zusammenlebte, und 1934 erklärte die Immorality Proclamation (Unsittlichkeitsproklamation) ‚rechtswidrigen Geschlechtsverkehr' zwischen Schwarz und Weiß für illegal. Die Definition von ‚Weißsein' war zwar verschwommen, aber die vielen Menschen gemischter Herkunft waren unterschiedslos von der gesellschaftlichen, politischen und wirtschaftlichen Bühne der Weißen ausgeschlossen.[107]

Auch die tiefe, ethnisch begründete Spaltung innerhalb der Siedlerbevölkerung hatte großen Einfluss auf die Politik der Regierung. Das Verhältnis zwischen Deutschen und den Südafrikanern, die nach dem Ersten Weltkrieg ins Land kamen, war von heftigen Auseinandersetzungen geprägt, bei denen es vor allem um die Frage ging, ob Deutschsprachige das Recht auf staatlich geförderten Schulunterricht auf Deutsch haben sollten. Der Vertrag von London führte 1923 zu einer Einigung zwischen den beiden Bevölkerungsgruppen. Exemplare des ‚Blue Book' (des anti-deutschen Berichtes, der während der Zeit des Kriegsrechts erschienen war)[108] wurden vernichtet, und man bot deutschen Staatsbürgern die automatische Einbürgerung an.[109] Der South West Africa Constitution Act (Verfassungsgesetz für Südwestafrika) von 1925 führte eine parlamentarische Regierung in eingeschränkter Form ein, die aus einer achtzehnköpfigen Legislative Assembly (Gesetzgebende Versammlung) bestand; zwei Drittel ihrer Mitglieder wurden von weißen Männern gewählt (bis 1939 auch weiße Frauen das Wahlrecht erhielten), die restlichen ernannte der Administrator. Durch dieses System konnte er ungeachtet des Ausgangs der Wahlen dafür sorgen, dass die südafrikanischen und deutschen ‚Sektionen' in gleichem Maß vertreten waren. Von großen Teilen der politischen Bühne war die Gesetzgebende Versammlung indessen ausgeschlossen, und ihre Erlässe bedurften der Zustimmung des Administrators. Dieser regierte mittels zweier einflussreicher kleinerer Gremien – des Executive Committee und des Advisory Council (Exekutivrat und Landesbeirat) –, und die Macht in Südwestafrika lag nach wie vor faktisch in seinen Händen, wobei er dem Generalgouverneur in Kapstadt unterstellt war.[110]

Zwar hatte General Smuts (der von 1919 bis 1924 Premierminister Südafrikas war) die Verhandlungen in Gang gesetzt, die zu einer Lösung der Verfassungsfrage in Südwestafrika führen sollten; in die Tat umgesetzt wurde diese dann aber durch die Nationale Partei, die 1924 in Südafrika an die Macht kam. Die neue Regierung wollte unbedingt die Unabhängigkeit[111] von Großbritannien – sowohl in praktischer als auch in symbolischer Hinsicht – und machte sich daran, Südwestafrika faktisch zu annektieren. Wie bereits erwähnt trat die südafrikanische Regierung 1926 die Neutrale Zone an der Grenze zwischen Angola und Namibia an Portugal ab: Dadurch beanspruchte sie offiziell erstmals die formale Hoheitsgewalt über Südwestafrika. Zwei Jahre später, als eine neue südafrikanische Flagge eingeweiht wurde und nunmehr in Südafrika Seite an Seite mit dem Union Jack wehte, beschloss Pretoria, dass in SWA nur die südafrikanische Flagge gehisst werden sollte.[112]

Der Vertrag von London hatte zwar die unmittelbare Krise im Verhältnis zwischen der deutschen und südafrikanischen Bevölkerung beigelegt, die Politik der Weißen auf nationaler Ebene blieb aber dennoch in der Zwischenkriegszeit im Wesentlichen zwischen diesen beiden Gruppen gespalten.[113] 1924 wurde der Deutsche Bund gegründet, und 1926 gewann er die ersten Wahlen zur Gesetzgebenden Versammlung – vor allem deshalb, weil die Südafrikaner politisch zwischen der National Party, die die Politik von Hertzogs Nationalisten vertrat, und der Union Party, die auf der politischen Linie von Smuts lag, hin und her gerissen waren. Im folgenden Jahr schlossen sich diese beiden Parteien jedoch zur United National South West Party (UNSWP, Vereinigte Nationale Südwestpartei) zusammen, die 1929 die Wahlen zur Gesetzgebenden Versammlung gewann. Die UNSWP propagierte eine Vereinigung Südwestafrikas mit Südafrika, während der Deutsche Bund die Hoffnung hegte, dass das Völkerbundmandat bestehen bleiben würde; der Bund setzte sich ansonsten für deutsche Rechte in den Bereichen Kultur und Erziehung ein. 1932 versuchten die beiden Parteien, einen Kompromiss zu finden, der ein höheres Maß an Selbstverwaltung gestattet hätte, konnten sich aber nicht einigen.[114]

Die beiden größten weißen Bevölkerungsgruppen blieben auch politisch und gesellschaftlich deutlich voneinander getrennt. Entlang dieser Trennlinie verliefen bis zu einem gewissen Grad auch die Klassenunterschiede. Im Vergleich zu den zuziehenden Buren, die Viehhalter waren, bildeten deutsche Farmer eine wohlhabende Oberschicht, und Deutsche hatten nach wie vor (trotz ihres abnehmenden wirtschaftlichen Einflusses auf vielen Gebieten) die Vormachtstellung im Einzelhandel. 1928 wurde die Lage noch komplizierter, da der Staat 301 bitterarme ‚Angola-Buren'-Familien – burische Siedler aus Angola – nach SWA umsiedelte. Dies gehörte zum Plan der Verwaltung, für eine zahlenmäßige Überlegenheit von Südafrikanern zu sorgen, und die Presse pries die Neuankömmlinge als Symbol für ‚den Geist der Voortrekker'. Durch die großzügige finanzielle Hilfe, die der Staat diesen Zugezogenen angedeihen ließ, zog er sich allerdings die Feindseligkeit beider ‚Sektionen' der bereits in SWA lebenden Siedler zu, und die Ablehnung der Deutschen gegenüber der Verwaltung wuchs.[115]

Insgesamt bezog die Verwaltung bis etwa 1933 die weiße Bevölkerung mehr oder weniger erfolgreich in ihr Vorhaben ein, eine Herrschaft der Weißen zu errichten, während sie schwarze Arbeitskräfte dazu einsetzte, die Ressourcen der Region zu fördern. Zu dieser Zeit hatte allerdings der Aufstieg Hitlers in Deutschland weitreichende Auswirkungen auf Namibia. Das erklärte Ziel der Nationalsozialisten, die früheren deutschen Kolonien zurückzuholen, weckte in deutschen Siedlern die Hoffnung, dass sie wieder die Herrschaft über SWA gewinnen könnten; zugleich wurden sie dadurch zu einer ernsteren potenziellen Gefahr für die Verwaltung. Außerdem durchsetzten die Nationalsozialisten Namibia selbst mit ihrem Einfluss, der sich weithin bemerkbar machte: nationalsozialistische

Funktionäre trafen aus Deutschland ein, um Propaganda zu betreiben und bestehende Einrichtungen zu ideologisieren, und es wurden Ableger der Hitlerjugend und der Nationalsozialistischen Partei gegründet. Zwar waren manche Deutsche gegen die neue Ideologie, aber einer Schätzung zufolge unterstützten nach der Annektierung Österreichs zwischen 85 und 95 Prozent von ihnen den Nationalsozialismus.[116] Die Gesetzgebende Versammlung reagierte darauf mit der Criminal Law Amendment Ordinance (Strafrechts-Zusatzverordnung) von 1933, die nationalsozialistische Propaganda verbot, und im Jahr darauf wurden sowohl die Hitlerjugend, als auch die nationalsozialistische Partei für gesetzwidrig erklärt. 1937 wurde auch der Deutsche Bund verboten (an seine Stelle trat der Deutsche Südwest-Bund), da er den Nationalsozialismus unterstützte. 1936 kam außerdem ein weiterer Anstoß zum Anschluss Südwestafrikas an Südafrika, da der Bericht der Südwestafrika-Kommission – die gegründet worden war, um Vorschläge für die Regierungsformen in der Kolonie zu unterbreiten – sich für eine Eingliederung aussprach (was allerdings noch nicht die Zustimmung der südafrikanischen Regierung fand).[117]

Der Reisende Negley Farson berichtet, dass man 1939 ‚im afrikanischen Busch häufig mit „Heil Hitler!" und zum Hitlergruß erhobenem Arm empfangen wurde'.[118] Im April erhielten die südwestafrikanischen Polizeikräfte Verstärkung durch 350 bewaffnete Polizisten aus Südafrika, und im September – nach Ausbruch des Krieges und Gerüchten über einen bevorstehenden Staatsstreich – wurden deutsche Männer und andere mutmaßliche Rebellen (Ende 1940 betrug ihre Zahl 1220) verhaftet und in Südafrika interniert (deutsche Frauen durften in Freiheit bleiben).

In der *otjiserandu* und bei Ovambo-Kontraktarbeitern gab es ein gewisses Maß an verbaler Unterstützung für Hitler. Dies war aber zweifellos darauf zurückzuführen, dass sie an der imperialen ‚Freiheitsmär' der Briten rütteln wollten; es war nicht so, dass sie ‚die Nazi-Version, Hitler wolle die Welt von den Juden befreien, die Afrika ausbeuteten' glaubten.[119] Deutlich längerfristige Auswirkungen auf die schwarze Bevölkerung Namibias hatten die großen Rekrutierungen für das (südafrikanische) Native Military Corps (NMC, ‚Eingeborenen-Militärcorps'), die zwischen 1941 und 1943 durchgeführt wurden (ungeachtet der Tatsache, dass der Völkerbund die Rekrutierung von Indigenen in den Mandatsgebieten nicht gestattete). Insgesamt wurden 5000 afrikanische Männer angeworben, die meisten aus Owambo. Eine 1941 im Norden herrschende Hungersnot war der Anwerbung förderlich, und im östlichen Owambo traten Männer offenbar vor allem freiwillig in die Armee ein; in den westlichen Gebieten jedoch schreckten Berichte über die grobe Behandlung von Rekruten viele Männer davon ab, zum Militär zu gehen, und Regierungsvertreter zogen daraufhin offenbar tausende von ihnen zwangsweise ins NMC ein.[120]

Im östlichen Caprivi wurde im August 1940 eine Spezialeinheit von ‚Eingeborenensoldaten' gebildet, um die Brücke an den Viktoria-Fällen zu schützen. 1943 löste man sie jedoch wieder auf, da es wenig wahrscheinlich schien, dass es zu Gefechten kommen würde.[121] Die namibischen Angehörigen des NMC waren unterdessen in Südafrika stationiert, traten jedoch nie aktiven Dienst an. 1943 brach man die Rekrutierung ab, und im Januar 1945 waren sämtliche schwarzen namibischen Soldaten ausgemustert. Dies war zumindest teilweise auf die Befürchtung zurückzuführen, dass schwarze Truppen unkontrollierbar seien. Es gab auch andere Anzeichen dafür, dass es durch den Krieg ‚zu einer stärkeren „Bewusstwerdung von Unterdrückung"' kam, wenngleich ‚dies nicht automatisch auch zu zunehmendem „Nationalbewusstsein" führte'.[122] 1941 traten Ovambo-Arbeiter wiederholt in Streik, und afrikanische Militärangehörige protestierten dagegen, dass ihr Ehrensold nach der Ausmusterung – einige Pfund, wenn überhaupt – in krassem Gegensatz zu den Farmen stand, die Buren-Soldaten bekamen.

Dennoch hatte der Zweite Weltkrieg für die jüngere Geschichte Namibias nicht so große Bedeutung wie das Referendum (wenn man es so nennen kann) im Jahr 1946, das der Auslöser für die Eingliederung Südwestafrikas nach Südafrika war, und die Weigerung Südafrikas, das Territorium in ein Treuhandgebiet der Vereinten Nationen umzuwandeln. Diese Ereignisse führten zu erneutem direktem Widerstand gegen die südafrikanische Herrschaft in Namibia und schließlich auch zur Geburt der nationalistischen Bewegungen. Dies war also ein entscheidender Moment in Namibias Geschichte, und um diese Ereignisse wird es im Folgenden gehen.

Endnoten

1 Fisch, *Caprivi Strip*, S. 137–40; Kangumu, ‚Forgotten Corner', S. 13; Hayes, ‚History of the Ovambo', S. 178–85; Eckl, *Herrschaft*, S. 252–62, Zitat (auf English) S. 261.

2 Zu diesem Feldzug siehe insbesondere Hew Strachan, *The First World War*, Bd. 1, *To Arms* (Oxford University Press, 2001), S. 543–69; Gerald L'Ange, *Urgent Imperial Service: South African Forces in German South West Africa, 1914–1915* (Rivonia: Ashanti, 1991).

3 Die Angaben bezüglich der Zahl südafrikanischer Soldaten sind in den Sekundärquellen sehr unterschiedlich. Strachan, *First World War*, S. 560, beziffert sie auf 43 000; andere Schätzungen bewegen sich zwischen 8000 und 60 000. Siehe Wallace, *Health*, S. 71, Anm. 2. Die Deutschen verfügten über etwa 2000 reguläre Soldaten und 7000 Reservisten.

4 *Ebd.,* Kap. 3.

5 Zu diesem Abschnitt siehe insbesondere Hayes, ‚History of the Ovambo', S. 178–250; McKittrick, *To Dwell Secure*, Kap. 5.

6 Hayes, ‚History of the Ovambo', S. 205; Patricia Hayes, persönliche Mitteilung, 2002.

7 McKittrick, *To Dwell Secure*, S. 151.

8 Diese Mobilität war damals möglich, weil die Südafrikaner der Abwanderung von Owambo in die Polizeizone noch keine Beschränkungen auferlegt hatten (wobei sie allerdings 1916 scharf gegen die Einwanderung von Weißen in die nördlichen Gebiete vorgingen). Siehe Miescher, ‚Rote Linie', S. 139–42.

9 Jan-Bart Gewald, ‚Karibib'. Zum Bericht des leitenden Gesundheitsbeamten Andrew Neethling über die Opfer der Hungersnot siehe NAN, A.173, Neethling-Korrespondenz, 1915–16.

10 Eckl, *Herrschaft*, S. 321–7. Diese Zahlen beziehen sich auf Januar bis September und sind die frühesten, die für den betreffenden Zeitraum vorliegen.

11 Hayes, ‚History of the Ovambo', S. 273.

12 Zu diesen Entwicklungen siehe insbesondere Cooper, *Ovambo Politics*, S. 75–8 (Zitat auf S. 75); McKittrick, *To Dwell Secure*, S. 152–3.

13 Zu dieser Einschätzung gelangt Hayes; portugiesische Schätzungen, es seien 50 000 gewesen, hält sie für überzogen. 5000 Kwanyama verfügten möglicherweise über moderne Gewehre. Hayes, ‚History of the Ovambo', S. 192–3.

14 Patricia Hayes, persönliche Mitteilung, April 2010.

15 Zitiert in Hayes, ‚History of the Ovambo', S. 224.

16 Zu diesen Überlieferungen und den Fotos siehe Margo Timm, ‚Transpositions: The Reinterpretation of Colonial Photographs of the Kwanyama King Mandume ya Ndemufayo in the Art of John Ndevasia Muafangejo' in Hartmann *et al.* (Hg.), *Colonising Camera*, S. 145–50.

17 Hayes, 'History of the Ovambo', S. 226.

18 *Ebd.,* S. 237–40.

19 Meredith McKittrick, ,Conflict and Social Change in Northern Namibia, 1850–1954' (Dissertation, Stanford University, 1995), S. 86–7.

20 Michael Bollig, ,The Colonial Encapsulation of the North: Western Namibian Pastoral Economy', *Africa*, 68 4 (1998), S. 506–535, S. 508; Friedman, ,Making Politics', S. 26–8; Eckl, *Herrschaft*, Kap. 4.

21 Zimmerer, *Deutsche Herrschaft*, S. 175; Jeremy Silvester, ,Beasts, Boundaries and Buildings: The Survival and Creation of Pastoral Economies in Southern Namibia, 1915–35' in Hayes *et al.* (Hg.), *Namibia under South African Rule*, S. 95–116, S. 99; Steinmetz, *Devil's Handwriting*, S. 237–9; Werner, *,No One Will Become Rich'*, S. 56–7.

22 *Ebd.,* S. 59, 62, 68–9; J.J. Bruwer, *Aus 1915–1919: Errichtung, Bestehen und Schließung des Kriegsgefangenenlagers bei Aus* (Windhoek: Historic Monuments Commission, 1985).

23 Gewald, *Herero Heroes*, S. 253; Ben Fuller, „„We Live in a *Manga*": Constraint, Resistance and Transformation on a Native Reserve' in Hayes *et al.*, *Namibia*, S. 194–216, S. 197; Silvester, ,Beasts, Boundaries and Buildings', S. 102; Werner, *,No One Will Become Rich'*, S. 58–61.

24 Jeremy Silvester, Marion Wallace und Patricia Hayes, „„Trees Never Meet": Mobility and Containment: An Overview, 1915–1946' in Hayes *et al.*, *Namibia*, S. 3–48, S. 4–6; Gesine Krüger und Dag Henrichsen, „„We Have Been Captives Long Enough. We Want to Be Free": Land, Uniforms and Politics in the History of Herero in the Interwar Period' in *ebd.,* S. 149–174, S. 150–1; Kößler, „„A Luta Continua"', S. 181; Gewald, ,Hosea Kutako', S. 89–92; Engel, *Kolonialismus*, S. 100.

25 Ngavirue, *Political Parties*, S. 193 (Zitat); Wolfgang Werner, „„Playing Soldiers": The Truppenspieler Movement Among the Herero of Namibia, 1915 to ca. 1945', *JSAS*, 16 3 (1990), S. 476–502, S. 484. Die Bezeichnung *otjiserandu* wird häufig für die gesamte Bewegung verwendet, bezieht sich aber eigentlich auf die Mahererogruppe und ist nach der roten Flagge und der roten Armbinde benannt, die diese als Erkennungszeichen benutzten. Andere Otjiherero-Sprecher hatten ihre eigenen *oturupa*-Bewegungen. Deren Mitglieder waren vor allem Herero und vorwiegend Männer, wobei im Distrikt Omaruru 1927 auch Frauen als Mitglieder zugelassen waren.

26 Werner, *,No One Will Become Rich'*, S. 55. Siehe auch Gewald, *Herero Heroes*, S. 232.

27 Tony Emmett hat als Erster diesen Bruch zwischen der deutschen und südafrikanischen Periode herausgearbeitet; sein Buch ist nach wie vor das Standardwerk zu dieser Gesetzgebung. Siehe Tony Emmett, *Popular Resistance and the Roots of Nationalism in Namibia, 1915–1966* (Basel:

P. Schlettwein, 1999), Kap. 2; siehe auch Werner, ‚*No One Will Become Rich*', Kap. 2.

28 Emmett, *Popular Resistance*, S. 76–7; United Kingdom, *Report on the Natives*; siehe auch oben S. 182 und Anmerkung 112.

29 Werner, ‚*No One Will Become Rich*', S. 67.

30 Die Schwäche des Staates während dieser Zeit wird insbesondere in Silvester *et al.*, ‚Trees Never Meet', S. 25 erörtert.

31 André du Pisani, *SWA/Namibia: The Politics of Continuity and Change* (Johannesburg: Jonathan Ball, 1986), S. 47. Strachan (*First World War*, S. 568) beziffert demgegenüber die Zahl der deutschen Gefallenen auf 103.

32 Werner, ‚*No One Will Become Rich*', S. 61–4; Du Pisani, *Continuity and Change*, S. 52.

33 Wallace, *Health*, S. 82–95; M. Chambikabalenshi Musambachime, „‚*Kapitohanga*: The Disease that Killed Faster than Bullets". The Impact of the Influenza Pandemic in the South West Africa Protectorate (Namibia) from October 1918 to December 1919' (BAB Working Paper No. 4 1999, Basel: BAB) (die Verfasserin dankt dem Autor für die Erlaubnis, dieses Arbeitspapier zu verwenden). Man könnte darüber spekulieren, ob Owambo möglicherweise von der ersten Grippewelle wegen der Virulenz des Virus verschont blieb: Wer sich in der Polizeizone ansteckte, hatte nicht mehr die Kraft, eine Reise bis in den Norden durchzustehen. Allerdings gelangte das Virus durchaus in die Kavango-Region (Eckl, *Herrschaft*, S. 329).

34 Allan Cooper, *The Occupation of Namibia: Afrikanerdom's Attack on the British Empire* (Lanham: University Press of America, 1991), S. 31–2; Silvester *et al.*, ‚Trees Never Meet', S. 7–8.

35 Martin Chanock, *Unconsummated Union: Britain, Rhodesia and South Africa, 1900–45* (Manchester University Press, 1977), S. 2.

36 Silvester *et al.*, ‚Trees Never Meet', S. 8. Zur politischen Strategie Südafrikas zu jener Zeit siehe Chanock, *Unconsummated Union*, S. 108–17; Maynard Swanson, ‚South West Africa in Trust, 1915–1939' in Prosser Gifford und Wm Roger Louis, *Britain and Germany in Africa: Imperial Rivalry and Colonial Rule* (New Haven: Yale University Press, 1967), S. 632–6; Wm Roger Louis, ‚The Origins of the „Sacred Trust"' in Segal und First (Hg.), *Travesty of Trust*, S. 54–86; du Pisani, *Continuity and Change*, S. 46.

37 Cooper, *Occupation of Namibia*, S. 37. Cooper vertritt die Ansicht, dass dem Staat in Namibia erst 1924 – im Gefolge des Sieges der Nationalen Partei bei den Parlamentswahlen in Südafrika – eine spezifisch burische Identität aufgedrängt wurde.

38 Zitiert in Silvester, ‚Black Pastoralists', S. 31.

39 Emmett, *Popular Resistance*, S. 69; Werner, ‚*No One Will Become Rich*', S. 65; Duncan Innes, *Anglo American and the Rise of Modern South Africa* (New York: Monthly Review Press, 1984), S. 98; SWAPO, *To Be Born a Nation*, S. 21.

40 Cooper, *Occupation of Namibia*, S. 33–8; Swanson, ‚South West Africa in Trust'.
41 Zitiert beispielsweise in Wellington, *South West Africa*, S. 275.
42 NASA, GG 1418, 45/96. Petitionen Abgesandter von Coloureds aus SWA, Herero und Ovambanderu, Damara und Nama aus Windhoek (Stadt und Distrikt), sowie Herero aus Okahandja (Stadt und Distrikt), 1922.
43 Wellington, *South West Africa*, S. 277.
44 Eine Zusammenfassung sowie die Zitate finden sich in *ebd.,* S. 275–8. Zur Kommission siehe auch insbesondere Silvester, ‚Black Pastoralists'; Kößler, *Survival*, S. 35 ff.
45 NAN SWAA A50/1, zitiert in Silvester, ‚Black Pastoralists', S. 37. Zur Rassentrennung in Südwestafrika siehe insbesondere William Beinart und Saul Dubow, *Segregation and Apartheid in Twentieth-Century South Africa* (London: Routledge, 1995).
46 Silvester, ‚Black Pastoralists'; Werner, *‚No One Will Become Rich'*, S. 107.
47 Silvester, 'Beasts, Boundaries and Buildings', S. 105.
48 Wellington, *South West Africa*, S. 273; Katjavivi, *History of Resistance*, S. 14; Emmett, *Popular Resistance*, S. 97–8; Werner, *'No One Will Become Rich'*, S. 146.
49 Silvester, ‚Beasts, Boundaries and Buildings', S. 96, 105–7.
50 Die Einzäunung der Reservate im Süden beispielsweise wurde erst in den 1940er-Jahren zur Regel. Silvester, ‚Black Pastoralists'.
51 Südafrika, *Report of the Government of the Union of South Africa on South West Africa* (Pretoria: Government Printer, 1926), S. 59, zitiert in Silvester *et al.*, ‚Trees Never Meet', S. 20.
52 Zur Urbanisierung siehe Wallace, *Health*, Kap. 1, 2 und *passim; dies.*, ‚Looking at the Locations'.
53 Diese Beschäftigung fand für gewöhnlich auf Farmen statt, da aufgrund des Wettbewerbs zwischen dem Minen- und Landwirtschaftssektor die Arbeitskräfte in der Polizeizone generell nicht in Minen, sondern auf Farmen eingesetzt wurden. Emmett, *Popular Resistance*, S. 176.
54 *Ebd.,* S. 118; Gordon und Sholto-Douglas, *Bushman Myth*, Kap. 10–12, 14.
55 Siehe Robert Gordon, ‚Vagrancy, Law and „Shadow Knowledge": Internal Pacification, 1915–1939' in Hayes *et al., Namibia*, S. 51–76, S. 56. Die Entscheidung, Frauen von den Passgesetzen auszunehmen, hing möglicherweise mit dem Widerstand zusammen, auf den ähnliche Restriktionen bei Frauen in Südafrika gestoßen waren.
56 Wellington, *South West Africa*, S. 282–3, 308–9; Silvester, ‚Black Pastoralists'; Mbuende, *Namibia*, S. 79; Kößler, *Survival*, S. 50–2, 63, 71 ff.; Emmett, *Popular Resistance*, S. 91.

57 Silvester *et al.*, ‚Trees Never Meet', S. 35–6; Emmett, *Popular Resistance*, S. 101–2; Wallace, *Health*, S. 153. Der Natives Land Act von 1913 (‚Eingeborenen-Landgesetz') wurde in Namibia nicht eingeführt.

58 Gordon, ‚Vagrancy', S. 61 und *passim;* Silvester, ‚Black Pastoralists'; Wellington, *South West Africa*, S. 309; Emmett, *Popular Resistance*, S. 92–7; Werner, *‚No One Will Become Rich'*, S. 86–91.

59 Wellington, *South West Africa*, S. 280–2; Silvester, ‚Black Pastoralists'; Kößler, *Survival*, S. 44–5; Fuller, „‚Manga'", S. 197–202 (Zitat auf S. 201). Ein Teil des Reservats in Otjimbingue war bereits 1907 zum Reservat erklärt worden; das neue Reservat wurde 1926 amtlich bekanntgegeben.

60 Silvester, ‚Black Pastoralists', S. 203 (dort geht es speziell um die Bondelswart nach 1922).

61 *Ebd.*, S. 195–203; Emmett, *Popular Resistance*, S. 111–24; First, *South West Africa*, S. 101–4.

62 Kößler, *In Search*, S. 207.

63 Zitiert in Troup, *In Face of Fear*, S. 76.

64 Jan-Bart Gewald, *‚We Thought We Would Be Free': Socio-cultural Aspects of Herero History in Namibia, 1915–1940* (Köln: Rüdiger Köppe, 2000), S. 50–65; Troup, *In Face of Fear*, S. 72–9; siehe auch Gewald, ‚Kutako', S. 98–100.

65 Für diese Information danke ich Regula Iselin von den Basler Afrika Bibliographien.

66 Silvester *et al.*, ‚Trees Never Meet', S. 23–4; Wallace, *Health*, Kap. 2; Gordon und Sholto-Douglas, *Bushman Myth*, S. 127–8.

67 Patrick Pearson, ‚The Rehoboth Rebellion' in Philip Bonner (Hg.), *Working Papers in Southern African Studies*, Bd. 2 (Johannesburg: Ravan, 1981), S. 31–51; Emmett, *Popular Resistance*, S. 155–63.

68 Aaron Mungunda 1922 in einer Rede in Usakos, zitiert in Emmett, *Popular Resistance*, S. 146.

69 Zu diesen Bewegungen siehe insbesondere Emmett, *Popular Resistance*, S. 125–54; Gregory Pirio, ‚The Role of Garveyism in the Making of Namibian Nationalism' in Wood (Hg.), *Namibia 1884–1984*, S. 259–67.

70 Allerdings war der Rückzug aus den Kirchen nicht unbedingt vollständig und kann auch nicht mit einer Abkehr vom Christentum gleichgesetzt werden; in dieser Zeit entstanden verschiedene Arten von Dualismus und Synkretismus. Siehe beispielsweise Wallace, *Health*, S. 136.

71 Krüger und Henrichsen, „‚Captives'"; Emmett, *Popular Resistance*, S. 227–49; Werner, *‚No One Will Become Rich'*, S. 109–23, 133–7; *ders.*, „‚Playing Soldiers'"; Wallace, *Health*, S. 135–7; Gewald, *Herero Heroes*, S. 274–84.

72 Emmett, *Popular Resistance*, S. 166.

73 Diese und noch detailliertere Zahlenangaben finden sich in Wellington, *South West Africa*, S. 299–300; Emmett, *Popular Resistance*, S. 180–5; Werner, ‚*No One Will Become Rich*', S. 139–42. Der Personalabbau in den Minen begann 1930. 1933 waren fast sämtliche Minen in Namibia geschlossen; im selben Jahr wurden auch die Diamantminen der CDM stillgelegt.

74 Wallace, *Health*, Kap. 1 und 2.

75 Zum Norden in jener Zeit siehe insbesondere Hayes, ‚History of the Ovambo', Kap. 6 und 7; *dies.*, ‚The Famine of the Dams: Gender, Labour and Politics in Colonial Ovamboland' in Hayes *et al., Namibia*, S. 117–46; McKittrick, *To Dwell* Secure, Kap. 6; *ders.*, ‚Northern Namibia', Kap. 3–5; *ders.*, ‚Generational Struggles and Social Mobility in Western Ovambo Communities, 1915–54' in Hayes *et al., Namibia*, S. 241–62.

76 Petrus Ndongo, ‚The Borderline: „Onhaululi"' in Hayes *et al., Namibia*, S. 289–91, S. 291.

77 Kreike, *Recreating Eden*, S. 57–80, Kap. 7.

78 Hayes, ‚History of the Ovamb'', S. 297. Zu Hahn siehe insbesondere Patricia Hayes, ‚„Cocky" Hahn and the „Black Venus": The Making of a Native Commissioner in South West Africa, 1915–46' in Hunt *et al.* (Hg.), *Gendered Colonialisms*, S. 42–70.

79 Diese Schätzung (die Arbeiter aus Owambo, Kavango und Südangola berücksichtigt) beruht auf Zahlen in Emmett, *Popular Resistance*, S. 181.

80 Cooper, *Ovambo Politics*, S. 82–3, 151–65; Miescher, ‚Rote Linie', S. 173–108, 248–50. Zur Wanderarbeit siehe außerdem Moorsom, ‚Underdevelopment'; *ders.*, ‚Formation'; Allan Cooper, ‚The Institutionalization of Contract Labour in Namibia', *JSAS*, 25 1 (1999), S. 121–38; sowie die oben zitierten Arbeiten von McKittrick und Hayes.

81 Bollig, ‚Colonial Encapsulation'; Lorena Rizzo, ‚N.J. van Warmelo: Anthropology and the Making of a Reserve', in Miescher und Henrichsen (Hg.), *New Notes on Kaoko: The Northern Kunene Region (Namibia) in Texts and Photographs* (Basel: BAB, 2000), S. 189–206; McGurk, ‚Sambyu', S. 141–2; McKittrick, ‚Landscapes', S. 798–9; Kangumu, ‚Forgotten Corner', S. 13; *ders.*, ‚Contestations', S. 108–11.

82 Hayes, ‚„Famine of the Dams"', S. 134.

83 Petrus Amutenya, zitiert *ebd.*, S. 131.

84 McKittrick, *To Dwell Secure*, S. 182, 198; Cooper, *Ovambo Politics*, S. 85–6; Kreike, *Recreating Eden*, S. 68; Loeb, *In Feudal Africa*, S. 77–8.

85 Gibson, *Kavango Peoples*, S. 170.

86 Bollig, ‚Colonial Encapsulation', Zitat auf S. 511; *ders.*, ‚Power and Trade'; Rizzo, ‚Van Warmelo'.

87 Eine ausführliche Beschreibung dieser Ereignisse findet sich bei Wolfram Hartmann, ‚„Ondillimani!" Iipumbu ya Tshilongo and the Ambiguities of Resistance in Ovambo', in Hayes *et al., Namibia*, S. 263–88 (Zitat: S. 264).

88 McKittrick, *To Dwell Secure*, S. 194–9; Miettinen, ‚*On the Way*', S. 112.
89 Shigwedha, ‚Mwaala gwa Nashilongo', S. 51 und *passim.*
90 Lorena Rizzo, ‚The Elephant Shooting: Colonial Law and Indirect Rule in Kaoko, Northwestern Namibia, in the 1920s and 1930s', *JAH*, 48 (2007), S. 245–66; Friedman, ‚Making Politics', S. 28–30. Rizzo weist darauf hin (S. 259–60), dass Gewalt nicht nur ein kennzeichnendes Merkmal des Lebens im Kaoko jener Zeit gewesen ist, sondern auch ein wesentlicher Bestandteil der Erfahrungen von Hahn, Tom und Mutate.
91 Fleisch und Möhlig, *Kavango Peoples*, S. 27; Kangumu, ‚Contestations', S. 115–21, Zitat auf S. 113; *ders.*, ‚Forgotten Corner', S. 13–16; Rainer Bruchmann, *Caprivi: An African Flashpoint. An Illustrated History of Namibia's Tropical Region Where Four Countries Meet* (Northcliff: Rainer Bruchmann, 2000), S. 58–62.
92 Miettinen, *On the Way*, S. 183–5, 196–204.
93 McKittrick, *To Dwell Secure*, S. 172.
94 *Ders.*, S. 188–93; Kreike, *Recreating Eden*, S. 110–22; Patricia Hayes, ‚Northern Exposures: The Photography of C.H.L. Hahn, Native Commissioner of Ovamboland 1915–1946', in Hartmann *et al.* (Hg.), *Colonising Camera*, S. 171–87; *dies.*, „‚Cocky Hahn"'; Shigwedha, ‚Pre-colonial Costumes', *passim;* Becker, *Namibian Women's Movement*, S. 78 ff.
95 Emmett, *Popular Resistance*, S. 181, 200; Ngavirue, *Political Parties*, S. 234, Anm. 61; Cooper, *Ovambo Politics*, S. 94–5.
96 Silvester *et al.*, ‚Trees Never Meet', S. 28–9; Silvester, ‚Black Pastoralists'; Emmett, *Popular Resistance*, S. 184–5; Cooper, *Ovambo Politics*, S. 107–8.
97 Fuller, „‚We Live in a *Manga*"', S. 208.
98 Werner, ‚*No One Will Become Rich*', S. 160–8; Emmett, *Popular Resistance*, S. 229–30 (Zitate: S. 229); Silvester, ‚Black Pastoralists'; Kößler, *In Search*, S. 122 ff.
99 Hierüber liegen für Städte außerhalb Windhoeks, wo es zu jener Zeit Umsiedlungen in kleinem Umfang gab, keine Untersuchungen vor. Köhler erwähnt jedoch die Umsiedlung einer Lokation in Usakos im Jahre 1928 sowie mehrere (ohne Datumsangabe) in Karibib. Oswin Köhler, *A Study of the Karibib District (SWA)* (Pretoria: Union of South Africa, Dept of Native Affairs, 1958), S. 84, 58.
100 Wallace, *Health*, insbesondere Kap. 11; *dies.*, „‚A Person is Never Angry for Nothing": Women, VD and Windhoek' in Hayes *et al.*, *Namibia under South African Rule*, S. 77–94.
101 Zu ethnischer Stereotypisierung in der Zeit deutscher Herrschaft siehe insbesondere Steinmetz, *Devil's Handwriting*, Teil 1; Peter Scheulen, *Die ‚Eingeborenen' Südwestafrikas: Ihr Bild in deutschen Kolonialzeitschriften von 1884 bis 1918* (Köln: Rüdiger Köppe, 1998).

102 Vedder war 1903 als Missionar nach Namibia gekommen und spielte eine große Rolle in der RMG. In der ersten Hälfte des zwanzigsten Jahrhunderts war er sowohl hinsichtlich der Missionsangelegenheiten, als auch der Ethnografie Südwestafrikas die maßgebliche Instanz. Siehe Silvester *et al.*, ‚Trees Never Meet', S. 44, Anm. 175.

103 C.H.L. Hahn, Louis Fourie und Heinrich Vedder, *The Native Tribes of South West Africa* (Kapstadt: Cape Times, 1928).

104 Hayes *et al.*, ‚Trees Never Meet', S. 43–6; Lau, ‚Thank God the Germans Came'; Robert Gordon, *Picturing Bushmen: The Denver Expedition of 1925* (Athens, Ohio: Ohio University Press, 1997). Zur Konstrultion von Ethnizität in jener Zeit siehe außerdem insbesondere Hartmann *et al.* (Hg.), *Colonising Camera*, vor allem Robert Gordon, ‚Backdrops and Bushmen: An Expeditious Comment', S. 111–17; Hayes, ‚Northern Exposures'.

105 Lau, ‚Thank God the Germans Came'; Gordon und Sholto-Douglas, *Bushman Myth*, S. 153–4; Gordon, ‚Backdrops'; *ders.*, *Denver Expedition.*

106 Fuller, „‚We Live in a Manga'", S. 211–13; Kößler, *In Search*, S. 89–91; Werner, *‚No One Will Become Rich'*, S. 210–11.

107 Silvester, ‚Beasts, Boundaries and Buildings', S. 107; Silvester *et al.*, ‚Trees Never Meet', S. 38. Während der Zeit zwischen den Weltkriegen gab es wohl keine Bevölkerungsgruppe, die als Coloured eingestuft wurde (oder selbst eine Identität als Coloured hatte), mit Ausnahme der in SWA lebenden Coloureds vom Kap. 1946 war aber möglicherweise ein solcher Prozess ethnischer Konstruktion im Gange.

108 Südafrika, *Report on the Natives.*

109 261 Deutsche lehnten die südafrikanische Staatsbürgerschaft ab, 3489 nahmen sie an. Mbuende, *Namibia*, S. 74.

110 Zu diesen Verfassungsregelungen siehe insbesondere Wellington, *South West Africa*, S. 274, 291; J. Kozonguizi und A. O'Dowd, ‚The Legal Apparatus of Apartheid' in Segal und First (Hg.), *Travesty of Trust*, S. 118–27. Zur ‚weißen' Politik jener Zeit siehe auch Botha, ‚Internal Colonisation'.

111 Der Verfassungsstatus Südafrikas ist komplex und kann hier nicht im Detail erörtert werden. Im Wesentlichen erhielten die Dominions durch das Statut von Westminster (1931) mehr oder weniger die Unabhängigkeit. In Südafrika selbst erlangte sie durch den Status of the Union Act (1934) Rechtskraft. 1961 erklärte sich Südafrika zur Republik und ging dadurch noch weiter auf Distanz zu Großbritannien.

112 Cooper, *Occupation of Namibia*, S. 47–67; Randolph Vigne, ‚The Moveable Frontier: The Namibia–Angola Boundary Demarcation, 1926–1928' in Hayes *et al.*, *Namibia*, S. 289–304, S. 300.

113 Zu dieser Gespaltenheit siehe beispielsweise Klaus Rüdiger, *Die Namibia-Deutschen: Geschichte einer Nationalität im Werden* (Stuttgart: Steiner, 1993), S. 74; Schmidt-Laubner, *Abhängige Herren*, S. 69–70.

114 Ngavirue, *Political Parties*, Kap. 5; Cooper, *Occupation of Namibia*, Kap. 3; Du Pisani, *Continuity and Change*, S. 71–8.

115 Hartmann *et al.* (Hg.), *Colonising Camera*, S. 62 (Zitat); Ngavirue, *Political Parties*, S. 147–64.

116 Ngavirue, *Political Parties*, S. 139. Siehe auch Martin Eberhardt, *Zwischen Nationalismus und Apartheid: Die deutsche Bevölkerungsgruppe Südwestafrikas 1915–1965* (Münster: Lit, 2007).

117 Zu dieser Kommission siehe Wellington, *South West Africa*, S. 305–10.

118 Negley Farson, *Behind God's Back* (London: Victor Gollancz, 1940), zitiert in Robert Gordon, ‚The Impact of the Second World War on Namibia', *JSAS*, 19 1 (1993), S. 147–65, S. 149. Die nachfolgende Beschreibung beruht auf diesem Artikel.

119 Gordon, ‚Second World War', S. 151.

120 McKittrick, ‚Northern Namibia', S. 186–8, erörtert Zwangsrekrutierung im westlichen Owambo. Gordon, ‚Second World War', vertritt im Gegensatz dazu die Ansicht, die Rekrutierung in der Region sei vor allem auf freiwilliger Basis und hauptsächlich im östlich gelegenen Königreich Oukwanyama erfolgt. Der Auffassung, die Anwerbung sei freiwillig erfolgt, ist auch Hileni Elago, ‚Ovambo Men's Experiences of Participation in the Second World War (1939–1945)' in Wolfram Hartmann (Hg.), *New Historical Writing in Namibia: Three Research Papers* (Windhoek: Namibia History Trust), S. 20–3.

121 Kangumu, ‚Forgotten Corner', S. 16.

122 Gordon, ‚Second World War', S. 164.

9 Nationalismus und Apartheid, 1946–70

Die Zeit von 1946 bis 1970 war von zwei wesentlichen Entwicklungen geprägt. Zum einen nahm Südafrika von seiner ‚heiligen Aufgabe' Abstand, Südwestafrika als Mandatsgebiet zu verwalten, und gliederte das Territorium immer stärker in seine eigenen Regierungsstrukturen ein. Das Apartheid-System, das in diesen Jahren in Südafrika ausgearbeitet wurde, fand auch in Namibia Anwendung – ein Prozess, der mit dem 1964 veröffentlichten Bericht der Odendaal-Kommission seinen Höhepunkt erreichte. Zum anderen nährten gleich zu Beginn der Einführung der Apartheid die damit einhergehenden Übergriffe wachsenden Widerstand, und dasselbe galt für die zunehmende Ausweitung des Wanderarbeitersystems; außerdem kamen Namibier immer mehr mit weitreichenderen internationalen Entwicklungen in Berührung. Der Widerstand gegen die südafrikanische Herrschaft führte ab den späten 1950er-Jahren zur Gründung explizit nationalistischer Bewegungen.

Sehr förderlich für die Geschichtsschreibung über die Zeit zwischen dem Zweiten Weltkrieg und der Unabhängigkeit 1990 ist, dass es deutlich mehr von Afrikanern verfasste Quellen gibt als zuvor: Die Ansichten und Erfahrungen von Schwarzen in Namibia treten in Autobiografien, wissenschaftlichen Arbeiten, Briefen, mündlichen Geschichtsüberlieferungen, religiösen Schriften und politischen Aussagen zu Tage. In anderer Hinsicht lassen sich geschichtliche Narrative jedoch schwieriger herausarbeiten. Weiterhin ist diese Periode der namibischen Geschichte sehr im Wandel begriffen, da neue Fakten und Argumente vorgebracht und diskutiert werden, und ihr wird weiterhin politische Bedeutung beigemessen – möglicherweise sogar in stärkerem Maße als dem Deutsch-Namibischen Krieg. Tatsächlich hat der Historisierungsprozess der Jahre 1946–1990, die noch in lebendiger Erinnerung sind, gerade erst begonnen.[1]

Protest und nationalistische Organisationen[2]

In der Zeit unmittelbar nach dem Zweiten Weltkrieg gab es auf internationaler Ebene durch das Aufkommen des Nationalismus und den Rückzug des Kolonialismus große Veränderungen. 1947 zog sich Großbritannien aus Indien zurück, seinem größten und wichtigsten kolonialen Territorium; Ende der 1960er-Jahre hatten Großbritannien und Frankreich ihre meisten Kolonien in die Unabhängigkeit entlassen. Südafrika verfolgte vor diesem Hintergrund allerdings einen anderen Kurs, denn es strebte nach räumlicher Ausdehnung.[3] Bei diesen Plänen spielte Namibia eine zentrale Rolle.

1945 traten die Vereinten Nationen an die Stelle des Völkerbundes, und die Verantwortung für die Mandatsgebiete wurde in die Hände eines neu gegründeten Treuhandrates gelegt. Der südafrikanische Premierminister Jan Smuts widersetzte sich den neuen Regelungen und versuchte die Vereinten Nationen dazu zu überreden, der Eingliederung Namibias nach Südafrika als fünfte Provinz zuzustimmen. Um seinen Argumenten Nachdruck zu verleihen, ließ er zwischen Dezember 1945 und April 1946 unter Afrikanern in Namibia ein ‚Referendum' durchführen, das 208 850 ‚Stimmen' für und 33 250 gegen eine Eingliederung ergab.[4] Die Stimmen waren jedoch nicht individuell abgegeben worden: Bei einer Reihe von Treffen, die von *chiefs* und *headmen* einberufen und nur in den Reservaten abgehalten wurden, hatte man die Afrikaner nicht etwa gefragt, ob sie die Eingliederung befürworteten, sondern ob sie wollten, ‚dass irgendeine andere Nation sie regiert';[5] dadurch entstand der Eindruck, sie hätten die Wahl zwischen Südafrika und Deutschland.

Das ‚Referendum' und dessen angebliches Ergebnis wurden von einigen afrikanischen Anführern strikt abgelehnt. Der bedeutendste davon war Hosea Kutako, der ranghöchste Politiker der Herero. Er war in der Zeit zwischen den Weltkriegen zwar bereit gewesen, einige Kompromisse mit der Obrigkeit einzugehen, aber zunehmender Landverlust und Verarmung hatten Kutako und den Herero Chief's Council immer mehr desillusioniert. Im Süden hatten die Reservate Berseba, Tses und Soromas ebenfalls eine Eingliederung abgelehnt. Kutako genoss nicht nur die Unterstützung Frederick Mahareros, sondern auch Tshekedi Khamas und anderer *chiefs* in Botswana, Dr. A. B. Xuma (dem Vorsitzenden des African National Congress (Afrikanischer Nationalkongress, ANC) in Südafrika) sowie – als dann die Entkolonialisierung stattfand –Indiens und anderer Länder, die kurz zuvor unabhängig geworden waren. Erstmals erhielten die oppositionellen Kräfte in Namibia eine wirksame internationale Präsenz, die sie bis zur Unabhängigkeit 1990 beibehielten und ausbauten.

Im Süden lösten sich 1946 außerdem Afrikaner von der Rheinischen Mission: Die schwarzen Anführer Zachäus Thomas, Petrus Jod und Markus Witbooi stellten sich an die Spitze eines Übertritts zur African Methodist Episcopal Church (Afrikanisch-Methodistisch-Bischöfliche Kirche, AMEC). Unter anderem hatten sie nämlich in einer südafrikanischen Zeitung entdeckt, dass Vedder – der inzwischen Leiter der RMG in Namibia war – in Erwägung zog, die Missionskirchen der Nederduits Gereformeerde Kerk (südafrikanischen Niederländisch-Reformierten Kirche, NGK) zu übergeben; dies kam in ihren Augen dem Vorschlag gleich, sie ‚wie lebendes Schlachtvieh zu verkaufen'.[6] Ein weiterer Auslöser für den Bruch war ihre zunehmende Unzufriedenheit mit der konservativen und zögerlichen Politik, die die Leitung der RMG in Namibia verfolgte.[7]

Die Vereinten Nationen lehnten Südafrikas Ersuchen um die Eingliederung Südwestafrikas im Dezember 1946 ab. Südafrika akzeptierte diese Entscheidung nicht, wobei Smuts sich allerdings für begrenzte Reformen in SWA aussprach und große Landstriche (davon allerdings einen großen Teil in Trockengebieten) für Reservate vorsah.[8] 1948 gewann dann jedoch die National Party (NP) die Wahlen in Südafrika und begann mit der Einführung der Apartheid. Die neue Regierung war darauf gefasst, sich über die internationale Meinung hinwegzusetzen, wollte engere Beziehungen zu den Afrikaans-sprachigen Weißen in Namibia knüpfen und gab im Jahr darauf offiziell bekannt, dass sie bei den Vereinten Nationen keine jährlichen Berichte über Namibia mehr einreichen würde.[9] Der Treuhandrat konnte wenig dagegen unternehmen, dass SWA faktisch, wenn auch nicht auf legalem Weg, immer mehr zu Südafrikas fünfter Provinz wurde.

Diese Ereignisse läuteten eine neue Phase des Widerstands gegen die südafrikanische Politik in Namibia und bald sogar auch gegen die südafrikanische Herrschaft über Namibia an sich ein. Der Widerstand bildete sich in vier einzelnen Strängen heraus, die aber zeitweise zusammenwirkten. Neben den Aktivitäten der traditionellen Anführer und der wachsenden Unzufriedenheit in den Kirchen wurden Wanderarbeiter aus dem Norden immer stärker politisiert, und das Gleiche traf auf die winzige Gruppe namibischer Intellektueller zu. Die beiden letzteren Gruppen bildeten das Rückgrat der organisierten nationalistischen Bewegung, die Ende der 1950er-Jahre entstand.

Der wichtigste und energischste Widerstand in der Zeit unmittelbar nach dem Referendum wurde von den (kleinen und bedrängten) afrikanischen Eliten angeführt, vor allem von Kutako und dem Herero Chief's Council. Kutako bat unverzüglich den radikalen anglikanischen Geistlichen Michael Scott, den Fall Namibias vor die Vereinten Nationen zu bringen (Kutako selbst durfte nicht reisen). Dies tat Scott 1947 auch, nachdem er Namibia besucht und sich die Argumente von Kutako und dessen Gefolgschaft, David Witbooi sowie Vertretern der Damara und der Ovambo aus Windhoek angehört hatte. Als er dann bei den Vereinten Nationen war, setzte er sich während der gesamten 1950er-Jahre unermüdlich dafür ein, dass Namibia auf der internationalen Agenda blieb.[10]

Die von den Kirchen unternommene radikale Wende war ein wichtiger Faktor bei der Formulierung und Ausbreitung von Unzufriedenheit und Protest. Ein Gebet, das Kutako Ende der 1940er-Jahre sprach, verrät eine frühe Hinwendung zu einer neuen, in eigenen Erfahrungen wurzelnden Theologie: ‚Hilf uns, die wir hier in Afrika sind und keine eigene Bleibe haben. Gib uns wieder einen Ort zum Wohnen …'.[11] 1955 verließen viele Otjiherero-Sprecher die RMG und gründeten die *Oruuano*-Kirche (auf Englisch bekannt unter dem Namen Protestant Unity Church; wörtlich: ‚Kommunion'), die bald Kutako als Unterstützer gewann. Die *Oruuano* war zum Teil eine kulturelle Bewegung und billigte einige traditionelle Bräuche der Herero, so etwa das Heilige Feuer und die Ahnenverehrung; außerdem war sie eine Reaktion auf den Konservativismus der RMG und insbesondere die Haltung Vedders, der 1949 als Repräsentant der Afrikaner in Südwestafrika Mitglied des südafrikanischen Parlaments geworden war und in dieser Funktion erklärte, dass er die Apartheit befürworte.[12] Teils als Reaktion auf die Probleme, die durch diese beiden größeren Kirchenspaltungen entstanden, wurde aus der Rheinischen Mission in Namibia 1957 die autonome Evangelisch-Lutherische Kirche (ELK).

Schon vor der RMG hatte im Norden die Finnische Mission diesen Schritt vollzogen. Diese hatte 1925 die ersten Afrikaner zu Priestern geweiht, Ende der 1930er-Jahre und in den 1940er-Jahren ihre Gemeinden afrikanischen Seelsorgern übergeben und wurde 1956 unter ihrem ersten afrikanischen Leiter, Leonard Auala, eine unabhängige Organisation, die Evangelisch-Lutherische Ovambo-Kavango-Kirche (ELOK). In den 1950er-Jahren behaupteten die Missionare, die Hälfte der Bevölkerung in Owambo sei inzwischen zum Christentum übergetreten (was vielleicht etwas übertrieben war), und zu Anfang jenes Jahrzehnts führte eine starke Erweckungsbewegung, *Epaphuduko* (‚großes Erwachen', ‚Erleuchtung') zu neuen Bekehrungswellen. In den 1980er-Jahren war die Mehrzahl der Menschen in dieser Gegend Kirchenmitglied.[13]

Der wichtigste Faktor bei der Herausbildung der formellen nationalistischen Bewegungen war jedoch, dass die Kontraktarbeiter aus dem Norden sich erfolgreich organisierten und die tiefsitzende Unzufriedenheit mit den herrschenden Verhältnissen in eine dauerhafte Massenbewegung umsetzen konnten. Seit 1939 waren hunderte von Arbeitern aus dem ganzen Norden Namibias von der Witwatersrand Native Labour Association zur Arbeit in Südafrika angeworben worden, wohin sie über Botswana einreisten. So traten sie durch eine zuvor ‚versiegelte Tür zur Außenwelt',[14] machten Bekanntschaft mit der Politik des Protests in Südafrika und erhielten in manchen Fällen Zugang zu einer ordentlichen Ausbildung. 1949 versuchten die Behörden, Namibiern die Migration nach Südafrika zu verbieten, aber das hatte kaum Auswirkungen auf den Zustrom von Arbeitskräften.[15]

1957 gründete eine Gruppe von hauptsächlich Oshiwambo-sprachigen Kontraktarbeitern, die in Kapstadt lebten, den Ovamboland People's Congress (OPC, Volkskongress von Ovamboland); dessen bekanntestes Mitglied war Andimba Toivo Ya Toivo, der während des Zweiten Weltkriegs in der südafrikanischen Armee gedient, danach als Lehrer und Minenarbeiter gearbeitet hatte und nun für die Eisenbahn in Kapstadt tätig war. Diese Gruppe war von der Politik des Widerstands in Südafrika beeinflusst, wo während der 1950er-Jahre eine Massenmobilisierung stattfand, Der OPC unterhielt Kontakte zum Afrikanischen Nationalkongress, Mitgliedern der Liberalen Partei Südafrikas (darunter Randolph Vigne und Patrick Duncan) sowie einigen Aktivisten der Kommunistischen Partei, wie etwa Ray Alexander, der bereits 1952 versucht hatte, in Lüderitz eine Gewerkschaftsniederlassung aufzubauen. Im April 1959 entstand durch die Gründung der Ovamboland People's Organisation (OPO, Volksorganisation von Ovamboland) in Windhoek durch Sam Nujoma – der dort seit einiger Zeit Arbeiter organisierte – und Jacob Kuhangua in Namibia selbst eine Basis für nationalistische Aktivitäten. Ihr erster Präsident wurde Nujoma. Die OPC übernahm die Rolle des OPO, und Ya Toivo zufolge gehörte zu ihr auch eine im Untergrund operierende Widerstandsorganisation, die Anfang der 1950er-Jahre im Norden gegründet wurde und ‚Nghuwoyepongo' hieß, ‚der Ruf eines Waisenkindes, das von Gott gerettet wird'.[16]

Die OPO organsierte sich innerhalb Namibias und warb bei den Vereinten Nationen für nationale Unabhängigkeit. Da Namibia einst ein Mandatsgebiet des Völkerbundes gewesen war, blieben auch die Vereinten Nationen bis zur Unabhängigkeit im Jahr 1990 ein wichtiger Ansprechpartner bei den Bestrebungen um Selbstbestimmung. 1957 bekam Michael Scott bei den Vereinten Nationen Verstärkung durch Mburumba Kerina, eine wichtige Figur in der frühen Geschichte der SWAPO, und im Jahr darauf auch durch Jariretundu Fanuel Kozonguizi, den der Herero Chief's Council entsandte.

Zu den namibischen Aktivisten in Kapstadt gehörte während der 1950er-Jahre außer Kontraktarbeitern auch die erste Generation namibischer Studenten, die in Südafrika Zugang zu höherer Bildung bekam. Dies war der bescheidene Beginn der Entwicklung einer namibischen Intelligentsia, da einige wenige es schafften, über den Unterricht in den Missionsschulen hinaus eine Weiterbildung zu erhalten. Letztere waren immer noch die wichtigsten Bildungseinrichtungen für afrikanische Kinder (von denen 1958 nur 30 Prozent eine Schule besuchten); in den meisten wurde lediglich Grundschulbildung vermittelt,[17] und besonders im Norden war es um das Schulwesen schlecht bestellt, mit einigen Ausnahmen wie den weiterführenden Schulen der Anglikaner und Lutheraner in Odibo beziehungsweise Oshigambo. Mitte der 1940er-Jahre eröffnete man jedoch einige staatliche Schulen für schwarze Schüler, vor allem in den (größtenteils) Otjiherero-sprachigen Reservaten; dies ging auf die von Hosea Kutako angeführten Kampagnen zurück.[18] Im selben Jahrzehnt wurde in Windhoek unter der Schirmherrschaft einer Selbsthilfegruppe – der African Improvement Society (Afrikanische Gesellschaft für Fortschritt) – Abendunterricht angeboten, den unter anderem der junge Sam Nujoma besuchte. Dennoch bestand Ende der 1950er-Jahre der höhere Bildungssektor in der Kolonie lediglich aus vier Berufsfachschulen für Lehrer. Für die weiße Bevölkerung war 1921 die Schulpflicht eingeführt worden, und es gab diesbezüglich umfassende Einrichtungen seitens der Regierung.[19]

Wie der Kern der OPO, mit dem sie in Kontakt standen, waren auch die namibischen Studenten und Intellektuellen von den neuen radikalen Bewegungen in Südafrika und darüber hinaus beeinflusst. Zu ihnen gehörten Ottilie Schimming Abrahams, Kenneth Abrahams, Fanuel Kozonguizi, Emil Appolus, Mburumba Kerina und Zedekia Ngavirue. Es waren Mitglieder dieser Gruppe, die in Namibia frühe politisch und gleichzeitig edukativ ausgerichtete Organisationen schufen. 1952 wurde der SWA Student Body (SWASB, Südwestafrikanische Studentenschaft) gegründet und später im selben Jahrzehnt von der South West Africa Progressive Association (SWAPA, Fortschrittsverband Südwestafrikas) abgelöst, die ‚die Jugend und die wachsende Gruppe von Intellektuellen in ihren Bann zog, vor allem in Windhoek'.[20] Die SWAPA vergab

Stipendien für Südafrika und unterstützte die *South West News*, die erste von Schwarzen 1960 herausgegebene, kurzlebige Zeitung. Sie versuchte, aktiv in die Debatte einzugreifen und Afrikanern politische Informationen zugänglich zu machen – und sei es in der Praxis nur für eine kleine städtische Minderheit.[21]

Abb. 22: Sam Nujoma war seit der Gründung der South West Africa People's Organisation ihr Präsident; 1990 wurde er der erste Präsident des unabhängigen Namibia. Dieses Poster ist eines von vielen, die von der SWAPO und der internationalen Solidaritätsbewegung gedruckt wurden, um sowohl vor Ort, als auch im Ausland für die SWAPO zu werben. Worte aus diesem Text finden sich auch im Titel von Nujomas Autobiografie *Where Others Wavered*.

Über die Schaffung einer offiziellen nationalistischen Organisation auf breiter Basis war bereits seit etwa 1955 diskutiert worden, und im August 1959 gründeten der Herero Chief's Council und die SWAPA gemeinsam die South West Africa National Union (SWANU, Südwestafrikanische Nationalunion); dabei bezogen sie auch Politiker anderer Organisationen ein, beispielsweise Sam Nujoma. Dieser erste Versuch, eine Dachorganisation für eine nationalistische Bewegung zu bilden, fand jedoch schon im April 1960 ein jähes Ende, da der HCC seine Unterstützung für die SWANU zurückzog.[22]

Dieser Konflikt war teilweise auf die unterschiedlichen Ansichten zurückzuführen, die auf der einen Seite vom HCC und Kutako, auf der anderen von den in der SWAPA vertretenen Intellektuellen vertreten wurden. Der radikale Nationalismus der Letzteren war eng mit einem Bekenntnis zu Modernität und Bildung verknüpft, woraus sie ihre eigene Legitimierung zogen; dies stand im Widerspruch zum Konzept indigener Autorität, das auf älteren Machtstrukturen beruhte. Der Konflikt wurde zwar größtenteils innerhalb der Gemeinschaft der Otjiherero-Sprecher ausgetragen und nicht zwischen unterschiedlichen ethnischen Gruppen, aber Vorstellungen von Ethnizität spielten dennoch eine Rolle. Der Herero Chief's Council bemühte sich, andere Gruppen mit einzubeziehen, beispielsweise Mitglieder aus den Reihen der Damara und Ovambo, seine Machtbasis war jedoch im Wesentlichen ethnisch definiert. Prozesse der Selbstidentifikation bei den Herero waren außerdem kürzlich durch politische Strategien der Regierung gefördert worden, und zwar mittels ‚Stammestreffen', die in den Reservaten abgehalten wurden und der Herausbildung einer stabileren übergreifenden ‚Pan-Herero'-Identität Vorschub leisteten.[23] Diese Dynamiken machten sich häufig in der von Kutako und seinem Nachfolger Clemens Kapuuo[24] verfolgten Politik bemerkbar, vor allem in ihrer Bereitschaft, föderalistische Verfassungsoptionen zu befürworten, die auf ethnisch definierten Machtblöcken beruhten. SWANU und OPO traten demgegenüber für einen expliziten Nationalismus ein, bei dem das Ringen um nationale Unabhängigkeit die einigende Kraft darstellte und ethnische Unterschiede heruntergespielt wurden.

Nach der Spaltung im April beschloss die OPO, sich als nationale Bewegung neu zu etablieren, und bot dadurch eine Alternative zur angeschlagenen SWANU. Dies war die Geburtsstunde der South West Africa People's Organisation (SWAPO, Südwestafrikanische Volksorganisation), die in den folgenden dreißig Jahren zur wichtigsten Befreiungsbewegung und nach der Unabhängigkeit 1990 Regierungspartei wurde.[25] Sam Nujoma, der sich bereits im Exil befand, wurde Präsident der SWAPO, Nathaniel Maxuilili (in Namibia) wurde amtierender Präsident und Mburumba Kerina (in New York) Parteivorsitzender. Dass sich die Wege von SWAPO und SWANU trennten, hätte vielleicht verhindert werden können, wenn die beiden erfahrensten nationalistischen Aktivisten – Ya Toivo, der im Norden unter Hausarrest stand, und Kozonguizi, der bei den Vereinten Nationen war – zum entscheidenden Zeitpunkt dabei gewesen wären. Daher ging die Gründung zweier getrennter nationalistischer Organisationen vielleicht ebenso auf geschichtliche Zufälle zurück wie auf Differenzen im Hinblick auf Politik und Parteiprogramm.

Staat, Wirtschaft und Migration in den 1950er-Jahren

Die zunehmenden Proteste in den Jahrzehnten nach dem Zweiten Weltkrieg wurden in gleichem Maße von den gesellschaftlichen und wirtschaftlichen Auswirkungen der Politik Südafrikas in der Kolonie und von der politischen Diskussion über eine Eingliederung ausgelöst. Durch Verfassungsänderungen wurde Namibia enger an Südafrika angeschlossen. 1949 wurde durch den South West Africa Affairs Amendment Act (Zusatzgesetz zu südwestafrikanischen Angelegenheiten) der Advisory Council (Beirat) abgeschafft, und die weißen Einwohner von SWA erhielten das Recht, unmittelbar Vertreter ins südafrikanische Parlament zu wählen – wo diese der NP halfen, die Apartheid-Politik durchzusetzen.[26] Bei diesen (ausschließlich Weißen vorbehaltenen) Wahlen erhielt die National Party Südwestafrikas eine große Mehrheit der Stimmen und wurde anschließend eine Unterabteilung der Nationalen Partei Südafrikas. In Namibia setzte sie sich für die Apartheid ein und widersetzte sich dem

UN-Mandat. Ihr Hauptgegner, die United National South West Party (Vereinte Nationale Südwestpartei), vertrat eine moderatere Linie und sprach sich gegen eine Eingliederung aus. Zugleich nahm dem Bericht der Sozialen Sicherheitskommission (Lardner-Burke-Kommission) aus den Jahren 1945–47 zufolge, der sich ausschließlich mit Weißen befasste, in Namibia die Zahl von Farmen im Besitz von Weißen erneut zu. Auf diesen Bericht hin verschob die Regierung die Rote Linie im Nordwesten und Nordosten, um mehr Land in die Polizeizone zu verlagern; ein Teil davon war für Reservate vorgesehen, der Großteil aber für die Besiedlung durch Weiße. Letztere nahm in den nächsten anderthalb Jahrzehnten deutlich zu, unter anderem, weil während dieser Zeit die Grenze der Polizeizone noch weitere zehn Mal verschoben wurde. 1963/4 wuchs die Zahl der Farmen in weißem Besitz auf etwa 7000 – eine Zunahme um über 80 Prozent; die Zahl der Siedler stieg von 37 858 im Jahre 1946 auf 66 000 im Jahr 1958.[27]

Die südafrikanische Politik begünstigte die weiße Bevölkerung, vor allem die Buren. Was SWA angeht, so wurde die Kontrolle über das Territorium insgesamt und vor allem über deren afrikanische Bewohner in den 1950er-Jahren eine viel straffere direkte Herrschaft eingeführt. 1955 übernahm der südafrikanische Minister of Native Affairs (Minister für Eingeborenenangelegenheiten), H. F. Vervoerd, die unmittelbare Zuständigkeit für die Politik hinsichtlich der afrikanischen Bevölkerung Namibias, nachdem 1954 der South West Africa Native Affairs Administration Act (Gesetz zur Verwaltung der Eingeborenenangelegenheiten Südwestafrikas) erlassen worden war.[28] SWA geriet dadurch stark unter den Einfluss des zunehmend autoritären und von Ideologie getriebenen südafrikanischen Native Affairs Department (NAD, Ministerium für Eingeborenenangelegenheiten).[29] In Südafrika selbst erweiterte und vertiefte die Regierung der Nationalisten Anfang der 1950er-Jahre ihr früheres, auf Rassentrennung beruhendes Vorgehen in der ‚Eingeborenenpolitik' und schuf das kompromisslosere Apartheid-System, unter dem Rassendiskriminierung, räumliche Trennung zwischen Schwarz und Weiß sowie die Kontrolle über die Arbeitskraft von Schwarzen im Interesse der

Weißen mittels schwerer Repressionen durchgesetzt wurden. Die Apartheid wurde durch eine Reihe entscheidender Gesetze eingeführt, darunter der Mixed Marriages Act (1949, Gesetz über Mischehen), der Group Areas Act (1950, Gesetz über Gemeinschaftsgebiete), der eine strengere räumliche Trennung der Wohngebiete vorschrieb und zu vielen Zwangsräumungen führte, der Population Registration Act (1951, Gesetz zur Registrierung der Bevölkerung), der Reservation of Separate Amenities Act (1953, Gesetz über die getrennte Nutzung von Einrichtungen), der die Benutzung der besseren öffentlichen Einrichtungen ausschließlich Weißen vorbehielt und dadurch eine ‚kleine Apartheid' schuf, sowie der Bantu Education Act (1953, Gesetz zur Bantu-Erziehung).[30]

Diese Gesetze galten nicht automatisch auch für Namibia, wo die Entwicklung der Apartheid ‚langsamer und weniger ausgeklügelt war ... als in Südafrika'.[31] In den 1950er- und 1960er-Jahren wurden im Wesentlichen drei Arten von Gesetzen erlassen: neue Verfassungsgesetze, unzählige Sicherheitsgesetze und Maßnahmen zur Durchsetzung zusätzlicher Rassendiskriminierung. Nichtsdestoweniger spielten die in den Jahren zwischen den Weltkriegen erlassenen Rassentrennungsgesetze in der Apartheid-Ära weiterhin eine wichtige Rolle, und die Apartheid-Gesetzgebung wurde nicht vollständig auf Namibia angewandt. Dies lag unter anderem daran, dass sich der Staat nicht so großen Herausforderungen gegenübersah wie in Südafrika: Dort war die Apartheid zum Teil eine Reaktion auf eine zunehmende wirtschaftliche und gesellschaftliche Krise, da immer mehr Menschen aus den ländlichen Regionen in die Städte zogen. Eine Urbanisierung in diesem Ausmaß fand in Namibia nicht statt, wenngleich es durchaus eine vermehrte Zuwanderung in die Städte gab, weil die Produktivität der Landwirtschaftsflächen nachließ: Die Zahl schwarzer Einwohner in städtischen Gebieten stieg von 30 000 im Jahr 1946 auf 49 000 im Jahr 1955.[32] Auch organisierter Protest in nennenswertem Ausmaß regte sich erst am Ende des ersten Jahrzehnts der Apartheid. Auf der anderen Seite hielt die Tatsache, dass es faktisch bereits eine starke Machtausübung durch informelle Diskriminierung gab, die Regierung von der Einführung neuer Gesetze ab: Obwohl beispielsweise die Teile des Population Registration Act, die Personen einer Rassenzugehörigkeit zuordneten, nicht auf Namibia ausgedehnt wurden, bestand eine solche Einteilung nach Rassen bereits auf informeller Ebene.[33]

Das wichtigste neue Gesetz, das in den 1950er-Jahren verabschiedet wurde, war die Natives (Urban Areas) Proclamation (Proklamation zu Eingeborenen in städtischen Gebieten) von 1951,[34] die (zusammen mit dem 1963 erlassenen Aliens Control Act (Ausländer-Kontrollgesetz)) umfassende neue Einschränkungen bezüglich der Mobilität der Afrikaner einführte. Im Wesentlichen sollte durch die neue Gesetzgebung eine sehr kleine afrikanische urbane Elite geschaffen werden, die berechtigt war, in den Städten zu bleiben, wohingegen die Mehrheit der schwarzen Bevölkerung als nicht dort ansässiges Proletariat galt. Außerdem bekräftigten die Gesetze das Pass-System und schrieben vor, dass schwarze Männer ab achtzehn Jahren Pässe mit sich führen mussten. Für Frauen galt dies nicht,[35] wobei Frauen aus dem Norden jedoch nicht ohne Genehmigung – die nur selten gewährt wurde – in die Polizeizone einreisen durften. Die Gesetze bezüglich der städtischen Gebiete und die darauf folgenden Verordnungen zur Stadtplanung schufen außerdem neue Möglichkeiten, in den Städten eine räumliche Apartheid einzurichten, da die Eigentumsurkunden einzelner Immobilien dazu benutzt wurden, den Verkauf von Land in ‚weißen' oder ‚farbigen' Wohngebieten an Afrikaner zu verhindern. Diese Maßnahmen waren so erfolgreich, dass der Group Areas Act nicht auf Namibia ausgedehnt wurde.

Zu den Apartheidsgesetzen, die über Namibia verhängt wurden, gehörten außerdem die Industrial Conciliation Ordinance (Verordnung zur Schlichtung in der Industrie) von 1952, die Afrikanern die Mitgliedschaft in Gewerkschaften verbot, und die Prohibition of Mixed Marriage Ordinance (1952, Verordnung über das Verbot von Mischehen). Die Education Ordinance (1962, Erziehungsverordnung), die auf Empfehlung der van-Zyl-Kommission aus dem Jahr 1958 erlassen wurde, führte in Namibia die so genannte Bantu-Erziehung ein, bei der es sich im Wesentlichen um eine sehr elementare, funktionale Schulbildung für die schwarze Bevölkerungsmehrheit handelte. Dies führte zu Änderungen in den Lehrplänen, der Übernahme vieler Missionsschulen durch den Staat und einer offiziellen Politik, die den Schulbesuch der meisten Afrikaner auf einen Zeitraum von vier Jahren beschränkte.[36]

Trotz ihres begrenzten Ausmaßes lieferte diese Gesetzgebung in den 1950er-Jahren die Grundlage für eine aggressive und recht genau definierte ‚Eingeborenenpolitik' in Namibia, die darauf angelegt war, der afrikanischen Bevölkerung ein neues Maß an Kontrolle aufzuerlegen. In den ländlichen Gebieten begannen die Behörden, die Reservate in ethnische Einheiten umzustrukturieren. Dies war eine neue Entwicklung, denn zuvor hatte man – wie wir im vorigen Kapitel gesehen haben – ethnisch gemischte Reservate geschaffen, damit sich dort keine Machtbasis für die Anführer der alten afrikanischen Gemeinwesen bilden konnte. Als die älteren politischen Gebilde dann aber gründlich ausgehöhlt waren, verlegte sich der Staat auf eine neue Strategie: Er ließ die ‚Stammes'-Gruppen wieder aufleben und unterstützte sie, mit dem Ziel, auf diese Weise Ordnung zu schaffen und die Afrikaner ruhigzustellen. Nach dem Zweiten Weltkrieg (und auf Grundlage der Native Trust Funds Proclamation (Proklamation über Eingeborenen-Treuhandfonds von 1939)) wurden eine Reihe von Treuhandfonds für einzelne ‚Stämme' eingerichtet und Stammesräte ins Leben gerufen; letztere wurden 1947 für die Damara, 1950 für die Herero und 1953 für die Nama gegründet. Nachdem 1955 das Native Affairs Department die Zuständigkeit für die ‚Eingeborenenangelegenheiten' in Südwestafrika übernommen hatte, war diese Behörde auch für das Vorgehen bezüglich der Reservate zuständig, wodurch sich letztlich der Übergang der Reservate in den Status von ‚Homelands' beschleunigte.

Intellektuelle Rückendeckung erhielt diese neue Betonung getrennter ethnischer Zusammengehörigkeit durch eine Reihe neuer ethnologischer Studien über städtische und ländliche Gebiete, die vom NAD herausgegeben wurden und Grundkonzepte über die Beschaffenheit der vermeintlichen Stammesgruppen in Namibia festlegten. Kaoko beispielsweise, das 1947 zum Reservat erklärt wurde, bestimmte man zur Heimat dreier Haupt-‚Stämme', nämlich der Himba, Tjimba und Herero. Diese neue Regelung stand in Widerspruch zu der dort schon lange bestehenden Aufteilung, die auf den Abstammungslinien dreier ‚großer Männer' beruhte – Karukouye, Vita Tom und Muhona Katiti. Diese Stammes-Ideologie durchdrang allmählich auch afrikanische Gruppen und ihr Selbstverständnis, aber die weit gefassten Kategorien ‚Nama', ‚Ovambo' usw. variierten im Laufe der Zeit und von Ort zu Ort, unter anderem aufgrund früherer Ethnizitäts-Ideologien, der Kräftespiele in der jeweiligen Lokalpolitik und der zunehmenden wirtschaftlichen Belastungen in den Reservaten.[37]

In ihrem Bestreben um mehr Kontrolle und Trennung nach ethnischer Zugehörigkeit führte die südafrikanische Verwaltung in Namibia in den 1950er-Jahren einige wenige Zwangsumsiedlungen durch. Das Reservat Aukeigas in der Nähe von Windhoek wurde 1958 ungeachtet des Widerstandes einer Damara-Organisation namens ‚Fakkel' (‚Fackel') geschlossen. Die letzten Bewohner schickte man in das unwirtliche Gebiet von Sorris-Sorris im Westen, und aus Aukeigas wurde der Daan-Viljoen-Wildpark. Versuche, Zwangsumsiedlungen aus dem Reservat Hoachanas im Süden durchzuführen, stießen auf heftige Gegenwehr. Zwar wurde eine kleine Gruppe von Bewohnern auf neues Land in Itsawisis gebracht, aber ihr Anführer Reverend Markus Kooper schaffte es, nach New York zu reisen, um bei den Vereinten Nationen Protest einzulegen. 1954 zwang man etwa zweihundert Hai‖Om zum Verlassen des Etosha-Wildparks; die meisten von ihnen wurden – wie der Großteil der Hai‖Om außerhalb des Reservats – Farmarbeiter.[38]

Es gab auch Zwangsumsiedlungen in den Städten, wo die Widersprüche zwischen dem Anliegen der Regierung, eine Urbanisierung der Afrikaner in Schranken zu halten, und dem Arbeitskräftebedarf der Arbeitgeber immer offenkundiger wurden. Die Behörden wandten die Passvorschriften rigoros an, um über die Bewegungsfreiheit der Afrikaner und deren Arbeitsplatzwahl zu bestimmen und Unruhen zu verhindern. In Windhoek sollten sich die Spannungen, die durch diese Politik entstanden, bald gewaltsam entladen – mit weitreichenden politischen Auswirkungen.

Bereits 1954 begann die Stadtverwaltung, die Verlegung der Lokation – die inzwischen ‚Alte Werft' (Old Location) genannt wurde und das Zuhause der meisten Schwarzen in der Hauptstadt war – an eine neue Stelle nördlich der Stadt zu planen. Diese Maßnahme sollte nicht nur einer stärkeren Rassentrennung hinsichtlich der Wohngebiete dienen, sondern die weiße Bevölkerung auch vor jeglicher Infektionsgefahr aus der Lokation abschotten – ein fadenscheiniges Argument, das in Südafrika häufig zur Begründung einer räumlichen Trennung benutzt wurde – und zusätzliches Bauland für Weiße schaffen. Für die Coloureds, deren Anteil an der Bevölkerung Windhoeks durch Zuwanderung aus Südafrika seit dem Zweiten Weltkrieg stark zugenommen hatte, sollte eine eigene Township (d. h. Lokation) gebaut werden.[39] Die meisten Bewohner der ‚Alten Werft' lehnten den Umzug und infolgedessen auch die dahinterstehende Apartheid-Politik ab: Als man die Mitglieder des Location Advisory Board[40] (Lokationsbeirat) fragte, welchen Namen die neue Township bekommen sollte, nannten sie es ‚Katutura', ‚Wir haben keine Bleibe'. Die Lebensbedingungen, die man den Menschen in der neuen Township versprach, waren zwar besser, dafür waren aber die Mieten höher, die Entfernung zum Zentrum Windhoeks größer, und der Umzug drohte eine bestehende Gemeinschaft auseinanderzureißen.[41]

Ende 1959 kam es zu Protesten, und zwar zunächst in Form zweier Märsche von Frauen aus der Lokation ins Zentrum von Windhoek. Die Demonstrantinnen waren nicht nur gegen den geplanten Umzug, sondern auch gegen die zunehmenden Versuche, den illegalen Bierhandel einzudämmen, von dem für viele der Lebensunterhalt abhing. Am 8. Dezember war ein Boykott der Busse und der Bierhalle in der Lokation beschlossen worden, an dem Frauen maßgeblich beteiligt waren. Dieser Boykott wurde offenbar von der OPO und SWANU organisiert, und auch ‚Fakkel' beteiligte sich am Widerstand. Zwei Tage später entlud sich die allgemeine Unzufriedenheit vor der Bierwirtschaft in Gewalt, und die Polizei erschoss mindestens elf[42] Menschen.[43]

Die tödlichen Schüsse in der ‚Alten Werft' verursachten einen spürbaren Schock: ‚Wir hätten nie gedacht, dass die Südafrikaner schießen würden ... schließlich handelte es sich hier um ein Mandatsgebiet ... Außerdem dachten wir, die Vereinten Nationen würden etwas unternehmen'.[44] Dieser Schlüsselmoment der Geschichte trug daher zu einer weiteren Radikalisierung der Bevölkerung bei, einte den Widerstand gegen die südafrikanische Herrschaft und veranlasste Nujoma und andere Führungspersönlichkeiten der OPO, ins Exil zu gehen. Außerdem waren manche Bewohner der Lokation nunmehr so eingeschüchtert, dass sie nach Katutura zogen, wobei aber die letzten Einwohner erst 1968 zu diesem Umzug gezwungen wurden.[45]

Abb. 23: Einwohner der Old Location in Windhoek machen sich zum Umzug bereit. Trotz erbitterten Widerstands, der zu den skandalösen tödlichen Schüssen im Jahr 1959 führte, wurde die von Schwarzen bewohnte Lokation schließlich abgerissen, und die meisten ihrer Bewohner wurden in die neue Township Katutura umgesiedelt.

Ein weiteres wichtiges Ziel der staatlichen Politik während der 1950er-Jahre war die Kontrolle über Wanderarbeiter.[46] Gleichzeitig hatte das Kontraktarbeitssystem inzwischen so starke Auswirkungen auf das

Leben im Norden wie nie zuvor. Die Zahl der Arbeiter, die insgesamt in den nördlichen Gebieten (einschließlich Angola) angeworben wurden, stieg von 17 494 im Jahr 1948 auf 30 129 im Jahr 1960.[47] Dieser Anstieg ging vor allem auf die zunehmende Armut in Owambo zurück, da aufgrund des dortigen Bevölkerungswachstums[48] der Druck auf das Land wuchs; außerdem hatten die Menschen weniger Zugang zu Weideflächen und anderen Ressourcen, nachdem man die Grenzen nach Norden und Süden (die Grenze zwischen Namibia und Angola und vor allem die Rote Linie) nach einer verheerenden Maul-und-Klauenseuche-Epidemie, die 1961–62 in der Polizeizone wütete, eingezäunt hatte. Darüber hinaus wurde die Bevölkerung Ende der 1950er- und Anfang der 1960er-Jahre von einer anhaltenden Dürre heimgesucht. Da die Gegend immer noch vom Handel abgeschnitten war und es so gut wie keine regulären Beschäftigungsverhältnisse gab, bot das Kontraktarbeitssystem eine der wenigen Möglichkeiten, die Erzeugnisse der Subsistenzwirtschaft aufzubessern. Zwar ist es zutreffend, dass es damals einige neue Entwicklungen in der Landwirtschaft gab – die zunehmende Verwendung von Pflügen im Norden seit Ende der 1940er-Jahre sowie der Bau von Kanälen und Dämmen für ein großes Bewässerungssystem (das Ende der 1960er-Jahre fertig wurde) –, und zweifellos entwickelte die Wanderarbeit auch eine Eigendynamik, durch die junge Männer Zugang zu gesellschaftlichem Ansehen und Bargeld bekamen; mit ihrem Verdienst konnten sie den Brautpreis für eine Ehefrau und Gebühren für eine Landnutzung bezahlen sowie Gebrauchsgüter wie Nähmaschinen und Fahrräder kaufen. Insgesamt lag es aber an den immer schwierigeren Lebensbedingungen, dass Männer – jetzt häufig nicht nur ledige, sondern auch verheiratete – sich auf Kontraktarbeit einließen. In Kavango gab es demgegenüber immer noch neues landwirtschaftlich nutzbares Land, sodass deutlich weniger Männer als Wanderarbeiter angeworben wurden als in den Oshiwambo-sprachigen Gebieten.[49]

Was Owambo betrifft, so hatte sich also das Machtgleichgewicht innerhalb des Wanderarbeitersystems inzwischen eindeutig zugunsten der kolonialen Obrigkeit verschoben. 1941 wurde die Vertragsdauer auf zwei

Jahre erhöht (1950 dann allerdings nach Protesten auf achtzehn Monate verkürzt, außer für Farmarbeiter), und 1948 ordnete die Native Labourers Commission (Kommission für eingeborene Arbeitskräfte) an, dass alle Ovambo, die sich zum ersten Mal als Wanderarbeiter anwerben ließen, auf den (weniger beliebten und schlechter zahlenden) Farmen arbeiten mussten.[50] Insgesamt wurde die Kontraktarbeit in sämtlichen Ausprägungen zunehmend als unterdrückerisch empfunden. Die Beschwerden der Arbeiter sind in vielen Berichten festgehalten. Darin geht es um die entwürdigende Art und Weise, in der sie behandelt wurden; die strapaziösen Reisen zu ihren Arbeitsplätzen und zurück; die rauen, brutalen Zustände – es kam manchmal so weit, dass sie von Arbeitgebern umgebracht wurden; und die niedrigen Löhne, die zudem keineswegs immer ausgezahlt wurden.

Auch die zwangsweise Trennung von Ehefrauen, Ehemännern und Familienmitgliedern machte sich auf beiden Seiten deutlich bemerkbar. Manchmal ließ ein Mann seine schwangere Frau zurück, wenn er zur Kontraktarbeit fortging: ‚Und wenn er dann zurückkam, konnte das Kind schon laufen'.[51] Während dieser Zeiten, in denen die Männer nicht da waren, wuchs die Arbeitsbelastung der Frauen und Kinder im Norden erheblich, und wahrscheinlich verschlechterte sich ihr Ernährungszustand, weil die Nahrungsproduktion schwieriger wurde. Zwar ist anzunehmen, dass sich manchmal vorübergehend die Geschlechterrollen verschoben, da Frauen beispielsweise die Verantwortung für die Rinder übernahmen. Aber sowohl die Entscheidungsmacht als auch der Zugang zur (zunehmend wichtigen) Geldwirtschaft befand sich nach wie vor in den Händen der Männer, was der wirtschaftlichen Unabhängigkeit der Frauen sehr abträglich war. Die Arbeit der Männer, die die Siedlerwirtschaft am Laufen hielt, basierte also auf einer stärkeren Ausbeutung der Arbeitskraft von Frauen und Kindern. Allgemein führte außerdem die zunehmende Macht von Missionskirchen zu einer Schwächung der wirtschaftlichen und politischen Position von Frauen, denn die Kirchen konnten Scheidungen mit Restriktionen belegen, Polygynie unterbinden (was dazu führte, dass Ehefrauen verstoßen wurden), die Abstammung über die männliche Linie stärken und einen gemeinsamen Besitz von Eigentum unterstützen; ab 1947 – als Harold Eedes die Nachfolge Hahns als Eingeborenenkommissar antrat – erhielten die Missionare bei der Verfolgung dieser Ziele aktive Unterstützung durch den Staat.[52]

Abb. 24: Anwerbung von Arbeitskräften im Norden, 1953. Dieses Foto wurde im Auftrag des State Information Service in Pretoria aufgenommen und zeigt wahrscheinlich Wanderarbeiter in spe, die sich für eine medizinische Untersuchung aufgestellt haben. Solche Untersuchungen waren ein ständiger Anlass für Konflikte.

Die Zustände im Norden verschlechterten sich zwar, aber die Wirtschaft auf namibischem Gebiet insgesamt, die durch das Reservats- und Wanderarbeitssystem am Laufen gehalten wurde, erlebte einen Aufschwung. Das Bruttoinlandsprodukt (BIP) stieg enorm: von 6,1 Millionen Pfund Sterling im Jahr 1942 auf 72,3 Millionen im Jahr 1956. Dies war der Beginn einer lang anhaltenden Wachstumsperiode, die bis in die 1970er-Jahre andauerte und mit einer Ausweitung der Fischerei- und Bergbausektoren sowie ab den 1960er-Jahren auch der verarbeitenden

Industrie einherging. Mitte der 1950er-Jahre hatte der Bergbau erstmals seit den 1920er-Jahren die Landwirtschaft als wichtigsten Wirtschaftssektor überholt: Beide Sektoren machten nun 53 bzw. 23 Prozent des namibischen BIP aus. Dieses Wachstum wurde durch den Beschluss Südafrikas möglich, Investitionen durch internationale Finanzmittel anzuregen. Die Kupfermine in Tsumeb beispielsweise wurde 1945 von amerikanischen, britischen und südafrikanischen Interessenvertretern gekauft; das Diamantengeschäft blieb weiterhin im Besitz von CDM (das De Beers und schließlich dem südafrikanischen Konzern Anglo-American gehörte). Eine Folge dieser Strategie war, dass ein Großteil des BIP ins Ausland überwiesen wurde; diese Entwicklung erreichte 1956 ihren Höhepunkt mit 40 Prozent des BIP. Zugleich wurde die Wirtschaft Namibias immer stärker von derjenigen Südafrikas, das beispielsweise Mitte der 1960er-Jahre den Verkauf von Rindern und Fleisch fest in der Hand hatte, abhängig.[53]

Trotz der Wertzunahme beim Bergbau blieb die Landwirtschaft nach wie vor von entscheidender Bedeutung, insbesondere angesichts des Zustroms weißer Siedler nach dem Krieg. Da außerdem frühere Siedler bereits große Teile des besten Landes in Besitz genommen hatten, waren die neuen Farmen wirtschaftlich wenig rentabel und hatten enormen Bedarf an billigen Arbeitskräften: Zu jener Zeit beschäftigten sie noch immer fast genauso viele Kontraktarbeiter wie der Bergbausektor. Diese Farmen waren für die Launen des Klimas in Namibia besonders anfällig, und viele von ihnen hatten unter der Dürre Ende der 1950er-Jahre schwer zu leiden. Auch die Konkurrenz durch schwarze Farmer machte ihnen zu schaffen, und bis etwa 1960 griff die Verwaltung aktiv zum Schutz ihrer Interessen ein, indem sie die Haltung von Karakulschafen auf den Reservaten zu unterbinden versuchte.[54]

Im ungleichen Wirtschaftssystem Namibias waren die Arbeiter äußerst unzufrieden, und zwischen 1946 und 1959 wurde nahezu jedes Jahr gestreikt. Die Streiks brachen vor allem in den Minen von Lüderitz, Tsumeb und Oranjemund sowie an anderen Orten aus, in denen sich viele Arbeiter befanden, so etwa in den Fischfabriken in Walvis Bay, wo die Arbeitsbedingungen besonders schlecht waren. Vor Gründung der OPO im Jahre 1959 existierte zwar noch keine offizielle Organisation, die bei Arbeiterunruhen eine zentrale Rolle spielte; es bestand unter den Wanderarbeitern aber ein Solidaritätsgefühl – sie legten großen Wert auf ‚Brüderlichkeit' –, das schließlich auch dem Nationalismus weitere Impulse gab. In den 1950er-Jahren nahm außerdem die Zahl der Wanderarbeiter zu, die bereit waren, sich dem System zu widersetzen: Sie wurden ‚vertragsbrüchig' und zogen von einem Arbeitsplatz zum nächsten, obwohl dies nach der Arbeiter-Gesetzgebung eine Straftat darstellte. Allerdings machte Sam Nujoma (wie auch andere) die Erfahrung, dass Arbeitgeber angesichts des Arbeitskräftemangels gerne ein Auge zudrückten, wenn solche ‚Deserteure' bei ihnen auftauchten.[55]

Auch im Norden waren bereits lange vor Gründung der OPO führende Aktivisten in Erscheinung getreten. Die bekanntesten waren die Pfarrer Theophilus Hamutumbangela und Eliaser Tuhadelini; letzterer trug den Spitznamen Kaxumba kaNdola, nach der Orgel, *kaxumba*, die er in sein Dorf Endola mitgebracht hatte. Sie waren klandestin am Werk, hielten nach Gottesdiensten Treffen ab und machten sich die reiche Bildprache der Bibel über die Ächtung von Unrecht zu Nutze, um Gleichgesinnte aufzuklären und zu mobilisieren; möglicherweise waren sie Teil des größeren, oben erwähnten Netzwerkes *Nghuwoyepongo*. Beide wurden von den Behörden verhaftet und misshandelt, aber Tuhadelini schaffte es, seine politischen Aktivitäten im Norden über ein Jahrzehnt lang weiter auszuüben. Ein weiterer namhafter Aktivist war Helao Shityuwete, der um 1960 heimlich Nachrichten zwischen dem Norden und Windhoek überbrachte. Wie auch die organisierten Aktionen der Arbeiter floss dieser Aktivismus auf Gemeinschaftsebene unmittelbar in die aufkommenden nationalistischen Bewegungen ein. Zum Teil ging er auch auf das Versagen der traditionellen Anführer im Norden zurück: Durch ihre Zusammenarbeit mit dem Staat beim Betreiben des Wanderarbeitssystems und durch ihre Habgier hatten sie um 1960 ihre Glaubwürdigkeit beim Großteil der Bevölkerung eingebüßt.[56]

Nationalismus in den 1960er-Jahren

Anfang der 1960er-Jahre lagen die Unterschiede zwischen SWAPO und SWANU mehr in ihrer jeweiligen Unterstützerbasis innerhalb Namibias als in ihren politischen Programmen. Zwar hatte die SWANU radikalere Tendenzen, aber beide Organisationen wurden als vorwiegend nationalistische Bewegungen gegründet und blieben dies auch. Beide forderten Selbstbestimmung und Unabhängigkeit für Namibia und unterstützten den Pan-Afrikanismus, und beide waren stark von den Ereignissen in Ghana beeinflusst, das 1957 als erste britische Kolonie in Afrika die Unabhängigkeit erlangte. Zum Programm der SWAPO, das erstmals 1960 formuliert wurde, gehörten die Einführung von Demokratie und Redefreiheit, die Abschaffung des Wanderarbeitssystems und der Rassendiskriminierung sowie die Verstaatlichung größerer Industriezweige.

Ungeachtet dieser Übereinstimmung in ihren Zielen war das Verhältnis zwischen den beiden Bewegungen insbesondere außerhalb Namibias von gegenseitiger Konkurrenz belastet,. Bei den Vereinten Nationen in New York gab es erhebliche Meinungsverschiedenheiten zwischen Kozonguizi (der dort die SWANU vertrat) und Kerina (dem Repräsentanten der SWAPO, bis er sich 1962 von der Bewegung trennte). Weitere Versuche, die beiden Organisationen zu vereinen – vor allem die Bildung der kurzlebigen South West Africa National Liberation Front (SWANLIF, Südwestafrikanische Nationale Befreiungsfront) im Jahre 1962 – scheiterten. Auch entwickelten sie allmählich unterschiedliche Aktivitäten. Die SWANU, deren politische Linie stark auf Autarkie und Anti-Imperialismus ausgelegt war, nahm eine anti-westliche Haltung ein und verbündete sich eng mit China. Die SWAPO legte demgegenüber viel größeren Wert auf die Sonderstellung, die Namibia bei den Vereinten Nationen innehatte, und wollte auf dieser Basis politische Veränderungen in Gang bringen. Als es 1964 zum Konflikt zwischen der Sowjetunion und China kam, fand sich die SWANU zwangsläufig auf der chinesischen Seite der Kluft, während die SWAPO, die bereits von den Westmächten einige Rückendeckung bekam, zusätzlich von sowjetischer Unterstützung profitieren konnte. International befand sie sich nun in einer mächtigeren Position und erhielt mehr finanzielle Zuwendungen. Die SWAPO war außerdem durch ihre Beziehungen zur 1963 gegründeten Organisation of African Unity (OAU, Organisation für Afrikanische Einheit) gestärkt worden. Diese bot sowohl der SWAPO als auch der SWANU Geldmittel an; Voraussetzung war aber, dass sie für die Befreiung Namibias Militäraktionen planten. Die SWAPO legte 1964 solche Pläne vor, nicht aber die SWANU, und 1965 erklärte die OAU die SWAPO zur einzigen nationalistischen Organisation Namibias, der sie Unterstützung gewähren würde.

Zwar überstand die SWANU diese diversen Rückschläge, aber sie erlangte auf internationaler Ebene nie eine starke Stellung, und auch keine breite Basis innerhalb Namibias, wo die SWAPO – über ethnische Grenzen hinweg – immer mehr Unterstützung durch die Bevölkerung erhielt. In Owambo erhielt die Bewegung Zuwachs, da ab etwa 1961 Vertreter der SWAPO bei den öffentlichen Treffen, die von traditionellen Anführern einberufen wurden, deutlich ihre Meinung sagten und sich für die Belange von Einzelpersonen einsetzten.[57] Zusätzlich zu ihrer bereits bestehenden Basis unter Kontraktarbeitern unterhielt die SWAPO weiterhin enge Beziehungen zum Herero Chief's Council (der jedoch 1964 eine eigene politische Partei gründete, die National Unity Democratic Organization (NUDO, Demokratische Organisation der Nationalen Einheit). Adolf Gariseb, ein Mitglied des Damara Tribal Executive Committee (Damara-Stammesvorstand; dieser stand in Opposition zum südafrikafreundlichen Chief Goraseb), wurde 1962 Vorsitzender der SWAPO. Vor allem aber vereinigte sich im November 1964 die Caprivi African National Union (CANU, Afrikanische Nationalunion von Caprivi) mit der SWAPO. Eine kleine Oberschicht in Caprivi – das in vielerlei Hinsicht eine Identität herausgebildet hatte, die sich vom übrigen Namibia unterschied – war in Nord- und Südrhodesien ausgebildet worden, und seit Beginn des Jahrzehnts hatten sich Aktivisten gegen die südafrikanische Herrschaft stark gemacht und örtliche Probleme angeprangert, so etwa die Rinderpreise. Die CANU wurde 1964 gegründet und war sofort schwersten Repressalien ausgesetzt.[58] Durch den Zusammenschluss erhielten die leitenden Politiker der CANU, Brendan Simbwaye und Mishajke Muyongo, hochrangige Positionen in der SWAPO. Das Bündnis löste sich 1980 auf, hatte inzwischen aber in einer entscheidenden Zeit erheblich zur Stärkung der SWAPO beigetragen.[59]

Die Kampagnen bei den Vereinten Nationen begannen Früchte zu tragen, als ein Ständiger Ausschuss für Südwestafrika (1954–61) gegründet wurde. Außerdem wurde 1957 ein ‚Good Offices Committee' (‚Ausschuss für gute Dienste') ins Leben gerufen, um unter der Leitung der USA, Großbritanniens und Brasiliens mit Südafrika zu verhandeln. Dieses Gremium zog zeitweilig Pläne in Erwägung, Namibia aufzuteilen: Der Süden – einschließlich des gesamten Farmlandes im Besitz von Weißen – sollte nach Südafrika eingegliedert, die nördlichen Gebiete dagegen von Südafrika gemäß eines Treuhandabkommens mit den Vereinten Nationen verwaltet werden. Dagegen wehrte sich jedoch der Ausschuss für Südwestafrika, da dies dem Mandat widersprach. 1960 plante dieser Ausschuss einen Besuch in Namibia, um eine ‚völlige Unabhängigkeit' in die Wege zu leiten, aber den Abgesandten wurde sowohl in Namibia, als auch (durch die britische Regierung) in Botswana die Einreise verwehrt. 1962 gestattete die südafrikanische Regierung einer UN-Delegation unter der Leitung von Vittorio Carpio und Martinez de Alva, das Land zu besuchen, aber diese Initiative wurde unglaubwürdig, als die Gesandten (ohne Zustimmung Carpios) gemeinsam mit der südafrikanischen Regierung eine Erklärung herausgaben.[60]

Mittlerweile hatten 1960 die Regierungen von Äthiopien und Liberia – afrikanischen Staaten, die Mitglieder des Völkerbundes gewesen waren – beim Internationalen Gerichtshof (IGH) ein Verfahren gegen Südafrika eingeleitet, in der Hoffnung, dass die südafrikanische Besetzung Namibias für unrechtmäßig erklärt würde. Die Mühlen der Justiz mahlten außerordentlich langsam: Erst sechs Jahre später, im Juli 1966, entschied der IGH, dass Äthiopien und Liberia nicht berechtigt seien, den Fall vor Gericht zu bringen. Die Entscheidung war umstritten und ging auf das Gewicht der ausschlaggebenden Stimme des vorsitzenden Richters zurück. Die UN-Generalversammlung war mit diesem Ergebnis nicht zufrieden und beschloss, das Mandat zu beenden (Resolution 2145/1966). Diese Entscheidung wurde 1969 auch vom Weltsicherheitsrat gebilligt. Außerdem stimmte die Generalversammlung für die Gründung des UN-Rates für Südwestafrika (aus dem später der UN-Rat für Namibia wurde). Rechtlich war dieses Gremium dafür zuständig, Namibia bis zu dessen Unabhängigkeit zu verwalten; in der Praxis wurde es jedoch durch die südafrikanische Besetzung daran gehindert, diese Rolle auszuüben.[61]

Odendaal und Apartheid[62]

Ende 1962 gründete die südafrikanische Regierung eine Commission of Inquiry into South West African Affairs (Untersuchungskommission für Südwestafrika-Angelegenheiten), die von Frans Hendrik Odendaal geleitet wurde, dem Administrator des Transvaal,

> um eine gründliche Untersuchung zum Zwecke einer weiteren Förderung des materiellen und moralischen Wohlergehens und des gesellschaftlichen Fortschritts der Einwohner Südwestafrikas durchzuführen, insbesondere seiner nicht-weißen Einwohner, und einen Bericht mit Empfehlungen für einen umfassenden Fünf-Jahres-Plan zur beschleunigten Entwicklung der verschiedenen nicht-weißen Gruppen in Südwestafrika vorzulegen …[63]

Die Odendaal-Kommission, die ihren Bericht am 12. Dezember 1963 fertigstellte, läutete sowohl die Verschärfung der Apartheid in Namibia als auch eine zunehmende Integration von Namibias Regierung und öffentlichem Dienst in die entsprechenden Strukturen Südafrikas ein. Diese Entwicklungen erreichten im folgenden Jahrzehnt ihren Höhepunkt, bis sie sich aufgrund internen und externen Drucks allmählich abschwächten. Die Kommission kam zu dem Schluss, die Apartheid solle weiterhin ‚das Grundprinzip politischer, wirtschaftlicher und gesellschaftlicher Organisation bleiben, ganz wie in Südafrika‘;[64] langfristig war die Schaffung eines Systems (theoretisch) unabhängiger schwarzer ‚Homelands‘

geplant, wohingegen die als ‚weiß' definierten Gebiete zu Südafrika selbst gehören sollten. [65] Die Kommission machte auch eine Reihe detaillierter Vorschläge bezüglich einer Entwicklung der Infrastruktur in der Region (einschließlich der Homelands) und einer verbesserten Sozial- und Gesundheitsfürsorge für die afrikanische und farbige Bevölkerung.

Die Odendaal-Kommission wurde vor allem von zwei Überlegungen geleitet. Durch die Empfehlung zu mehr Staatsausgaben und verstärkter Modernisierung wollte sie der nachteiligen Kritik entgegenwirken, die der südafrikanischen Herrschaft über Namibia international entgegenschlug. Außerdem sollten dadurch Investitionen aus dem Ausland gewonnen werden (die wiederum der südafrikanischen Wirtschaft zu Gute kommen würden). Vor allem aber bezogen sich die Folgerungen der Kommission auf die Bantustan-Politik, die in Südafrika ausgearbeitet wurde und ebenfalls unabhängige ‚Homelands' für die unterschiedlichen ‚Eingeborenenvölker' vorsah. Die Transkei erhielt bereits 1963 eine ‚Selbstverwaltung', und ab 1976 wurden nacheinander auch Bophuthatswana, Ciskei, Transkei und Venda zumindest formell unabhängig.[66] In Namibia waren zwar die Grundlagen für die Odendaal-Vorschläge bereits durch die Reservatspolitik der frühen 1950er-Jahre geschaffen worden, aber die Empfehlungen der Kommission läuteten dennoch die Umsetzung einer Politik ein, die radikal neu war – in ihrem Ausmaß, den Mitteln, die zur Verfügung standen und ihrer Zielsetzung, dass die Reservate nicht nur einfach Pools für billige Arbeitskräfte, sondern auch politisch unabhängige Gebiete sein sollten.

Die intellektuellen Grundlagen dieser Politik wurden durch einen erneuten Versuch, ethnische Grenzen zu konstruieren und zu verstärken, sowie durch ethnografische Studien der damaligen Zeit gestützt. Dass der Ethnologe J. P. Bruwer der Kommission angehörte, erwies sich dabei als hilfreich. Der Abschlussbericht legte zwölf einzelne ‚Bevölkerungsgruppen' fest[67] und brachte unverblümt die starre, krude Haltung zum Ausdruck, die den Kern des Apartheidsdenkens bildete; den Komplexitäten von historischer Entwicklung, Identitätsbildung und Siedlungsmustern in Namibia schenkte er keine Beachtung:

> Im Lauf … der Geschichte des Landes haben sich verschiedene ethnische Gruppen als einzelne Völker in bestimmten Gebieten des gegenwärtigen Territoriums niedergelassen … die betreffenden Gruppen haben alle ihre ethnische Identität behalten und sind innerhalb der gegenwärtigen Bevölkerung immer noch als solche erkennbar … Diese einzelnen Gruppen lassen sich voneinander durch ihre verschiedenen Sprachen, Kulturen und ihre körperliche Erscheinung unterscheiden, sowie weitgehend auch nach den Gebieten, in denen sie … jetzt leben.[68]

In der Polizeizone bedeutete die neue Homeland-Politik, dass die Verwaltung sich nunmehr an die Zusammenführung der bestehenden verstreuten, ethnisch gemischten Reservate, die bis dahin als relativ lokale Arbeitskräftepools gedient hatten, zu einzelnen größeren Blocks machte – eine Vorgehensweise, die auf großen Widerstand stieß. Im Norden, wo die Afrikaner immer noch große Teile des Landes besaßen, waren die unmittelbaren Auswirkungen des Odendaal-Berichtes weniger einschneidend, aber auf längere Sicht hatte die Durchsetzung der Reservatsgrenzen dort negative Folgen. Die Kommission schlug folgende Homelands vor: Ovamboland für die Ovambo; Kaokoveld für die ‚Kaokovelder' (worunter vor allem Himba und Tjimba verstanden wurden); Okavangoland für fünf unterschiedliche Gruppen; das Homeland Ostcaprivi hauptsächlich für die Subiya, Fwe und einige kleinere Gruppen; Bushmanland östlich von Grootfontein sowie ein weiteres Landgebiet für die San in Westcaprivi zwischen den Flüssen Okavango und Mashi; und südlich der Roten Linie Damaraland, Hereroland, Namaland, Tswanaland und das Rehoboth-Gebiet. Wäre die Unabhängigkeit jemals nach diesem Muster erfolgt, so hätte es einen Staat (Ovamboland) mit 239 000 Einwohnern und ‚acht bis zwölf Zwergstaaten'[69] mit jeweils weniger als 100 000 Einwohnern gegeben.[70] Für die weiße Bevölkerung war kein Homeland vorgesehen; die gesamte Polizeizone mit Ausnahme der Reservate galt als das ‚Gebiet der Weißen'. Außerdem empfahl die Kommission, die Bevölkerungsgruppe der Coloureds in getrennt angelegten städtischen Townships unterzubringen. Die Durchsetzung der Rassentrennung in den Städten, wo die Lokationen nun stärker unter Kontrolle gerieten, blieb nach wie vor ein wichtiger Bestandteil der vom Staat verfolgten

Gesamtstrategie, wobei jedoch die Natives (Urban Areas) Ordinance von 1951 nach wie vor das Hauptinstrument für deren Umsetzung blieb.

Insgesamt empfahl der Odendaal-Plan, die Landflächen der Reservate um 26 Prozent zu vergrößern. Außerdem setzte er einen Schlussstrich unter die expandierende Besiedlung der Region durch Weiße.[71] Allerdings war das meiste neu hinzukommende Reservatsland trocken. Damaraland sollte aus dem bereits existierenden Reservat, zusätzlichen unwirtlichen Landstücken in den Distrikten Outjo und Karibib, dem (vor allem von Herero bewohnten) Reservat Otjohorongo sowie 223 Farmen bestehen, die Weißen gehörten; nachdem es eingerichtet worden war, bestand es zu 40 Prozent aus Wüste. Gemäß dem Odendaal-Plan sollten vier der bereits bestehenden Gebiete (Epukiro, Otjituo, Waterberg-East und das Eastern Native Reservat) die Grundlage für das neue, zusammengefasste Hereroland bilden. Otjiherero-Sprecher wiederum sollten das beste Land, das ihnen zur Verfügung stand – nämlich in Aminuis – abgeben, damit es von Weißen landwirtschaftlich genutzt werden konnte. Das für Hereroland vorgesehene zusätzliche Gebiet war, wie ein Kritiker bemerkte, ‚die gleiche *omaheke*, die von den Herero verächtlich „das Land der wilden Tiere" genannt wurde, als sie während der Anfangsjahre des Mandats erstmals Reservate zugewiesen bekamen; allerdings gehörte jetzt ein noch größeres wasserloses Gebiet in der Nähe der östlichen Grenze dazu'.[72] Diese Veränderungen bedeuteten allerdings auch das Ende ‚der letzten Überbleibsel von Autonomie, die den Jul'hoan in der Omaheke geblieben waren'[73] und die bereits unter der Gründung ‚weißer' Farmen gelitten hatte, da das bestehende Reservat Hereroland East nach Osten erweitert wurde. Namaland sollte aus den Reservaten Berseba, Tses, Krantzplatz und Soromas sowie dem Stadtgebiet von Gibeon nebst den dazugehörigen Landgütern entstehen und, aufgestockt durch weiße Farmen und Regierungsland, zu einem Block zusammengefasst werden. Zugleich sollten die Bondels-, Warmbad- und Neuhof-Reservate geschlossen werden. Anfang der 1970er-Jahre gab es Pläne für die Umsiedlung von Gruppen, die im Odendaal-Bericht nicht erwähnt wurden, so etwa der Topnaar am Kuiseb und der Roten Nation in Hoachanas.[74]

Ein Großteil des Odentaal-Plans wurde umgesetzt, aber es gibt darüber keine umfassende Untersuchung darüber, wie viel zusätzliches Land erworben wurde, wie viele Farmen im Besitz von Weißen zwangsverkauft wurden, wie viele Menschen zwangsweise in städtischen und ländlichen Gebieten oder aus den Städten in die Reservate umgesiedelt wurden, auf wie viel Widerstand diese Maßnahmen stießen – und wer überhaupt Vorteile daraus zog und worin diese bestanden. Es gab sicherlich viele Zwangsumsiedlungen, vor allem in der Polizeizone: Die vollständige Umsetzung des Plans sah vor, dass bis zu 130 000 Afrikaner (29 Prozent der schwarzen Bevölkerung) ihre Heimat verlassen sollten.[75] Außerdem wurden die Reservate erheblich größer. 1971/2 betrug ihre Fläche insgesamt 32 629 364 Hektar; zur Zeit des Odendaal-Berichtes waren es 20 644 392 Hektar gewesen. Zu diesem Zeitpunkt hatte außerdem der Staat mindestens 426 Farmen gekauft, die Weißen gehörten, und den Reservaten hinzugefügt. Viele davon, die sich auf unfruchtbarem Land befanden, waren bereitwillig zum Verkauf angeboten worden.[76] Die Zunahme der schwarzen Bevölkerung in den Städten verlangsamte sich in der Zeit zwischen 1960 und 1970, wahrscheinlich infolge der Homeland-Politik.[77]

Trotz dieser Ausweitung ließ sich der weitverbreitete Apartheid-Entwurf nur zum Teil in die Tat umsetzen. Als hinderlich erwiesen sich der Widerstand, der – heimlich und offen – gegen Zwangsumsiedlungen geleistet wurde, das Eingehen politischer Kompromisse und die inneren Widersprüche des Entwurfs selbst. Im Süden gab es Proteste, als 1968 die Umsetzung des Plans begann, und 1971 lebten immer noch über dreihundert Menschen in dem Bondels-Reservat und in Warmbad. 1975 gestattete man nach Protesten gegen einen 1969 ergangenen Ausweisungsbefehl etwa achthundert Menschen, in Hoachanas zu bleiben. Auch den Bondelswart gelang es schließlich, ihr Land zu behalten, indem sie es als Teil Namalands anerkennen ließen. Diese Erfolge lassen nicht nur die Unfähigkeit des Staates erkennen, alle geplanten Änderungen durchzusetzen, sondern auch die fortdauernde politische Bedeutung von Gruppen wie den Bondelswart und Witbooi, deren Wurzeln relativ weit in die Geschichte zurückreichten und die von der Verwaltung nun offiziell unter einer allgemeinen ‚Nama'-Identität zusammengefasst wurden.[78]

Auch im Fall der Herero-Reservate waren die Auswirkungen unterschiedlich. Im Süden siedelte man Otjiherero-Sprecher aus dem Tses-Reservat Anfang der 1970er-Jahre nach Epukiro um, aber die Menschen in Vaalgras (die ‚Nama-sprachigen Herero') schafften es, ihr Land zu behalten. Im Osten wurde Herero 1974 das Recht eingeräumt, in Aminuis zu bleiben, nachdem Clemens Kapuuo und seine Anhänger der geplanten Umsiedlung zähen Widerstand entgegengesetzt hatten. Diese Entwicklung bedeutete auch, dass man die Pläne für ein Tswana-Reservat fallen lassen musste. Im Jahr darauf nahm Kapuuo an der verfassungsgebenden Turnhallen-Konferenz teil (auf die im nächsten Kapitel näher eingegangen wird), wahrscheinlich im Gegenzug für das Land in Aminuis. Seine Bereitschaft zu einer Zusammenarbeit mit den Behörden war allerdings begrenzt, denn 1977 setzte er sich gegen die Schaffung einer Herero Legislative Assembly (Gesetzgebende Versammlung der Herero) und gegen die Bantustan-Politik zur Wehr.[79]

Es gab auch eine Reihe von Zwangsumsiedlungen nach Damaraland im Westen (darunter eine aus Riemvasmaak in Südafrika), aber ein Großteil der Damara lebte nie in diesem Resevat: 1981 befanden sich dort nur 24 000 von insgesamt 76 000 Menschen. Die ethnische Politik der Damara wurde Ausdruck sowohl des angespannten Verhältnis zwischen Land und Stadt als auch der Probleme, die das Leben in einer der unfruchtbarsten Gegenden Namibias mit sich brachte. Die Damara Tribal Executive (Damara-Exekutivrat), deren Anhänger in den städtischen Gebieten wohnten, lehnte die Homeland-Politik ab und sprach sich für die Unabhängigkeit Namibias aus. Im Reservat lag die Macht in den Händen des Damara Advisory Council (Damara-Beirates), der im Zuge der allgemeinen Radikalisierung ebenfalls bereit war, der Politik Südafrikas die Stirn zu bieten. Mitte 1972 traten mehrere tausend Damara-Sprecher in einen Streik, um gegen die Zustände im Homeland und ihre Arbeitsbedingungen zu protestieren, und es gab im Reservat auch ein gewisses Maß an Unterstützung für die SWAPO.[80]

Die von der Odendaal-Kommission umrissene Vorgehensweise sollte durch drei wesentliche Gesetze in die Tat umgesetzt werden. Der Development of Self-Government for Native Nations in South West Africa Act (1968, Gesetz zur Selbstverwaltung für Eingeborenenvölker in Südwestafrika) richtete die wichtigsten Homelands ein, wobei er (als Vorbereitung für die ‚Selbstverwaltung') in jedem davon einen Legislativrat vorsah. Dieser sollte – vorbehaltlich der Zustimmung durch den Präsidenten Südafrikas – Befugnisse hinsichtlich mancher Aspekte der Kommunalverwaltung erhalten, darunter Bildung, Wasserangelegenheiten und die Erhebung von Haushaltsabgaben. 1968 wurde auch tatsächlich ein Legislativrat für Ovamboland ernannt. Er war so strukturiert, dass die ‚traditionelle' Führung mehr Macht bekam, denn jede der sieben traditionellen ‚Stammes'-Regierungen war darin mit sechs Abgeordneten vertreten. Ähnliche Gremien wurden in den folgenden Jahren auch in einer Reihe weiterer Homelands geschaffen, sowohl nördlich als auch südlich der Roten Linie.[81]

Die Regierung der ‚weißen Gebiete' Namibias (entsprechend der Odendaal-Definition) wurde im South West Africa Constitution Act (1968, Verfassungsgesetz für Südwestafrika) festgelegt. Das Gesetzt sah einen Administrator als Regierungschef vor, eine Gesetzgebende Versammlung mit achtzehn weißen Mitgliedern und ein Executive Committee (Exekutivausschuss), das aus vier Mitgliedern bestehen sollte. Die Befugnisse der Versammlung wurden im Jahr darauf durch den South West Africa Affairs Act (Gesetz zu südwestafrikanischen Angelegenheiten) beschnitten, woraufhin ihr Status ‚dem einer südafrikanischen Provinzregierung'[82] ähnelte. Dieses Gesetz band außerdem die Verwaltung Südwestafrikas enger in die südafrikanische Regierung ein, indem es viele von deren früheren Aufgaben nunmehr auf südafrikanische Ministerien übertrug. Auch hinsichtlich der Apartheid gab es eine neue Gesetzgebung, nämlich die Mines, Works and Minerals Regulations (Vorschriften über Bergbau, Betriebe und Bodenschätze) von 1968. Dies war das erste Gesetz in Namibia, das den Zugang zu bestimmten Arbeitsstellen entsprechend der Rassenzugehörigkeit beschränkte, da es eine Reihe von Fach- und Anlernberufen im Minenwesen Weißen vorbehielt. Im Jahr darauf wurde die Verwaltung hinsichtlich der Bevölkerungsgruppen der Coloureds, Nama und Baster, die von der Odendaal-Kommission nicht als ‚Bantu' definiert worden waren, dem South African Department of Coloured, Nama and Rehoboth Relations (Ministerium für Beziehungen zu Coloureds, Nama und Rehobothern) übertragen.

Bekanntermaßen kam es durch die Odendaal-Kommission zur Einführung und Verankerung einer ‚zweiten Phase der Apartheid' in Namibia; darüber hinaus führten ihre Empfehlungen in einigen Bereichen zu erhöhten Staatsausgaben. Sie legte Fünf-Jahres-Pläne zur Entwicklung vor, die unter anderem Investitionen in die Infrastruktur zur Folge hatten, und zwar sowohl im Allgemeinen als auch in den Reservaten. So wurden etwa Anstrengungen unternommen, die Wasser- und Elektrizitätsversorgung sicherzustellen, und zwar vor allem durch das Wasserkraftwerk in Ruacana am Kunene, Wasserbohrungen in den Reservaten sowie in Owambo auch durch den Bau von Dämmen und Kanälen. Auch die Infrastruktur wurde vorangetrieben, so etwa Straßenbau, Lufttransport, Post und Fernsprechwesen sowie Rundfunk. Dieser Prozess war in bereits bestehende südafrikanische Dienstleistungssysteme eingebunden und führte daher zu einer stärkeren Abhängigkeit Namibias von Südafrika. Außerdem setzte sich der Staat für landwirtschaftlichen Fortschritt (‚Verbesserungen' genannt) ein und knüpfte dabei an frühere Strategien an, die bereits das NAD verfolgt hatte. Solche Programme erwiesen sich jedoch häufig als zweischneidig und zielten auch auf verstärkte staatliche Kontrolle über die Landwirtschaft in den Homelands, was zu einigem Widerstand führte. Die industrielle Entwicklung in den Reservaten, vor allem der Bau von Fabriken im Norden, wurde durch die (vom Staat finanzierte) Bantu Investment Corporation (Bantu-Investitionsgesellschaft) gefördert. In Caprivi führte zwischen 1964 und 1972 ein ‚Planungskomitee' erfolgreich die örtlichen Regierungsgeschäfte und leitete einige landwirtschaftliche Entwicklungen ein, jedoch nicht in dem vom Odendaal-Bericht vorgesehenen Umfang.[83]

Auch die Ausgaben für Ausbildung und Gesundheit von Afrikanern sowie für soziale Fürsorge stiegen infolge der Empfehlungen der Kommission, blieben jedoch immer weit hinter den Summen zurück, die für Weiße ausgegeben wurden. Ab Mitte der 1960er-Jahre wurden auch Renten gezahlt. Nach dem Odendaal-Bericht floss mehr Geld in die Gesundheitsversorgung, sodass im Jahr 1966 für Schwarze 4631 Krankenhausbetten zur Verfügung standen (im Vergleich dazu gab es 1035 Betten für Weiße, die etwa 12 Prozent der Bevölkerung ausmachten). Was das Bildungssystem betraf, so bekräftigte und erweiterte der Odendaal-Bericht im Wesentlichen den Beschluss, dass gemäß der Education Ordinance (Erziehungsverordnung) von 1962 (wie bereits oben erwähnt) die ‚Bantu-Erziehung' eingeführt werden solle, und in den Jahrzehnten vor der Unabhängigkeit stiegen die Ausgaben für Bildung erheblich. Mit Gründung der ‚Homelands' fiel Bildung zwar theoretisch in den Zuständigkeitsbereich vor Ort – beispielsweise durch die Verabschiedung des Ovamboland Education Act (Erziehungsgesetz für Ovamboland) im Jahr 1973 –, in der Praxis behielt Südafrika jedoch die Fäden fest in der Hand.[84]

Infolge dieser Entwicklungen wurden erstmals in den Reservaten Arbeitsplätze in nennenswerter Zahl geschaffen. Anfang der 1970er-Jahre waren in Owambo etwa 3000 Menschen unmittelbar bei der Kommune (als Arbeiter und Beamte) und 1500 bei der Bantu Investment Corporation angestellt; außerdem gab es ungefähr 1000 Lehrer. Auch Handel wurde wieder zu einer Tätigkeit, durch die sich Einkommen erwirtschaften ließ: Die Beschränkungen in Owambo wurden gelockert, und 1973 besaßen 1388 Bewohner des Reservats eine Handelszulassung.[85]

Zwar entstand dadurch allmählich ein afrikanisches Bürgertum – das allerdings bis nach der Unabhängigkeit klein und fragil blieb –, aber die Reservate wurden dennoch zu Orten extremer Armut. Schätzungen zufolge starben in den 1960er- und 70er-Jahren in manchen ländlichen Homelands Südafrikas bis zu 30 Prozent der Kinder vor ihrem fünften Geburtstag. Da dieses Thema zu jener Zeit nicht diskutiert und auch nicht sozialgeschichtlich untersucht worden ist, wissen wir über die Lebensbedingungen in den namibischen Homelands wenig. Angesichts der kargen Böden in den Reservaten – vor allem im Westen und Süden – wäre es aber nicht überraschend, wenn die Armut dort ähnliche Ausmaße erreicht hätte. Es lässt sich mit Bestimmtheit sagen, dass 14 Prozent der Bevölkerung in Namaland 1976 überhaupt kein Kleinvieh hatten; die Tatsache, dass 27 Prozent jeweils mehr als 400 Ziegen und Schafe besaßen, veranschaulicht den Grad sozialer Differenzierung.[86]

Die Entscheidung zum Krieg[87]

Die Umsetzung des Odendaal-Plans war Ausdruck der Kompromisslosigkeit Südafrikas in Bezug auf Namibia und seiner Entschlossenheit, die Apartheid fest im Territorium zu etablieren. Die Entscheidung der SWAPO, nunmehr militärisch vorzugehen, hing eng mit dieser Entwicklung zusammen, denn friedlicher Protest gegen die Apartheid war offenkundig erfolglos. Allerdings hatte diese Organisation, wie auch andere afrikanische Freiheitsbewegungen, faktisch bereits Anfang der 1960er-Jahre mit den Vorbereitungen für bewaffnete Aktionen begonnen. Freiwillige wurden anfangs in Ghana, Ägypten und Algerien ausgebildet, später in Russland und sogar in China und Nordkorea. Hifekepunye Pohamba (der später Präsident von Namibia wurde) gehörte zu den ersten, die für den bewaffneten Kampf gewonnen wurden; Mitte 1962 reiste er heimlich nach Namibia ein und warb über ein Jahr lang klandestin um Unterstützung.

Die endgültige Entscheidung zum Kampf fiel möglicherweise erst, nachdem der IGH im Juli 1966 die Besetzung durch Südafrika nicht für unrechtmäßig erklärt hatte. Die SWAPO erklärte, dies nehme ‚… [unseren Leuten] ein für alle Mal jegliche Illusionen, die sie vielleicht bezüglich der Vereinten Nationen als Retter aus ihrer Not, in welcher Form auch immer, gehegt hatten … Wir haben keine andere Wahl – wir müssen zu den Waffen greifen und unsere Befreiung selbst in die Hand nehmen‘.[88]

Im März waren Nujoma und Pohamba nach Windhoek geflogen, wurden aber umgehend ausgewiesen. Südafrika unterstrich damit seine unnachgiebige Haltung. Tatsächlich hatten aber Kämpfer der PLAN, dem militärischen Flügel der SWAPO, bereits im Jahr zuvor Kontakt mit Tuhadaleni im Norden Namibias aufgenommen und einen Stützpunkt in Omugulu gwombashe[89] errichtet, in der Nähe von Tsandi im nordwestlichen Owambo. Dort begann der Krieg zwischen der SWAPO und Südafrika, als die südafrikanischen Streitkräfte am 26. August den Stützpunkt entdeckten und einnahmen.

Bei diesem ersten Zusammenstoß handelte es sich eigentlich um ein kleineres Gefecht, aber er hatte dennoch weitreichende Folgen. Die Auseinandersetzung wurde zum zentralen Symbol bei der Mobilmachung der SWAPO für ihre Militärkampagne; zugleich bedeutete sie aber tatsächlich Krieg im Norden und zeigte die militärische Stärke Südafrikas – zum ersten Mal seit dem Angriff auf Iipumbu drei Jahrzehnte zuvor. Johannes Silas, ein Augenzeuge, erinnerte sich später, dass ‚der Angriff auf Omugulu gwombashe Bitterkeit über unsere Gemeinschaft brachte. Das ganze Grauen, der ohrenbetäubende Krach der Schüsse und Bomben, das Beben der Erde, die Stimmen der weinenden Kinder und der Angriff selbst waren völlig unfassbar …'.[90]

In den nächsten Jahren setzte die SWAPO ihre bewaffneten Aktionen mit Angriffen im Guerilla-Stil fort, allerdings in geringem Umfang und vor allem in Caprivi, das von den Stützpunkten der Bewegung im Norden relativ gut zu erreichen war, von den Südafrikanern wegen der schlechten Straßenverbindungen nach Süden aber nur schwer verteidigt werden konnte. Durch die 1964 geschlossene Vereinbarung zwischen CANU und SWAPO erhielt letztere zusätzliche Unterstützung in der Region. 1967 wurde Tobias Hainyeko, der die Militäroperationen der SWAPO leitete, in einem Boot auf dem Sambesi getötet; im Jahr darauf tötete Südafrika als Vergeltung für einen Angriff der SWAPO auf ein Militärlager offenbar dreiundsechzig Zivilisten.[91]

Nach dem Gefecht von Omugulu gwombashe gab es im Norden viele Festnahmen und erhebliche Schikanen. Die Spannungen im ganzen Land nahmen zu, als zwei Wochen später der südafrikanische Premierminister Hendrik Vervoerd einem Attentat zum Opfer fiel. Trotzdem fand auch in Owambo ein gewisses Maß an politischer Mobilmachung statt. Mitarbeiter des Ongwediva Teacher Training College (einer Hochschule zur Ausbildung von Lehrern in Oshakati) stellten heimlich im Namen der SWAPO Flugblätter her und verteilten sie; die Anführer wurden schließlich verhaftet und gefoltert. Damals wurden wohl in Owambo erstmals Elektroschocks zur Folter eingesetzt (SWAPO-Kämpfer in Rundu hatten bereits im März 1966 Bekanntschaft damit machen müssen), und die Menschen vor Ort nahmen darauf in einem Lied Bezug:

> mOshakati mu n'emwangha
> Tali li ovanhu
>
> Es gibt einen Bären in Oshakati,
> der die Leute auffrisst.[92]

John Ya Otto, der ungefähr zur gleichen Zeit mit Elektroschocks gefoltert wurde, beschrieb sie wie folgt: ‚Es fühlte sich jedes Mal an, als würde in mir eine Bombe aus tausend spitzen Nadeln explodieren und meine Eingeweide zerreißen, meine Augen aus ihren Höhlen drücken und meine Haut an einem Dutzend Stellen aufplatzen lassen'.[93] Zusammen mit dem Odendaal-Bericht veranlassten diese Vorfälle führende Kirchenvertreter, erstmals (verhaltenen) Protest bei den Behörden anzumelden.

Mitte 1967 waren in Namibia zwischen 150 und 200 Menschen festgenommen und in Südafrika inhaftiert und gefoltert worden. Zu ihnen zählten Kämpfer der PLAN und die meisten inländischen Anführer der SWAPO, darunter Toivo Ya Toivo, Eliaser Tuhadeleni, John Ya Otto, Nathaniel Maxuilili und Jason Mutumbulua. Auch die im Norden verbliebenen Verwandten der Häftlinge gerieten in Bedrängnis: Die Familie Tuhadalenis blieb nach seiner Inhaftierung im nationalistischen Kampf aktiv und hatte unter Armut, Isolierung und Polizeischikanen zu leiden. 1967 stellte man siebenunddreißig Namibier – siebenundzwanzig Kämpfer und zehn Mitglieder der inländischen SWAPO-Führung – in Pretoria vor Gericht. Grundlage hierfür war der Terrorism Act (Gesetz zur Bekämpfung des Terrorismus), der während ihrer Haft erlassen worden war, jedoch rückwirkend ab 1962 galt. Der Fall rief international Empörung hervor; dies – zusammen mit den Bemühungen des Verteidigers Joel Carlson – bewahrte die Beschuldigten möglicherweise vor der Todesstrafe. Über die Hälfte der Angeklagten erhielten lebenslange Haftstrafen, und neun von ihnen, darunter Ya Toivo, wurden zu zwanzig Jahren Gefängnis verurteilt.[94]

Es folgte eine ganze Reihe weiterer Gerichtsverfahren – 1969 beispielsweise machte man in Windhoek erstmals Guerillakämpfern den Prozess –, aber der Terrorismusprozess bekam beim Kampf der SWAPO für Namibia besondere Symbolkraft und rüttelte sowohl die Bewegung als auch deren internationale Unterstützer auf. In dieser Hinsicht gleicht er dem Rivonia-Prozess von 1963–64, bei dem Nelson Mandela und andere Führungspersönlichkeiten des ANCwegen ihrer Rolle im südafrikanischen bewaffneten Widerstand zu Gefängnisstrafen verurteilt wurden. Wie beim Rivonia-Prozess zeigte sich auch bei dem namibischen Prozess die ganze Unbarmherzigkeit des südafrikanischen Staates. Dadurch erhielten die nationalistischen Anführer eine Bühne, auf der sie ihre Unbeugsamkeit unter Beweis stellen, die Ungerechtigkeit der Apartheid publik machen und ihren Fall vortragen konnten. Ya Toivos Rede auf der Anklagebank im Jahr 1968 war eine eindrückliche Stellungnahme zu nationalistischen Prinzipien. Er erklärte, die Angeklagten seien ‚Namibier und keine Südafrikaner':

> Weder jetzt, noch in der Zukunft erkennen wir Ihnen das Recht zu, uns zu regieren [und] für uns Gesetze zu erlassen, die uns keinerlei Mitspracherecht gewähren; unser Land zu behandeln, als sei es Ihr Eigentum, und uns, als seien Sie unsere Herren. Für uns ist Südafrika immer ein Eindringling in unserem Land gewesen.

Ya Toivo betonte Namibias Status als Mandatsgebiet (‚Südafrika hat durch seine Überzeugung, dass die weiße Rasse überlegen sei, dieses Vertrauen missbraucht') und die Wichtigkeit aktiven Widerstandes gegen die südafrikanische Herrschaft, wobei er sich (unter Vorbehalt) für den bewaffneten Kampf aussprach. Zum Schluss erklärte er vorausschauend: ‚Wenn Sie [Südafrika] es vorziehen, uns zu unterdrücken und uns Ihren

Willen aufzuzwingen ..., dann werden Sie nur so lange in Sicherheit leben, wie Ihre Macht größer ist als unsere'.[95]

Die meisten Beschuldigten im so genannten Verrats-Prozess wurden auf Robben Island im Meer vor Kapstadt ins Gefängnis gesteckt – wie auch Nelson Mandela und viele andere Aktivsten des Afrikanischen Nationalkongresses und des Pan Africanist Congress (Panafrikanischer Kongress). Trotz der harten Bedingungen, unter denen sie dort lebten, wurde die Insel zu einem fruchtbarem Boden für Politik und Aufklärung, und nach ihrer Freilassung im Jahr 1985 spielten die Häftlinge eine zentrale Rolle bei der Kampagne für nationale Unabhängigkeit. Im Lauf der Jahre kamen noch weitere namibische politische Gefangene hinzu, so etwa Hitjevi Veii, der amtierende Präsident der SWANU, den man 1967 der Sabotage beschuldigte und zu einer fünfjährigen Gefängnisstrafe verurteilte.

Am Ende des Jahrzehnts hatte die SWAPO im Exil beträchtliche internationale Unterstützung gewonnen. Trotzdem war aber der im Ausland befindliche Flügel der Bewegung nach wie vor klein, und die für den bewaffneten Kampf aufgewandten Mittel waren minimal. Dies führte beim bewaffneten Flügel der SWAPO zu einiger Unzufriedenheit. 1968 kehrte eine Gruppe von sieben Männern, die sich in der militärischen Ausbildung befanden, aus China in das Trainingslager Kongwa in Tansania zurück, wo sie sich über die ihrer Ansicht nach schlechte Organisation, Korruption und militärische Untätigkeit innerhalb der Bewegung beschwerten. Ihr Protest wurde als Meuterei behandelt und zum Verstummen gebracht, indem man die Gruppe festnahm und in Tansania inhaftierte. Dennoch – und vielleicht als Reaktion auf die Unruhe, die sich in der Bewegung breitmachte – veranstaltete die SWAPO vom 26. Dezember 1969 bis zum 2. Januar 1970 in Tanga in Tansania ihren ersten Consultative Congress (Beratungskongress). Zwar wurden dort nicht alle Ursachen des Protestes angesprochen, doch der Kongress ratifizierte die Entscheidung, den bewaffneten Kampf aufzunehmen, und gründete eine Reihe neuer Gremien, darunter einen Women's Council (Frauenrat), Youth Council (Jugendrat), ein Department of Labour (Abteilung für Arbeit) und einen Elder's Council (Ältestenrat).[96]

Diese Krise war ein Vorbote späterer Konflikte innerhalb der SWAPO. Sam Nujoma und sein Kreis reagierten auf die Krise autoritär und mit hartem Durchgreifen. Dadurch drückten sie der Bewegung den Stempel ihrer Autorität auf, und Mitglieder, die eine abweichende Meinung äußerten, wurden inhaftiert. Auf diese Maßnahmen folgte jedoch eine – wenn auch begrenzte – Bereitschaft zu Zugeständnissen. Außerdem kündigte sich schon bei der Tanga-Konferenz das bisweilen unsichere Verhältnis zwischen der SWAPO innerhalb und derjenigen außerhalb Namibias an; zwar handelte der Flügel im Ausland offiziell im Namen der Bewegung innerhalb Namibias, doch durch seinen weitreichenden diplomatischen Einfluss und stetig zunehmende Geldmittel wurde er bereits zum mächtigeren der beiden Flügel.

Um 1970 waren also die Grundlagen für die Auseinandersetzungen der folgenden zwei Jahrzehnte geschaffen. Nationalistische Bewegungen hatten innerhalb und außerhalb des Landes Unterstützung gewonnen; die südafrikanischen Behörden hatten einen umfassenden Apartheid-Plan entworfen und sich an dessen Umsetzung gemacht; besonders im Norden hatte Südafrika begonnen, Namibier zu inhaftieren, zu foltern und zu schikanieren; und innerhalb der Exil-SWAPO war es zu Konflikten gekommen. In den 1970er-Jahren spitzten sich diese Prozesse so sehr zu, dass die südafrikanische Regierung bezüglich ihrer Apartheid-Politik einen erheblichen Rückzieher machen musste. Dennoch erlangte Namibia erst 1990 seine Unabhängigkeit.

Endnoten

1 Für dieses und das nächste Kapitel habe ich insbesondere Katjavivis *History of Resistance* herangezogen. Dieses Buch ist noch immer ein hilfreiches Referenzwerk bezüglich vieler Aspekte jener Zeit, wobei es sich jedoch vor allem mit der politischen Geschichte befasst und in seinem gedanklichen Bezugssystem der Politik des Unabhängigkeitskampfes verhaftet ist. Weitere Quellen, auf die im Folgenden durchgehend zurückgegriffen wird, sind Gretchen Bauer, *Labor and Democracy in Namibia, 1971–1996* (Athens, Ohio: Ohio University Press), das eine hilfreiche Zusammenfassung der Verfassungsgeschichte in diesem Zeitabschnitt enthält (S. 21–33) und Denis Herbstein und John Evenson, *The Devils are Among Us: The War for Namibia* (London: Zed, 1989), worin (trotz der offenkundigen politischen Agenda des Buches) viel Belegmaterial über die Geschichte dieser Zeit zusammengetragen wurde, vor allem über den Krieg.

2 Zu diesem Abschnitt siehe insbesondere Wellington, *South West Africa*, S. 320–9; Katjavivi, *History of Resistance*, Kap. 6; Werner, *‚No One Will Become Rich‘*, S. 185; Silvester, ‚Black Pastoralists‘; Emmett, *Popular Resistance*, S. 250–5, 268–99; Du Pisani, *Continuity and Change*, Kap. 5; Hellberg, *Mission, Colonialism*, S. 238–44; Ngavirue, *Political Parties*, S. 21, 212–9.

3 Zur politischen Strategie Südafrikas siehe Peter Henshaw, ‚South African Territorial Expansion and International Reaction to South African Racial Policies, 1939 to 1948‘, *SAHJ*, 50 (2004), S. 65–76.

4 Emmett, *Popular Resistance*, S 252.

5 Zitiert in Katjavivi, *History of Resistance*, S. 34.

6 Silvester, ‚Black Pastoralists‘, S. 190.

7 Siehe hierzu auch Katesa Schlosser, *Eingeborenenkirchen in Süd- und Südwestafrika, ihre Geschichte und Sozialstruktur* (Kiel: W.G. Mühlau, 1958), Kap. 3.

8 Zedekia Ngavirue, ‚The Land Theft‘ in Segal und First (Hg.), *Travesty of Trust*, S. 178–88, S. 186–7.

9 Der letzte dieser Berichte war 1946 erstellt worden.

10 Anne Yates und Lewis Chester, *The Troublemaker: Michael Scott and his Lonely Struggle against Injustice* (London: Aurum, 2006), Kap. 10, 12, 13, 15; Troup, *In Face of Fear*; Gewald, ‚Kutako‘, S. 104–7. Auszüge aus Petitionen, die Namibier an die Vereinten Nationen richteten, finden sich in Mburumba Kerina, *Namibia: The Making of a Nation* (New York: Books in Focus, 1981), S. 134–41.

11 Zitiert in Katjavivi, *History of Resistance*, S. 38.

12 Vedder war 1947 bei der RMG aus dem Dienst geschieden; sein Nachfolger wurde Hans Karl Diehl.

13 Miettinen, *On the Way*, S. 99, 183, 233–48, 362–3, Anhang 1; McKittrick, *To Dwell Secure*, Kap. 8, das insbesondere auch bezüglich der gesellschaftlichen Bedeutung der *Epaphuduko*-Bewegung aufschlussreich ist.

14 Solomon Mifima, ein Gründungsmitglied der OPO, zitiert in Emmett, *Popular Resistance*, S. 268. Dennoch sollte man das Ausmaß, in dem die afrikanische Bevölkerung mit Ereignssen in der Außenwelt in Berührung kam, nicht überschätzen. So wusste die Familie von Eliaser Tuhadeleni (von dem weiter unten noch die Rede sein wird) offenbar jahrelang nicht, dass er auf Robben Island inhaftiert war, obwohl die internationale Presse darüber berichtet hatte. Ellen Ndeshi Namhila, *Kaxumba kaNdola: Man and Myth. The Biography of a Barefoot Soldier* (Basel: BAB, 2005), S. 75 ff.

15 Emmett, *Popular Resistance*, S. 266–8; Kangumu, ‚Forgotten Corner', S. 72 ff.

16 Namhila, *Kaxumba*, S. 35–7. Möglicherweise kam der OPC dabei jedoch nie über das Planungsstadium hinaus – siehe Emmett, *Popular Resistance*, S. 276.

17 1960 betrieb die FMS 243 Schulen für insgesamt 26 846 Schülerinnen und Schüler; die überwiegende Mehrzahl dieser Schulkinder (26 046) besuchte Volksschulen, die allerhöchstens den so genannten Standard II (Mittelschulniveau) erreichten. Miettinen, *On the Way*, S. 92.

18 Emmett, *Popular Resistance*, S. 287–8. 1962 gab es in Namibia zwölf Regierungsschulen für schwarze Schüler, neun davon in Reservaten, die überwiegend von Herero bewohnt waren.

19 Cynthia Cohen, *Administering Education in Namibia: The Colonial Period to the Present* (Windhoek: Namibia Scientific Society, 1994).

20 Katjavivi, *History of Resistance*, S. 30.

21 Dag Henrichsen (Hg.), *A Glance at Our Africa: Facsimile Reprint of: South West News, the Only Non-racial Newspaper in the Territory, 1960* (Basel: BAB, 1997).

22 Zur frühen Geschichte von OPO und SWANU siehe neben den eingangs in diesem Abschnitt erwähnten Arbeiten Lauren Dobell, *Swapo's Struggle for Namibia, 1960–1991: War by other Means* (Basel: P. Schlettwein, 1998), Kap. 1.

23 Jeremy Silvester, ‚Assembling and Resembling: Herero History in Vaalgras, southern Namibia' in Bollig und Gewald (Hg.), *People, Cattle and Land*, S. 473–92.

24 Die Nachfolge Kutakos war zwar damals bereits ein Thema, aber Kapuuo folgte ihm erst tatsächlich im Amt nach, als Kutako 1970 im Alter von 100 Jahren starb. Katjavivi, *History of Resistance*, S. 92.

25 Katjavivi (*ebd.*, S. 45) datiert die Gründung der SWAPO auf Juni 1960, da ihm zufolge das häufig genannte Datum 19. April in Wirklichkeit der Jahrestag der Gründung der OPO ist. Andere Quellen nennen als Grün-

dungsdatum und -ort der SWAPO beispielsweise den 19. April 1960, New York (Bauer, *Labor and Democracy*, S. 32); die offizielle Version, 19. April 1960, Ovamboland (Herbstein und Evenson, *Devils*, S. 7–9); 1960, Dar-es-Salaam (Colin Leys und Susan Brown (Hg.), *Histories of Namibia: Living through the Liberation Struggle* (London: Merlin, 2001), S. 2).

26 Vier Abgeordnete wurden in den Senat gewählt, sechs in die Versammlung. Auch die Mitglieder der Gesetzgebenden Versammlung in SWA (von denen einige zuvor der Administrator ernannt hatte) wurden jetzt alle von der weißen Bevölkerung gewählt.

27 Miescher, ‚Rote Linie', S. 268–90; Emmett, *Popular Resistance*, S. 262–3.

28 Siehe beispielsweise Ngavirue, *Political Parties*, S. 170–9; Wellington, *South West Africa*, S. 379.

29 1958 wurde das NAD in zwei Ministerien aufgeteilt: Das Department of Bantu Administration and Development (DBAD, ‚Ministerium für Bantu-Angelegenheiten und –Entwicklung') und das Department of Bantu Education (‚Ministerium für Bantu-Erziehung').

30 Zur Apartheid in Südafrika in den 1950er-Jahren siehe beispielsweise William Beinart, *Twentieth-century South Africa* (Oxford University Press, 1994), Kap. 6; Paul Maylam, *South Africa's Racial Past: The History and Historiography of Racism, Segregation and Apartheid* (Aldershot: Ashgate, 2001), S. 183–7, Kap. 6.

31 Ngavirue, *Political Parties*, S. 237.

32 Emmett, *Popular Resistance*, S. 283. In diesen Zahlen sind die Kontraktarbeiter enthalten.

33 Ein Teil des Gesetzes fand in Namibia als ‚Identity Documents in South West Africa Act' (1970, ‚Gesetz über Identitätsdokumente in Südwestafrika') Anwendung. Dabei ging es jedoch um ein gewisses Maß an Überwachung von Weißen und Coloureds und nicht von Schwarzen. Elizabeth Landis, *Laws and Practices established in Namibia by the Government of South Africa which are Contrary to the Purposes and Principles of the Charter of the United Nations and to the Universal Declaration of Human Rights* (New York: Office of the UN Commissioner for Namibia, 1975), S. 89–91.

34 Die Proklamation ähnelte früheren Gesetzen gleichen Namens, vor allem der Natives (Urban Areas) Proclamation (1945); sie wurde mit dem Gesetz zu städtischen Gebieten aus dem Jahre 1924 zusammengelegt und setzte dieses außer Kraft. Landis, *Laws and Practices*, S. 324.

35 Dies ergibt sich eindeutig aus Muriel Horrell, *South West Africa* (Johannesburg: South African Institute of Race Relations, 1967) (ungeachtet einiger Verwirrung, die darüber in der Literatur besteht).

36 Zur Apartheid in Namibia siehe Ngavirue, *Political Parties*, S. 235–6; Landis, *Law and Practices*, S. 248, 324–32; Horrell, *South West Africa*;

First, *South West Africa*, Teil 4 und *passim;* Jacques-Roger Booh Booh, *La décolonisation de la Namibie: un mandat usurpé* (Paris: Les Publications Universitaires, 1982), S. 99–100; David Simon, ‚Aspects of Urban Change in Windhoek, Namibia, during the Transition to Independence' (Dissertation, University of Oxford, 1983), S. 204 (dort stellt er ausdrücklich fest, dass der Group Areas Act in Namibia nicht zur Anwendung kam); Astrid Seckelmann, *Siedlungsentwicklung im unabhängigen Namibia: Transformationsprozesse in Klein- und Mittelzentren der Farmzone* (Hamburg: Institut für Afrika-Kunde, 2000), S. 43; Volker Winterfeldt, ‚Labour Migration in Namibia – Gender Aspects' in *ders. et al., Namibia Society Sociology*, S. 39–74; Bruce Frayne, *Urbanisation in Post-independence Windhoek* (Windhoek: Namibian Institute for Social and Economic Research, 1992), S. 40; Justin Ellis, *Education, Repression and Liberation: Namibia* (London: World University Service, 1984), S. 21–6. Es gibt keine übergreifende Studie zur Anwendung der Apartheidgesetze in Namibia, aber der Überblick von Horrell ist am schlüssigsten.

37 Rizzo, ‚Van Warmelo'; Fuller, „‚Manga"', S. 213–15; Kößler, *In Search*, S. 89–91. Kößler vertritt die Auffassung, dass in der Mitte des zwanzigsten Jahrhunderts viele Menschen, die als ‚Nama' klassifiziert wurden, sich auch selbst als solche sahen.

38 Zur Vertreibung aus Etosha siehe Dieckmann, *Hai||Om*, S. 186–208.

39 Siehe Amenda Zingelwa, ‚The Campaign for Khomasdal: The Building of a Coloured Community in Windhoek' in Hartmann (Hg.), *More New Historical Writing*, S. 22–36, zur damaligen Komplexität der farbigen Bevölkerung Windhoeks. Zingelwa vertritt die Auffassung, dass vor allem Angehörige der Gemeinschaft der so genannten ‚Cape Coloureds' (‚Kap-Farbigen') daran interessiert waren, ihre Rechte und Identität als Farbige auszubauen, und sich energisch für die neue Township in Khomasdal einsetzten.

40 Das Vertretungsgremium für die ‚Alte Werft', das der Autorität des (weißen) leitenden Beamten der Lokation unterstand.

41 Eine ausführliche Schilderung der Umsiedlung und des Widerstands gegen diese Maßnahme findet sich in Milly Jafta *et al., An Investigation of the Shooting at the Old Location on 10 December 1959* (Windhoek: Namibian History Trust, 1999).

42 Elf ist die allgemein anerkannte Zahl. Eine Liste von vierzehn Namen findet sich in *ebd.*, S. 39.

43 Was genau in der Nacht des 10. Dezember geschah und in welcher Reihenfolge, ist umstritten. Eine kritische Erörterung findet sich in Bryan O'Linn, *Namibia: The Sacred Trust of Civilization. Ideal and Reality* (Windhoek: Gamsberg Macmillan, 2003), S. 40–59. O'Linns Untersuchung offenkundiger Widersprüchlichkeiten in den vorhandenen Berich-

ten über den Vorfall hat zwar Schwachstellen, ist aber dennoch anregend; dass er sich auf die Schuldfrage bezüglich der tödlichen Schüsse konzentriert, versperrt meiner Ansicht nach aber seinen Blick auf die größeren geschichtlichen Zusammenhänge. Dadurch unterschätzt er die Wichtigkeit der Interviews mit Gemeinlokalen Bewohnern schaftsangehörigen, die in Jafta *et al., Old Location*, veröffentlicht wurden. Außerdem glaubt er unhinterfragt die Zeugenaussagen der Polizisten vor dem anschließenden Untersuchungsausschuss.

44 Gerson Veii, zitiert *ebd.*, S. 44.

45 Ein detailliertes Bild der Township Ende der 1960er- und Anfang der 1970er-Jahre zeichnet Wade Pendleton, *Katutura: A Place Where We Do Not Stay. The Social Structure and Social Relationships of People in an African Township in South West Africa* (San Diego: San Diego State University Press, 1974).

46 Zur Migration und der vom Staat bezüglich Wanderarbeit verfolgten Politik siehe Emmett, *Popular Resistance*, Kap. 8, 9, 11, 12; Ngavirue, *Political Parties*, Kap. 8; John ya Otto, *Battlefront Namibia: An Autobiography* (London: Heinemann, 1982); Vinnia Ndadi, *Breaking Contract: The Story of Vinnia Ndadi* (London: IDAF Publications, 1989), Teil 1; Helao Shityuwete, *Never Follow the Wolf: The Autobiography of a Namibian Freedom Fighter* (London: Kliptown, 1990).

47 Emmett, *Popular Resistance*, S. 181.

48 Während der 1940er-Jahre verdoppelte sich in manchen Gegenden im Norden die Bevölkerung. Dieses Wachstum hielt an, bis es in den 1970er- und 1980er-Jahren wegen des Kriegs zum Stillstand kam. Veijo Notkola and Harri Siiskonen, *Fertility, Mortality and Migration in sub-Saharan Africa: The Case of Ovamboland in North Namibia, 1925–90* (Basingstoke: Macmillan, 1999), S. 17–19.

49 Zu Owambo siehe insbesondere Moorsom, ‚Underdevelopment', S. 60–5; außerdem Kreike, *Recreating Eden*, S. 92–6, 148 ff. Zu Kavango siehe Gordon, *Mines, Masters*, S. 22 ff. Von den insgesamt 30 129 Arbeitern, die man 1960 anwarb, wurden nur 2623 im Kavango-Gebiet eingestellt. Lediglich 612 von ihnen stammten auch tatsächlich aus dieser Gegend.

50 Cooper, *Ovambo Politics*, S. 131.

51 Namhila, *Kaxumba*, S. 16; der zitierte Ausspruch stammt von Ndeshihafela Hangula-Haimbangu.

52 Becker, *Namibian Women's* Movement, S. 94–100; Miettinen, *On the Way to Whiteness*, S. 292–6; McKittrick, *To Dwell Secure*, S. 220–44.

53 Siehe insbesondere *Namibia: Perspectives for National Reconstruction and Development* (Lusaka: United Nations Institute for Namibia, 1986), S. 65, 300–1, 305–6, 337–8.

54 Kößler, *In Search*, S. 74–5. Mitte der 1950er-Jahre erwirtschaftete das Reservat Berseba mit dem Verkauf von Karakulprodukten ein Einkommen von 3500 Pfund pro Jahr.

55 Gordon, *Mines, Masters*; Sam Nujoma, *Where Others Wavered: The Autobiography of Sam Nujoma* (London: Panaf Books, 2001); Ndadi, *Breaking Contract*; Cooper, *Ovambo Politics*, S. 131–2.

56 Emmett, *Popular Resistance*, S. 279–81; Namhila, *Kaxumba*, Kap. 1–2; Shityuwete, *Never Follow the Wolf*; Cooper, *Ovambo Politics*, S. 237–59.

57 Cooper, *Ovambo Politics*, S. 252–62. Zu dieser Zeit hatte K.R. Crossman als Eingeborenenkommissar die Nachfolge von Eedes angetreten, der 1954 in den Ruhestand gegangen war.

58 Kangumu, ‚Forgotten Corner', Kap. 3.

59 Zur SWAPO und SWANU siehe neben anderen Quellen Dobell, *Swapo's Struggle for Namibia*, S. 31–5. Die Vereinbarung zwischen SWAPO und CANU wurde zum Zankapfel, als nach der Unabhängigkeit in Caprivi eine Sezessionsbewegung entstand. Die sezessionistischen Anführer behaupteten, in der Vereinbarung sei die Unabhängigkeit Caprivis zugesagt worden. Die Zeitung *The Namibian* berichtete jedoch später (am 24. Januar 2007), sie habe Einblick in das 1964 anlässlich des Zusammenschlusses aufgesetzte Dokument gehabt, und es enthalte keine derartige Zusage.

60 Die südafrikanische Regierung versuchte zu verhindern, dass die Delegation mit Oppositionellen sprach, aber SWAPO-Anführer mobilisierten sich schnell und schafften es, sich mit den Delegierten zu treffen. Shityuwete, *Never Follow the Wolf*, Kap. 6.

61 Katjavivi, *History of Resistance*, S. 55–8; O'Linn, *Sacred Trust*, Kap. 2; Du Pisani, *Continuity and Change*, S. 135 ff.

62 Zu diesem Abschnitt siehe insbesondere Wellington, *South West Africa*, S. 379–91; Du Pisani, *Continuity and Change*, S. 162–6, 243–4, 286.

63 Zitiert in Wellington, *South West Africa*, S. 376. Veröffentlicht als Südafrika, *Report of the Commission of Enquiry into South West Africa Affairs 1962–63* (Pretoria: 1964); allgemein bekannt unter der Bezeichnung ‚Odendaal-Bericht' (‚Odendaal Report').

64 Zitiert in Katjavivi, *History of Resistance*, S. 72.

65 Lionel Cliffe *et al.*, *The Transition to Independence in Namibia* (Boulder: Lynne Rienner, 1994), S. 34.

66 Beinart, *South Africa*, S. 207.

67 Die Art und Weise, in der diese konstruiert wurden, war häufig willkürlich. Die fünf größten ethnischen Gruppen in Kavango wurden beispielsweise einfach als ‚Kavango' klassifiziert, und Weiße aller drei Sprachgruppen – Afrikaans, Deutsch und Englisch – fielen sämtlich in die Kategorie ‚weiß'.

68 Südafrika, *Commission 1962–3*, S. 29 (Zitat); Robert Gordon, ‚The Making of Modern Namibia: A Tale of Anthropological Ineptitude?', *Kleio*, 37 (2005), S. 26–49, S. 37–9, 44–5.

69 Hans Jenny, *South West Africa: Land of Extremes* (Windhoek: South West Africa Scientific Society, 1976), S. 198.

70 Die im Odendaal-Bericht angeführten offiziellen Zahlen beziffern die Angehörigen der einzelnen ethnischen Gruppen 1960 wie folgt: Ovambo, 239 363; Weiße, 73 464; Damara, 44 353; Herero, 35 354; Nama, 34 806; Okavango, 27 871; Farbige, 12 708; Buschmänner, 11 762; Rehobother Baster, 11 257; Kaokovelder, 9234, Bewohner Ostcaprivis, 15 840; Tswana und andere, 9992; insgesamt: 526 004. Südafrika, *Commission 1962–3*, S. 29.

71 Du Pisani, *Continuity and Change*, S. 162; Miescher, ‚Rote Linie', S. 281.

72 Wellington, *South West Africa*, S. 386 (Zitat); Richard Rohde, *Afternoons in Damaraland: Common Land and Common Sense in One of Namibia's Former Homelands* (University of Edinburgh Centre of African Studies, 1993), S. 18.

73 Suzman, *‚Things from the Bush'*, S. 83.

74 Kößler, *In Search*, S. 94; Adelheid Iken, *Woman-headed Households in Southern Namibia: Causes, Patterns and Consequences* (Frankfurt: IKO, 1999), S. 41.

75 Du Pisani, *Continuity and Change*, S. 163.

76 *Ebd.,* S. 162 (die Zahlenangabe stammt aus dem *SWA Handbook* für 1971/2); Südafrika, *Commission 1962–3*, S. 29; die entsprechende Landfläche wird mit 79 708 Quadratmeilen angegeben.

77 David Simon, ‚Recent Trends in Namibian Urbanization', *Tijdschrift voor economische en sociale Geographie,* 73 4 (1982), S. 237–49.

78 Kößler, *In Search*, S. 94; Iken, *Woman-headed Households*, S. 41; *Namibia: The Facts* (London: IDAF, 1990), S. 22.

79 Silvester, ‚Assembling and Resembling', S. 491; Du Pisani, *Continuity and Change*, S. 286; Jan-Bart Gewald, ‚Who Killed Clemens Kapuuo?', *JSAS*, 30 3 (2004), S. 559–76, S. 563–5.

80 Du Pisani, *Continuity and Change*, S. 243–4; Rohde, *Afternoons*, S. 31.

81 Gerhard Tötemeyer, *Namibia Old and New: Traditional and Modern Leaders in Ovamboland* (London: C. Hurst & Co., 1978), Kap. 3; Katjavivi, *History of Resistance*, S. 72–3; Bauer, *Labor and Democracy*, S. 21; S. 21, Anm. 8; S. 46; Herbstein und Evenson, *Devils*, S. 22.

82 Bauer, *Labor and Democracy*, S. 21, Anm. 7.

83 Gordon, *Mines, Masters*, S. 32–6; Jenny, *South West Africa*, Kap. 12; Michael Bollig, ‚Success and Failure of CPR Management in an Arid Environment: Access to Pasture, Environment and Political Economy in Northwestern Namibia' in Hartmut Leser (Hg.), *The Changing Culture*

and Nature of Namibia: Case Studies (Basel: BAB, 2006), S. 37–68, S. 43; Andre du Pisani, ‚Beyond the Transgariep: South Africa in Namibia, 1915–89', *Politikon*, 16 1 (1989), S. 26–43, S. 33; Kangumu, ‚Forgotten Corner', S. 22–4, 69–71; Walter Louw, *Owambo* (Sandton: Southern African Freedom Foundation, o. J.), Kap. 7. Das letztgenannte Buch ist eine Propagandaschrift, die sich lobend über die von Südafrika bewirkten Entwicklungen im größten Homeland auslässt.

84 Horrell, *South West Africa*, S. 80; Cohen, *Administering Education*, Kap. 5, 6.

85 Gordon, *Mines, Masters*, S. 27–8; Moorsom, ‚Underdevelopment', S. 69.

86 Beinart, *South Africa*, S. 204; Iken, *Female-Headed Households*, S. 43. Eine Erörterung der sich verschlechternden Zustände auf den Reservaten findet sich in Kößler, *In Search*, *passim.*

87 Für diesen Abschnitt siehe neben den zu Beginn dieses Kapitels angeführten Arbeiten Namhila, *Kaxumba* S. 59 ff., 79–83, 102–113; Nujoma, *Where Others Wavered*, S. 126–8; Dobell, *SWAPO's Struggle*, S. 35–6; Oswin Namakalu, *Armed Liberation Struggle: Some Accounts of PLAN's Combat Operations* (Windhoek: Gamsberg Macmillan, 2004), S. 10–23.

88 Zitiert in Katjavivi, *History of Resistance*, S. 59.

89 In vielen Berichten wird dieser Ort Omgulumbashe oder Ongulumbashe genannt.

90 Zitiert in Namhila, *Kaxumba*, S. 67.

91 Hierzu ist die Beweislage allerdings widersprüchlich. Siehe Kangumu, ‚Forgotten Corner', S. 31, 53–5.

92 Zitiert in Namhila, *Kaxumba*, S. 82. Siehe auch Shityuwete, *Never Follow the Wolf.*

93 Zitiert in Katjavivi, *History of Resistance*, S. 61.

94 Katjavivi, *History of Resistance*, S. 61–3; Namhila, *Kaxumba*, S. 79–83, 102–113; David Soggot, *Namibia: The Violent Heritage* (London: Collings, 1986), S. 30–2.

95 Der komplette Text seiner Rede findet sich in SWAPO, *To Be Born a Nation*, S. 311–16.

96 John Saul und Colin Leys, ‚SWAPO: The Politics of Exile' in Leys und Saul (Hg.), *Namibia's Liberation Struggle*, S. 40–65, S. 43–6; Dobell, *SWAPO's Struggle*, S. 37–40.

10 Freiheitskämpfe und die Abkehr von der Apartheid, 1971–90

Je härter und systematischer die auf Rassenzugehörigkeit basierende Herrschaft durchgesetzt wurde, desto stärker regte sich Protest. 1971 entluden sich die Spannungen, die sich im Wanderarbeitssystem angestaut hatten, in einem Generalstreik, der zu einer Massenabschiebung von Arbeitern in den Norden und zur Schließung der meisten Minen und großen Industriebetriebe führte. Zu dieser Zeit wurde außerdem der – nunmehr SWAPO-dominierte – namibische Nationalismus zu einer wesentlich stärkeren Kraft und stellte für das südafrikanische Regime eine ernsthafte diplomatische, politische und in gewissem Maße auch militärische Herausforderung dar. In den 1970er- und 80er-Jahren sah sich Südafrika zu einer Reihe von Verfassungsexperimenten gezwungen, um größtmögliche Kontrolle über Namibia zu behalten. Letztendlich führten aber erneute innere Proteste, internationaler Druck und vor allem der hohe Preis, den Südafrika für den langen, erbitterten Krieg in Angola und Namibia zahlte, zu einem von den Vereinten Nationen betreuten Übergangsprozess, der am 21. März 1990 in die Unabhängigkeit mündete.

Es wäre allerdings falsch, diese Zeit auf die Polarisierung zwischen Befreiung und Unterdrückung oder zwischen der SWAPO und der südafrikanischen Verwaltung zu reduzieren. Ein großer Teil der damaligen Literatur, die buchstäblich in der Hitze des Gefechts geschrieben wurde, tut genau das. Zwar versucht das vorliegende Buch, sich in mancher Hinsicht von dieser Dialektik zu lösen, doch umfassende Arbeiten über die Gesellschaftsgeschichte dieser Zeit stehen noch aus, und unser Wissen über den politischen Umgang mit Identität, Klientelismus, Ethnizität, Geschlecht und Macht während der letzten Jahrzehnte südafrikanischer Herrschaft in Namibia ist immer noch rudimentär. An dieser Stelle kann zwar ein Anfang gemacht werden, aber die Beschäftigung mit diesen Themen bleibt nach wie vor eine wichtige Aufgabe der künftigen Geschichtsschreibung.[1]

Protest Anfang der 1970er-Jahre

Im Juni 1971 änderte der Internationale Gerichtshof nach einem Antrag, den ein Ad-Hoc-Unterausschuss des UN-Sicherheitsrates gestellt hatte, seine Haltung in der Namibia-Frage. Er erklärte nunmehr, die Okkupation sei ‚rechtswidrig' und Südafrika ‚verpflichtet, seine Verwaltung sofort aus Namibia zurückzuziehen …'[2] Die UN-Hauptversammlung schloss sich diesem Urteil an und erließ eine Resolution, in der die Okkupation verurteilt wurde.

In Namibia fassten nun die lutherischen Kirchen (ELOK und ELK) einen Entschluss von großer Tragweite: Sie schrieben an den südafrikanischen Premierminister John Vorster und legten Protest gegen die Okkupation ein; Rückendeckung bekamen sie dabei durch die breite Ablehnung, die der südafrikanischen Herrschaft entgegenschlug.[3] Zugleich ließen sie in jeder lutherischen Kirche des Landes einen Hirtenbrief verlesen, der später als ‚Offener Brief' bekannt wurde. Sie beschwerten sich bei Vorster darüber, dass die Rassenpolitik in Namibia sowie das Fehlen von Redefreiheit und Wahlrechten gegen die UN-Menschenrechtserklärung aus dem Jahr 1947 verstoße: ‚Unsere Leute sind nicht frei, und angesichts der Behandlung, der sie ausgesetzt sind, fühlen sie sich nicht sicher'. Sie wandten ein, dass die Apartheid unvereinbar mit dem Wirken der Kirche sei: ‚… wahre Entwicklung auf einer christlichen Grundlage sollte zu Einigkeit und Brüderlichkeit zwischen den Rassen führen'.[4]

Die Anregung zu dieser Aktion der Kirchen kam von Zephania Kameeta, der damals noch Student war und später radikaler Theologe wurde, und sie wurde von den jeweiligen Kirchenoberhäuptern unterstützt, Bischof Leonard Auala (der Ya Toivo nahestand) und Synodalpräsident Paul Gowaseb. Impulse für die Briefe entstanden aber auch durch Veränderungsprozesse innerhalb der namibischen Kirchen, die von Missionseinrichtungen ‚zu einer grundlegend schwarzen Kirche der bäuerlichen Bevölkerung wurden … Diese gegenseitige Durchdringung von Kirche und Menschen verlieh den Kirchenführern Bewusstsein und Kraft und drängte sie an die Öffentlichkeit, um die „prophetische Rolle" der Kirche neu zu erschaffen'.[5]

Ab etwa dieser Zeit entwickelten und praktizierten die Kirchen eine radikal neue Befreiungstheologie (wenngleich ihre Lehren auf anderen Gebieten, so etwa der Sexualmoral, größtenteils konservativ blieben). Sie sprachen sich für politische Mobilmachung aus und waren das Sprachrohr für Informationen aus dem Ausland. Außerdem stellten sie sich immer deutlicher auf die Seite der SWAPO, wobei sie allerdings durch die Frage des bewaffneten Widerstands vor ein Dilemma gestellt wurden. Die Verwaltung reagierte darauf unter anderem mit der Ausweisung des anglikanischen Bischofs Robert Mize im Jahr 1968 und verwies 1972 auch dessen Nachfolger Colin Winter des Landes. Dieser war vom gleichen Schlag wie einige seiner Vorgänger, darunter Michael Scott, und äußerte sich freimütig gegen die Apartheid. Die Kirchen wurden auch zu einer wichtigen Verbindungsstelle für politische und materielle Unterstützung aus dem Ausland, vor allem, nachdem sich der Lutherische Weltbund 1970 gegen die Apartheid ausgesprochen hatte.[6]

Die Entscheidung des IGH und der Offene Brief gaben zusätzliche Anstöße zur Mobilmachung gegen die südafrikanische Präsenz in Namibia, und zwar insbesondere unter den jungen Leuten. 1971 wurden hunderte von Schülern von ihren Schulen verwiesen, nachdem sie an Protestmärschen in Ongwediva im Norden teilgenommen hatten. Aus dieser Bewegung, zu deren Anführern unter anderem Kandy Nehova, Ndali Kamati, Helao Nafidi, Ndaxu Namolo und David Shikomba gehörten, entstand dann die SWAPO Youth League (SYL, SWAPO-Jugendbund). Viele der Aktivisten, die man von den Schulen verwiesen hatte, reisten nach Süden, um dort Arbeit zu suchen. Vor allem in Walvis Bay begannen sie, Arbeiter zu organisieren, bei denen, wie wir bereits gesehen haben, Proteste gegen das Wanderarbeitssystem eine lange Tradition hatten.[7]

Diese Kette von Ereignissen führte zu einem Generalstreik der Kontraktarbeiter, der am 13. Dezember 1971 ausbrach und sich rasch im ganzen Land ausbreitete. Die Hauptforderung der Arbeiter lautete ‚*Odalate Naiteke*‘, ‚Lasst uns den Draht kappen [= den Vertrag brechen]‘.[8] Sie wollten sowohl dem Wanderarbeitssystem ein Ende setzen als auch höhere Löhne für ihre Arbeit im Süden durchsetzen. Zu jener Zeit hatten die Auswirkungen dieses System auf das Leben der Familien in den immer ärmer werdenden von Oshiwambo-Sprechern bewohnten Gegenden ihren Höhepunkt erreicht. 1971–72 erreichte die Zahl der angeworbenen Arbeiter mit 43 890 einen neuen Höchststand, und 1973 waren drei Viertel der Männer im Norden – möglicherweise sogar noch mehr – mindestens einmal in ihrem Leben Kontraktarbeiter gewesen.[9] Das Streikpotenzial erhöhte sich durch die Zusammenballung von Arbeitern in den Minen und großen Fabriken. Dort waren sie für gewöhnlich in großen Massenunterkünften (sog. compounds) untergebracht und konnten dadurch gut kommunizieren und sich organisieren. Landarbeiter dagegen waren isolierter, hegten aber allgemein einen tiefen Widerwillen gegen das System und wurden daher schnell aktiv, als sie, häufig durch Radiosendungen, von dem Generalstreik erfuhren.[10] Der Streik hatte auch unmittelbare Auslöser. Dazu gehörte die kurz zuvor verschärfte Kontrolle mittels der Ausweise, die nun Fotos enthalten mussten. Dadurch wurde es für Wanderarbeiter deutlich schwieriger, eine andere Identität anzunehmen. [11] Als dann noch der Bantu Commissioner[12] (Bantu-Kommissar) General Jamie de Wet im November 1971 behauptete, das Kontraktarbeitssystem – das viele Wanderarbeiter als eine Art Sklaverei empfanden – sei ‚freiwillig', war dies der Funke, der zur Explosion führte.

Die Wellen dieser Explosion verbreiteten sich im Nu. Am 4. Januar befanden sich 12 000 Wanderarbeiter im Ausstand. Der Streik fand zwar nicht überall statt (in Walvis Bay wurde er durch Einschüchterung verhindert, in der Mine der CDM durch Einigung), aber seine Ausmaße übertrafen doch alles, was man in Namibia diesbezüglich je erlebt hatte. Zu seinem Höhepunkt streikten mindestens 13 500 Arbeiter, und elf Minen sowie dreiundzwanzig andere Arbeitsstätten wurden geschlossen. Die Aktion verlief zwar zu Beginn friedlich, aber einige ihrer Organisatoren wurden dennoch vor Gericht gestellt. Außerdem schickte man die Arbeiter umgehend in den Norden zurück, wo es zu Angriffen ‚auf die Symbole und Einrichtungen der Kolonialherrschaft und auf Schwarze kam, die in deren Dienst standen'.[13] Außerdem wurde der Grenzzaun zerschnitten. Aus einem späteren Interview mit de Wet wird deutlich, welches Chaos damals bei den Behörden ausbrach:

> [Die streikenden Arbeiter] zerstörten den Zaun zwischen Ovambo und Angola … sie rissen das ganze Ding einfach ab … Wir hatten keinerlei Kontrolle [über die Situation], und es ging im Dezember und Januar so weiter, und dann fingen sie an, einige der *headmen* zu erschießen, nämlich diejenigen, die mit uns zusammenarbeiteten. Und sie stellten Listen auf, Protestlisten, und beschwerten sich über Sklaverei und diese ganzen Sachen … Ich wusste nicht, was ich tun sollte … Ruhe und Ordnung waren dahin. Es flog uns alles um die Ohren …[14]

Anfang Januar 1972 wurde ein Vertreterausschuss der Arbeiter (Contract Committee) unter Leitung von Johannes Nangutuuala gebildet; die Arbeiter setzten nun Resolutionen auf und prangerten viele Aspekte des Vertragssystems an. Am 20. Januar konnte sich der Minister of Bantu Administration (Minister für Bantu-Verwaltung) mit den Legislative Councils (Legislativräten) von Owambo und Kavango einigen. Dies wurde zwar nicht mit dem Contract Committee abgesprochen, beendete aber den Streik. Durch ihre Aktionen hatten die Arbeiter tatsächlich einige Siege errungen. Vertragsbruch war künftig keine Straftat mehr, und die medizinische Untersuchung von Arbeitern zum Zweck ihrer Einstufung nach körperlicher Tauglichkeit wurde abgeschafft. Die meisten Teile des Systems blieben jedoch unverändert. Wanderarbeiter wurden nach wie vor ohne ihre Familien in Massenunterkünften untergebracht, und ihre Mobilität wurde mittels Pässen überwacht. Das führte dazu, dass die Unruhen in gewissem Umfang weitergingen: Anfang Februar zertrümmerten Arbeiter mehr als viertausend Betten in der Massenunterkunft in Katutura. Zwar stiegen die Löhne infolge des Streiks ein wenig an und die SWANLA wurde abgeschafft und durch andere Vermittlungseinrichtungen ersetzt, aber Arbeitgeber taten sich zusammen, um den Wettbewerb um Arbeitskräfte nach Möglichkeit zu verringern.

Die Regierung war durch den Streik sichtlich beeinträchtigt und erließ im Februar 1972 die Proklamationen R17 und R26, die praktisch das Kriegsrecht über Owambo verhängten, öffentliche Versammlungen verboten und Inhaftierung auf unbestimmte Zeit ohne Gerichtsverfahren zuließen. Außerdem spitzte sich nun der Krieg zu, da die militärische Schlagkraft der SWAPO stieg. Als Reaktion hierauf übertrugen die Südafrikaner die Zuständigkeit für das Grenzgebiet zu Angola von der Polizei auf die Armee, schickten immer mehr Streitkräfte nach Namibia und versorgten traditionelle Anführer mit Waffen.[15]

Der Streik hatte auch Einfluss auf den Sicherheitsrat der Vereinten Nationen. In einer Resolution forderte dieser Verhandlungen, die zu Selbstbestimmung in Namibia führen sollten. Daraufhin besuchte UN-Generalsekretär Kurt Waldheim im März 1972 Namibia, sein Stellvertreter Alfred Escher im darauffolgenden Oktober. Die Behörden schlugen letzterem eine neue verfassungsrechtliche Regelung vor: einen Advisory Council (Beirat) auf nationaler Ebene, dessen Zusammensetzung auf ethnischer Zugehörigkeit basieren sollte. Namibia würde dadurch eine Einheit bleiben – ein begrenztes Zugeständnis an die Vereinten Nationen, da der Odendaal-Plan die Aufteilung Namibias in zehn Homelands und die Eingliederung der ‚weißen Gebiete' nach Südafrika vorgesehen hatte. Dennoch blieben die Vorschläge Südafrikas im Hinblick auf Selbstverwaltung und Unabhängigkeit weit hinter den Erwartungen zurück und wurden von den Vereinten Nationen abgelehnt. Als der Beirat im März 1973 ins Leben gerufen wurde, stellte sich heraus, dass er Teil einer föderalistischen Struktur sein würde, die aus mehreren Bantustans bestand.[16]

Die Mitglieder des Beirats gehörten den meisten der elf angeblichen ‚Bevölkerungsgruppen' Namibias an. Der Beirat wurde jedoch von SWAPO, SWANU, Clemens Kapuuo (der nach dem Tod Hosea Kutakos im Jahre 1970 oberster *omuhona* der Herero geworden war) und – kurz nach der ersten Sitzung – auch vom Mbanderu-*omuhona* Munjuku II abgelehnt; das Gremium bestand nur bis 1974. Anfang 1973 hatte die Regierung außerdem den Development of Self-Government for Native Nations in South West Africa Act (Gesetz zum Aufbau von Selbstverwaltung für Eingeborenenvölker in Südwestafrika) geändert, damit ‚Homelands' ‚selbstverwaltet' werden konnten. In Owambo und Kavango ersetzten gewählte gesetzgebende Versammlungen die früheren Gremien, die ernannt worden waren. Außerdem gründete man 1974 einen SWA Coloured Council (Farbigenrat von Südwestafrika), der bald zur Zielscheibe von Protesten gegen Rassendiskriminierung wurde. 1976 wurde in Rehoboth die Selbstverwaltung eingeführt; im selben Jahr wurde erstmals ein Nama-Rat (Nama Council) eingerichtet, der auf fünf zuvor existierenden ‚Stammes'-Verwaltungsorganen basierte, und 1977 erhielt der Damara-Rat mehr Befugnisse.

Der Schritt zur ‚Selbstverwaltung' hatte neue Protestwellen zur Folge, vor allem in Katutura und Owambo, wo die SYL eine treibende Kraft darstellte. In Owambo, wo bei den Wahlen im August 1973 die Ovambo Independence Party (Ovambo-Unabhängigkeitspartei) von Chief Filemon Elifas als einzige Partei auf den Stimmzetteln stand, hatte eine Boykottaktion durchschlagenden Erfolg: Die Wahlbeteiligung betrug nur 2,5 Prozent. In Kavango gaben jedoch 66 Prozent der Wahlberechtigten ihre Stimme ab. Nach den Wahlen führte die neue Regierung des Bantustans Ovamboland die Auspeitschung politischer Gegner – Männer und Frauen – mit Palmwedeln ein[17] (was schließlich für illegal erklärt wurde, nachdem die SYL sowie die lutherische und anglikanische Kirche gerichtlich dagegen vorgegangen waren). 1973–75 erreichten Proteste und Unruhen einen neuen Höhepunkt. Im August 1973 zogen dreitausend Menschen zum Magistratsgericht in Ondangwa, wo drei Aktivisten der Prozess gemacht wurde, und es kam zu Ausschreitungen. Am selben Tag veranstaltete die SYL eine große, friedliche Kundgebung in Katutura, die jedoch mit Massenverhaftungen endete, und öffentliche Zusammenkünfte wurden daraufhin verboten. In dieser Zeit wurden im Norden – aber auch darüber hinaus – hunderte von Unterstützern der SWAPO und SYL verhaftet, ins Gefängnis gesteckt und gefoltert, und einige der Anführer stellte man vor Gericht. Jerry Ekandjo, Jacob Ngidinua und Eshriel Taapopi (alle von der SYL) wurden nach Robben Island geschickt; der Vizepräsident der SWAPO, David Meroro, wurde gefoltert und in Isolationshaft festgehalten; und John Ya Otto, ebenfalls von der SWAPO, ging ins Exil.

Die SYL bediente sich einer neuen, radikalen Rhetorik, rief die Namibier dazu auf, sich selbst für ihre eigene Befreiung einzusetzen, anstatt darauf zu warten, dass die Vereinten Nationen tätig würden – ‚jeder Namibier muss sich dem Freiheitskampf anschließen'[18] –, und verkündete sogar, 1974 würde das Jahr der Unabhängigkeit werden. Dieses forsche Auftreten machte die SWAPO-Führung innerhalb des Landes nervös, die sich ihrerseits nunmehr mittels der National Convention (Nationalkonvent), einer 1971 geschlossenen Koalition, für die Unabhängigkeit einsetzte. Unter der Führung von Clemens Kapuuo vereinte die Versammlung SWAPO, SWANU, NUDO, den Herero Chief's Council und kleinere Parteien, in denen Nama- und Damara-Gruppen und einige Rehobother vertreten waren. Zwischen Kapuuo und der Führungsriege der SWAPO im Ausland kam es jedoch bald zu Spannungen, vor allem, als die UN-Generalversammlung 1973 die SWAPO als ‚authentische Vertretung des namibischen Volkes' anerkannte.[19] Kapuuo war darauf erpicht, den Herero das von ihnen zu diesem Zeitpunkt bewohnte Land weiterhin zu sichern, und nahm daher im Jahr darauf Verhandlungen mit den südafrikanischen Behörden über die Zukunft des Reservats in Aminuis auf. Außerdem war er der einzige angesehene schwarze Politiker, der später an der neuen Verhandlungsrunde über die Verfassung teilnahm (die so genannten Turnhallen-Gespräche, auf die weiter unten näher eingegangen wird). Im Februar 1975 zerbrach die National Convention, und die SWAPO gründete zusammen mit der SWANU und anderen Parteien die Namibia National Convention (NNC, Nationalkonvention von Namibia). Die Spaltung zwischen der SWAPO und der Herero-Führung war nachhaltig. Kapuuos Vorstellungen standen in Widerspruch zur nationalistischen Ideologie, weil es für ihn im Wesentlichen immer noch um die Landansprüche und Identität der Herero ging. Sein wichtigster historischer Bezugspunkt war der Landverlust während der Zeit der deutschen Herrschaft, und er wandte ein, dass die SWAPO als Ovambo-Organisation keine solchen Erinnerungen an diese Zeit habe.[20]

Die Grenze öffnet sich

1974 führte eine größere Veränderung in der internationalen Lage zu einer Verschärfung der Konflikte innerhalb und außerhalb Namibias. Im April wurde die Regierung Portugals durch einen Staatsstreich gestürzt, und die neuen Machthaber bereiteten unverzüglich die Unabhängigkeit der portugiesischen Kolonien vor. In Angola gab es drei rivalisierende Gruppierungen: die Frente Nacional de Libertação de Angola (FNLA, Nationale Front zur Befreiung Angolas), die União Nacional para a Independência Total de *Angola* (*UNITA,* Nationale Union für die völlige Unabhängigkeit Angolas*) und die* Movimento Popular de Libertação de *Angola* (*MPLA,* Volksbewegung zur Befreiung Angolas,). Zwar einigte man sich 1975 auf einen Übergangsplan zur Unabhängigkeit, aber er scheiterte und ein Bürgerkrieg brach aus, bei dem Südafrika und die USA die FNLA und die UNITA unterstützten, wohingegen sich die Sowjetunion auf die Seite der MPLA stellte. Bestärkt durch die USA unternahm Südafrika in diesem Strudel der Ereignisse eine direkte militärische Intervention und marschierte im August 1975 in Angola ein, wurde aber von der MPLA mit Hilfe kubanischer Truppen und sowjetischer Waffen zurückgeschlagen. Im März 1976 zog sich Südafrika zurück, und die MPLA setzte sich als erste Regierung des unabhängigen Angola durch. Nachdem die Beteiligung der USA in der amerikanischen Öffentlichkeit bekannt geworden war, verbot der Kongress weitere geheime Militärhilfe.[21]

Die neue Situation stellte die SWAPO-Führung im Exil vor einige Schwierigkeiten. Das Ende der portugiesischen Herrschaft bedeutete, dass Namibias nördliche Grenze zu Angola Mitte 1974 faktisch geöffnet wurde; dadurch konnten Kämpfer der People's Liberation Army of Namibia (PLAN, Volksbefreiungsarmee von Namibia)[22] unmittelbar in das Kernland der SWAPO nach Owambo geschickt werden, wo es ab Mitte 1975 zu einer Eskalation der militärischen Auseinandersetzungen kam.[23] Außerdem entstand das diplomatische Problem, welcher Gruppierung die SWAPO in Angola, wo die Lage anfangs verwirrend war, Loyalität erweisen sollte: Für kurze Zeit schlug sie sich auf die Seite der UNITA, bevor sie sich dann mit der MPLA zusammentat. Zugleich war die Situation der Bewegung in Sambia, wohin sie nach dem Tanga-Kongress von 1969–70 ihr Hauptquartier (das sich zuvor in Tansania befunden hatte) verlegt hatte, prekär geworden. Der Umzug nach Süden war durch die Unabhängigkeit Sambias im Jahr 1964 und die Unterstützung von Präsident Kaunda, der solchen Bewegungen auch anderer Länder, darunter Südafrika, den Rücken stärkte, für die namibische Befreiungsbewegung möglich geworden (). 1974 verbesserten sich aber kurzzeitig die Beziehungen zwischen Kaunda und dem südafrikanischen Premierminister Vorster, sodass fraglich war, ob von Sambia aus weiterhin militärische Aktionen ausgeführt werden konnten.

Die gravierendste Folge der Grenzöffnung – war, dass sie zum Auslöser für die Ausreise ‚eines sehr großen Teils derjenigen Oshiwambo-sprachigen Jugendlichen im Lande, die lesen und schreiben konnten' (beiderlei Geschlechts), sowie weniger älterer Leute ins Exil wurde. Zwischen Juni 1974 und Anfang 1975 verließen möglicherweise 6000 von ihnen das Land. Es gab auch später noch Flucht-‚Wellen' ins Exil, vor allem 1976 und 1978. Wer ging, tat dies aus einer Reihe von Gründen, vor allem aber aus Ablehnung gegen die Apartheid und die südafrikanische Okkupation: Besonders bei der jüngeren Generation hatte sich durch den Krieg, die Aktivitäten der SYL und die Erfahrungen, die sie mit der Bantu-Erziehung gemacht hatte, ein ausgeprägtes politisches Bewusstsein herausgebildet. Außerdem wollten viele von ihnen sich unbedingt weiterbilden.[24]

Die SWAPO verfügte 1974 nur über begrenzte Einrichtungen in Sambia[25] und hatte daher erhebliche Probleme, für Unterbringung und Versorgung der Neuankömmlinge zu sorgen. Enthusiastische neue Mitstreiter schlossen sich der PLAN in großen Scharen an, aber der Mangel an Nahrungsmitteln und anderen lebenswichtigen Dingen führte bei ihnen schnell zu Ernüchterung; auch bei der kleinen Kerngruppe langjähriger PLAN-Mitglieder (von denen es vor 1974 wahrscheinlich nie mehr als zwei- bis dreihundert gab) wuchs die Unzufriedenheit. Es grassierten Gerüchte über schlecht geplante und verpfuschte Einsätze, Korruptionsvorwürfe wurden laut, und man war über den anfänglichen

Schulterschluss der SWAPO mit der UNITA alles andere als glücklich. Die Anführer der SYL, die gemeinsam ins Exil gegangen waren und ein Büro in Lusaka eröffnet hatten, spielten bei diesen Ereignissen ebenfalls eine wichtige Rolle. Anfang 1975 äußerten sie ihre Besorgnis über Ineffizienz und Finanzen, das Fehlen eines klaren politischen Programms und die mangelnde Diskussionsbereitschaft der SWAPO-Führung, wobei es offenbar auch um die Zurückhaltung letzterer, sich in Richtung Sozialismus zu bewegen, ging. Dieser Unmut auf breiter Basis verdichtete sich zu lautstarken Forderungen nach einem neuen Kongress, der in Tanga zugesagt worden war.

Die Situation ließ sich durch Verhandlungen nicht entschärfen, und im April 1976 entluden sich schließlich die Spannungen. Auf Bitten der SWAPO-Führung nahm die sambische Armee schätzungsweise 1600 bis 1800 SWAPO-Mitglieder fest und inhaftierte sie in einem Lager in Mboroma bei Kabwe in der Nähe von Lusaka. Elf prominente Politiker, darunter die SYL-Gruppe und fünf Mitglieder des SWAPO-Vorstandes, die mit diesen sympathisiert hatten (darunter Andreas Shipanga und Solomon Mifima), wurden unter Mitwirkung von Präsident Nyerere in Tansania inhaftiert. 1978 kamen sie auf internationalen Druck hin frei. Diejenigen, die in dem Lager in Mboma festgehalten wurden, hatten mit schlechten Lebensbedingungen zu kämpfen; vor allem bekamen sie sehr wenig zu essen. Zwei der Häftlinge konnten schließlich fliehen und machten die Existenz des Lagers international bekannt, woraufhin man die Inhaftierten vor die Wahl stellte, die SWAPO unter dem Schutz der Vereinten Nationen zu verlassen oder sich in Mboroma innerhalb der SWAPO zu rehabilitieren. Mit Ausnahme von zwei- bis dreihundert Gefangenen wählten alle die zweite Option. Die Haftbedingungen im Lager wurden besser, aber zugleich wurden dort in dieser Zeit etwa fünfundvierzig bis fünfzig Menschen umgebracht.[26]

Über die Ereignisse Mitte der 1970er-Jahre – und übrigens auch der 1980er-Jahre, als die ‚Spionagekrise' in der SWAPO zu einer neuen Welle von Verhaftungen führte (mehr dazu weiter unten) – besteht in Namibia, wo die dadurch aufgeworfenen Probleme bis heute nicht gelöst sind, nach wie vor erhebliche Uneinigkeit. Dass es diese Vorkommnisse gegeben hat, ist jedoch durch gründliche Untersuchungen nachgewiesen und lässt sich heute nicht ernsthaft bestreiten.[27]

Das Vorgehen der SWAPO-Führung im Exil stellte teilweise eine Reaktion auf die immer schwierigeren Verhältnisse in einer wirklich gefährlichen Kriegssituation dar, da die Zahl der Neuankömmlinge die logistischen Möglichkeiten sehr strapazierte. Die Führung behandelte daher die Meinungsverschiedenheiten im Wesentlichen wie militärische Meuterei und nicht wie eine berechtigte Forderung, dass sie nach demokratischen Prinzipien handeln sollte. Diese Überlegungen rechtfertigen jedoch kaum die drastische Reaktion der SWAPO auf die Krise, die zu Menschenrechtsverletzungen in großem Stil führte. Dieses harte Durchgreifen ging zum Teil darauf zurück, dass sich die Mächtigen in der SWAPO durch die jungen, relativ gut ausgebildeten Leute bedroht fühlten, die sich der Bewegung anschlossen und das Vorgehen der Führung in Frage stellten. Unter diesen Umständen entschieden sich die SWAPO-Funktionäre für ein autoritäres System. Diesen Kurs konnten sie einschlagen, weil sie im Wesentlichen einen ‚Staat im Staat' führten, der die Unterstützung der Präsidenten der Nachbarstaaten (und übrigens auch eines Großteils der internationalen Gemeinschaft) genoss, aber anders als eine gewählte Regierung keinem System der gegenseitigen Kontrolle unterlag.

Nach der Krise ernannte die SWAPO eine Kommission unter der Leitung von John Ya Otto. Diese verteidigte das Vorgehen der Organisation – wie es Dobell ausdrückt – mit der Begründung, sie habe ‚auf einen konterrevolutionären Aufstand reagiert, der von reaktionären Elementen in der Bewegung angeführt wurde'.[28] Die Kommission schob die Schuld einer internationalen Verschwörung in die Schuhe, an der unter anderem Südafrika, die BRD, Shipanga und Mifima beteiligt gewesen seien. Zugleich gestand sie jedoch auch eine Mitschuld der SWAPO ein und gab zu, dass innerhalb der Bewegung strukturelle Probleme bestanden.

Die Empfehlungen der Kommission für den Umgang mit diesen Problemen wurden von Juli bis August 1976 bei einem Enlarged Central Committee Meeting (Treffen des erweiterten Zentralkomitees, bei dem es sich jedoch nicht um einen vollständigen Kongress handelte) in Sambia diskutiert. Bei dem Treffen wurde auf praktischer Ebene die Funktionsweise der Bewegung – einschließend der Finanzen – neu strukturiert und formalisiert, und man einigte sich auf ein neues politisches Programm. Dieses Dokument schwor die SWAPO erneut darauf ein, für die nationale Unabhängigkeit zu kämpfen und hierfür die ‚breiten Massen' zu mobilisieren, das Nationalbewusstsein zu fördern, die Stammesstrukturen abzuschaffen und ‚eine klassenlose Gesellschaft ohne Ausbeutung zu schaffen, die auf den Idealen und Prinzipien des wissenschaftlichen Sozialismus beruht'.[29] Des Weiteren versprach es wirtschaftliche Gerechtigkeit sowie Bildung und medizinische Versorgung für alle. Die Sprache der Bewegung war mittlerweile vom Wortschatz des Sozialismus durchdrungen: Die Mitglieder waren ‚Genossen'; Namibier wurden sowohl durch den Kapitalismus als auch durch die Apartheid ausgebeutet. Hinsichtlich wirtschaftlicher Aspekte ging das Programm allerdings nicht ins Detail, sodass Kritiker wohl mit ihren Einwand Recht haben, die SWAPO habe damit eher ihre Unterstützer im Ostblock zufriedenstellen als ein inniges Bekenntnis zum Sozialismus zum Ausdruck bringen wollen. Trotz der Forderung nach einer Mobilisierung der Massen gab es außerdem keine nennenswerten Möglichkeiten für ein Engagement der Basis.[30]

Die Ya-Otto-Kommission glättete nach der Krise die Wellen sowohl intern als auch bei den internationalen Unterstützern der SWAPO. Dass die Bewegung nach einer Krise zu verhaltenen Reformen imstande war, wurde sogar zu einem typischen Muster: Aktivitäten und Politik der SWAPO blieben Gegenstand von Kontroversen, und autoritäres Vorgehen zahlte sich nicht immer aus. Dies zeigt sich insbesondere an der begrenzten, aber dennoch wichtigen Flexibilität der Organisation im Hinblick auf Geschlechterrollen. Bis dahin waren politische Ämter innerhalb der Organisation fast ausschließlich mit Männern besetzt. Eine Frau aus dem Norden bemerkte dazu später: ‚Wissen Sie, wir [Frauen] zählten nicht wirklich, Frauen wurden auf die gleiche Stufe mit Kindern gestellt'.[31] Trotzdem hatten sich Frauen seit langem als Aktivistinnen an Protesten und Politik beteiligt und die Befreiungsbewegung auf vielfältige Weise unterstützt. 1969/70 wurde im Exil der SWAPO Women's Council (SWC, SWAPO-Frauenrat) gegründet, dessen erste Sekretärin Libertine Amathila war. Als Mitte der 1970er-Jahre tausende junger Frauen aus dem Exil zurückkamen, wurden die Forderungen nach Frauenrechten lauter. Bei dem Treffen der erweiterten Zentralkomitees 1976 wurden fünf Frauen in das Führungsgremium der SWAPO gewählt, und die Bewegung ergänzte ihre Ziele um den Punkt ‚Bekämpfung von Sexismus'; Frauen durften auch der PLAN beitreten, wo manche von ihnen in Führungspositionen aufstiegen. 1980 hielt der SWC seinen ersten Kongress ab und ernannte Gertrud Kandanga, die damals in Namibia im Gefängnis saß, zur Stellvertretenden Sekretärin. Die SWAPO wurde zwar nicht zu einer Bastion der Gleichberechtigung der Geschlechter, aber es gab auf diesem Gebiet doch bedeutende Veränderungen.[32]

Von Mitte bis Ende der 1970er Jahre organisierte sich die Bewegung in Sambia und Angola immer besser, um sich um ihre Mitglieder kümmern zu können, deren Zahl letztlich zwischen vierzig- und fünfzigtausend Personen betrug.[33] Im sambischen Nyango wurde eine große Siedlung eingerichtet, eine weitere in Kwanza Sul in Angola; es gab auch Einrichtungen in Lubango und Cassinga (letztere wurde 1977 gebaut) in Angola sowie ein Netz kleinerer Flüchtlingslager. Die SWAPO übernahm die Bildungs- und Gesundheitsfürsorge für die Exilgemeinschaft und kümmerte sich um deren Schutz. Die erste Schule in den Lagern wurde 1973 eröffnet, und 1984 erhielten zwischen acht- und zehntausend Schülerinnen und Schüler in Kwanza Sul sowie zwei- bis zweieinhalbtausend in Sambia Unterricht. Außerdem gab es eine weiterführende Schule in Loudima im Kongo; etwa tausend Schüler wurden in Kuba unterrichtet, eine geringere Zahl in der DDR und anderen Ostblockstaaten. Dorthin schickte man nach dem Angriff auf Cassinga (wo über sechshundert Exil-Namibier bei einem Bombenangriff der südafrikanischen Verteidigungsstreitkräfte ums Leben gekommen waren) viele Kinder in Sicherheit. In den 1980er-Jahren gab es Alphabetisierungs- und sonstige Grundbildungskurse, die zum Teil vom SWAPO-Frauenrat durchgeführt wurden und sich vor allem an Frauen richteten, die über keine Schulbildung verfügten. Der SWC spielte auch bei der Gesundheitsversorgung in den Lagern eine führende Rolle. Berufsschulausbildung wurde in Sumbe in Angola angeboten. Zur weiterführenden Ausbildung nach der Schule besaß die SWAPO eine eigene Hochschule, das 1976 in Lusaka gegründete United Nations Institute for Namibia (UNIN), und es wurden auch zahlreiche Stipendien zum Studium an Universitäten auf der ganzen Welt vergeben. Schätzungen zufolge erhielten bis zu 15 Prozent der Namibier im Exil ‚nach Besuch einer weiterführenden Schule eine umfassende Ausbildung'.[34]

Diese Bildungs- und Gesundheitsversorgung wurde durch Geberhilfe möglich, die aufgrund der besonderen internationalen Stellung Namibias großzügig ausfiel. 1979 belief sich allein die finanzielle Hilfe, die über

Abb. 25: Dr. Libertine Amathila bei der Arbeit in einer Klinik im Flüchtlingslager in Nyango, Sambia (ohne Datumsangabe). Die SWAPO unterhielt umfassende Programme für die Gesundheitsversorgung, Schulbildung und weiterführende Ausbildung der Bevölkerung im Exil und war sehr erfolgreich beim Einwerben von finanzieller Unterstützung für diese Zwecke. Amathila, eines der bekanntesten weiblichen Mitglieder der SWAPO, war die erste Sekretärin des SWAPO-Frauenrates. 2005 wurde sie Stellvertretende Premierministerin Namibias.

die Vereinten Nationen vermittelt wurde, auf 15 Millionen US-Dollar.[35] Unterstützung kam nicht nur von Hilfsorganisationen und Regierungen, sondern auch von zahlreichen Solidaritätsorganisationen auf der ganzen Welt, deren Haupttätigkeit in Anti-Apartheid-Kampagnen bestand.[36] Das Ausmaß an politischer und tatkräftiger Unterstützung, das die SWAPO mobil machen konnte, war ein Gradmesser für ihren Erfolg – nicht nur hinsichtlich der beständigen Plädoyers für ihr Anliegen bei den Vereinten Nationen, sondern auch hinsichtlich der Schaffung einer internationalen Infrastruktur zur Zusammenarbeit unter anderem mit den Solidaritätsorganisationen; Informationen und Kampagnenliteratur konnten äußerst effektiv verbreitet werden.[37]

Stimmung und Lebensbedingungen in den Flüchtlingslagern wechselten von Ort zu Ort und über die Zeit. Eine UNICEF-Delegation, die 1978 Cassinga besuchte – einen Monat vor dem Angriff auf das Lager –, berichtete von einer hohen Motivation bei den Flüchtlingen, da sie ihre Gedanken auf die Unabhängigkeit richteten: ‚Sie [die Namibier] sind eine Gemeinschaft, die ungeachtet der misslichen Bedingungen, unter denen sie leben, ein sehr hohes Maß an gesellschaftlicher Organisation an den Tag legt … Männer und Frauen und auch die jungen Leute nehmen lebhaft daran teil'.[38]

Im Allgemeinen scheinen die Verwaltung und die Aufrechterhaltung der Ordnung in den Flüchtlingslagern durch militärische Disziplin erfolgt zu sein, und es steht außer Frage, dass einzelne Offiziere ihre Macht missbrauchten. Das hinderte die Exil-Namibier aber nicht daran, sich aktiv zu engagieren. Unter ihnen bildete sich ein ausgeprägtes Gefühl der Zusammengehörigkeit aus, und sie glaubten fest daran, dass sie ihre Geschlossenheit würden bewahren können – aller militärischen Stärke Südafrikas zum Trotz. Während der langen, schwierigen Zeit in den 1980er-Jahren, als die anfänglichen Hoffnungen auf Unabhängigkeit enttäuscht worden waren, kam es innerhalb der SWAPO jedoch zu schweren Spannungen, und vor allem in Angola war wegen logistischer Probleme die Lebensmittel oft knapp, während gleichzeitig der Krieg die Lager bedrohte.[39]

Der Krieg Ende der 1970er-Jahre

Innerhalb Namibias eskalierten nach der Dekolonisation Angolas bewaffnete Konflikte und andere Formen des Protests. Selbst nach Beginn der großen Flucht über die Grenze dauerten die Demonstrationen und Unruhen an. 1975 wurden jedoch in Owambo neue Wahlen abgehalten, um die Zahl der gewählten Mitglieder der Gesetzgebenden Versammlung auf zweiundvierzig zu verdoppeln. Dieses Mal war die Wahlbeteiligung um Norden mit 70 Prozent viel höher als bei den Wahlen im Jahr 1973 (allerdings betrug sie bei Oshiwambo-Sprechern im Süden, die sich auch an der Wahl beteiligten, lediglich 4,2 Prozent), und Peter Kalangula und seine Partei Christian Democratic Action (Christliche Demokratische Aktion) gingen als Gewinner hervor. Diese hohe Wahlbeteiligung war möglicherweise sowohl auf die Flucht vieler SWAPO-Organisatoren ins Exil zurückzuführen als auch auf den Zwang, den Südafrika durch seine starke militärische Präsenz und die Drohung, es könnten Renten, Land und Arbeitsplätze verlorengehen, auf die Wähler ausübte.

Im verbleibenden Jahrzehnt verwandelte sich der Norden Namibias immer mehr in ein Kriegsgebiet, da die militärische Präsenz Südafrikas stärker wurde, die Angriffe von SWAPO-Kämpfern an Heftigkeit zunahmen und repressivere Gesetze zur Anwendung kamen. 1976 wurden Einwohner Owambos aus einem kilometerbreiten Streifen entlang der Grenze zu Angola fortgeschafft, und man brachte südafrikanische Truppen erstmals auf dem Luftweg in den Norden Namibias. Schätzungen internationaler Beobachter zufolge lag damals die Zahl südafrikanischer Soldaten im Norden des Landes zwischen fünfzehn- und fünfundvierzigtausend.[40]

In Caprivi wurden einige tausend Soldaten der FNLA, die 1976 gemeinsam mit den Südafrikanern den Rückzug aus Angola angetreten hatten, als 32. Bataillon Teil der South African Defence Force (SADF, Südafrikanische Verteidigungsstreitkräfte). Sie fielen immer wieder in Angola ein und griffen Zivilisten und SWAPO-Kämpfer an. Außerdem wurde das Kavango-Gebiet eine wichtige Basis für die Versorgung der UNITA, die in Südangola 1976–77 enorm an Stärke gewann, mit Hilfsgütern aus Südafrika. Am Ende des Jahrzehnts hatte die angolanische Regierung jedoch die Lage wieder weitgehend unter Kontrolle, obwohl die UNITA immer noch ein Hauptquartier in Jamba unterhielt.[41]

Allen neuen Sicherheitsmaßnahmen der südafrikanischen Regierung zum Trotz entfaltete die PLAN in Owambo immer mehr Aktivitäten, die 1978–80 ihren Höhepunkt erreichten. Zu jener Zeit war der Kampfgeist sehr ausgeprägt. In Oshiwambo-sprachigen Gegenden (wo die Guerillas in gewissem Umfang politische Mobilmachung betrieben) erhielten sie von der lokalen Bevölkerung Lebensmittel und Unterschlupf. PLAN-Kämpfer führten ihre Operationen vor allem im Norden (und zu Fuß) durch, griffen die südafrikanischen Streitkräfte an und legten Minen, um Militärkonvois in die Luft zu sprengen. Manche von ihnen konnten ihre Aktionen nach Süden bis ins Otavi-Dreieck ausdehnen, das zwischen den drei Städten Otavi, Grootfontein und Tsumeb gelegene Gebiet, in dem wohlhabende weiße Farmer lebten.[42] Obwohl es der PLAN gelang, ihren Gegnern vorübergehend erheblichen Schaden zuzufügen, blieb sie insgesamt die deutlich schwächere Kriegspartei, und ihre Aktionen entfalteten vor allem als ‚bewaffnete Propaganda' Wirkung. Der militärische Konflikt spielte letztlich jedoch in Angola und nicht in Namibia eine entscheidende Rolle dabei, Südafrika an den Verhandlungstisch zu zwingen.

Einigung auf eine Verfassung bei der Turnhallen-Konferenz und die Resolution 435

1975 hatten interne Proteste, fortwährender Druck durch die Vereinten Nationen und die Androhung internationaler Sanktionen die südafrikanische Regierung zu begrenzten Zugeständnissen gezwungen. Nun unternahm das Land einen neuen Vorstoß bezüglich einer Lösung für Namibia, die es als ‚Unabhängigkeit' verkaufen konnte, die aber gewährleistete, dass die Südafrikaner – so weit wie möglich – Kontrolle über das Gebiet behielten, damit es weiterhin als breite, schützende Puffer- und Verteidigungszone zwischen Südafrika und dem restlichen Afrika fungieren konnte. Die verfassungsgebende Turnhallen-Konferenz,[43] die an die Stelle des Beirats (Advisory Council) von 1947 trat, beruhte im Wesentlichen auf einem föderalen und ethnischen Modell. Es gab mehr als einhundertfünfzig Delegierte, die auf der Grundlage ihrer ‚Stammeszugehörigkeit' ausgewählt wurden und aus allen elf ‚Bevölkerungsgruppen' kamen.[44] Der Teilnehmer mit der größten Anhängerschaft in der Bevölkerung war Clemens Kapuuo. Zu den übrigen Teilnehmern gehörten Minister und Beamte der Bantustan-Verwaltungen, darunter Cornelius Ndjoba und Alfons Majavero, die Ministerpräsidenten von Ovamboland und Kavango sowie Dirk Mudge und Eben van Zyl, Mitglieder des Executive Committee (Führungsausschusses) der weißen Gesetzgebenden Versammlung. Andere, die sich der südafrikanischen Herrschaft widersetzt hatten – Kozonguizi, Kerina und Emil Apollus – kehrten nun aus dem Exil zurück und beteiligten sich an den Turnhallen-Verhandlungen. Allerdings erklärte sich weder die SWAPO noch die SWANU zu einer Teilnahme bereit.

Im August 1976 schlugen die Turnhallen-Delegierten als Datum für die Unabhängigkeit den 31. Dezember 1978 vor, wobei bis dahin eine Übergangsregierung eingesetzt werden sollte. Im März 1977 einigten sie sich auf einen Verfassungsentwurf und eine Erklärung der Grundrechte. Daraufhin wurde die Verfassung geändert. Am 1. September 1977 wurde der Administrator durch einen Administrator-General (AG, Generaladministrator) ersetzt, der weitreichende Regierungsbefugnisse erhielt.[45] Er hatte die Aufgabe, die angekündigte Unabhängigkeit vorzubereiten. Erster Inhaber dieses Amtes war Richter T. M. Steyn. Im Vorfeld geplanter Wahlen löste man die Turnhallen-Konferenz am 7. November 1977 auf und die meisten ihrer Mitglieder (außer der National Party) schlossen sich zur Democratic Turnhalle Alliance (DTA, Demokratische Turnhallen-Allianz) zusammen. Diese war zwar multiethnisch ausgerichtet, wurde aber immer noch von Weißen dominiert. Zu ihren ersten Funktionären gehörten Clemens Kapuuo als Präsident und Dirk Mudge als Vorsitzender. Diese Entwicklungen führten unter anderem dazu, dass keine weißen Namibier mehr im südafrikanischen Parlament vertreten waren und die meisten direkten Herrschaftsbefugnisse bezüglich Namibias, die die südafrikanische Regierung nach dem Zweiten Weltkrieg übernommen hatte, wieder in Windhoek verankert wurden.

Im Oktober 1977 setzte der Generaladministrator vielen Maßnahmen ein Ende, die der Zuzugskontrolle dienten. Er schaffte Pässe, Aufenthaltsgenehmigungen für Wohngebiete und die Zwangsumsiedlung arbeitsloser Afrikaner aus den Städten ab (wobei allerdings schwarze Namibier immer noch eine Erlaubnis brauchten, um in städtischen Gebieten Arbeit zu suchen, und die Registrierung von Verträgen nach wie vor obligatorisch blieb). Dies war ein weiterer Schritt zur Lockerung der Pass- und Arbeitsgesetze, die nach dem Streik von 1971–72 begonnen hatte; 1975 waren auch die Masters-and-Servants-Gesetze und die Extra-territorial and Northern Natives Proclamation (Proklamation über extraterritoriale und nördliche Eingeborene) aufgehoben worden.[46] Außerdem schaffte der Generaladministrator die Gesetze ab, die sexuelle Beziehungen und Heirat zwischen den Rassen für rechtswidrig erklärten;[47] 1977 kam das Aus für die Bantu-Erziehung; und 1978 wurde gleicher Lohn für gleiche Arbeit eingeführt – was sich in der Praxis aber nur begrenzt auswirkte.

Diese Veränderungen gingen zwar weit über sämtliche früheren Reformen hinaus, aber die bei der Turnhallen-Konferenz erzielte Einigung hielt im Grunde an vielen wesentlichen Verfassungsmerkmalen der Apartheid-Jahre fest. Der Weg zu echter Unabhängigkeit wurde dadurch versperrt, dass Südafrika die Kontrolle über entscheidende Regierungsgeschäfte behielt, darunter militärische Angelegenheiten, auswärtige Beziehungen, Finanzen, innere Sicherheit, Rundfunk, Zoll und Verbrauchssteuer. Eine völlige Unabhängigkeit wurde auch dadurch nicht wahrscheinlicher, dass Südafrika am 1. September 1977 Walvis Bay direkt annektierte, den einzigen Tiefwasserhafen Namibias. Außerdem bedeutete die Turnhallen-Konferenz eine Wiederbelebung der Bantustan-Politik – im Rahmen einer immer komplexeren föderalen Struktur –, und nicht etwa deren Abschaffung. Der Verfassungsentwurf sah ein Drei-Ebenen-System vor, bei dem elf ethnische Verwaltungen eine ‚zweite Ebene' unterhalb der Zentralregierung bildeten; die dritte, unterste

Ebene bestand aus den Lokal- und Gemeindeverwaltungen. Die Behörden auf der zweiten Ebene sollten mit der rechtlichen Zuständigkeit für Menschen betraut werden, die derselben ethnischen Gruppe angehörten, ob sie in Homelands wohnten oder nicht.[48]

Für die neuen verfassungsrechtlichen Regelungen wurde unter weißen Namibiern, die sie im Mai 1977 mit 95 Prozent der Stimmen genehmigten, aktiv die Werbetrommel gerührt. Der Widerstand gegen den Turnhallen-Prozess wurde von der SWAPO angeführt. Ihre Führung im Inland erstellte 1975 ein Discussion Paper on the Constitution of Independent Namibia (Diskussionspapier über die Verfassung des unabhängigen Namibia) und sprach sich für eine Demokratie westlichen Gepräges aus. Im Jahr darauf trug eine Konferenz in Walvis Bay dazu bei, dass sich die Bewegung in ihrer politischen Ausrichtung neu fokussierte, die Turnhallen-Konferenz ablehnte, stattdessen die vollständige Unabhängigkeit forderte und im In- und Ausland eine neue Führung wählte.[49] Die SWAPO entwickelte sich jetzt immer mehr zu einer echten nationalen Bewegung, da andere Führungspersönlichkeiten auf kommunaler Ebene zu dem Schluss gelangt waren, es sei nunmehr ein entscheidender Moment gekommen. 1976 brachten Hendrik Witbooi (der Enkel des berühmten namibischen *kapteins*) und andere Nama-sprachige Politiker die Gemeinschaften von Gibeon, Vaalgras, Keetmanshoop und Hoachanas – etwa vier Fünftel der insgesamt 37 000 Menschen zählenden Nama-sprachigen Bevölkerung – dazu, der SWAPO beizutreten. Sie erklärten, der Süden sei nun ‚politisch für die südafrikanische Regierung und deren Verbündete, die Turnhallen-Konferenz, verloren',[50] und Schüler und Lehrer traten dort aus Protest gegen die Apartheidgesetze und die Bantu-Erziehung in Streik. Zu den weiteren Gruppen, die der SWAPO beitraten, gehörte 1977 die Association for the Preservation of the Tjamuaha/Maharero Royal House (Vereinigung für die Bewahrung des Königshauses Tjamuaha/Maharero; diese hatte gegen Kapuuo als Nachfolger opponiert).

Während die SWAPO immer mehr Mitglieder gewann, löste sich die Namibia National Convention auf. Eine dritte, viel kleinere politische Kraft, die sich weder an der Turnhallen-Konferenz beteiligen noch mit der SWAPO verbünden wollte, formierte sich unter der Bezeichnung Namibia National Front (NNF, Namibische Nationale Front). Zu ihren Mitgliedern zählte die SWANU, die nun dank der Veränderungen in der politischen Landschaft die Zeit für eine Rückkehr ihrer Führungsriege aus dem Ausland gekommen sah. Zur NNF gehörten außerdem der Damara-Rat unter Justus Garoeb;[51] die Mbanderu unter Munjuku Nguvauva; Andreas Shipanga und einige andere ehemalige SWAPO-Mitglieder sowie die weiße Federal Party unter Bryan O'Linn. Unter den weniger liberalen Teilen der weißen Politikszene – die zugleich deren Mehrheit darstellten – kam es 1977 zu einer Spaltung zwischen der Republican Party (Republikanischen Partei) unter Dirk Mudge, die sich an den Turnhallen-Gesprächen beteiligte, und AKTUR (Action Committee for the Maintenance of Turnhalle Principles, Aktionskomitee für die Aufrechterhaltung der Turnhallen-Prinzipien), das sich schließlich gegen die Turnhallen-Konferenz stellte; diesem Komitee schloss sich auch Hans Diergaardt an, das Oberhaupt des Rehoboth-Rates.

In Anerkennung der zunehmenden Unterstützung für die SWAPO und verdrossen über Südafrikas anhaltende Unnachgiebigkeit hatten die Vereinten Nationen Ende 1976 die SWAPO zur ‚einzigen authentischen' Vertretung des namibischen Volkes erklärt. Diese wichtige und umstrittene Entscheidung trug der Tatsache Rechnung, dass die SWAPO die Hoffnungen und Sehnsüchte der Mehrheit der Bevölkerung Namibias repräsentierte (dies zeigte sich auch dreizehn Jahre später am Ergebnis der Unabhängigkeitswahlen). Die neue Formulierung der UN hinsichtlich der SWAPO betonte auch Einigkeit in Zielsetzung und Handeln in einer Auseinandersetzung, bei der Südafrika nach wie vor bei Weitem die stärkere Partei war, und enthielt eine eindeutige Aussage über die Unrechtmäßigkeit der Turnhallen-Konferenz und der südafrikanischen Herrschaft. Zugleich überging die Entscheidung jedoch faktisch die politische Vertretung einer wichtigen Minderheit der Namibier, vor allem des Großteils der Otjiherero-sprachigen Bevölkerung, der Kapuuo als oberste Autorität anerkannte, und Unterstützer von Namibias ältester Befreiungsbewegung SWANU.

In der Politik fand daher eine immer stärkere Polarisierung statt, und diese Entwicklung beschleunigte sich nach dem tödlichen Attentat auf Kapuuo im März 1978 in Katutura (die DTA beschuldigte die SWAPO, ihn ermordet zu haben, doch diese stritt jegliche Verantwortung ab). Zwar hatte die Kluft, die sich zwischen der SWAPO und Kapuuo auftat, mit einem Kräftemessen zwischen Traditionalismus auf der einen Seite und Nationalismus und Modernität auf der anderen zu tun, aber die beiden Ideologien waren nie so scharf voneinander getrennt, wie es zu jener Zeit dargestellt wurde. Den Witbooi zum Beispiel gelang es, die politischen Strategien von Tradition und Widerstand miteinander zu verknüpfen, während andere Politiker aus den alten ‚Herrscherdynastien' ihre Teilnahme an der Turnhallen-Konferenz möglicherweise als Partizipation an der modernen Zeit sahen.[52] Der Streit über nationale Verfassungsfragen war indessen nicht der einzige Graben, der sich durch die komplexe politische Landschaft Namibias zog. Es gab auch politische Strömungen und Auseinandersetzungen, bei denen es um Vormacht ging und die offenbar vor allem auf ältere Konflikte, Identitäten und Zugehörigkeitsgefühle sowie auf lokale Kräftespiele zurückgingen. So gestaltete man beispielsweise Mitte der 1980er-Jahre die Gräber von Mureti und Vita Tom, die beide wichtige Persönlichkeiten in der Geschichte Kaokos gewesen waren, zu Denkmälern um.[53]

Während Südafrika in Namibia eine Einigung bezüglich der Verfassung zu erzielen versuchte, verhandelte das Land gleichzeitig weiterhin mit den Vereinten Nationen. 1976 verabschiedete der UN-Sicherheitsrat die Resolution 385, die Regelungen für Namibias Übergang zur Unabhängigkeit festlegte und verfügte, dass die südafrikanische Verwaltung sich zurückziehen und die Macht vorübergehend in die Hände der Vereinten Nationen übergehen sollte, die freie und faire Wahlen abhalten würden. Im gleichen Jahr übernahmen die Vereinten Nationen offiziell die Bezeichnung ‚Namibia' für Südwestafrika.

Südafrika weigerte sich, in die Resolution 385 einzuwilligen. Darin erhielt es Unterstützung durch einige westliche Länder, vor allem die USA, Großbritannien und Frankreich, denen daran gelegen war, dass ihre Interessen im unabhängigen Namibia (anders als bei den neuen Regierungen in Angola und Mosambik) Gehör fanden; außerdem wollten sie unbedingt die Verhängung von Wirtschaftssanktionen – eines der Ziele der immer einflussreicheren Anti-Apartheid-Kampagnen überall auf der Welt – gegen Südafrika verhindern. Diese politischen Anliegen wurden von der Westlichen Kontaktgruppe vertreten, die aus den USA, Großbritannien, Frankreich, der BRD und Kanada bestand und deren Aufgabe es war, mit Südafrika eine neue Übereinkunft auszuarbeiten. Das Ergebnis dieser Verhandlungen wurde daraufhin vom Sicherheitsrat als Resolution 435/1978 angenommen. Der Hauptunterschied zwischen den beiden Resolutionen bestand darin, dass unter Resolution 435 die südafrikanische Regierung bestehen bleiben und ‚unter Aufsicht der Vereinten Nationen' Wahlen durchführen sollte; in dieser Resolution stand außerdem nichts über Walvis Bay, das unter Resolution 385 an Namibia zurückgegeben worden wäre.[54]

Südafrika akzeptierte 1978 die Resolution 435, ließ aber entgegen der UN-Vorgaben nicht von den Beschlüssen der Turnhallen-Konferenz ab. Am 4. Mai 1978 begann Südafrika mit der Operation Reindeer (Operation Rentier), einem Angriff auf Basen der SWAPO in Angola, und destabilisierte dadurch die Situation zusätzlich. Hauptangriffsziel war das Flüchtlingslager in Cassinga 250 Kilometer nördlich der namibischen Grenze, wo mehr als sechshundert Menschen ums Leben kamen und ebenso viele verletzt wurden; insgesamt starben durch die Operation mehr als 1200 Menschen. Über hundert Überlebende aus den Flüchtlingslagern Chetequera und Vietnam in der Nähe von Cassinga wurden anschließend in Hardap südlich von Windhoek inhaftiert (und 1984 wieder freigelassen).

Das Massaker von Cassinga wurde zu einem zentralen Element des Gedenkens an den Kampf der SWAPO. Ob es sich bei Cassinga um eine zivile oder militärische Basis handelte, ist Gegenstand heftiger Kontroversen gewesen; im Bericht der südafrikanischen Truth and Reconciliation Commission (Wahrheits- und Versöhnungskommission) wurde festgestellt, es sei ‚sowohl eine Militärbasis als auch ein Flüchtlingslager [gewesen]. Es beherbergte eine erhebliche Zahl von Kämpfern, darunter leitende Offiziere. Außerdem beherbergte es eine erhebliche Anzahl Zivilisten'.[55] Auf jeden Fall kamen nicht wenige Frauen und Kinder ums Leben, und Lagerbewohner erinnern sich in Augenzeugenberichten an einen grundlosen Angriff auf ein Flüchtlingslager. Linda Nambadi, die zur Zeit des Massakers elf Jahre alt war, erinnerte sich später:

> Die Kämpfe dauerten von sieben Uhr morgens bis sieben Uhr abends, und unentwegt rannten alle, rannten hierhin und dorthin, rannten auf und ab … Es war so: Ich rannte, dann fand ich jemanden und wir rannten sofort zusammen weiter; wir rannten, bis sie in einer Blutlache lag, sie war tot … Aber man rannte immer weiter und rannte und rannte, bis man plötzlich auf Menschen stieß, die getroffen worden waren. Manche waren verletzt und schrien um Hilfe. Ach, es war schlimm, ganz schlimm. Die Südafrikaner bombardierten uns von oben, und zugleich schossen die Soldaten auf uns.[56]

Die offenkundigen Widersprüche in der damaligen Politik Südafrikas – die auf ein wiederkehrendes Muster aus Verzögerungs- und Destabilisierungstaktiken hinauslief – gingen darauf zurück, dass das Regime sich sämtliche Optionen offen halten wollte. Nachdem die direkte Eingliederung Namibias gescheitert war, schwankte Südafrika zwischen zwei Alternativen (oder erweckte zumindest diesen Anschein): entweder eine interne Einigung – entsprechend den Ergebnissen der Turnhallen-Konferenz –, die auf der Gründung von Bantustans basierte und zumindest einen Anstrich von Unabhängigkeit erhielt, wovon man sich Anerkennung durch die internationale Gemeinschaft erhoffte; oder ein weiterer Dialog mit den Vereinten Nationen, wobei Südafrika Wahlen zulassen würde, die zur Unabhängigkeit Namibias führten, jedoch in der Hoffnung, das Verfahren so zu manipulieren, dass dieses unabhängige Namibia südafrikanischen Interessen entgegenkommen würde.

Noch komplizierter wurde die Lage durch Entwicklungen in Südafrika selbst, vor allem, nachdem der mächtige Verteidigungsminister P. W. Botha im September 1978 Präsident geworden war. Botha behauptete zwar, er sei für einen Reformkurs und verkündete der weißen Bevölkerung, sie müsse ‚sich anpassen oder sterben', aber er hatte ganz klar die

Absicht, an der Machtausübung durch die Weißen festzuhalten. Zugleich machte er sich an die Umsetzung seiner so genannten ‚Gesamtstrategie' (‚Total Strategy'). Sie bestand darin, militärischem Widerstand gegen die südafrikanische Herrschaft im Land selbst und in Namibia entgegenzutreten sowie die übrigen Staaten im südlichen Afrika politisch und wirtschaftlich zu schwächen und zu destabilisieren. Diese Ziele wurden durch eine Mischung aus Drohungen, Unterwanderung oppositioneller Kräfte und militärischer Aggression verfolgt, darunter großflächige Invasionen in benachbarte Länder sowie bewaffnete Überfälle, Attentate und das Anbringen von Autobomben auf deren Hoheitsgebiet. Der militärische Flügel des südafrikanischen Staats wurde so mächtig, dass er sogar erheblichen Einfluss auf dessen Politik nehmen konnte, und in entscheidenden Momenten konnte die Regierung ihn kaum kontrollieren. Auch Diplomatie gehörte zur ‚Gesamtstrategie', spielte aber eine wesentlich geringere Rolle.[57]

Nach dem Angriff auf Cassinga verschlechterten sich die Beziehungen, und sowohl Südafrika als auch die SWAPO gingen erneut zum Angriff über. Selbst zu jener Zeit war die SWAPO aber damit einverstanden, wieder Verhandlungen mit Südafrika aufzunehmen, und akzeptierte die Resolution 435. Diese Flexibilität war zum einen darauf zurückzuführen, dass das Hauptaugenmerk der Bewegung auf der nationalen Unabhängigkeit lag; zum anderen war sie auf ihre Verbündeten angewiesen, die sie dazu anhielten, in entscheidenden Momenten Kompromisse einzugehen: Die Frontlinienstaaten beispielsweise (die unabhängigen Nachbarländer Südafrikas) stellten zwar Mittel und Operationsbasen für den Kampf zur Verfügung, befanden sich aber auch buchstäblich in der südafrikanischen Schusslinie und waren daher sehr an einem Friedensschluss interessiert. Die SWAPO erkannte außerdem die 1981 entworfenen ‚Verfassungsprinzipien' an, in denen festgelegt wurde, dass es sich beim unabhängigen Namibia verfassungsrechtlich um eine liberale Demokratie handeln sollte – ein Hinweis darauf, dass die Bewegung sich dem Sozialismus viel weniger verschrieben hatte, als manche ihrer Äußerungen vermuten ließen.[58] Als Südafrika aber Ende 1978 in Namibia Wahlen zu einer Verfassungsgebenden Versammlung abhielt (die von der SWAPO boykottiert wurden), bewegte es sich genau in die entgegengesetzte Richtung. Nach offiziellen Angaben betrug die Wahlbeteiligung 80 Prozent und war daher relativ hoch,[59] nicht zuletzt, weil Registrierung und Stimmenabgabe im Zeichen massiver Einschüchterung und Nötigung standen. Überdies erhielt die DTA beträchtliche finanzielle Unterstützung aus Südafrika. Allerdings verfügte sie auch über echten Rückhalt in der Bevölkerung.[60]

Die DTA erhielt 82 Prozent der Stimmen[61] und wurde daher zwar als neue Regierung eingesetzt, jedoch letztlich weder auf nationaler noch auf internationaler Ebene als rechtmäßig angesehen. Im Mai 1979 wandelte man die Verfassungsgebende Versammlung in eine Nationalversammlung mit weitreichenden Befugnissen um, wobei der Generaladministrator ein Vetorecht besaß. Da Weiße gegen das rasante Tempo protestierten, in dem sich die Veränderungen vollzogen, wurde gleichzeitig Steyn als Generaladministrator durch Gerrit Viljoew abgelöst, einen früheren Broederbund-Vorsitzenden der 1980 wieder Verbote gegen gemischtrassige sexuelle Beziehungen einführte. Durch die Unabhängigkeit Simbabwes im selben Jahr wuchs jedoch der Druck auf Südafrika, im Hinblick auf seine ‚innere Lösung' in Namibia Fortschritte zu präsentieren, und es wurden daher Wahlen für eine Reihe von ‚Representative Authorities' (Vertretungsorgane) der ‚zweiten Ebene' abgehalten (unter AG 8 von 1980). In den meisten Fällen erhielt die DTA die Mehrheit der Stimmen, aber die Wahlbeteiligung war gering; die ‚weiße' Verwaltung ging an die Nationale Partei, während der Damara-Rat die Wahl bei den Damara gewann. Südafrika umging das politisch riskante Unterfangen, in Owambo Wahlen abzuhalten (wo 47 Prozent der Bevölkerung lebten), und setzte dort auf der Grundlage der Wahlen von 1975 Peter Kalangula und seine Partei als Regierung ein.[62]

Die neue DTA-Regierung führte den Liberalisierungsprozess fort, den der Generaladministrator eingeleitet hatte. 1979 erließ sie den Abolition of Racial Discrimination (Urban Residential Areas and Public Amenities) Act (Gesetz zur Abschaffung von Rassendiskriminierung in städtischen

Wohngebieten und öffentlichen Einrichtungen), der die ‚kleine Apartheid' (Rassentrennung an öffentlichen Orten) abschaffte. Diese Maßnahme zielte unter anderem auf das Schaffen einer neuen, potenziell fügsamen schwarzen Mittelschicht. In der Praxis blieben aber viele Formen der Rassendiskriminierung bestehen. Am eklatantesten war wohl, dass die finanzielle Unterstützung für die unterschiedlichen Verwaltungen ungleich ausfiel, sodass die beste Infrastruktur und die meisten Ressourcen nach wie vor Weißen vorbehalten blieben. 1980 zum Beispiel gingen von einem nationalen Gesamtbudget in Höhe von 520 Millionen Rand nur 135 Millionen an die schwarzen ‚Vertretungsorgane'. 1981 bewegten sich die Gesundheitsausgaben der verschiedenen ethnischen Behörden zwischen 4,70 und 56,84 Rand pro Person, für jeden Weißen beliefen sie sich demgegenüber auf 233,70 Rand.[63] 1983 war die DTA-Verwaltung durch solche internen Widersprüche, fehlende Unterstützung von außen und den Verlust Kapuuos derart geschwächt, dass sie zusammenbrach.

In der kurzen Zeit der Turnhallen-Regierung war es zu weiteren internen Repressionen, zunehmender Militarisierung und einer stärkeren Verwicklung in regionale Konflikte gekommen. Namibia bewegte sich mitnichten in Richtung Unabhängigkeit; stattdessen wurde es zunehmend sowohl zum Ziel militärischer Operationen Südafrikas, als auch zu deren Ausgangsbasis. 1977 und nach der Ermordung Kapuuos 1978 wurden neue Sicherheits- und Notstandsvorschriften erlassen, die sich gegen internen Dissens und gewaltsame Vorfälle richteten. 1978 erklärte man Kavango, Caprivi, Windhoek und fünf weitere Städte zu ‚Sicherheitsbezirken', in denen bis zu dreißig Tage Inhaftierung ohne Gerichtsverhandlung zulässig waren; diese Haft war nach Ablauf der Zeit automatisch verlängerbar. 1979 wurde im Norden eine Ausgangssperre verhängt, und wer nachts im Freien angetroffen wurde, konnte erschossen werden. In den ‚Homelands' verhängten die Behörden eine Reihe von Repressalien über diejenigen, die sich einer Teilnahme am Turnhallen-Prozedere verweigert hatten. Hendrik Witbooi wurde 1978 in Isolationshaft genommen. Politiker und Mitglieder der SWAPO wurden schikaniert, ins Gefängnis gebracht und misshandelt. Zwar wurde die Organisation nie ausdrücklich verboten, aber die Repressalien nahmen schließlich solche Ausmaße an, dass der stellvertretende Landesvorsitzende der SWAPO, Dan Tjongarero, den Hauptsitz in Windhoek im Juni 1979 schloss.

Die SWAPO blieb informell weiterhin aktiv, aber Tjongareros umstrittene Entscheidung hinterließ ein Vakuum. Nun aber äußerten sich die Kirchen zunehmend freimütig. Sie hatten sich öffentlich gegen die Turnhallen-Konferenz und deren Beschlüsse ausgesprochen und kritisierten auch die vom Westen in der Erklärung von Maseru (1978) unterbreiteten Vorschläge für die Unabhängigkeit Namibias. Über den neu gegründeten Council of Churches in Namibia (CCN, Kirchenrat von Namibia,) wurden sie politisch aktiv, so etwa durch Hilfe für politische Gefangene. Im Norden fungierten kirchliche Zeitungen nicht nur als Kommunikationsmittel für religiöse Angelegenheiten, sondern es ging darin auch um Politik. Daraufhin wurden die Kirchen zur Zielscheibe von Repressalien: Südafrikanische Streitkräfte zerstörten Druckerpressen und Gebäude und schüchterten Gemeinden ein, letzteres bisweilen unter Gewaltanwendung. Einige Kirchenmitarbeiter aus dem Ausland – Heinz Hunke, Ed Morrow und Justin Ellis – wurden ausgewiesen, weil sie sich entschieden gegen Folter aussprachen.[64]

Außerdem nahm während der Turnhallen-Periode die ‚Namibisierung' des Krieges nie gekannte Ausmaße an. Die Rekrutierung von Hilfstruppen hatte zwar schon 1974 begonnen, und zwar vor allem unter San. 1980 machte sich die südafrikanische Regierung dann aber daran, manche Armeeeinheiten in Namibia tatsächlich mit einer lokalen Identität zu versehen. Damals gab es im gesamten Territorium etwa 70–80 000 Soldaten, und Südafrika war mittlerweile das am stärksten bewaffnete Land im gesamten südlichen Afrika.[65] 1980 wurde die South West Africa Territorial Force (SWATF, Südwestafrikanische Territorialstreitkräfte) gegründet – der lokale Arm der SADF –, 1981 die South West Africa Police (SWAP, Polizei Südwestafrikas). Außerdem führte der Staat die Wehrpflicht für namibische Männer über sechzehn ein, die außerhalb der nördlichen Kriegszone lebten, und zwar unabhängig von ihrer Rassenzugehörigkeit. 1978 wurden auch in den verschiedenen Regionen Namibias Bataillone gegründet. Das bekannteste war das Erste Ovambo-Bataillon, meist als Bataillon 101 bezeichnet. Es bestand aus Oshiwambo-Sprechern, die den südafrikanischen Streitkräften als Führer dienten und dabei ihr Geschick als Spurensucher und ihre Ortskenntnisse einsetzten. Ähnliche Einheiten gab es in den anderen nördlichen Gebieten, so etwa Bataillon 201 in der Omega-Basis in Caprivi, das aus dort lebenden San bestand.[66] Ortsansässige traten diesen Einheiten bei, weil großzügige Bezahlung lockte, und die wirtschaftliche Abhängigkeit von der Armee wuchs. 1988 beschäftigten die Streitkräfte im Norden 9277 Menschen (34 Prozent aller offiziell Beschäftigten).[67] Arbeit für die Armee wurde außerdem während der schweren Dürre 1980–81 zu einer Überlebens- und Regenerierungsstrategie: Viehhalter in Kaoko beispielsweise verloren sehr viele Tiere und benutzten Geld, das sie durch den Militärdienst verdient hatten, um ihre Herden wieder aufzustocken. [68] Der Lebensunterhalt ganzer San-Gemeinschaften, die ohnehin marginalisiert und verarmt waren, wurde von der Armee abhängig.[69]

Gleichzeitig verdoppelte der Staat seine Mitte der 1970er-Jahre begonnenen Anstrengungen, mittels einer Reihe von Propagandastrategien die ‚Herzen und Köpfe zu gewinnen'. Dazu gehörte nicht zuletzt der unablässige Einsatz visueller Medien, beispielsweise von Plakaten.[70] Zu dieser Strategie gehörte auch, dass Soldaten sich in Schulen im Norden als Lehrer betätigten; in Kavango führten sie außerdem Bau- und Wasserversorgungsarbeiten durch. Derlei Aktivitäten zeigten im östlichen Kavango einigen Erfolg, wurden aber in Owambo und im westlichen Kavango, wo sich die SWAPO großer Beliebtheit erfreute, generell mit Misstrauen betrachtet; der Ministerpräsident der Ovambo, Peter Kalangula, verbannte 1985 die Soldaten aus den Schulen. In Owambo reichte das Spektrum der SWAPO-Unterstützer von Wanderarbeitern und Kleinbauern bis hin zu wohlhabenden Geschäftsleuten und gebildeten Berufstätigen mit einer qualifizierten Ausbildung. Dennoch genoss die Bewegung selbst dort keinen unbegrenzten Rückhalt, teils aufgrund der Anwesenheit lokal rekrutierter Streitkräfte, teils aufgrund der Gepflogenheit der SWAPO, tödliche Attentate auf Vertreter der Besatzungsmacht zu verüben – traditionelle Anführer, Leute, die man für Spitzel hielt, sowie Angehörige der südafrikanischen Sicherheitskräfte und Polizeitruppe –, was zu Spannungen führte. Das bekannteste Attentat war das auf Chief Elifas, der seit 1973 Oberhaupt der Bantustan-Regierung gewesen war und im August 1975 erschossen wurde. In diesem Fall stritt die SWAPO allerdings jegliche Verantwortung ab, und in der Tat gab es Morde, die in Wirklichkeit von Mitgliedern der südafrikanischen Streitkräfte begangen wurden, die sich als PLAN-Kämpfer verkleidet hatten.

Die südafrikanische Propaganda wurde besonders in Owambo dadurch unterminiert, dass die militärischen und quasi-militärischen Einheiten den Krieg bis in die entlegensten Gemeinschaften im Norden trugen, wo sie Jagd auf PLAN-Kämpfer machten und willkürliche Gewalt als Waffe einsetzten, um der PLAN den lebenswichtigen Rückhalt bei ihrer ländlichen Unterstützerbasis zu entziehen. Diese Strategie zur Aufstandsbekämpfung wurde 1977–78 eingeführt, [71] und der Terrorkrieg, den sie auslöste, dauerte während der gesamten 1980er-Jahre an. 1988 machten sich Kriegsmüdigkeit, Demoralisierung und Zorn deutlich bemerkbar. Als man Frauen in Engela nach ihren Kriegserlebnissen fragte, antworteten sie: ‚Wir werden Ihnen nichts über unsere Probleme erzählen, denn wir haben unsere Geschichte schon so oft erzählt, und es kommt immer noch keine Hilfe. Wenn Sie uns jetzt schon wieder danach fragen, gießen Sie damit nur Öl ins Feuer … Wir haben es satt, zu erzählen. Unsere Last wiegt so schwer, dass man sie nicht heben kann. Wir sind zornig‘.[72]

Die berüchtigtste Spezialeinheit war Koevoet (‚Stemmeisen‘ in Afrikaans). Sie wurde 1979 unter Hans Dreyer, dem früheren Chef der Sicherheitspolizei in Natal, gegründet und gehörte als Abteilung für Aufstandsbekämpfung zur South West Africa Police. Koevoet bestand aus bis zu 3000 Mann – vor allem schwarzen Namibiern, von denen man viele in Owambo anwarb – unter dem Kommando weißer Offiziere und war für die größten Schäden verantwortlich, die während des letzten Jahrzehnts vor der Unabhängigkeit unter der Zivilbevölkerung angerichtet wurden. Zu den Aktivitäten der Einheit gehörte die Jagd auf SWAPO-Guerillas und deren Bekämpfung mittels Patrouillen von *casspirs* (Panzerfahrzeugen). Wenn man Gefangene machte, wurden sie offenbar verhört und zu Agenten der südafrikanischen Streitkräfte ‚gemacht', oder sie wurden umgebracht. Die südafrikanische Wahrheits- und Versöhnungskommission stellte später fest, dass ‚Kämpfern zwar anfangs der Prozess gemacht wurde und sie in Haft kamen …, aber vieles darauf hindeutet, dass die südafrikanischen Streitkräfte, insbesondere Koevoet, im weiteren Verlauf des Krieges immer häufiger dazu übergingen, gefangene Kämpfer im Schnellverfahren hinzurichten'.[73]

Außerdem wurden PLAN-Kämpfer nachweislich aus Flugzeugen ins Meer vor Namibia geworfen. Während des Unabhängigkeitsprozesses ließ Südafrika offenbar nur zwanzig politische Gefangene frei. Zwar hatte es bereits zuvor einige freigelassen, aber dies ist wahrscheinlich auch ein Hinweis darauf, dass Südafrika nur wenige Personen inhaftiert hatte.[74]

Die größte Angst löste allerdings die willkürliche Gewalt der Koevoet gegen Zivilisten aus. Die Soldaten kamen oft nachts und gaben sich bisweilen als PLAN-Mitglieder aus. Schießen, Töten, Verprügeln, Vergewaltigung und die Zerstörung von Gehöften wurden zu Waffen gegen die Bevölkerung des Nordens:

> Sie fahren kreuz und quer durch das Getreide … Sie rennen zu sämtlichen Leuten im *kraal* [Gehöft], schlagen sie und schreien: ‚Wo ist der terri [Terrorist]?' … Wer nicht sofort seinen Pass vorzeigen kann, wird verprügelt – Kinder, ältere Leute, schwangere Frauen … man weiß, dass einfach alles passieren kann. Leute können erschossen oder totgeprügelt, Sachen kaputtgemacht oder einfach mitgenommen werden …[75]

Die Prämie, die einzelnen Koevoet-Angehörige für jeden ‚Abschuss' ausgezahlt wurde, war ein Ansporn zum Mord nicht nur an PLAN-Kämpfern, sondern auch an Zivilisten. Außerdem war die Bevölkerung des Nordens immer noch willkürlicher Inhaftierung und Folter ausgesetzt. Rauna Nambinga zum Beispiel, die in Haft genommen und über ihren Bruder verhört wurde, berichtete, dass sie ‚nach beinahe jeder Frage verprügelt wurde, bis mein ganzer Körper extrem schmerzte und … geschwollen war'.[76]

Auch in Kavango gab es schwere Repressalien. Mitte der 1970er-Jahre wurden dort Zwangsumsiedlungen durchgeführt, bei denen Menschen die Flussufer verlassen mussten. 1982 siedelte man sie wieder zurück. Dies führte zu Verlusten in der landwirtschaftlichen Produktion und zu Widerstand, dem Koevoet mit aller Härte entgegentrat. Gleichzeitig trafen zwischen 15 000 und 40 000 Flüchtlinge aus Angola ein. In Kaoko wurden an die örtliche Bevölkerung etwa 2000 Gewehre verteilt, die gegen die SWAPO zum Einsatz kommen sollten; diese Waffenzufuhr führte wahrscheinlich auch zu einer Zunahme der täglichen Gewalt. Der *omuhona* Vetamuna Tjambiru, ein Nachfahre von Kakurukouje, verbot Besuchern, Feuerwaffen mit in sein Gehöft zu bringen.[77]

Die 1980er-Jahre: Das verlorene Jahrzehnt?

1980 waren die Hoffnungen auf einen reibungslosen Übergang in die Unabhängigkeit zerschlagen. Die Weigerung Südafrikas, sich auf die Vorgaben der Vereinten Nationen einzulassen, führte in den folgenden Jahren zu einer Zuspitzung des Krieges und dem Verlust von vielen weiteren Menschenleben. 1981 endeten faktisch die Gespräche über die Umsetzung von Resolution 435 für fast ein Jahrzehnt. Während der 1980er-Jahre erlebte aber der Aktivismus in Namibia eine neue Blütezeit, wodurch das Land zunehmend unregierbar und die Zivilgesellschaft erheblich gestärkt wurde.

Südafrika rechtfertigte seine unnachgiebige Haltung damit, dass es sich als Bollwerk gegen die Ausbreitung des Kommunismus in Afrika darstellte, und warb auf diese Weise auch bei den USA für seine Politik. Seit den 1960er-Jahren war die Sowjetunion in Afrika aktiv, und in Angola hatten die Kubaner seit Mitte der 1970er-Jahre die MPLA militärisch unterstützt. Das Kräftemessen zwischen SWAPO und Südafrika blieb daher eng mit der Machtpolitik des Kalten Kriegs verknüpft, und das in einer Zeit, als sich international die Positionen verhärteten, da in Großbritannien (1979) und den USA (1981) rechte Parteien an die Macht kamen. Die neue amerikanische Regierung unter Präsident Reagan leitete nunmehr eine Politik des ‚konstruktiven Engagements' mit Südafrika ein, wodurch die Androhung von Sanktionen praktisch aufgehoben war. 1979 verstärkten sich die internationalen Spannungen durch die Revolution im Iran und die sowjetische Intervention in Afghanistan. Kuba, die Sowjetunion, Südafrika und die USA wurden alle zunehmend in Angola aktiv; außerdem intensivierte Südafrika seine Operationen gegen PLAN-Guerillas. Im Mai 1980 begann es mit einer Bodeninvasion gegen SWAPO-Basen, bei der 2000 Soldaten mehr als 160 Kilometer in angolanisches Hoheitsgebiet einmarschierten. Im Jahr darauf griff bei der Operation Protea eine 10 000 Mann starke südafrikanische Streitmacht die Basen von SWAPO und den Forças Armadas Populares de Libertação de Angola (FAPLA, Populäre Streitkräfte zur Befreiung Angolas) – die zusammen kämpften – im südlichen Angola an. Dies zeigt, dass die SWAPO tiefer in den allgemeinen Konflikt hineingezogen wurde. Sie kämpfte in Angola und schickte Soldaten über die Grenze nach Namibia. Die Operationen der PLAN ebbten zwar ab, nachdem sie 1978–80 ihren Höhepunkt erreicht hatten, aber hunderte von Guerillas konnten in der ersten Hälfte der 1980er-Jahre immer noch während der Regenzeit in Owambo – und in geringerem Ausmaß in Kavango – agieren. Mit dem Bataillon 32 half Südafrika außerdem der UNITA bei der Einnahme großer Teile der Provinz Cuando Cubango im südlichen Angola. 1980–82 ‚wuchs [daher] der militärische Druck auf Angola und Mosambik. Aus niederschwelliger Schikane wurden massive, anhaltende Übergriffe'.[78]

1984 wurden die Kampfhandlungen kurzzeitig ausgesetzt, nachdem Angola und Mosambik auf Druck der USA Friedensverträge mit Südafrika geschlossen hatten (Abkommen von Lusaka bzw. Nkomati). Allerdings hielt sich Südafrika nur bedingt an die Abmachungen und zog noch nicht einmal seine Truppen aus Angola ab. Die USA wurden noch stärker in die Situation involviert, als 1985 das Clark Amendment (das ein Jahrzehnt zuvor heimliche Militärhilfe für regierungsfeindliche Kräfte verboten hatte) aufgehoben wurde und Geldmittel aus den USA unmittelbar an die UNITA zu fließen begannen. An der diplomatischen Front hatte sich die westliche Kontaktgruppe 1982 faktisch aufgelöst, nachdem die

USA neue Forderungen erhoben hatten – nämlich, dass sich gleichzeitig mit dem Rückzug Südafrikas aus Namibia auch Kuba aus Angola zurückziehen solle –, denen sich die übrigen Mitglieder nicht anschlossen. Diese als ‚Linkage' (‚Verknüpfung') bezeichnete Strategie wurde nicht nur von SWAPO, Angola, Sowjetunion und Kuba abgelehnt, sondern auch in Resolutionen des Sicherheitsrates (zum Beispiel UNSCR 539/1983), und führte zu einem politischen Stillstand, der während der 1980er-Jahre weitgehend anhielt.[79]

Einige Autoren haben den Eindruck vermittelt, die Unabhängigkeit sei nach der anfänglichen Zustimmung zu Resolution 435 im Jahr 1978 eine ausgemachte Sache gewesen. Es trifft aber viel eher zu, dass ‚während dieser ganzen Zeit immer ein wenig zweifelhaft blieb, ob und wann Südafrika Namibia dekolonialisieren würde'.[80] Die allgemeine Stresssituation während dieses letzten Kriegsjahrzehnts trug zumindest teilweise zu einer schweren Eskalation der Menschenrechtsverletzungen innerhalb der SWAPO bei, die hunderte, vielleicht auch tausende[81] ihrer eigenen Mitglieder unter der Bezichtigung, sie seien Spitzel Südafrikas, einsperrte und folterte. Die Inhaftierungen wurden von der neuen Security Organisation (Sicherheitsorganisation) der SWAPO durchgeführt, die 1981 unter ‚Jesus' Salomon Hawala gegründet worden war. Hunderte warf man in ‚Kerker' im angolanischen Lubango, wo manche infolge der schrecklichen Zustände starben. Eine Gefangene beschrieb, wie sie gezwungen wurde, sich splitternackt auszuziehen, ‚... und [man] begann mich zu schlagen. Das wiederholte sich mehrere Tage. Einmal steckten sie mich in einen Sack, banden ihn zu und fuhren mich zu einem großen Loch, in das sie mich hineinwarfen und wieder herausholten. Sie sagten mir, daß sie mich lebendig begraben würden. Eines Abends schleppten sie mich an Händen und Füßen gefesselt zu einem Auto, befestigten mich mit einem Strick hinten am Auto und fuhren los'.[82] Die Folter entlockte vielen Häftlingen ‚Geständnisse', die auf Video aufgezeichnet wurden.

Zur ‚Gesamtstrategie' Südafrikas gegenüber den Frontlinienstaaten und den Freiheitsbewegungen, die sich dort mit deren Billigung aufhielten, gehörten erbarmungslose Bekämpfungsmaßnahmen. Die SWAPO wurde mit Spitzeln infiltriert und war das Ziel von Propaganda und Falschinformationen sowie von direkten militärischen Angriffen auf ihre Mitglieder.[83] Diese Belastungen trugen mit zur ‚Spitzel'-Krise bei. Entscheidende Faktoren bei dieser Tragödie waren jedoch die bereits seit langem bestehenden autoritären Gepflogenheiten in der SWAPO und die zunehmende Macht ihrer Sicherheitsorganisation. Letztere geriet in den 1980er-Jahren immer stärker außer Kontrolle und konnte von denjenigen Mitgliedern der Führungsriege, die ihre Machenschaften ablehnten, nicht wieder auf Kurs gebracht werden. Sogar die Autorität des Präsidenten geriet in dieser Situation ins Wanken, als seine Frau, Kovambo Nujoma, 1988 einige Wochen lang in Haft genommen wurde. Die Vorgehensweise der Sicherheitsorganisation war keineswegs darauf ausgelegt, effektiv gegen wirkliche Spitzel vorzugehen, sondern spiegelte vielmehr die Gespaltenheit innerhalb der SWAPO wider, denn die Aktionen richteten sich insbesondere gegen gebildete Leute und solche, die keine Oshiwambo-Sprecher waren. Während des Wahlkampfs für die Unabhängigkeitswahlen 1989 wurde das Ausmaß, in dem die SWAPO ihre eigenen Mitglieder eingesperrt und gefoltert hatte, erstmals weithin bekannt, wodurch sie innerhalb Namibias – vor allem im Süden – an Rückhalt verlor. Ein von Erica Beukes (deren Bruder inhaftiert gewesen war) und anderen gegründetes Parents' Committee (Elternkomitee) sowie einige politische Parteien forderten Gerechtigkeit für die Häftlinge. Ende desselben Jahres verurteilte ein SWAPO-Politiker den Einsatz von Folter und räumte ein, dass es sich nicht bei allen Häftlingen um Spitzel gehandelt habe.[84]

Schließlich führten Veränderungen in der militärischen Lage in Südangola dazu, dass allmählich Bewegung in die verhärteten diplomatischen Fronten kam. In der zweiten Hälfte des Jahres 1985 und dann noch einmal im August 1987 marschierte die angolanische Armee (FAPLA) mit (direkter und indirekter) Unterstützung durch die Sowjetunion und Kuba von der Stadt Cuito Cuanavale in Richtung Süden, um Mavinga anzugreifen, den wichtigsten logistischen Stützpunkt der UNITA. Das Hauptquartier der UNITA befand sich im weiter südöstlich gelegenen Jamba, und die Provinz Cuando Cubango war inzwischen faktisch in der Hand der Rebellenbewegung. Bei beiden Gelegenheiten wurden die angolanischen Streitkräfte von der UNITA – unter tatkräftiger Mithilfe Südafrikas und der USA – zurückgeschlagen. Allerdings gelang es den Südafrikanern ihrerseits nicht, Cuito Cuanavale einzunehmen, obwohl sie die Stadt 1987–88 sechs Monate lang belagerten und bombardierten. Die so entstandene Pattsituation sowie die tatsächlichen und zu erwartenden Verluste brachten beide Seiten an den Verhandlungstisch und veranlassten die Angolaner und deren Verbündete, zum ersten Mal die ‚Linkage'-Politik in Betracht zu ziehen. Im Mai 1988 begannen in London die Verhandlungen über die Umsetzung der UN-Resolution 435. Gleichzeitig ließen kubanische Streitkräfte weiter westlich an der Grenze zu Owambo 15 000 Soldaten aufmarschieren. Diese Konzentration von Truppen stellte eine große militärische Bedrohung für Südafrikas Kontrolle über den Norden Namibias dar. Obwohl es, abgesehen von einem kleineren Zusammenstoß in Calueque, nicht zu Kämpfen kam, war dies für die Südafrikaner der entscheidende Anstoß, die Verhandlungen auch tatsächlich zu Ende zu führen. Die UN-Resolution 435/1978 wurde schließlich 1989 in die Tat umgesetzt, sodass Namibia 1990 unabhängig werden konnte.[85]

Neben der militärischen Pattsituation war eine Kombination aus mehreren weiteren Faktoren für das Ende des Kriegs verantwortlich. Die internationale Politik hatte sich von Südafrika abgewandt: Die Rufe nach Sanktionen wurden immer lauter, und 1986 hatten die USA einen Comprehensive Anti-Apartheid Act (Umfassendes Anti-Apartheid-Gesetz) erlassen, ungeachtet aller Versuche Präsident Reagans, dagegen ein Veto einzulegen. In Südafrika selbst herrschte Aufruhr, da es in den 1980er-Jahren zu immer stärkeren Protesten kam, und die regierende National Party hatte 1986 Gespräche mit dem African National Congress aufgenommen. Am wichtigsten war aber wohl, dass sämtliche Beteiligten allmählich den Tribut, den der Krieg forderte, für zu hoch befanden. Der südafrikanischen Wirtschaft ging es schlecht, und die Kosten des Krieges – einer Schätzung zufolge zwei Milliarden Dollar pro Jahr (für den gesamten ‚Fernverteidigungsring') – stellten eine erhebliche Belastung dar. Auch in politischer Hinsicht forderte der Krieg einen hohen Preis, vor allem indem er junge weiße Wehrpflichtige das Leben kostete. Auf der anderen Seite waren die Sowjetunion und Angola immer weniger bereit, eine Streitmacht von immerhin 55 000 kubanischen Soldaten zu finanzieren. Die Regierung Angolas hatte den Krieg nicht nur deshalb massiv unterstützt, weil sie sich der Angriffe der UNITA erwehren musste; sie hoffte auch, dass die Unabhängigkeit Namibias der von Südafrika ausgehenden Destabilisierung und Rückendeckung für die UNITA ein Ende bereiten würde. Allerdings hatte Angola – und insbesondere seine Zivilbevölkerung – am stärksten unter dem Krieg zu leiden, der die südlichen Regionen des Landes verwüstete. Schätzungen der Vereinten Nationen zufolge kostete er zwischen 1980 und 1988 in Angola etwa 331 000 Kinder das Leben, und im selben Zeitraum verschlangen dort die Kampfhandlungen 30 Milliarden Dollar. Im Norden Namibias war die Sterblichkeit zwar geringer, aber die Bevölkerung sah sich, wie wir bereits gesehen haben, mit alltäglicher Gewalt konfrontiert. Zu den gesellschaftlichen Folgen des Kriegs gehörten großflächige Vertreibung innerhalb Namibias, da sich landwirtschaftlich genutzte Flächen in Kriegsgebiete verwandelten, eine Zunahme informeller Siedlungen in vergleichsweise sicheren Gegenden und eine merkliche Verschlechterung der Gesundheitsversorgung für die Bevölkerung.[86]

Südafrikas Entscheidung, in die Unabhängigkeit einzuwilligen, war auch von den immer größeren Problemen der Innenpolitik Namibias beeinflusst. Zum einen hatte Südafrikas Klientel in Namibia nicht den in sie gesetzten Erwartungen entsprochen, denn sie war nicht in der Lage, eine funktionierende Regierung aufzubauen. Nach dem Zusammenbruch der DTA-Verwaltung hatte man es mit einem weiteren, ähnlichen Experiment versucht, jedoch mit noch geringerem Erfolg: Es wurde eine Mehrparteienkonferenz eingerichtet, der Gruppen und Einzelpersonen aus den verschiedenen Bevölkerungsgruppen Namibias angehörten. Dies führte 1985 unter Proklamation 101 zur Gründung eines Interim Government of National Unity (Interimsregierung der Nationalen Einheit, auch bekannt unter der Bezeichnung Transitional Government of National Unity, TGNU). Die Interimsregierung bestand aus einer Nationalversammlung und einem Ministerrat, kam jedoch ihrer Aufgabe nicht nach, sich auf eine neue Verfassung für Namibia zu einigen, die eine interne Form von ‚Unabhängigkeit' zuwege bringen sollte. Proklamation 101 führte außerdem einen Grundrechtekatalog ein, dessen Einhaltung aber eher die Ausnahme als die Regel darstellte.[87]

Die Verwaltungen auf der zweiten Ebene funktionierten weiterhin, aber die Probleme mit dieser umständlichen und aufwendigen politischen Struktur traten bald deutlich zu Tage. Als auf regionaler Ebene die entsprechenden Amtsträger eingesetzt wurden, waren kaum Kontrollen über deren Umgang mit Geldmitteln vorgesehen, und so nannte die Thirion-Kommission in ihrem Bericht aus dem Jahr 1983 viele Beispiele für Bestechung, Vetternwirtschaft und Misswirtschaft. In einigen Reservaten wurden diese Gremien dazu benutzt, der aus Viehbesitzern bestehenden Oberschicht Mittel zuzuschleusen. Dies begünstigte das Wachstum eines ländlichen Bürgertums und unterminierte traditionelle Regelungen bezüglich kommunaler Landnutzung. Der Damara-Rat erfreute sich demgegenüber einer gewissen Beliebtheit, da er im Ruf stand, von seiner Macht in Damaraland unparteiisch Gebrauch zu machen.[88]

Die Thirion-Kommission bezeichnete diesen wuchernden Staatsapparat – durch den auch eine große Zahl neuer Regierungsjobs entstanden war – als ‚untragbare Bürde'[89] für eine Wirtschaft, die inzwischen durch schwere Dürren Ende der 1970er- und Anfang der 1980er-Jahre in eine schwere Krise geraten war. Bis zu diesem Zeitpunkt war in Namibia seit dem Zweiten Weltkrieg ein anhaltendes Wachstum zu verzeichnen gewesen. Dieses hatte allerdings nicht zu wirtschaftlicher Autarkie geführt. Wichtigster Wirtschaftsfaktor war noch immer der Export von Rohstoffen: Ende der 1970er-Jahre waren Namibia, Sambia und Zaire gleichauf die zweitgrößten Erzeuger von nicht erdölhaltigen Mineralstoffen in Afrika,[90] und der multinationale Konzern Rio Tinto Zinc hatte außerdem 1976 in Arandis bei Swakopmund mit dem Abbau von Uran begonnen. Herstellende Industrie war immer noch kaum vorhanden, und das

Territorium wurde zunehmend zum monopolistischen Absatzmarkt für südafrikanische Produkte. Die wirtschaftliche Ungleichheit, die auf der Rassenhierarchie in Namibia beruhte, war extrem: Mitte der 1970er-Jahre bezogen die obersten 10 Prozent der Bevölkerung 52,8 Prozent des Gesamteinkommens, während sich die untersten 40 Prozent mit 5,9 Prozent begnügen mussten. Schwarzen, die in ländlichen Gegenden lebten, ging es generell schlechter als denjenigen in den Städten.[91]

Ende der 1970er-Jahre setzte die Dürre, zusammen mit der internationalen Rezession, dem Wachstum der Nachkriegszeit ein Ende; es kam zu Missernten, und die Karakul-Industrie brach praktisch zusammen. Dies führte dazu, dass Armut und Arbeitslosigkeit zunahmen und Afrikaner – vor allem solche, die südlich der Roten Linie lebten – in größerer Zahl in die Städte abwanderten. Dass 1977 die Passgesetze größtenteils abgeschafft wurden, trug ebenfalls zu dieser Entwicklung bei. Während der überwiegenden Zeit der kolonialen Epoche hatten Beamte und Arbeitgeber vor dem Problem gestanden, dass es zu wenige Arbeitskräfte gab; Ende der 1970er-Jahre hatte sich dies jedoch ins Gegenteil verkehrt, und die Arbeitsplätze reichten nicht mehr für alle. Zu jener Zeit machte sich im kolonialen Diskurs sogar die Befürchtung breit, es gebe eine ‚Überbevölkerung', und Anfang der 1970er-Jahre wurden schwarzen Frauen ohne deren Wissen oder Zustimmung routinemäßig Verhütungsmittel verabreicht, darunter Depo-Provera.[92]

1978 betrug die Arbeitslosigkeit wohl etwa 25 Prozent (lag wahrscheinlich aber eher um die 50 Prozent, wenn man die Unterbeschäftigten im Sektor der Subsistenzwirtschaft berücksichtigt),[93] und die Rezession führte sicherlich zu weiteren Entlassungen. Dies löste eine Aktivismuswelle in der Bevölkerung aus, und es bildeten sich neue Gruppen, um gegen Armut anzugehen und für die Unabhängigkeit zu kämpfen; sie füllten teilweise die Lücke, die durch die formelle Auflösung der SWAPO innerhalb Namibias entstanden war. Auch die Einführung der Wehrpflicht brachte die Menschen auf die Barrikaden, denn dadurch hielt der Krieg erstmals südlich der Roten Linie Einzug. Dass die Anzahl gebildeter junger Leute zugenommen hatte, spielte wahrscheinlich ebenfalls eine Rolle.[94]

Der Widerstand begann 1983 mit Protesten gegen steigende Strompreise, und in Lüderitz, Marienthal, Okahandja und anderen Städten wurden Straßenkomitees gebildet. Im folgenden Jahr wurden zwei Organisationen auf nationaler Ebene gegründet, die Namibian National Students' Organisation (NANSO, Nationale Studentenorganisation von Namibia) und Namibia Women's Voice (NWV, Stimme der Frauen Namibias). Eine 1987 veröffentlichte Liste verzeichnete neunundzwanzig aktive Organisationen auf lokaler Ebene, von Einwohnervereinen bis zu Frauen-, Kirchen-, Bildungs- und Gesundheitsgruppen. Außerdem hatten die Kirchen eine Reihe freier Schulen eingerichtet, und der SWAPO-Frauenrat (Women's Council) war innerhalb des Landes tätig geworden. Auch die Arbeiter organisierten sich wieder (sie waren zuletzt und unter schweren Repressionen in der zweiten Hälfte der 1970er-Jahre aktiv gewesen, vor allem in der Rössing-Mine). 1985 gründeten die Sozialarbeiter Rosalinde Namises, Lindy Kazombaue und Bob Kandetu ein Worker's Action Committee (Arbeiter-Aktionskomitee), das sich der vielen Beschwerden annehmen sollte, mit denen die Arbeiter an sie herantraten. Großen Auftrieb erhielt der erneute Widerstand durch die Beteiligung der Häftlinge von Robben Island, die Mitte des Jahrzehnts freigelassen wurden. Es gab außerdem immer mehr öffentliche Medien, die für die Unabhängigkeit eintraten, darunter die unabhängige, aber im Wesentlichen SWAPO-nahe Zeitung The Namibian. Diese verschiedenen Initiativen erhielten auf internationaler Ebene beachtliche ideelle und finanzielle Unterstützung. 1986 wurden in der Erklärung von |Ae-||Gams[95] für die Unabhängigkeit und Resolution 435 votiert; sie wurde von einem breiten Bündnis aus CCN, den meisten Kirchen, mehreren politischen Parteien einschließlich der SWAPO sowie anderen Organisationen unterzeichnet, darunter auch die NWV.[96]

Dieses neue Aufblühen der Zivilgesellschaft war unter anderem auf die bereits zuvor von Frauen errichteten Netzwerke gegenseitiger Unterstützung (darunter auch kirchliche Gruppen) zurückzuführen und nun übernahmen so viele Frauen Führungsrollen, wie nie zuvor. Durch diese Entwicklung nahm allmählich eine neue Art von Geschlechterpolitik Gestalt an, da Organisationen wie Namibia Women's Voice sich mit den Problemen von Menschen auseinandersetzten, die in Armut lebten, und einen Zusammenhang zwischen diesen Erfahrungen und der Befreiungspolitik herstellten. Die Kirchenfrau und Aktivistin Emma Mujoro stellte fest: ‚Wir können nicht einfach dasitzen und dann [nach der Unabhängigkeit] mit unserer Arbeit beginnen. Wir müssen die Leute jetzt vorbereiten … Frauen sind derart unterdrückt, dass sie das [die Unterdrückung] in ihr eigenes Denken übernehmen'.[97]

Die späten 1980er-Jahre waren von einer großflächigen Ausbreitung der Gewerkschaftsbewegung und zunehmendem Aktivismus auf Seiten der Schüler geprägt. Im September 1986 wurde die erste neue Gewerkschaft, die Namibian Food and Allied Union (Namibische Gewerkschaft Nahrung und Genussmittel), ins Leben gerufen, im November die Mineworkers Union of Namibia (Bergarbeitergewerkschaft von Namibia). Diese wurden jeweils von ehemaligen Robben-Island-Häftlingen geleitet, nämlich John Pandeni und Ben Ulenga. Zwischen 1987 und 1990 folgten fünf weitere Gewerkschaften; außerdem bildete sich eine Dachorganisation, die von Barnabas Tjizu geleitete National Union of Namibian Workers (Nationalverband namibischer Arbeiter).[98] Gleichzeitig nahm der Arbeitskampf an Heftigkeit zu: 1987 gab es landesweit 24 Streiks, im Gegensatz zu den drei Streiks, die in der Zeit zwischen 1980 und 1985 gemeldet wurden.

Wie auch anderen zivilgesellschaftlichen Organisationen kam den Gewerkschaften eine gewisse Liberalisierung des politischen Klimas zugute, die in der Zeit der Turnhallen-Regierung begonnen und sich unter der Interimsregierung fortgesetzt hatte. Wie die übrigen Gruppierungen loteten auch die Gewerkschaften die Grenzen der neuen Freiheit aus und stießen dabei auf die immer repressiveren Taktiken, die nach wie vor von den Behörden angewandt wurden. Daher gab die TGNU zwar symbolisch (wenngleich nicht grundlegend) nach – die verhasste Massenunterkunft für Arbeiter in Katutura wurde geschlossen und der erste Mai zum gesetzlichen Feiertag erklärt –, führte zugleich aber Razzien in Gewerkschaftsbüros durch und verhaftete Gewerkschaftsführer unter Berufung auf das Terrorismusgesetz (Terrorism Act). Außerdem schwächte die Regierung ganz bewusst die Gewerkschaften und andere Bürgerorganisationen, indem sie Konkurrenzorganisationen (die davon zehrten, dass die SWAPO innerhalb des Landes auch Ablehnung erfuhr) den Rücken stärkte und sie finanziell unterstützte. Auf der anderen Seite wurde jedoch auch der Versuch unternommen, gewaltlos mit Arbeiterunruhen umzugehen, und zwar durch die Ernennung der Wiehahn-Kommission Ende 1987. Die Kommission sprach sich für eine Anerkennung der Gewerkschaften sowie für die Liberalisierung und ‚Modernisierung' des Gewerkschafts- und Arbeitsrechts aus. Sie legte ihren Abschlussbericht im Dezember 1989 vor, und viele der darin enthaltenen Empfehlungen wurden nach der Unabhängigkeit umgesetzt.[99]

Öffentliche Proteste, die auf die Schülerbewegung zurückgingen, spitzten sich 1988 zu. Dieses Mal kam der Anstoß aus dem Kriegsgebiet, wo die Strategie verfolgt wurde, Armeestützpunkte neben Schulen zu errichten. 1987 ereigneten sich Explosionen in mindestens vierzehn Grundschulen nahe der Grenze zu Angola, und zwei Schülerinnen der Ponhofi Secondary School in Ohangwena, Albertina Nghikongelwa und Victoria Nghikofa, kamen bei Gefechten beim benachbarten Koevoet-Stützpunkt ums Leben. Dies löste im März 1988 einen Schulstreik aus, der sich im gesamten Norden ausbreitete und auch auf einige Städte im Süden übergriff. Beteiligt waren um die 75 000 Schülerinnen und Schüler, und dem Boykott wurde durch einen zweitägigen Generalstreik Nachdruck verliehen. Die Interimsregierung antwortete darauf mit neuen gesetzlichen Kontrollmaßnahmen und der Verhaftung und gewaltsamen Einschüchterung der Streikenden. Im Juli hatten etwa 5600 Schüler das Land verlassen und sich der SWAPO im Exil angeschlossen.[100]

Dieser Boykott erreichte zwar nicht sein unmittelbares Ziel – die Verlegung der Armeestützpunkte –, aber er führte zu einem weiteren Anschwellen der riesigen Protestwelle, die Namibia in den 1980er-Jahren erfasste und ihrerseits Südafrikas Herrschaft über das Gebiet unterminierte. Allerdings erwies sich die Bürgerbewegung letztlich als brüchig und wurde zum Gegenstand erheblicher Spannungen. Die meisten zivilgesellschaftlichen Organisationen unterstützten explizit die SWAPO, da in ihren Augen die nationale Befreiung eine notwendige Voraussetzung für sinnvolle Veränderungen war, und verlegten sich gegenüber der Regierung auf eine Politik der Kooperationsverweigerung.[101] Vielen Mitgliedern der SWAPO-Führungsriege im Exil, die sich durch den Erfolg der Basisbewegung bedroht sahen, genügte das nicht: Sie argumentierten, dass die Forderung ‚Entwicklung jetzt!' dem Kampf um politische Unabhängigkeit abträglich sein könnte. Im Fall der NWV war dieser Konflikt Becker zufolge charakteristisch für das Verhältnis zwischen den von Männern dominierten Befreiungsbewegungen und den Frauenorganisationen; im März 1989 beschloss die NWV schließlich, sich aufzulösen.[102] Dies und die Tatsache, dass sich die Bürgerbewegung erst in den 1980er-Jahren bildete, hinderte viele dieser Organisationen daran, sich fest zu verankern, sodass die Zivilgesellschaft Namibias zum Zeitpunkt der Unabhängigkeit nicht sehr stabil war.

Abb. 26: Dieses von John Liebenberg aufgenommene Foto zeigt eine Schülerdemonstration an der Windhoek Academy (der Vorgängerinstitution der Universität von Namibia) am 9. August 1988. Die Protestkundgebung fand zur Unterstützung des Schulboykotts statt, der damals in vollem Gange war und die Forderung erhob, Militärbasen von Schulen weg zu verlegen.

Der Übergang zur Unabhängigkeit[103]

Die im Mai 1988 begonnenen Verhandlungen führten zur Zustimmung Südafrikas, Angolas und Kubas zu den ‚Genfer Protokollen', die einen Zeitplan für die Umsetzung von Resolution 435 in Namibia festlegten, sowie zum Rückzug südafrikanischer und kubanischer Truppen aus Angola. In Namibia sollte der Übergang zur Unabhängigkeit, unter der Schirmherrschaft der United Nations Transition Assistance Group (UNTAG, Unterstützungseinheit der Vereinten Nationen für die Übergangszeit), mit der Ankunft von UN-Mitarbeitern am 1. Februar 1989 beginnen. Die Angehörigen dieser Einheit stammten aus 109 Ländern, und sie erreichte schließlich eine Stärke von 4650 militärischen und 1498 zivilen Mitarbeitern. Am 1. April sollte es einen Waffenstillstand geben, gefolgt von einem Rückzug in die Stützpunkte und der Demobilisierung von sowohl SWATF als auch PLAN. Nach Registrierung der Wähler in einem einzigen Wählerverzeichnis sollten dann Ende des Jahres Wahlen zu einer Verfassungsgebenden Versammlung durchgeführt werden.

Fast wäre der Übergang gleich zu Beginn gescheitert. Die SWAPO wollte ihre Truppen in Stützpunkten innerhalb Namibias konzentrieren (wo sie nach eigenen, allerdings wenig überzeugenden Behauptungen Kämpfer permanent stationiert hatte), aber die Bewegung hatte nicht unmittelbar an den Verhandlungen teilgenommen, und daher war ein solches Vorgehen nicht vorgesehen. Daraufhin beschloss die SWAPO überstürzt – und zum Entsetzen der meisten Frontlinienstaaten –, hunderte von PLAN-Kämpfern über die Grenze nach Namibia zu schicken, wo sie dann am ersten Tag des Waffenstillstands aus dem Untergrund auftauchten, um sich den Vereinten Nationen zu ergeben.[104] Die SADF bezeichnete dies als ‚Invasion', und der südafrikanische Außenminister Pik Botha bedrängte (nach Rücksprache mit der britischen Premierministerin Margaret Thatcher, die sich damals auf einem Kurzbesuch in Namibia befand) den Sonderbeauftragten des UN-Generalsekretärs, Maarti Ahtisaari, bis dieser einer Freisetzung südafrikanischer Streitkräfte aus den Stützpunkten zustimmte, damit sie die Lage unter Kontrolle zu brachten. Offenbar hielten sowohl Botha als auch Thatcher dieses Einlenken für notwendig, um den südafrikanischen Sicherheitsapparat zu beruhigen und den Friedensprozess zu sichern. Die späte Entsendung der UN nach Namibia bedeutete auch, dass diese nicht ihre eigenen Truppen nach Norden schicken konnte. In den unmittelbar darauf folgenden Tagen griffen SWATF-Streitkräfte unvorbereitete PLAN-Guerillas an, von denen in den ersten drei Tagen etwa 140 ums Leben kamen. Bevor die Kämpfe nachließen, gab es insgesamt etwa 250 Tote.[105]

Ungeachtet dieser anfänglichen Stolpersteine brachten diplomatische Bemühungen den Übergangsprozess Mitte Mai wieder auf Kurs. Es gab allerdings immer noch große Probleme, insbesondere die grassierende Einschüchterung der Wähler vor allem durch Koevoet (offiziell keine Militär-, sondern eine Polizeieinheit und daher anfangs nicht in einem Stützpunkt konzentriert), aber auch durch die DTA, die von Südafrika erhebliche finanzielle Unterstützung erhielt. Eine beträchtliche Zahl von SWAPO-Mitgliedern wurde in der Übergangszeit umgebracht, darunter der Anwalt Anton Lubowski, der vor seinem Haus erschossen wurde.[106] Dank der Beharrlichkeit der Vereinten Nationen und der Aufsicht durch namibische und internationale Beobachter wurde trotzdem ein gemeinsames Programm zur Wähleraufklärung eingerichtet. Das politische Klima begann sich zu ändern, SWAPO-Führer und der Großteil der Exilbevölkerung kehrte zurück – bis Ende des Jahres 42 736 Personen aus zweiundvierzig Ländern[107] – und die Wahlen im November wurden von der internationalen Gemeinschaft für fair und frei befunden. Dass der Friedensprozess so erfolgreich verlief, war den jahrzehntelangen Kampagnen geschuldet, die Namibier für die Unabhängigkeit geführt hatten. Zugleich leisteten dabei die Vereinten Nationen und die vielen internationalen Unterstützer Namibias sehr gute Arbeit. Das Gefühl von Hoffnung – oder sogar Euphorie –, das sich kurz vor der Unabhängigkeit breit machte, fand vielfältigen Ausdruck. So erhielten etliche Babys, die 1989 geboren wurden, den Namen ‚Untag', und die Hauptdurchfahrtsstraße in Windhoek, die Kaiserstraße, wurde im Handumdrehen in ‚Independence Avenue' umbenannt.

Die SWAPO gewann die Wahlen mit 384 567 Stimmen (57,3 Prozent) und erhielt einundvierzig Sitze in der Constitutional Assembly (Verfassungsgebenden Versammlung). Die Partei erhielt im Wahlbezirk Ovamboland 92 Prozent der Stimmen und 50 oder mehr Prozent in Tsumeb und Kavango. Zweitstärkste Partei wurde die DTA mit 191 532 Stimmen (28,6 Prozent; 21 Sitze). Sie schnitt im Süden, Hereroland, Kaoko und anderen ländlichen Gegenden am besten ab. Ihre Wahl wurde durch ‚durch lokale, ihr nahe stehende Parteien unterstützt', ‚die Zugang zu den Ressourcen der Verwaltungen auf der zweiten Ebene hatten sowie den Rückhalt durch Weiße, Farmarbeiter und Einwohner aus Angola und Südafrika'.[108] Fünf weitere Parteien erhielten insgesamt zehn Sitze. Dazu gehörten die Namibia National Front und die NPF, von denen jede einen Sitz erhielt. Beide Organisationen repräsentierten Teile der alten SWANU, die sich mittlerweile gespalten hatte.

In den Monaten nach den Wahlen wurde in der Verfassungsgebenden Versammlung mit einer Zügigkeit und Kompromissbereitschaft über die neue Verfassung verhandelt, die viele Beobachter überraschte. Die SWAPO hatte keine Dreiviertelmehrheit der Stimmen erhalten und war daher bei den Gesprächen auf die Kooperation anderer Parteien angewiesen. Die Partei erklärte sich mit einem Verhältniswahlsystem und einer zweiten Kammer einverstanden, während die DTA zustimmte, das Präsidentenamt mit effektiver anstatt mit repräsentativer Macht auszustatten. Die Verfassung enthielt auch eine Bill of Fundamental Human Rights (Erklärung grundlegender Menschenrechte), wobei allerdings ‚Präventivhaft' (also Inhaftierung ohne Prozess) erst nach Einschreiten internationaler Organisationen abgeschafft wurde und man den Gewerkschaften nur eingeschränkte Rechte zusagte.

Am 21. März 1990 wurde die Unabhängigkeit erklärt und Sam Nujoma als Präsident vereidigt. Zusammen mit der veränderten internationalen Lage und der Flexibilität der SWAPO trug der erfolgreiche Verfassungsprozess letztlich – und allen gegenteiligen Erwartungen zum Trotz – dazu bei, dass der Übergang reibungslos verlief und es weder zu einer nennenswerten Kapitalflucht noch zu größeren Fluchtbewegungen von Menschen aus dem Land kam. Die SWAPO achtete auch darauf, bestehende wirtschaftliche Besitzverhältnisse nicht anzutasten; in dieser Phase unternahm sie wenig, um in Landbesitzverhältnisse (die Verfassung gestattet Zwangskäufe, jedoch zu marktüblichen Preisen) oder die Eigentumsverhältnisse hinsichtlich der Minen einzugreifen. Sie machte sich jedoch schnell daran, die Ausgaben für Gesundheit, Bildung und Wohnungsbau zu erhöhen, Schulen abzuschaffen, die nur Weißen vorbehalten waren, und kostenlose Grundschulerziehung einzuführen.[109] Endgültig vereint wurde das namibische Territorium, als Walvis Bay 1994 von südafrikanischer in namibische Herrschaft überging.

Damit endete die Geschichte südafrikanischer Herrschaft in Namibia fünfundsiebzig Jahre, nachdem sie begonnen hatte. Dass der tatsächliche Übergang zur Unabhängigkeit schließlich friedlich über die Bühne ging, ist angesichts des Ausmaßes der Unterdrückung durch Südafrika, dem das Land ausgesetzt war, und der durch Krieg und Gewalt hervorgerufenen Bitterkeit (auf allen Seiten) umso bemerkenswerter. Ein typisches Beispiel für die Erlebnisse engagierter Aktivisten ist wohl der Lebensweg von Axel Johannes, der im Auf und Ab der namibischen Politik immer wieder im Gefängnis landete. Johannes war 1959 der OPO beigetreten und wurde ein bekannter Aktivist in der SWAPO Youth League. 1964 wurde er das erste Mal ins Gefängnis gesteckt; nach Omugulu gwombashe wurde er wieder verhaftet und nach Pretoria gebracht, schließlich aber freigelassen, weil er minderjährig war; danach wurde er noch mehrere Male inhaftiert, unter anderem 1975 nach der Ermordung von Chief Elifas und 1978 nach dem Mord an Clemens Kapuuo. Er wurde mehrfach gefoltert und ging schließlich 1980 ins Exil.[110]

Auf einer allgemeineren Ebene haben Wissenschaftler erste Versuche unternommen, die während des Kriegs herrschende Gewalt in Zahlen auszudrücken, vor allem, was den Norden betrifft. Untersuchungen, die sich auf zwischen 1979 und 1989 erschienene Zeitungsberichte stützen, schätzen die Zahl der zivilen Todesopfer vorläufig auf 1268; 929 davon sind namentlich bekannt.[111] Andere Zahlen, die sich auf Ermordungen durch Koevoet beziehen, nennt der Bericht des südafrikanischen Wahrheits- und Versöhnungskommission. Dieser lagen Dokumente vor, denen zufolge im Verlauf von zehn Jahren ungefähr 250 weiße Offiziere in Nordnamibia 666 Mal ‚Berührung' mit der PLAN hatten. Vierzehn dieser Offiziere (darunter der erfolgreichste Killer, Eugene de Kock) waren in Kämpfe verwickelt, bei denen 3323 Menschen ums Leben kamen und 104 gefangengenommen wurden.[112] Auf der anderen Seite waren Koevoet-Mitglieder außer Dienst auch häufig Ziel tödlicher Attentate durch die SWAPO: Einer Schätzung des Generalstaatsanwalts zufolge kamen in den Jahren 1978–82 insgesamt 198 von ihnen auf diese Weise ums Leben.[113] Wie wir gesehen haben, lag die Zahl derer, die in SWAPO-Haft ums Leben kamen, wahrscheinlich bei einigen hundert oder mehr.[114] Damit war zwar der Konflikt in Namibia weniger heftig und die damit einhergehende Sterblichkeit nicht so erschreckend hoch wie auf der angolanischen Seite der Grenze, aber der Krieg forderte dennoch einen hohen Tribut an Menschenleben.

Endnoten

1 Für dieses Kapitel – wie auch für Kapitel 9 (siehe Anm. 1) – habe ich besonders Katjavivi, *History of Resistance*; Bauer, *Labor and Democracy*, vor allem S. 21–33; und Herbstein und Evenson, *Devils* herangezogen. Im vorliegenden Kapitel wird außerdem durchgehend auf Soggot, *Violent Heritage* Bezug genommen.

2 Katjavivi, *History of Resistance*, S. 65.

3 Die südafrikanischen Behörden unternahmen den allerdings erfolglosen Versuch, die Entscheidung des IGH hinauszuzögern, indem sie die lutherische Kirche im Norden (ELOK) baten, unter ihren Mitgliedern eine Befragung durchzuführen. Dieser Plan ging jedoch nach hinten los, da sich die überwiegende Mehrzahl gegen die südafrikanische Herrschaft aussprach.

4 Zitiert in Peter Katjavivi, Per Frostin und Kaire Mbuende (Hg.), *Church and Liberation in Namibia* (London: Pluto, 1989), S. 134–8.

5 Soggot, *Violent Heritage*, S. 37, 43. Auf S. 33 gibt Soggot die Mitgliederzahl der beiden lutherischen Kirchen mit 300 000 und die der Anglikaner mit 50 000 an. Vergleichszahlen aus dem Jahre 1989 sind: ELCIN (nördliche Lutheraner) 360 000; ELK (südliche Lutheraner) 193 000; Anglikaner 120 000; Katholiken 195 000. *Oruuano* und AMEC waren kleiner, aber nach wie vor wichtig.

6 Siehe vor allem Katjavivi *et al.* (Hg.), *Church and Liberation*, S. 5–7, 12 und *passim.*

7 Bauer, *Labor and Democracy*, S. 34–5 und Anm. 82 arbeitet diesen Aspekt gewissenhaft heraus.

8 *Ebd.*, S. 34. Zum Streik allgemein siehe insbesondere *ebd.*, S. 34–41; außerdem Soggot, *Violent Heritage*, Kap. 7; Moorsom, ‚Underdevelopment'; Katjavivi, *History of Resistance*, S. 67–71; Cooper, *Ovambo Politics*, S. 138–40.

9 Emmett, *Popular Resistance*, S. 181; Moorsom, ‚Underdevelopment', S. 70. Emmett gibt an, die Zahl der Angeworbenen habe sich 1966 auf insgesamt 39 033 belaufen, 1960 auf 30.129.

10 1968 arbeiteten 32% der SWANLA-Angestellten in den Minen, 27% in der verarbeitenden Industrie (außer Fischerei), 6% in der Fischindustrie, 28% auf Farmen und 7% im häuslichen Sektor. Cooper, *Ovambo Politics*, S. 137.

11 Bauer, *Labor*, S. 34, Anm. 78, unter Bezug auf Robert Gordon, ‚A Note on the History of Labour Action in Namibia', *South African Labour Bulletin*, 1 (1975), S. 7–17.

12 Die offizielle Amtsbezeichnung lautete Commissioner-General of the Indigenous Peoples of South West Africa (Generalkommissar für die Eingeborenenvölker Südwestafrikas).

13 Moorsom, ‚Underdevelopment', S. 85.
14 Zitiert in Bauer, *Labor and Democracy*, S. 37, Anm. 100.
15 Herbstein und Evenson, *Devils*, S. 27.
16 Zur Abkehr vom Odendaal-Plan siehe Cliffe *et al., Transition*, S. 34.
17 Diese Art von Bestrafung war nicht neu. So trug beispielsweise der erste Eingeborenenkommissar für Owambo, Hahn, den Spitznamen ‚Shongola', ‚die Peitsche'. Johanna Mweshida, ‚Nicknames in Ovambo: Some Preliminary Deliberations' in Hartmann (Hg.), *New Historical Writing*, S. 4–12; Hayes, „‚Cocky Hahn"'.
18 Zitiert in Katjavivi, *History of Resistance*, S. 78.
19 In den Rang der ‚einzigen und authentischen Vertretung' wurde die SWAPO dann von der Generalversammlung im November 1976 erhoben.
20 Zur Politik Kapuuos siehe Gewald, ‚Who Killed Clemens Kapuuo?', S. 563–5.
21 William Minter, *Apartheid's Contras: An Inquiry into the Roots of War in Angola and Mozambique* (Johannesburg: Witwatersrand University Press, 1994), S. 3, 20–1.
22 Der bewaffnete Arm der SWAPO hieß anfangs South West Africa Liberation Army (Befreiungsarmee für Südwestafrika), dann Namibian People's Liberation Army (Namibische Volksbefreiungsarmee). Nach dem Tanga-Kongress 1969–70 wurde er People's Liberation Army of Namibia genannt.
23 Susan Brown, ‚Diplomacy By Other Means: SWAPO's Liberation War' in Leys und Saul, *Namibia's Liberation Struggle*, S. 19–39, S. 23–5.
24 Eine Zusammenfassung sowie die hier genannten Zahlen finden sich in Leys und Brown (Hg.), *Histories of Namibia*, S. 6–8; siehe außerdem Herbstein und Evenson, *Devils*, S. 40–1.
25 1973 befanden sich in Sambia etwa 600 Namibier, die der SWAPO unterstanden, sowie weitere 1000 in der Obhut des UN-Hochkommissariats für Flüchtlinge. Ungefähr tausend namibische Flüchtlinge hielten sich außerdem in Botswana auf. Tor Sellström, *Sweden and National Liberation in Southern Africa* (Uppsala: Nordiska Afrikainstitutet, 1999–2002), Bd. 2, S. 262, Anm. 3.
26 Eine ausführliche Schilderung dieser Ereignisse findet sich in Colin Leys und John Saul, ‚Liberation without Democracy? The Swapo Crisis of 1976', *JSAS*, 20 1 (1994), S. 123–48; außerdem Saul und Leys, ‘SWAPO: The Politics of Exile’.
27 Neben den oben genannten Arbeiten von Colin Leys und John Saul siehe beispielsweise Gustine Hunter, *Die Politik der Erinnerung und des Vergessens in Namibia: Umgang mit schweren Menschenrechtsverletzungen der* Ära des *bewaffneten Befreiungskampfes 1966 bis 1989* (Frankfurt: Peter Lang, 2008); Cliffe *et al., Transition*, S. 167–75; Justine Hunter, ‚No Man's Land

of Time: Reflections on the Politics of Memory and Forgetting in Namibi" in Gary Baines und Peter Vale (Hg.), *Beyond the Border War*, S. 302–21; Siegfried Groth, *Namibia: The Wall of Silence. The Dark Days of Liberation* (Wuppertal: Peter Hammer, 1995); Richard Pakleppa (Regisseur), ‚Nda Mona: I Have Seen' (Film, Johannesburg, 1999).

28 Dobell, *SWAPO's Struggle*, S. 50.

29 *Ebd.*, S. 57.

30 Zum politischen Programm und diesen allgemeinen Schlussfolgerungen über die Politik der SWAPO siehe *ebd.*, S. 55–9, 92; Axel Harneit-Sievers, *SWAPO of Namibia: Entwicklung, Programmatik und Politik seit 1959* (Hamburg: Institut für Afrika-Kunde, 1985), S. 91–7.

31 Namhila, *Kaxumba*, S. 98; der zitierte Ausspruch stammt von Meme Loini Shivute.

32 Becker, *Namibian Women's Movement*, S. 149–66. Siehe auch beispielsweise Tessa Cleaver und Marion Wallace, *Namibia: Women in War* (London: Zed, 1990), Kap. 6; Interviews mit Netumbo Nandi und Mathilda Amoomo in Liberation Support Movement (Hg.), *Namibia: SWAPO Fights for Freedom* (Oakland, CA: LSM Information Center, 1978), S. 60–7; Iina Soiri, *The Radical Motherhood:Namibian Women's Independence Struggle* (Uppsala: Nordic Africa Institute, 1996), S. 74–84.

33 Diese Zahl nennt Chris Tapscott, ‚National Reconciliation, Social Equity and Class Formation in Independent Namibia', *JSAS*, 19 1 (1993), S. 29–39, S. 32.

34 Diese Angabe findet sich in Chris Tapscott, ‚National Reconciliation', S. 32. Zu den Lagern allgemein siehe Ellis, *Education, Repression*, S. 55–8; *Namibia: Perspectives for National Reconstruction*, S. 895–9; Sellström, *Sweden and National Liberation*, S. 262–72; Stig Nielsen, ‚A Refugee School 1400 km, 850 Miles from Home' in Flemming Gjedde-Nielsen, *Namibia: Landet uden overgivelse* (Kopenhagen: WUS, 1988); Constance Kenna (Hg.), *Homecoming: The GDR Kids of Namibia* (Windhoek: New Namibia Books, 1999). Ein Bericht über die Lager in Angola in den 1970er- und 1980er-Jahren findet sich bei Ellen Ndeshi Namhila, *The Price of Freedom* (Windhoek: New Namibia Books, 1997). Siehe außerdem Giorgio Mieschers sehr aufschlussreichen bibliografischen Aufsatz über die SWAPO in *ders.* (Hg.), *Registratur AA.3 (Enlarged and Revised Edition): Guide to the SWAPO Collection in the Basler Afrika Bibliographien* (Basel: BAB, 2006).

35 Dobell, *SWAPO's Struggle*, S. 64, Anm. 163.

36 Zu den Solidaritätsbewegungen siehe zum Beispiel Sellström, *Sweden and National Liberation*; Tore Linné Eriksen (Hg.), *Norway and National Liberation in Southern Africa* (Uppsala: Nordic Institute of African Studies, 1999); Christopher Morgenstierne, *Denmark and National Liberation in*

Southern Africa: A Flexible Response (Uppsala: Nordic Africa Institute, 2003); Chris Saunders, ‚Namibian Solidarity: British Support for Namibian Independence', *JSAS*, 35 2 (2009), S.437–54.

37 Zu visuellen Aspekten dieser Propagandamaßnahmen siehe Giorgio Miescher *et al.* (Hg.), *Posters in Action: Visuality in the Making of an African Nation* (Basel: BAB, 2009), *passim.*

38 Zitiert in Mvula Ya Nangolo und Tor Sellström, *Kassinga: A Story Untold* (Windhoek: Namibia Book Development Council, 2005), S. 28–9.

39 Zur unsicheren Lage der Flüchtlinge in Angola siehe Namhila, *The Price of Freedom.*

40 Soggot, *Violent Heritage*, S. 178–9.

41 Minter, *Apartheid's Contras*, S. 30–2. Es gibt auch mehere ‚Insiderberichte' von Angehörigen des 32. Bataillons, darunter Jan Breytenbach, *The Buffalo Soldiers: The Story of South Africa's 32-Battalion, 1975–1993* (Alberton: Galago, 2002).

42 Susan Brown, ‚Diplomacy by Other Means: SWAPO's Liberation War' in Leys und Saul (Hg.), *Namibia's Liberation Struggle*, S. 19–39, S. 29–34; siehe auch Soiri, *Radical Motherhood*, S. 67–74.

43 Die Konferenz wurde nach ihrem Tagungsort, der zur deutschen Kolonialzeit in Windhoek errichteten Turnhalle, benannt.

44 Die Gesamtbevölkerung Namibias war im Grunde immer noch sehr klein – der Volkszählung von 1970 zufolge belief sie sich auf 761 524 Einwohner – und stand in überhaupt keinem Verhältnis zu dieser ausgeklügelten Verfahrensweise. Die Volkszählung ergab (entsprechend den damals geltenden Definitionen) 75% ‚Schwarze', 10% Nama, Farbige und Baster, 12% Weiße und 3% ‚Buschmänner'. Ungefähr 25% lebten in städtischen Gebieten, von denen Windhoek mit 75.026 Einwohnern das größte war. Bauer, *Labor and Democracy*, S. 26.

45 Soggot, *Violent Heritage*, S. 208.

46 Winterfeldt, ‚Labour Migration', S. 61.

47 Die Immorality Proclamation (‚Unsittlichkeitsproklamation', 1934), der Prohibition of Mixed Marriages Act (‚Gesetz zum Verbot von Mischehen', 1953) und die Immorality Amendment Ordinances (‚Ergänzungsverfügungen zur Unsittlichkeit', 1953, 1954).

48 Du Pisani, *Continuity and Change*, S. 331.

49 Dobell, *SWAPO's Struggle*, S. 45 ff. Auf der Konferenz wurde die Krise der SWAPO im Exil, die damals ihren Höhepunkt erreichte, nicht explizit angesprochen, und es ist unklar, ob die Einberufung der Konferenz damit zusammenhing. Das Verhältnis zwischen der ‚inländischen' und ‚externen' SWAPO war damals deutlich angespannt; außerdem war es für die SWAPO innerhalb Namibias sehr schwierig, zutreffende Informationen über Ereignisse außerhalb des Landes zu bekommen. Zu diesen Fragen

siehe Leys und Saul, ‚SWAPO inside Namibia' in *dies.*, (Hg.), *Namibia's Liberation Struggle*, S. 66–93, S. 73–4.

50 Zitiert in Katjavivi, *History of Resistance*, S. 100. Siehe auch SWAPO, *To Be Born a Nation*, S. 231.

51 Auch der Damara-Exekutivrat (Damara Tribal Executive) hielt sich von der Turnhallen-Konferenz fern. Du Pisani, *Continuity and Change*, S. 290–2.

52 Kößler, *In Search*, Kap. 3. Fleisch und Möhlig, *Kavango Peoples*, S. 114–16, weisen darauf hin, dass der Gciriku-König Kamwanga in den Beirat (1973), die Turnhallen-Konferenz (1975) und den Kavango-Rat involviert war.

53 Itaru Ohta, ‚Drought and Mureti's Grave: the „we/us"" boundaries between Kaokolanders and the People of the Okakarara Area in the Early 1980s' in Bollig und Gewald, *People, Cattle and Land*, S. 299–317.

54 Cliffe *et al., Transition*, S. 65–9.

55 Südafrika, *Truth and Reconciliation Commission of South Africa Report* (London: Macmillan, 1999), Bd. 2, S. 46–55, Zitat auf S. 50. Auf derselben Seite des Berichts steht, Cassinga habe über eine Selbstverteidigungseinheit von dreihundert männlichen und weiblichen PLAN-Kämpfer/innen und über zwei Flugabwehrgeschütze verfügt. Es ist nicht klar, ob die Autoren des Berichtes davon ausgehen, dass es sich bei diesen dreihundert Personen um die ‚erhebliche' Zahl von PLAN-Kämpfern handelt, die sie vorher erwähnen. Siehe auch Ya Nangolo und Sellström, *Kassinga*; Annemarie Heywood, *The Cassinga Event: An Investigation of the Records* (Windhoek: National Archives of Namibia, 1994); Christopher Saunders, ‚South Africa in Namibia/Angola: The Truth and Reconciliation Commission's Account' in Baines und Vale (Hg.), *Beyond the Border War*, S. 267–80, S. 273–4; Cliffe *et al., Transition*, S. 43–56; Minter, *Apartheid's Contras*, S. 37–9.

56 Zitiert in Barbara Becker (Hg.), *Speaking Out: Namibians Share their Perspectives on Independence* (Windhoek: Out of Africa, 2005), S. 64. Siehe auch Namhila, *Price of Freedom*, S. 40–1.

57 Newell Stultz, ‚South Africa in Angola and Namibia' in Thomas Weiss und James Blight (Hg.), *The Suffering Grass: Superpowers and Regional Conflict in Southern Africa and the Caribbean* (Boulder, Colo.: Lynne Riener, 1992), S. 79–99, S. 87; J.E. Davies, *Constructive Engagement? Chester Crocker and American Policy in South Africa, Namibia and Angola, 1981–8* (Oxford: James Currey, 2007), Kap 4, 5 und *passim*; Cedric Thornberry, *A Nation is Born: The Inside Story of Namibia's Independence* (Windhoek: Gamsberg Macmillan, 2004), *passim;* Lindsay Eades, *The End of Apartheid in South Africa* (Westport, Conn.: Greenwood, 1999), S. 22–3.

58 Cliffe *et al., Transition*, S. 53.

59 Soggot, *Violent Heritage*, S. 256.
60 Siehe hierzu beispielsweise Kletus Muhena Likuwa und Bertha Nyambe, ‚Posters, T-shirts and Placards: Images and Popular Mobilisation in Rundu during the Liberation Struggle' in Miescher *et al.* (Hg.), *Posters*, S. 87–99.
61 Soggot, *Violent Heritage*, S. 256.
62 Du Pisani, *Continuity and Change*, S. 451; Cliffe *et al.*, *Transition*, S. 38.
63 Tim Lobstein, *Namibia: Reclaiming the People's Health* (London: AON Publications, 1984), S. 13.
64 Peter Katjavivi, ‚The Role of the Church in the Struggle for Independence' in *ders. et al.* (Hg.), *Church and Liberation*, S. 3–26.
65 *Ders.*, *History of Resistance*, S. 88; Minter, *Apartheid's Contras*, S. 37–9.
66 Zur Rolle von Namibiern, die als Führer für die südafrikanischen Streitkräfte tätig waren, siehe unter anderem Anthony Feinstein, *In Conflict* (Windhoek: New Namibia Books, 1999).
67 I.J. van der Merwe, ‚The Role of War and Urbanization in the Regional Development of Namibia', *Africa Urban Quarterly*, 4 3/4 (1989), S. 263–74, S. 267.
68 Ohta, ‚Drought and Mureti's Grave'.
69 Kangumu, ‚Forgotten Corner', S. 34–7, schreibt, die südafrikanischen Streitkräfte hätten Angehörige der San-Bataillone als ‚lebende Schutzschilde' benutzt.
70 Jeremy Silvester, ‚„The Struggle is Futile": A Short Overview of Anti-SWAPO Visual Propaganda' in Miescher *et al.* (Hg.), *Posters*, S. 187–201.
71 Emmanuel Kreike, ‚War and the Environmental Effects of Displacement in Southern Africa (1970s–1990s)' in William Moseley und B. Ikubolajeh Logan (Hg.), *African Environment and Development: Rhetoric, Program and Realities* (Aldershot: Ashgate, 2004), S. 90–110, S. 91–2.
72 Zitiert in Cleaver und Wallace, *Namibia: Women in War*, S. 1.
73 Südafrika, *Truth and Reconciliation Commission Report*, Bd. 2, s. 70. Zu weiteren Belegen, die die Schlussfolgerungen der TRC stützen, siehe Cleaver und Wallace, *Namibia: Women in War*, S. 2; Thornberry, *A Nation is Born*, S. 93; David Lush, *Last Steps to Uhuru: An Eyewitness Account of Namibia's Transition to Independence* (Windhoek: New Namibia Books, 1993), S. 147; Robert Gordon, ‚Marginalia on „Grensliteratur": Or how/why is Terror Culturally Constructed in Namibia?', *Critical Arts*, 5 3 (1991), S. 79–99.
74 Saunders, ‚South Africa', S. 271; Thornberry, *A Nation is Born*, S. 169–73.
75 Interview (1987), zitiert in Herbstein und Evenson, *Devils*, S. 84
76 Zitiert in *ebd.*, S. 82.
77 Tony Weaver, ‚The War in Namibia: Social Consequences' in Gerhard Tötemeyer, Vezera Kandetu und Wolfgang Werner (Hg.), *Namibia in Per-*

spective (Windhoek: Council of Churches in Namibia, 1987), S. 239–55; Inge Brinkman und Axel Fleisch (Hg.), *Grandmother's Footsteps: Oral Tradition and South-east Angolan Narratives on the Colonial Encounter* (Köln: Koppe, 1999), S. 19; Christofer Wärnlöf, ,The Politics of Death: Demarcating Land through Ritual Performance' in Bollig und Gewald, *People, Cattle and Land*, S. 449–69.

78 Minter, *Apartheid's Contras*, S. 39–42, Zitat auf S. 42; Brown, ,Diplomacy', S. 32; Davies, *Constructive Engagement*, *passim* und S. 149, wo südafrikanische Angriffe in Angola von 1978-88 aufgelistet sind.

79 *Ebd.*, S. 42–9; Cliffe *et al.*, *Transition*, Kap. 3.

80 *Ebd.*, S. 68.

81 Im November 1989 berichteten die Vereinten Nationen über etwa tausend Fälle, in denen Menschen offenbar inhaftiert worden waren. Eine UN-Gesandtschaft nach Angola im September desselben Jahres hatte festgestellt, dass 517 davon freigelassen worden und/oder nach Namibia zurückgekehrt waren; von 57 hieß es, sie seien nicht inhaftiert worden; 123 waren tot und 263 damals nicht auffindbar. Diese Zahlen wurden am 31. Oktober 1989 endgültig festgelegt und dabei gegenüber einer früheren Schätzung vom 11. Oktober nach unten korrigiert. Siehe Cliffe *et al.*, *Transition*, S. 172. Cliffe und auch Hunter (,No-man's Land', S. 310–11) stellen fest, dass die UN-Untersuchung weithin für unglaubwürdig gehalten wurde. Hunter beschreibt eine weitere Untersuchung des Internationalen Komitees vom Roten Kreuz (IKRK) aus dem Jahre 1993, in der die SWAPO Fragen über 556 der als vermisst geltenden 2161 Menschen beantwortete, und Lauren Dobell weist darauf hin, dass wahrscheinlich eine ,offizielle Liste' aus dem Jahr 1994 existiert, die offenbar die Namen von 2100 Vermissten enthält. Das IKRK schätzte deren Zahl auf 1600. Dobell, ,Review Article: Silence in Context. Truth and/or Reconciliation in Namibia', *JSAS*, 23 2 (1997), S. 371–82.

82 Emma Kambangula, zitiert in Groth, *Namibische Passion*, S. 119-20.

83 Siehe beispielsweise Südafrika, *Truth and Reconciliation Report*, S. 46–55.

84 Siehe insbesondere Saul und Leys, ,SWAPO: The Politics of Exile'; Cliffe *et al.*, *Transition*, S. 151–3, 167–75, 193–4.

85 Cliffe *et al.*, *Transition*, S. 27–8, 55–60, Kap. 3. Zum Standpunkt Kubas und insbesondere Castros siehe David Deutschmann (Hg.), *Changing the History of Africa: Angola and Namibia* (Melbourne, Vic.: Occan, 1989).

86 Robert Rotberg, *Ending Autocracy, Enabling Democracy: The Tribulations of Southern Africa, 1960–2000* (Cambridge, Mass.: World Peace Foundation, 2002) (Zitat), S. 129; Minter, *Apartheid's Contras*, S. 4; Weaver, ,War in Namibia'.

87 Cooper, *Occupation of Namibia*, S. 110; David Smuts, ‚The Interim Government and Human Rights' in Tötemeyer *et al.* (Hg.), *Namibia in Perspective*, S. 219–26.
88 Wolfgang Werner, ‚Ethnicity and Reformism in Namibia' in *ebd.,* S. 69–81; Rohde, *Afternoons in Damaraland*, S. 32–3.
89 *Namibia: Perspectives*, S. 83.
90 Reginald Green und Kimmo Kiljunen, ‚The Colonial Economy: Structures of Growth and Exploitation' in Reginald Green, Kimmo Kiljunen und Marja-Liisa Kiljunen (Hg.), *Namibia: The Last Colony* (Harlow: Longman, 1981), S. 30–58, S. 35.
91 *Namibia: Perspectives*, S. 856.
92 Jenny Lindsay, *Population Control Policies in Namibia* (Leeds: University of Leeds, 1989), S. 11–12.
93 *Namibia: Perspectives*, S. 856.
94 1988 gab es über 311 000 schwarze und farbige Schülerinnen und Schüler im Gegensatz zu insgesamt etwas mehr als 53 000 im Jahre 1962. Cohen, *Education*, S. 130, 158.
95 Der Khoekhoegowab-Name für Windhoek; auf Otjiherero heißt die Stadt ‚Otjomuise'.
96 Becker, *Namibian Women's Movement*, S. 171 ff.; André Strauss, ‚Community Organisations in Namibia', in Tötemeyer *et al., Namibia in Perspective*, S. 184–95; Bauer, *Labor and Democracy*, S. 52–61; William Heuva, ‚Voices in the Liberation Struggle: Discourse and Ideology in the SWAPO Exile Media' in Henning Melber (Hg.), *Re-examining Liberation in Namibia: Political Culture since Independence* (Uppsala: Nordic Africa Institute, 2003), S. 25–33; Cleaver und Wallace, *Namibia: Women and War*, S. 109.
97 Zitiert in *ebd.,* S. 95. See also dies, Kap. 7; Becker, *Namibian Women's Movement*, S. 189.
98 Es hatte Ende der 1970er-Jahre in Rössing Bestrebungen gegeben, die NUNW innerhalb des Landes zu gründen, aber letztendlich nahm sie nicht vor Mitte der 1980er-Jahre Gestalt an und wurde erst 1989 formell gegründet.
99 Bauer, *Labor and Democracy*, S. 62–7, 72–9, 88–90.
100 Cleaver und Wallace, *Namibia: Women in War*, Kap. 5. Herbstein und Evenson, *Devils*, S. 116–18, nennen eine niedrigere Zahl hinsichtlich der Teilnehmer am Schulstreik, nämlich 40 000.
101 Zur Haltung der Gewerkschaften in dieser Hinsicht siehe Bauer, *Labor and Democracy*, S. 68–9, Kap. 4.
102 Becker, *Namibian Women's Movement*, S. 189.
103 Zu diesem Abschnitt siehe vor allem Cliffe *et al., Transition*, Kap. 4, 6, 8 und insbesondere S. 63, 84–91, 97–110, 134–6, 170, 172, 194; au-

ßerdem Brian Harlech-Jones, *A New Thing? The Namibian Independence Process, 1989–1990* (Windhoek: EIN Publications, 1997).

104 UN-Mitarbeiter in Namibia wussten frühzeitig am 2. April über die Absicht der PLAN-Kämpfer Bescheid. Thornberry, *A Nation is Born*, Teil 2.

105 Cliffe *et al.*, *Transition*, S. 84–91 (Zahlenangaben auf S. 85 vom Legal Assistance Centre, Windhoek); Thornberry, *A Nation is Born*, Teil 2, Kap. 6; Lush, *Last Steps*, Kap. 6.

106 Cliffe *et al., Transition*, S. 99–100; die Autoren merken an, das seine Person von SWAPO-Anhängern ermordet wurde.

107 Thornberry, *A Nation is Born*, S. 161.

108 Cliffe *et al., Transition*, S. 194.

109 Die Ausgaben im Gesundheitsbereich wurden verdoppelt, diejenigen im Bildungsbereich verdreifacht.

110 Herbstein und Evenson, *Devils*, S. 35–6.

111 Martha Akawa und Jeremy Silvester, ‚Their Blood Waters our Freedom. Naming the Dead: Civilian Casualties in the Liberation Struggle', *Namibian*, 24 August 2007.

112 Südafrika, *Truth and Reconcilation Commission Report*, Bd. 2, S. 77. Der Bericht gibt nicht an, auf welcher Seite diese Todesopfer zu beklagen waren, wobei jedoch deutlich impliziert wird, dass es sich bei allen oder den meisten um SWAPO-Anhänger handelte. Wahrscheinlich sind in diesen Zahlen auch Todesopfer unter Zivilisten enthalten.

113 Zu Koevoet siehe Herbstein und Evenson, *Devils*, Kap. 3; Soggot, *Violent Heritage*, Kap. 36.

114 Eine Erörterung dieser Zahlenangaben findet sich oben in Anm. 81.

Schlussfolgerungen

In den beiden Jahrzehnten seit der Unabhängigkeit ist aus Namibia ein stabiles, friedliches und vergleichsweise wohlhabendes Land mit regelmäßigen Regierungswahlen auf nationaler und (restrukturierter) regionaler Ebene geworden.[1] Dennoch sind Beobachter über manche Entwicklungen im Land ernsthaft beunruhigt. In diesem kurzen abschließenden Kapitel kann die postkoloniale Periode zwar nicht im Einzelnen analysiert werden, aber ich möchte doch zumindest den Versuch unternehmen, die wichtigsten Dynamiken in Namibias jüngster Geschichte zusammenzufassen.

Die vergleichsweise stabile Lage in Namibia geht zum Teil auf das politische Klima zurück, das unmittelbar nach der Unabhängigkeit geschaffen wurde. Mittels einer Politik der ‚nationalen Versöhnung' versuchte die Regierung, die Konflikte der Vergangenheit zu begraben. Sie ging nicht gegen Personen vor, die unter dem alten Regime Menschenrechtsverletzungen begangen hatten (stellte allerdings aus demselben Grund auch keine Ermittlungen oder Nachforschungen zu den von der SWAPO im Exil inhaftierten Personen an).[2] Zugleich verfügt die Regierung über eine Verfassung, die Diskriminierung ‚aufgrund von Geschlecht, Rassenzugehörigkeit, Hautfarbe, ethnischer Herkunft, Religion, Überzeugung oder gesellschaftlicher oder wirtschaftlicher Stellung'[3] verbietet, und es gelang ihr, den meisten Formen von unverhohlenem Rassismus ein Ende zu bereiten (wobei Rassendiskriminierung in manchen Bereichen fortbestand und dort auch heute noch anhält). Aus der neuen Verfassung nebst der Politik nationaler Versöhnung erging für den Staat der Auftrag, die Apartheidgesetze abzuschaffen, neue Rechte gesetzlich zu verankern und einen Prozess der Staatsbildung einzuleiten.

Das Gewaltpotenzial verringerte sich außerdem deutlich durch die erfolgreiche Eingliederung von Truppen beider Seiten in die neuen Streitkräfte, die Namibian Defence Force (NDF, Namibische Verteidigungsstreitkräfte). Eine Reihe anderer Programme, darunter ‚Development Brigades' (‚Entwicklungsbrigaden' für Infrastrukturprojekte), hatten zwar mit Problemen zu kämpfen, sorgten aber für den Lebensunterhalt von PLAN-Veteranen.[4] Die neue Regierung übernahm den vorhandenen öffentlichen Dienst und schuf zusätzliche Posten für ihre eigenen Leute, anstatt bereits angestellte Mitarbeiter zu entlassen (diese Entscheidung trug auch zur Entstehung von Namibias heutigem unverhältnismäßig großen Beamtenapparat bei).

Dass die SWAPO solche politischen Entscheidungen traf und ein kapitalistisches, neoliberales Wirtschaftsmodell einführte, hing eng mit dem damaligen Aufweichen der Fronten des Kalten Kriegs zusammen (das, wie wir gesehen haben, die Unabhängigkeit unter anderem ermöglichte). Zusammen mit dem Übergang zur Demokratie in Südafrika 1994 führte dies dazu, dass es Namibia nicht erging wie zuvor Angola und Mosambik, die zum Spielball der Supermächte und durch Bürgerkriege zerrissen wurden.

Es ist allerdings unbestreitbar, dass es seit 1990 ernsthafte Bedrohungen für den inneren und äußeren Frieden gegeben hat. Als der Krieg in Angola erneut an Heftigkeit zunahm, erlaubte Namibia im Dezember 1999 der angolanischen Regierung, Angriffe auf die UNITA von namibischem Hoheitsgebiet aus durchzuführen. Die Gewalt eskalierte, in Nordnamibia kamen Zivilisten ums Leben, und es gab Berichte über Menschenrechtsverletzungen durch Angehörige der NDF und der Special Field Force (einer Polizeieinheit). Nach dem Waffenstillstand in Angola im April 2002 kehrte allerdings wieder Frieden ein. Darüber hinaus beteiligte sich Namibia zwischen 1998 und 2002 an einem größeren (und geografisch entlegenen) Konflikt in Afrika und entsandte – anfangs aufgrund einer einseitigen Entscheidung des Präsidenten – Truppen in die Demokratische Republik Kongo, wo sie zusammen mit Streitkräften aus Simbabwe und Angola für die Unterstützung von Präsident Laurent Kabila kämpften.[5] Außerdem kam es in den 1990er-Jahren wegen der Frage, wem die Insel Kasikili im Chobe-Fluss gehörte, zu Spannungen zwischen Namibia und Botswana. 1995 einigten sich die Präsidenten der beiden Länder dann aber darauf, den Fall vor den Internationalen Gerichtshof zu bringen, der zugunsten Botswanas entschied.[6]

Der schwerste Zwischenfall war allerdings ein versuchter Staatsstreich durch Separatisten in Caprivi. Am 2. August 1999 griff eine Bewegung, die sich Caprivi Liberation Army (Befreiungsarmee von Caprivi) nannte und von Mishake Muyongo – einem früheren Vorsitzenden der DTA – angeführt wurde, die Polizeistation, den Armeestützpunkt und die Zentrale der namibischen Rundfunkanstalt Namibia Broadcasting Corporation in Katima Mulilo an. Die Regierung rief daraufhin den Ausnahmezustand aus und nahm hunderte von Menschen in Haft; etwa 2500 flohen nach Botswana, mehr als hundert andere klagte man des Hochverrats an. Der Fall kam erst 2004 zur Verhandlung, und der Prozess dauerte bei Abschluss dieses Buches noch an.[7]

Ungeachtet dieser Probleme ist Namibia während der letzten beiden Jahrzehnte (im Großen und Ganzen und mit einigen wichtigen Ausnahmen) im Sinne der Verfassung und rechtsstaatlich regiert worden. Das Land hat einen Präsidenten und ein Zweikammerparlament, das aus einer National Assembly (Nationalversammlung), von deren achtundsiebzig Mitgliedern zweiundsiebzig gewählt werden, und einem National Council (Nationalrat; dieser hat in der Gesetzgebung beratende Funktion, aber kein Vetorecht) mit sechsundzwanzig Mitgliedern besteht, die aus den dreizehn Regionalräten gewählt werden. Wahlen wurden regelmäßig und zeitgerecht abgehalten (bei landesweiten Wahlen im Abstand von jeweils fünf Jahren). Die SWAPO (mittlerweile offiziell SWAPO-Partei genannt) hat sämtliche landesweiten Wahlen gewonnen und konnte ihren Stimmenanteil 1994 auf zwei Drittel ausbauen, 1999 und 2004 auf drei Viertel. 1998 wurde die Verfassung geändert, damit Präsident Nujoma eine dritte Amtszeit antreten konnte; dieser Schritt war zwar rechtlich zulässig, wurde aber als demokratiefeindlich kritisiert.

Auf Nujoma folgte im März 2005 Präsident Hifikepunye Pohamba. Dennoch hat Nujoma, dem man inzwischen den offiziellen Titel ‚Gründungsvater der namibischen Nation' verliehen hat, nach wie vor großen Einfluss. Insgesamt macht sich – obwohl Namibia nach außen hin seit zwei Jahrzehnten ein Staat ist, der auf der Grundlage einer Verfassung regiert wird – immer noch der bereits zu Exilzeiten bestehende Hang der

SWAPO bemerkbar, die Fäden in der Hand zu behalten. Zum ersten großen Bruch innerhalb der Partei kam es 1999, als unter Führung von Ben Ulenga (einem ehemaligen Häftling auf Robben Island, Gewerkschaftsführer und Namibian High Commissioner (Namibischer Hochkommissar) in London) die Partei Congress of Democrats (CoD, Kongress der Demokraten) gegründet wurde. Laut Ulenga erfolgte diese Gründung aus Enttäuschung darüber, dass ‚die SWAPO nicht in der Lage war, sich von einer verschlossenen, bewaffneten nationalistischen Bewegung, die sich im Exil befand, in eine regierende Massenpartei zu verwandeln'.[8] Die CoD gewann bei den Wahlen 1999 sieben Sitze im Parlament; daraufhin wurden ‚schwere Bedenken' hinsichtlich der Stimmenauszählung laut.[9]

Die Anhängerschaft der CoD ist seither zurückgegangen, doch es hat sich mit der Rally for Democracy and Progress (RDP, Bewegung für Demokratie und Fortschritt) unter Führung von Hidipo Hamutenya eine neue, größere Oppositionspartei gebildet. Hamutenya hatte zuvor eine wichtige Rolle bei der SWAPO eingenommen und war der erste Minister für Information und Rundfunk im unabhängigen Namibia gewesen. Bei den Wahlen im November 2009 erzielte die SWAPO vierundfünfzig Sitze (einen weniger als zuvor), und die RDP wurde mit acht Sitzen zweitstärkste Partei. Vor den Wahlen war es allerdings zu gewalttätigen Auseinandersetzungen zwischen Anhängern der SWAPO und der RDP gekommen, und es gab darüber hinaus Anzeichen für fragwürdige Machenschaften in den Wahllokalen und Aktionen der SWAPO gegen ‚Schläfer' – Leute, die angeblich heimliche Unterstützer der RDP waren – im Regierungsdienst. Als das vorliegende Buch geschrieben wurde, hatten die meisten Oppositionsparteien den Obersten Gerichtshof ersucht, die Wahlergebnisse aufzuheben oder zumindest eine neue Auszählung der Stimmen anzuordnen.[10]

Angesichts dieses Problemdrucks spielen zivilgesellschaftliche Organisationen eine wichtige Rolle bei Versuchen, die Regierung zur Verantwortung zu ziehen, doch es gibt in diesem Sektor erhebliche Defizite. Solche Aktivitäten sind ein wichtiges Vermächtnis aus den 1980er-Jahren. Die Presse ist nach wie vor größtenteils frei, obwohl es faktisch ein gewisses Maß an Zensur sowie Hetzkampagnen seitens der Regierung und der SWAPO gibt. Während die Autonomie der Gewerkschaften seit 1990 stark eingeschränkt wurde, gelang es Kirchen und Jugendorganisationen besser, an einer unabhängigen Meinung festzuhalten und diese zu äußern.[11] Namibia verfügt über einen beachtlichen, [12] florierenden NGO-Sektor, und manche Organisationen haben sich sehr erfolgreich für gesellschaftliche Belange engagiert. So treten sie etwa für Frauen, Minderheiten und die Armen ein, klären Menschen über ihre Rechte auf, forschen in den Bereichen Gesellschaft und Wirtschaft und üben Kritik an vielen Aspekten von Gesetzgebung und Politik.

Die gravierendste Entwicklung der letzten zwanzig Jahre ist wohl die verheerende Ausbreitung von AIDS. Der erste Fall wurde 1986 bekannt, und 2002 ging man davon aus, dass 22 Prozent der Erwachsenen in Namibia HIV-positiv waren – eine der höchsten Raten weltweit. 2007 sank die Zahl der Infizierten erstmals auf 19,9 Prozent, aber die Pandemie ist nach wie vor ein schwerwiegendes Problem; schätzungsweise 200 000 Menschen, darunter 14 000 Kinder, leben mit AIDS.[13] Bei den Erwachsenen handelt es sich bei etwas mehr als der Hälfte der Infizierten um Frauen. [14] Kinder sind besonders stark betroffen, da viele von ihnen einen oder beide Elternteile verloren haben. Die Krankheit hat nicht nur auf Einzelne und Familien katastrophale Auswirkungen, [15] sondern auf sämtliche Bereiche des Lebens in Namibia, denn die Sterblichkeitsziffern sind gestiegen, das Land wurde in seiner Entwicklung zurückgeworfen, und die Sektoren Arbeit, Produktion und Bildung sind dadurch schwer angeschlagen.[16]

2003 führte die namibische Regierung – deren Politik sich in dieser Hinsicht glücklicherweise sehr von der in Südafrika vorherrschenden Leugnungstaktik unterscheidet – ein Programm ein, in dessen Rahmen HIV/AIDS-Kranke antiretrovirale Medikamente bekommen. Dies ist unter anderem dank großzügiger Spenden möglich. Die Umsetzung gestaltet sich allerdings schwierig, und der Zugang zu den Medikamenten ist nach wie vor schwierig.[17] Dass Worten nicht unbedingt die entsprechenden Taten folgen, ist bisher wohl typisch für viele Bereiche der namibischen Regierungspolitik gewesen, vor allem im Hinblick auf die Armutsbekämpfung.

Es stimmt zwar, dass manchen Indikatoren zufolge im Hinblick auf die Armutsbekämpfung erhebliche Fortschritte erzielt worden sind: So ist die Sterblichkeitsrate bei Kindern unter fünf Jahren von 84 pro 1000 Lebendgeburten im Jahr 1990 auf 63 im Jahr 2004 gesunken.[18] 2008 betrug die Alphabetisierungsrate bei Erwachsenen beeindruckende 88,2 Prozent.[19] Zwar gibt es keinen umfassenden Sozialstaat, aber die Regierung zahlt trotzdem Beihilfen an AIDS-Waisen, Behinderte und Alte. In der Gemeinde Otjivero-Omitara östlich von Windhoek gab es ein Pilotprojekt hinsichtlich eines kleinen garantierten Einkommens (Grundeinkommen) für sämtliche Erwachsenen. Wie aber Henning Melber aufgezeigt hat, ist Namibia weltweit eines der Länder mit der größten Einkommensungleichheit, und befand sich 2006 immer noch auf Platz 125 des Index für menschliche Entwicklung (Index of Human Development); seit 1996 hatte es diesbezüglich keine Verbesserung gegeben.[20] Die meisten Namibier leben noch immer in erdrückender Armut. Zwar etablierte sich bald nach der Unabhängigkeit eine schwarze Mittelschicht, aber es wurde wenig hinsichtlich einer Vermögensumverteilung unternommen. Das Gleiche gilt übrigens auch – ungeachtet einigen Säbelrasselns zu diesem Thema – für die Umverteilung von Land. Die Bevölkerung der Städte ist seit der Unabhängigkeit rapide angewachsen, da die Armen aus ländlichen Gegenden in die Städte abgewandert sind, wo die meisten von ihnen in den Randgebieten in Elendsvierteln leben.[21] Allerdings sind der Bereicherung der Elite Grenzen gesetzt. Die Korruption hat zwar zugenommen; rangierte Namibia 2001 im Bestechungsindex von Transparency International noch auf Platz 30, so war es 2009 auf Platz 56 abgestiegen. Nach den Maßstäben, die in diesem Index angelegt werden, herrscht in Namibia aber nach wie vor weniger Korruption als in den meisten anderen afrikanischen Ländern oder auch in Italien, China, Russland oder Indien.[22]

Für Frauen stellen Armut und HIV/AIDS eine besonders schwere Bürde dar. In mancher Hinsicht hat das unabhängige Namibia, was die Gleichstellung der Geschlechter und die Frauenrechte betrifft, große Fortschritte gemacht. Die Gleichberechtigung von Mann und Frau ist in der Verfassung verankert, und später erlassene Gesetze führten unter anderem Antidiskriminierungsmaßnahmen im Beschäftigungssektor ein, stärkten die Rechte von Frauen innerhalb von Familie und Ehe und festigten ihre Landbesitzrechte. Außerdem sicherten die Gesetze ihnen Schutz vor Gewalt zu. Mitte des ersten Jahrzehnts des 21. Jahrhunderts machten Frauen fast 30 Prozent der Parlamentsmitglieder (wobei dieser Anteil seither zurückgegangen ist) und mehr als 40 Prozent der Gemeinderäte aus. Dennoch ist das Einkommen von Frauen immer noch um 50 Prozent niedriger als das von Männern, und Gewalt gegen Frauen – wie übrigens auch sexuelle Gewalt gegen Kinder – ist weit verbreitet. Auf die von Frauen errungenen Fortschritte hat es heftige Gegenreaktionen gegeben, und das Thema Gleichstellung ist nach wie vor Gegenstand hitziger Kontroversen.[23]

Außerdem hat der politische Diskurs in Namibiadazu geführt, manche Gruppen mehr oder weniger auszuschließen und auszugrenzen. Das augenfälligste Beispiel sind Homosexuelle, die 1996 erstmals zur Zielscheibe von Kritik durch Präsident Nujoma wurden und seitdem immer wieder verbalen und körperlichen Angriffen ausgesetzt gewesen sind (wobei es in der namibischen Gesellschaft aber auch tolerantere Strömungen gibt).[24] Die Regierung hat zunehmend einem Geschichtsnarrativ Vorschub geleistet – beispielsweise durch die Errichtung des pompösen ‚Heroes' Acre' (‚Heldenacker') vor Windhoek – das einzig die Geschichte der SWAPO und ihrer Verbündeten aus der Zeit vor der Unabhängigkeit gelten lässt und deren ehemalige Widersacher ins Abseits drängt. Außerdem hat die SWAPO versucht, die Diskussion über die Erfahrungen derer zum Verstummen zu bringen, die vor der Unabhängigkeit von der Bewegung selbst inhaftiert wurden.[25] Trotz alledem ist die Erinnerungspolitik ein heiß umkämpftes und komplexes Feld; viele Gemeinschaften haben seit der Unabhängigkeit bestimmte Arten der Erinnerungskultur (wieder) eingeführt und dabei in manchen Fällen traditionelle Herrschaftsformen wieder aufleben lassen.[26]

Besonders auffällig ist, dass San von den Entwicklungsinitiativen im unabhängigen Namibia so gut wie nicht profitiert haben und heute oft noch ärmer sind als früher.[27] In diesem und in anderen Fällen machen sich im politischen Kräftespiel Namibias gewisse ethnische Spannungen und Ressentiments bemerkbar. Die Einbeziehung aller Bevölkerungsgruppen in die nationalistischen Bestrebungen vor der Unabhängigkeit und die starke Betonung von ‚Namibianness' (‚wir sind alle Namibier') im öffentlichen Diskurs ab 1990 haben dennoch dazu geführt, dass sich ethnische Spaltungen in Grenzen halten. In ihrer offiziellen Politik hat die SWAPO stets darauf geachtet, Politiker aus sämtlichen ethnischen Gruppen einzubeziehen und bei Wahlen ins Rennen zu schicken, darunter Hage Geingob und Hendrik Witbooi: Geingob war Namibias erster Premierminister, Witbooi der erste Vize-Premierminister. Der bislang einzige Fall schwerwiegender ethnisch (oder regional) bedingter Gewalt war der versuchte Staatsstreich in Caprivi.

Ob die Einwohner Namibias sich aus Armut und Marginalisierung befreien können, hängt natürlich nicht nur von der Regierungspolitik und den Bemühungen von Hilfsorganisationen ab, sondern auch vom Zustand der Wirtschaft im Allgemeinen. Wie bereits erwähnt, führte das Land bei der Unabhängigkeit ein neoliberales kapitalistisches Modell ein; die wichtigsten Wirtschaftssektoren sind nach wie vor der Rohstoffabbau, die Landwirtschaft und – in gewissem Umfang – die Fischindustrie. Ein großes Zugeständnis an die neuen politischen Gegebenheiten war 1994 die Umwandlung der CDM in die Namdeb Diamond Corporation Ltd., von der die Regierung 50 Prozent der Anteile erwarb.

Manche Versuche, die Konjunktur anzukurbeln, waren alles andere als erfolgreich. Die namibische Regierung hat versucht, potenzielle ausländische Investoren durch sehr günstige Bedingungen anzulocken. Ein Beispiel war der malaysische Konzern Ramatex Textiles, der nie das erhoffte Potenzial entfaltete und schließlich einen kompletten Rückzieher machte. Andere wirtschaftliche Veränderungen und Strategien erweisen sich demgegenüber bei der Schaffung von Arbeitsplätzen vor Ort und der Konjunkturbelebung als sehr viel wirksamer (bewegen sich allerdings bisweilen am Rande der Legalität). 2004 wurden dank einer neuen Brücke über den Sambesi lang gehegte Pläne zur Schaffung eines Trans-Caprivi-Korridors Wirklichkeit, der Walvis Bay (wo die Infrastruktur des Hafens ausgebaut wurde) mit Zentralafrika verbindet, und zwar vor allem mit Sambia und der demokratischen Republik Kongo. Durch den Frieden in Angola eröffneten sich außerdem viele Gelegenheiten für – legalen und illegalen – Handel mit Nordnamibia. Eine dritte große Veränderung war der Beginn chinesischer Investitionen in Namibia im ersten Jahrzehnt des 21. Jahrhunderts. Die Auswirkungen dieser Investitionen auf die Wirtschaft Namibias sind zwar durchwachsen und noch nicht genau absehbar, aber sicherlich hatte dies kurzfristig den Effekt, dass Konsumgüter für Arme erschwinglicher wurden, und es entstanden auch Arbeitsplätze.[28]

Es ist relativ einfach, die Dynamiken seit der Unabhängigkeit in Namibia zusammenzufassen. Den Weg Namibias in die Zukunft vorherzusagen, ist wesentlich schwieriger. Eine zentrale Frage ist jedoch, ob ernst gemeinte und erfolgreiche Anstrengungen gegen Armut und Ungleichheit unternommen werden. Für manche Einwohner ist das Leben besser geworden, aber für die meisten ist es immer noch ein alltäglicher Kampf. Eine weitere wichtige Frage ist, ob das Rechtsstaatsprinzip gewahrt bleibt oder das Handeln der Regierung immer undemokratischer wird und sie keine Rechenschaft darüber ablegt, was sie tut. Außerdem werden wie in der Vergangenheit äußere Faktoren – Veränderungen in der Weltwirtschaft, im Klima, in geopolitischen Machtverhältnissen – die inneren Dynamiken Namibias wesentlich beeinflussen.

Eines steht jedoch außer Zweifel: Der erfolgreiche Übergang zur Demokratie nach Jahrzehnten nationalistischen Ringens bedeutet keineswegs, dass die Geschichte Namibias nunmehr zu Ende ist. Obwohl der Staat die einzelnen Bevölkerungsgruppen viel stärker einbezieht als vor 1990, vertritt er in vielerlei Hinsicht immer noch nur die Interessen eines Teils der Bevölkerung; wie seit jeher geht es auch heute um Macht, Einbeziehung und Ausgrenzung.

Die Gegenwärtigkeit der kolonialen Vergangenheit ist ein ausgeprägtes Merkmal der postkolonialen Zeit: Die physische, politische und wirtschaftliche Landschaft Namibias ist nachhaltig von den wiederholten Erfahrungen von Kolonisierung, Enteignung und Kriegen geprägt, und viele heutige Auseinandersetzungen über Erinnerung und Ressourcen nehmen Bezug auf diese Vergangenheit und gehen auf sie zurück. Auch die Gegenwart ist nicht nur durch die Zeit offizieller Kolonisierung geprägt, sondern auch dadurch, wie die Einführung des Handelskapitalismus, die Ankunft der Missionsgesellschaften und diverse Migrationen Namibia bereits in den Jahrzehnten zuvor verändert hatten. Allerdings ist Veränderung – dies überrascht Historiker natürlich nicht – ein Merkmal der Geschichte Namibias, seit Menschen dort leben; sie haben immer schon die Gelegenheit ergriffen, sich Neuerungen anzueignen. Zugleich ist aber auch die Beständigkeit vieler ‚traditioneller' Formen von Herrschaft, Brauchtum, Kultur und Praktiken – wie stark auch immer verändert – ein wesentliches Merkmal des postkolonialen Namibia.

Im vorliegenden Buch wurde der Versuch unternommen, einige dieser Dynamiken zu veranschaulichen. Insbesondere ging es dabei um eine Analyse der Geschichtsepoche, für die schriftliche Quellen vorliegen, ohne aus den Augen zu verlieren, dass die bei weitem längste Zeit menschlicher Besiedlung in Namibia vor allem mit archäologischen Methoden erforscht werden muss. Auch hinsichtlich der Zeitgeschichte bleiben viele Fragen offen; viele Aspekte sind noch gar nicht untersucht worden, und viele sind Gegenstand reger Diskussionen. Die Forschungsmöglichkeiten sind daher reichlich und vielversprechend, und es ist zu hoffen, dass Historikerinnen und Historiker sich dieser Herausforderung weiterhin stellen werden.

Endnoten

1 Für die Verfassungs- und Politikgeschichte dieser Zeit beziehe ich mich insbesondere auf Gretchen Bauer und Scott Taylor, *Politics in Southern Africa: State and Society in Transition* (Boulder, CO: Lynne Riener, 2005), Kap. 8. Weitere nützliche Quellen zu vielen Themen, die hier angesprochen werden, sind Melber, *Transitions*, und Graham Hopwood, *Guide to Namibian Politics* (Windhoek: Namibia Institute for Democracy, 2007).

2 Siehe beispielsweise John Saul und Colin Leys, ‚Truth, Reconciliation, Amnesia: The „Ex-detainees"" Fight for Justice' in Melber (Hg.), *Re-examining Liberation*, S. 69–86, S. 70–2.

3 *Constitution of the Republic of Namibia, Adopted by the Constituent Assembly in Windhoek, Namibia on 9th February 1990* (o. S.), Artikel 10.

4 Rosemary Preston, ‚Integrating Fighters after War: Reflections on the Namibian Experience, 1989–1993", *JSAS*, 23 2 (1997), S. 453–72.

5 Bauer und Taylor, *Politics*, S. 218–19.

6 Der Fall ist auf der Website des Internationalen Gerichtshofes dokumentiert: http://www.icj-cij.org/docket/index.php?p1=3&p2=3&code=bona&case=98&k=b7.

7 Bauer und Taylor, *Politics*, S. 219–20; Henning Melber, ‚One Namibia, One Nation? The Caprivi as Contested Territory', *Journal of Contemporary African Studies*, 27 4 (2009), S. 463–81.

8 Zitiert in Bauer und Taylor, *Politics*, S. 224.

9 *Ebd.*, S. 223.

10 Election Case Heats Up', *Namibian*, 15.1.2010. Zur Geschichte der Wahlen in Namibia seit der Unabhängigkeit siehe insbesondere Henning Melber, ‚Analysis: Namibia's Elections 2009. Democracy without Democrats?', Heinrich Böll Stiftung, Dezember 2009, http://www.boell.org.za/web/144–487.html; Bauer und Taylor, *Politics*, Kap. 8.

11 Bauer und Taylor, *Politics*, S. 225–8; Herbert Jauch, ‚Between Politics and Shop Floor: Which Way for Namibia's Labour Movement?' in Melber, *Transitions*, S. 50–64.

12 Bauer und Taylor, *Politics*, S. 225, zitieren eine ‚kürzlich durchgeführte Bestandsaufnahme', der zufolge es insgesamt 220 Nichtregierungsorganisationen gibt.

13 Diese Angaben zur Häufigkeit von HIV/AIDS beruhen auf Erhebungen bei Frauen, die an Sprechstunden für werdende Mütter teilgenommen haben, und sind daher nur ungefähr. Zu den hier angeführten Zahlen siehe Republic of Namibia, Ministry of Health and Social Services, *United Nations General Assembly Special Session (UNGASS) Country Report*, April 2006 – März 2007, http://data.unaids.org/pub/Report/2008/namibia_2008_country_progress_report_en.pdf (Download: 25.1.2010), S. 7–8; außerdem Ida Susser, *Aids, Sex and Culture: Global

Politics and Survival in Southern Africa (Chichester: Wiley-Blackwell, 2009), S. 155.

14 Kaiser Family Foundation, ‚The HIV/AIDS Epidemic in Namibia', Oktober 2005, http://www.kff.org/hivaids/upload/7362.pdf (Download: 25.1.2010).

15 Persönliche Erfahrungsberichte junger Menschen über die Auswirkungen der Epidemie finden sich in Reimer Gronemeyer und Matthias Rompel (Hg.), *Today It's Your Family, Tomorrow It's You: Essays by Young Namibians on the Social Impact of HIV and AIDS* (Windhoek: Gamsberg Macmillan, 2003).

16 Eine Erörterung der allgemeinen gesellschaftlichen Auswirkungen der Epidemie findet sich in Bauer und Taylor, *Politics*, Kap. 10.

17 UNAIDS Country Situation Fact Sheet, ‚Namibia', Juli 2008, http:// data. unaids.org/pub/FactSheet/2008/sa08_nam_en.pdf (Download: 25.1.2010).

18 WHO ‚Country Health System Fact Sheet 2006 Namibia', S. 6, http:// www.afro.who.int/home/countries/fact_sheets/namibia.pdf.

19 World Bank, World Development Indicators, http://data.worldbank.org/ indicator/SE.ADT.LITR.ZS (Zugriff: 10.5.2010).

20 Henning Melber, ‚Poverty, Politics and Privilege: Namibia's Black Economic Elite Formation' in *ders.* (Hg.), *Transitions in Namibia*, S. 110–29, S. 115.

21 Winterfeldt, ‚Labour Migration', S. 64.

22 Corruption Perceptions Index, veröffentlicht von Transparency International, 2009 und 2001, http://www.transparency.org/policy_research/ surveys_ indices/cpi/2009/cpi_2009_table, http://www.transparency.org/ policy_ research/surveys_indices/cpi/2001 (25.1.2010).

23 Dianne Hubbard, ‚Gender and Sexuality: The Law Reform Landscape' in Suzanne LaFont und Dianne Hubbard (Hg.), *Unravelling Taboos: Gender and Sexuality in Namibia* (Windhoek: Legal Assistance Centre, 2007), S. 99–128; *dies.*, ‚Ideas about Equality in Namibian Law' in Melber (Hg.), *Transitions*, S. 209–29; Bauer und Taylor, *Politics*, S. 207; Suzanne LaFont, ‚An Overview of Gender and Sexuality in Namibia' in *dies.* und Hubbard (Hg.), *Unravelling Taboos*, S. 1–38; Rachel Jewkes, Hetty Rose-Junius und Loveday Penn-Kekana, ‚The Social Context of Child Rape in Namibia' in *ebd.,* S. 167–80.

24 LaFont, ‚Overview', S. 11–14.

25 Es ist eine Ironie des Schicksals, dass über Menschen, die von den südafrikanischen Streitkräften inhaftiert wurden, keine vergleichbare Debatte entstanden ist, da letztere (wie weiter oben erwähnt) nur wenige Gefangene machten, von denen sie die meisten entweder umbrachten oder ‚umerzogen'.

26 Christopher Saunders, ‚History and the Armed Struggle: From Anti-colonial Propaganda to „Patriotic History“?‘ in Melber (Hg.), *Transitions*, S. 13–29; Lalli Metsola, ‚Out of Order? The Margins of Namibian Ex-combatant „Reintegration“‘ in *ebd.,* S. 130–52; Lauren Dobell, ‚Review Article: Silence in Context‘, *JSAS*, 23 2 (1997), S. 371–82; Reinhart Kößler, ‚Public Memory, Reconciliation and the Aftermath of War‘ in Melber (Hg.), *Re-examining Liberation*, S. 99–110; Henning Melber, „„Namibia, Land of the Brave“: Selective Memories on War and Violence within Nation Building‘ in Abbink *et al.* (Hg.), *Rethinking Resistance*, S. 305–27.

27 James Suzman, ‚Difference, Domination and „Underdevelopment“: Notes on the Marginalisation of Namibia's San Population‘ in Winterfeldt *et al.* (Hg.), *Namibia Society Sociology*, S. 125–35.

28 Martin Boer und Robin Sherbourne, ‚Getting the Most out of our Diamonds: Namibia, De Beers and the Arrival of Lev Leviev‘ (Windhoek, IPPR, Briefing Paper 20, 2003), S. 2; Volker Winterfeldt, ‚Liberated Economy: The Case of Ramatex Textiles Namibia‘ in Melber (Hg.), *Transitions*, S. 65–93; *Namibian*, 7. März 2008, ‚Ramatex ups and offs‘; Gregor Dobler, ‚Old Ties or New Shackles? China in Namibia‘ in *ebd.,* S. 94–109; Wolfgang Zeller, ‚Danger and Opportunity in Katima Mulilo: A Namibian Border Boomtown at Transnational Crossroads‘, *JSAS*, 35 1 (2009), S. 133–54.

Appendix

Abbildungsverzeichnis

Der Verlag dankt den Copyrightinhabern der verwendeten Abbildungen, bzw. deren Vertretern, für die Überlassung der Abdruckrechte. Trotz intensiver Bemühungen konnten in einzelnen Fällen die Rechteinhaber nicht ermittelt bzw. kein Kontakt zu Ihnen hergestellt werden. Sie werden gebeten, sich mit dem Verlag in Verbindung zu setzen.

Abb. 1–4:	© John Kinahan
Abb. 5:	Abbildung von Quentin Keynes.
Abb. 6:	Aus James Chapman, *Travels in the Interior of South Africa* (London: Bell and Daldy, 1868), gegenüber S. 4216. SOAS Library. Fotograf: Glenn Ratcliffe.
Abb. 7 und 8:	Abdruck mit freundlicher Genehmigung der National Archives of Namibia (Abbildung 7: Nr. 11455; Abbildung 8: Nr. 11456).
Abb. 9:	Fotografen: Arne Sjoegren und Gerrit Swanepoel. Objekt A 37/179 aus den Sammlungen des Powell-Cotton-Museums, Kent, Großbritannien. Gesammelt von Miss A. Powell-Cotton und Miss D. Powell-Cotton.
Abb. 10:	Abdruck mit freundlicher Genehmigung der National Archives of Namibia (Nr. 9391, Sammlung Dickman, South African Museum, Kapstadt).
Abb. 11:	Abdruck mit freundlicher Genehmigung der National Archives of Namibia (Nr. 2770).
Abb. 12:	Fotograf: wahrscheinlich August Wulff. Abdruck mit freundlicher Genehmigung der National Archives of Namibia (Nr. 056).
Abb. 13:	Dieses Foto ohne Datumsangabe entstand wahrscheinlich im Garten von Leutweins Residenz in Windhoek. Abdruck mit freundlicher Genehmigung der National Archives of Namibia (Nr. 053).
Abb. 14:	Abdruck mit freundlicher Genehmigung der National Archives of Namibia (Nr. 01880).
Abb. 15:	Abdruck mit freundlicher Genehmigung der National Archives of Namibia (Nr. 5345).

Abb 16:	Fotograf: Georg Weyrauther. Historischer Verein für Oberfranken und Universitätsbibliothek Bayreuth.
Abb. 17:	Abdruck mit freundlicher Genehmigung der National Archives of Namibia (Nr. 5041).
Abb. 18:	Abdruck mit freundlicher Genehmigung der Special Collections, Yale Divinity School Library.
Abb. 19:	Abdruck mit freundlicher Genehmigung der National Archives of Namibia (Nr. 4996).
Abb. 20:	Fotograf: C.H.L. Hahn. Abdruck mit freundlicher Genehmigung der National Archives of Namibia (Nr. 11920).
Abb. 21:	Fotografin: Anneliese Scherz. Archiv der Basler Afrika Bibliographien.
Abb. 22:	SWAPO-Poster (Luanda, 1980?).Veröffentlicht in Giorgio Miescher und Dag Henrichsen, *African Posters* (Basel, 2004), S. 21, Nr. X 1460. Basler Afrika Bibliographien.
Abb. 23:	Abdruck mit freundlicher Genehmigung der National Archives of Namibia (Nr. 4370).
Abb. 24:	Abdruck mit freundlicher Genehmigung der National Archives of Namibia (Nr. 3270).
Abb. 25:	Abdruck mit freundlicher Genehmigung der National Archives of Namibia (Nr. 13203). Aus der Sammlung International Defence and Aid Fund, IDAF.
Abb. 26:	© John Liebenberg, veröffentlicht in *Bush of Ghosts* (Umuzi, 2010). Mit freundlicher Genehmigung des Fotografen.

Kartenverzeichnis

Karte 1: © Sebastian Ballard.

Karte 2: © Sebastian Ballard. Quellen: Nuhn, *Feind überall*, S. 60–1; Kinahan, *Cattle for Beads*, S. 31; *Kriegskarte*; Lau, *Jonker Afrikaner's Time*, Karte 1; Mendelsohn, *Atlas of Namibia*, S. 30.

Karte 3: © Sebastian Ballard. Quellen: McKittrick, *To Dwell Secure*, Karte 2.1; Hayes *et al.*, *Namibia under South African Rule*, S. xviii; Fisch, ‚Tawana's Military Campaign', S. 118; Gibson *et al.*, *Kavango Peoples*; *Kriegskarte*; Mendelsohn, *Atlas of Namibia*, S. 20–7.

Karte 4: © Sebastian Ballard. Quellen: McKittrick, *To Dwell Secure*, Karte 2.1; Hayes *et al.*, *Namibia under South African Rule*, S. xviii; Kreike, *Recreating Eden*, Karte 4.

Karte 5: © Sebastian Ballard. Quellen: Hayes *et al.*, *Namibia under South African Rule*, S. xv; Katjavivi, *History of Resistance*, Karte 8.

Karte 6: Quelle: John Kinahan.

Glossar

Angra Pequena	Ehemaliger Name für Lüderitz(bucht)
Baiweg (Afrikaans)	Jonker Afrikaners Verkehrsroute zwischen Windhoek und Walvis Bay
Bambuse, Pl. Bambusen	Junger afrikanischer Diener/Gehilfe bei den deutschen Kolonialtruppen
Baster, Bastaard	Personen gemischter afrikanischer und europäischer Herkunft
(Berg-)Damara/Dama/ Daman	(Historische) Bezeichnungen, die in der Regel mit den heutigen Damara gleichgesetzt werden
Bezirk	Übergeordnete Verwaltungseinheit (deutsche Kolonialzeit)
Chief	‚Häuptling'
(Vieh-)Damara	Historische Bezeichnung, die in der Regel mit den heutigen Herero gleichgesetzt wird
Distrikt	Untergeordnete Verwaltungseinheit (deutsche Kolonialzeit)
Eanda (Otjiherero)	Weibliche Linie im doppelten Verwandtschaftssystem der Herero
Efandula (Oshikwanyama)	Initiationszeremonie für Mädchen
Ehi rOvaherero (Otjihereri)	Land der Herero
Gariep	Oranje (Fluss)
Groß-Namaqua	Historische Bezeichnung für die Vorfahren der heutigen Nama
Headman/Headwoman	Anführer/in, Vorsteher/in
Kaptein (Afrikaans)	Hauptmann, ‚Häuptling', Anführer
Mwanamwalie (Silozi)	Repräsentant der Lozi in Caprivi
Ohamakari (Otjiherero)	Ort der sog. Schlacht am Waterberg (1904)
Ohango (Oshindonga)	Mädchen-Initiationszeremonie

Ohorongo (Otjiherero)	Name von Mahareros Klan
Omaheke	Wüste/sehr trockene Region in Ostnamibia
Omalenga, Sg. elenga (Oshiwambo-Sprachen)	Ranghöchster Vorsteher/Anführer
Ombuke (Otjiherero)	Prophet
Omutandu Pl. omitandu (Otjiherero)	Preislied
Omuhona, Pl. ovahona	‚Großer Mann' (‚big man'), Anführer/ Vorsteher
Oruuano (Otjiherero)	Unabhängige Kirche mit einer starken Betonung auf Tradition, wörtlich: ‚Kommunion'; Protestant Unity Church
Oruzo (Otjiherero)	Männliche Linie im doppelten Verwandtschaftssystem der Herero
Otjiserandu (Otjiherero)	Die sog. Rote Flaggenformation der oturupa
Oturupa (Otjiherero)	Die sog. Truppenspielerbewegung von Herero
Ovaherero, Sg. omuherero (Otjiherero)	Herero (die ethnische Gruppe sowie Angehörige dieser Gruppe)
Polizeizone	Die von ‚weissen' Siedlern in Besitz genommenen Gebiete Süd- und Zentralnamibias
Rote Linie	Bezeichnung für die (Veterinär-) Grenze zwischen der Polizeizone und den ausserhalb davon gelegenen Gebieten
Schutztruppe	Deutsche Kolonialarmee
Veld (Afrikaans)	Feld, Buschland, Weide, Jagdgründe

Abkürzungen

AACRLS	Archives of Anti-Colonial Resistance and the Liberation Struggle
AG	Administrator-General
AMEC	African Methodist Episcopal Church
ANC	African National Congress
BAB	Basler Afrika Bibliographien
BRD	Bundesrepublik Deutschland
CANU	Caprivi African United Union
CDM	Consolidated Diamond Mining
DDR	Deutsche Demokratische Republik
DEK	Deutsche Evangelische Kirchengemeinde
DKG	Deutsche Kolonialgesellschaft
DKGSWA	Deutsche Kolonialgesellschaft für Südwestafrika
DSWA	Deutsch-Südwestafrika
DTA	Demokratische Turnhallen-Allianz
ELK	Evangelisch-Lutherische Kirche
ELOK	Evangelisch-Lutherische Kirche von Ovambo-Kavango
FAPLA	Forças Armadas Populares de Libertação de Angola
FMS	Finnish Mission Society (Finnische Missionsgesellschaft)
FNLA	Frente Nacional de Libertação de Angola
IGH	Internationaler Gerichtshof
IKRK	Internationales Komitee vom Roten Kreuz
JAH	Journal of African History
JNS	Journal of Namibian Studies
JNSS	Journal of the Namibia Scientific Society
JSAS	Journal of South African Studies
JSWASS	Journal of the South West Africa Scientific Society
LMS	London Missionary Society
MHAG	Missions-Handels-Actien-Gesellschaft (Missions-Handelsgesellschaft der RMS)
MPLA	Movimento Popular de Libertação de Angola
NAD	(Südafrikanisches) Native Affairs Department
NAN	National Archives of Namibia
NANSO	Namibian National Students' Organisation
NASA	National Archives of South Africa
NGK	Nederduits Gereformeerde Kerk (Niederländisch-Reformierte Kirche)
NGO	Non-Governmental Organisation
NLO	Northern Labour Organisation
NMC	Native Military Corps

NNF	Namibia National Front
NP	National Party (Nationalpartei)
NNC	Namibia National Convention
NPCC04	National Preparatory Committee for the Commemoration of 2004
NUDO	National Unity Democratic Organisation
NWV	Namibia Women's Voice
OAU	Organization of African Unity
OMEG	Otavi Minen- und Eisenbahngesellschaft
OPC	Ovamboland People's Congress
OPO	Ovamboland People's Organisation
PHFHC	Konferenz über ‚Public History, Forgotten History' (‚Öffentliche Geschichte, vergessene Geschichte'), University of Namibia, 2000
PLAN	People's Liberation Army of Namibia
RMG	Rheinische Missionsgesellschaft
SADF	South African Defence Force
SAHJ	South African Historical Journal
SLO	Southern Labour Organisation
SWA	Südwestafrika
SWACO	South West Africa Company
SWANLA	South West African Native Labour Association
SWANLIF	South West Africa National Liberation Front
SWANU	South West Africa National Union
SWAP	South West Africa Police
SWAPO	South West Africa People's Organisation
SWASB	South West Africa Student Body
SWATF	South West Africa Territorial Force
SWC	SWAPO Women's Council
SYL	SWAPO Youth League
TGNU	Transitional Government of National Unity
UN	Vereinte Nationen
UNIA	Universal Negro Improvement Association
UNIN	United Nations Institute for Namibia
UNITA	(União Nacional para a Independência Total de Angola
UNSCR	UN Security Council Resolution (Resolution des UN-Sicherheitsrates)
UNSWP	United National South West Party (Vereinigte Nationale Südwestpartei)
UNTAG	United Nations Transition Assistance Group (Unterstützungseinheit der Vereinten Nationen für die Übergangszeit)
WBMC	Walfish Bay Mining Company
WNLA	Witwatersrand Native Labour Association

Bibliografie

Unveröffentlichte Werke

Für die deutschsprachige Ausgabe wurden die bibliografischen Angaben, soweit bekannt, aktualisiert.

Akawa, Martha (2010), ‚The Sexual Politics of the Namibian Liberation Struggle' (Dissertation, Universität Basel). Veröffentlicht als: dies. (2014), *The Gender Politics of the Namibian Liberation Struggle* (Basel: BAB).

Biwa, Memory (2012), ‚Weaving the Past with Threads of Memory.' Narratives and Commemorations of the Colonial War in Southern Namibia (Dissertation, University of the Western Cape).

Du Bruyn, J. (1981), ‚Oorlam Afrikaners: From Dependence to Domination, ca.1760–1832' (unveröffentlichter Forschungsbericht, University of South Africa).

Erichsen, Casper (2004), ‚„The Angel of Death has Descended Violently among them": A Study of Namibia's Concentration Camps and Prisoners-of-war, 1904–1908' (Magisterarbeit, University of Namibia).

Fuller, Bennet (1993), ‚Institutional Appropriation and Social Change among Agropastoralists in Central Namibia, 1916–1988' (Dissertation, Boston University).

Hartmann, Wolfram (2002), ‚Sexual Encounters and their Implications on an Open and Closing Frontier: Central Namibia from the 1840s to 1905' (Dissertation, Columbia University).

Hayes, Patricia (1992), ‚A History of the Ovambo of Namibia, c. 1880–1935' (Dissertation, University of Cambridge).

Henrichsen, Dag (1997), ‚Herrschaft und Identifikation im vorkolonialen Zentralnamibia. Das Herero- und Damaraland im 19. Jahrhundert' (Dissertation, Universität Hamburg). Veröffentlicht als: ders. (2011), *Herrschaft und Alltag im vorkolonialen Zentralnamibia. Das Herero- und Damaraland im 19. Jahrhundert* (Basel: BAB).

Henrichsen, Dag (1999), ‚Claiming Space and Power in Pre-Colonial Central Namibia: The Relevance of Herero Praise Songs' (Basel: BAB Working Paper 1999:1, BAB).

Hoffmann, Anette (2005), ‚„Since the Germans Came it Rains Less": Landscape and Identity in Herero Communities of Namibia' (Dissertation, Universität Amsterdam, 2005).

Horsburgh, Katherine (2008), ‚The Origins of Southwestern African Pastoralism: Addressing Classic Debates using Ancient DNA' (Dissertation, Standford University).

Kangumu, Bennett (2000), ‚A Forgotten Corner of Namibia: Aspects of the History of the Caprivi Strip, 1939–1980' (Magisterarbeit, University of Cape Town).

——— (2008), ‚Contestations over Caprivi Identities: From Pre-colonial Times to the Present' (Dissertation, Universität Kapstadt). Veröffentlicht als: ders. (2011), *Contesting Caprivi: A History of Colonial Isolation and Regional Nationalism in Namibia* (Basel: BAB).

Kinahan, John (2008), ‚The Archaeological and Social Dimension of Wild Grass Seed Exploitation in the Namib Desert' (Vortrag auf der Third Southern Deserts Conference, Molopo, Südafrika).

Lau, Brigitte (1979), ‚A Critique of the Historical Sources and Historiography Relating to the „Damaras" in Pre-colonial Namibia' (BA (Honours), University of Cape Town).

McKittrick, Meredith (1995), ‚Conflict and Social Change in Northern Namibia, 1850–1954' (Dissertation, Stanford University).

Miescher, Giorgio (2009), ‚Die Rote Linie: Die Geschichte der Veterinär und Siedlungsgrenze in Namibia (1890er bis 1960er Jahre)' (Dissertation, Universität Basel). Veröffentlicht als: ders. (2013), *Die Rote Linie. Geschichte der Veterinär- und Siedlungsgrenze in Namibia, 1890er–1960er Jahre* (Basel: BAB).

Mokopakgosi, Brian (1998), ‚German Colonialism in Microcosm: A Study of the Role of the Concessionaire Companies in the Development of the German Colonial State' (Dissertation, University of London).

Musambachime, M. Chambikabalenshi (1999), ‚„*Kapitohanga:* The Disease that Killed Faster than Bullets". The Impact of the Influenza Pandemic in the South West Africa Protectorate (Namibia) from October 1918 to December 1919' (BAB Working Paper No. 4, Basel: BAB).

Schürmann, Felix (2008), ‚Land zu Territorium? Zur Territorialisierung von Herrschaftsstrategien im südwestlichen Afrika, ca. 1790–1890' (Magisterarbeit, Universität Hannover).

Shigwedha, Vilho (2011), ‚Enduring Suffering. The Cassinga Massacre of Namibian Exiles in 1978 and the Conflicts between Survivors' Memories and Testimonies' (Dissertation, University of the Western Cape).

Shiweda, Napandulwe (2011), ‚Omhedi: Displacement and Legitimacy in Kwanyama Politics, Namibia, 1915–2007' (Dissertation, University of the Western Cape).

Simon, David (1983), ‚Aspects of Urban Change in Windhoek, Namibia, during the Transition to Independence' (Dissertation, Universität Oxford).

Silvester, Jeremy (1993), ‚Black Pastoralists, White Farmers: The Dynamics of Land Dispossession and Labour Recruitment in Southern Namibia' (Dissertation, University of London).

Smidt, Karen (1995), „,Germania führt die deutsche Frau nach Südwest“: Auswanderung, Leben und soziale Konflikte deutscher Frauen in der ehemaligen Kolonie Deutsch-Südwestafrika 1884–1920‘ (Dissertation, Otto-von-Guericke-Universität Magdeburg).

Solomon, Anne (1989), ‚Division of the Earth: Gender, Symbolism and the Archaeology of the Southern San‘ (Magisterarbeit, University of Cape Town).

van Tonder, Louis (1966), ‚The Hambukushu of Okavangoland: An Anthropological Study of A South-Western Bantu People in Africa‘ (Dissertation, Universität of Port Elizabeth).

Wagner, Gunther (1950), ‚Ethnographic Survey of the Windhoek District‘ (unveröffentlichtes Manuskript, aufbewahrt im NAN).

Wallace, Marion (1994), ‚The Process of Urbanisation‘, Vortrag auf der Konferenz Trees Never Meet, Windhoek.

Veröffentlichte Werke

Abbink, Jon Mirjam de Bruijn und Klaas van Walraven (Hg.) (2003), *Rethinking Resistance: Revolt and Violence in African History* (Leiden: Brill).

Aitken, Robbie (2007), *Exclusion and Inclusion: Gradations of Whiteness and Socio-economic Engineering in German Southwest Africa, 1884–1914* (Bern: Peter Lang).

Akawa, Martha und Jeremy Silvester, ‚Their Blood Waters our Freedom. Naming the Dead: Civilian Casualties in the Liberation Struggle‘, *Namibian,* 24. August 2007.

Albrecht, M. et al. (2001), ‚Oruwanje 95/1: A Late Holocene Stratigraphy in Northwestern Namibia‘, *Cimbebasia,* 17, S. 1–22.

Alexander, John (1838), *An Expedition of Discovery into the Interior of Africa* (2 Bde.) (London: Henry Colburn).

Alexander, Neville (1988), ‚The Namibian War of Anti-colonial Resistance, 1904–7‘ in Wood (Hg.), *Namibia 1884–1984,* S. 193–204.

Allman, Jean, Susan Geiger and Nakanyike Musisi (Hg.) (2002), *Women in African Colonial Histories* (Bloomington: Indiana University Press).

Alnaes, Kirsten (1989), ‚Living with the Past: The Songs of the Herero in Botswana‘, *Africa,* 59, S. 267–99.

L'Ange, Gerald (1991), *Urgent Imperial Service: South African Forces in German South West Africa, 1914–1915* (Rivonia: Ashanti).

Baines, Gary and Peter Vale (Hg.) (2008), *Beyond the Border War: New Perspectives on Southern Africa's Late-Cold War Conflicts* (o.O.; UNISA Press).

Barnard, Alan (1992), *Hunters and Herders of Southern Africa: A Comparative Ethnography of the Khoisan Peoples* (Cambridge University Press).

Bauer, Gretchen (1998), *Labor and Democracy in Namibia, 1971–1996* (Athens, Ohio: Ohio University Press).

——— und Scott Taylor (2005), *Politics in Southern Africa: State and Society in Transition* (Boulder: Lynne Riener).

Bayer, Maximilian (1984), *The Rehoboth Baster Nation of Namibia* (Basel: BAB, herausgegeben und übersetzt von Peter Carstens).

Becker, Barbara (Hg.) (2005), *Speaking Out: Namibians Share their Perspectives on Independence* (Windhoek: Out of Africa).

Becker, Heike (1995), *Namibian Women's Movement 1980 to 1992: From Anti-colonial Resistance to Reconstruction* (Bonn: Informationsstelle Südliches Afrika).

——— (2004), ‚*Efundula:* Women's Initiation, Gender and Sexual Identities in Colonial and Post-colonial Northern Namibia' in Signe Arnfred (Hg.), *Rethinking Sexualities in Africa* (Uppsala: Nordic Africa Institute), S. 35–56.

Beinart, William (1987), „„Jamani": Cape Workers in German South West Africa, 1904–12' in William Beinart und Colin Bundy (Hg.), *Hidden Struggles in Rural South Africa: Politics and Popular Movements in the Transkei and Eastern Cape, 1890–1930* (London: James Currey), S. 166–90.

——— (1994), *Twentieth-century South Africa* (Oxford University Press).

——— und Saul Dubow (1995), *Segregation and Apartheid in Twentieth-Century South Africa* (London: Routledge).

Berat, Lynn (1990), *Walvis Bay: Decolonization and International Law* (New Haven: Yale University Press).

Berger, Iris (2003), ‚African Women's History: Themes and Perspectives', *Journal of Colonialism and Colonial History,* 4, 1.

Berkovitch, B. (1976), *The Cape Gunsmith* (Stellenbosch: Museum Stellenbosch).

Birch, Gavin (1976), ‚Surficial Sediments of Saldanha Bay and Langebaan Lagoon', *Transactions of the Geological Society of South Africa,* 79, S. 293–300.

Bley, Helmut (1996), *Namibia under German Rule* (Hamburg: Lit; erstmals veröffentlicht als *Kolonialherrschaft und Sozialstruktur in Deutsch-Südwestafrika 1894–1914* (Hamburg: Leibniz, 1968).

Blundell, Geoffrey (Hg.) (2005), *Further Approaches to Southern African Rock Art* (Vlaeberg: South African Archaeological Society).

Boer, Martin und Robin Sherbourne (2003), *‚Getting the Most out of our Diamonds: Namibia, De Beers and the Arrival of Lev Leviev'* (Windhoek: IPPR, Briefing Paper 20).

Bollig, Michael (1977), ‚Contested Places: Graves and Graveyards in Himba Culture', *Anthropos,* 92, S. 35–50.

——— (1997), ‚Risk and Risk Minimization among Himba Pastoralists in Northwestern Namibia', *Nomadic Peoples,* 1, S. 66–87.

Bollig, Michael (Hg.) (1997), *'When War Came the Cattle Slept': Himba Oral Traditions* (Köln: Rüdiger Köppe).

——— (1998), ,Power & Trade in Precolonial and Early Colonial Northern Kaokoveld, 1860s–1940s', in Hayes et al., *Namibia under South African Rule,* S. 175–93.

——— (1998), ,The Colonial Encapsulation of the North-western Namibian Pastoral Economy', *Africa,* 68, 4, S. 506–35.

——— (2000), ,Unmaking the Market: The Encapsulation of a Regional Trade Network. North-western Namibia between the 1880s and the 1950s' in Möhlig (Hg.), *Frühe Kolonialgeschichte,* S. 11–29.

——— (2006), ,Success and Failure of CPR Management in an Arid Environment: Access to Pasture, Environment and Political Economy in Northwestern Namibia' in Hartmut Leser (Hg.), *The Changing Culture and Nature of Namibia: Case Studies* (Basel: BAB), S. 37–68.

——— und Jan-Bart Gewald (Hg.) (2000), *People, Cattle and Land: Transformations of a Pastoral Society in Southwestern Africa* (Köln: Rüdiger Köppe).

Bollig, Michael und Jan-Bart Gewald (Hg.) (2000), 'People, Cattle and Land – Transformations of a Pastoral Society' in dies., *People, Cattle and Land,* S. 3–52.

Booh Booh, Jacques-Roger (1982), *La décolonisation de la Namibie: un mandat usurpé* (Paris: Les Publications Universitaires).

Botha, Christo (2000), ,The Politics of Land Settlement in Namibia, 1890–1960', *SAHJ,* 42, S. 232–75.

——— (2007), ,Internal Colonisation and an Oppressed Minority? The Dynamics of Relations between Germans and Afrikaners against the Background of Constructing a Colonial State in Namibia, 1884–1990', *JNS,* 2, S. 7–50.

Bowman, Sheridan (1990), *Radiocarbon Dating* (London: British Museum).

Bradford, Helen (1996), ,Women, Gender and Colonialism: Rethinking the History of the British Cape Colony and its Frontier Zones, c. 1806–70', *JAH,* 37, S. 351–70.

Bradlow, Barbara (1981), ,The Significance of Arms and Ammunition on the Cape's Northern Frontier at the Turn of the Eighteenth Century', *Historia,* 1, S. 59–68.

Breytenbach, Jan (2002), *The Buffalo Soldiers: The Story of South Africa's 32-Battalion, 1975–1993* (Alberton: Galago).

Breuil, Henri (1948), ,The White Lady of the Brandberg, SWA, her Companions and her Guards', *South African Archaeological Bulletin,* 3, S. 2–11.

Bridgman, Jon (1981), *The Revolt of the Hereros* (Berkeley: University of California Press).

Brinkman, Inge und Axel Fleisch (Hg.) (1999), *Grandmother's Footsteps: Oral Tradition and South-east Angolan Narratives on the Colonial Encounter* (Köln: Rüdiger Köppe).

Brown, Susan (1995), ‚Diplomacy By Other Means: SWAPO's Liberation War' in Leys und Saul (Hg.), *Namibia's Liberation Struggle,* S. 19–39.

Bruchmann, Rainer (2000), *Caprivi: An African Flashpoint. An Illustrated History of Namibia's Tropical Region Where Four Countries Meet* (Northcliff: Rainer Bruchmann).

Bruwer, J.J. (1985), *Aus 1915–1919: Errichtung, Bestehen und Schließung des Kriegsgefangenenlagers bei Aus* (Windhoek: Historic Monuments Commission).

Budack, Kuno (1977), ‚The Aonin, or Topnaar, of the Lower !Khuiseb Valley and the Sea', *Khoisan Linguistic Studies,* 3, S. 1–42.

Budack, K.F.R. (1979), ‚Weibliche Häuptlinge bei den Khoe-khoen (Nama und Oorlam)', *Namibiana,* 1, 2, S. 7–14.

Bühler, Andreas (2003), *Der Namaaufstand gegen die deutsche Kolonialherrschaft in Namibia von 1904–1913* (Frankfurt: IKO).

Cape of Good Hope (1877), *Report of W. Coates Palgrave, Special Commissioner to the Tribes North of the Orange River, of His Mission to Damaraland and Great Namaqualand in 1876* (Kapstadt).

Carow, Richard (1898), *Die kaiserliche Schutztruppe in Deutsch-Südwestafrika unter Major Leutwein* (Leipzig: Freund und Wittig).

Carstens, Peter (1983), ‚Opting out of Colonial Rule: The Brown Voortrekkers of South Africa and their Constitutions', part one, *African Studies,* 42, 2, S. 135–52.

——— (1984), ‚Opting out of Colonial Rule: The Brown Voortrekkers of South Africa and their Constitutions', part two, *African Studies,* 43, 1 (1984), S. 19–30.

Challis, William (2005), ‚„The Men with Rhebok's Heads: They Tame Elands and Snakes": Incorporating the Rhebok Antelope in the Understanding of Southern African Rock Art' in Blundell (Hg.), *Further Approaches,* S. 11–20.

Chanock, Martin (1977), *Unconsummated Union: Britain, Rhodesia and South Africa, 1900–45* (Manchester University Press).

Clarence-Smith, W.G. (1979), *Slaves, Peasants and Capitalists in Angola 1840–1926* (Cambridge University Press).

Cleaver, Tessa und Marion Wallace (1990), *Namibia: Women in War* (London: Zed).

Cliffe, Lionel et al. (1994), *The Transition to Independence in Namibia* (Boulder: Lynne Rienner).

Cohen, Cynthia (1994), *Administering Education in Namibia: The Colonial Period to the Present* (Windhoek: Namibia Scientific Society).

Comaroff, Jean und John Comaroff (1991), Of Revelation and Revolution: *Christianity,* Bd. 1, *Colonialism and Consciousness in South Africa* (University of Chicago Press).

——— (1997), Of Revelation and Revolution: *Christianity,* Bd. 2, *The Dialectics of Modernity on a South African Frontier* (University of Chicago Press).

Compton, John (2007), ‚Holocene Evolution of the Anichab Pan on the Southwest Coast of Namibia', *Sedimentology,* 54, S. 55–70.

Constitution of the Republic of Namibia Adopted by the Constituent Assembly in Windhoek, Namibia on 9th February 1990.

Cooper, Allan (1982), *US Economic Power and Political Influence in Namibia, 1750–1982* (Boulder: Westview).

——— (1991), *The Occupation of Namibia: Afrikanerdom's Attack on the British Empire* (Lanham: University Press of America).

——— (1999), ‚The Institutionalization of Contract Labour in Namibia', *JSAS,* 25, 1, S. 121–38.

Corvinus, Gudrun (1983), *The Raised Beaches of the West Coast of South West Africa/ Namibia: An Interpretation of their Archaeological and Palaeontological Data* (München: C.H. Beck).

Coulson, David und Alec C. Campbell (2001), *African Rock Art: Paintings and Engravings on Stone* (New York: Abrams).

CruzUribe, Katharine und Richard Klein (1983), ‚Faunal Remains from Some Middle and Late Stone Age Sites in South West Africa', *JSWASS,* 36/37, S. 91–114.

Damman, Ernst (Hg.) (1983), *Herero-Texte erzählt von Pastor Andreas Kukuri* (Berlin: Dietrich Reimer).

Davies, J.E. (2007), *Constructive Engagement? Chester Crocker and American Policy in South Africa, Namibia and Angola, 1981–8* (Oxford: James Currey).

Deacon, Jeanette (1984), *The Later Stone Age of Southernmost Africa* (Oxford: British Archaeological Reports).

———und Nicholas Lancaster (1988), *Late Quaternary Palaeoenvironments of Southern Africa* (Oxford: Clarendon).

Dedering, Tilman (1988), ‚Review Article: Problems of Precolonial Namibian Historiography', *SAHJ,* 20, S. 95–104.

——— (1993), ‚The German-Herero War of 1904: Revisionism of Genocide or Imaginary Historiography? ' *JSAS,* 19, 1, S. 80–8.

——— (1993), ‚Hendrik Witbooi, the Prophet', *Kleio,* 25, S. 54–78.

——— (1997), *Hate the Old and Follow the New: Khoekhoe and Missionaries in Early Nineteenth Century Namibia* (Stuttgart: Franz Steiner).

——— (1999), ‚„A Certain Rigorous Treatment of All Parts of the Nation": The Annihilation of the Herero in German South West Africa, 1904' in Mark Levene und Penny Roberts (Hg.), *The Massacre in History* (Oxford: Berghahn Books), S. 205–22.

——— (1999), ‚The Prophet's „War against Whites": Shepherd Stuurman in Namibia and South Africa, 1904–7', *JAH,* 40, S. 1–19.

——— (2000), ‚The Ferreira Raid of 1906: Boers, Britons and Germans in Southern Africa in the Aftermath of the South African War', *JSAS,* 26 (1), S. 43–60.

——— (2006), ‚War and Mobility in the Borderlands of Southwestern Africa in the Early Twentieth Century', *International Journal of African Historical Studies,* 39, 2, S. 275–94.

De Gruchy, John (Hg.) (1999), *The London Missionary Society in Southern Africa* (Kapstadt: David Philip).

Dekker, Peter und Cornelis de Jong (1998), ‚Whaling Expeditions of the West India Company to Walvis Bay', *Namibia Scientific Society Journal,* 46, S. 47–63. Deutsches Kolonialblatt.

David Deutschmann (Hg.), *Changing the History of Africa: Angola and Namibia* (Melbourne: Ocean, 1989).

Dieckmann, Ute (2007), *Hai||Om in the Etosha Region: A History of Colonial Settlement, Ethnicity and Nature Conservation* (Basel: BAB).

Dierks, Klaus (2002), *Chronology of Namibian History: From Pre-historical Times to Independent Namibia* (Windhoek: Namibia Scientific Society).

Diouf, Mamadou (2002), *Historians and Histories, What For? African Historiography between the State and the Communities* (Amsterdam: SEPHISCSSSC).

Dobell, Lauren (1997), ‚Review Article: Silence in Context. Truth and/or Reconciliation in Namibia', *JSAS,* 23, 2, S. 371–82.

——— (1998), *Swapo's Struggle for Namibia, 1960–1991: War by other Means* (Basel: P. Schlettwein).

Dobler, Gregor (2007), ‚Old Ties or New Shackles? China in Namibia' in Melber, *Transitions,* S. 94–109.

——— (2008), ‚Boundary Drawing and the Notion of Territoriality in Pre-Colonial and Early Colonial Ovamboland', *JNS,* 3, S. 7–30.

Dooling, Wayne (2007), *Slavery, Emancipation and Colonial Rule in South Africa* (Scotsville: University of KwaZulu-Natal Press).

Dowson, Thomas (1994), ‚Reading Art, Writing History: Rock Art and Social Change in Southern Africa, *World Archaeology,* 25, S. 332–44.

Drechsler, Horst (1980), *‚Let Us Die Fighting': The Struggle of the Herero and Nama against German Imperialism, 1884–1915* (London: Zed).

Dreyer, Ronald (1987), *The Mind of Official Imperialism: British and Cape Government Perceptions of German Rule in Namibia from the Heligoland– Zanzibar Treaty to the Kruger Telegram (1890–1896)* (Essen: Hobbing).

Du Pisani, Andre (1986), *South West Africa/Namibia: The Politics of Continuity and Change* (Johannesburg: Jonathan Ball).

——— (1989), ‚Beyond the Transgariep: South Africa in Namibia, 1915–89', *Politikon,* 16, 1, S. 26–43.

Eades, Lindsay (1999), *The End of Apartheid in South Africa* (Westport: Greenwood).

Eberhardt, Martin (2007), *Zwischen Nationalismus und Apartheid: Die deutsche Bevölkerungsgruppe Südwestafrikas 1915–1965* (Münster: Lit).

Eckart, Wolfgang (1995), ‚Medizin und kolonialer Krieg: Die Niederschlagung der Herero-Nama-Erhebung im Schutzgebiet Deutsch-Südwestafrika, 1904–1907' in Heine und Heyden (Hg.), *Studien,* S. 220–35.

Eckl, Andreas (2000), ‚Mit Kreuz, Gewehr und Handelskarre: der Kavango 1903 im deutschen Fokus' in Möhlig (Hg.), *Frühe Kolonialgeschichte,* S. 31–75.

——— (2004), *Herrschaft, Macht und Einfluss: Koloniale Interaktionen am Kavango (Nord-Namibia) von 1891 bis 1921* (Köln: Rüdiger Köppe).

——— (2004), ‚Serving the Kavango Sovereigns' Political Interests: The Beginnings of the Catholic Mission in Northern Namibia', *Le Fait Missionaire,* 14, S. 9–46.

——— (2007), ‚Reports from „Beyond the Line": The Accumulation of Knowledge of Kavango and its Peoples by the German Colonial Administration, 1891–1911', *JNS,* 1, S. 7–37.

——— (2008), 'The Herero Genocide of 1904: Source-critical and Methodological Considerations', *JNS,* 3, S. 31–61.

Ehret, Christopher (1982), ‚The First Spread of Food Production in Southern Africa' in Christopher Ehret und Merrick Posnansky (Hg.), *The Archaeological and Linguistic Reconstruction of African History* (Berkeley: University of California Press).

Eichorn, Barbara und Ralf Vogelsang (2007), ‚A Pristine Landscape? Archaeological and Archaeobotanical Research in the Skeleton Coast Park, North-western Namibia' in Michael Bollig et al. (Hg.), *Aridity, Change and Conflict in Africa* (Köln: Heinrich-Barth-Institut), S. 145–65.

Eirola, Martii (1992), *The Ovambogefahr: The Ovamboland Reservation in the Making. Political Responses of the Kingdom of Ondonga to the German Colonial Power 1884–1910* (Rovaniemi: Historical Association of Northern Finland).

Eitel, Bernt (2005), ‚Environmental History of the Namib Desert' in Mike Smith und Paul Hesse (Hg.), *23 Degrees South: Archaeology and Environmental History of the Southern Deserts* (Canberra: National Museum of Australia), S. 45–55.

Elago, Hileni (1997), ‚Ovambo Men's Experiences of Participation in the Second World War (1939–1945) ' in Hartmann (Hg.), *New Historical Writing,* S. 20–3.

Ellis, Justin (1984), *Education, Repression and Liberation: Namibia* (London: World University Service).

Elphick, Richard (1985), *Khoikhoi and the Founding of White South Africa* (Johannesburg: Ravan).

Emmett, Tony (1999), *Popular Resistance and the Roots of Nationalism in Namibia, 1915–1966* (Basel: P. Schlettwein).

Engel, Lothar (1976), *Kolonialismus und Nationalismus im deutschen Protestantismus in Namibia 1907 bis 1945* (Bern: Herbert Lang).

Epprecht, Marc (2000), *'This Matter of the Women is Getting Very Bad': Gender, Development and Politics in Colonial Lesotho* (Pietermaritzburg: University of Natal Press).

Erichsen, Casper (2005), *'The Angel of Death has Descended Violently Among Them': Concentration Camps and Prisoners-of-war in Namibia, 1904–1908* (Leiden: African Studies Centre).

——— (2008), *'What the Elders Used to Say': Namibian Perspectives on the Last Decade of German Colonial Rule* (Windhoek: Namibia Institute for Democracy).

Eriksen, Tore Linné (Hg.) (1999), *Norway and National Liberation in Southern Africa* (Uppsala: Nordic Institute of African Studies).

Eriksen, Tore Linné mit Richard Moorsom (1985), *The Political Economy of Namibia: An Annotated Critical Bibliography* (Oslo: Norwegian Institute of International Affairs).

Ervedosa, Carlos (1980), *Arqueologia Angolana* (Lissabon: Ministério da Educação, República Popular de Angola).

Esterhuyse, J.H. (1968), *South West Africa 1880–1894: The Establishment of German Authority in South West Africa* (Kapstadt: C. Struik).

Etherington, Norman (2001), *The Great Treks: The Transformation of Southern Africa, 1815–1854* (Harlow: Longman).

Estorff, Ludwig von (1911), *Kriegserlebnisse in Südwestafrika* (Berlin: Ernst Siegfried Mittler).

——— (1968), *Wanderungen und Kämpfe in Südwestafrika, Ostafrika und Südafrika 1904–1910* (Wiesbaden: Privatdruck).

Farson, Negley (1940), *Behind God's Back* (London: Victor Gollancz).

Fauvell-Aymar, Francois-Xavier and Karim Sadr (2008), 'Trends and Traps in the Reconstruction of Early Herding Societies in Southern Africa', *Southern African Humanities,* 20, S. 1–6.

First, Ruth (1963), *South West Africa* (Harmondsworth: Penguin).

Fisch, Maria (1999), *The Caprivi Strip during the German Colonial Period, 1890 to 1914* (Windhoek: Out of Africa).

——— (2007), 'The Tawana's Military Campaign in the Kavango', *JNSS,* 55, S. 109–31.

Fischer, Adolf (1914), *Menschen und Tiere in Deutsch-Südwest* (Stuttgart: Deutsche Verlagsanstalt).

Fleisch, Axel und Wilhelm Möhlig (2002), *The Kavango Peoples in the Past: Local Historiographies from Northern Namibia* (Köln: Rüdiger Köppe).

Flemming, B.W. (1977), 'Distribution of Recent Sediments in Saldanha Bay and Langebaan Lagoon', *Transactions of the Royal Society of South Africa,* 42, 3 & 4, S. 317–40.

Flint, Eric (1970), ‚Trade and Politics in Barotseland during the Kololo Period', JAH, 11, 1, S. 71–86.

Flint, Lawrence (2003), ‚State-building in Central Southern Africa: Citizenship and Subjectivity in Barotseland and Caprivi', *International Journal of African Historical Studies,* 36, 2, S. 393–428.

Förster, Larissa (2004), ‚Zwischen Waterberg und Okakarara: namibische Errinerungslandschaften' in Förster et al. (Hg.), *Namibia–Deutschland,* S. 164–79.

——— (2005), ‚Land and Landscape in Herero Oral Culture: Cultural and Social Aspects of the Land Question in Namibia', Analyses and Views, 1. Förster, Larissa, Dag Henrichsen und Michael Bollig (Hg.) (2004), *Namibia–Deutschland: Eine geteilte Geschichte* (Köln: Rautenstrauch-Joest-Museum für Völkerkunde).

Frayne, Bruce (1992), *Urbanisation in Post-independence Windhoek* (Windhoek: Namibian Institute for Social and Economic Research).

Freundlich, J.C., H. Schwabedissen und W. Wendt (1980), *‚Köln Radiocarbon Measurements II', Radiocarbon,* 22, 1, S. 68–81.

Friedman, John (2005), ‚Making Politics, Making History: Chiefship and the Post-apartheid State in Namibia', *JSAS,* 31, 1, S. 23–51.

Fuller, Ben (1998), ‚„We Live in a Manga": Constraint, Resistance and Transformation on a Native Reserve' in Hayes et al., *Namibia under South African Rule,* S. 194–216.

Gann, L.H. und Peter Duignan (1977), *The Rulers of German Africa, 1884–1914* (Stanford: Stanford University Press).

Gaseb, Ivan (1999), ‚A Historical Hangover: The Absence of Damara from Accounts of the 1904–08 War' in Hartmann (Hg.), *More New Historical Writing in Namibia* (Windhoek: Namibia History Trust), S. 5–20.

Gewald, Jan-Bart (1999), *Herero Heroes: A Socio-Political History of the Herero of Namibia, 1890–1923* (London: James Currey).

——— (1999), ‚The Road of the Man called Love and the Sack of Sero: the Herero–German War and the export of Herero Labour to the South African Rand', *JAH,* 40, S. 21–40.

——— (2000), *‚We Thought We Would Be Free': Socio-cultural Aspects of Herero History in Namibia, 1915–1940* (Köln: Rüdiger Köppe).

——— (2002), ‚„I was afraid of Samuel, therefore I came to Sekgoma": Herero Refugees and Patronage Politics in Ngamiland, Bechuanaland Protectorate, 1890–1914', *JAH,* 43, S. 211–34.

——— (2003), ‚Near Death in the Streets of Karibib: Famine, Migrant Labour and the Coming of Ovambo to Central Namibia', *JAH,* 44, S. 211–39.

——— (2004), ‚Who Killed Clemens Kapuuo?', *JSAS,* 30, 3, S. 559–76.

——— (2007), ‚Chief Hosea Kutako: A Herero Royal and Namibian Nationalist's Life against Confinement 1870–1970' in Miriam de Bruijn, Rijk van Dijk und Jan-Bart Gewald (Hg.), *Strength Beyond Structure: Social and Historical Trajectories of Agency in Africa* (Leiden: Brill), S. 83–113.

Gibson, Gordon, Thomas Larson und Cecilia McGurk (1981), *The Kavango Peoples* (Wiesbaden: Steiner).

——— und Cecilia McGurk (1981), ‚The Kwangari' in Gibson et al., *Kavango Peoples,* S. 35–79.

Gifford, Prosser und Wm Roger Louis (1967), *Britain and Germany in Africa: Imperial Rivalry and Colonial Rule* (New Haven: Yale University Press).

Gockel, Martina (2000), ‚Diversifizierung und politische Ökonomie der Damara im 19. Jahrhundert', in Möhlig (Hg.), *Frühe Kolonialgeschichte,* S. 97–135.

Goldblatt, Israel (1971), *History of South West Africa from the Beginning of the Nineteenth Century* (Kapstadt: Juta).

Gordon, Robert (1975), ‚A Note on the History of Labour Action in Namibia', *South African Labour Bulletin,* 1, S. 7–17. 5,

——— (1977), *Mines, Masters and Migrants: Life in a Namibian Mine Compound* (Johannesburg: Ravan).

——— (1991), ‚Marginalia on „Grensliteratur: Or how/why is Terror Culturally Constructed in Namibia? ', *Critical Arts,* 3, S. 79–99.

——— (1993), ‚The Impact of the Second World War on Namibia', *JSAS,* 19, 1, S. 147–65.

——— (1997), *Picturing Bushmen: The Denver Expedition of 1925* (Athens, Ohio University Press).

——— (1998), ‚Backdrops and Bushmen: An Expeditious Comment' in Hartmann et al. (Hg.), *Colonising Camera,* S. 111–17.

——— (1998), ‚Vagrancy, Law and „Shadow Knowledge": Internal Pacification, 1915–1939' in Hayes et al., *Namibia under South African Rule,* S. 51–76.

——— (2005), ‚The Making of Modern Namibia: A Tale of Anthropological Ineptitude?', *Kleio,* 37, S. 26–49.

——— und Stuart Sholto-Douglas (2000), *The Bushman Myth: The Making of a Namibian Underclass 2. Aufl.* (Boulder: Westview).

Green, Reginald und Kimmo Kiljunen (1981), ‚The Colonial Economy: Structures of Growth and Exploitation' in Reginald Green, Kimmo Kiljunen und Marja-Liisa Kiljunen (Hg.), *Namibia: The Last Colony* (Harlow: Longman), S. 30–58.

Gronemeyer, Reimer und Matthias Rompel (Hg.) (2003), *Today It's Your Family, Tomorrow It's You: Essays by Young Namibians on the Social Impact of HIV and AIDS* (Windhoek: Gamsberg Macmillan).

Groth, Siegfried (1995), *Namibia: The Wall of Silence. The Dark Days of Liberation* (Wuppertal: Peter Hammer).

Guenther, Mathias (1975), ‚The Trance Dancer as an Agent of Social Change among the Farm Bushmen of the Ghanzi District', *Botswana Notes and Records,* 7, S. 161–6.

Gugelberger, George (1984), *Nama/Namibia: Diary and Letters of Nama Chief Hendrik Witbooi, 1884–1894* (Boston University African Studies Centre).

Gustafsson, Kalle (2005), ‚The Trade in Slaves in Ovamboland, ca. 1850–1910', *African Economic History,* 33, S. 31–68.

Haacke, Wilfred, Eliphas Eiseb and Levi Namaseb (1997), ‚Internal and External Relations of Khoe-Khoe Dialects: A Preliminary Survey' in Wilfred Haacke und Edward Elderkin (Hg.), *Namibian Languages: Reports and Papers* (Köln: Rüdiger Koppe), S. 125–209.

Hahn, Carl Hugo (1984–85), *Tagebücher 1837–1860. Diaries: A Missionary in Damaraland,* herausgegeben von Brigitte Lau (Windhoek: Archives Service Division).

Hahn, C.H.L., Louis Fourie and Heinrich Vedder (1928), *The Native Tribes of South West Africa* (Kapstadt: Cape Times).

Hall, Martin (1984), ‚Frontiers in Southern African Archaeology' in Martin Hall et al. (Hg.), *Frontiers: Southern African Archaeology Today* (Oxford: British Archaeological Reports), S. 1–11.

——— (1996), *Archaeology Africa* (London: James Currey).

Harlech-Jones, Brian (1997), *A New Thing? The Namibian Independence Process, 1989–1990* (Windhoek: EIN Publications).

Harneit-Sievers, Axel (1985), *SWAPO of Namibia: Entwicklung, Programmatik und Politik seit 1959* (Hamburg: Institut für Afrika-Kunde).

Harris, Verne (2007), *Archives and Justice: A South African Perspective* (Chicago: Society of American Archivists).

Hartmann, B. (1985/86–1985/87), ‚Die Tjaube, eine Vorbevölkerung im Kavangogebiet', *JSWASS,* 40/41, S. 75–95.

Hartmann, Wolfram (1998), ‚„Ondillimani!" Iipumbu ya Tshilongo and the Ambiguities of Resistance in Ovambo' in Hayes et al., *Namibia under South African Rule,* S. 263–88.

——— (Hg.) (1997), *New Historical Writing in Namibia: Three Research Papers* (Windhoek: Namibia History Trust).

——— (Hg.) (1999), *More New Historical Writing from Namibia* (Windhoek: Namibia History Trust).

——— (Hg.) (2004), *Hues Between Black and White: Historical Photography from Colonial Namibia 1860s to 1915* (Windhoek: Out of Africa).

——— (2007), ‚Urges in the Colony: Men and Women in Colonial Windhoek, 1890–1905', *JNS,* 1, S. 39–71.

——— Jeremy Silvester und Patricia Hayes (Hg.) (1998), *The Colonising Camera: Photographs in the Making of Namibian History* (University of Cape Town (UCT) Press; Out of Africa; Ohio University Press).

Hayes, Patricia (1997), „‚Cocky" Hahn and the „Black Venus": The Making of a Native Commissioner in South West Africa, 1915–46' in Hunt et al. (Hg.), *Gendered Colonialisms,* S. 42–70.

——— (1998), ‚The Famine of the Dams: Gender, Labour and Politics in Colonial Ovamboland' in Hayes et al., *Namibia under South African Rule,* S. 117–46.

——— (1998), ‚Northern Exposures: The Photography of C.H.L. Hahn, Native Commissioner of Ovamboland 1915–1946', in Hartmann et al. (Hg.), *Colonising Camera,* S. 171–87.

——— (2006), ‚Efundula and History: Female Initiation in Precolonial and Colonial Northern Namibia' in Tominaga Chizuko und Nagahara Yoko (Hg.), *Towards New Perspectives of African History: Women, Gender and Feminisms* (Osaka: Museum of Ethnology Japan).

——— (2009), ‚A Land of Goshen: Landscape and Kingdom in Nineteenth Century Eastern Owambo (Namibia)' in M. Bollig und O. Bubenzer (Hg.), *African Landscapes* (New York: Springer).

——— (2009), ‚When You Shake a Tree: The Precolonial and the Postcolonial in Northern Namibian History' in Derek Petersen und Giacomo Macola (Hg.), *Recasting the Past* (Athens: Ohio University Press).

——— und Dan Haipinge (Hg.) (1997), *‚Healing the land': Kaulinge's History of Kwanyama. Oral Tradition and History by the late Reverend Vilho Kaulinge of Ondobe as told to Patricia Hayes and Natangwe Shapange* (Köln: Rüdiger Köppe).

Hayes, Patricia, Jeremy Silvester, Marion Wallace und Wolfram Hartmann (Hg.) (1998), *Namibia under South African Rule: Mobility and Containment, 1915–46* (London: James Currey).

Hayes, Patricia, Jeremy Silvester und Wolfram Hartmann (2002), „‚Picturing the Past" in Namibia: The Visual Archive and its Energies' in Carolyn Hamilton et al. (Hg.), *Refiguring the Archive* (Dordrecht: Kluwer Academic), S. 102–33.

Heine, Peter und Ulrich van der Heyden (Hg.) (1995), *Studien zur Geschichte des deutschen Kolonialismus in Afrika* (Pfaffenweiler: Centaurus).

Helbig, Ludwig und Werner Hillebrecht (1992), *The Witbooi* (Windhoek: CASS and Longman Namibia).

Henderson, W.O. (1993), *The German Colonial Empire, 1884–1919* (London: Frank Cass).

Hendrickson, Hildi (1994), ‚The „London Dress" and the Construction of Herero Identities in Southern Africa', *African Studies,* 53, 2, S. 25–54.

Henrichsen, Dag (2000), ‚Ozongombe, Omavita and Ozondjembo – The Process of (Re-) Pastoralization amongst Herero in Pre-colonial 19th Century Namibia' in Michael Bollig und Jan-Bart Gewald (Hg.), *People, Cattle and Land,* S. 149–86.

——— (2003), ‚Heirat im Krieg: Erfahrungen von Kaera Ida Getzen-Leinhos' in Zimmerer und Zeller (Hg.), *Völkermord,* S. 160–8.

——— (2004), ‚Ozombambuse and Ovasolondate: Everyday Military Life and African Service Personnel in German South West Africa' in Hartmann (Hg.), *Hues*, S. 161–84.

——— (2008), „„Damara" Labour Recruitment to the Cape Colony and Marginalisation and Hegemony in Late Nineteenth Century Namibia', *JNS*, 3, S. 63–82.

——— (2009), „„ ... Unerwuenscht im Schutzgebiet ... nicht schlechtin unsittlich": „Mischehen" und deren Nachkommen im Visier der Kolonialverwaltung in Deutsch-Südwestafrika' in Marianne Bechhaus-Gerst und Mechthild Leutner (Hg.), *Frauen in den deutschen Kolonien* (Berlin: Links), S. 80–90.

——— (2010), ‚Pastoral Modernity, Territoriality and Colonial Transformations in Central Namibia, 1860s to 1904' in Peter Limb, Peter Midgley und Norman Etherington (Hg.), *Grappling with the Beast: Indigenous Southern African Responses to Colonialism, 1840–1930* (Leiden: Brill).

Henrichsen, Dag (Hg.) (1997), *A Glance at Our Africa: Facsimile Reprint of: South West News, the Only Non-racial Newspaper in the Territory, 1960* (Basel: BAB).

Henshaw, Peter (2004), ‚South African Territorial Expansion and International Reaction to South African Racial Policies, 1939 to 1948', *SAHJ*, 50, S. 65–76.

Henshilwood, Christopher (2002), ‚Emergence of Modern Human Behaviour: Middle Stone Age Engravings from South Africa', *Science*, 295, S. 1278–80.

Herbert, Eugenia (2002), *Twilight on the Zambezi: Late Colonialism in Central Africa* (Basingstoke: Palgrave).

Herbstein, Denis und John Evenson (1989), *The Devils are Among Us: The War for Namibia* (London: Zed).

Heuva, William (2003), ‚Voices in the Liberation Struggle: Discourse and Ideology in the SWAPO Exile Media' in Melber (Hg.), *Re-examining Liberation*, S. 25–33.

Heywood, Annemarie (1994), *The Cassinga Event: An Investigation of the Records* (Windhoek: National Archives of Namibia).

——— Brigitte Lau und Raimund Ohly (Hg.) (1992), *Warriors Leaders Sages and Outcasts in the Namibian Past: Narratives Collected from Herero Sources for the MSORP Project 1985–6* (Windhoek: Michael Scott Oral Records Project).

Heywood, Annemarie und Brigitte Lau (1993), *Three Views into the Past of Windhoek* (Windhoek: o.V.).

Hillebrecht, Werner (2003), ‚Die Nama und der Krieg im Süden' in Zimmerer und Zeller (Hg.), Völkermord, S. 121–33.

——— (2007), „„Certain Uncertainties": Or Venturing Progressively into Colonial Apologetics? ', *JNS*, 1, S. 73–96.

Hoernlé, Winifred, Hg. Peter Carstens (1985), *The Social Organization of the Nama and Other Essays* (Johannesburg: Witwatersrand University Press).

Holleman, Jeremy (2001), „„Big Pictures": Insights into Southern African San Rock Paintings of Ostriches', *South African Archaeological Bulletin*, 56, S. 62–75.

Hopwood, Graham (2007), *Guide to Namibian Politics* (Windhoek: Namibia Institute for Democracy).

Horrell, Muriel (1967), *South West Africa* (Johannesburg: South African Institute of Race Relations).

Hubbard, Dianne (2007), ‚Gender and Sexuality: The Law Reform Landscape' in LaFont und Hubbard (Hg.), *Unravelling Taboos,* S. 99–128.

——— (2007), ‚Ideas about Equality in Namibian Law' in Melber (Hg.), *Transitions,* S. 209–29.

Huber, Hansjörg (1999), *Koloniale Selbstverwaltung in Deutsch-Südwestafrika* (Frankfurt: Peter Lang).

Huffman, Thomas (2007), *Handbook to the Iron Age: The Archaeology of Pre-colonial Farming Societies in Southern Africa* (Pietermaritzburg: University of KwaZulu-Natal Press).

Hull, Isabel (2006), *Absolute Destruction: Military Culture and the Practices of War in Imperial Germany* (Ithaca: Cornell University Press).

Hunt, Nancy Rose (1997), ‚Introduction', in Nancy Rose Hunt, Tessie Liu und Jean Quataert (Hg.), *Gendered Colonialisms.*

——— Tessie Liu und Jean Quataert (Hg.) (1997), *Gendered Colonialisms in African History* (Oxford: Blackwell).

Hunter, Gustine [sic – d.h. Justine] (2008), *Die Politik der Erinnerung und des Vergessens in Namibia: Umgang mit schweren Menschenrechtsverletzungen der Ära des bewaffneten Befreiungskampfes 1966 bis 1989* (Frankfurt: Peter Lang).

——— (2008), ‚No Man's Land of Time: Reflections on the Politics of Memory and Forgetting in Namibia' in Gary Baines und Peter Vale (Hg.), *Beyond the Border War,* S. 302–21.

Iken, Adelheid (1999), *Woman-headed Households in Southern Namibia: Causes, Patterns and Consequences* (Frankfurt: IKO).

Innes, Duncan (1984), *Anglo American and the Rise of Modern South Africa* (New York: Monthly Review Press).

Inskeep, Adi (2003), *Heinrich Vedder's The Bergdama: An Annotated Translation of the German Original with Additional Ethnographic Material by Adi Inskeep* (Köln: Rüdiger Köppe).

Irle, Jakob (1906), *Die Herero: Ein Beitrag zur Landes-, Volks- und Missionskunde* (Gütersloh: C. Bertelsmann).

Jacobs, Zenobia et al. (2008), ‚Ages for the Middle Stone Age of Southern Africa: Implications for Human Behaviour and Dispersal', *Science,* 322, S. 733–5.

Jacobson, Leon (1980), ‚On Artefact Analysis and the Reconstruction of Past Ethnic Groups', *Current Anthropology,* 21, S. 409.

——— (1980), ‚The White Lady of the Brandberg, a Re-interpretation', *Namibiana,* 2, S. 21–9.

Jafta, Milly, Nicky Kautja, Magda Oliphant, Dawn Ridgway, Kapofi Shipingana, Ussiel Tjijenda und Gerson Veii (1999), *An Investigation of the Shooting at the Old Location on 10 December 1959,* Brigitte Lau (Hg.), 2. erw. Aufl. (Windhoek: Namibian History Trust).

Jauch, Herbert (2007), ‚Between Politics and Shop Floor: Which Way for Namibia's Labour Movement?' in Melber, *Transitions,* S. 50–64.

Jenny, Hans (1976), *South West Africa: Land of Extremes* (Windhoek: South West Africa Scientific Society).

Jewkes, Rachel, Hetty Rose-Junius und Loveday Penn-Kekana (2007), ‚The Social Context of Child Rape in Namibia' in Lafont und Hubbard (Hg.), *Unravelling Taboos,* S. 167–80.

Johannson, Peter (2007), *The Trader King of Damaraland: Axel Eriksson. A Swedish Pioneer in South Africa* (Windhoek: Gamsberg Macmillan).

Kaakunga, Elia (1990), *Problems of Capitalist Development in Namibia: The Dialectics of Progress and Destruction* (Turku: Abo Akademi).

Kaputu, A. (1992), ‚Mbaha' in Heywood et al. (Hg.), *Warriors Leaders Sages and Outcasts,* S. 84–96.

——— (1992), ‚The War Between the Nama and Herero' in ebd., S. 1–49. Katjavivi, Peter (1988), *A History of Resistance in Namibia* (London: James Currey).

——— (1989), ‚The Role of the Church in the Struggle for Independence' in ders. et al. (Hg.), *Church and Liberation,* S. 3–26.

——— Per Frostin und Kaire Mbuende (Hg.) (1989), *Church and Liberation in Namibia* (London: Pluto).

Kaulich, Udo (2000), *Die Geschichte der ehemaligen Kolonie Deutsch-Südwestafrika (1884–1914): Eine Gesamtdarstellung* (Frankfurt: Peter Lang).

Kayongo, Kabunda (1987), *Reciprocity and Interdependence: The Rise and Fall of the Kololo Empire in Southern Africa in the Nineteenth Century* (o.O.: Almqvist & Wiksell International).

Kenna, Constance (Hg.) (1999), *Homecoming: The GDR Kids of Namibia* (Windhoek: New Namibia Books).

Kerina, Mburumba (1981), *Namibia: The Making of a Nation* (New York: Books in Focus).

Kiel, Rainer-Maria (2005), ‚Der Hereroaufstand in Deutsch-Südwestafrika: Zeitgenössische Originalfotografien als Leihgabe des Historischen Vereins für Oberfranken in der Universitätsbibliothek Bayreuth', *Archiv für Geschichte von Oberfranken,* 85, S. 267–78.

Kienetz, Alvin (1977), ‚The Key Role of the Orlam Migrations in the Early Europeanization of South-West Africa (Namibia) ', *International Journal of African Historical Studies,* 10, 4, S. 553–72.

Kinahan, Jill (1989), ‚Heinrich Vedder's Sources for his Account of the Exploration of the Namib Coast', *Cimbebasia,* 11, S. 33–9.

——— (1990), ‚The Impenetrable Shield: HMS Nautilus and the Namib Coast in the Late Eighteenth Century', *Cimbebasia,* 12, S. 23–61.

——— (1992), *By Command of Their Lordships: The Exploration of the Namibian Coast by the Royal Navy, 1795–1895* (Windhoek: Namibia Archaeological Trust).

——— (2000), *Cattle for Beads: The Archaeology of Historical Contact and Trade on the Namib Coast* (Uppsala und Windhoek: Universität Uppsala und Namibia Archaeological Trust).

——— und John Kinahan (2009), ‚„A Thousand Fine Vessels are Ploughing the Main": Archaeological Traces of the Nineteenth Century „Guano Rage" on the Southwestern Coast of Africa', *Australasian Historical Archaeology,* 27, S. 43–54.

Kinahan, John (1986), ‚The Archaeological Structure of Pastoral Production in the Central Namib Desert', *South African Archaeological Society Goodwin Series,* 5, S. 69–82.

——— (1986), ‚Settlement Patterns and Regional Exchange: Evidence from Recent Iron Age Sites on the Kavango River, North-eastern Namibia', *Cimbebasia (B),* 3, S. 109–16.

——— (1990), ‚Four Thousand Years at the Spitzkoppe: Changes in Settlement and Land Use on the Edge of the Namib Desert', *Cimbebasia,* 12, S. 1–14.

——— (1993), ‚The Rise and Fall of Nomadic Pastoralism in the Central Namib Desert' in Thurstan Shaw, Paul Sinclair, Bassey Andah und Alex Okpoko (Hg.), *The Archaeology of Africa: Food, Metals and Towns* (London and New York: Routledge), S. 372–85.

——— (1995), ‚Theory, Practice and Criticism in the History of Namibian Archaeology', in Peter Ucko (Hg.), *Theory in Archaeology: A World Perspective* (London: Routledge), S. 76–92.

——— (1995), ‚Weisser Riese – Schwarze Zwerge? Empirismus und ethnische Deutung in der Archäologie Namibia', *Archäologische Informationen,* 18, 1, S. 7–18.

——— (1996), ‚Alternative Views on the Acquisition of Livestock by Huntergatherers in Southern Africa: A Rejoinder to Smith, Yates and Jacobson', *South African Archaeological Bulletin,* 51, S. 106–8.

——— (1996), ‚Human and Domestic Animal Tracks in an Archaeological Lagoon Deposit on the Coast of Namibia', South African Archaeological Bulletin, 51, S. 94–8.

——— (1996), ‚The Archaeology of Social Rank among Eighteenth-Century Nomadic Pastoralists in Southern Namibia', *African Archaeological Review,* 13, 4, S. 225–45.

——— (1999), ‚Towards an Archaeology of Mimesis and Rain-making in Namibian Rock Art' in Peter Ucko und Robert Layton (Hg.), *The Archaeology and Anthropology of Landscape: Shaping your Landscape* (London: Routledge), S. 336–57.

——— (2000), ‚Traumland Südwest: Two Moments in the History of German Archaeological Enquiry in Namibia', in Heinrich Härke (Hg.), *Archaeology, Ideology and Society: The German Experience* (Frankfurt: Peter Lang), S. 353–74.
——— (2001), *Pastoral Nomads of the Namib Desert: The People History Forgot* (Windhoek: Namibia Archaeological Trust and New Namibia Books, 2. Aufl.).
——— (2001), ‚The Presence of the Past: Archaeology, Environment and Land Rights on the Lower Cunene River', *Cimbebasia,* 17, S. 23–39.
——— (2005), ‚The Late Holocene Human Ecology of the Namib Desert' in Mike Smith und Paul Hesse (Hg.), *23 Degrees South: Archaeology and Environmental History of the Southern Deserts* (Canberra: National Museum of Australia), S. 120–31.
——— und Jill Kinahan (2003), ‚Excavation of a Late Holocene Cave Deposit in the Southern Namib Desert', *Cimbebasia,* 18, S. 1–10.
Kinahan, John und Jill Kinahan (2006), ‚Preliminary Report on the Late Holocene Archaeology of the Awasib–Gorrasis Basin Complex in the Southern Namib Desert', *Studies in the African Past,* 5, S. 1–14.
——— und John Vogel (1982), ‚Recent Copper-working Sites in the !Khuiseb Drainage, Namibia', *South African Archaeological Bulletin,* 37, S. 44–5.
Köhler, Oswin (1958), *A Study of the Karibib District* (SWA) (Pretoria: Union of South Africa, Department of Native Affairs).
——— (1959), *A Study of the Omaruru District* (SWA) (Pretoria: Department of Bantu Administration and Development).
Kose, Eileen und Jürgen Richter (2007), ‚The Prehistory of the Kavango People', *Sprache und Geschichte in Afrika,* 18, S. 103–29.
Käßler, Reinhart (2003), ‚Public Memory, Reconciliation and the Aftermath of War' in Melber (Hg.), *Re-examining Liberation,* S. 99–110.
——— (2004), ‚„A Luta Continua": Strategische Orientierung und Erinnerungspolitik am Beispiel des „Heroes Day" der Witbooi in Gibeon' in Zimmerer und Zeller (Hg.), *Völkermord,* S. 180–91.
——— (2005), *In Search of Survival and Dignity: Two Traditional Communities in Southern Namibia under South African Rule* (Windhoek: Gamsberg Macmillan).
Kozonguizi, J. und A. O'Dowd (1967), ‚The Legal Apparatus of Apartheid' in Segal und First (Hg.), *Travesty of Trust,* S. 118–27.
Kreike, Emmanuel (2003), ‚Hidden Fruits: A Social Ecology of Fruit Trees in Namibia and Angola, 1820s–1980s' in William Beinart und JoAnn McGregor, *Social History and African Environments* (Oxford: James Currey), S. 27–42.
——— (2004), *Re-creating Eden: Land Use, Environment, and Society in Southern Angola and Northern Namibia* (Portsmouth: Heinemann).
——— (2004), ‚War and the Environmental Effects of Displacement in Southern Africa

(1970s–1990s)‘ in William Moseley und B. Ikubolajeh Logan (Hg.), *African Environment and Development: Rhetoric, Program and Realities* (Aldershot: Ashgate), S. 90–110.

Kriegskarte von Deutsch-Südwestafrika (Berlin: Dietrich Reimer, 1904, Nachdruck Windhoek: National Archives of Namibia, 1987).

Krüger, Gesine (1999), *Kriegsbewältigung und Geschichtsbewusstsein: Realität, Deutung und Verarbeitung des deutschen Kolonialkrieges 1904 bis 1907* (Göttingen: Vandenhoek und Ruprecht).

——— (2004), ‚Koloniale Gewalt, Alltagserfahrungen und Überlebenstrategien‘ in Förster et al. (Hg.), *Namibia–Deutschland,* S. 92–105.

Krüger, Gesine und Dag Henrichsen (1998), „‚We Have Been Captives Long Enough. We Want to Be Free“: Land, Uniforms and Politics in the History of Herero in the Interwar Period‘ in Hayes et al., *Namibia under South African Rule,* S. 149–74.

Kundrus, Birthe (2003), *Moderne Imperialisten: das Kaiserreich im Spiegel seiner Kolonien* (Köln: Böhlau).

LaFont, Suzanne (2007), ‚An Overview of Gender and Sexuality in Namibia‘ in dies. und Hubbard (Hg.), *Unravelling Taboos,* S. 1–38.

——— und Dianne Hubbard (Hg.) (2007), *Unravelling Taboos: Gender and Sexuality in Namibia* (Windhoek: Legal Assistance Centre).

Landis, Elizabeth (1975), *Laws and Practices established in Namibia by the Government of South Africa which are Contrary to the Purposes and Principles of the Charter of the United Nations and to the Universal Declaration of Human Rights* (New York: Office of the UN Commissioner for Namibia).

Larson, Thomas (1981), ‚The Mbukushu‘ in Gibson et al., *Kavango Peoples,* S. 211–67.

Lau, Brigitte (1986), ‚Conflict and Power in Nineteenth Century Namibia‘, *JAH,* 27, S. 29–39.

——— (1987), *Southern and Central Namibia in Jonker Afrikaner's Time* (National Archives of Namibia).

Lau, Brigitte (Hg.) (1989), *Charles John Andersson: Trade and Politics in Central Namibia, 1860–1864* (National Archives of Namibia).

——— (Hg.) (1995), *The Hendrik Witbooi Papers* (Windhoek: National Archives of Namibia, 2. Aufl., übersetzt von Annemarie Heywood and Eben Maasdorp).

——— (1995), *History and Historiography: Four Essays in Reprint* (Windhoek: Discourse/ Michael Scott Oral Records Project).

——— (1995), ‚Uncertain Certainties: The Herero–German War of 1904‘ in dies., *History and Historiography,* S. 39–52.

——— (1995), ‚Thank God the Germans Came: Vedder and Namibian Historiography‘ in dies., *History and Historiography,* S. 1–16.

Lee, Richard (1979), *The !Kung San: Men, Women and Work in a Foraging Society* (Cambridge University Press).

Legassick, Martin (1980), ‚The Frontier Tradition in South African Historiography' in Shula Marks und Anthony Atmore (Hg.), *Economy and Society in Pre-industrial South Africa* (London: Longman).

Lenssen-Erz, Tilman und Ralf Vogelsang (2005), ‚Populating No-man's-land – Rock Art in Northern Namibia' in Blundell (Hg.), *Further Approaches*, S. 54–62.

Leutwein, Theodor (1997), *Elf Jahre Gouverneur in Deutsch-Südwestafrika* (Windhoek: Namibia Scientific Society 1997, erstmals veröffentlicht 1906).

Lewis-Williams, J. David (1981), *Believing and Seeing: Symbolic Meanings in Southern African Rock Art* (London: Academic Press).

——— (1982), ‚The Social and Economic Context of Southern San Rock Art', *Current Anthropology*, 23, S. 429–49.

——— (Hg.) (1983), *New Approaches to Southern African Rock Art* (Kapstadt: South African Archaeological Society).

——— (1984), ‚Ideological Continuities in Prehistoric Southern African Rock: The Evidence of Rock Art' in Carmel Schrire (Hg.), *Past and Present in Hunter-gatherer Studies* (Orlando: Academic Press), S. 225–52.

——— und Thomas Dowson (1989), *Images of Power: Understanding Bushman Rock Art* (Johannesburg: Southern).

Leys, Colin and Susan Brown (Hg.) (2005), *Histories of Namibia: Living through the Liberation Struggle* (London: Merlin Press).

Leys, Colin und John Saul (Hg.) (1994), ‚Liberation without Democracy? The Swapo Crisis of 1976', *JSAS*, 20, 1, S. 123–48.

——— (Hg.) (1995), *Namibia's Liberation Struggle: The Two-Edged Sword* (London: James Currey).

——— (1995), ‚SWAPO inside Namibia' in ebd., S. 66–93.

Liberation Support Movement (Hg.) (1978), *Namibia: SWAPO Fights for Freedom* (Oakland, CA: LSM Information Center).

Likuwa, Kletus Muhena and Bertha Nyambe (2009), ‚Posters, T-shirts and Placards: Images and Popular Mobilisation in Rundu during the Liberation Struggle' in Miescher et al. (Hg.), *Posters in Action*, S. 87–99.

Lindholm, Karl-Johann (2006), *Wells of Experience: A Pastoral Land-use History of Omaheke, Namibia* (Universität Uppsala).

Lindsay, Jenny (1989), *Population Control Policies in Namibia* (University of Leeds).

Little, M.G. et al. (1997), ‚Trade Wind Forcing of Upwelling, Seasonality and Heinrich Events as a Response to Sub-Milankovitch Climate Variability', *Paleoceanography*, 12, S. 568–76.

Lobstein, Tim (1984), *Namibia: Reclaiming the People's Health* (London: AON Publications).

Loeb, Edwin (1962), *In Feudal Africa* (Bloomington: Indiana University Research Center in Anthropology, Folklore and Linguistics).
Loth, Heinrich (1963), *Die christliche Mission in Südwestafrika: Zur destruktiven Rolle der Rheinischen Missionsgesellschaft beim Prozess der Staatsbilduing in Südwestafrika (1842–1893)* (Berlin: Akademie).
Louis, Wm Roger (1967), ‚The Origins of the „Sacred Trust"' in Ronald Segal und Ruth First (Hg.), *South West Africa: Travesty of Trust* (London: Andre Deutsch), S. 54–86.
Louw, Walter (o.J.), *Owambo* (Sandton: Southern African Freedom Foundation).
Lundtofte, Henrik (2003), ‚„I Believe that the Nation as Such Must be Annihilated" – The Radicalisation of the German Suppression of the Herero Rising in 1904' in Steven Jensen (Hg.), *Genocide: Cases, Comparisons and Contemporary Debates* (Kopenhagen: Danish Center for Holocaust and Genocide Studies), S. 15–53.
Lush, David (1993), *Last Steps to Uhuru: An Eyewitness Account of Namibia's Transition to Independence* (Windhoek: New Namibia Books).
Maack, Reinhard (1960), ‚Erstbesteigung des Brandberges und Entdeckung der „Weissen Dame"', *JSWASS,* 14, S. 5–38.
Mainga, Mutumba (1973), *Bulozi under the Luyana Kings: Political Evolution and State Formation in Pre-colonial Zambia* (Harlow: Longman).
Malan, Johan (1995), *Peoples of Namibia* (Wingate Park: Rhino).
Mamozai, Martha (1982), *Herrenmenschen: Frauen im deutschen Kolonialismus* (Reinbek bei Hamburg: Rowohlt).
Maritz, Chris (1996), ‚The Subia and Fwe of Caprivi: Any Historical Grounds for Primus inter Pares?', *Africa Insight,* 26, 2, S. 177–85.
Marshall, Lorna (1976), *The !Kung of Nyae Nyae* (Cambridge: Harvard University Press).
Mason, Revil (1955), ‚Notes on the Recent Archaeology of the Scherz Basin, Brandberg', *South African Archaeological Bulletin,* 10, S. 30–1.
Massman, Ursula (1983), Swakopmund: *A Chronicle of the Town's People, Places and Progress* (Swakopmund: Society for Scientific Development).
Masson, John (2001), *Jakob Marengo: An Early Resistance Hero of Namibia* (Windhoek: Out of Africa).
Maylam, Paul (2001), *South Africa's Racial Past: The History and Historiography of Racism, Segregation and Apartheid* (Aldershot: Ashgate).
Mbuende, Kaire (1986), *Namibia: The Broken Shield. Anatomy of Imperialism and Revolution* (Lund: Liber).
McGurk, Cecilia (1981), ‚The Mbundza' in Gibson et al., *Kavango Peoples,* S. 81–95.
——— (1981), ‚The Sambyu' in ebd., S. 97–157.
McKittrick, Meredith (1998), ‚Generational Struggles and Social Mobility in Western Ovambo Communities, 1915–54' in Hayes et al., *Namibia under South African Rule,* S. 241–62.

——— (2002), *To Dwell Secure: Generation, Christianity and Colonialism in Ovamboland* (Portsmouth: Heinemann).

——— (2008), ‚Landscapes of Power: Ownership and Identity on the Middle Kavango River, Namibia', *JSAS,* 34, 4, S. 785–802.

Melber, Henning (2003), ‚„Namibia, Land of the Brave": Selective Memories on War and Violence within Nation Building' in Abbink et al. (Hg.), *Rethinking Resistance,* S. 305–27.

——— (Hg.) (2003), *Re-examining Liberation in Namibia: Political Culture since Independence* (Uppsala: Nordic Africa Institute).

——— (Hg.) (2005), *Genozid und Gedenken: Namibisch–deutsche Geschichte und Gegenwart* (Frankfurt: Brandes und Apsel).

——— (Hg.) (2007), *Transitions in Namibia: Which Changes for Whom?* (Uppsala: Nordic Africa Institute).

——— (2007), ‚Poverty, Politics and Privilege: Namibia's Black Economic Elite Formation' in ders. (Hg.), *Transitions,* S. 110–29.

——— (2009), ‚One Namibia, One Nation? The Caprivi as Contested Territory', *Journal of Contemporary African Studies,* 27, 4 (2009), S. 463–81.

——— (2009), ‚Analysis: Namibia's Elections 2009. Democracy without Democrats? ', Heinrich-Böll-Stiftung, Dez. 2009, http://www.boell.org.za/ web/144–487. html.

Mendelsohn, John, Alice Jarvis, Carole Roberts und Tony Robertson (2002), *Atlas of Namibia: A Portrait of the Land and its People* (Kapstadt: David Philip).

Menzel, Gustav (2000), *‚Widerstand und Gottesfurcht': Hendrik Witbooi – eine Biographie in zeitgenössischen Quellen* (Köln: Rüdiger Köppe).

van der Merwe, I.J. (1989), ‚The Role of War and Urbanization in the Regional Development of Namibia', *Africa Urban Quarterly,* 4, 3/4, S. 263–74.

Metsola, Lalli (2007), ‚Out of Order? The Margins of Namibian Ex-combatant „Reintegration"' in Melber (Hg.), *Transitions,* S. 130–52.

Middleton, John and Joseph Miller (Hg.) (2008), *New Encyclopedia of Africa* (Detroit: Charles Scribner's Sons).

Miescher, Giorgio (Hg.) (2006), *Registratur AA.3 (Enlarged and Revised Edition): Guide to the SWAPO Collection in the Basler Afrika Bibliographien* (Basel: BAB).

——— und Dag Henrichsen (Hg.) (2000), *New Notes on Kaoko: The Northern Kunene Region (Namibia) in Texts and Photographs* (Basel: BAB).

———, Lorena Rizzo und Jeremy Silvester (Hg.) (2009), *Posters in Action: Visuality in the Making of an African Nation* (Basel: BAB).

Miettinen, Kari (2005), *On the Way to Whiteness: Christianization, Conflict and Change in Colonial Ovamboland, 1910–1965* (Helsinki: Suomalaisen Kirjallisuuden Seura).

Miller, Joseph (1988), *Way of Death: Merchant Capitalism and the Angolan Slave Trade 1730–1830* (London: James Currey).

Minter, William (1994), *Apartheid's Contras: An Inquiry into the Roots of War in Angola and Mozambique* (Johannesburg: Witwatersrand University Press).

Mitchell, Peter (2002), *The Archaeology of Southern Africa* (Cambridge University Press).

Möhlig, Wilhelm (Hg.) (2000), *Frühe Kolonialgeschichte Namibias, 1880–1930* (Köln: Rüdiger Koppe).

——— (2002), ‚From Oral Tradition to Local History Textbook: Two Examples from the Kavango Region, Namibia' in Axel Harneit-Sievers (Hg.), *A Place in the World: New Local Historiographies from Africa and South Asia* (Leiden: Brill), S. 181–99.

Molin, John (2006), ‚Twyfelfontein – A Rock Art Site of Local Significance', *Studies in the African Past,* 5, S. 34–46.

Moorsom, Richard (1977), ‚Underdevelopment, Contract Labour and Worker Consciousness in Namibia, 1915–72', *JSAS,* 4, 1, S. 52–87.

——— (1989), ‚The Formation of the Contract Labour System in Namibia, 1900–1926' in Abebe Zegeye und Shuni Ishemo (Hg.), *Forced Labour and Migration: Patterns of Movement within Africa* (London: Hans Zell), S. 55–108.

Morgenstierne, Christopher (2003), *Denmark and National Liberation in Southern Africa: A Flexible Response* (Uppsala: Nordic Africa Institute).

Moritz, Walter (1998), *Die Swartboois in Rehoboth, Salem, Ameib und Franzfontein* (Tsumeb: Nation Press).

Mweshida, Johanna, ‚Nicknames in Ovamboland: Some Preliminary Deliberations' in Hartmann (Hg.), *New Historical Writing,* S. 4–12.

Namakalu, Oswin (2004), *Armed Liberation Struggle: Some Accounts of PLAN's Combat Operations* (Windhoek: Gamsberg Macmillan).

Namhila, Ellen Ndeshi (1997), *The Price of Freedom* (Windhoek: New Namibia Books).

——— (2004), ‚Filling the Gaps in the Archival Record of the Namibian Struggle for Independence', *IFLA Journal,* 30, 3, S. 224–30.

——— (2005), *Kaxumba kaNdola: Man and Myth. The Biography of a Barefoot Soldier* (Basel: BAB).

Namibia: Perspectives for National Reconstruction and Development (Lusaka: United Nations Institute for Namibia, 1986).

Namibia: The Facts, (London: IDAF, 1990).

Nampala, Lovisa (2006), ‚Christianisation and Social Change in Northern Namibia: A Comparative Study of the Impact of Christianity on Oukwanyama, Ondonga and Ombalantu, 1870–1971', in Nampala und Shigwedha, *Aawambo Kingdoms,* S. 1–109.

——— und Vilho Shigwedha (2006), *Aawambo Kingdoms, History and Cultural Change: Perspectives from Northern Namibia* (Basel: P. Schlettwein).

Namuhuja, Hans (2002), *The Ondonga Royal Kings* (Windhoek: Out of Africa).

Ndadi, Vinnia (1989), *Breaking Contract: The Story of Vinnia Ndadi* (London: IDAF Publications).

Ndongo, Petrus (1998), ‚The Borderline: „Onhaululi"' in Hayes et al., *Namibia under South African Rule,* S. 289–91.

Ndoro, Webber (1997), ‚The Evolution of a Management Policy at Great Zimbabwe' in Gilbert Pwiti (Hg.), *Caves, Monuments and Texts: Zimbabwean Archaeology Today* (Universität Uppsala), S. 109–24.

Nielsen, Stig (1988), ‚A Refugee School 1 400 km, 850 Miles from Home' in Flemming Gjedde-Nielsen (Hg.), *Namibia: Landet uden overgivelse* (Kopenhagen: WUS).

Ngavirue, Zedekia (1967), ‚The Land Theft' in Segal und First (Hg.), *Travesty of Trust,* S. 178–88.

——— (1997), *Political Parties and Interest Groups in South West Africa (Namibia): A Study of a Plural* Society (1972) (Basel: P. Schlettwein).

Nordbruch, Claus (2002), *Der Hereroaufstand, 1904* (Stegen am Ammersee: K. Vowinckel).

Norris, Edward mit Arnold Beukes (1995), ‚Kolonialkrieg und Karikatur in Deutschland: Die Aufstände der Herero und der Nama und die Zeichnungen der deutschen satirischen Zeitschriften' in Heine und Heyden, *Studien,* S. 377–98.

Notkola, Veijo and Harri Siiskonen (1999), *Fertility, Mortality and Migration in sub-Saharan Africa: The Case of Ovamboland in North Namibia, 1925–90* (Basingstoke: Macmillan).

Nuhn, Walter (2000), *Feind überall: der grosse Nama-Aufstand (Hottentottenaufstand) 1904–1908 in Deutsch-Südwestafrika (Namibia). Der erste Partisanenkrieg in der Geschichte der deutschen Armee* (Bonn: Bernard & Graefe).

Nujoma, Sam (2001), *Where Others Wavered: The Autobiography of Sam Nujoma* (London: Panaf Books).

Nurse, G., John Weiner und Trefor Jenkins (1985), *The Peoples of Southern Africa and their Affinities* (Oxford University Press).

Odhiambo, E.S. Atieno (2004), ‚The Usages of the Past: African Historiographies since Independence', *African Research and Documentation,* 96, S. 3–62.

O'Donnell, Krista (1999), ‚Poisonous Women: Sexual Danger, Illicit Violence, and Domestic Work in German Southern Africa, 1904–1915', *Journal of Women's History,* 11, 3, S. 31–54.

Oermann, Nils (1999), *Mission, Church and State Relations in South West Africa under German Rule, 1884–1915* (Stuttgart: Franz Steiner).

Ohta, Itaru (2000), ‚Drought and Mureti's Grave: the „we/us" boundaries between Kaokolanders and the People of the Okakarara Area in the Early 1980s' in Bollig und Gewald (Hg.), *People, Cattle and Land,* S. 299–317.

O'Linn, Bryan (2003), *Namibia: The Sacred Trust of Civilization. Ideal and Reality* (Windhoek: Gamsberg Macmillan).

Pager, Harald (1980), ‚Felsbildforschungen am Brandberg in Namibia', *Beiträge zur Allgemeinen und Vergleichenden Archäeologie,* 2, S. 351–7.

——— (zusammengestellt von Tilman Lenssen-Erz, Hg. Rudolph Kuper) (1989), *The Rock Paintings of the Upper Brandberg. Part 1: Amis Gorge* (Köln: Heinrich-Barth-Institut).

Pakleppa, Richard (Regisseur) (1999), ‚*Nda Mona: I Have Seen*' (Film, Johannesburg).

Panzergrau, Kurt (1998), *Die Bildung und Erziehung der Eingeborenen Südwestafrikas (Hereroland und Gross-Namaqualand) durch die Rheinische Missionsgesellschaft von 1842–1914* (München: Akademischer Verlag).

Parkington, John (1984), ‚Soaqua and Bushmen: Hunters and Robbers' in Carmel Schrire, *Past and Present in Hunter-gatherer Studies* (Orlando: Academic Press), S. 151–74.

Pearson, Patrick (1981), ‚The Rehoboth Rebellion' in Philip Bonner (Hg.), Working Papers in Southern African Studies, Bd. 2 (Johannesburg: Ravan), S. 31–51.

Pendleton, Wade (1974), *Katutura: A Place Where We Do Not Stay. The Social Structure and Social Relationships of People in an African Township in South West Africa* (San Diego: San Diego State University Press).

Penn, Nigel (1999), *Rogues, Rebels and Runaways: Eighteenth Century Cape Characters* (Claremont: David Philip).

——— (2005), *Forgotten Frontier: Colonist and Khoisan on the Cape's Northern Frontier in the Eighteenth Century* (Athens: Ohio University Press).

Peters, Pauline (1997), ‚Revisiting the Puzzle of Matriliny in South-Central Africa', *Critique of Anthropology,* 17, 2, S. 125–46.

Peters, Walter (1995), ‚Grundlagen des Städtebaus in Namibia' in Heine und Heyden, *Studien,* S. 429–52.

Phillipson, David (1977), *The Later Prehistory of Eastern and Southern Africa* (London: Heinemann).

——— (2005), *African Archaeology* (Cambridge University Press).

Pirio, Gregory (1988), ‚The Role of Garveyism in the Making of Namibian Nationalism' in Wood (Hg.), *Namibia 1884–1984,* S. 259–67.

Pool, Gerhard (1991), Samuel Maharero (Windhoek: Gamsberg Macmillan). Prein, Philipp (1994), ‚Guns and Top Hats: African Resistance in German South West Africa, 1907–1915', *JSAS,* 20, 1, S. 99–121.

Preston, Rosemary (1997), ‚Integrating Fighters after War: Reflections on the Namibian Experience, 1989–1993', *JSAS,* 23, 2, S. 453–72.

Pwiti, Gilbert and George Mvenge (1996), ‚Archaeologists, Tourists and Rainmakers in the Management of Rock Art Sites in Zimbabwe: A Case Study of Domboshava National Monument' in Pwiti und Soper (Hg.), *Aspects,* S. 817–24.

——— und Robert Soper (Hg.) (1996), *Aspects of African Archaeology: Papers from the 10th Congress of the PanAfrican Association for Prehistory and Related Studies, Harare* (Harare: University of Zimbabwe Publications).

Reeh, Günter (2000), *Hendrik Witbooi: Ein Leben für die Freiheit. Zwischen Glaube und Zweifel* (Köln: Rüdiger Köppe).

Referat für Information und Öffentlichkeitsarbeit SWAPO Namibias (1981), *Entstehung einer Nation. Der Befreiungskampf für Namibia* (London: Zed).

Republic of Namibia, Ministry of Health and Social Services (April 2006 – März 2007), *United Nations General Assembly Special Session* (UNGASS) Country Report.

Richter, Jurgen (1984), ‚Messum I: A Later Stone Age Pattern of Mobility in the Namib Desert', *Cimbebasia (B),* 4, 1, S. 1–12.

——— (1991), *Studien zur Urgeschichte Namibias–Holozäne Stratigraphien im Umkreis des Brandberges* (Köln: Heinrich-Barth-Institut).

——— (1994), „„Zu wenig Chalzedon" – kritischer Rohstoffmangel bei prähistorischen Wildbeutern in Namibia', in M. Bollig und F. Klees (Hg.), *Überlebensstrategien in Afrika* (Köln: Heinrich-Barth-Institut), S. 179–86.

——— und Ralf Vogelsang (2008), ‚Rock Art in Northwestern Central Namibia – Its Age and Cultural Background' in Cornelia Limpricht und Megan Biesele (Hg.), *Heritage and Cultures in Modern Namibia – In-depth Views of the Country* (Windhoek: TUCSIN), S. 37–46.

Ridsdale, Benjamin (1883), *Scenes and Adventures in Great Namaqualand* (London: Woolmer).

Rizzo, Lorena (2000), ‚N.J. van Warmelo: Anthropology and the Making of a Reserve' in Miescher und Henrichsen, *New Notes on Kaoko,* S. 189–206.

——— (2007), ‚The Elephant Shooting: Colonial Law and Indirect Rule in Kaoko, Northwestern Namibia, in the 1920s and 1930s', *JAH,* 48, S. 245–66.

Robbins, Larry et al. (1996), ‚Excavations at the Tsodilo Hills Rhino Cave', *Botswana Notes and Records,* 28, S. 23–45.

Roberts, A.D. (1976), A History of Zambia (London: Heinemann Educational). Robertshaw, Peter (Hg.) (1990), *A History of African Archaeology* (London: James Currey).

Rohde, Richard (1993), *Afternoons in Damaraland: Common Land and Common Sense in One of Namibia's Former Homelands* (University of Edinburgh Centre of African Studies).

Roller, Kathrin (2004), ‚Mission und „Mischehen": Errinerung und Körpergeteiltes Gedächtnis an eine afrikanische Vorfahrin. Über die Familie Schmelen–Kleinschmidt–Hegner' in Förster et al. (Hg.), *Namibia–Deutschland,* S. 194–211.

van Rooyen, P.H. und Peter Reiner (1995), *Gobabis: Brief History of the Town and Region* (Gobabis: Municipality of Gobabis).

Ross, Andrew (2002), *David Livingstone, Mission and Empire* (London: Hambledon).
Rotberg, Robert (2002), *Ending Autocracy, Enabling Democracy: The Tribulations of Southern Africa, 1960–2000* (Cambridge: World Peace Foundation).
Rüdiger, Klaus (1993), *Die Namibia-Deutschen: Geschichte einer Nationalität im Werden* (Stuttgart: Steiner).
Sadr, Karim und Francois-Xavier Fauvelle-Aymar (Hg.) (2008), ‚Khoekhoe and the Origins of Herding in Southern Africa', Sonderausgabe, *Southern African Humanities,* 20, 1, S. 1–248.
Sandelowsky, Beatrice (1977), ‚Mirabib – An Archaeological Study in the Namib', *Madoqua,* 10, 4, S. 221–83.
——— (1979), ‚Kapako and Vungu Vungu: Iron Age Sites on the Kavango River', in Nikolaas van der Merwe und Thomas Huffman (Hg.), *Iron Age Studies in Southern Africa* (Claremont: South African Archaeological Society), S. 52–61.
Sandelowsky, B.H., J.H. van Rooyen und J.C.Vogel (1979), ‚Early Evidence for Herders in the Namib', *South African Archaeological Bulletin,* 34, S. 50–1.
Saul, John und Colin Leys (1995), ‚SWAPO: The Politics of Exile' in Leys und Saul (Hg.), *Namibia's Liberation Struggle,* S. 40–65.
——— (2003), ‚Truth, Reconciliation, Amnesia: The „Ex-detainees'" Fight for Justice' in Melber (Hg.), *Re-examining Liberation,* S. 69–86.
Saunders, Christopher (2007), ‚History and the Armed Struggle: From Anticolonial Propaganda to „Patriotic History?"' in Melber (Hg.), *Transitions,* S. 13–29.
——— (2008), ‚South Africa in Namibia/Angola: The Truth and Reconciliation Commission's Account' in Baines und Vale (Hg.), *Beyond the Border War,* S. 267–80.
——— (2009), ‚Namibian Solidarity: British Support for Namibian Independence', *JSAS,* 35, 2, S. 437-54.
Scherz, Ernst-Rudolf (1975), Felsbilder in Südwest-Afrika. Teil 2: Die Gravierungen im Nordwest Südwest-Afrika (Köln: Böhlau-Verlag).
Scheulen, Peter (1998), *Die ‚Eingeborenen' S*üdwestafrikas: Ihr Bild in deut*schen Kolonialzeitschriften von 1884 bis 1918* (Köln: Rüdiger Köppe).
Schlosser, Katesa (1958), *Eingeborenenkirchen in Süd und Südwestafrika, ihre Geschichte und Sozialstruktur* (Kiel: W.G. Mühlau).
Schmidt-Laubner, Brigitta (1993), *Die abhängigen Herren: deutsche Identität in Namibia* (Münster: Lit).
Schneider, Herbert (1994), *Animal Health and Veterinary Medicine in Namibia* (Windhoek: Agrivet).
Schofield, John (1948), ‚The Age of the Rock Paintings of South Africa', *South African Archaeological Bulletin,* 3, S. 79–88.
Schwabe, Kurd (1909), *Im deutschen Diamantenlande: Deutsch-Südwestafrika von der Errichtung der deutschen Herrschaft bis zur Gegenwart (1884–1910)* (Berlin: o.V.).

Scott, James (1985), *Weapons of the Weak: Everyday Forms of Peasant Resistance* (New Haven: Yale University Press).

Sealy, Judith und Royden Yates (1994), ,The Chronology of the Introduction of Pastoralism to the Cape, South Africa', *Antiquity*, 68, S. 58–67.

Seckelmann, Astrid (2000), *Siedlungsentwicklung im unabhängigen Namibia: Transformationsprozesse in Klein- und Mittelzentren der Farmzone* (Hamburg: Institut für Afrika-Kunde).

Seely, Mary and Gideon Louw (1980), ,First Approximation of the Effects of Rainfall on the Ecology and Energetics of a Namib Desert Dune Ecosystem', *Journal of Arid Environments*, 3, S. 25–54.

Segal, Ronald und Ruth First (Hg.) (1967), *South West Africa: Travesty of Trust* (London: Andre Deutsch).

Seidel, Frank, Eileen Kose and Wilhelm Möhlig (2007), ,Northern Namibia – Overview of its Historiography Based on Linguistic and Extralinguistic Evidence' in O. Bubenzer, A. Bolton und F. Darius (Hg.), *Atlas of Cultural and Environmental Change in Arid Africa* (Köln: Heinrich-Barth-Institut), S. 152–5.

Seligmann, Matthew (1998), *Rivalry in Southern Africa, 1893–99: The Transformation of German Colonial Policy* (New York: St Martin's).

Sellström, Tor (1999–2002), *Sweden and National Liberation in Southern Africa* (Uppsala: Nordic Africa Institute).

Shackleton, N.J. und N.D. Opdyke (1976), ,Oxygen Isotope Palaeomagnetic Stratigraphy of Pacific Core V28–239 Late Pliocene to Latest Pleistocene', *Geological Society of America Memoirs*, 145, S. 449–64.

Shackley, Myra (1985), *Palaeolithic Archaeology of the Central Namib Desert: A Preliminary Survey of Chronology, Typology and Site Location* (Windhoek: Cimbebasia Memoir 6, National Museum of Namibia).

Shamukuni, D.M. (1972), ,The baSubiya', *Botswana Notes and Records*, 4, S. 161–84.

Shigwedha, Vilho (1999), ,Mwaala gwa Nashilongo: A Twin with a Unique Personality' in Hartmann (Hg.), *More New Historical Writing*, S. 37–52.

——— (2006), ,The Pre-colonial Costumes of the Aawambo: Significant Changes under Colonialism and the Construction of Post-Colonial Identity' in Nampala und Shigwedha, *Aawambo Kingdoms*, S. 111–274.

Shityuwete, Helao (1990), *Never Follow the Wolf: The Autobiography of a Namibian Freedom Fighter* (London: Kliptown).

Sievers, Christine (1984), ,Test Excavations at Rosh Pinah Shelter, Southern Namibia', *Cimbebasia (B)*, 4, 3, S. 29–40.

Siiskonen, Harri (1990), *Trade and Socioeconomic Change in Ovamboland, 1850–1906* (Helsinki: SHS).

Silvester, Jeremy (1998), ,Beasts, Boundaries and Buildings: The Survival and Creation of

Pastoral Economies in Southern Namibia, 1915–35‘ in Hayes et al., *Namibia under South African Rule,* S. 95–116.

——— (2000), ‚Assembling and Resembling: Herero History in Vaalgras, southern Namibia‘ in Bollig und Gewald (Hg.), *People, Cattle and Land,* S. 473–92.

——— (2004), ‚Portraits of Power and Panoramas of Persuasion: The Palgrave Album at the National Archives of Namibia‘ in Hartmann (Hg.), *Hues,* S. 131–60.

——— (2005), „‚Sleep with a Southwester“: Monuments and Settler Identity in Namibia‘ in Caroline Elkins und Susan Pedersen (Hg.), *Settler Colonialism in the Twentieth Century: Projects, Practices, Legacies* (New York: Routledge), S. 271–86.

——— (2006), ‚Introduction: Changing Clothes, Changing Traditions‘ in Nampala und Shigwedha, *Aawambo Kingdoms,* S. xi–xviii.

——— (2009), „‚The Struggle is Futile“: A Short Overview of Anti-SWAPO Visual Propaganda‘ in Miescher et al. (Hg.), *Posters,* S. 187–201.

——— und Jan-Bart Gewald (Hg.) (2003), *Words Cannot be Found: German Colonial Rule in Namibia. An Annotated Reprint of the 1918 Blue Book* (Leiden: Brill).

Silvester, Jeremy, Marion Wallace und Patricia Hayes (1998), „‚Trees Never Meet“: Mobility and Containment: An Overview, 1915–1946‘ in Hayes et al., *Namibia under South African Rule,* S. 3–48.

Simon, David (1982), ‚Recent Trends in Namibian Urbanization‘, *Tijdschrift voor economische en sociale Geographie,* 73, 4, S. 237–49.

Smith, Andrew (1990), ‚On Becoming Herders: Khoikhoi and San Ethnicity in Southern Africa‘, *African Studies,* 49, S. 50–73.

——— (1992), *Pastoralism in Africa: Origins and Developmental Ecology* (London: Hurst).

——— (1993), ‚Exploitation of Marine Mammals by Prehistoric Cape Herders‘, *South African Journal of Science,* 89, S. 162–5.

——— und Leon Jacobson (1995), ‚Excavations at Geduld and the Appearance of Early Domestic Stock in Namibia‘, *South African Archaeological Bulletin,* 50, S. 3–14.

Smith, Benjamin und Sven Ouzman (2004), ‚Taking Stock: Identifying Khoekhoen Herder Rock Art in Southern Africa‘, *Current Anthropology,* 45, S. 499–526.

Smuts, David (1987), ‚The Interim Government and Human Rights‘ in Tötemeyer et al., *Namibia in Perspective,* S. 219–26.

Soggot, David (1986), *Namibia: The Violent Heritage* (London: Collings).

Soiri, Iina (1996), *The Radical Motherhood: Namibian Women's Independence Struggle* (Uppsala: Nordic Africa Institute).

South Africa (1926), *Report of the Government of the Union of South Africa on South West Africa* (Pretoria: Government Printer).

——— (1964), *Report of the Commission of Enquiry into South West Africa Affairs 1962–63* (Pretoria; Government Printer).

Stals, Eric L.P. (Hg.) (1991), *The Commissions of W. C. Palgrave, Special Emissary to South West Africa, 1876–1885* (Kapstadt: Van Riebeeck Society).

Steinmetz, George (2007), *The Devil's Handwriting: Precoloniality and the German State in Qingdao, Samoa and Southwest Africa* (University of Chicago Press).

Stoecker, Helmuth (Hg.) (1986), *German Imperialism in Africa: From the Beginnings until the Second World War* (London: Hurst).

Strachan, Hew (2001), *The First World War,* Bd. 1, *To Arms* (Oxford University Press, 2001).

Strauss, André (1987), ‚Community Organisations in Namibia', in Tötemeyer et al., *Namibia in Perspective,* S. 184–95.

Stringer, Chris and Clive Gamble (1993), *In Search of the Neanderthals* (London: Thames & Hudson).

Stultz, Newell (1992), ‚South Africa in Angola and Namibia' in Thomas Weiss und James Blight (Hg.), *The Suffering Grass: Superpowers and Regional Conflict in Southern Africa and the Caribbean* (Boulder: Lynne Rienner), S. 79–99.

——— (1999), *Truth and Reconciliation Commission of South Africa Report* (London: Macmillan).

Sudholt, Gert (1975), *Die deutsche Eingeborenenpolitik in Südwestafrika von den Anfängen bis 1904* (Hildesheim: Georg Olms).

Sullivan, Sian (1999), ‚Folk and Formal, Local and National – Damara Knowledge and Community Conservation in Southern Kunene, Namibia', *Cimbebasia,* 15, S. 1–28.

——— (2001), ‚Difference, Identity and Access to Official Discourses: Hai||om, „Bushmen" and a Recent Namibian Ethnography', *Anthropos,* 96, S. 179–192.

Sundermeier, Theo (1977), *Die Mbanderu: Studien zu ihrer Geschichte und Kultur* (St. Augustin: Anthropos-Institut).

——— (Hg.) (o.J.), *The Mbanderu: Their History until 1914 as told to Theo Sundermeier in 1966* by *Heinrich Tjituka, Heinrich Hengari, Albert Kajovi, Heinrich Kavari, Paul Katjivikua, Ernst Ketjipotu* (übersetzt von Annemarie Heywood) (Windhoek: Michael Scott Oral Records Project).

Susser, Ida (2009), *Aids, Sex and Culture: Global Politics and Survival in Southern Africa* (Chichester: Wiley-Blackwell).

Suzman, James (2000), *‚Things from the Bush': A Contemporary History of the Omaheke Bushmen* (Basel: P. Schlettwein).

——— (2002), ‚Difference, Domination and „Underdevelopment": Notes on the Marginalisation of Namibia's San Population' in Winterfeldt et al. (Hg.), *Namibia Society Sociology,* S. 125–35.

Swanson, Maynard (1967), ‚South West Africa in Trust, 1915–1939' in Gifford und Louis, *Britain and Germany in Africa,* S. 632–6.

Swart, J. (2004), ‚Rock Art Sequences in uKhahlamba-Drakensberg Park, South Africa', *Southern African Humanities,* 16, S. 13–35.

Swenson, G. (1972), *Pictorial History of the Rifle* (New York: Bonanza Books).

Tankard, Anthony J. and J. Rogers (1978), ‚Late Cenozoic Palaeoenvironments on the West Coast of Southern Africa', *Journal of Biogeography,* 5, S. 319–37.

Tapscott, Chris (1993), ‚National Reconciliation, Social Equity and Class Formation in Independent Namibia', *JSAS,* 19, 1, S. 29–39.

Thomsen, K.J., A. Murray, L. Bøtter-Jensen und J. Kinahan (2007), ‚Determination of Burial Dose in Incompletely Bleached Fluvial Samples using Single Grains of Quartz'', *Radiation Measurements,* 24, 2, S. 270–9.

Thornberry, Cedric (2004), *A Nation is Born: The Inside Story of Namibia's Independence* (Windhoek: Gamsberg Macmillan).

Timm, Margo (1998), ‚Transpositions: The Reinterpretation of Colonial Photographs of the Kwanyama King Mandume ya Ndemufayo in the Art of John Ndevasia Muafangejo' in Hartmann et al., *Colonising Camera,* S. 145–50.

Tlou, Thomas (1985), *A History of Ngamiland 1750 to 1906: The Formation of an African State* (Gaborone: Macmillan Botswana).

Tötemeyer, Gerhard (1978), *Namibia Old and New: Traditional and Modern Leaders in Ovamboland* (London: Hurst).

——— Vezera Kandetu und Wolfgang Werner (Hg.) (1978), *Namibia in Perspective* (Windhoek: Council of Churches in Namibia).

Trigger, Bruce (1989), *A History of Archaeological Thought* (Cambridge University Press).

Troup, Freda (1950), *In Face of Fear: Michael Scott's Challenge to South Africa* (London: Faber & Faber).

Trüper, Ursula (2006), *The Invisible Woman: Zara Schmelen, African Mission Assistant at the Cape and in Namaland* (Basel: BAB).

Tyson, P. (1986), *Climatic Change and Variability in Southern Africa* (Kapstadt: Oxford University Press).

United Kingdom (1916), *Papers Relating to Certain Trials in German South West Africa* (Parliamentary paper: vol. 20, cd. 8371).

——— (1916), *German Atrocities and Breaches of the Rules of War,* in *Africa* (Parliamentary paper: vol. 20, cd 8306).

——— (1918), *Report on the Natives of South West Africa and their Treatment by Germany* (Parliamentary paper: vol. 17, cd. 9146).

——— (1921), *Correspondence Relating to the Wishes of the Natives of the German Colonies as to their Future Government* (Parliamentary paper: vol. 43, 1921).

Vansina, Jan (2004), *How Societies are Born: Governance in West Central Africa before 1600* (Charlottesville: University of Virginia Press).

Vedder, Heinrich (1934), *Das alte Südwestafrika: Südwestafrikas Geschichte bis zum Tode Mahareros, 1890* (Martin Warneck: Berlin).

Vigne, Randolph (1988), ‚Imperialism at One Remove: Britain and Namibia, 1785–1915' in Wood (Hg.), *Namibia 1884–1984,* S. 145–51.

——— (1998), ‚The Moveable Frontier: The Namibia–Angola Boundary Demarcation, 1926–1928' in Hayes et al., *Namibia under South African Rule,* S. 289–304.

——— (2000), ‚The Hard Road to Colonization: The Topnaar Aonin of Namibia, 1670–1878', *Journal of Colonialism and Colonial History,* 1, 2.

Voelz, Richard (1988), *German Colonialism and the South West Africa Company* (Athens, Ohio: Ohio University Press).

Vogel, John und Ebbie Visser (1981), ‚Pretoria Radiocarbon Dates II', *Radiocarbon,* 23, 1, S. 43–80.

Vogelsang, Ralf (1996), ‚The Middle Stone Age in South-western Namibia' in Pwiti und Soper (Hg.), *Aspects of African Archaeology,* S. 207–12.

——— (1998), *Middle Stone Age Fundstellen in Südwest-Namibia* (Köln: Heinrich-Barth-Institut).

——— (2008), ‚The Rock Shelter Apollo 11 – Evidence of Early Modern Humans in South-western Namibia' in Cornelia Limpricht und Megan Biesele (Hg.), *Heritage and Cultures in Modern Namibia – In-depth Views of the Country* (Windhoek: TUCSIN), S. 183–92.

——— Barbara Eichorn and Jürgen Richter (2002), ‚Holocene Human Occupation and Vegetation History in Northern Namibia', *Die Erde,* 133, S. 113–32.

Vogelsang, Ralf und Karl Peter Wendt (2007), ‚Changing Patterns of Settlement in Namibia during the Holocene' in O. Bubenzer, A. Bolten und F. Darius (Hg.), *Atlas of Cultural and Environmental Change in Arid Africa* (Köln: Heinrich-Barth-Institut), S. 68–72.

Volman, Thomas (1984), ‚Early Prehistory of Southern Africa' in R.G. Klein (Hg.), *Southern African Prehistory and Palaeoenvironments* (Rotterdam: Balkema), S. 169–395.

de Vries, Joris (1999), *Manasse Tjiseseta: Chief of Omaruru 1884–1898, Namibia* (Köln: Rüdiger Köppe).

Wadley, Lyn (1979), ‚Big Elephant Shelter and its Role in the Holocene Prehistory of Central South West Africa', *Cimbebasia (B),* 3, 1, S. 1–76.

——— (1984), ‚On the Move: A Look at Prehistoric Food Scheduling in Central Namibia', *Cimbebasia (B),* 4, 4, S. 41–50.

——— (1987), *Later Stone Age Hunters and Gatherers of the Southern Transvaal: Social and Ecological Interpretations* (Oxford: British Archaeological Reports).

Wallace, Marion (1998), „‚A Person is Never Angry for Nothing": Women, VD and Windhoek' in Hayes et al., *Namibia under South African Rule,* S. 77–94.

——— (1998), ‚Looking at the Locations: The Ambiguities of Urban Photography' in Hartmann et al. (Hg.), *Colonising Camera,* S. 132–7.

——— (2002), *Health, Power and Politics in Windhoek, Namibia, 1915–1945* (Basel: P. Schlettwein).

——— (2003), ‚„Making Tradition": Healing, History and Ethnic Identity among Otjiherero-speakers in Namibia, c. 1850–1950', *JSAS,* 29, 2, S. 355–72.

Wallis, John (1936), *Fortune my Foe* (London: Jonathan Cape).

van Walraven, Klaas und Jon Abbink (2003), ‚Rethinking Resistance in African History: An Introduction' in Abbink et al. (Hg.), *Rethinking Resistance,* S. 1–40.

Walter, H. und O.H. Volk (1954), *Grundlagen der Weidewirtschaft in Südwestafrika, Teil 1* (Stuttgart: Ulmer).

Walther, Daniel (2002), *Creating Germans Abroad: Cultural Policies and National Identity in Namibia* (Athens: Ohio University Press).

Wärnlöf, Christofer (2000), ‚The Politics of Death: Demarcating Land through Ritual Performance' in Bollig und Gewald, *People, Cattle and Land,* S. 449–69.

Weaver, Tony (1987), ‚The War in Namibia: Social Consequences' in Tötemeyer et al. (Hg.), *Namibia in Perspective* (Windhoek: Council of Churches in Namibia).

Webley, Lita (1997), ‚Wives and Sisters: Changing Gender Relations among Khoe Pastoralists in Namaqualand' in Lyn Wadley (Hg.), *Our Gendered Past: Archaeological Studies of Gender in South Africa* (Johannesburg: Witwatersrand University Press, 1997), S. 167–208.

Wellington, John (1967), *South West Africa and its Human Issues* (Oxford: Clarendon Press).

Wendt, Wolfgang (1972), ‚Preliminary Report on an Archaeological Research Programme in South West Africa', *Cimbebasia (B),* 2, 1, S. 1–61.

——— (1974), ‚„Art mobilier" aus der Apollo-11 Grotte in Südwest-Afrika', *Acta Praehistorica et Archaeologica,* 5, S. 1–42.

——— (1975), ‚Die ältesten datierten Kunstwerke Afrikas', *Bild der Wissenschaft,* 10, S. 44–50.

Werner, Wolfgang (1987), ‚Ethnicity and Reformism in Namibia' in Tötemeyer et al. (Hg.), *Namibia in Perspective,* S. 69–81.

——— (1990), ‚„Playing Soldiers": The Truppenspieler Movement Among the Herero of Namibia, 1915 to ca. 1945', *JSAS,* 16, 3, S. 476–502.

——— (1998), *‚No One Will Become Rich': Economy and Society in the Herero Reserves in Namibia, 1915–1946* (Basel: P. Schlettwein).

Westphal, E. Oswin (1963), ‚The Linguistic Prehistory of Southern Africa: Bush, Kwadi, Hottentot and Bantu Linguistic Relationships', *Africa* 33, S. 237–65.

Widlok, Thomas (1999), *Living on Mangetti: 'Bushman' Autonomy and Namibian Independence* (Oxford University Press).

——— (2000), ‚On the Other Side of the Frontier: Relations between Herero and „the Bushmen"' in Bollig und Gewald (Hg.), *People, Cattle and Land,* S. 497–522.

Wildenthal, Lora (2002), *German Women for Empire, 1884–1945* (Durham: Duke University Press).

Willemse, Hein (2003), ‚Textual Production and Contested Histories in a Performance of the Namibian Storyteller Dawid Plaatjies', *Research in African Literatures,* 34, 3, S. 27–45.

Williams, Frieda-Nela (1991), *Pre-colonial Communities of Southwestern Africa: A History of Owambo Kingdoms 1600–1920* (Windhoek: National Archives of Namibia).

Wilmsen, Edwin (1989), *Land Filled with Flies: A Political Economy of the Kalahari* (University of Chicago Press).

Winterfeldt, Volker (2002), ‚Labour Migration in Namibia – Gender Aspects' in ders. et al., *Namibia Society Sociology,* S. 39–74.

——— (2007), ‚Liberated Economy: The Case of Ramatex Textiles Namibia' in Melber (Hg.), *Transitions,* S. 65–93.

———, Tom Fox und Pempelani Mufume (Hg.) (2002), *Namibia, Society, Sociology* (Windhoek: University of Namibia Press).

Witbooi, Hendrik (1929), *Die Dagboek van Hendrik Witbooi* (Kapstadt: Van Riebeeck Society).

——— (1982), *Afrika den Afrikanern! Aufzeichnungen eines Nama-Häuptlings aus der Zeit der deutschen Eroberung Südwestafrikas 1884 bis 1894* (Berlin: Dietz).

Wood, Brian (Hg.) (1988), *Namibia 1884–1984: Readings on Namibia's History and Society* (London und Lusaka: Namibia Support Committee and United Nations Institute for Namibia).

Woodward, Wendy, Patricia Hayes and Gary Minkley (Hg.) (2002), *Deep Histories: Gender and Colonialism in South Africa* (Amsterdam: Rodopi).

World Bank (1994), ‚Cultural Heritage in Environmental Assessment', *Environmental Assessment Sourcebook Update,* 8, S. 1–8.

Wright, Donald (1999), ‚„What Do You Mean, There Were No Tribes in Africa?" Thoughts on Boundaries – and Related Matters – in Precolonial Africa', *History in Africa,* 26, S. 409–26.

Ya Nangolo, Mvula und Tor Sellström (2005), *Kassinga: A Story Untold* (Windhoek: Namibia Book Development Council).

Ya Otto, John (1982), *Battlefront Namibia: An Autobiography* (London: Heinemann).

Yates, Anne und Lewis Chester (2006), *The Troublemaker: Michael Scott and his Lonely Struggle against Injustice* (London: Aurum).

Zeller, Joachim (2003), ‚„Ombepera i koza – Die Kälte tötet mich": Zur Geschichte des Konzentrationslagers in Swakopmund (1904–1908)' in Zimmerer und Zeller (Hg.), *Völkermord,* S. 64–79.

——— (2004), ‚Images of the South West African War: Reflections on the 1904–1907 Colonial War in Contemporary Photo Reportage and Book Illustration‘ in Hartmann (Hg.), *Hues,* S. 309–23.

Zeller, Wolfgang (2009), ‚Danger and Opportunity in Katima Mulilo: A Namibian Border Boomtown at Transnational Crossroads‘, *JSAS,* 35, 1, S. 133–54.

——— und Bennett Kangumu Kangumu (2007), ‚Caprivi Under Old and New Indirect Rule: Falling off the Map or a 19th Century Dream Come True?‘ in Melber (Hg.), *Transitions,* S. 190–209.

Zimmerer, Jürgen (2004), ‚Krieg, KZ and Völkermord in Südwestafrika: Der erste deutsche Genozid‘ in Zimmerer und Zeller (Hg.), *Völkermord,* S. 45–63.

——— (2004), ‚Das deutsche Reich und der Genozid – Überlegungen zum historischen Ort des Völkermordes an den Herero und Nama‘, in Förster et al., *Namibia–Deutschland,* S. 106–21.

——— (2004), *Deutsche Herrschaft über Afrikaner: Staatlicher Machtanspruch und Wirklichkeit im kolonialen Namibia* (Münster: Lit).

——— (2005), ‚Rassenkrieg und Völkermord: Der Kolonialkrieg in DeutschSüdwestafrika und die Globalgeschichte des Genozids‘ in Henning Melber (Hg.), *Genozid und Gedenken,* S. 23–48.

——— und Joachim Zeller (Hg.) (2003), *Völkermord in Deutsch-Südwestafrika: Der Kolonialkrieg (1904–1908) in Namibia und seine Folgen* (Berlin: Links).

Zingelwa, Amenda (1999), ‚The Campaign for Khomasdal: The Building of a Coloured Community in Windhoek‘ in Hartmann (Hg.), *More New Historical Writing,* S. 22–36.

Index

A

Abrahams, Kenneth 392
Abrahams, Ottilie Schimming 392
Action Committee for the Maintenance of Turnhalle Principles (AKTUR) 455
African Improvement Society 392
African Methodist Episcopal Church (AMEC) 388, 483
African National Congress (ANC) 388, 391, 423, 470
Afrikaner, Christian 103f.
Afrikaner, Jager 82, 91
Afrikaner, Jan Jonker 104, 171, 175, 184ff., 190
Afrikaner, Jonker 20, 54, 63, 70ff., 84, 91, 96, 103f., 109, 111ff., 133, 177, 181
Afrikaner, Klaas 54, 56, 81
Ahtisaari, Maarti 478
Aipanda 332
Albrecht, Johann 84
Alexander, James 87
Amathila, Libertine 447f.
Angola 2, 60, 71f., 118, 120, 123, 131ff., 139f., 144, 147, 149, 155, 158, 160, 184, 205, 275, 317, 330, 358, 364, 372f., 403, 434, 438f., 442, 447, 449ff., 457, 466f., 471, 476, 478, 480, 484ff., 493, 500
Angra Pequena 85, 88f., 183f., 273
ǁAni-Khoe 119
ǂAonin 51, 53, 70, 81, 92, 112
Apartheid v, 5, 11, 12, 16, 380, 384ff., 395ff., 401, 411, 415, 417f., 420, 423, 425, 428, 434ff., 443, 446, 453f., 461, 470, 484, 486ff., 492
Apollo 11 33, 65
Appolus, Emil 392
Archives of Anti-Colonial Resistance and the Liberation Struggle (AACRLS) 8
Auala, Leonard 390, 435

B

Bantu-Erziehung 397f., 419, 428, 443, 453f.
Bantu-Sprecher 15, 122
Bethanien 82, 84f., 96, 98, 100f., 105, 107, 183, 228, 260

Bismarck, Otto von 182, 184, 189, 195
Boois, Jacobus 82
Botha, Pik 478
Botha, P. W. 243, 324, 335, 340, 384, 458, 479
Botswana 2, 17, 45, 59, 69, 88f., 102, 113, 146, 148, 151, 157, 219, 225, 252, 257f., 275, 285f., 289, 300, 345, 356, 388, 390, 410, 484, 493f.
Brandberg 26, 39, 62f., 67
Breuil, Henri 26, 59, 62

C

Cão, Diogo 89
Caprivi African National Union (CANU) 409, 421, 431
Caprivi-Streifen 189, 327, 364
Carpio, Vittorio 410
Cassinga 21, 447, 449, 457, 459, 487
Chikamatondo 317, 364
Christentum 1, 97ff., 108, 143f., 172, 180, 192, 302, 316, 365, 381, 390
Christian, Abraham 86
Christian, David 101, 171
Christian, Jacobus 351f.
Christian, Johannes 260, 265f., 287
Christian, Willem 107, 171, 186, 191, 203, 228, 282
Coetzé, Jakobus 80
Consolidated Diamond Mining (CDM) 366, 382, 406, 437, 499
Cook, Edward 87
Council of Churches in Namibia (CCN) 462, 474, 489
Cuito Cuanavale 469

D

Damaraland 20, 73, 115, 161, 194, 202f., 223, 413f., 416, 432, 472, 490
Democratic Turnhalle Alliance (DTA) 452, 456, 460, 479, 480, 494
Demokratische Republik Kongo 493
de Pass 101
Deutsche Evangelische Kirchengemeinde 311
Deutsche Kolonialgesellschaft für Südwestafrika (DKGSWA) 189, 196f., 217, 313
Deutschland 2, 7f., 60, 95, 147, 188, 242, 254, 276, 279, 287, 307, 309, 323, 339, 373, 387
Deutsch-Namibischer Krieg 154, 208, 238, 245, 250, 253, 267, 269, 272, 274ff., 280, 282, 288, 293, 296, 298, 303, 306f., 312, 314, 324, 386

Dias, Bartholomeu 89
Dierks, Klaus 4, 19
Duncan, Patrick 391
Dürrekommission 346

E

Eedes, Harold 405
Ekandjo, Jerry 440
Elifas, Chief Filemon 440
Erikson, Axel 161
Erster Weltkrieg 293, 300, 326f., 339, 342, 371
Escher, Alfred 439
Ethnizität 14, 15, 78, 384, 394, 434

F

Fabri, Friedrich 173, 183
Franke, Leutnant Viktor 153
Frankreich 59, 387, 456
Fredericks, Cornelius 260, 263f., 270, 273, 279, 293
Fredericks, Edward 293, 336
Fredericks, Joseph 183, 185
Fredericks, Paul 228, 260, 293

G

Galton, Francis 115, 131
Gariseb, Adolf 409
Gciriku 16, 120, 123, 143, 150f., 163f., 318, 334, 362
Gemsbok 32
Genocide Commemoration Committee (Völkermord-Gedenkkommittee) 279
Genozid 245, 274, 276, 279, 284f., 287, 290ff.
Gertze, Johanna Uerita 96, 98
Geschlecht 6, 13, 50, 307, 434, 492
Ghana 408, 420
Gibeon 95f., 105, 107, 167, 179, 180f., 203, 211, 233, 237, 260, 263f., 311, 320, 336f., 350, 414, 454
Gibeon Schiff- und Handelsgesellschaft 233
Gobabis 82, 93, 102, 107, 152, 171, 197, 203, 208, 216, 218f., 221, 224, 226, 241, 246, 252, 320, 336
Goliath, Johann Christian 260

!Gomen 81
Gordon, Robert 17, 23, 80, 160, 380, 384f., 432, 483, 488
Göring, Heinrich 187f., 190, 208
Goroseb, Cornelius 213f., 253
Gowaseb, Paul 435
Grippe-Pandemie 339
Großbritannien 2, 7, 59, 88, 100, 148, 165, 169, 181, 188, 195, 206, 231, 326, 337, 340, 342, 372, 384, 387, 410, 456, 466
Groß-Namaqualand 73, 79f., 82, 188, 202
Group Areas Act 397f., 429
Guanohandel 101

H

ǁHaboben 81
Hahn, Carl Hugo 95, 115
Hahn, C.H.L. 331, 383f.
Hahn, Emma 98
Hahn, Theophilus 186
Haimbili 129
Hainyeko, Thomas 421
Hamutumbangela, Theophilus, Reverend 407
Hanseatische Land- und Minengesellschaft 197
Harasemab, Alpheus 355
Heirachabis 82f., 266f., 295
Hendrik, Hans 260, 264, 270
Hereroland 95, 115, 171, 187f., 194, 196, 215, 223, 232, 251, 300, 413f., 480
Himarwa, König 150
Hirarapi 104f.
Hitler, Adolf 374
HMS Nautilus 50, 70, 87f.
Hoernlé, Winifred 75, 111
Hofmeyr, Gysbert 351
Holozän 30, 35, 36, 40, 42, 46, 49
Homelands 399, 411ff., 416ff., 432f., 439, 454, 461
Hop, Hendrik 80
Hungersnöte 140, 316, 328ff., 357f., 361f., 375, 377
Hunt, Nancy Rose 10, 21
Hurínin 51

I

Indien 387f., 497
Industrial and Commercial Workers' Union (ICU) 355
Internationaler Gerichtshof (IGH) 410, 420, 436, 483
Isaak, Samuel 264, 270, 274, 293

J

Jager, Johann 85
Jod, Petrus 388
Johannes, Axel 481
Jordan, William 152

K

Kaera 243, 272, 289, 309
Kagab, Jantje 85
Kahimemua 114, 167, 216, 218ff., 240f., 252
Kahitjene 92, 289
Kai ǁKhaun (Rote Nation) 75, 77, 81, 94, 260, 265
Kakurukouye 150
Kalahari 2, 31, 40, 42, 48, 67, 205, 261, 263, 278, 370
Kalangula, Peter 450, 460, 463
Kambazembi 107f., 167f., 170, 216, 226
Kambonde, König 139
Kameeta, Zephania 435
Kampaku, König 127
Kamureti 109, 167, 170
Kandjii, Tjetjo 219, 221, 228
Kandjimi 318, 327, 334
Kaoko 65, 74, 89, 93, 107, 114, 117ff., 131, 134, 140f., 143, 149, 154ff., 163, 167, 184f., 187, 217, 225, 227, 232, 275, 317, 333, 360, 362, 364, 382f., 399, 456, 463, 466, 480
Kaokoland Tribal Council 364
Kaoko Land- und Minengesellschaft 217
Kapekaha 107
Kapholländisch 54, 73, 81, 168
Kapkolonie 10, 23, 54f., 76, 79, 82, 89, 92, 100f., 165, 169, 183, 309, 341
Kapuuo, Clemens 394, 416, 427, 432, 439, 441, 452, 454ff., 481, 484
Kariko, Daniel (Kavezemba) 176, 223, 336
Katiti, Muhona 140f., 150, 334, 400

Katjavivi, Peter 4, 19, 483, 488
Katutura 401f., 430, 438, 440, 456, 475
Kaunda, Präsident 443
Kavango 16, 63, 68, 74, 117, 120f., 123f., 128, 131, 143, 148ff., 156ff., 317f., 327, 360, 362, 382f., 403, 430f., 438ff., 452, 461, 463, 466f., 480, 487
Kavikunua, Nicodemus 198, 207, 212, 216, 218ff., 241, 252
Kavingava 108
Keetmanshoop 81, 95, 197, 260, 262, 271, 303, 454
Kerina, Mburumba 391f., 395, 426
Khama, Tshekedi 388
!Kharakhoen 81, 85
Kharaskhoma-Syndikat 196, 282
Khauas 82, 94, 186, 208, 210, 213, 215, 219, 221f., 240f.
Khoe 22
Khoekhoegowab 14, 18, 73, 111, 114
Klein-Namaqualand 79, 111
Kleinschmidt, Franz Heinrich 95
Koch, Robert 224
Koevoet 464ff., 479, 481, 491
Kol 150, 190, 308f.
Konzentrationslager 268, 272, 274, 282, 288f., 302, 304
Koper, Piet 105
Kopper, Simon 209, 260f., 264, 267f., 287
Kozonguizi, Jariretundu Fanuel 384, 391f., 395, 408, 452
Kutako, Hosea 302, 322, 336, 352f., 355f., 367, 378, 381, 387, 389, 392, 394, 426f., 439
Kwangali, Siehe auch Ukwangali 16, 120ff., 128, 158, 162, 318, 327, 329
Kwanyama, Siehe auch Oukwanyama 21, 126, 135, 139, 148, 157, 314, 332, 358, 377

L

Lambert, Amraal 82, 93f., 96
Lambert, Andreas 212, 215
Lau, Brigitte 5, 19, 20, 63, 70f., 85, 105f., 111ff., 175, 202ff., 240, 291, 384, 427, 489, 504
Letia 149, 317
Leutwein, Theodor 152f., 177, 198, 207ff., 228f., 232ff., 239ff., 246ff., 253ff., 259, 277, 290
Lewala, Zacharias 296
Lewanika, König, siehe auch Lubosi 146, 148

Lewis, Robert 101, 177, 188, 192
Links, Jacob 85
Linyanti (Sangwali) 130, 136f., 160
Liswani I 130
Livingstone, David 136, 161
London Missionary Society (LMS) 83f., 112
Lüderitz 182ff., 188f., 270ff., 316, 329, 347, 355, 391, 406, 474
Lüderitz, Adolf 177, 181

M

Maack, Reinhard 26, 62
Maharero 19, 73, 90, 92, 101, 104ff., 116, 167ff., 185, 187ff., 205, 207, 212ff., 226ff., 240f., 247ff., 282ff., 286, 292, 336, 345, 356, 388, 454
Maharero, Frederick 336, 345, 388
Maharero, Samuel 7, 197ff., 207, 212ff., 225, 227ff., 240f., 247ff., 282ff., 292, 336, 356
Maharero, Traugott 336
Mambari 137
Mandela, Nelson 423f.
Mandume ya Ndemufayo, König 315, 377
Manning, Charles, Major 330
Maxuilili, Nathaniel 395, 422
Mbukushu 16, 121, 123, 137, 143, 146, 151, 160, 318
Mbunza 16, 120f., 123, 318, 329
Meroro, David 440
Missions-Handels-Aktien-Gesellschaft (MHAG) 173, 176
Mize, Robert 436
Moffat, Robert 82
Morenga, Jakob 259ff., 264f., 267, 293, 351
Morris, Abraham 266, 351f.
Morris, Edward 259, 261
Mosambik 457, 467, 493
Mpepo, König 126
Mujoro, Emma 475
Mukwai, Akanangisa 147
Mulambwa, König 132
Mungunda, Aaron 355, 381
Mushinga, Königin 127
Mutate, Thomas 364

Muyongo, Mishake 494
Mweshipandeka 138, 140, 161

N

Nachtigal, Gustav, Generalkonsul 186, 205
Nambala Kadhikwa, König (Martin) 315
Namibia National Convention (NNC) 441, 454
Namibia National Front (NNF) 455, 480
Namibian Food and Allied Union 475
Namibian National Students' Organization (NANSO) 474
Namibia Women's Voice (NWV) 474ff.
Namib IV 32
Namib-Wüste 2, 19, 25, 27, 31f., 36f., 46ff., 57, 62ff., 69ff.
Nampala, Lovisa 9, 21, 158
Namutoni 154, 246
Nangolo 102, 131, 486f.
Nangutuuala, Johannes 438
Naosonabis (Leonardsville) 82, 94
National Convention 441, 454
Nationalismus v, 322, 385ff., 394, 407f., 434, 456
National Party (NP) 372, 388, 395, 452, 470
National Preparatory Committee for the Commemoration of 2004 (NPCC04) 279
Nationalsozialistische Deutsche Arbeiterpartei (NSDAP) 187, 373
National Union of Namibian Workers 475
Native Labour Commission 344
Native Reserves Commission 344, 350
Negumbo, König 153
Neutrale Zone 147, 330, 358, 372
Ngambwe 140
Ngamiland 100, 113, 159ff., 241
Ngami-See 92, 115, 176
Ngavirue, Zedekia 20, 205, 378, 383, 385, 392, 426, 428, 430
Nghuwoyepongo 391, 407
Ngidinua, Jacob 440
Ngombala, König 130
Niederländisch-Reformierte Kirche (NGK, Nederduits Gereformeerde Kerk) 388
Nkhumbi 129, 140, 243
Noroseb, Manasse 260, 265, 267
Northern Labour Organisation (NLO) 359, 367

Nujoma, Kovambo 469
Nujoma, Sam 391ff., 402, 407, 420, 425, 431, 433, 469, 480, 494, 498

O

ǁOaseb 91, 94, 96, 107
Odendaal-Kommission 386, 411f., 417f.
Okahandja 73, 102, 108f., 152, 165, 168, 174, 179, 181, 185, 193, 198f., 203, 207, 212f., 215f., 220ff., 228, 246, 248, 250, 252ff., 269, 283, 336, 356, 380, 474
Okaukuejo 154
Okombahe 152, 173, 175, 185, 203, 212ff., 223, 253, 303, 320
Old Location (Alte Lokation) 401, 429f.
Omaruru 152, 167, 168, 170, 173f., 176, 185, 187, 193, 202f., 212f. 215, 217, 223, 225, 233, 244, 246, 248, 250, 256, 271, 302, 336, 378
Ombalantu 123f., 126f., 138, 158, 332
Omugulu gwombashe 421, 481
Ondonga 102, 107f., 120, 123ff., 129ff., 138f., 142, 144, 154, 156ff., 162, 246, 314f., 325, 328ff., 332, 359, 361, 363
Ongandjera 120, 122f., 128f., 133, 138, 142, 153, 314, 333, 363
Ongwediva 422, 436
Oranjefluss-Kolonie 341
Organisation of African Unity (OAU) 409
Otavi 233, 249f., 270, 451
Otavi Minen- und Eisenbahngesellschaft (OMEG) 233f., 271, 289, 314
Otijikango (Neubarmen/Gross Barmen) 96
Otjihaenena 216, 218, 302
Otjimbingue 96, 101, 103ff., 116, 173f., 193, 203, 213, 225, 237, 246, 248, 320, 350f., 367, 381
Otto, John Ya 422, 440, 445
Oukwanyama 120, 123f., 128f., 135, 138f., 142, 149, 154f., 158, 161, 314f., 330ff., 358, 363, 385
Ovambo Independence Party 440
Ovamboland 116, 154, 156, 158f., 161, 315, 362f., 369, 382, 383, 391, 413, 417, 419, 428, 430, 432, 440, 452, 480
Ovamboland People's Congress (OPC) 391, 427
Ovamboland People's Organisation (OPO) 391f., 394f., 401f., 407, 427, 481

P

Palgrave, William Coates 167, 169
Pariser Evangelische Missionsgesellschaft 143

Pässe 237, 267, 294, 338, 348, 359, 368, 398, 453
People's Liberation Army of Namibia (PLAN) 422, 433, 442f., 447, 451, 464, 467, 478, 482
Pienaar, Pieter 54
Pitsane 136
Pleistozän 30, 32f.
Pohamba, Hifekepunye 420, 494
Polizeizone 11f., 16, 118, 152, 155, 163, 208, 224, 235f., 239, 293ff., 298ff., 312, 316ff., 325f., 329, 334ff., 343ff., 348ff., 357, 359ff., 366f., 377, 379f., 396, 398, 403, 413, 415
Portugal 132, 147f., 188, 330, 358, 372, 442
Pritchard, Stanley 329

R

Rainio, Dr. Selma 144
Rassentrennung 326, 343f., 347, 349, 380, 396, 401, 413, 461
Rautanen, Martti 142
Reagan, Ronald 467, 470
Rehoboth 94, 96f., 100f., 105ff., 168, 170f., 175, 180f., 187, 191f., 197, 202, 205, 295, 308, 336, 354, 381, 418, 440
Reservate 249, 301, 305, 320, 344, 346ff., 354, 357, 360, 367f., 370, 380, 387f., 392, 394, 396, 399f., 406, 412ff., 418f., 427, 433, 472
Rheinische Missionsgesellschaft (RMG) 95ff., 105, 108, 115f., 141f., 171ff., 176, 179, 183f., 186, 302f., 305, 307, 384, 388ff., 426
Rhodes, Cecil 196, 342
Riarua 170, 172f., 198, 207, 212, 216, 218, 220, 249, 251
Rinderpest-Epidemie 57, 140, 144, 152, 154, 208, 224, 226f., 231ff., 235f., 242
Riruako, Kuaima 279
Rivonia 377
Robben Island 424, 427, 440, 474, 495
Rolf, Abraham 268
Rote Linie 12, 22f., 242f., 377, 382, 396, 403, 413, 417, 428, 432, 473
Rote Nation, siehe Kai ǁKhaun 75, 77, 81, 94, 260, 265

S

Sandwich Harbour 88
Schans Vlakte 94, 96
Scharlach, Joseph 196
Schmelen, Johann 84f.

Schulstreik 476, 490
Schweden 59, 115
Scott, Michael 19, 113, 286, 389, 391, 426, 436
Sebego 90
Sebitwane, König 130, 136, 145
Sekeletu 136, 145
Sesfontein 154, 184, 303, 320
Sesheke 143, 146
Shaanika, König 333
Shambyu 120ff., 127f., 150f., 158f., 163f., 318
Shark Island 270, 288, 290
Shigwedha, Vilho 9, 21, 158
Shityuwete, Helao 407, 430f., 433
Sipopa, König 145f.
Smith, Andrew 68f., 87
Smuts, Jan Christiaan, General 335, 340, 342, 372, 387f., 490
Social Security Commission [Lardner-Burke-Kommission] 396
Solf, Wilhelm 301
Southern Labour Organisation (SLO) 359, 367
South West Africa Company (SWACO) 196, 206, 207, 214, 217, 233, 235, 243, 249
South West Africa National Liberation Front (SWANLIF) 408
South West Africa National Union (SWANU) 5, 394f., 401, 408f., 424, 427, 431, 439, 441, 452, 455, 480
South West Africa Native Labour Association (SWANLA) 367, 438
South West Africa People's Organisation (SWAPO) 5f., 9, 19f., 379, 391, 393, 395, 408f., 416, 420ff.
South West Africa Progressive Association (SWAPA) 392, 394
South West Africa Student Body (SWASB) 392
Sowjetunion 408, 442, 466, 468f., 471
Stuurman, Shepherd 259, 264, 286, 287
Subiya 121, 123, 130, 145f., 317, 413
Südafrika 1, 2, 5, 7, 10, 12ff., 33, 45, 47f., 59, 67, 71, 90, 176, 197, 224ff., 230, 247, 259, 265ff., 275, 282, 290, 293, 298, 311, 319, 321, 326f., 333f., 338ff., 358, 364, 367, 369, 372ff., 379f., 384, 386ff., 395ff., 401, 406, 410ff., 416ff., 439, 442f., 445, 449ff., 465ff., 476, 478ff., 487ff., 491, 493, 496
Swartbooi, Cornelius 185, 214, 227
Swartbooi, David 214, 227
Swartbooi, Willem 94, 96

T

Taapopi, Eshriel 440
Tawana 90, 151, 163f., 319
Tecklenburg 277, 309
Terrorismusprozess 423
Thatcher, Margaret 478
Thirion-Kommission 472
Thompson, Thomas Bolden 50
Tindall, Henry 91
Tjaherani 170, 176
Tjamuaha 90, 92, 103, 454
Tjaube 121, 157f., 164
Tjimba 92f., 97, 101, 103f., 134, 360, 399, 413
Tjiseseta, Manasse 176, 185, 187, 202, 205, 212, 217, 223, 233, 240
Tjiseseta, Michael 271
Toivo, Andimba Toivo Ya 391, 395, 422f., 435
Toka 146
Tom, Vita 140f., 150, 333, 364, 400, 456
Tönjes, Hermann 317
Topnaar 53, 70, 81, 112, 134, 149, 184, 186, 216, 227, 260, 414
Tsumeb 89, 205, 225, 234, 246, 270, 296, 316, 319, 328, 347, 360, 406, 451, 480
Tswana 88, 90, 97, 432
Tuhadeleni, Eliaser 422, 427
Turnhallenkonferenz 451ff., 462, 486f.

U

Uahandura, Kandjake 93
Uichamab, Jan 184f., 227
Ukwangali 125ff., 137, 143, 150, 152, 159, 164
Ulenga, Ben 475, 495
Umbunza 125, 164
United National South West Party (UNSWP) 372, 396
Universal Negro Improvenemt Association (UNIA) 355f.
Universität von Namibia 8, 477
Uukwaluudhi 121f., 314, 363
Uukwambi 120, 122f., 135, 138f., 142, 153, 314, 355, 362f.
Uushona, König 363

V

van Wyk, Hermanus 192, 199, 206, 247, 261
Vedder, Heinrich 4, 19, 23, 105, 111, 116, 207, 270, 369f., 384, 388, 426
Veii, Hitjevi 424, 430
Veldschoendrager 81, 94, 186, 191, 196, 260f., 275, 278, 296
Vereinigte Staaten von Amerika (USA) 9, 308, 355, 410, 442, 456, 466f., 470
Vereinte Nationen (UN) 274, 276, 375, 387ff., 395, 400, 402, 408, 410, 420, 426, 434, 439, 441, 444, 449, 451, 455ff., 466, 471, 478f., 489
Vernichtungsbefehl 277f., 286
Vertrag von Versailles 343
Vigne, Randolph 112f., 384, 391
Visser, Paul 64, 181, 190f.
Vlermuis, Piet 82, 85, 112
Vogelsang, Heinrich 64ff., 69, 183
Völkerbund 333, 343, 375
von Bülow, Bernhard 231, 277, 308
von Caprivi, Graf Leo 163, 195, 409, 494
von Deimling, Oberst 256, 266
von Estorff, Major 240, 274, 277, 290, 322
von François, Curt, Hauptmann 192f., 199f., 208, 240
von Frankenberg, Viktor 318
von Lindequist, Friedrich 212, 214, 218, 264, 266, 268, 277, 296, 320
von Schlieffen, Alfred 277
von Trotha, Lothar, General 254f., 258, 261, 263f., 268, 276f., 284f., 290
Vorster, John 435, 443

W

Waldheim, Kurt 439
Walfish Bay Mining Company (WBMC) 101, 103
Walvis Bay 2, 50ff., 81, 88f., 92, 96, 100, 102, 113, 115, 135, 137, 165, 168, 170, 183f., 189f., 193, 199, 202, 223, 258, 271, 406, 436, 437, 453f., 457, 481, 500
Wanderarbeit 144, 165, 176, 226, 235, 271, 298, 316f., 329, 361, 365, 367, 382, 389, 402, 404f., 407, 430, 437, 438
Warmbad 83, 85, 87, 96, 100, 228, 245, 260, 287, 350f., 414f.
Wellington, John 5, 19
Welterbekonvention 59
Westbeech, George 145

Westliche Kontaktgruppe 457
Weyulu, König 139, 148, 153
Wiehahn-Kommission 476
Wilhelm II, Kaiser 277
Wilmsen, Edwin 42, 67, 112ff., 203
Windhoek 19, 20, 54, 62ff., 67, 71, 94, 98, 102, 105, 108, 113ff., 156ff., 161, 165f., 168, 175, 179, 184f., 193, 200, 202ff., 213, 221ff. , 232, 234, 237f., 244, 246, 248, 252, 269, 270f., 282, 286, 303, 305, 312, 317, 320, 322, 328f., 331f., 335f., 340, 347, 350, 352f., 355, 357, 365, 368, 378, 380, 383, 385, 389, 391f., 400ff., 407, 420, 423, 427, 429, 432f., 453, 457, 461, 477, 479, 485ff., 497f., 502ff.
Winter, Colin 436
Witbooi, David 389
Witbooi, Hendrik 15, 164, 166, 177ff., 186f., 190f., 193f., 197, 199ff., 210, 213, 217, 227ff., 247, 259ff., 264, 282, 286f., 292f., 296, 336f., 454, 461, 499
Witbooi, Isaak 264, 270, 336
Witbooi, Kido 180
Witbooi, Markus 388
Witbooi, Moses 171, 181
Witwatersrand Native Labour Association (WNLA) 235, 390

X

Xuma, Dr. A.B. 388

Y

Yeyi 119, 146, 147

Z

Zaire 444, 472
Zeraua, Zacharias 104, 167f., 173, 197, 213, 289, 293
Zes, !Nanib Hendrik 107
Zwangsumsiedlungen 217, 224, 362, 400, 415f., 466
Zwartmodder 95
Zweiter Burenkrieg 324
Zweiter Weltkrieg 1, 4, 6, 11, 15, 364, 366, 386f., 391, 395, 399, 401, 453, 472